소 방 한국사

신형철 지음

"소방직 공무원의 모든 것, 합격으로 가는 지름길"

머리말

최근 소방 공무원의 처우 개선 및 국가 공무원으로의 전환에 대한 사회적 공감대가 확산되었고, 대규모 증원 계획이 정부 차원에서 발표되어 많은 수험생들이 관심을 갖게 되었다.

소방직 공무원 공채는 국어, 영어, 한국사가 필수이다. 다른 과목도 마찬가지지만, '소방직 한국사' 문제는 일반 공무원 시험 문제와는 출제 경향이 상당히 다르다. 그럼에도 1,000페이지가 넘는 일반직 공무원용 교재로 비효율적인 공부를 하고 있는 학생들이 상당하다. 따라서 수험 기간을 줄이기 위해서는 소방직 공무원 시험에 맞는 **'적합한'** 교재를 선택하는 것이 가장 중요하다.

이 책은 오직 소방직 공무원 시험을 준비하는 학생들을 대상으로, **'최소한의 노력으로 최대의 효과'**를 거둘 수 있도록 구성하였다.

첫째, 각 단원 첫 부분에는 '꼭 기억해야 할 연표'를 수록하여, 역사적 흐름 파악에 도움이 되도록 하였다.

둘째, 이론 서술 부분에는 중요 개념에 강조 표시를 하여 출제 포인트를 정확하게 알 수 있도록 하였다. 또한 단원이 끝나면 빈출 내용을 복습할 수 있도록 핵심 내용을 '도표'로 정리하였다.

셋째, 최근 소방 공무원 시험에서 자료와 사료를 활용한 문제가 다수 출제되었다. 따라서 기출 사료는 물론, 출제가 예상되는 사료와 자료 및 사진 등을 컬러로 수록하여 역사 지식의 외연을 확대할 수 있도록 하였다.

넷째, 문제편에서는 최근 기출 및 예상 문제를 풍부하게 수록하여, 이론 정리 후 실전 능력을 향상시킬 수 있도록 구성하였다.

수험생 여러분들이 '역사학자'일 필요는 없다.

한국사 과목은 소방 공무원이 되기 위한 디딤돌일 뿐이다. 따라서 '영어'와 같이 너무 많은 시간을 투자할 필요는 없으나, 최소 6개월 이상은 집중해야 고득점을 할 수 있다.

짧은 시간에 여러분들이 고득점을 획득할 수 있도록 하는 것은 전적으로 강사의 몫일 것이다. 교재와 강의를 통해 여러분들의 '합격'을 위해 노력할 것을 다짐해본다.

끝으로 이 책이 나올 수 있도록 노력해 주신 성안당 회장님 이하 직원들께 감사함을 전하고 싶다.

저자 신형철

기출분석

소방 한국사 빈출 키워드

PART	chapter	빈출 키워드
우리 역사의 기원과 형성	선사 시대의 우리 역사	선사 시대의 시기별 특징과 주요 유물, 유적지
	국가의 형성	단군 조선, 위만 조선, 부여, 고구려, 옥저, 동예, 삼한, 제천 행사, 민며느리제, 책화, 천군, 소도
고대	고대의 정치	태조왕, 고국천왕, 고국원왕의 전사, 소수림왕, 광개토 대왕, 장수왕, 중원고구려비, 근초고왕, 22담로, 성왕, 지증왕, 법흥왕, 진흥왕, 신문왕, 신라 하대, 무왕, 문왕, 선왕
	고대의 경제	민정 문서, 녹읍, 식읍, 관료전, 정전, 장보고
	고대의 사회	화랑도, 골품 제도, 화백 회의, 제가 회의, 정사암 회의, 호족과 6두품, 원종과 애노의 난
	고대의 문화	원효, 의상, 교정, 선종, 풍수지리 사상, 고분, 벽화, 승탑과 탑비, 삼국의 불상
중세	중세의 정치	후삼국, 태조, 광종, 성종, 최승로, 2성 6부, 도병마사(도평의사사), 대간, 음서 제도, 묘청, 대외 항쟁(거란, 여진, 몽골), 무신정변, 최충헌, 최우, 삼별초, 공민왕, 위화도 회군
	중세의 경제	전시과 제도, 공음전, 한인전, 구분전, 외역전, 농상집요
	중세의 사회	광학보, 중류, 향리, 호족, 문벌귀족, 권문세족, 신진 사대부, 여성의 지위
	중세의 문화	관학 진흥 정책, 9재 학당, 사학 12도, 의천, 지눌, 혜심, 천태종, 조계종, 수선사 결사, 요세, 삼국사기, 삼국유사, 제왕운기, 주심포 양식 건물
근세	근세의 정치	태조, 태종, 세종, 세조, 성종, 경국대전, 삼사, 과거 제도, 훈구, 사림, 조광조, 사화, 붕당의 형성과 전개, 동인, 서인, 임진왜란
	근세의 경제	과전법, 직전법, 관수 관급제, 공법, 방납의 폐단, 농사직설
	근세의 사회	양천제, 족보(성화보), 중인, 공노비와 사노비, 향약
	근세의 문화	성리학, 이황과 이이, 성학집요, 성학십도, 동국통감, 고려사, 조선왕조실록, 성균관, 향교, 서원, 조선왕조의궤
근대 태동기	근대 태동기의 정치	훈련도감, 속오군, 환국, 완론 탕평, 준론 탕평, 영조, 정조, 초계문신제, 세도 정치
	근대 태동기의 경제	영정법, 대동법, 균역법, 결작, 광작, 화폐의 전국적 유통, 신해통공, 선대제 수공업, 만상, 송상, 경강상인, 내상, 전황
	근대 태동기의 사회	양자제의 보편화, 친영 제도, 신분제의 동요, 향전, 신유박해, 황사영의 백서 사건, 동학
	근대 태동기의 문화	호락논쟁, 동사강목(안정복), 발해고(유득공), 동사(이종휘), 정약용, 이익, 유형원, 중농주의 실학, 박지원, 박제가, 홍대용, 중상주의 실학, 서민 문화, 풍속화(김홍도와 신윤복)
근현대	개항기	흥선 대원군, 병인양요, 신미양요, 외규장각 도서, 강화도 조약, 조 · 미 수호 통상 조약, 급진 개화파, 위정척사 운동, 임오군란, 갑신정변, 동학 농민 운동, 갑오개혁, 을미개혁, 독립 협회, 광무개혁, 화폐 정리 사업
	일제 강점기	일제의 국권 피탈 과정, 무단 통치, 문화 통치, 국가 총동원법, 전시(동원) 체제, 토지 조사 사업, 회사령, 산미 증식 계획, 징용, 징병, 3 · 1 운동, 대한민국 임시 정부, 봉오동 전투, 청산리 대첩, 간도 참변, 3부 성립, 의열단, 한인 애국단, 조선 혁명군, 한국 독립군, 한국광복군, 박은식, 신채호, 사회 경제 사학
	현대 사회의 발전	모스크바 3국 외상 회의, 미 · 소 공동 위원회, 좌우 합작 운동, 남북 협상, 4 · 19 혁명, 경제 개발 계획, 새마을 운동, 유신 체제, 5 · 18 민주화 운동, 6월 민주 항쟁, 9차 개헌(대통령 직선제로의 개헌), 주요 통일 정책

핵심 이론

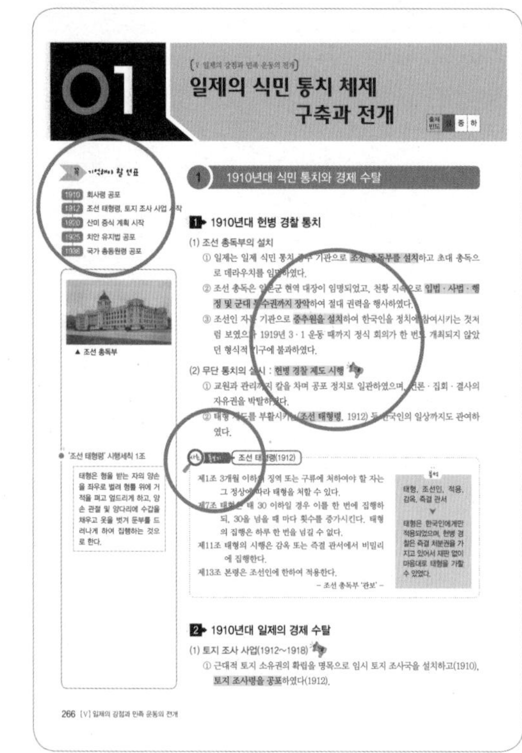

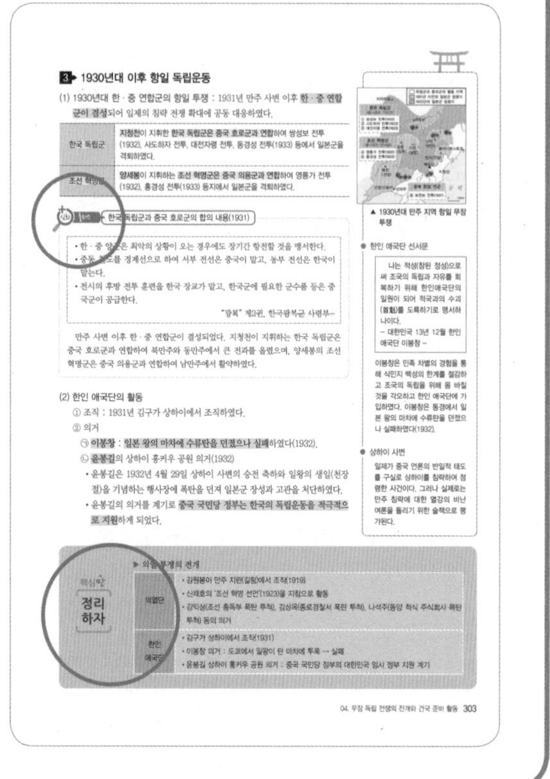

학습 내용의 정리

- 단원의 도입 부분에 '꼭 기억해야 할 연표'를 제시하여 시대의 흐름과 중요 사건을 미리 확인할 수 있습니다.
- 단원마다 자주 출제되는 내용을 바탕으로 핵심 내용을 자세하게 정리하였습니다.
- 어려운 용어 설명, 보충 설명, 사진, 지도, 도표 등을 보조단에 제시하였습니다.
- 시험에 자주 출제되는 내용은 '기출' 표시를 통해 꼼꼼하게 짚어 볼 수 있도록 하였습니다.
- '핵심만 정리하자'를 통해 꼭 알아두어야 할 내용을 표로 간단하게 정리하여 제시하였습니다.

역사 자료의 제시

- 본문 내용을 쉽게 이해할 수 있도록 사진과 지도, 도표, 사료, 자료 등을 제시하였습니다.
- 자료 제시형 문제 해결을 위해 본문 내용과 관련된 사료와 사료를 파악하는 데 도움을 줄 핵심 용어와 해설을 제시하였습니다.
- 고득점을 위해 더 깊이 알아야 할 내용을 '심화 플러스'로 제시하였습니다.

기출 및 예상 문제

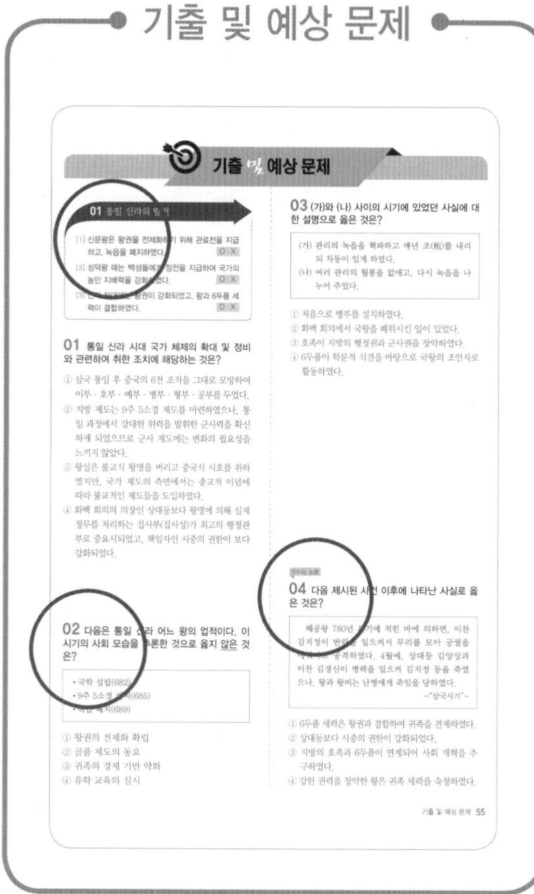

테마편

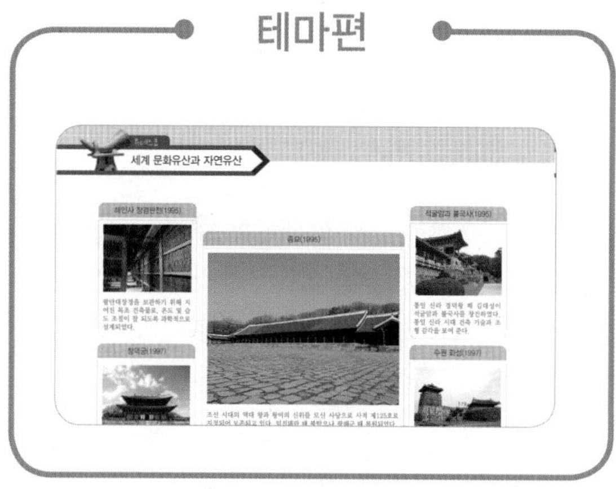

정답 및 해설

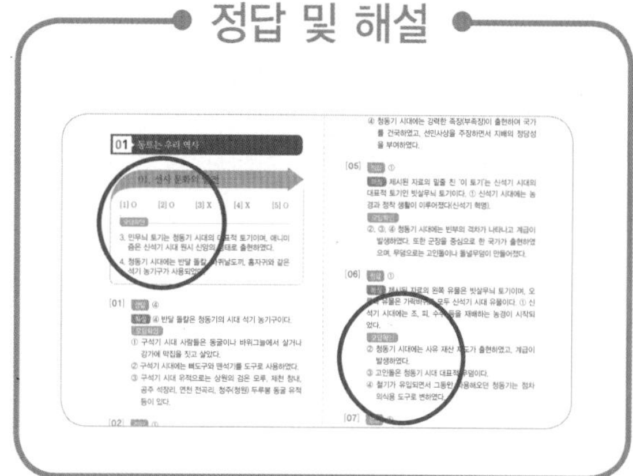

확인 문제

- 중단원별 ○× 문제를 통해 꼭 기억해야 할 학습 내용을 정리할 수 있도록 제시하였습니다.

기출 문제

- 소방직, 국가직, 지방직 등 시험에 나온 대표 문제를 뽑아 수록하여 출제 유형을 파악할 수 있도록 하였습니다.

예상 문제

- 출제된 문제 유형을 바탕으로 실전 문제에 대비할 수 있도록 유사한 난이도의 문제를 수록하였습니다.

테마편

- 역사의 흐름을 파악할 수 있는 역사 연표와 역대 왕조 계보도를 수록하였습니다.
- 시험에 출제될 수 있는 세계 문화유산과 자연유산, 세계 기록 유산, 인류 무형 유산, 지역의 역사를 간략하게 정리하였습니다.

정답 및 해설

- ○× 문제, 기출 문제, 예상 문제 등 문제별로 해설을 꼼꼼하게 정리하여 문제를 쉽게 이해할 수 있도록 하였습니다.
- '오답확인'을 통해 틀린 내용에 대해서도 쉽게 이해할 수 있도록 하였습니다.

개 요

국가 및 지방 소방공무원은 소방공무원법의 적용을 받는 공무원을 말하며, 소방공무원이라 하면 화재 발생 시 출동하여 진화 및 소화 업무가 주 업무인 것으로 알고 있으나 소방공무원의 업무를 살펴보면 화재 진화 업무 외에도 방호 업무, 예방 업무, 지도 업무 등 다양한 분야의 업무를 수행하고 있다. 또한 화재뿐만 아니라 재난과 재해, 그 밖의 위급한 상황에서의 구조 및 구급 활동 등을 통하여 국민의 생명과 신체 및 재산을 보호하는 중요한 업무를 담당하고 있다.

시험안내

소방간부후보생 선발시험

시험시기	매년(1월) 시행(국민안전처 장관의 시행계획에 의거 실시)
임용직급	지방소방위 (임용권자 : 국민안전처 장관 → 시 · 도지사)
시험과목	총 6과목(필수 4, 선택 2) 단, 영어과목은 영어능력 검정시험으로 대체
시험방법	[필기시험, 체력시험, 신체 · 적성검사, 면접시험] 제1차 필기시험 : 소방행정의 기획 및 관리에 필요한 능력 · 지식 검정 제2차 체력시험 : 6종목(악력, 배근력, 앉아윗몸앞으로굽히기, 제자리멀리뛰기, 윗몸일으키기, 왕복오래달리기) 제3차 신체 · 적성검사 : 직무수행에 필요한 신체조건 · 건강상태, 인 · 검정 검사 제4차 면접시험 : 직무수행에 필요한 능력 · 발전성 및 적격성 검정
응시원서 접수	• 인터넷을 이용한 원서 접수(http://119gosi.kr) • 응시원서 등록용 사진파일(JPG) 규격은 3.5cm × 4.5cm이며, 해상도 100DPI 이상, 정부수입인지대 7,000원 전자 납부 • 필기시험 합격 후 관련 증빙서류 제출 – 제1종 운전면허 중 대형면허 또는 보통면허증 사본 – 자격증사본 및 국가유공자확인등 관련서류 등

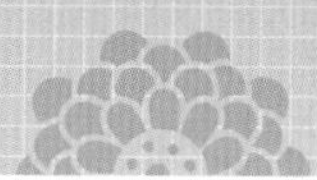

소방공무원 공개경쟁 채용시험

시험시기	시 · 도별 신규채용 필요 시 연 1~2회
임용직급	지방소방사
시험과목	총 5과목(필수 3, 선택 2) / 과목별 20문항 • 필수과목 : 국어, 한국사, 영어 • 선택과목 : 소방학개론, 행정법총론, 소방관계법규, 사회, 과학, 수학 중 2과목
시험방법	• 1차 필기시험 : 직무수행에 필요한 지식과 응용능력 검정 • 2차 체력시험 : 6종목(윗몸일으키기, 제자리멀리뛰기, 악력, 배근력, 앉아윗몸굽히기, 왕복오래달리기) • 3차 신체검사 : 직무수행에 필요한 신체조건 및 건강상태 검정 • 4차 면접시험 : 직무수행에 필요한 능력 · 발전성 및 적격성 검정

시험과목

소방간부후보생 선발시험

• 소방간부후보생 선발시험의 필기시험 과목

구분	인문사회계열	자연계열
필수(4)	헌법, 한국사, 영어, 행정법	헌법, 한국사, 영어, 자연과학개론
선택(2)	행정학, 민법총칙, 형사소송법, 경제학, 소방학개론	화학개론, 물리학개론, 건축공학개론, 전기공학개론, 소방학개론
비고	소방학개론은 소방조직, 재난관리, 연소 · 화재이론, 소화이론 분야로 하고, 분야별 세부내용은 국민안전처장관이 정한다.	

• 간부후보생 영어과목을 대체하는 영어능력검정시험의 종류 및 기준점수표

시험의 종류	토플 (TOEFL)	토플 (TOEFL)	토플 (TOEFL)	토익 (TOEIC)	텝스 (TEPS)	지텔프 (G-TELP)	플렉스 (FLEX)
	PBT	CBT	IBT				
응시에 필요한 기준점수	490점 이상	165점 이상	58점 이상	625점 이상	520점 이상	Level-2의 50점 이상	520점 이상

※ 영어능력 기준점수 미달자는 응시자격 없음

∴ 소방공무원 공개경쟁 채용시험 : 5과목(필수 3, 선택 2) / 과목별 20문항

• **필수과목 : 국어, 한국사, 영어**

• **선택과목 : 소방학개론, 행정법총론, 소방관계법규, 사회, 과학, 수학 중 2과목**

※ 문제출제 : 중앙소방학교 출제 위탁(일부 시 · 도 제외)

∴ 소방공무원 경력경쟁 채용시험 : 3과목(국어, 영어, 소방학개론) / 과목별 20문항

※ 단, 소방관련학과 졸업자 : 국어, 소방학개론, 소방관계법규

※ 영어 : 구조 · 구급 등 소방활동에 필요한 생활영어 등

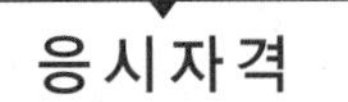

응시자격

∴ 소방간부후보생 선발시험

• **응시연령**

– 21세 이상 40세 이하

• **『제대군인 지원에 관한 법률』 제16조에 따라 채용시험 응시연령 상한 조정 연장함**

• **자격제한**

– 『도로교통법』 제80조 제2항 제1호의 규정에 의한 제1종 운전면허 중 대형면허 또는 보통면허를 받은 자

∴ 소방공무원 공개경쟁 채용시험

• **응시연령**

– 18세 이상 40세 이하(2017년부터 시행)

• **제대군인 군복무기간 응시연령 상한 연장**

군복무기간	1년 미만	1년 이상 ~ 2년 미만	2년 이상
연장기간	1세	2세	3세

• **자격제한**

– 제1종 운전면허 중 대형면허 또는 보통면허 소지자

※ 그 외 지역제한 등 시 · 도별 응시자격 별도 운영

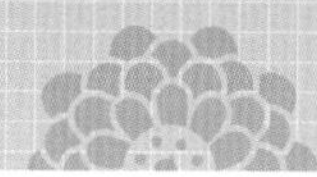

합격자 결정

소방공무원공개경쟁 채용시험

1. 필기시험

- 매과목 40% 이상, 전과목 총점의 60% 이상 득점한 자 중에서 선발예정인원의 3배수 범위내에서 결정

2. 체력시험

- 총점 60점 만점 중 30점 이상 득점자

단계	평가요소	평가점수(60점)
1단계 (집단면접)	① 전문지식 · 기술과 그 응용능력	10점
	② 창의력 · 의지력, 그 밖의 발전가능성	10점
	③ 의사발표의 정확성과 논리성	10점
2단계 (개별면접)	④ 소방공무원으로서의 적성	20점
	⑤ 예의 · 품행 · 성실성 및 봉사정신	10점

3. 최종합격자 결정

- 필기 75%, 체력 15%, 면접 10% 합산점수 중 고득점순으로 합격자를 결정

가 산 점

- 시험관리 자격증 등 소지자의 가점비율(소방공무원임용령 시행규칙 제19조 제2항 및 제24조 관련)

가점비율/분야	0.5할	0.3할	0.1할
자격증(면허증)	1. 소방관련 국가기술자격 중 기술사 · 기능장 2. 1급~4급 항해사 · 기관사 · 운항사 3. 사업용조종사, 운송용조종사, 항공정비사, 항공공장정비사 4. 의사, 변호사 5. 소방시설관리사	1. 소방관련 국가기술자격 중 기사 2. 5급 또는 6급 항해사 · 기관사 3. 응급구조사(1급), 간호사 4. 소방안전교육사	1. 소방관련 국가기술자격 중 산업기사 · 기능사 2. 소형선박조종사, 잠수산업기사, 잠수기능사 3. 제1종특수트레일러면허, 제1종대형운전면허 4. 응급구조사(2급)
사무관리		컴퓨터활용능력 1급	컴퓨터활용능력 2급

※자격증(면허증), 사무관리의 2개 분야로 나누어 가점하되, 각 분야별로 유리한 것 하나에 대하여서만 가점하고, 자격증(면허증) 가점과 사무관리 가점은 합산하여 5퍼센트를 초과할 수 없다.

※소방공무원임용령 시행규칙 제정 · 개정 부칙 제3조(컴퓨터활용능력 3급 자격증 소지자에 관한 경과조치)에 근거하여 컴퓨터활용능력 3급의 자격증을 소지한 사람에 대해서는 별표 6의 개정규정에도 불구하고 2016년 12월 31일까지 공고된 시험까지 종전의 규정에 따른다.

신 체 검 사

• **소방공무원 채용시험 신체조건표(제23조 제7항 관련)**

부분별	합격기준
체격	양팔과 양다리가 완전하며, 가슴 · 배 · 입 · 구강 및 내장의 질환이 없어야 한다.
시력	두 눈의 맨눈 시력이 각각 0.3 이상이어야 한다.
색각(色覺)	색맹 또는 적색약(赤色弱)(약도를 제외한다)이 아니어야 한다.
청력	청력이 완전하여야 한다.
혈압	고혈압(수축기혈압이 145㎜Hg을 초과하거나 확장기 혈압이 90㎜Hg을 초과하는 것)또는 저혈압(수축기혈압이 90㎜Hg 미만이거나 확장기혈압이 60㎜Hg 미만인 것)이 아니어야 한다.
운동신경	운동신경이 발달하고 신경 및 신체에 각종 질환의 후유증으로 인한 기능상 장애가 없어야 한다.

※별표 5에 정하지 아니한 사항은 「공무원 채용신체검사 규정」에 따른다.

체 력 검 사

※6개 종목(악력, 배근력, 앉아윗몸앞으로굽히기, 제자리멀리뛰기, 윗몸일으키기, 왕복오래달리기)에 대한 평가점수를 합산하여 총점의 50퍼센트 이상을 득점한 자

• **소방공무원 체력시험 종목 및 평가점수**

종목	성별	평 가 점 수									
		1	2	3	4	5	6	7	8	9	10
악력(㎏)	남	45.3 ~48.0	48.1 ~50.0	50.1 ~51.5	51.6 ~52.8	52.9 ~54.1	54.2 ~55.4	55.5 ~56.7	56.8 ~58.0	58.1 ~59.9	60.0 이상
	여	27.6 ~28.9	29.0 ~30.2	30.3 ~31.1	31.2 ~31.9	32.0 ~32.9	33.0 ~33.7	33.8 ~34.6	34.7 ~35.7	35.8 ~36.9	37.0 이상

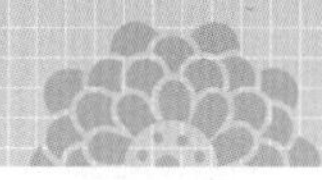

배근력 (㎏)	남	147 ~153	154 ~158	159 ~165	166 ~169	170 ~173	174 ~178	179 ~185	186 ~194	195 ~205	206 이상
	여	85 ~91	92 ~95	96 ~98	99 ~101	102 ~104	105 ~107	108 ~110	111 ~114	115 ~120	121 이상
앉아윗몸 앞으로 굽히기(㎝)	남	16.1 ~17.3	17.4 ~18.3	18.4 ~19.8	19.9 ~20.6	20.7 ~21.6	21.7 ~22.4	22.5 ~23.2	23.3 ~24.2	24.3 ~25.7	25.8 이상
	여	19.5 ~20.6	20.7 ~21.6	21.7 ~22.6	22.7 ~23.4	23.5 ~24.8	24.9 ~25.4	25.5 ~26.1	26.2 ~26.7	26.8 ~27.9	28.0 이상
제자리 멀리뛰기 (㎝)	남	223 ~231	232 ~236	237 ~239	240 ~242	243 245	246 ~249	250 ~254	255 ~257	258 ~262	263 이상
	여	160 164	165 ~168	169 ~172	173 ~176	177 ~180	181 ~184	185 ~188	189 ~193	194 ~198	199 이상
윗몸 일으키기 (회/분)	남	43	44	45	46	47	48	49	50	51	52 이상
	여	33	34	35	36	37	38	39	40	41	42 이상
왕복오래달리기 (회)	남	57 ~59	60 ~61	62 ~63	64 ~67	68 ~71	72 ~74	75	76	77	78 이상
	여	28	29 ~30	31	32 ~33	34 ~36	37 ~39	40	41	42	43 이상

비고

1. 「소방공무원임용령」 제46조 제1항 제2호에 따라 총점 60점 중 30점 이상 득점자를 합격자로 한다.
2. 각 종목별 측정 방법 등은 국민안전처장관이 정한다.

차례

우리 역사의 형성과 고대 국가의 발전

고려 귀족 사회의 형성과 변천

조선 유교 사회의 성립과 변화

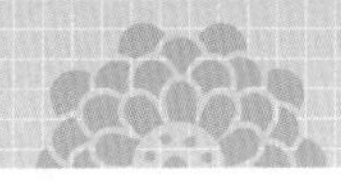

IV 국제 질서의 변동과 근대 국가 수립 운동

V 일제의 강점과 민족 운동의 전개

VI 대한민국의 발전과 현대 세계의 변화

I 우리 역사의 형성과 고대 국가의 발전

01

[I 우리 역사의 형성과 고대 국가의 발전]

동트는 우리 역사

꼭 기억해야 할 연표

- 약 70만 년 전 구석기 시대 시작
- 기원전 8,000년경 신석기 시대 시작
- 기원전 2000년 ~ 기원전 1500년경 청동기 시대 시작
- 기원전 5세기 초기 철기 시대 시작
- 기원전 2333년 고조선 건국 ("삼국유사" 기준)

▲ 주먹도끼

● **구석기 시대의 예술**

구석기 시대의 유적지에서 고래와 물고기 등을 새긴 조각이 발견되었다. 이를 통해 구석기인들이 사냥의 성공, 다산을 기원하였음을 알 수 있다.

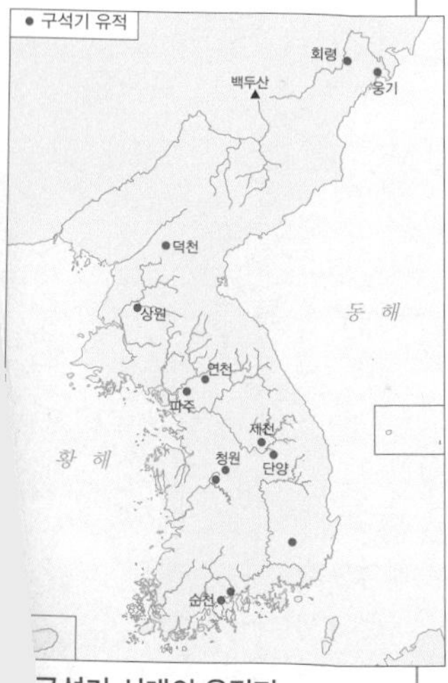

구석기 시대의 유적지

1 고조선의 성립과 발전

1 구석기 시대 (기출)

(1) 시기 : 약 70만 년 전부터 시작되었다.

(2) 뗀석기 : 돌을 깨뜨려 만든 도구를 사용하였다.

① 처음에는 주먹도끼, 찍개 등과 같이 하나의 도구를 여러 용도로 사용하였다.

② 점차 자르개, 밀개, 찌르개 등 쓰임새가 정해진 도구를 사용하였다.

(3) 생활 모습

① 도구를 만들었을 뿐 아니라 불을 이용하고 언어를 구사하였다.

② 채집과 사냥이 경제생활의 중심이었으며, 이동 생활을 하였다.

③ 추위와 비바람을 피해 동굴이나 막집, 바위그늘에서 살았다.

(4) 구석기 시대 말 생활의 변화

① 자연 환경이 변화하면서 슴베찌르개와 같은 이음도구를 제작하였다.

② 작고 빠른 짐승을 잡기 위해 활을 발명하였다.

(5) 대표적 유물과 유적

시대	출토 지역	유물 및 특징
전기 구석기 (70만 ~10만 년 전)	단양 금굴(충북)	현재 발견된 가장 오래된 구석기 시대 유적지(약 70만 년 전)
	상원 검은모루 동굴(평남)	쥐, 토끼 등 각종 동물 화석, 주먹도끼, 긁개 발견
	연천 전곡리(경기)	아슐리안형 주먹도끼와 동아시아 찍개 발견 → 기존 주류 이론이었던 '모비우스 학설'을 깸
	공주 석장리(충남)	전기 · 중기 · 후기 구석기를 포괄하는 문화층 확인, 남한 최초로 발굴(1964)
	제천 점말 동굴(충북)	전기~후기에 이르는 10여 문화층, 털코뿔이 화석 출토(사람의 얼굴이 새겨짐)
중기 구석기 (10만 ~4만 년 전)	웅기 굴포리(함북)	1963년 발굴되었고, 찌르개 등 뗀석기와 맘모스 화석 발견
	덕천 승리산 동굴(평남)	사람 화석 발견
	단양 상시 동굴(충북)	25세 정도의 남자의 뼈 출토(남한에서 최초로 발굴된 인골 화석)

01 동트는 우리의 역사

02 삼국의 성립과 정치 발전

03 남북국의 정치 발전

04 고대의 경제 활동과 사회 모습

05 고대 국가의 대외 교류와 문화 발전

후기 구석기 (4만 ~1만 년 전)	종성 동관진(함북)	1933년 한반도 최초로 발견된 구석기 유적지
	제주 빌레못 동굴	동물 화석, 집터 발견
	단양 수양개(충북)	석기 제작지 출토, 동물(고래, 물고기 형상) 석상 출토
	평양 만달리 동굴	20~30세 가량의 남자 유골(아래턱뼈) 발견
	청원 두루봉 동굴(충북)	흥수굴에서 두 명의 어린이들의 완전한 뼈 발견(흥수 아이) → 장례 의식 확인
	제천 창내(충북)	막집 유적

2 신석기 시대 기출

(1) 시기 : 기원전 8,000년경부터 시작되었다.

(2) 대표적 유물과 유적

간석기 (마제 석기)	돌도끼, 돌화살촉, 돌괭이, 돌보습, 돌낫, 갈돌과 갈판 등 돌을 갈아 다양한 모양의 도구를 만들어 사용하였다.
토기	• 빗살무늬 토기(즐문토기)가 대표적인 토기이다. • 그 외에도 이른 민무늬 토기, 덧무늬 토기, 눌러찍기무늬 토기 등이 있다.
대표적 유적지	서울 암사동, 제주도 한경면 고산리(신석기 시대 유적 중 연대가 가장 이름), 강원 양양 오산리, 부산 동삼동, 김해 수가리, 평양 남경 유적 등 대부분 강가나 바닷가에서 발견된다.

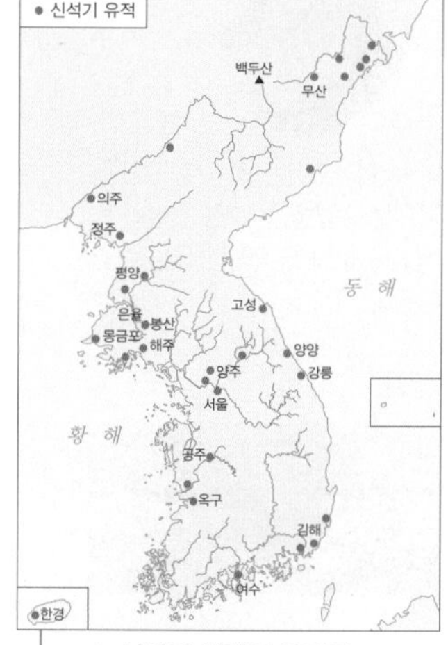

▲ 신석기 시대의 유적지

(3) 경제생활

① 농경과 목축이 시작되었다(신석기 혁명).

② 조 · 피 · 수수 · 기장과 같은 잡곡이 경작되었다.

(4) 원시적 수공업 : 가락바퀴와 뼈바늘을 이용하여 옷이나 그물을 제작하였다.

(5) 주거 생활

① 농경과 함께 정착 생활이 시작되었으며, 해안이나 강가의 움집에 거주하였다.

② 집터는 대개 움집 자리로 바닥은 원형이나 모서리가 둥근 사각형이다.

③ 움집의 중앙에는 불씨를 보관하거나 취사와 난방을 위한 화덕이 위치하였다.

▲ 움집

④ 햇빛을 많이 받는 남쪽으로 출입문을 내었으며, 화덕이나 출입문 옆에는 저장 구덩을 만들어 식량이나 도구를 저장하였다.

⑤ 집터의 규모는 4~5명 정도의 한 가족이 살기에 알맞은 크기였다.

(6) 부족 사회 : 씨족은 혈연을 기반으로 하나의 공동체(부족)를 이루고, 자급자족의 폐쇄적 경제 독립체를 형성하고 있었다.

(7) 원시 신앙의 발생 : 조상 숭배, 영혼 불멸, 애니미즘, 샤머니즘, 토테미즘 등의 원시 신앙이 발생하였다.

▲ 빗살무늬 토기

● 가락바퀴

실을 뽑아 쓰는 도구이다.

● 신석기 시대의 원시 신앙

신석기인은 농경과 밀접한 태양, 물 등의 자연물에 정령이 있다고 믿어 이를 숭배하였고(애니미즘), 특정 동물과 식물을 부족의 수호신으로 섬겼으며(토테미즘), 무당과 그 주술을 믿었다(샤머니즘).

3 청동기 시대

(1) 시기 : 기원전 2000년경에서 기원전 1500년경 사이에 시작되었다.

(2) 청동기 시대의 특징

① 사유 재산 제도와 계급이 발생하고, 국가가 형성되었다(최초의 국가 형태–군장 국가).

② 선민사상이 등장하고, 성 역할이 분리되었다(남성 중심 사회로 변화).

(3) 대표적 유물과 유적

청동기	비파형 동검, 거친 무늬 거울 → 지배자의 의식용 도구 제작
석기 농기구	반달 돌칼, 바퀴날 돌칼, 홈자귀 등
토기	민무늬 토기, 미송리식 토기, 붉은 간토기
무덤	고인돌, 돌널무덤
대표적 유적지	경기도 여주시 흔암리, 충청남도 부여군 송국리

▲ 비파형 동검

(4) 생활 모습

① 벼농사의 시작 : 일부 지역에서는 벼농사가 시작되었다.

② 산간, 구릉지에 집단적 취락 생활을 하였다(배산임수 지형).

③ 움집의 변화

㉠ 점차 지상 가옥화하였으며, 직사각형 집터에 화덕은 한쪽 벽으로 이동하였다.

㉡ 저장 구덩이를 따로 설치하거나 한쪽 벽면을 밖으로 돌출시켜 만들었다.

㉢ 창고와 같은 독립된 저장 시설을 집 밖에 따로 만들기도 하였고, 움집을 세우는 데 주춧돌을 사용하기도 하였다.

4 초기 철기 시대

(1) 시기 : 기원전 5세기경 철기가 전래되기 시작하였다.

(2) **철기의 사용** : 철기를 사용하기 시작함에 따라 철제 무기와 철제 연모(철제 농기구, 철제 도끼 등 철기로 만든 각종 도구)를 사용하게 되면서 그동안 사용하던 청동기는 의식용 도구로 점차 변화하였다.

(3) **한반도의 독자적 청동기 문화** : 세형 동검(한국식 동검), 잔무늬 거울, 거푸집(청동기를 제작하던 틀)을 통해 한반도에 독자적인 청동기 문화가 발전하였음을 알 수 있다.

(4) **중국과의 교류** : 명도전 · 오수전 · 반량전 등의 중국 화폐가 출토되었고, 경남 창원시 다호리 유적의 붓의 출토로 한자가 사용되었음을 알 수 있다.

(5) **토기** : 검은 간토기, 덧띠 토기 등이 발견되었다.

(6) **무덤** : 널무덤, 독무덤

(7) **주거** : 난방 기술의 발달로 움집에 온돌 장치가 사용되었으며, 가옥은 완전한 지상 가옥 형태를 갖추었다.

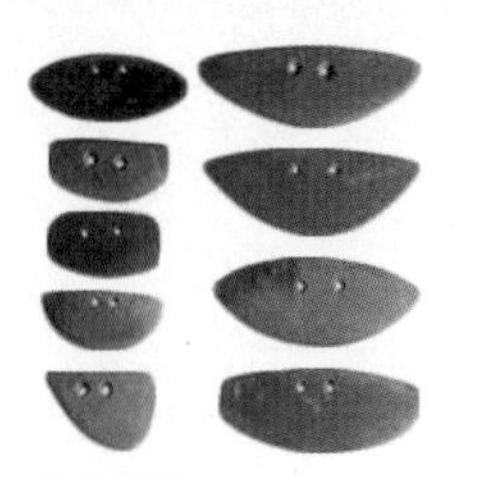

▲ 반달 돌칼

● 미송리식 토기

미송리식 토기는 북방식 고인돌, 거친무늬 거울, 비파형 동검과 함께 고조선의 특징적인 유물로 간주된다.

● 고인돌

고인돌은 피라미드와 같은 거석 문화의 상징이다. 그 종류에는 먼저 판석 4~5개를 세워 돌방을 만들고 그 위에 뚜껑돌을 덮어 묘실이 지상에 나와 있는 북방식(탁자식), 5~6개의 굄돌 또는 돌무지로 돌방 부분을 만들고 그 위에 판석으로 된 뚜껑돌을 덮는 남방식, 마지막으로 묘실 부분이 완전히 지하로 들어간 개석식도 발견되었다. 유네스코 세계 위원회는 2000년 12월 고창, 화순, 강화의 고인돌 유적지를 세계 문화유산으로 지정하였다.

▲ 세형 동검

5 청동기, 철기 시대의 예술

(1) 특징

① 청동기, 철기 시대의 예술은 종교나 정치적 요구와 밀접한 관련이 있었다.

② 당시 제사장이나 군장이 사용하던 청동으로 된 거울, 방울, 검 등은 의식용 도구였다.

(2) 바위그림(암각화)

① 울주 대곡리 반구대 바위그림에는 풍성한 수확의 염원이 담겨 있다.

② 고령 장기리 바위그림에는 각종 기하학적 무늬가 새겨져 있다. 이중 동심원 무늬는 태양을 상징하는 것으로 보인다.

2 고조선의 성립과 발전

1 고조선의 특징

(1) 고조선의 건국 기출

① 고조선은 청동기 문화와 농경 문화를 바탕으로 성립되었다.

② 단군의 건국 이야기 : 단군의 건국에 관한 기록은 "삼국유사"(일연), "제왕운기"(이승휴), "세종실록지리지", "응제시주", "동국여지승람" 등 여러 문헌에 실려 있다.

● 고조선의 명칭

고조선의 명칭은 "관자"(최초), "위략", "산해경" 등 중국 문헌에서 확인된다.

핵심만 정리하자

▶ 선사 시대와 청동기, 철기 시대

구분	정치	경제	사회	도구 및 주거, 무덤
구석기 시대 (약 70만 년 전)	정치 발생 X	사냥과 채집의 자연 경제	이동 생활, 평등 사회	뗀석기(주먹도끼), 슴베찌르개, 골각기(뼈도구), 막집
신석기 시대 (기원전 8000년경)	정치 발생 X	농경의 시작(조, 피, 수수, 기장 등 잡곡류 경작)	부족 사회, 족외혼, 평등 사회	• 간석기, 빗살무늬 토기, 가락바퀴, 뼈바늘 • (반 지하형) 움집 • 원시 신앙의 출현
청동기 시대 (기원전 2000년~기원전 1500년경부터)	국가의 발생 (군장)	일부 지역 벼농사 시작	사유 재산, 계급 발생(고인돌), 선민사상, 성 역할의 분리	• 청동기 : 비파형 동검, 거친무늬 거울 등 • 간석기 : 반달 돌칼, 바퀴날 도끼, 홈자귀 등 • 토기 : 민무늬 토기, 미송리식 토기 • 움집의 지상 가옥화 • 고인돌, 돌널무덤
초기 철기 시대 (기원전 5세기)	연맹 왕국 성립	• 철제 농기구 사용 • 명도전, 반량전, 오수전(중국과 교역) / 붓(창원 다호리 유적, 한자)	• 부족 연맹 사회 • 제정 분리 (천군, 소도)	• 철기 사용, 검은 간토기 사용 • 청동기 문화의 독자적 발전 : 세형 동검, 거푸집, 잔무늬 거울 등 • 널무덤, 독무덤

사료 돋보기 단군의 건국 이야기

고기(古記)에 이런 말이 있다. ㉠ 옛날 환인의 아들 환웅이 천부인 3개와 3,000의 무리를 이끌고 신단수 밑에 내려왔는데, 이곳을 신시라 하였다. 그는 ㉡ 풍백, 우사, 운사로 하여금 ㉢ 인간의 360여 가지의 일을 주관하게 하였는데 그중에서도 곡식, 생명, 질병, 형벌, 선악 등 다섯 가지 일이 가장 중요한 것이었다. 이로써 ㉣ 인간 세상을 교화시키고 인간을 널리 이롭게 하였다. 이때 ㉤ 곰과 호랑이가 사람이 되기를 원하므로 환웅은 쑥과 마늘을 주고 이것을 먹으면서 100일간 햇빛을 보지 않는다면 사람이 될 것이라고 하였다. 곰은 금기를 지켜 21일 만에 여자로 태어났고 환웅과 혼인하여 아들을 낳았다. 이가 곧 ㉥ 단군왕검이다.

분석

환웅, 풍백, 우사, 운사, 곰, 호랑이, 단군왕검

▼

㉠ 선민사상(이주민인 환웅 부족) - 계급 발생
㉡ 농경 사회
㉢ 계급 사회
㉣ 홍익인간의 이념
㉤ 토테미즘
㉥ 제정일치

③ 고조선의 영역

㉠ 고조선은 랴오닝 지방을 중심으로 성장하여 점차 주변 지역을 통합하면서 한반도 북부 지역까지 세력을 확대하였다.

㉡ 이러한 사실은 비파형 동검이나 고인돌의 분포를 통해 짐작할 수 있다.

(2) 고조선의 발전

① 고조선은 국가 체제를 정비하고 철기 문화를 수용하면서 더욱 발전하였다.

② 기원전 3세기경 부왕, 준왕과 같은 강력한 왕이 등장하여 왕위를 세습하였고, 상 · 대부 · 장군 등의 관직도 두었다.

③ 중국의 전국 7웅 중 하나인 연(燕)과 대적할 만큼 강성하였다.

2 위만의 집권 기출

(1) 위만 조선의 성립

① 중국의 진(秦) · 한(漢) 교체기(기원전 3세기경)에 위만(衛滿)은 무리 1,000여 명을 이끌고 고조선으로 들어왔다.

② 위만은 준왕에게 신임을 받아 서쪽 변경을 수비하는 임무를 맡게 되었다.

③ 서쪽 변경에 거주하는 이주민 세력을 통솔하게 된 위만은 세력을 키워 수도인 왕검성에 쳐들어가 준왕을 몰아내고 왕이 되었다(기원전 194).

(2) 위만 조선의 발전

① 철기 문화를 적극적으로 수용하여 강력한 국가로 성장하였다.

② 우거왕 시기에는 중국의 한(漢)과 남방의 진(辰) 사이의 중계 무역으로 이익을 독점하였다.

(3) 고조선의 멸망

① 고조선의 발전에 위협을 느낀 한 무제의 침입으로 멸망하였다(기원전 108).

② 고조선 멸망 이후 일부 지역에는 한의 군현 4곳이 설치되었다.

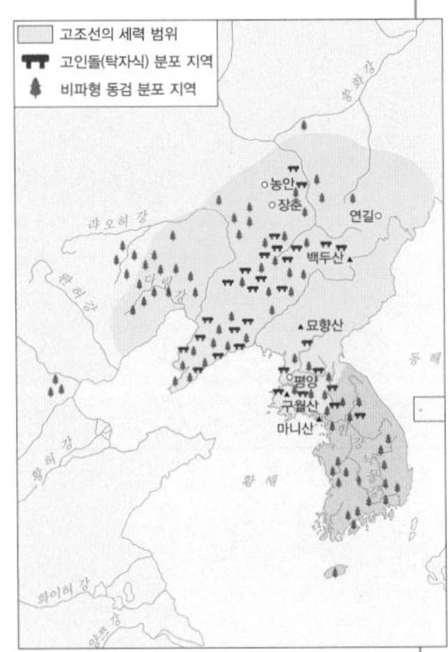

▲ 고조선의 문화 범위

● **전국 7웅**

중국 전국 시대(기원전 403 ~ 기원전 221)에 패권을 다투던 진, 초, 연, 제, 한, 위, 조 등 일곱 나라를 지칭한다.

● **위만 조선의 성립**

위만은 왕이 된 뒤에도 나라 이름을 그대로 조선이라 했고, 그의 정권에는 토착민 출신으로 높은 지위에 오른 자가 많았다. 이러한 점에서 위만의 조선은 단군의 조선을 계승한 것으로 볼 수 있다.

● **한 군현**

한(漢)은 고조선의 영역에 낙랑(현재의 대동강 유역), 진번(위만에게 멸망한 부족 국가인 옛 진번 지역, 현재의 황해도 일대), 임둔(위만에게 멸망한 부족 국가인 옛 임둔 지방, 현재의 함경남도와 강원도 일부), 현도(압록강 중류 지방)의 4군을 설치하고, 군 밑에 현을 두어 한인의 태수와 현령을 파견하여 토착민을 억압하는 통치를 하였다. 한편 낙랑 시대 유물인 '점제현신사비'는 현존 최고(最古)의 비석이며, 산신에게 풍년과 백성의 평안을 비는 내용이 담겨 있다.

3 고조선의 사회 모습

(1) 8조법: 고조선에서는 사회의 기본 질서를 유지하는 8조법이 있었다. 기출

(2) 한 군현 설치 이후: 한 군현 설치 이후에는 법 조항이 60여 조로 증가하여, 풍속이 각박해졌다.

사료 돋보기 고조선의 8조법

(고조선에서는) 백성들에게 금하는 법 8조를 만들었다. 그것은 대개 ㉠ 사람을 죽인 자는 즉시 죽이고, ㉡ 남에게 상처를 입힌 자는 곡식으로 갚는다. ㉢ 도둑질을 한 자는 노비로 삼는다. 용서받고자 하는 자는 한 사람마다 50만 전을 내야 한다. 비록 용서를 받아 보통 백성이 되어도 풍속에 역시 그들은 부끄러움을 씻지 못하여 결혼을 하고자 하여도 짝을 구할 수 없었다. ㉣ 여자들은 모두 정조를 지키고 신용이 있어 음란하고 편벽된 짓을 하지 않았다. 농민들은 대나무 그릇에 음식을 먹고, 도시에서는 관리나 장사꾼들을 본받아서 술잔 같은 그릇에 음식을 먹는다.

–"한서지리지"–

분석

금하는 법 8조, 한서지리지

▼

㉠ 생명 중시, 노동력 중시

㉡ 사유 재산 제도의 형성

㉢ 노비로 삼는 형벌 : 계급 사회

㉣ 남성 중심 사회 : 법적 내용은 아님

3 여러 나라의 성립과 발전

1 부여

(1) 성립과 발전

① 위치 : 쑹화 강 유역의 평야 지대를 중심으로 성장하였다.

② 발전 : 1세기 초에는 왕호를 사용하였으며, 중국과 외교 관계를 맺는 등 발전된 국가 체제를 갖추었다.

(2) 정치 : 5부족 연맹체 기출

① 왕 아래 가축 이름 딴 마가(馬加), 우가(牛加), 저가(猪加), 구가(狗加)라는 대가들이 있었다.

② 대가들은 대사자 · 사자 · 대사 등의 관리를 두었고, 사출도를 독자적으로 지배하였다.

(3) 사회

① 지배층은 왕 · 제가 · 호민이 있었고, 피지배층은 평민인 하호가 생산을 담당하였다. 그 아래 노비가 있었다.

② 1책 12법이라는 엄격한 법이 있어 남의 물건을 훔쳤을 때 12배로 갚도록 하였다.

③ 가(加)의 권한이 강하여 왕에게 수해나 흉년의 책임을 묻기도 하였다.

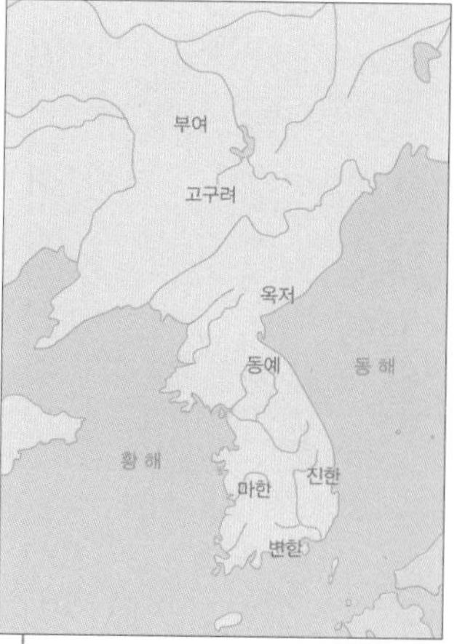

▲ 여러 나라의 성장

● 사출도

부여의 행정 구역을 의미하는데, 중앙에는 왕이 있고, 지방 4곳(사출도)에는 4가(加)가 있어 그 곳의 주민들을 다스렸다.

● 부여의 법률("삼국지" 위서 동이전)

- 살인자는 사형에 처하고 그 가족은 노비로 삼는다.
- 도둑질한 자는 그 물건 값의 12배로 배상한다(1책 12법).→ 사유 재산 보호
- 간음한 자는 사형에 처한다. → 가부장제와 일부다처제 보호
- 투기가 심한 부인은 사형에 처하고 그 시체를 남쪽 산 위에 버려서 썩게 한다. 단, 여자 집에서 시체를 찾아가려면 소와 말을 바쳐야 한다.

● 부여의 풍습

- 형사취수제 : 형이 죽으면 동생이 형수와 조카를 취한다.
- 순장 : 왕이 사망 시 사람과 부장품을 함께 매장한다.
- 우제점법 : 소의 발굽으로 길흉을 점친다.

(4) 경제 : 목축을 주로 하였고, 말 · 주옥 · 모피를 수출하였다.

(5) 풍습 : 영고(제천 행사, 12월), 형사취수제, 순장, 우제점법 등의 풍속이 있었다. 

사료 돋보기 부여의 풍습

부여에는 구릉과 넓은 못이 많아서 동이 지역 가운데서 가장 넓고 평탄한 곳이다. 토질은 오곡을 가꾸기에는 알맞지만 과일은 생산되지 않았다. 사람들 체격이 매우 크고 성품이 강직 용맹하며, 근엄하고 후덕하여 다른 나라를 노략질하지 않았다. …… 형이 죽으면 형수를 아내로 삼는 것은 흉노의 풍속과 같았다.

형벌이 엄하고 각박하여 사람을 죽인 사람은 사형에 처하고, 그 집안사람은 노비로 삼는다. 도둑질을 하면 물건 값의 12배를 변상하게 하였다. 남녀 간에 음란한 짓을 한 사람이나 질투하는 부인은 모두 죽였다. 투기하는 것을 더욱 미워하여, 투기하는 사람을 죽이고 나서 그 시체를 나라의 남산 위에 버려서 썩게 한다.

–"삼국지" 위서 동이전–

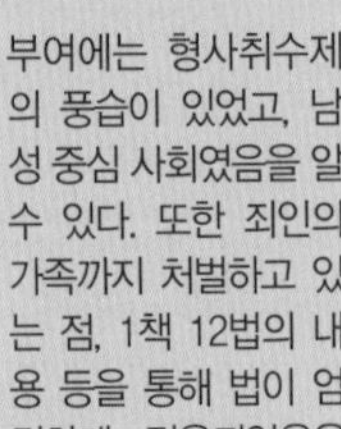

분석

구릉, 오곡, 용맹, 형수, 아내, 형벌, 엄격, 12배 변상

▼

부여에는 형사취수제의 풍습이 있었고, 남성 중심 사회였음을 알 수 있다. 또한 죄인의 가족까지 처벌하고 있는 점, 1책 12법의 내용 등을 통해 법이 엄격하게 적용되었음을 확인할 수 있다.

(6) 멸망과 의의

① 멸망 : 3세기 말 선비족의 침략으로 세력이 위축되었고, 5세기 말 고구려에 흡수되었다(고구려 문자왕, 493).

② 의의 : 연맹 왕국 단계에서 고구려에 흡수당하였으나, 고구려와 백제가 부여의 계통이었다는 점에서 역사적 의미가 크다.

2 고구려

(1) 성립과 발전

① 부여에서 남하해온 주몽이 압록강의 지류인 졸본 지방에서 건국하였다(기원전 37).

② 건국 초기부터 주변 국가들을 정복하면서 발전하였다. 이후 국내성으로 수도를 옮기고, 5부족 연맹을 토대로 발전하였다.

▲ 오녀산성(졸본)

(2) 정치와 사회

① 왕 아래 상가 · 고추가 등 대가들이 있었으며, 이들은 각각 독립적으로 사자 · 조의 · 선인을 거느렸다.

② 왕과 대가는 지배 계급으로 하호와 노비를 다스렸으며, 중대한 범죄자가 있으면 제가 회의를 통해 사형에 처하고 그 가족을 노비로 삼았다.

● 국동대혈

왕과 신하들이 모여 제사를 지내던 곳이다.

(3) 경제 : 산악 지대에 위치하여 토지가 척박하였으므로 농사짓기가 어려웠다.

(4) 풍습

① 제천 행사 : 건국 시조인 주몽과 그 어머니인 유화 부인을 조상신으로 섬겼으며, 10월에는 동맹이라는 제천 행사를 치렀다.

② 서옥제 : 남자가 혼인을 한 후 일정 기간 처가에서 살다가 가족을 데리고 남자 집으로 돌아가는 혼인 형태였다.

(5) **법률** : 반역자, 살인자, 전쟁에서 패한 자는 사형에 처하고 도둑질한 자는 12배로 배상하게 하였다(1책 12법).

사료 돋보기 고구려의 풍습

- 고구려에는 큰 산과 깊은 골짜기가 많고 평원과 연못이 없어서 계곡을 따라 살며 골짜기 물을 식수로 마셨다. 좋은 밭이 없어서 힘들여 일구어도 배를 채우기는 부족하였다. 사람들의 성품은 흉악하고 급해서 노략질하기를 좋아하였다. …… 나라 안의 대가들은 밭을 일구지 않았으며 앉아서 먹는 자가 만여 명이나 되었다.
- 감옥이 없고 범죄자가 있으면 제가들이 모여 회의를 하여 사형에 처하고, 처자는 노비로 삼는다. 그 풍속은 혼인할 때 구두로 미리 정하고, 여자의 집 본채 뒤편에 작은 별채를 짓는데, 그 집을 서옥이라 부른다. …… 아들을 낳아서 장성하면 남편은 아내를 데리고 자기 집으로 돌아간다.

–"삼국지" 위서 동이전–

큰 산, 골짜기, 노략질, 제가, 서옥

고구려는 척박한 산악 지대에 위치하여, 일찍부터 약탈 경제를 영위하였다. 또한 일종의 데릴사위제인 서옥제 풍습이 있었다.

3 옥저와 동예

(1) 옥저

① 위치 : 지금의 함경도 동해안 지역에 위치하였다.

② 풍습

㉠ 혼인 풍습 : 일종의 매매혼인 민며느리제가 있었다.

㉡ 장례 풍습

- 가족이 죽으면 시체를 가매장했다가 나중에 그 뼈를 추려서 가족 공동 무덤인 커다란 목곽에 안치하였다.
- 목곽 입구에는 죽은 자의 양식으로 쌀을 담은 항아리를 매달아놓기도 하였다.

(2) 동예

① 위치 : 지금의 강원도 북부 동해안 지역에 위치하였다.

② 경제 : 명주와 삼베를 짜는 방직 기술이 발달하였으며, 특산물로 단궁(활)과 과하마(일종의 조랑말) · 반어피(바다표범의 가죽)가 있었다.

③ 풍습

㉠ 제천 행사 : 10월에 무천이라는 제천 행사를 열었다.

㉡ 족외혼을 엄격하게 지켰으며, 다른 부족의 영역을 함부로 침범했을 때는 책화라고 하여 노비나 소, 말 등으로 배상하였다.

④ 주거 생활 : 철(凸)자 모양과 여(呂)자 모양의 집터에서 생활하였다.

● 옥저와 동예의 정치

옥저와 동예는 지리적으로 동해안에 치우쳐 선진 문화 흡수가 어려웠다. 정치적으로 왕은 없었고, 읍군, 삼로 등 군장의 명칭이 확인된다. 이후 두 나라는 고구려에 흡수되었다.

● 민며느리제

어릴 때 혼인을 약속한 후 어린 신부가 신랑 집에서 살다가 성인이 되면, 신랑 집에서 여자 집에 대가를 주고 정식으로 혼인하는 제도였다.

사료 돋보기 **옥저와 동예의 풍습**

[옥저]

- 옥저는 큰 나라 사이에서 시달리고 괴롭힘을 당하다가 마침내 고구려에게 복속되었다. 고구려는 그 나라 사람 가운데 대인을 뽑아 사자로 삼아 토착 지배층과 함께 통치하게 하였다. 그들은 장사를 지낼 적에 큰 나무 곽을 만드는데, 길이가 10여 장(杖)이나 되며, 한쪽 머리를 열어 놓아 문을 만든다. 사람이 죽으면 시체는 모두 가매장을 하되, 겨우 형체가 보일만큼 묻었다가 가죽과 살이 다 썩은 다음에 뼈만 추려 곽 속에 안치한다. 온 집안 식구를 모두 하나의 곽 속에 넣어두는데, 죽은 사람의 숫자대로 살아있을 때와 같은 모습으로 나무에 모양을 새긴다. 또 솥에 쌀을 담아 문 곁에 엮어 매단다.
- 그 나라의 혼인 풍속은 여자 나이 10살이 되기 전에 혼인을 약속한다. 신랑 집에서는 여자를 맞이하여 성장하면 길러 아내로 삼는다. 여자가 어른이 되면 친정으로 되돌려 보낸다. 친정에서는 돈을 요구하는데 신랑 집에서 돈을 지불한 뒤 신랑 집으로 되돌아온다.

[동예]

동예는 대장군이 없고 한 대 이후로 후, 읍군, 삼로 등의 관직이 있어서 하호를 통치하였다. 예의 풍속은 산천을 중요시하여 산과 내마다 구분이 있어 함부로 들어가지 않는다. 부락을 함부로 침범하면 노비, 소, 말로 배상하게 하는데, 이를 책화라고 한다. 동성(同姓)끼리는 결혼하지 않는다. 꺼리는 것이 많아서 병을 앓거나 사람이 죽으면 옛집을 버리고 곧 새 집을 지어 산다. 삼베가 산출되며, 누에를 쳐서 옷감을 만든다.

–"삼국지" 위서 동이전–

[옥저]
가매장, 뼈, 곽 속, 안치, 집안 식구, 혼인, 신랑 집, 여자, 아내, 친정, 돈
[동예]
읍군, 삼로, 하호, 산천, 산과 내, 부락, 침범, 노비 · 소 · 말 배상, 책화

▼

옥저는 가족 공동 무덤과 민며느리제의 풍습이 있었으며, 동예는 책화의 풍습이 있었다.

4 삼한(마한, 변한, 진한) 기출

(1) 정치

① 삼한 중 마한의 세력이 가장 컸으며, 마한의 목지국의 지배자가 마한왕 또는 진왕으로 추대되어 삼한 전체를 주도하였다.

② 정치적 지배자 : 신지, 견지(대족장), 읍차, 부례(소족장) 등 정치적 지배자가 성장하였다.

③ 제정 분리 : 제사장(종교적 지배자)인 천군은 신성 지역인 소도에서 농경과 종교에 대한 의례를 주관하였다.

(2) 경제

① 철제 농기구를 사용하였고, 벼농사도 발달하였다.

② 변한에서는 철이 많이 생산되어 화폐처럼 사용하였고, 낙랑과 일본 등에 수출하였다.

(3) **제천 행사** : 해마다 씨를 뿌리고 난 뒤인 5월과 가을걷이를 마치는 10월에는 계절제를 열어 하늘에 제사를 지냈다.

(4) **삼한 사회의 변화** : 마한은 한강 유역에서 성장한 백제에게 통합되었고, 변한 지역에서는 구야국, 진한 지역에서는 사로국이 성장하였다.

사료 돋보기 **삼한의 풍습**

- 귀신을 몹시 믿기 때문에 고을마다 한 사람을 뽑아 세워서 천신에게 제사지내는 것을 주관하게 하였는데, 이 사람을 천군이라 불렀다. 또 이들 여러 나라에는 각각 별읍이 있었는데, 이를 소도라 하였다. 큰 나무를 세우고 거기에 방울과 북을 매달아 놓고 귀신을 섬겼는데, 사방에서 도망해 온 사람들은 모두 여기에 모여 돌아가지 않았다.
- 삼한(三韓)에서는 5월에 파종하고 난 후 귀신(鬼神)에게 제사(祭祀) 지내는데, 이때 많은 사람들이 모여 노래하고 춤추고 술을 마시며 밤낮 쉬지 않고 놀았다. 10월에 농사일이 끝난 후에도 그와 같이 제사 지내고 즐겼다. 토지가 비옥(肥沃)하여 오곡(五穀)과 벼를 재배하기에 좋았으며, 누에를 칠 줄 알아 비단과 베를 만들었다. 나라(弁韓)에 철(鐵)이 나는데, 한(漢)과 예(濊)와 왜(倭)가 모두 여기서 가져갔다. 시장(市場)에서 물건을 사고파는 데에도 철(鐵)을 사용하여 중국(中國)에서 돈을 사용함과 같았다.

–"삼국지" 위서 동이전–

분석

천신, 제사, 주관, 천군, 별읍, 소도, 5월 파종, 10월 수확, 철 사용

천군은 제사장으로서 농경과 종교에 대한 의례를 주관하였으며, 소도는 신성한 영역으로 정치적 지배자의 권력이 미치지 못하여 죄인이 이곳으로 도망하여도 정치적 지배자인 군장이 잡아갈 수 없었다. 한편 5월 파종 후와 10월 수확 후 제천 행사를 지냈으며, 변한에서는 철 생산이 많아 바닷길로 한 군현과 왜에 수출하였다.

핵심만 정리하자

▶ 여러 나라의 성립과 발전

구분	위치	정치	경제	풍속	제천 행사	정치적 변동
부여	만주 쑹화 강 유역의 평야 지대	5부족 연맹, 사출도(마가, 우가, 저가, 구가)	농경과 목축(반농반목), 특산물(말, 주옥, 모피)	순장, 1책 12법, 우제점법	12월 영고	고구려에 복속
고구려	졸본 → 국내성	5부족 연맹체, 제가 회의	산악 지대, 토지 척박 → 약탈 경제	서옥제	10월 동맹	중앙 집권 국가로 성장
옥저	함경도 함흥평야	왕이 없어 군장이 다스림 (읍군, 삼로)	어물, 소금 풍부	민며느리제, 가족 공동 무덤		고구려에 복속
동예	강원도 북부		특산물(단궁, 과하마, 반어피)	족외혼, 책화	10월 무천	
삼한	한강 남쪽	제정 분리, 목지국의 영토	농경 발달, 변한의 철 생산	두레(공동 노동)	5월, 10월 계절제	마한 → 백제 변한 → 가야 진한 → 신라

기출 및 예상 문제

01 선사 문화의 발전

[1] 구석기 시대에는 주먹도끼 등 뗀석기를 사용하였다. O | X

[2] 신석기 시대에는 농경이 시작되었고, 빗살무늬 토기를 사용하였다. O | X

[3] 민무늬 토기를 사용하던 시기에 태양과 물을 숭배하는 애니미즘이 생겨났다. O | X

[4] 청동기 시대에는 금속기가 출현하면서 석기 농기구는 사라졌다. O | X

[5] 철기와 함께 출토되는 중국 화폐인 명도전, 오수전, 반량전 등은 중국과의 활발한 교역을 확인할 수 있는 유물이다. O | X

01 구석기 시대의 생활에 대한 설명으로 옳지 <u>않은</u> 것은?

① 동굴, 바위그늘에서 살거나 강가에 막집을 짓고 살았다.
② 동물의 뼈로 만든 뼈도구와 뗀석기를 도구로 사용하였다.
③ 유적으로는 상원의 검은 모루, 제천 창내, 공주 석장리 등이 있다.
④ 조, 피 등의 곡물을 반달 돌칼로 이삭을 추수하는 등 농경을 발전시켰다.

02 다음 중 구석기 시대에 사용된 유물은?

①

주먹도끼

②
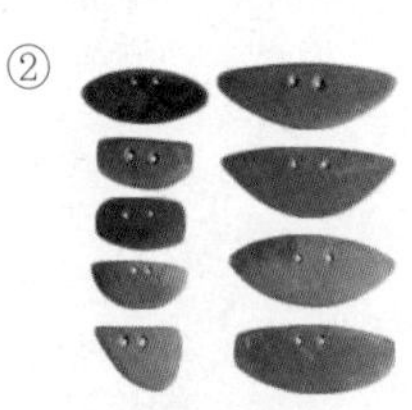
반달 돌칼

③

비파형 동검

④

빗살무늬 토기

03 다음 유물들이 만들어진 시대의 사회 모습으로 옳은 것은?

- 충북 청주 산성동 출토 가락바퀴
- 경남 통영 연대도 출토 치레걸이
- 인천 옹진 소야도 출토 조개껍데기 가면
- 강원 양양 오산리 출토 사람 얼굴 조각상

① 한자의 전래로 붓이 사용되었다.
② 무덤은 일반적으로 고인돌이 사용되었다.
③ 조, 피 등을 재배하는 농경이 시작되었다.
④ 반량전, 오수전 등의 중국 화폐가 사용되었다.

2015년 소방

04 다음 제시된 시기의 사실로 옳은 것은?

집터는 대개 움집 자리로 바닥은 원형이나 모서리가 둥근 사각형이다. 움집의 중앙에는 불씨를 보관하거나 취사와 난방을 위한 화덕이 위치하였다. 햇빛을 많이 받는 남쪽으로 출입문을 내었으며, 화덕이나 출입문 옆에는 저장 구덩을 만들어 식량이나 도구를 저장하였다. 집터의 규모는 4~5명 정도의 한 가족이 살기에 알맞은 크기였다.

① 원시적인 농경 사회가 시작되었다.
② 무덤 양식으로는 독무덤 양식이 등장하였다.
③ 뗀석기를 도구로 사용하였다.
④ 족장이 출현하여 스스로 선민사상을 주장하였다.

2016년 지방 9급

05 밑줄 친 '이 토기'가 주로 사용되었던 시대에 대한 설명으로 옳은 것은?

> 이 토기는 팽이처럼 밑이 뾰족하거나 둥글고, 표면에 빗살처럼 생긴 무늬가 새겨져 있다. 곡식을 담는 데 많이 이용된 이 토기는 전국 각지에서 출토되고 있는데, 대표적 유적지는 서울 암사동, 봉산 지탑리 등이다.

① 농경과 정착 생활이 이루어졌다.
② 고인돌이나 돌널무덤을 만들었다.
③ 빈부의 격차가 나타나고 계급이 발생하였다.
④ 군장이 부족의 풍요와 안녕을 기원하는 제사를 지냈다.

2016년 소방

06 다음에 제시된 유물이 처음 사용된 시대의 사실로 옳은 것은?

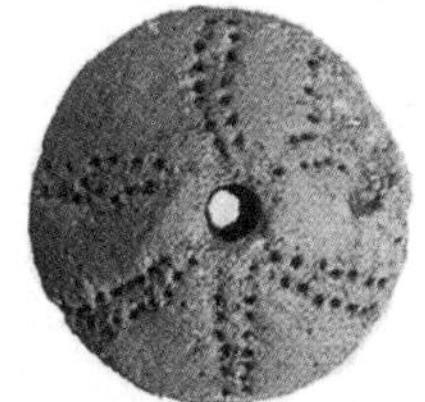

① 조 · 피 · 수수 등을 재배하는 농경이 시작되었다.
② 사유 재산 제도가 출현하고 계급이 발생하였다.
③ 탁자식과 바둑판식 형태의 고인돌이 축조되었다.
④ 철제 무기와 철제 연모를 사용함에 따라 그동안 사용해 오던 청동기는 의식용 도구로 변하였다.

07 고인돌이 만들어지던 시대에 대한 설명으로 옳은 것은?

① 추수용 도구로 반달 돌칼을 사용하였다.
② 대표적인 토기는 빗살무늬 토기이다.
③ 대표적인 유적으로는 제천 창내 유적, 서울 암사동 유적 등이 있다.
④ 무리 가운데 경험이 많은 사람이 지도자가 되었으나 정치권력을 갖지 못하였다.

08 청동기 시대의 유적과 유물에 대한 설명으로 옳은 것은?

① 청동기 시대에는 수공업 생산과 관련된 가락바퀴가 처음으로 사용되었다.
② 불에 탄 쌀이 여주 흔암리, 부여 송국리 유적에서 발견되었다.
③ 청동기 시대 유적은 한반도 지역에만 주로 분포되어 있다.
④ 청동기 시대 토기로는 몸체에 덧띠를 붙인 덧무늬 토기가 대표적이다.

09 다음 유물을 통해 알 수 있는 사실로 가장 옳은 것은?

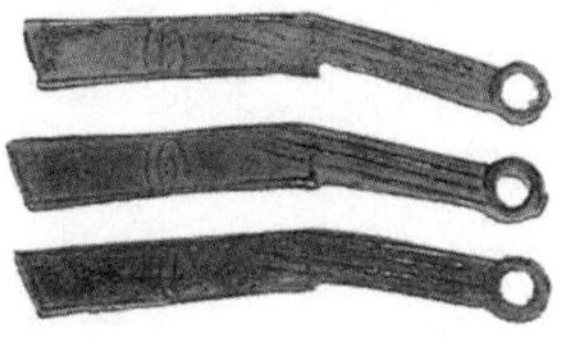

① 계급의 분화가 시작되었다.
② 농경을 처음으로 시작하였다.
③ 중국과 활발하게 교류하였다.
④ 철제 농기구의 사용이 보편화되었다.

02 고조선의 성립과 발전

[1] 삼국유사에서는 단군왕검이 고조선을 건국하였다고 기록되어 있다. O | X

[2] 고조선에서는 왕 아래 사자, 조의, 선인 등의 관직이 있었다. O | X

[3] 요서 지방을 경계로 연나라와 대립하기도 하였다. O | X

[4] 위만 조선이 멸망한 이후 한사군이 설치되었다. O | X

[5] 8조법에 의하면 도둑질한 사람은 물건 값의 12배를 배상해야 했다. O | X

10 (가) 국가에 대한 설명으로 옳은 것은?

> (가) 에서는 백성들에게 금하는 법 8조가 있었다. 그것은 대개 사람을 죽인 자는 즉시 죽이고, 남에게 상처를 입히는 자는 곡식으로 갚는다. 도둑질을 한 자는 노비로 삼는다. 용서받고자 하는 자는 한 사람마다 50만 전을 내야 한다. 비록 용서를 받아 보통 백성이 되어도 사람들이 이를 부끄럽게 여겨 혼인을 하고자 해도 짝을 구할 수 없다.

① 옥저와 동예를 정복하였다.
② 족외혼과 책화의 풍습이 있었다.
③ 별도의 행정 구역인 사출도가 있었다.
④ 중국의 한과 대립할 정도로 성장하였다.

11 고조선의 사회와 문화에 대한 설명으로 옳은 것은?

① 단군은 제정일치의 지배자로 주변 부족을 통합하고 지배하기 위해 자신의 조상을 곰, 호랑이와 연결시켰다.
② 위만 조선은 철기 문화를 본격적으로 수용해 상업과 무역도 발달하였다.
③ 고조선의 사회상은 현재 전하는 8조법금 법조문 전체로 파악이 가능하다.
④ 고조선은 중계 무역을 통해 중국의 한과 우호 관계를 유지하려 했다.

12 다음 자료를 통해 알 수 있는 나라에 대한 설명으로 옳지 않은 것은?

> 서로 죽이면 그때에 곧 죽인다. 서로 상하게 하면 곡식으로 배상하게 한다. 도둑질한 자는 남자는 그 집의 가노(家奴)로 삼고 여자는 비(婢)로 삼는다. 노비에서 벗어나기를 원하는 자는 50만전을 내야하는데 비록 면하여 민의 신분이 되어도 사람들이 이를 부끄럽게 여겨 장가들고자 하여도 결혼할 사람이 없다. 이런 까닭에 그 백성들이 끝내 서로 도둑질하지 않았고 문을 닫는 사람이 없었다. 부인들은 단정하여 음란한 일이 없었다.
>
> –"한서지리지"–

① 삼국사기에 따르면 요임금 때 건국되었다.
② 건국 사실이 제왕운기에도 기술되어 있다.
③ 사람의 생명과 사유 재산을 보호하는 사회였다.
④ 이 나라의 이름이 관자라는 책에도 나오고 있다.

03 여러 나라의 성립과 발전

[1] 부여에서는 마가, 구가, 우가, 저가 등 대가들이 사출도를 독자적으로 다스렸다. O | X

[2] 고구려는 민며느리제의 풍습이 있었다. O | X

[3] 옥저는 가족이 죽으면 시체를 가매장했다가 나중에 그 뼈를 추려서 커다란 목곽에 안치하는 가족 공동 무덤이 있었다. O | X

[4] 동예는 다른 부족의 영역을 침범하면 노비나 소, 말로 배상하는 책화라는 풍습이 있었다. O | X

[5] 삼한에서는 5월과 10월에 계절제를 실시하였고, 제사장인 천군이 존재하였다. O | X

13 다음 자료와 관련된 나라에 대한 설명으로 옳지 않은 것은?

> • 풍속에 "장마와 가뭄이 연이어 오곡이 익지 않을 때, 그때마다 왕에게 허물을 돌려 왕을 마땅히 바꾸어야 한다."라거나 혹은 "왕은 마땅히 죽어야 한다."라고 하였다.
> • 풍정월에 지내는 제천 행사는 국중 대회로 날마다 마시고 먹고 노래하고 춤추는데 그 이름은 영고라 한다.
>
> – "삼국지" 위서 동이전 –

① 쑹화 강 유역의 평야 지대에서 성장하였다.
② 왕 아래 가축의 이름을 딴 여러 가(加)들이 있었다.
③ 왕이 죽으면 노비 등을 함께 묻는 순장의 풍습이 있었다.
④ 국력이 쇠퇴하여 광개토 대왕 때 고구려에 완전 병합되었다.

14 다음과 같은 혼인 풍습이 있었던 나라의 사회상으로 옳지 않은 것은?

> 혼인하는 풍속을 보면, 구두로 정해지면 신부 집에서 본채 뒤에 작은 별채를 짓는데, 이를 서옥(婿屋)이라 한다.
> 해가 저물 무렵, 신랑이 신부 집 문 밖에 와서 이름을 밝히고 꿇어앉아 절하며 안에 들어가 신부와 잘 수 있도록 요청한다. 이렇게 두세 번 청하면 신부의 부모가 별채에 들어가 자도록 허락한다. …… 자식을 낳아 장성하면 신부를 데리고 자기 집으로 간다.
>
> –"삼국지"–

① 건국 시조인 주몽과 그 어머니 유화부인을 조상신으로 섬겨 제사를 지냈다.
② 남의 부족의 영역을 침범하면 소나 말 등으로 변상하는 책화라는 풍습이 있었다.
③ 왕 아래에 상가, 고추가 등의 대가들이 있었으며, 각기 사자, 조의, 선인 등 관리를 거느렸다.
④ 10월에 동맹이라는 제천 행사를 치르고, 아울러 왕과 신하들이 국동대혈에 모여 함께 제사를 지냈다.

15 다음 제시어와 관련 있는 우리나라 초기 국가에 대한 설명으로 옳은 것은?

> • 사자, 조의 • 서옥제 • 동맹

① 관직명으로 상 · 대부 · 박사 · 장군 등이 있었다.
② 남의 물건을 훔쳤을 때 물건 값의 12배로 배상하고, 간음한 자는 사형에 처하였다.
③ 중대한 범죄자가 있으면 제가 회의를 통해 사형에 처하고, 그 가족을 노비로 삼았다.
④ 제사장인 천군은 신성 지역인 소도에서 농경과 종교에 대한 의례를 주관하였다.

2015년 소방

16 (가)와 (나) 국가에 대한 설명으로 옳은 것은?

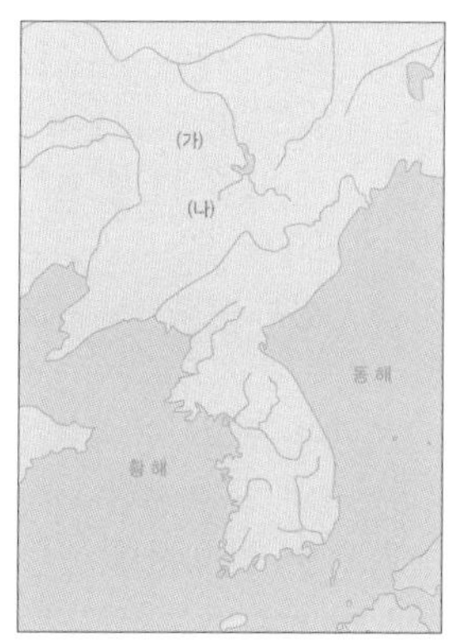

① (가) – 제사장인 천군이 관할하던 지역을 소도라고 불렀고, 신지 · 견지 등이 정치적 지배자로 군림하였다.
② (나) – 특산물로 말, 주옥, 모피가 생산되었다.
③ (가) – 부족장을 가(加)라고 불렀으며, 왕권이 미약하였다.
④ (나) – 씨족 사회의 풍습으로 족외혼이 이루어졌다.

17 다음 자료의 (가), (나) 국가에 대한 설명으로 옳은 것은?

> (가) 산천을 중요시하여 산과 내마다 구분이 있어 함부로 들어가지 않으며, 이를 어기면 소와 말로 배상하였다.
> (나) 가족이 죽으면 시체를 가매장하였다가 나중에 그 뼈를 추려서 가족 공동 무덤인 커다란 목곽에 안치하였다.

① (가) – 12월에 영고라는 제천 행사를 지냈다.
② (나) – 민며느리제라는 혼인 풍속이 있었다.
③ (가), (나) – 왕권이 강화된 중앙 집권 국가로 발전하였다.
④ (가), (나) – 대가들이 제가 회의라는 귀족 회의를 유영하였다.

18 다음 (가), (나) 나라에 대한 설명으로 옳은 것은?

> (가) 고구려 개마대산 동쪽에 있는데 개마대산은 큰 바닷가에 맞닿아 있다. …… 그 나라 풍속에 여자 나이 10살이 되기 전에 혼인을 약속한다. 신랑 집에서는 여자를 맞이하여 다 클 때까지 길러 아내를 삼는다.
> (나) 남쪽으로는 진한과 북쪽으로는 고구려, 옥저와 맞닿아 있고 동쪽으로는 큰 바다에 닿았다. …… 해마다 10월이면 하늘에 제사를 지내는데 밤낮으로 술 마시며 노래 부르고 춤추니, 이를 무천이라고 한다.

① (가) – 서옥제라는 혼인 풍속이 있었다.
② (가) – 중대한 범죄자가 있으면 제가 회의를 통하여 사형에 처하였다.
③ (나) – 족장들은 저마다 따로 행정 구획인 사출도를 다스렸다.
④ (나) – 다른 부족의 영역을 침범하면 책화라고 하여 노비, 소, 말로 변상하였다.

19 삼한에 대한 설명으로 옳지 않은 것은?

① 제정일치의 사회였다.
② 저수지가 축조되고 벼농사가 발달하였다.
③ 철이 많이 생산되어 낙랑과 왜 등에 수출하였다.
④ 5월과 10월에 계절제를 열어 하늘에 제사를 지냈다.

20 (가), (나) 나라에 대한 설명으로 옳은 것을 〈보기〉에서 모두 고른 것은?

> (가) 살인자는 사형에 처하고 그 가족은 노비로 삼았다. 도둑질을 하면 12배로 변상케 했다. 남녀 간에 음란한 짓을 하거나 부인이 투기하면 모두 죽였다. 투기하는 것을 더욱 미워하여, 죽이고 나서 시체를 산 위에 버려서 썩게 했다. 친정에서 시체를 가져가려면 소와 말을 바쳐야 했다.
> (나) 귀신을 믿기 때문에 국읍에 각각 한 사람씩 세워 천신에 대한 제사를 주관하게 했다. 이를 천군이라 했다. 여러 국(國)에는 각각 소도라고 하는 별읍이 있었다. 큰 나무를 세우고 방울과 북을 매달아 놓고 귀신을 섬겼다. 다른 지역에서 거기로 도망쳐 온 사람은 누구든 돌려보내지 않았다.
>
> –"삼국지"–

〈보 기〉

ㄱ. (가) – 왕 아래에는 상가, 고추가 등의 대가가 있었다.
ㄴ. (가) – 농사가 흉년이 들면 국왕을 바꾸거나 죽이기도 하였다.
ㄷ. (나) – 제천 행사는 5월과 10월의 계절제로 구성되어 있었다.
ㄹ. (나) – 동이(東夷) 지역에서 가장 넓고 평탄한 곳이라 기록되어 있었다.

① ㄱ, ㄴ　② ㄱ, ㄹ
③ ㄴ, ㄷ　④ ㄷ, ㄹ

2016년 소방

21 다음 (가)와 (나)에 대한 설명으로 옳은 것은?

> (가) 이 나라는 혼인에 있어서는 신랑이 신부의 집에 가서 살다가 자식을 낳아 장성한 뒤에야 남자의 집으로 돌아온다. …… 사람들은 기력이 있고 전투를 잘하고 노략질하기를 좋아한다.
>
> -"삼국지" 위서 동이전-
>
> (나) 귀신을 믿으므로 국읍(國邑)에서는 각기 한 사람을 뽑아 천신에 대한 제사를 주관하게 하였는데, 이 사람을 천군(天君)이라 부른다. 또 이들 여러 나라에는 각각 별읍(別邑)이 있는데, 이것을 소도(蘇塗)라 한다.
>
> -"삼국지" 위서(魏書) 한전(韓傳)-

① (가) - 옥저의 결혼 풍습이 민며느리제임을 알 수 있다.
② (가) - 매년 10월에 제천 행사인 무천이 행해졌다.
③ (나) - 사회 질서를 유지하기 위해 8조법이 만들어졌다.
④ (나) - 당시 북방 지역보다 앞선 제정 분리 사회 모습을 알 수 있다.

22 각 나라별 생활과 풍속에 대한 설명으로 옳지 않은 것은?

① 고조선 - 남에게 상처를 입힌 자는 곡식으로 갚게 하였다.
② 동예 - 다른 부족의 영역을 침범하면 노비와 소, 말로 변상하게 하였다.
③ 부여 - 길흉을 점치기 위해 소를 죽였고, 매년 10월에 제천 행사를 열었다.
④ 고구려 - 신부 집 뒤에 집을 짓고 살다가 자식을 낳아 장성하면 아내를 데리고 신랑 집으로 돌아가는 제도가 있었다.

[Ⅰ 우리 역사의 형성과 고대 국가의 발전]

02 삼국의 성립과 정치 발전

출제 빈도	상	중	하

꼭 기억해야 할 연표

- 372 소수림왕, 불교 전래 · 태학 설립
- 400 광개토 대왕, 신라 침입한 왜구 격퇴
- 427 장수왕, 평양 천도
- 433 나 · 제 동맹
- 475 백제 한성 함락, 웅진 천도
- 520 법흥왕, 율령 반포
- 554 관산성 전투
- 660 백제 멸망
- 668 고구려 멸망
- 676 신라의 삼국 통일

● 진대법

진대법은 춘대추납(식량 사정이 어려운 봄에 곡식을 빌려주고, 수확 후 가을에 갚게 하는 제도)을 원칙으로 운영되었던 빈민 구제를 위한 법이었다.

1 고구려의 성립과 발전

1 건국

부여의 이주민들이 압록강 중류 토착 세력과 결합하여 졸본에서 건국하였다.

2 주요 왕들의 업적

(1) 유리왕(2대 : 기원전 19~18) : 졸본에서 국내성으로 천도하였다.

(2) 태조왕(6대 : 53~146)

① 본격적으로 영토를 확장하여, 옥저를 복속시켰다.

② 5부족 중 계루부가 왕위를 독점하였다.

(3) 고국천왕(9대 : 179~197)

① 부족적인 전통을 가졌던 5부를 행정적인 5부로 개편하였다.

② 왕위 계승을 형제 상속에서 부자 상속으로 바꾸었다.

③ 국상 을파소의 건의를 받아들여 진대법을 실시하였다.

(4) 동천왕(11대 : 227~248)

① 위와 함께 요동 지방의 공손씨 세력을 멸망시켰다. 이후 위와 고구려는 국경을 마주하게 되었다.

② 압록강 하류 지역의 서안평 공격에 실패하였고, 위나라 장군 관구검의 침략을 받아 한때 수도가 함락되기도 하였다.

(5) 미천왕(15대 : 300~331)

① 5호 16국 시대의 혼란기를 이용하여 압록강 하류 지역인 서안평을 점령하였다.

② 낙랑군을 완전히 몰아내고 대동강 유역을 확보하였다(313).

(6) 고국원왕(16대 : 331~371)

① 342년 전연(선비족)의 침입으로 수도가 한때 함락당하였다.

② 백제 근초고왕에게 공격받아 평양성에서 전사하였다(371).

(7) 소수림왕(17대 : 371~384) : 고대 국가의 완성 기출

① 전진의 순도로부터 불교를 수용하였다(372).

② 태학을 설립하고(372), 율령을 반포하였다(373).

(8) 광개토 대왕(19대 : 391~413) 기출

① 독자적 연호인 '영락'을 사용하였고, 요동과 만주 지방을 확보하였다.

② 백제를 격파하고, 한강 이북까지 진출하였다.

③ 신라 내물마립간의 요청으로 왜군을 격퇴하였으며, 그 과정에서 금관가야 중심의 전기 가야 연맹이 해체되었다.

사료 돋보기 광개토 대왕릉비

(영락) 9년 기해에 백제가 서약을 어기고 왜와 화통하므로, 왕은 평양으로 순수해 내려갔다. 신라가 사신을 보내 왕에게 말하기를, "왜인이 그 국경에 가득 차 성을 부수었으니, 노객은 백성된 자로서 왕에게 귀의하여 분부를 청한다."고 하였다. …… 10년 경자에 보병과 기병 5만을 보내, 신라를 구원하게 하였다. …… 관군이 이르자 왜적이 물러가므로, 뒤를 급히 추격하여 임나가라의 종발성에 이르렀다. 성이 곧 귀순하여 복종하므로, 순라병을 두어 지키게 하였다. 신라의 □농성을 공략하니 왜구는 위축되어 궤멸되었다.

분석

영락, 백제, 신라, 왜인, 임나가라

영락은 광개토 대왕 때 사용한 연호이다. 신라 내물마립간 시기 왜가 침략하자, 신라는 고구려에 도움을 청하였다. 이때 광개토 대왕은 구원병을 보내 왜군을 격퇴하였고, 왜와 동맹 관계였던 가야 지방까지 공격하였다(400).

심화 플러스 광개토 대왕릉비(일명 호태왕비)

길림성 집안현 통구에 위치해 있으며, 장수왕 2년(414) 건립되었다. 총 4면에 글씨가 있으며, 판독 글자는 1,775자이다. 내용은 총 3부로 구성되어 있는데, 제1부(서론)는 고구려 개국 설화 등 건국 과정과 비의 건립 경위가 기술되어 있으며, 제2부는 광개토 대왕의 정복 활동이 연대순으로 기술되어 있다. 여기에서 신라를 도와 왜구를 격퇴한 사실을 비롯하여 후연(선비), 비려(거란), 숙신(말갈) 격파 및 백제 격파(임진강 점령 및 한강 상류 차지) 등 64성 1,400여 성을 공략한 내용이 기술되어 있다. 제3부는 광개토 대왕릉을 지키는 수묘연호(守墓烟戶) 300여 호의 명단과 배치 상황, 묘지 관리 지침이 적혀 있다.

이 비는 '용비어천가' 등에서 거론되었으나, 고구려 유적으로 인식되지 않았고, "지봉유설"에서는 금나라 시조비로 오인되기도 하였다. 이후 1875년경 청나라 농부에 의해 발견되어 광개토 대왕릉비로 확인되었다. 한편 비에 기록된 '倭以辛卯年來渡海破百殘○羅以爲臣民' 기사는 일부 일본 학자들에 의해서 임나일본부설의 근거로 제시되고 있다. 또한 비의 내용 중 광개토 대왕의 즉위년도(비는 391년, "삼국사기"는 392년)와 군사적 공적이 "삼국사기"의 내용과 다른 부분이 많기 때문에 학계에 주목을 끌고 있다.

(9) **장수왕**(20대 : 413~491) 기출

① 남진 정책을 위하여 국내성에서 평양성으로 천도하였다(427).

② 백제의 수도 한성을 함락시키고(475), 한강 이남까지 진출하였다. 이를 충주(중원) 고구려비를 통해 확인할 수 있다.

③ 경당 설치 : 지방 사립 교육 기관인 경당은 한문학과 함께 무술을 교육하였다.

(10) **문자(명)왕**(21대 : 491~519) : 부여를 복속하여 고구려 최대 영토를 확보하였다(494).

▲ 광개토 대왕릉비

● 호우명 그릇

경주 호우총에서 출토된 호우명 그릇은 '을묘년 국강상광개토지호태왕 호우십(乙卯年 國崗上廣開土地好太王 壺于十)'이라는 글귀를 통해 광개토 대왕과 관련이 있음을 알 수 있다. 특히 신라의 고분에서 고구려 그릇이 나온 것을 통해 당시 신라와 고구려가 교류하고 있었음을 추측할 수 있다.

▲ 고구려의 전성기(5세기)

사료 돋보기 **충주(중원) 고구려비**

5월 중에 고구려 대왕이 상왕공(相王公)과 함께 신라의 마립간과 만나 영원토록 우호를 맺기 위해 중원에 왔으나, 신라 마립간이 오지 않아 실현되지 못했다. 이에 고구려 대왕은 관노부 대사자 다우환노(多于桓奴)를 이곳에 머물게 하여 신라왕을 만나게 하였다. …… 12월 23일에 신라왕이 신하와 함께 고구려 대사자 다우환노를 만나, 이곳에 주둔하고 있던 고구려 사자 금노(錦奴)로 하여금 신라 국내의 여러 사람을 내지로 옮기게 하였다.

▲ 충주(중원) 고구려비

분석

1979년 발견된 충주(중원) 고구려비는 장수왕의 남진 정책 결과 남양만에서 죽령에 이르는 지역을 점령한 이후 세운 척경비이다. 비의 내용은 400여 자가 기록되어 있으며, 고구려의 왕을 대왕(혹은 祖王)으로 부르고 신라를 동이(東夷)로 지칭하며, 점령지인 신라의 왕과 신하에게 의복을 하사하는 등 고구려 우월주의적 입장에서 기술되어 있다.

2 백제의 성립과 발전

● 백제의 건국

백제는 부여-고구려 계통 이주민들을 중심으로 건국되었다. 백제의 왕실이 부여씨였고, 성왕 때는 남부여로 국호를 바꾸기도 하였다. 한편 서울 석촌동에 있는 계단식 돌무지무덤은 고구려의 것과 비슷한 점에서도 근거를 찾을 수 있다.

1 건국

고구려 계통 이주민이 한강 유역의 토착 세력을 통합하여 건국하였다.

2 주요 왕들의 업적

(1) 고이왕(8대 : 234~286) : 고대 국가의 기틀 마련 기출

① 왕권 강화 : 왕위를 형제 상속하였다.

② 영토 확장 : 한강 유역을 완전히 장악하였다.

③ 관제 정비 : 6좌평 및 16관등을 설치하고, 관리의 공복 및 복색을 제정하였다.

④ 율령 반포 : 도둑질한 자는 귀양 보냄과 동시에 2배를 배상하고, 관리가 뇌물을 받거나 횡령했을 때에는 3배를 배상하고, 종신토록 금고형에 처한다.

핵심만 정리하자

▶ 고구려 주요 왕들의 업적

시기	왕	업적
2세기	고국천왕(179~197)	부자 상속제 확립, 진대법 실시
4세기	고국원왕(331~371)	근초고왕의 공격으로 평양성에서 전사
4세기	소수림왕(371~384)	불교 수용(전진의 순도), 태학 설립, 율령 반포
4세기 말~5세기 초	광개토 대왕(391~413)	• 독자적 연호 '영락' 사용 • 요동과 만주 지방 장악, 한강 이북까지 진출 • 신라 내물마립간의 요청으로 왜군 격퇴
5세기	장수왕(413~491)	• 남진 정책 : 평양 천도 • 한성 함락 → 한강 유역 장악, 충주(중원) 고구려비

사료 돋보기 백제 고이왕의 관제 정비

내신좌평을 두어 왕명 출납을, 내두좌평은 물자와 창고를, 내법좌평은 예법과 의식을, 위사좌평은 숙위 병사를, 조정좌평은 형벌과 송사를, 병관좌평은 지방의 군사에 관한 일을 각각 맡게 한다.

…… 왕이 영(令)을 내려 6품 이상은 자줏빛 옷을 입고 은꽃으로 장식하고, 11품 이상은 붉은 옷을, 16품 이상은 푸른 옷을 입게 하였다.

-"삼국사기"-

> **분석**
> 좌평, 6품, 11품, 16품, 자주빛 옷, 붉은 옷, 푸른 옷
> ▼
> 고이왕 때 6좌평 제도와 16관등을 제정하고, 관리의 공복 및 복색(자색, 비색, 청색)을 정하였다.

(2) **근초고왕**(13대 : 346~375) : 고대 국가 완성 기출

① 왕권 강화 : **부자 상속**에 의한 왕위 계승을 확정하였다.

② 역사서 편찬 : 고흥이 "**서기**"를 편찬하였다(375).

③ 영토 확장

㉠ 가야에 대한 지배권을 확립하였다.

㉡ 남쪽으로는 **마한의 나머지 지역을 정복**하여 영토가 남해안에 이르게 되었다.

㉢ 북으로는 평양성을 공격하여, 고구려 고국원왕을 전사시켰다(371).

④ 대외 관계 : 남조의 동진과 교류하였고, **산동 · 요서 · 일본의 규슈 지방으로 진출**하였다. 또한 왜에 **칠지도**를 하사하였다.

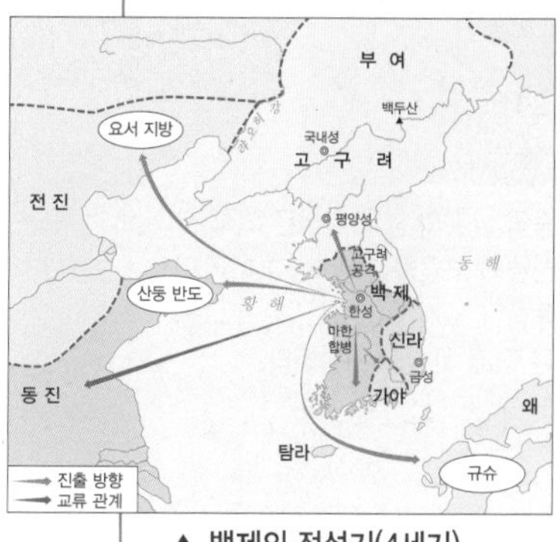

▲ 백제의 전성기(4세기)

사료 돋보기 백제의 해외 진출

- 백제국은 본래 고려(고구려)와 함께 요동의 동쪽 1,000여 리에 있었다. 그 후 고려가 요동을 차지하니 백제는 요서를 차지하였다. 백제가 통치한 곳을 진평군(진평현)이라 한다.

  -"송서(宋書)"-

- 그 나라(백제)는 본래 고구려와 함께 요동의 동쪽에 있었다. 진(晋) 대에 고구려가 이미 요동을 차지하니 백제 역시 요서 · 진평의 두 군의 땅을 차지하여 스스로 백제군을 두었다.

  -"양서"-

> **분석**
> 백제, 요동, 요서, 진평군(현), 백제군
> ▼
> 백제는 4세기 근초고왕 이후 해로(海路)를 통해 중국의 요서 지방 및 산동 지방으로 진출하였다.

● 칠지도

현재 일본의 이소노카미 신궁(石上神宮)에 보관되어 있는 칼이다. 근초고왕 시기 왜왕에게 보낸 것으로 양국의 친교 관계를 시사한다.

(3) **침류왕**(15대 : 384~385) : 동진의 마라난타에 의해 **불교가 전래**되었다(384).

(4) 비유왕(20대 : 427~455) : 나 · 제 동맹을 체결하여(신라 눌지마립간, 433) 장수왕의 남진 정책에 대항하였다.

(5) 개로왕(21대 : 455~475)

① 고구려 장수왕의 압박을 받자 북조의 북위에 국서를 보내 도움을 요청하였으나 실패하였다.

② 이후 한성이 함락당해 전사하였다(475).

(6) 문주왕(22대 : 475~477) : 한성(위례성)이 함락된 이후 웅진(공주)으로 천도하였다.

(7) 동성왕(24대 : 479~501) : 신라와 결혼 동맹을 체결하였다(신라 소지마립간, 493).

(8) 무령왕(25대 : 501~523) 기출
① 지방에 22개의 담로를 설치하여 왕자와 왕족을 책임자로 임명하였다.
② 중국 남조의 양(梁)과 국교를 강화하였다.

(9) 성왕(26대 : 523~554) 기출
① 백제 중흥의 기반을 마련하였다.
② 사비(부여)로 천도하고 국호를 남부여로 바꾸었다(538).
③ 안으로는 경제 발전을 도모하고, 승려 겸익을 등용하여 불교를 진흥하였다.
④ 중국 남조(南朝, 양) 및 왜와의 교류를 강화하였다.
⑤ 왜에는 노리사치계를 통해 불교를 전해주었다(552).
⑥ 중앙 관제 정비 : 22개의 중앙 관서를 정비하였다.
⑦ 행정 제도 개편 : 수도의 5부, 지방의 5방 체제가 갖추어졌다.
⑧ 나 · 제 동맹의 결렬
㉠ 신라와 연합하여 한강 하류 지역을 탈환하였으나(551) 신라의 배신(진흥왕)으로 다시 상실하였다.
㉡ 이후 신라를 공격하다가 전사하였다(554, 관산성 전투).

(10) 무왕(600~641) : 익산으로 천도하려 하였으나 실패하였고, 익산에 미륵사를 창건하였다.

● 양직공도

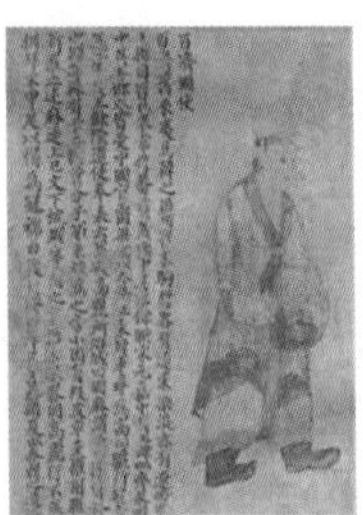

중국 남조의 양을 찾아온 외국 사신들의 모습을 그리고, 그 나라의 풍습을 소개하고 있다. 위의 그림은 백제 사신의 모습이다.

핵심만 정리하자

▶ 백제 주요 왕들의 업적

시기	왕	업적
3세기	고이왕(234~286)	• 6좌평 및 16관등 설치, 공복 제도 마련, 율령 반포 • 한강 유역 장악
4세기	근초고왕(346~375)	• 부자 상속제 확립 • 평양성 공격 → 고구려 고국원왕 전사, 마한의 나머지 지역 점령(영토가 전라도 남해안에 이름), 가야에 대한 지배권 확립 • 중국의 산둥, 요서 지방과 일본 규슈 지역 진출 • 고흥, "서기" 편찬(역사서)
	침류왕(384~385)	불교 수용(동진의 마라난타)
6세기	무령왕(501~523)	지방에 22개의 담로 설치 → 지방 세력 통제
	성왕(523~554)	• 사비(현재의 부여)로 천도, 국호를 '남부여'로 변경 • 신라 진흥왕과 연합하여 한강 하류 지역 탈환, 신라 진흥왕의 배신으로 한강 하류 상실 → 관산성 전투에서 전사

(11) 의자왕(641~660)

① 신라 대야성(현재의 합천)을 비롯한 40여 성을 함락시켰다(642).

② 나 · 당 연합군에 의해 사비성이 함락된 후 당(唐)에 항복하였다.

3 신라의 성립과 발전

1 건국과 초기 모습

진한의 소국 중 하나인 사로국에서 시작되었고, 박, 석, 김씨가 돌아가면서 왕위를 계승하였다.

2 주요 왕들의 업적

(1) 내물마립간(17대 : 356~402)

① 김씨가 독점적으로 왕위를 계승하였다.

② 왕호를 이사금에서 마립간으로 바꾸었다.

③ 광개토 대왕의 도움으로 왜군을 축출하였는데, 이러한 사실은 호우명 그릇(광개토 대왕에 대한 제기(祭器))을 통해 확인할 수 있다.

(2) 눌지마립간(19대 : 417~458)

① 백제의 비유왕과 나 · 제 동맹을 체결하였다(433).

② 고구려의 묵호자가 불교를 전래하였으나 아직 공인되지 못하였다.

③ 왕위의 부자 상속제가 확립되었다.

(3) 소지마립간(21대 : 479~500)

① 우역제 실시 : 경주를 중심으로 지방으로 역로를 개설하여 지방 통제를 강화하였다.

② 경주에 시장이 개설되었다.

③ 백제의 동성왕과 결혼 동맹을 체결하였다(493).

(4) 지증왕(22대 : 500~514)

① 우산국(현재의 울릉도)을 복속하였다. 이때 독도도 우리 영토로 편입되었다.

② 우경(소를 이용한 경작)이 시작되어 농업 생산력이 향상되었다.

③ 동시전(시장을 관리 · 감독하는 기구)을 설치하였다.

④ 국호를 '신라'로 정하고 '왕(王)'의 호칭을 사용하였다(503).

⑤ 순장을 금지하여 노동력을 확보하였다.

(5) 법흥왕(23대 : 514~540)

① 율령을 반포하였다.

② 관리들의 공복을 제정하였다(520).

③ 이차돈의 순교로 불교가 공인되었다(527).

④ 병부 및 상대등을 설치하였다.

⑤ 김해 지방의 금관가야를 병합하여 영토를 확대하였다(532).

⑥ '건원'이라는 독자적 연호를 사용하였다(536).

● 신라 왕호의 변천

왕호	시기	내용	
거서간	1. 박혁거세	군장	정치적 군장과 제사장의 기능이 분리되면서 거서간과 차차웅이 분리되었다.
차차웅	2. 남해	제사장	
이사금	3. 유리 ~ 16. 흘해	연장자, 연맹장(우두머리를 뜻하는 호칭)의 의미로 박 · 석 · 김 3부족이 연맹하여 교대로 왕을 선출하였다.	
마립간	17. 내물 ~ 21. 소지	대군장의 정치적 의미를 가진 호칭으로 김씨가 왕위 세습을 독점하면서 왕권의 강화를 표시한 것이다.	
왕	22. 지증왕	중국식 칭호로, 6부를 개편하여 중앙 집권화를 추진하면서 사용하였다.	

▲ 신라의 전성기(6세기)

● 백제와 신라의 관계 변천

433	백제 비유왕과 신라 눌지마립간이 나 · 제 동맹 체결
455	장수왕이 백제를 침범하자 신라 눌지마립간이 구원병 파견
493	백제 동성왕이 소지마립간 때 이(벌)찬 비지의 딸과 혼인(결혼 동맹)
553	신라 진흥왕이 백제가 차지했던 한강 하류를 점령하여 나 · 제 동맹 결렬
554	백제 성왕이 신라를 공격하다 관산성 전투에서 전사

(6) 진흥왕(24대 : 540~576) 기출

① 정복 사업 : 한강 상류 지역 장악(단양 적성비), 한강 하류 지역 장악(북한산비), 대가야 정벌을 통한 낙동강 유역 장악(창녕비), 한반도 동북쪽으로는 함흥평야까지 진출(황초령비, 마운령비)하였다.

② 씨족 사회의 청소년 집단이던 화랑도를 국가적 조직으로 개편하였다.

③ 거칠부가 역사서인 "국사"를 편찬하였다.

④ 연호 사용 : '개국' · '대창' · '홍제'라는 연호를 사용하였다.

⑤ 남양만에 당항성을 쌓아 직접 중국과 통교하였다.

⑥ 숭불 정책 : 황룡사를 창건하였다.

심화 플러스 신라의 금석문

<table>
<tr><th colspan="2">명칭</th><th>위치</th><th>건립 시기</th><th>내용</th></tr>
<tr><td colspan="2">포항 중성리 신라비</td><td>경북 포항</td><td>지증왕(501)</td><td>2009년 발견되어 2012년 국가 보물로 지정 → 현존하는 최고(最古)의 신라 비</td></tr>
<tr><td colspan="2">영일 냉수리비</td><td>경북 포항</td><td>지증왕(503)</td><td>신라를 사라(斯羅)로 표기, 갈문왕 명칭 확인, '절거리'에 대한 재산권 분쟁 기록</td></tr>
<tr><td colspan="2">울진 봉평비</td><td>경북 울진 봉평</td><td>법흥왕(524)</td><td>영토 확장, 율령 반포 입증, 신라 관등에 관련된 기록</td></tr>
<tr><td colspan="2">영천 청제비</td><td>경북 영천</td><td>법흥왕(536)</td><td>제방 축조 시 부역 동원 내용 기록(공역비)</td></tr>
<tr><td colspan="2">단양 적성비</td><td>충북 단양</td><td>진흥왕(551)</td><td>한강 상류 진출</td></tr>
<tr><td rowspan="4">순수비</td><td>북한산비</td><td>서울(북한산)</td><td>진흥왕(555)</td><td>한강 하류 확보(김정희 고증)</td></tr>
<tr><td>창녕비</td><td>경남 창녕</td><td>진흥왕(561)</td><td>대가야 정복 과정에서 창녕을 장악한 기록</td></tr>
<tr><td>황초령비</td><td>함남 함주</td><td>진흥왕(568)</td><td rowspan="2">함경도 지역 진출</td></tr>
<tr><td>마운령비</td><td>함남 이원</td><td>진흥왕(568)</td></tr>
<tr><td colspan="2">남산 신성비</td><td>경북 경주</td><td>진평왕(591)</td><td>신성 축조 시 부역 동원 사실과 촌주의 명칭 기록</td></tr>
</table>

핵심만 정리하자

▶ 신라 주요 왕들의 업적

<table>
<tr><th>시기</th><th>왕</th><th>업적</th></tr>
<tr><td>4세기</td><td>내물왕(356~402)</td><td>• 김씨의 독점적 왕위 계승, 왕호를 '이사금'에서 '마립간'으로 고침
• 광개토 대왕의 도움으로 왜군 격퇴 → 관련 유물 : 호우명 그릇</td></tr>
<tr><td rowspan="3">6세기</td><td>지증왕(500~514)</td><td>• 국호를 '신라'로 정하고, '왕'의 호칭 사용
• 우산국(현재의 울릉도와 독도) 정복
• 우경의 시작, 순장의 금지 → 노동력 확보</td></tr>
<tr><td>법흥왕(514~540)</td><td>• 율령 반포, 공복 제정, 불교의 공인(이차돈의 순교 계기), 독자적 연호 '건원' 사용
• 금관가야 병합</td></tr>
<tr><td>진흥왕(540~576)</td><td>• 화랑도를 국가적 조직으로 개편
• 한강 유역 장악 → 단양 적성비와 4개의 순수비(북한산비, 창녕비, 황초령비, 마운령비) 설치
• 거칠부의 "국사" 편찬(역사서)</td></tr>
</table>

4 가야의 성립과 발전

1 가야의 성립과 연맹체의 형성

(1) 가야의 성립

① 낙동강 하류의 변한 지역에서 철기 문화와 농경이 점차 발전하였다.

② 3세기경 김해의 금관가야를 중심으로 연맹체를 형성하였다(전기 가야 연맹).

(2) 연맹체의 형성 기출

① 전기 가야 연맹 : 5세기 무렵 신라를 지원한 고구려군의 공격을 받아 금관가야 세력이 약해졌고, 전기 가야 연맹은 해체되었다.

② 후기 가야 연맹

㉠ 5세기 후반 이후 고령의 대가야를 중심으로 후기 가야 연맹이 성립하였다.

㉡ 대가야는 중국, 왜와 교역하며 삼국이 경쟁하는 틈을 타서 세력을 넓히기도 하였다.

㉢ 대가야는 6세기 초 신라의 법흥왕과 결혼 동맹을 체결하였다.

(3) 멸망 : 금관가야는 신라 법흥왕에게, 대가야는 신라 진흥왕에게 멸망하였다.

▲ 가야의 영역

2 가야의 정치, 경제와 문화 기출

(1) 정치

① 소국들의 독립성이 강해 중앙 집권적 고대 국가로 성장하지 못하였다.

② 백제와 신라의 팽창 압력에 시달리다가 결국 신라에 흡수되었다.

(2) 경제 : 철을 생산하여 낙랑이나 왜와도 교역하였다.

(3) 문화

① 금동 관, 철제 무기, 갑옷, 토기(가야 토기는 일본 스에키 토기에 영향) 등의 유물이 출토되었다.

② 우륵에 의해 가야의 궁중 음악이 신라의 궁중 음악으로 전수되었다.

▲ 가야의 철제 갑옷

핵심만 정리하자

▶ 가야의 발전

시기	구분	내용
전기 가야 연맹	성립	2세기 후반 변한 지역에서 등장한 정치 집단이 3세기경 통합한 뒤 금관가야(김해)를 중심으로 성립
	특징	농경 문화 발달, 철 생산 풍부, 해상 교통으로 낙랑과 왜의 규슈 지방을 연결하는 중계 무역 발달
	쇠퇴	400년 신라를 구원하는 고구려군의 공격으로 금관가야 약화
후기 가야 연맹	성립	5세기 후반 대가야(고령)를 중심으로 성립
	발전	6세기 초 백제 · 신라와 대등한 세력 다툼, 신라와 결혼 동맹 체결
	멸망	금관가야 멸망(신라 법흥왕), 대가야 멸망(신라 진흥왕)

5 삼국 간의 항쟁과 삼국 통일

1 고구려의 수 · 당과의 전쟁

▲ 6세기 후반~7세기의 국제 정세

(1) 6세기 후반 삼국의 정세 변화

① 신라 진흥왕이 한강 유역을 장악하고, 함경도 지역까지 진출하였다.

② 중국의 남북조를 '수'(隋)가 통일하였다(589).

③ 고구려는 돌궐과 연합하여 수에 대항하였고, 백제와 동맹을 체결하였다(여 · 제 동맹).

④ 고구려와 백제가 동맹을 맺자 신라는 진평왕 때 수와 연결되었다.

(2) 고구려와 수 · 당의 전쟁 기출

수와의 전쟁	• 1차 : 수 문제의 침략을 고구려군이 격퇴하였다. • 2차 : 수 양제가 100만 대군으로 침략하였으나 을지문덕에게 살수에서 대패하였고(살수 대첩, 612), 이후 수는 멸망하였다.
당과의 전쟁	• 수의 멸망 이후 당이 중국을 통일하였다. • 당시 고구려는 천리장성을 축조하여 당의 침략에 대비하였다. • 당 태종이 고구려를 침략하였으나 양만춘이 안시성 전투에서 승리하였다(645).

● 천리장성

고구려가 당의 침략을 대비하기 위해 북쪽의 부여성(현재의 농안)부터 남쪽의 비사성(현재의 대련)까지 축조한 장성이다(631~647). 한편 연개소문은 천리장성 공사를 감독하면서 요동의 군사력을 장악한 후, 정변을 일으켜 영류왕을 제거하고 보장왕을 옹립하였다.

2 신라의 삼국 통일과 백제, 고구려 부흥 운동

(1) 백제와 고구려의 멸망

① 나 · 당 연합의 결성(648) : 나 · 당 연합이 결성되어 백제와 고구려가 대항하였다.

② 백제의 멸망(660) : 나 · 당 연합군이 공격하자, 계백이 항전하였으나 신라의 김유신이 황산벌에서 계백을 물리치고 사비성을 함락시켰다.

③ 고구려의 멸망(668) : 연개소문 사후 지배층이 분열되었고, 나 · 당 연합군의 공격으로 평양성이 함락되었다.

(2) 백제 부흥 운동(660~663) 기출

① 왕족인 복신과 승려 도침이 일본에 있던 왕자 풍을 옹립하여 주류성(한산)에서 부흥 운동을 일으켰고, 흑치상지의 임존성 등 200여 성이 호응하였다.

② 백강 전투 : 왜의 수군이 백제 부흥 운동군을 지원하기 위하여 백강 입구까지 왔으나 패퇴하였다.

③ 지도층의 내분으로 부흥 운동은 실패하였다.

(3) 고구려 부흥 운동(670~674) 기출

① 고연무, 검모잠이 왕족인 안승을 옹립하여 한성(재령)에서 부흥 운동을 전개하였다.

② 신라는 안승을 회유하여 금마저(익산)에 머물게 하고 보덕국의 왕으로 삼아, 고구려 유민과 함께 당의 세력을 축출하고자 하였다.

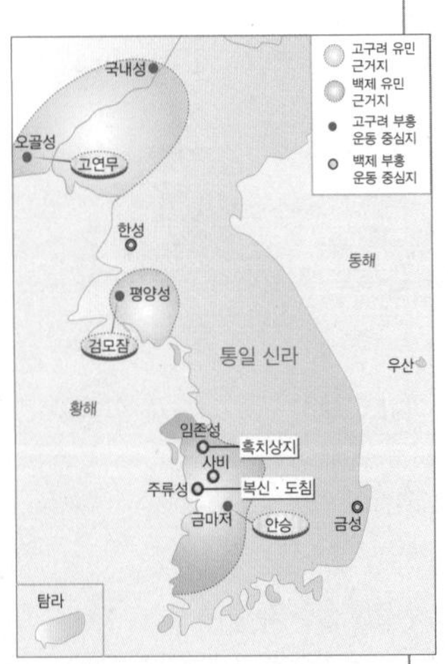

▲ 백제와 고구려의 부흥 운동

3 나 · 당 전쟁과 신라의 삼국 통일 기출

(1) 당의 한반도 지배 야욕 : 당은 백제 지역에는 웅진 도독부, 고구려 지역에는 안동 도호부, 신라에는 계림 도독부를 설치하여 한반도 전체를 지배하고자 하였다.

(2) 나 · 당 전쟁 : 매소성 전투(당 장수 이근행)와 기벌포 전투(당 장수 설인귀)에서 승리한 신라는 대동강부터 원산만까지 영토를 확보하였다.

(3) 삼국 통일의 한계와 역사적 의의

① 한계 : 외세를 이용하였다는 점, 대동강에서 원산만 이남까지만 영토로 확보한 점이 한계로 지적된다.

② 의의 : 당 세력을 무력으로 축출하여(자주적 성격), 민족 문화 발전의 토대가 되었다.

▲ 나 · 당 전쟁

6 삼국의 통치 제도

구분	귀족 회의 기구	의장	중앙 정치 기구	관등
고구려	제가 회의	대대로	평양 천도 이후 본격적 정비	10여 관등
백제	정사암 회의	상좌평	(고이왕) 6좌평 → (성왕) 22부	16관등
신라	화백 제도	상대등	필요에 따라 정비	17관등

구분	지방 제도 및 지방관	중심 행정 구역	군사 조직
고구려	5부(욕살) → 성(처려 근지 혹은 도사)	3경 (평양성, 국내성, 한성)	• 대모달, 말객(→ 유사시 지방에 파견되는 군관) • 지방군은 욕살이 지휘
백제	5방(방령) → 군(군장)	(무령왕) 22담로 (→ 왕족 파견)	방령이 지방 군사권 행사
신라	5주(군주) → 군(태수)	2소경	• 중앙군 – 서당 • 경주 부근과 지방에 6정 설치

기출 및 예상 문제

01 고구려의 성립과 발전

[1] 고구려 태조왕 시기부터 소노부가 왕위를 독점적으로 계승하였다. O | X

[2] 고구려에서 왕위 부자 상속제 확립은 고국천왕 시기부터이다. O | X

[3] 4세기 초 미천왕은 낙랑을 축출하였다. O | X

[4] 광개토 대왕은 신라에 침입한 왜군을 격퇴하였다. O | X

[5] 장수왕 때에는 고구려의 최대 영토가 확보되었다. O | X

2016년 국가 9급

01 밑줄 친 '왕' 때의 사실로 옳은 것은?

> • 왕 재위 2년에 전진 국왕 부견이 사신과 승려 순도를 보내며 불상과 경문을 전해왔다. (이에 우리) 왕께서 사신을 보내 사례하며 토산물을 보냈다.
> • 왕 재위 5년에 비로소 초문사를 창건하고 순도를 머물게 하였다. 또 이불란사를 창건하고 아도를 머물게 하였다. 이것이 해동 불법(佛法)의 시작이었다.
>
> – "삼국사기" –

① 역사서인 신집을 편찬하였다.
② 진휼 제도로 진대법을 도입하였다.
③ 유학 교육 기관인 태학을 설치하였다.
④ 왜에 종이와 먹의 제작 방법을 전해 주었다.

02 광개토 대왕의 업적에 대한 설명으로 옳지 않은 것은?

① 부여를 복속시켜 고구려 최대 영토를 확보하였다.
② 왜의 침입을 받은 신라를 도와 왜병을 낙동강 유역에서 섬멸하였다.
③ 후연(後燕)을 격파하여 요동 진출을 이룩하였다.
④ 영락(永樂)이라는 연호를 사용하는 등 대국(大國)으로서의 자신감을 표현하였다.

2016년 소방

03 다음 내용의 비석을 건립한 왕에 대한 사극(史劇)을 제작하려고 한다. 이때 등장할 수 있는 장면으로 옳은 것은?

> 이 비문은 전체 세 부분으로 구분되어 제작되었다. 1부는 주몽 설화를 비롯한 고구려 왕실의 계보와 고구려 중심의 천하관, 2부는 정복 활동 기사 중심, 3부는 무덤을 관리하는 수묘인 규정으로 나뉘어져 있다.

① 율령을 반포하고 중앙 집권을 강화하고자 노력하는 신라의 국왕
② 고구려 공격에 맞서 대항하자 살해당한 백제의 국왕
③ 나 · 제 연합군을 이끌고 치열한 전투를 벌여 한강 하류 지역을 차지하는 신라왕
④ 국내성으로 천도하기 위해 분주히 움직이는 고위 관리 대사자

2015년 서울 9급

04 다음 글의 밑줄 친 왕이 재위할 때의 사실로 옳은 것을 〈보기〉에서 모두 고른 것은?

> 왕이 군사 3만을 이끌고 백제에 침입하여, 백제왕의 도읍 한성을 함락시키고 백제왕 부여 경을 죽이고, 남녀 8천 명을 사로잡아 돌아왔다.
>
> – "삼국사기" –

〈보 기〉

ㄱ. 백제가 국호를 남부여로 고쳤다.
ㄴ. 고구려가 도읍을 평양으로 옮겼다.
ㄷ. 금관가야가 가야 연맹을 주도하였다.
ㄹ. 신라가 백제와 친선 정책을 추진하였다.

① ㄱ, ㄴ ② ㄱ, ㄷ
③ ㄴ, ㄹ ④ ㄷ, ㄹ

05 충주 고구려비를 건립한 왕과 관계없는 것은?

① 남진 정책을 추진하였다.
② 평양으로 천도하였다.
③ 신라를 도와 왜구를 격퇴하였다.
④ 나 · 제 동맹 결성의 계기를 만들었다.

06 고구려와 신라의 관계를 다음과 같이 알려 주고 있는 삼국 시대의 금석문은?

- 고구려가 신라의 왕을 호칭할 때 '동이 매금(東夷寐錦)'이라고 부르고 있다.
- 고구려가 신라의 왕과 신하들에게 의복을 하사하는 의식을 거행한 것으로 보인다.

① 광개토 대왕릉비　② 단양 적성비
③ 충주 고구려비　④ 영일 냉수리비

07 다음 고구려에서 일어난 사건을 시기순으로 바르게 나열한 것은?

ㄱ. 불교를 수용하고, 율령을 반포하였다.
ㄴ. 고국원왕이 평양성 전투에서 전사하였다.
ㄷ. 을파소를 등용하여 진대법을 실시하였다.
ㄹ. 한성을 공격하여 함락시키고 개로왕을 죽였다.

① ㄴ－ㄷ－ㄱ－ㄹ　② ㄴ－ㄷ－ㄹ－ㄱ
③ ㄷ－ㄴ－ㄱ－ㄹ　④ ㄷ－ㄴ－ㄹ－ㄱ

02 백제의 성립과 발전

[1] 고이왕 때 6좌평과 16관등이 마련되었다. O | X

[2] 칠지도는 백제와 고구려의 관계를 보여 준다. O | X

[3] 장수왕의 남진 정책으로 나 · 제 동맹이 체결되었다. O | X

[4] 무령왕은 지방 세력을 통제하기 위해 22개의 담로를 설치하였다. O | X

[5] 수도를 사비로 천도하고, 국호를 남부여로 바꾼 백제의 왕은 성왕이다. O | X

2016년 국가 9급

08 백제의 성립 과정에 대한 설명으로 옳은 것은?

① 진한의 여러 나라 가운데 하나인 사로국에서 출발하였다.
② 박, 석, 김의 3성이 교대로 왕위를 차지하였다.
③ 고구려에서 내려온 이주민들이 토착 세력과 결합하여 세웠다.
④ 옥저를 정벌하고 토지를 확보하면서 세력을 확장시켰다.

09 삼국의 형세가 다음 지도와 같았을 때 백제 왕의 업적에 해당되지 않는 것은?

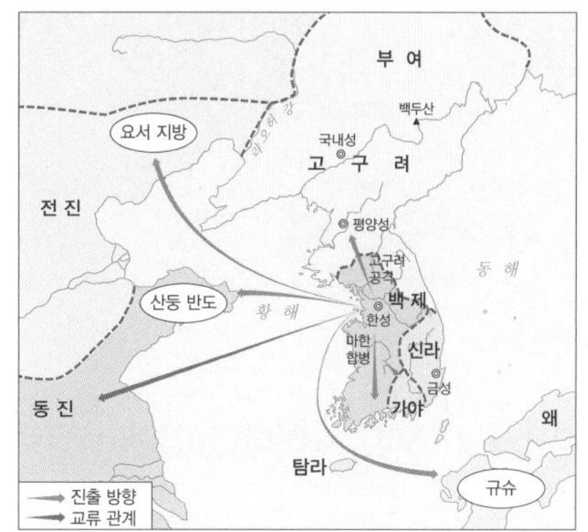

① 요서 진출　② 웅진성 천도
③ 칠지도 제작　④ 왕위 부자 상속

2016년 소방

10 백제 근초고왕의 업적에 대한 다음의 설명 중 옳지 않은 것은?

① 박사 고흥으로 하여금 백제의 역사서인 서기(書記)를 편찬하게 하였다.
② 북쪽으로는 고구려의 평양성까지 쳐들어가 고국천왕을 전사시켰다.
③ 중국의 동진, 일본과 무역 활동을 전개하였다.
④ 왕위의 부자 상속을 확립하였다.

11 (가)와 (나) 사이의 시기에 있었던 사실로 옳은 것은?

> (가) 동성왕은 신라에 사신을 보내 혼인을 청하였는데, 신라의 왕이 이벌찬(伊伐湌) 비지(比智)의 딸을 시집보냈다.
> (나) 왕은 신라를 습격하기 위하여 친히 보병과 기병 50명을 거느리고 밤에 구천(狗川)에 이르렀는데, 신라의 복병이 나타나 그들과 싸우다가 살해되었다.

① 도읍을 금강 유역의 웅진으로 옮겼다.
② 장수왕의 공격을 받아 한성이 함락되었다.
③ 국호를 남부여로 고치고 중흥을 꾀하였다.
④ 동진으로부터 불교를 수용하여 공인하였다.

12 (가), (나) 사건 사이에 있었던 사실로 옳은 것은?

> (가) 왕 26년, 고구려왕 평성이 예와 공모하여 한수 이북의 독산성을 공격해왔다. 왕이 신라에 사신을 보내 구원을 요청하였다. 신라왕이 장군 주진을 시켜 갑병 3천 명을 거느리고 떠나게 하였다. 주진은 밤낮으로 행군하여 독산성 아래에 이르렀는데, 그곳에서 고구려 군사들과 일전을 벌여 크게 이겼다.
> (나) 왕 32년, 신라를 습격하기 위해 왕이 직접 보병과 기병 50명을 거느리고 구천에 이르렀는데, 신라 복병을 만나 그들과 싸우다가 신라군에게 살해되었다.
>
> – "삼국사기", 백제본기 –

① 금관가야가 멸망하였다.
② 나 · 당 연합군이 결성되었다.
③ 백제가 웅진으로 천도하였다.
④ 신라가 한강 하류 지역을 차지하였다.

13 다음 설명에 해당하는 백제의 왕은?

> • 지방의 22담로에 왕족을 파견함
> • 중국 남조의 양과 교류하여 친선 관계를 유지함

① 고이왕 ② 무령왕
③ 법흥왕 ④ 신문왕

2015년 소방

14 (가)~(라)의 시기에 해당하는 백제 역사에 대한 설명으로 옳지 않은 것은?

① (가) – 관등제를 정비하고 공복제를 도입하는 등 국가 통치 체제의 근간을 마련하였다.
② (나) – 남쪽의 마한 잔여 세력을 정복하고, 수군을 정비하여 요서 지방까지 진출하였다.
③ (다) – 신라와 연합하여 한강 유역 일부 지역을 수복했으나 얼마 후 신라에게 빼앗겼다.
④ (라) – 복신과 도침 등이 주류성에서 군사를 일으켜 사비성의 당나라 군대를 공격하였다.

03 신라의 성립과 발전

[1] 4세기 후반 신라에서는 처음으로 왕의 칭호를 사용하였다. O | X
[2] 지증왕은 이사부로 하여금 우산국(현재의 울릉도)을 정벌하게 하였다. O | X
[3] 법흥왕은 율령을 반포하고, 불교를 공인하였다. O | X
[4] 진흥왕은 단양 적성비와 4개의 순수비를 건립하였다. O | X
[5] 진흥왕 때 금관가야를 멸망시켰다. O | X

15 다음 중 신라 왕호와 그 역사적 의미가 바르게 연결된 것을 모두 고른 것은?

ㄱ. 거서간 · 차차웅 – 정치적 군장과 제사장의 기능 분리
ㄴ. 이사금 – 연장자의 의미로, 박 · 석 · 김 3부족이 연맹하여 교대로 왕 선출
ㄷ. 마립간 – 김씨가 왕위 계승권을 독점하면서 왕권 강화
ㄹ. 왕 – 지증왕이 처음 사용하였고, 중국식 정치 제도를 받아들이기 시작

① ㄴ, ㄷ
② ㄱ, ㄴ, ㄹ
③ ㄱ, ㄷ, ㄹ
④ ㄱ, ㄴ, ㄷ, ㄹ

16 신라 왕호의 변천 과정에서 (가), (나)에 해당하는 설명으로 가장 옳은 것은?

거서간 → 차차웅 → (가) → (나) → 왕

① (가)가 왕호였던 시기에 이르러 독자적 세력을 유지해오던 6부가 행정 구역으로 재편되었다.
② (가)가 왕호였던 시기에 신라는 낙동강 유역의 가야 세력을 정복하고, 영토를 확장하였다.
③ (나)는 대군장의 뜻을 지니며, 왕권의 성장이 그 이름에 반영되어 있다.
④ (나)가 왕호였던 시기에 신라 왕위는 박, 석, 김의 3성이 교대로 차지하였다.

17 다음 설명에 해당하는 왕의 정책으로 옳은 것은?

• 마립간에서 왕으로 호칭이 바뀌었다.
• 국호를 한자식 표현인 신라로 바꾸었다.

① 우산국을 복속시켜 영토로 편입하였다.
② 왕호를 이사금에서 마립간으로 바꾸었다.
③ 이차돈의 순교를 계기로 불교를 공인하였다.
④ 고령의 대가야를 정복하여 낙동강 유역을 확보하였다.

2013년 국가 9급

18 밑줄 친 '왕'의 업적에 대한 설명으로 옳은 것은?

• <u>왕</u> 7년에 율령을 반포하고, 처음으로 백관의 공복을 제정하였다.
• <u>왕</u> 19년에 금관국의 왕인 김구해가 왕비와 세 아들을 데리고 와 항복하였다.

① '건원'이란 연호를 사용하였다.
② 이사부를 시켜 우산국을 정복하였다.
③ 유학 교육을 위해 국학을 설립하였다.
④ 화랑도를 국가적인 조직으로 개편하였다.

2016년 소방

19 다음 밑줄 친 (가) 국왕에 대한 설명으로 옳은 것은?

<u>(가)</u> 은(는) 백제와의 동맹을 파기하고 백제가 점유하고 있던 한강 하류의 한산주에 신주를 설치(553)함으로써 나 · 제 동맹은 결렬되었으며, 당항성을 통해 중국과 직접 교섭을 하는 계기가 되어 전략 거점을 확보함으로써 삼국 항쟁에서 주도권을 장악하는 계기가 되었다. 또한 후기 가야의 중심지인 고령 지방의 대가야를 정복하였고, 함안의 아라가야, 창녕의 비화가야도 정벌하고 낙동강 서쪽을 장악하였다.

① 김씨에 의한 형제 상속이 확립되었고, 왕호도 마립간으로 바뀌었다.
② 실직주의 군주 이사부 장군으로 하여금 우산국을 정벌하여 신라의 영토로 편입하였다.
③ 전국을 9주로 나누고 5소경을 설치하였다.
④ 화랑도를 국가적 조직으로 정비하여 국가 발전을 위한 인재 양성을 도모하였다.

2013년 지방 9급

20 (가)와 (나) 사이의 시기에 있었던 사실로 옳은 것은?

> (가) 국호를 신라로 바꾸고, 왕의 칭호도 마립간에서 왕으로 고쳤다. 대외적으로는 우산국을 복속시켰다.
> (나) 한강 유역을 빼앗고, 고령 지역의 대가야를 정복하였다. 북쪽으로는 함경도 지역까지 진출하였다.

① 백제 동성왕과 혼인 동맹을 맺었다.
② 김씨에 의한 왕위 계승권이 확립되었다.
③ 진골 귀족 세력의 반발로 녹읍이 부활되었다.
④ 병부를 설치하고, 백관의 공복을 제정하였다.

04 가야의 성립과 발전

[1] 금관가야를 중심으로 전기 가야 연맹이 형성되었다. O | X

[2] 가야 지방에서는 철이 많이 생산되었고, 낙랑이나 왜와 교역하였다. O | X

[3] 가야는 일본에 토기 기술을 전하여, 일본 스에키 토기 제작에 직접적 영향을 주었다. O | X

21 가야에 대한 설명으로 옳지 <u>않은</u> 것은?

① 금관가야 세력은 경상도 내륙인 합천 · 거창 일대에 위치하였다.
② 전기 가야 연맹은 풍부한 철의 생산과 원거리 중계 무역으로 성장하였다.
③ 4세기 말 5세기 초에는 신라를 도운 고구려의 공격을 받아 영역이 축소되었다.
④ 5세기 후반에는 고령 지방의 대가야를 중심으로 연맹을 이루었다.

22 다음 사건의 직접적인 여파로 가야 연맹체 내에서 벌어진 상황으로 옳은 것은?

> 영락 10년(400)에 왕이 보병과 기병 5만 명을 보내어 신라를 구원하게 하였다. 남거성을 거쳐 신라성에 이르니, 왜군이 가득하였다. 우리 군대가 막 도착하니 왜군이 퇴각하였다. 그 뒤를 급히 추격하여 임나가라의 종발성에 이르니, 성이 곧 항복하였다. 신라인을 안치하여 성을 지키게 하였다.
> –광개토 대왕릉 비문–

① 중국 군현과 일본 열도를 연결하는 해상 무역이 번성하면서, 금관가야의 맹주권이 강화되었다.
② 금관가야의 주도권이 급격히 무너지고, 내륙의 고령 등지의 가야 소국들이 점차 성장하기 시작하였다.
③ 고령 지역 대가야의 맹주적 위상이 흔들리며 함안의 안라국이 가야 연맹의 주도 세력으로 부상하였다.
④ 신라의 군사적 압박을 견디지 못한 많은 가야 소국이 스스로 신라에 복속하면서, 멸망하였다.

05 삼국 간의 항쟁과 삼국 통일

[1] 고구려는 수의 공격으로 멸망하였다. O | X

[2] 당의 침략 때 을지문덕의 살수 대첩이 있었다. O | X

[3] 신라는 당과의 전쟁에서 승리하면서 대동강부터 원산만에 이르는 영토를 확보할 수 있었다. O | X

23 (가)~(라) 시기에 있었던 역사적 사실로 옳은 것은?

475년	532년	612년	654년	668년
	(가)	(나)	(다)	(라)
백제 웅진 천도	금관가야 멸망	살수 대첩	무열왕 즉위	고구려 멸망

① (가) – 고구려가 도읍을 평양으로 옮겼다.
② (나) – 백제가 역사서인 서기를 편찬하였다.
③ (다) – 황룡사 9층 목탑이 건립되었다.
④ (라) – 상대등 비담이 반란을 일으켰다.

24 삼국의 항쟁을 시기 순으로 바르게 나열한 것은?

ㄱ. 백제가 신라의 대야성을 비롯한 40여 성을 빼앗았다.
ㄴ. 백제가 고구려의 평양성을 공격하여 고국원왕이 전사하였다.
ㄷ. 신라가 대가야를 정복하면서 가야 연맹이 완전히 해체되었다.
ㄹ. 고구려가 평양으로 도읍을 옮기고 백제의 수도 한성을 함락하였다.

① ㄴ – ㄷ – ㄹ – ㄱ
② ㄴ – ㄹ – ㄷ – ㄱ
③ ㄹ – ㄱ – ㄴ – ㄷ
④ ㄹ – ㄴ – ㄱ – ㄷ

25 다음은 삼국 시대의 역사적인 사실을 나열한 것이다. 시대 순으로 바르게 나열한 것은?

ㄱ. 을파소를 국상으로 채용하여 진대법을 실시하였다.
ㄴ. 백제는 불교를 수용하여 새로운 통치 이념을 정비하였다.
ㄷ. 고구려는 태학을 설립하고 율령을 반포하였다.
ㄹ. 거칠부가 국사를 편찬하였다.

① ㄱ – ㄷ – ㄴ – ㄹ
② ㄱ – ㄹ – ㄴ – ㄷ
③ ㄴ – ㄱ – ㄹ – ㄷ
④ ㄴ – ㄷ – ㄱ – ㄹ

06 삼국의 통치 제도

[1] 고구려의 제가 회의, 백제의 화백 회의, 신라의 정사암 회의는 모두 귀족 회의체이다. O | X
[2] 삼국의 지방관들은 지방 군사 책임자이기도 하였다. O | X
[3] 백제의 22개 담로 설치, 신라의 소경 설치는 모두 지방 세력 통제 정책이었다. O | X

26 다음은 삼국의 정치 제도를 정리한 표이다. ㉠~㉣에 해당하는 내용이 바르게 연결된 것은?

구분	관등 조직	수상	지방 조직	귀족 회의
고구려	10여 등급	㉡	5부	제가 회의
백제	16등급	상좌평	㉢	㉣
신라	㉠	상대등	5주	화백 회의

① ㉠ – 15등급
② ㉡ – 대대로
③ ㉢ – 6주
④ ㉣ – 화백 회의

27 삼국 시대 통치 구조에 관한 설명으로 옳지 않은 것은?

① 고구려에서는 국상, 대대로, 막리지 등의 수상이 존재하였다.
② 백제의 6좌평 중 조정좌평은 형벌과 재판을 담당하였다.
③ 백제의 관복은 자색, 비색, 청색으로 구분되었다.
④ 신라의 지방 장관은 도독이었으며, 통일 이후에는 군주로 개칭되었다.

28 다음은 고대 국가의 통치 조직을 정리한 것이다. ㉠~㉣에 대한 설명으로 옳은 것은?

구분	고구려	백제	신라	통일 신라
최고 관직	㉠	상좌평	상대등	시중
지방 행정 조직	5부	5방	㉡	9주
특수 행정 구역	3경	㉢	2소경	5소경
최고 회의 기구	제가 회의	정사암 회의	㉣	

① ㉠ – 정당성의 장관으로 국정을 총괄하였다.
② ㉡ – 지방 행정 조직은 군사 조직을 겸하였다.
③ ㉢ – 풍수지리설의 영향으로 지방 거점에 설치하였다.
④ ㉣ – 임시 기구로서 법 제정이나 시행 규정을 다루었다.

[Ⅰ 우리 역사의 형성과 고대 국가의 발전]

03 남북국의 정치 발전

출제 빈도	상	중	하

꼭 기억해야 할 연표

- 676 신라의 삼국 통일
- 682 신문왕, 국학 설립
- 698 발해 건국
- 780 선덕왕 즉위(하대 시작)
- 788 원성왕, 독서삼품과 설치

1 통일 신라의 발전

1 신라의 시대 구분

"삼국사기"	왕의 혈통에 따라 상대(박혁거세~진덕 여왕 : 성골), 중대(무열왕~혜공왕 : 진골, 무열계 직계) 하대(선덕왕~경순왕 : 내물계)로 구분
"삼국유사"	왕의 칭호에 따라 상고(박혁거세~지증왕 : 신라 고유 왕호 사용), 중고(법흥왕~진덕 여왕 : 불교식 왕호), 하고(무열왕~경순왕 : 중국식 시호)로 구분

2 통일 신라의 발전

(1) 삼국의 통일

① 태종 무열왕 : 진골 최초로 왕위에 올랐으며, 백제를 멸망시켰다(660).

② 문무왕 : 고구려를 멸망시키고(668), 나 · 당 전쟁에서 승리하여 삼국을 통일하였다(676).

▲ 경주 문무대왕릉

(2) 신문왕(681~692) 

① 전제 왕권 확립 : 김흠돌의 모역 사건과 연루된 진골 귀족들을 숙청하였다.

● 김흠돌의 모역 사건

김유신과 김인문을 도와 고구려 정벌에 큰 공을 세우고 신문왕의 장인이 되었던 김흠돌이 신문왕 원년(681)에 반란을 일으켰다가 실패하여 처형된 사건이다. 이를 계기로 신문왕은 진골 귀족 세력을 제거하고 강력한 왕권을 수립하였다.

사료 돋보기 | 만파식적의 고사

신라 31대 신문왕이 아버지 문무왕을 위하여 동해변에 감은사를 지어 추모하였는데, 죽어서 해룡이 된 문무왕과 천신이 된 김유신이 합심하여 용을 시켜 동해의 한 섬에 대나무를 보냈다. 이 대나무는 낮이면 갈라져 둘이 되고, 밤이면 합하여 하나가 되는지라, 왕은 이 기이한 소식을 듣고 현장에 거동하였다.

이때 나타난 용에게 왕이 대나무의 이치를 물으니, 용은 "비유하건대 한 손으로는 어느 소리도 낼 수 없지만 두 손이 마주치면 능히 소리가 나는지라, 이때도 역시 합한 후에야 소리가 나는 것이요. …… 또한 대왕은 이 성음(聲音)의 이치로 천하의 보배가 될 것이다. ……"라고 예언하고 사라졌다. 왕은 곧 이 대나무를 베어서 피리를 만들어 부니, 나라의 모든 걱정, 근심이 해결되었다 한다. 그리하여 이 피리를 국보로 삼았는데, 효소왕 때 분실하였다가 우연한 기적으로 다시 찾게 된 후 이름을 만만파파식적(萬萬波波息笛)이라 고쳤다고 한다.

분석

신문왕, 문무왕, 감은사, 용, 대나무, 피리, 만만파파식적

▼

만파식적의 고사를 통해 신문왕 시기 강력한 왕권을 바탕으로 왕실의 번영과 국가적 평화를 이루었음을 알 수 있다.

② 중앙 정치 제도 정비

㉠ 집사부 외 13개의 중앙 정치 기구가 완성되었다.

㉡ 집사부의 기능이 강화되어 중시(나중에 시중으로 명칭 변경)의 권한은 강화되었고, 화백 회의의 수장인 상대등의 권한은 약화되었다.

심화 플러스 통일 신라의 중앙 기구

명 칭	장 관	설치 연대	6부와의 비교	임 무
병부	령(令)	법흥왕 3(516)	병 부	군사
사정부	령	무열왕 6(659)		감찰 · 규찰
위화부	령	진평왕 3(581)	이 부	관리의 인사
조부	령	진평왕 6(584)		공납 · 부역 사무
승부	령	진평왕 6(584)		육상 교통
예부	령	진평왕 8(586)	예 부	의례
영객부	령	진평왕43(621)		외국 사신의 접대
집사부(성)	중시(시중)	진덕 여왕 5(651)		국가 기밀 사무
창부	령	진덕 여왕 5(651)	호 부	재정 · 회계
좌이방부	령	진덕 여왕 5(651)	형 부	형벌 · 법률
우이방부	령	문무왕 8(667)		
선부	령	문무왕18(678)	공 부	해상 교통
공장부	감(監)	신문왕 2(682)		수공업자 관리
예작부	령	신문왕 6(686)		토목 · 건축

③ 지방 행정 제도 정비

㉠ 과거 신라, 백제, 고구려의 영역에 각각 3주씩을 설치하여 9주를 두었고, 군사 · 행정상의 요충지에는 5소경을 설치하였다. 기출

㉡ 주(책임자 – 도독) 밑에는 군, 현을 설치하여 지방관을 파견하였으며, 향 · 부곡 등 특수 행정 구역이 설치되었다.

④ 군사 제도 정비

㉠ 중앙군 : 9서당은 과거 신라인, 고구려인, 백제인, 말갈인까지 포함시켜 편재하였다.

㉡ 지방군 : 10정은 각 주마다 1정을 배치하였고, 북쪽 국경인 한주에는 2정을 편성하였다.

⑤ 녹읍 폐지 : 관료전을 지급하고, 녹읍을 폐지하여 왕권을 강화시켰다. 기출

⑥ 국학 설치 : 유교적 정치 이념에 입각하여 관료들의 자질을 높이기 위해 교육 기관인 국학을 설치하였다.

⑦ 6두품의 동향 : 당시 6두품은 왕권과 결탁하여, 왕의 학문적 · 종교적 · 정치적 조언자의 역할을 담당하였다.

● 집사부

> 집사성의 원래 이름은 품주이다. 진덕 여왕 5년(651)에 집사부로 고쳤고, 중시는 1명으로 집사부를 통솔하였다. 경덕왕 6년(747)에 중시의 이름을 시중으로 고쳐 삼았다.
>
> – "삼국사기" –

집사부는 국왕 직속 기관이었고, 그 장관인 중시(시중)는 화백 회의나 상대등과는 대립적이었다. 중대 시기에는 왕권이 강화되면서, 중시의 권한 또한 강해졌으며, 상대등의 권한은 상대적으로 약화되었다. 그러나 신라 하대 전제 왕권이 붕괴되면서 상대등이 정치 실권을 장악하였다.

● 신라의 지방 행정 제도

지방관을 감독하는 외사정이 파견되었고(문무왕), 상수리 제도를 실시하여 지방 세력의 자제를 일정 기간 수도에 머물게 하였다(지방 세력 통제).

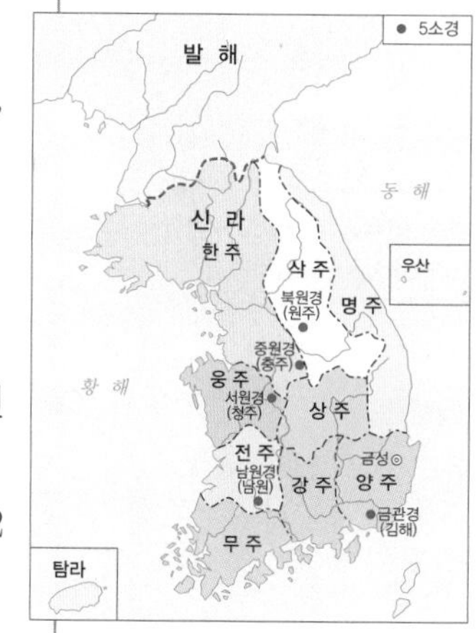

▲ 9주 5소경

● 관료전과 녹읍

관료전은 지급받은 토지의 수조권 '만'을 행사하였고, 녹읍은 수조권 외에 그 지역의 노동력 동원 및 공물 수취권을 보장받았다.

핵심만 정리하자

▶ 중대(태종 무열왕 ~ 혜공왕) 주요 왕들의 업적

왕	업적
신문왕(681~692)	• 김흠돌의 난 진압 → 왕권 전제화 • 중앙 정치 기구와 지방 행정 제도 완성, 관료전 지급, 녹읍 폐지, 국학 설치(유학 교육), 집사부(국가 기밀 담당) '시중'의 권한 강화 • 6두품은 왕권과 결탁하여 왕의 학문적 · 정치적 조언자의 역할을 함
성덕왕(702~737)	백성들에게 정전 지급
경덕왕(742~765)	녹읍 부활

(3) 성덕왕(702~737) : 백성들에게 정전을 지급하였다.

(4) 경덕왕(742~765)

① 집사부의 장관인 중시를 시중으로 고치고, 수상으로서 여러 관부를 총괄하게 하였다.

② 국학을 태학감으로 개칭하고 박사, 조교를 두었다(혜공왕 때 다시 국학으로 개칭).

③ 김대성이 불국사와 석굴암을 축조하였다(혜공왕 때 완성).

④ 경덕왕 16년(757)에 녹읍이 다시 부활되었다.

3 통일 신라 말의 동요 기출

(1) 상대등 세력 강화 : 집사부 시중의 세력은 약화되고, 귀족을 대표하는 상대등 세력이 강화되었다.

(2) 왕위 쟁탈전 심화 : 혜공왕 이후 150여 년간 20명의 왕 교체

① 김헌창의 난 : 헌덕왕(재위 : 809~822) 당시 웅천주 도독이었던 김헌창은 (무열왕의 후손인) 아버지 김주원이 원성왕에게 왕위를 빼앗기자 이에 불만을 품고 웅천주(현재의 공주)에서 반란을 일으켰다(822).

② 장보고의 난 : 흥덕왕 사후 왕위 다툼이 격렬하게 전개되자 장보고는 신무왕의 즉위에 간여하였다.

(3) 독서삼품과의 실시 : 원성왕 때 새로운 인재 등용 방안인 독서삼품과를 실시하였으나 진골 귀족의 반대로 실패하였다.

(4) 새로운 세력의 성장 기출

① 호족의 성장

㉠ 토착 촌주, 몰락한 진골, 지방의 군진 세력 및 해상 세력, 촌주(토착 세력) 등이 자립하여 호족으로 성장하였다.

㉡ 스스로를 성주나 장군으로 호칭하며, 반독립적 세력으로 성장하였다.

② 6두품의 활동 : 도당 유학생 출신의 6두품은 유교 정치 이념을 제시하였으나 수용되지 않자, 반신라적 경향으로 돌아서고 지방 호족과 연결되었다.

● 김헌창의 난

당시 국호를 '장안', 연호를 '경운'이라고 하였으며, 그의 아들 김범문도 헌덕왕 17년(825) 한산에 도읍하여 재차 봉기하였다.

● 독서삼품과

유교 경전의 이해 수준을 시험하여 관리를 등용하는 제도로, 성적에 따라 상 · 중 · 하 3등급으로 나누었다.

장보고

1. 주요 활동

일찍이 당의 서주(徐州)에 건너가 무령군소장(武寧君小將)이 되었으나 신라에서 잡혀간 노비(奴婢)의 비참한 처우에 분개하여 사직하고 귀국하였다. 청해진 대사가 되자 해적을 완전히 소탕한 후 당 · 일본에 파견한 무역선인 교관선과 교역 사절단인 견당 매물사와 회역사를 이용하여 신라와 당 사이의 무역을 독점하였다. 일본 승려 엔닌(圓仁)의 "입당구법순례기"에도 장보고와 법화원이 소개되어 있다.

2. 왕위 쟁탈전

837년(희강왕 3) 왕위 계승 다툼에서 밀려난 우징(신무왕)이 청해진에 오자 이듬해 우징과 함께 반란을 일으켜 839년 민애왕을 죽이고 우징을 왕위에 오르게 하여 감의군사(感義軍使)가 되었다. 신무왕이 죽고 문성왕이 즉위하자 진해장군(鎭海將軍)이 되었다. 845년(문성왕 7) 딸을 왕의 차비(次妃)로 보내려 했으나 군신들의 반대로 좌절되었다. 846년(문성왕 8) 그의 세력에 불안을 느낀 조정에서 보낸 자객 염장(閻長)에게 살해되었다. 이후 청해진은 염장이 관리하다가 폐지되었고, 주민들은 벽골군(현재의 김제 지방)에 강제 이주되었다.

(5) **농민 봉기의 발생** : 9세기 말 진성 여왕 시기 원종과 애노의 난, 적고적의 난 등 몰락한 농민들이 봉기하였다. 기출

사료 돋보기 신라 말의 사회 상황

- 진성 여왕 3년(889) 나라 안의 여러 주 · 군에서 공부(貢賦)를 바치지 않으니 창고가 비어 버리고 나라의 쓰임이 궁핍해졌다. 왕이 사신을 보내어 독촉하였지만, 이로 말미암아 곳곳에서 도적이 벌 떼 같이 일어났다. 이에 원종, 애노 등이 사벌주(상주)에 의거하여 반란을 일으키니 왕이 나마 벼슬의 영기에게 명하여 잡게 하였다. 영기가 적진을 쳐다보고는 두려워하여 나아가지 못하였다.

  -"삼국사기"-

- 진성 여왕 10년(896) 도적이 경주의 서남쪽에서 나타났는데, 이들은 붉은 바지를 입고 있었다. 이때 사람들이 이들을 적고적(붉은 바지 도적)이라 불렀다. 그들은 주현을 무찌르고, 경주 서부의 모량리에서 민가를 약탈하였다.

  -"삼국사기"-

분석

진성 여왕, 원종, 애노, 사벌주, 적고적

▼

신라 하대에는 왕권이 약화되고, 귀족들의 가혹한 농민 착취가 계속되었다. 이에 농민들은 노비로 몰락하거나 농민 반란에 참여하기도 하였다. 당시 대표적인 농민 봉기는 원종과 애노의 난, 적고적의 난이 있었다.

(6) 후삼국의 성립 기출

① **후백제**의 건국 : **견훤**은 완산주(현재의 전주)에서 후백제를 건국하였다(900).

② **후고구려**의 건국 : **궁예**는 송악(현재의 개성)에서 후고구려를 세웠다(901).

● 해인사 길상탑

최치원은 '당나라 19대 황제(소종 : 889~904)가 중흥을 이룰 때, 전쟁과 흉년 두 가지 재앙이 서쪽(당)에서 멈추어 동쪽(신라)으로 왔다. 어디고 이보다 더 나쁜 것이 없었고 굶어죽고 싸우다 죽은 시체가 들판에 즐비하였다.'라고 탑지에 기록하였다.

▲ 후삼국의 성립

2 발해의 성립과 발전

1 발해의 건국과 발전

(1) 고왕(대조영 : 1대 698~719) 기출

① 동모산(길림성 돈화현)에서 진국(震國)을 건립하였다(698).

② 당으로부터 발해 군왕으로 봉해진 이후 국호를 발해로 고쳤으며, 연호는 '천통'을 사용하였다.

③ 지배 계급은 고구려 계통이 주류를 형성하였고, 피지배 계급의 대부분은 말갈인으로 구성되었다.

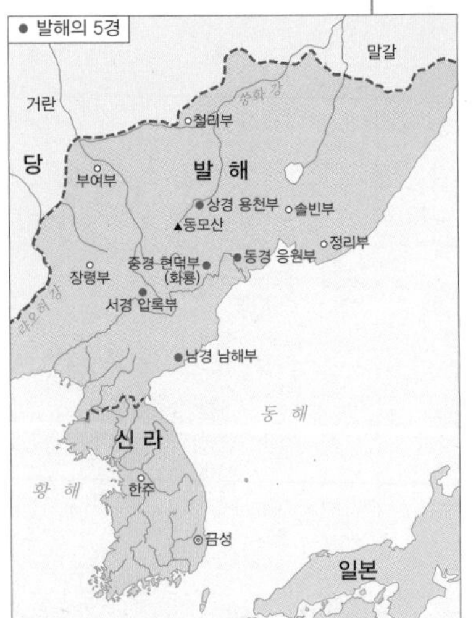

▲ 발해의 영역

● 남북국 시대

발해의 역사가 우리 역사인 근거로 "발해고"에서는 발해의 영토는 부여, 고구려로부터 계승된 우리 민족의 영토였으며, 대조영이 고구려의 후예인 점을 제시하였다. 따라서 통일 신라와 발해가 병립했던 시대는 우리 민족의 두 왕조가 있었던 '남북국 시대'로 최초로 규정하였다.

사료 돋보기 | 발해의 건국과 남북국 시대

고려는 발해의 역사를 편찬하지 않았으니 고려가 떨치지 못함을 알겠다. 마땅히 그 삼국의 역사가 있어야 했는데, 고구려가 그 역사를 편수했으니 옳은 일이다. 부여씨(백제)가 망하고 고씨(고구려)가 망함에 이르러 김씨(신라)가 남쪽을 소유하고 대씨(발해)가 북쪽을 소유하여 발해라 하였으니, 이것이 바로 남북국이다. 마땅히 남북국사가 있어야 하는데, 고려가 발해사를 편찬하지 않은 것은 잘못이다.

–유득공, "발해고" –

분석

"발해고"는 조선 후기 실학자 유득공이 1784년 저술한 책이다. 그는 서문에서 만주를 상실함으로써 우리가 약소국이 되었다고 통탄하며, 발해는 마땅히 우리 역사임을 주장하고 있다.

심화 플러스 | 발해의 역사 연구

고려 말 이승휴의 "제왕운기"에서 발해 역사를 민족사에 포함시키려는 태도를 보이고 있으며, 그 후 18세기의 실학자들과 20세기의 민족 사학자들에 의해 본격적으로 우리 역사로 연구되기 시작하였다. 특히 유득공은 "발해고"에서 처음으로 발해를 한국사의 체계에 넣어 통일 신라와 발해를 '남북국 시대'로 인식해야 한다는 논리를 제시하였다.

18세기 실학자들의 연구를 보면 유득공의 "발해고"를 비롯하여 이종휘의 "동사", 정약용의 "아방강역고", 한치윤의 "해동역사", 서상우의 "발해강역고", 홍석주의 "발해사가" 등이 있다.

한말 일제 강점기의 연구에는 신채호의 "조선상고사", 장지연의 "백두산정계비고" 등이 있다.

(2) 무왕(대무예 : 2대 719~737) 기출

① 돌궐, 일본(무왕 때 일본과 최초 수교)과는 우호 관계를 유지하였으며, 신라와 대립하였다.

② 흑수 말갈 문제로 당과 대립하여 장문휴의 수군으로 하여금 산동 반도의 등주를 선제공격하게 하였고, 당의 요청을 받은 신라군의 침략도 격퇴하였다.

③ 연호는 '인안'을 사용하였다.

(3) 문왕(대흠무 : 3대 737~793) 기출

① 대외적으로 당과 친선 관계를 맺었으며, 신라와는 '신라도'를 개설하여 교류하였다.

② 상경 용천부로 천도하였다(상경 내 주작대로 : 당 문화의 영향).

③ 국립대학인 주자감을 설치하고, 3성 6부의 중앙 조직을 정비하였다.

④ 당으로부터 '발해국왕'으로 격상되었고, '대흥', '보력'이라는 독자적 연호를 사용하였다.

사료 돋보기 정효 공주 묘지석

공주는 대흥(大興) 56년(792) 여름 6월 9일에 사망하였는데 당시 나이는 36세였다. 이에 시호를 정효 공주라고 하였다. 이 해 겨울 11월 28일 기묘일에 염곡의 서쪽 언덕에 매장하였으니, 이는 예의에 어긋나지 않는 것이다. …… 황상(皇上)은 조회마저 금하고, 비통해하시며 침식을 잊고 노래와 춤추는 것도 금지시켰다. 장례를 치르는 의식은 관청에 명하여 완비하도록 하였다.

분석

대흥, 정효, 황상

▼

정효 공주는 문왕의 넷째 딸이다. 묘지석에 문왕을 '황상(皇上)'으로 표기하고 있으며, 문왕 때 사용한 연호 '대흥'도 확인된다.

(4) 선왕(대인수 : 10대 818~830) 기출

① 대부분의 말갈족을 복속시키고 요동 지역으로 진출하였다.

② 지방 행정 조직으로 5경 15부 62주를 완성하였다.

③ 중국에서 '해동성국'으로 부를 정도로 번성하였으며, 당시 연호는 '건흥'이었다.

(5) 애왕 : 거란(요)의 야율아보기의 공격으로 홀한성이 함락되면서 멸망하였다(926).

(6) 부흥 운동과 고려로의 망명

① 발해 부흥 운동 : 발해 유민들은 후발해, 정안국, 대발해국 등을 세우며 부흥 운동을 전개하였다.

② 고려로의 망명 : 발해 왕자 대광현은 수많은 발해 유민을 이끌고 고려에 망명하였다.

2 고구려 계승과 통치 체제의 정비

(1) 고구려를 계승한 발해 기출

① 대조영과 그 후손들의 고구려 지향성은 일본과의 외교 과정에서 매우 뚜렷하게 드러난다.

② "속일본기"의 기록에 따르면 759년 발해의 문왕이 일본에 사신을 보내면서 스스로를 '고려국왕 대흠무'라고 불렀으며, 일본에서도 발해의 왕을 '고려국왕'으로 불렀다.

③ 발해를 가리켜 자주 '고려'라고 불렀으며, '발해의 사신'을 '고려의 사신'으로 표현한 사례가 일본 측 기록에 많이 있다.

● 발해의 교역로

"신당서(新唐書)" 발해전에는 상경(上京)을 중심으로 하여 각 방면에 이르는 교통로를 설명하고 있다. 먼저 영주도는 당의 장안(長安)으로 직통하는 육상 교통망이었는데, 거란(契丹)·돌궐(突厥) 및 안사(安史)의 난으로 여러 차례 차단됨으로써 점차 서경 압록부(鴨淥府)의 조공도 (朝貢道, 압록도라고 불림)를 이용하게 되었다. 한편 거란도는 부여부를 거치는 거란과의 교역로였으며, 일본도는 동경 용원부를 거쳐 일본과 교역했던 길이다. 마지막으로 신라도는 남경 남해부를 거쳐 신라의 경주까지 연결된 교역로이다.

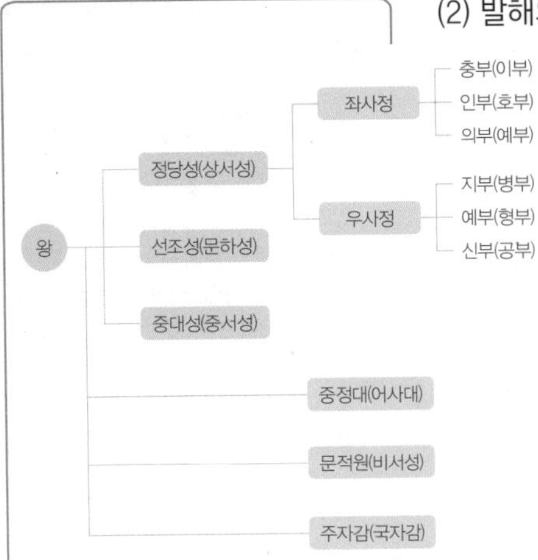

▲ 발해의 통치 체제

● 발해의 5경

수도를 포함한 5경은 군사, 행정의 요충지로서 중앙에서 직접 통제하였다.

(2) 발해의 통치 체제 정비 기출

① 중앙 정치 구조

㉠ 형식은 당의 3성 6부제를 근간으로 하였으나, 삼국 시대 귀족 회의의 전통을 계승하여 정당성을 중심으로 운영하였다(정당성의 수장은 대내상).

㉡ 6부 명칭(충, 인, 의, 지, 예, 신)과 정책 집행 체제가 이원적(좌사정이 충부, 인부, 의부 관할/우사정이 지부, 예부, 신부 관할)으로 이루어진다는 점에서 정치적 독자성을 확인할 수 있다.

㉢ 중정대는 관리 감찰 기구이고, 문적원은 서적 출판을 담당하였다.

㉣ 주자감은 수도에 설치된 유학 교육 기관이었다.

② 지방 행정 조직

㉠ 발해의 지방 행정 조직은 토착 사회 조직을 바탕으로 편재되었다.

㉡ 토착 세력인 촌장의 지배권을 인정하여 수령으로 임명하고, 이를 바탕으로 선왕 때 5경 15부 62주를 완성하였다.

③ 군사 제도 : 중앙군으로 10위를 설치하여 왕궁과 수도 경비를 담당하게 하였으며, 지방군은 지방관이 지휘하였다.

구분	통일 신라	발해
중앙 정치 조직	신문왕 때 완성	3성 6부제 → 당의 제도 수용, 6부를 이원적으로 운영(독자적 성격)
지방 행정 조직	9주 5소경(5소경 : 수도의 지역적 편중 보완, 지방 세력 통제)	5경 15부 62주
군사 조직	• 중앙군 : 9서당 • 지방군 : 10정	중앙군 : 10위

▲ 남북국의 통치 체제

핵심만 정리하자

▶ 발해 주요 왕들의 업적

왕	업적
고왕(대조영)	발해를 건국하여(698) 신라와 함께 남북국의 형세를 이룸
무왕(대무예)	돌궐 및 일본과 우호 관계, 당과 적대 관계(흑수 말갈 문제로 갈등) → 당 산둥 지방의 등주 공격(장문휴)
문왕(대흠무)	• 당과 친선 관계 수립 → 당의 제도 수용, 중앙 제도 정비 • 신라와 상설 교통로 개설(신라도), 상경으로 천도
선왕(대인수)	대부분의 말갈족 복속, 요동 지방 진출, 지방 제도 완성 → 이후 '해동성국'으로 불림
멸망	거란의 침입으로 멸망(926)
의의	• 발해에서 일본에 보낸 국서에 고려(고구려) 국왕 명칭 사용 → 고구려 계승 의식 • 온돌 장치, 모줄임천장 구조 등 → 고구려 문화와 유사성

기출 및 예상 문제

01 통일 신라의 발전

[1] 신문왕은 왕권을 전제화하기 위해 관료전을 지급하고, 녹읍을 폐지하였다. O | X

[2] 성덕왕 때는 백성들에게 정전을 지급하여 국가의 농민 지배력을 강화하였다. O | X

[3] 신라 하대에는 왕권이 강화되었고, 왕과 6두품 세력이 결합하였다. O | X

01 통일 신라 시대 국가 체제의 확대 및 정비와 관련하여 취한 조치에 해당하는 것은?

① 삼국 통일 후 중국의 6전 조직을 그대로 모방하여 이부 · 호부 · 예부 · 병부 · 형부 · 공부를 두었다.
② 지방 제도는 9주 5소경 제도를 마련하였으나, 통일 과정에서 강대한 위력을 발휘한 군사력을 확신하게 되었으므로 군사 제도에는 변화의 필요성을 느끼지 않았다.
③ 왕실은 불교식 왕명을 버리고 중국식 시호를 취하였지만, 국가 제도의 측면에서는 종교적 이념에 따라 불교적인 제도들을 도입하였다.
④ 화백 회의의 의장인 상대등보다 왕명에 의해 실제 정무를 처리하는 집사부(집사성)가 최고의 행정관부로 중요시되었고, 책임자인 시중의 권한이 보다 강화되었다.

02 다음은 통일 신라 어느 왕의 업적이다. 이 시기의 사회 모습을 추론한 것으로 옳지 않은 것은?

> • 국학 설립(682)
> • 9주 5소경 설치(685)
> • 녹읍 폐지(689)

① 왕권의 전제화 확립
② 골품 제도의 동요
③ 귀족의 경제 기반 약화
④ 유학 교육의 실시

03 (가)와 (나) 사이의 시기에 있었던 사실에 대한 설명으로 옳은 것은?

> (가) 관리의 녹읍을 혁파하고 매년 조(租)를 내리되 차등이 있게 하였다.
> (나) 여러 관리의 월봉을 없애고, 다시 녹읍을 나누어 주었다.

① 처음으로 병부를 설치하였다.
② 화백 회의에서 국왕을 폐위시킨 일이 있었다.
③ 호족이 지방의 행정권과 군사권을 장악하였다.
④ 6두품이 학문적 식견을 바탕으로 국왕의 조언자로 활동하였다.

2015년 소방

04 다음 제시된 사건 이후에 나타난 사실로 옳은 것은?

> 혜공왕 780년 본기에 적힌 바에 의하면, 이찬 김지정이 반란을 일으켜서 무리를 모아 궁궐을 에워싸고 공격하였다. 4월에, 상대등 김양상과 이찬 김경신이 병력을 일으켜 김지정 등을 죽였으나, 왕과 왕비는 난병에게 죽임을 당하였다.
> –"삼국사기"–

① 6두품 세력은 왕권과 결합하여 귀족을 견제하였다.
② 상대등보다 시중의 권한이 강화되었다.
③ 지방의 호족과 6두품이 연계되어 사회 개혁을 추구하였다.
④ 강한 권력을 장악한 왕은 귀족 세력을 숙청하였다.

05 다음과 같은 사회적 상황이 나타난 시기의 역사적 사실로 옳지 <u>않은</u> 것은?

> 왕은 아첨하는 소인들을 항상 옆에 두고 남몰래 희롱하며 정사를 돌보지 않으므로 기강이 문란해졌고 또한 기근이 심하여 백성들은 사방으로 유리하고 도적이 벌 떼처럼 일어나서 국내가 어지럽게 되자, 견훤은 몰래 딴 마음을 먹고 많은 사람을 불러 모아가지고 서남쪽 주현의 적도들을 토벌하니, 가는 곳마다 모든 사람들이 그에게 호응하여 한 달 사이에 5천 명의 무리가 모여들었다.

① 귀족과 호족의 대토지 소유가 확대되면서 농민들은 토지를 잃고 노비가 되거나 초적(草賊)이 되었다.
② 6두품 세력은 골품제를 비판하며 새로운 정치 이념으로 성리학을 제시하였다.
③ 후삼국의 정립으로 신라의 지배권은 왕경 부근의 경상도 일대로 축소되었다.
④ 중앙 정부의 지방에 대한 통제력이 약화되면서 지방에서는 군사력과 경제력을 갖춘 호족 세력이 성장하였다.

06 신라 말기 호족 세력에 대한 설명으로 옳지 <u>않은</u> 것은?

① 스스로 성주 또는 장군이라고 칭하였다.
② 신분적 제약이 있는 6두품은 호족과 연계하여 사회 개혁을 추구하였다.
③ 자신의 근거지에 군대를 보유하여 군사권을 장악하였다.
④ 대부분 지방 향리의 자제들로 과거를 통하여 중앙 관리로 진출하였다.

2016년 지방 9급

07 다음 자료에 나타난 시기에 대한 설명으로 옳은 것은?

> 곳곳에서 도적이 벌 떼같이 일어났다. 이에 원종, 애노 등이 사벌주(상주)에 의거하여 반란을 일으키니, 왕이 나마 벼슬의 영기에게 명하여 잡게 하였다.

① 지방에서는 호족 세력이 성장하였다.
② 신진 사대부가 대두하여 권문세족을 비판하였다.
③ 농민들은 전정, 군정, 환곡 등 삼정의 문란으로 고통을 받았다.
④ 봄에 곡식을 빌려 주었다가 가을에 추수한 것으로 갚게 하는 진대법을 실시하였다.

2015년 국가 9급

08 통일 신라의 지방 행정 조직에 대한 설명으로 옳지 <u>않은</u> 것은?

① 신문왕 대에 9주 5소경 체제로 정비하였다.
② 주(州)에는 지방 감찰관으로 보이는 외사정이 배치되었다.
③ 5소경을 전략적 요충지에 두고, 도독이 행정을 관할토록 하였다.
④ 촌주가 관할하는 촌 이외에, 향 · 부곡이라는 행정 구역도 있었다.

02 발해의 성립과 발전

[1] 발해는 고구려 계승 의식을 표방하고, 중국인들로부터 해동성국으로 불렸다. O | X
[2] 발해에서 국가의 중대사는 귀족들이 정당성에 모여 회의를 통해 결정하였다. O | X
[3] 발해의 지방 행정 제도는 5경 15부 62주로 구성되었다. O | X

2015년 서울 9급

09 남북국 시대에 대한 설명 중 옳지 않은 것은?

① 발해는 일본과 교류하며 무역에도 힘썼다.
② 발해의 무왕은 신라와 연합해 당을 공격하였다.
③ 발해는 신라도라는 교통로를 이용해 신라와도 무역하였다.
④ 장보고는 청해진을 중심으로 동아시아의 무역을 장악하였다.

10 다음 밑줄 친 인물 (가)가 세운 국가에 대한 설명으로 옳지 않은 것은?

> (가) 는 본래 고구려의 별종이다. 고구려가 망하자, 그는 그 무리를 이끌고 영주로 이사하였다. …… 그는 드디어 그 무리를 이끌고 동쪽 계루의 옛 땅으로 들어가 동모산을 거점으로 하여 성을 쌓고 거주하였다. 그는 용맹하고 병사 다루기를 잘 하였으므로, 말갈의 무리와 고구려의 남은 무리가 점차 그에게 들어왔다.
>
> - "구당서" -

① 선왕 때 해동성국으로 불리기도 하였다.
② 정당성의 장관인 대내상이 국정을 총괄하였고, 그 아래 좌사정이 충 · 인 · 의 3부, 우사정이 지 · 예 · 신 3부를 각각 나누어 관할하였다.
③ 전략적 요충지에는 5경, 지방 행정의 중심부에는 15부를 두었다.
④ 군사 조직은 중앙군으로 10정을 두어 왕궁과 수도의 경비를 맡겼다.

11 다음 중 남북국 시대에 대한 설명으로 옳은 것을 모두 고르면?

> ㄱ. 신라는 백제와 고구려 옛 지배층에게 관등을 주어 포용하였다.
> ㄴ. 신라의 6두품 출신들은 학문과 실무 능력을 바탕으로 정치적 진출을 활발하게 하였다.
> ㄷ. 발해의 주민 중 다수는 말갈인이었는데, 이들은 지배층에 편입되지 못하였다.
> ㄹ. 발해는 당의 제도와 문화를 받아들였으나 고구려와 말갈의 전통을 유지하였다.

① ㄱ, ㄴ, ㄷ
② ㄱ, ㄴ, ㄹ
③ ㄱ, ㄷ, ㄹ
④ ㄴ, ㄷ, ㄹ

2015년 소방

12 다음은 어느 국가에 대해 학생들이 나눈 대화이다. 이 국가를 옳게 설명한 사람을 고른 것은?

> 이 나라의 영역에는 고구려 유민과 원래 고구려의 지배를 받고 있던 말갈족이 다수 거주하고 있었다. 또한 일본에 보낸 국서에 고려 또는 고려 국왕이라는 명칭을 사용한 사실이라든가, 문화의 유사성으로 보아 고구려를 계승한 국가였음을 알 수 있다.

〈보 기〉

> 갑 : 중앙 정치 조직은 당나라 제도를 수용하여 2성 6부제를 운영하였다.
> 을 : 말갈을 복속하고 고구려 옛 땅의 대부분을 회복하여 해동성국이라고 불리기도 하였다.
> 병 : 독자적인 영락이라는 연호를 사용하였다.
> 정 : 고구려를 계승하여 주작대로를 건설하였다.

① 갑
② 을
③ 병
④ 정

2015년 지방 9급

13 밑줄 친 '북국(北國)'에 대한 설명으로 옳지 않은 것은?

> 원성왕 6년 3월 북국(北國)에 사신을 보내 빙문(聘問)하였다. …… 요동 땅에서 일어나 고구려의 북쪽 땅을 병합하고 신라와 서로 경계를 맞대었지만, 교빙한 일이 역사에 전하는 것이 없었다. 이때 와서 일길찬 백어(伯魚)를 보내 교빙하였다.

① 감찰 기관으로 중정대가 있었다.
② 최고 교육 기관으로 태학감을 두었다.
③ 중앙의 정치 조직으로 3성 6부를 두었다.
④ 지방의 행정 조직으로 5경 15부 62주가 있었다.

14 다음에 제시된 사건 이후 나타난 사실로 옳은 것은?

> 왕이 신하들을 불러 "흑수 말갈이 처음에는 우리에게 길을 빌려서 당나라와 통하였다. …… 그런데 지금 당나라에 관직을 요청하면서 우리나라에 알리지 않았으니, 이는 분명히 당나라와 공모하여 우리나라를 앞뒤에서 치려는 것이다."라고 하였다. 이리하여 동생 대문예와 외숙 임아상으로 하여금 군사를 동원하여 흑수 말갈을 치려고 하였다.

① 5경 15부 62주의 행정 제도가 완비되었다.
② 길림성 돈화 부근 동모산 기슭에서 나라를 세웠다.
③ 북만주 일대를 차지하고 산둥 지방의 덩저우를 공격하였다.
④ 수도를 중경에서 상경, 동경으로 옮겨 중흥을 꾀하였다.

2014년 지방 9급

15 (가), (나) 국왕의 재위 시기에 있었던 사실로 옳은 것만을 〈보기〉에서 모두 고르면?

> (가) 대조영의 뒤를 이어 즉위하였다. 영토 확장에 힘을 기울여 동북방의 여러 세력을 복속하고 북만주 일대를 장악하였다.
> (나) 대부분의 말갈족을 복속시키고, 요동 지역으로 진출하였다. 이후 전성기를 맞은 발해를 중국에서는 해동성국(海東盛國)이라고 불렀다.

〈보 기〉

ㄱ. (가) – 수도를 중경에서 상경으로 옮겼다.
ㄴ. (가) – 장문휴가 수군을 이끌고 당(唐)의 산둥(山東)지방을 공격하였다.
ㄷ. (나) – '건흥' 연호를 사용하고, 지방 행정 조직을 정비하였다.
ㄹ. (나) – 당시 국왕을 '대왕'이라 표현한 정혜공주의 묘비가 만들어졌다.

① ㄱ, ㄴ　② ㄱ, ㄹ
③ ㄴ, ㄷ　④ ㄷ, ㄹ

[I 우리 역사의 형성과 고대 국가의 발전]

04 고대의 경제 활동과 사회 모습

출제 빈도 상 중 하

1 고대의 경제 활동

꼭 기억해야 할 연표

- 689 신문왕, 녹읍 폐지
- 722 성덕왕, 정전 지급
- 755 경덕왕, 녹읍 부활
- 828 장보고, 청해진 설치

1 삼국의 경제생활

(1) 삼국의 경제 특징 기출

구분	내용
귀족 중심	• 귀족과 공신에게 녹읍과 식읍 등 많은 토지와 포로가 지급되었다. • 넓은 사유지와 노비를 소유하고 경제적으로 풍요로운 생활을 하였다.
농업 중심	• 농업은 경제생활에서 가장 큰 비중을 차지하고 있었지만, 삼국 시대의 농업 생산력은 전반적으로 낮은 편이었다. • 삼국은 농업 생산력을 높이기 위한 여러 시책을 실시하여 민생 안정을 도모하였다. • 철제 농기구를 보급하고 우경을 장려하였으며, 황무지를 개척하고 보 · 저수지 등 수리 시설을 확충하였다.

● 녹읍과 식읍

- 녹읍(祿邑) : 국가에서 관료에게 지급한 토지로, 조세 수취는 물론 공물 수취와 노동력까지 징발할 수 있었다.
- 식읍(食邑) : 국가에서 왕족이나 공신 등에게 지급한 토지와 가호(家戶)로서 녹읍과 마찬가지로 조세를 수취하고, 공물 수취 및 노동력을 징발할 권리를 주었다.

(2) 삼국의 수취 제도

① 농민에 대한 과도한 수취는 농민의 몰락을 가져오기 때문에 합리적으로 세금을 부과하고자 하였다.

② 대체로 재산의 정도에 따라 곡물과 포를 거두었으며, 그 지역의 특산물을 징수하였다.

③ 역(役)의 징발은 15~60세 남자를 대상으로 하였다.

사료 돋보기 — 삼국의 수취 제도

- 백제에서는 한수(漢水) 동북의 모든 부락의 15세 이상이 되는 장정을 선발하여 위례성을 수리하였다.
- 백제에서의 세(稅)는 베, 명주, 삼베 및 쌀 등으로 그 해의 풍흉의 정도를 헤아려 차등있게 바치게 하였다. -"삼국사기"-
- 고구려의 인두세는 베 5필에 곡식 5섬이다. 조(租)는 상호는 1섬, 그 다음은 7말, 하호는 5두이다. -"수서(隋書)"-

분석

삼국은 중앙 집권 체제 정비와 함께 조세 제도를 마련하였다. 조세는 재산에 따라 호(戶)를 나누어 곡물과 포 및 그 지역의 특산물을 거두었다. 한편 왕궁, 성, 저수지 축조 시 노동력이 필요하면 15세 이상 남자를 동원하였다.

(3) 삼국의 국제 무역

국가	내용
고구려	남북조 및 북방 민족과 교류하였다.
백제	남조 및 왜와 교류하였다.
신라	• 초기에는 고구려, 백제를 통해 중국과 교류하였다. • 한강 유역을 차지한 이후 당항성을 중심으로 중국과 직접 교류하였다.

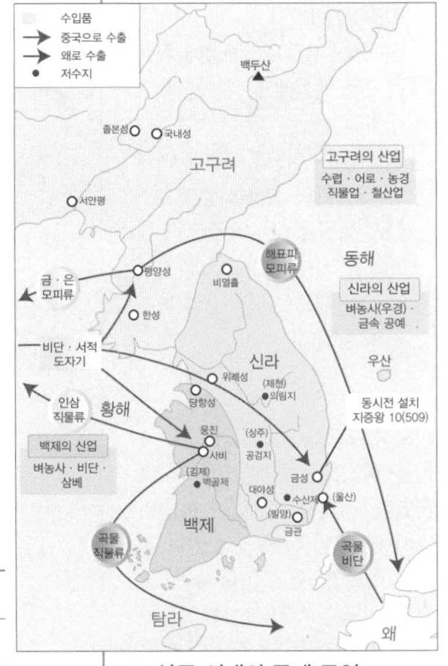

▲ 삼국 시대의 국제 무역

(4) 귀족의 경제생활

① 개인 토지, 녹읍, 식읍, 노비 소유, 전쟁 참여로 경제력이 확대되었다.

② 농민과 노비를 이용하여 토지 경작을 함으로써 수확량을 늘릴 수 있었고, 고리대로 농민을 수탈하였다.

③ 귀족들의 풍족하고 화려한 생활은 고구려 고분 벽화에서 확인할 수 있다.

2 남북국 시대의 경제적 변화

(1) 통일 신라의 경제 정책의 변화 : 통일 후 신라는 늘어난 생산 자원과 노동력을 철저하게 편제하여 관리하였다.

(2) 민정 문서(신라 장적, 신라 촌락 문서) 기출

① 1933년 일본 동대사(도다이지) 정창원(쇼소인)에서 발견되었다.

② 서원경(현재의 청주) 부근 4개 촌락을 대상으로 문서가 작성되었다.

③ 작성 목적 : 국가의 부역과 조세 기준을 마련하기 위해 작성하였다.

④ 작성사 : 촌주가 3년마다 작성하였다.

⑤ 내용

㉠ 인구 수 : 인구는 연령과 성별에 따라 6등급, 호(가구)는 인구의 많고 적음에 따라 9등급으로 나누어 구분하였다.

㉡ 소와 말, 뽕나무, 잣나무, 호두나무 등 유실수의 수가 구체적으로 파악되었다.

⑥ 토지의 종류

연수유전(답)	농민들이 경작하는 토지이며, 성덕왕 때 지급된 정전으로 추정된다.
촌주위답	촌주에게 지급된 토지이다.
내시령답	내시령에게 지급되었던 토지이다.
관모전(답)	관청 경비를 충당하기 위해 지급되었던 토지이다.

사료 돋보기 민정 문서

이 현(縣)의 사해점촌을 조사해보니 …… 이 가운데 중하연(烟) 4호, 하상연 2호, 하하연 5호이다. 마을의 모든 사람을 합치면 147명이며, 이중 3년 전부터 살아온 사람과 3년 동안 태어난 자를 포함하면 145명이며, 노비는 2명이다. …… 가축으로는 말 25마리가 있으며, …… 뽕나무는 1004그루인데, 3년 사이에 심은 것이 90그루, 전부터 있던 것이 914그루이다. ……

분석
민정 문서는 통일 신라 시대 서원경(현재의 청주) 부근 4개 촌락을 대상으로 작성되었으며, 인구, 호, 가축, 유실수 등이 상세하게 기록되어 있다.

(2) 통일 신라의 경제 활동

① 경제력 향상: 지증왕 때의 동시 이외에 서시와 남시가 설치되었고(3시), 주·소경의 중심지에 시장이 등장하였다.

② 대외 무역 발달

㉠ 당과의 무역이 번성하였으며, 울산항을 통해 이슬람 상인과 교역하기도 하였다.

● 촌락

10호(戶) 가량으로 구성된 말단 행정 구역으로 촌주가 몇 개의 촌을 관리하였다.

● 통일 신라의 토지 제도 

- 신문왕 7년(687) 5월에 문무 관료전을 지급하되 차등을 두었다.
- 신문왕 9년(689) 1월에 내외관의 녹읍을 혁파하고 매년 조(租)를 내리되 차등이 있게 하여 이로써 영원한 법식을 삼았다.
- 성덕왕 21년(722) 8월에 처음으로 백성에게 정전을 지급하였다.
- 경덕왕 16년(757) 3월에 여러 내외관의 월봉을 없애고 다시 녹읍을 나누어 주었다.
- 소성왕 원년(799) 3월에 청주 거노현으로 국학생의 녹읍을 삼았다.

–"삼국사기"–

신문왕은 관료전을 지급하고, 녹읍을 폐지하여 왕권을 강화하려 하였다. 경덕왕 시기에는 녹읍이 다시 부활되어 귀족의 권한이 점차 강화되었음을 확인할 수 있다. 한편 성덕왕 시기에는 백성들에게 정전을 지급하여 국가의 농민 지배력을 강화하였다.

㉡ 장보고는 청해진을 통해 남해와 서해를 장악하여 당 – 신라 – 왜로 이어지는 해상 무역을 독점하였다. 기출

㉢ 신라인의 해외 진출 : 신라방(산둥 반도, 양쯔 강 하류의 신라인 거주지) 신라소(일종의 자치 기관), 신라관(여관), 신라원(사찰, 예 장보고가 세운 법화원)

사료 돋보기 **장보고의 청해진 설치**

장보고는 신라로 돌아와 흥덕왕을 찾아서 만나서 말하기를 "중국에서는 널리 우리나라 사람들을 노비로 삼으니 청해진을 만들어 적으로 하여금 사람들을 약탈하지 못하게 할 것을 원하나이다."라고 하였다. '청해'는 신라의 요충으로 지금의 완도를 말하는데, 대왕은 그 말을 따라 장보고에게 군사 만 명을 거느리고 해상을 방비하게 하니 그 후로는 해상으로 나간 사람들이 잡혀가는 일이 없었다.

–"삼국사기"–

분석

장보고, 흥덕왕, 청해진, 완도, 해상

▼

장보고는 당에서 벼슬을 하다가 신라로 돌아와 흥덕왕에게 청해진 설치를 건의하였다.

(3) 통일 신라 귀족의 경제생활

통일 전 경제 기반	식읍과 녹읍 → 조세, 공물, 노동력 징수
통일 후 경제 기반	• 식읍과 녹읍 외에도 대규모의 사유지와 노비를 소유하였다. • 당이나 아라비아에서 수입한 사치품을 사용하거나 별장을 소유하기도 하였다. • 노비를 이용하여 필요 물품을 생산하게 하였고, 남는 것은 시장에서 판매하거나 당이나 일본에 수출하였다.

(4) 통일 신라 농민의 경제생활

① 시비법이 발달하지 않았으며(휴경법), 토지는 척박하고(생산력 저하) 부족하였다.

② 가혹한 조세 부담 : 토지세(1/10), 공물(삼베 · 명주실 · 과실류), 요역(노동력 징발) 등을 부담하였다.

③ 농민 몰락 : 8세기 후반 이후 몰락한 농민들이 증가하면서 노비로 전락하거나 도적이 되는 경우도 있었다.

④ 향 · 부곡 : 농민보다 많은 공물의 부담이 주어졌다.

⑤ 구휼 정책 강화 : 농민 생활을 안정시켜 국가 재정을 확보하기 위해 시행되었다.

● 시비법

토양이나 작물에 비료를 공급하여 농작물의 생육을 촉진시키는 농사법이다.

(5) 발해의 경제 발달

① 발해는 건국 초부터 영토를 넓혀 가며 경제를 안정시키기 위해 노력하였다.

② 수취 제도 : 조세(콩 · 조 · 보리), 공물(베 · 명주 · 가죽), 부역(노동력)을 부과하였다.

③ 농업 : 밭농사가 중심이었으나, 일부 지역에서는 벼농사를 짓기도 하였다.

④ 목축과 수렵

㉠ 집집마다 가축을 많이 길렀는데, 특히 솔빈부의 말은 주요 수출품이었다.

㉡ 수렵도 활발하여 모피, 녹용, 사향 등을 높은 가격에 수출하였다.

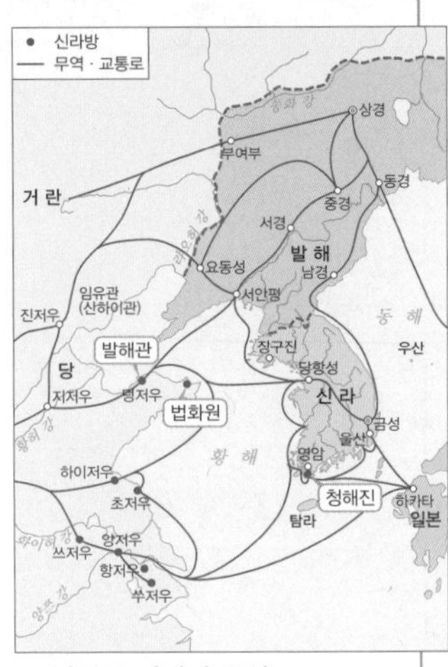

▲ 남북국 시대의 무역로

⑤ 수공업 : 금속공예, 직물, 도자기 등 수공업도 상당한 수준이었다.

⑥ 상업 : 수도인 상경 용천부와 교통의 중심지에서 상업이 번성하였다.

⑦ 대외 무역 (기출)

신라	'신라도'라는 상설 교통로를 두어 교류하였다.
당	산둥 반도 덩저우(등주)의 발해관을 통해 무역이 이루어졌다.
일본	무역이 활발하게 이루어졌다(신라 견제 의도).

2 고대의 사회

1 귀족 중심의 신분제 사회의 성립

(1) 사회 계층과 신분 제도

① 신분 제도의 발생 : 청동기 시대 이후 전쟁의 확대 과정에서 형성되었다.

② 부여, 초기 고구려, 삼한 : 지배층은 가(加) · 대가 · 호민, 피지배층은 하호(평민) · 노비 등이었다.

③ 귀족의 등장 : 가, 대가 등 권력자(족장)들은 고대 국가 성립 후 귀족으로 성장하였다.

(2) 삼국 시대의 사회 신분

지배층		• 귀족(특권층) : 특권 유지를 위한 율령을 제정하였고, 친족의 사회적 지위를 중시하였다. • 지배층만을 대상으로 골품 제도가 성립하였다.
피지배층	평민	• 대부분 농민이었고, 신분적 자유민이었다. • 조세와 공납을 부담하고 수시로 노동력을 징발당하였다. • 고구려의 진대법과 같이 국가에서는 가난한 농민을 구제하기 위한 정책을 마련하였다.
	천민	• 천민의 대다수는 노비였으며, 이들은 왕실과 관청, 귀족에게 예속되어 갖은 노역에 종사하였다. • 주로 전쟁 포로, 죄인, 귀족에게 진 빚을 갚지 못한 사람들이 노비가 되었다.

2 삼국의 사회 모습

(1) 고구려의 사회 모습 (기출)

① 특징 : 척박한 자연환경으로 약탈 경제가 성행하여 씩씩한 사회 기풍이 형성되었고, 형법이 엄격하였다.

② 사회 계층 : 귀족(5부 출신 귀족), 평민(대부분 자영농), 천민으로 이루어졌다.

③ 풍습 : 형사취수제, 서옥제, 진대법(고국천왕), 1책 12법

(2) 백제의 사회 모습

① 특징 : 고구려와 언어, 풍속, 의복이 비슷하였다. 일찍부터 중국과 교류하여 선진 문화를 수용하였다.

사료 돋보기 **고구려의 5부족**

고구려는 …… 본래 5부족이 있는데, 소노부(消奴部) · 절노부(絕奴部) · 순노부(順奴部) · 관노부(灌奴部) · 계루부(桂婁部)가 있다. 처음에는 소노부가 왕이 되었으나 점차 미약해져 지금은 계루부가 대신한다. …… 소노부는 본래 나라의 주인으로서 지금은 비록 왕이 되지 않으나 적통대인(適統大人)은 고추가(古雛加)를 칭할 수 있고, 종묘(宗廟)를 세울 수 있으며 영성사직(靈星社稷)에 제사 지낸다. 절노부는 대대로 왕과 혼인하여 고추가의 칭호를 가한다.

–"삼국지" 위서 동이전–

분석

고구려는 소노부 · 절노부 · 순노부 · 관노부 · 계루부의 5부족 체제로 발전하였다. 처음에는 소노부에서 왕을 배출하였으나, 태조왕 이후에는 계루부에서 왕위를 독점적으로 세습하였다.

② 지배층 : 왕족(부여씨)과 8성의 귀족이 대표적이며, 이들은 한문에 능숙하고 관청의 실무에 밝았다.

③ 사회 풍습 : 도둑질한 자는 유배형과 동시에 2배를 물게 하였고, 관리가 뇌물을 받으면 3배를 배상하고 종신토록 금고형에 처하였다.

● 백제의 귀족

왕족은 고구려 동명왕 계통의 부여씨였다. 한편 왕비족은 초기에는 진씨와 해씨였으나 백제 말에는 사씨(사택씨)에서 왕비가 배출되었다. 그 외 연씨, 국씨, 목씨, 백씨, 협씨 등 귀족들이 있었다.

(3) 신라의 사회 모습 기출

① 화백 회의

㉠ 부족 대표들이 함께 모여 정치를 운영하던 신라 초기의 전통을 계승하였다(씨족 사회 전통 계승).

㉡ 국왕과 귀족 사이의 권력을 조절하는 기능을 하였다.

㉢ 만장일치제를 채택하여 집단의 부정 방지와 단결을 강화하였다.

② 화랑도(국선도, 풍류도, 풍월도)

㉠ 옛 씨족 사회의 청소년 집단(원화)에서 기원하였다.

㉡ 국가가 필요로 하는 인재를 양성하기 위해 진흥왕 때 국가 조직으로 개편되었다.

㉢ 화랑(진골 귀족 자제)과 낭도(평민 자제까지 참여)로 구성되었으며, 계층 간 대립과 갈등을 조절 · 완화하는 역할을 하였다.

㉣ 원광은 화랑이 지켜야 할 세속 5계를 제시하였다.

사료 돋보기 **세속 5계**

귀산 등이 그 문하에 가서 단정한 태도로 "저희 세속의 선비들이 어리석어 아는 바가 없으니 원컨대 한 말씀을 내려 주셔서 종신토록 계명을 삼았으면 합니다."라고 말하였다. 법사는 "불교의 계율에는 보살계가 있는데 그 종목이 10가지라서 너희처럼 남의 신하된 자로서는 아마 감당하기 어려울 것이다. 여기 세속 5계가 있으니, 하나는 충으로써 임금을 섬기고(사군이충), 둘은 효로써 부모를 섬기며(사친이효), 셋은 믿음으로써 친구를 사귀고(교우이신), 넷은 전장에 나아가 물러서지 않으며(임전무퇴), 다섯은 생명 있는 것을 가려서 죽인다는 것(살생유택)이다. 너희는 실행에 옮기되 소홀히 하지 말라."라고 하였다.

–"삼국사기"–

분석

세속 5계, 충, 효, 믿음, 전장, 생명

▼

화랑도의 계율인 세속오계는 원광이 만들었으며, 그 내용은 사군이충(事君以忠), 사친이효(事親以孝), 교우이신(交友以信), 임전무퇴(臨戰無退), 살생유택(殺生有擇)이었다.

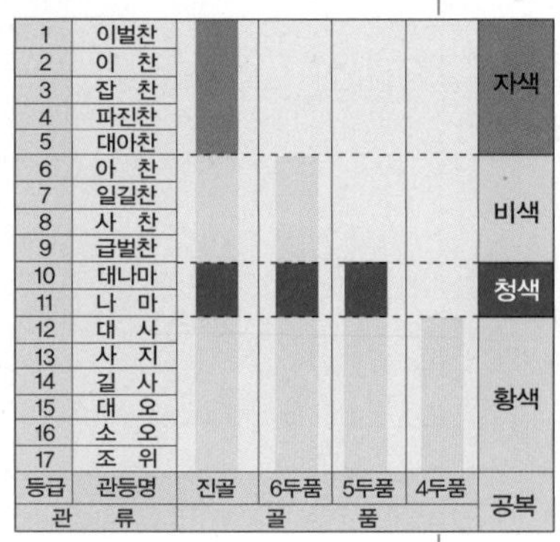

등급	관등명	진골	6두품	5두품	4두품	공복
1	이벌찬					자색
2	이 찬					
3	잡 찬					
4	파진찬					
5	대아찬					
6	아 찬					비색
7	일길찬					
8	사 찬					
9	급벌찬					
10	대나마					청색
11	나 마					
12	대 사					황색
13	사 지					
14	길 사					
15	대 오					
16	소 오					
17	조 위					
관 류		골	품			

▲ 신라의 골품 제도

③ 골품제 기출

㉠ 법흥왕 때 중앙 집권 국가가 정비되어 가는 과정에서 골품제를 마련하여 통치 기반을 구축하였다.

㉡ 처음에는 성골, 진골, 6두품 ~ 1두품 등 8등급이었으나 3두품 이하는 곧 소멸되었고, 무열왕 이후 4등급(진골, 6두품, 5두품, 4두품)만 남았다.

㉢ 지배층 내부의 신분 제도였으며, 혈연에 따라 사회적 활동을 제약하는 것이었다.

㉣ 관등 승진의 상한선이 골품에 따라 정해져 있어 불만을 가진 이들도 있었다(대표적인 이들이 6두품(득난)이었음).

㉤ 진골은 1관등 이벌찬, 6두품은 6관등 아찬, 5두품은 10관등 대사, 4두품은 12관등 대사가 관등의 상한선이었다.

㉥ 6두품은 대체로 학문과 종교 분야에서 활동하였다. 신라 중대에는 왕권과 결탁하였고, 신라 하대에는 반신라적 태도를 보이기도 하였다.

심화 플러스 중위제

중대 이후 왕권이 강화되고, 6두품 중심의 관료제의 운영이 활성화되면서 골품에 따른 관직의 제한은 관등 향상을 노리는 6두품 이하 관료들의 반발을 사게 되었다. 이에 따라 진골 중심의 골품제를 유지하면서도 비진골 중심의 관료제를 활성화시키는 타협안으로서 중위제가 성립되어 아찬에 4등급, 대나마에 9등급, 나마에 7등급의 중위를 설치하여 관등상의 상한선에 오른 비진골 관료층에게 특진의 기회를 열어주었다.

3 남북국 시대의 사회

(1) 통일 후 신라 사회의 변화(신라 중대)

① 민족 융합 노력

㉠ 과거 고구려인과 백제인, 말갈족까지 포함하여 중앙군인 9서당을 편성하였다.

㉡ 백제, 고구려의 지배층에게 신라의 골품과 관등을 부여하였다.

② 왕권 강화

㉠ 6두품의 정치적 진출이 활발해졌고, 학문적 식견과 실무 능력을 바탕으로 국왕을 보좌하였다.

㉡ 신문왕 때 진골 귀족의 일부를 숙청하여 왕권을 강화하였다.

(2) 통일 신라 사람들의 생활 모습

① 금성(경주)의 번영과 5소경

㉠ 금성 : 정치 · 문화의 중심지이며, 대표적인 소비 도시였다.

㉡ 5소경 : 지방 문화의 중심지였다.

② 귀족의 생활

㉠ 호화 생활 : 금입택이라는 저택에서 노비와 사병을 거느리고 호화 생활을 영위하였다.

㉡ 불교를 후원하였고, 사치품을 선호하였다. 흥덕왕의 사치 금지령에도 불구하고 실효를 거두지 못하였다.

● 금입택

신라의 수도 경주에 있었던 왕족과 귀족들의 화려하고 큰 저택으로 '금을 입힌 집'이라는 의미이다. 신라의 귀족들이 막대한 부와 세력을 가지고 있었음을 알 수 있다.

③ 평민의 생활 : 자영농이거나 귀족의 토지를 소작하였으며, 신라 말 노비로 전락하는 경우가 많았다.

사료 돋보기 흥덕왕의 사치 금지령

흥덕왕 9년 말하기를 "사람에게는 위와 아래가 있고, 벼슬에도 높음과 낮음이 있어 명칭과 법식이 같지 않고 의복 또한 다른 것이다. 그런데 세상의 습속은 점점 각박해지고 백성들은 다투어 사치와 호화를 일삼고 오로지 외래품의 진귀한 것만을 숭상하고 토산품의 야비한 것을 싫어한다. 그리하여 예절이 분수에 넘치는 데 빠지고 풍속이 파괴되는 데에까지 이르렀다. 이에 예법에 따라 엄한 명령을 베푸는 것이니 그래도 만약 일부러 범하는 자가 있으면 국법을 시행할 것이다."라고 하였다.

—"삼국사기"—

분석

흥덕왕, 사치, 호화, 외래품, 토산품, 예법, 국법

▼

신라 하대 흥덕왕 시기 귀족들의 사치 풍조가 심해져 '사치 금지령'을 반포하였으나, 별다른 실효를 거두지 못하였다.

(3) 발해의 사회 구조

① 발해 주민의 구성

지배층	왕족인 대씨, 귀족인 고씨 등 고구려계가 다수를 구성하였다.
피지배층	대다수가 말갈인이며, 일부는 촌락의 우두머리(촌장)가 되어 국가 행정을 보조하였다.

② 발해의 사회 · 문화

㉠ 지식인의 활동 : 발해의 지식인은 당에 유학하여 외국인을 대상으로 한 빈공과에 응시하여 신라인과 수석을 다투기도 하였다.

㉡ 발해는 상층 사회를 중심으로 당의 제도와 문화를 받아들였지만 촌락민들은 고구려나 말갈 사회의 전통적인 생활 모습이 많이 남아 있었다.

(4) 통일 신라 말의 사회 모순(신라 하대) 기출

① 중앙 정부의 통제력이 약화되고, 지방 호족이 성장하였다.

② 9세기 말 진성 여왕 이후 정부의 강압적인 조세 징수에 맞서 농민 봉기가 전국적으로 확산되었다.

핵심만 정리하자

▶ 고대 국가의 사회

고구려	백제	신라	통일 신라	발해
• 상무적 기풍 • 귀족, 평민, 천민 구성 • 1책 12법, 서옥제, 형사취수제	• 엄격한 형법 • 부여씨와 8성 귀족 • 언어, 의복, 풍습 등 고구려와 비슷	• 화백 회의 : 귀족 회의 • 화랑도 : 계층 간 대립과 갈등 조절, 세속 5계(원광) • 골품제 : 관등 승진 상한 → 6두품(득난), 반신라적 태도	• 민족 융합 노력 – 9서당 편성(신라+고구려+백제+말갈) – 고구려와 백제 지배층에 관등 부여	• 고구려 유민과 말갈인으로 구성 • 지식인들의 당 유학, 빈공과 응시 • 당의 제도와 문화 수용, 고구려와 말갈 사회 생활 모습 존재

기출 및 예상 문제

01 고대의 경제 활동

[1] 통일 신라의 경제 상황과 조세 행정을 알 수 있는 자료는 민정 문서이다. O | X

[2] 민정 문서에는 인구 및 토지뿐만 아니라 소, 말, 유실수 등이 파악되었다. O | X

[3] 연개소문은 당에서 귀국한 후 완도에 청해진을 설치하였다. O | X

01 다음 중 삼국 시대와 통일 신라 시대 경제에 대한 설명으로 옳지 않은 것은?

① 삼국은 전쟁에서 공을 세운 사람에게 일정 지역의 토지와 농민을 식읍으로 주었다.
② 통일 신라 민정 문서는 남녀 인구수와 소 · 말의 수, 토지 면적 등을 조사하여 3년마다 작성되었다.
③ 신라에서는 4~5세기를 지나면서 철제 농기구가 점차 보급되었다.
④ 삼국 시대에는 농업 생산력이 발달하여 수도뿐 아니라 농촌 각지에서도 시장이 번성하였다.

2016년 지방 9급

02 다음과 같은 문서가 작성되었던 시대에 대한 설명으로 옳지 않은 것은?

> 토지는 논, 밭, 촌주위답, 내시령답 등 토지의 종류와 면적을 기록하고, 사람들은 인구, 가호, 노비의 수와 3년 동안의 사망, 이동 등 변동 내용을 기록하였다. 그 밖에 소와 말의 수, 뽕나무, 잣나무, 호두나무의 수까지 기록하였다.

① 관료에게는 관료전을, 백성에게는 정전을 지급하였다.
② 인구는 남녀 모두 연령에 따라 6등급으로 나누어 파악하였다.
③ 전국을 9주로 나누고, 주 아래에는 군이나 현을 두어 지방관을 파견하였다.
④ 국가에 봉사하는 대가로 관료에게 토지를 나누어 주는 전시과 제도를 운영하였다.

2015년 국가 9급

03 다음 자료에 대한 해석으로 가장 적절한 것은?

> • 신라 지증왕 3년의 순장 금지 사료(史料)
> • 신라 무덤에서 출토한 순장 대용(代用) 흙인형

① 전쟁 노비의 소멸로 순장할 대상이 없어졌다.
② 농업 생산력의 상승에 따라 노동력을 중시하였다.
③ 죽음에 대한 의식(儀式)에 도교 사상이 반영되었다.
④ 왕실은 귀족층의 사치와 허례허식을 막기 위해 노력하였다.

2014년 지방 9급

04 통일 신라 시대 민정 문서(장적)에 대한 설명으로 옳지 않은 것은?

① 인구, 가호, 노비 및 소와 말의 증감까지 매년 작성하였다.
② 토지에는 연수유전답, 촌주위답, 내시령답이 포함되어 있다.
③ 사람은 남녀로 나누고, 연령을 기준으로 하여 6등급으로 구분하였다.
④ 호(戶)는 상상호(上上戶)에서 하하호(下下戶)까지 9등급으로 구분하였다.

05 다음은 신라의 토지 제도에 대한 설명이다. ㉠~㉣에 들어갈 내용을 바르게 나열한 것은?

> • 신문왕 7년, [㉠]을 차등 있게 지급하였다.
> • 신문왕 9년, 내외관의 [㉡]을 혁파하였다.
> • 성덕왕 21년, 처음으로 백성에게 [㉢]을 지급하였다.
> • 경덕왕 16년, 다시 [㉣]을 지급하였다.

	㉠	㉡	㉢	㉣
①	녹읍	식읍	민전	식읍
②	식읍	녹읍	정전	녹읍
③	문무 관료전	녹읍	정전	녹읍
④	문무 관료전	식읍	민전	식읍

06 통일 신라 시대 귀족 경제에 대한 내용이다. 밑줄 친 '이것'에 대한 설명으로 옳은 것은?

> 전제 왕권이 강화되면서 신문왕 9년(689)에 이것을 폐지하였다. 이를 대신하여 조(租)의 수취만을 허락하는 관료전이 주어졌고, 한편 일정한 양의 곡식이 세조(歲租)로서 또한 주어졌다. 그러나 경덕왕 16년(757)에 이르러 다시 이것이 부활되는 변화 과정을 겪었다.

① 이것이 폐지되자 전국의 모든 국토는 '왕토(王土)'라는 사상이 새롭게 나오게 되었다.
② 수급자가 토지로부터 조(租)를 받을 뿐 아니라, 그 지역의 주민을 노역(勞役)에 동원할 수 있었다.
③ 삼국 통일 이후 국가에 큰 공을 세운 6두품 신분의 사람들에게 특별히 지급하였다.
④ 촌락에 거주하는 양인 농민인 백정이 공동으로 경작하였다.

07 남북국 시대의 무역에 대한 설명으로 가장 적절하지 않은 것은?

① 신라의 울산항에는 동남아시아 상인은 물론 이슬람 상인까지 왕래하였다
② 발해는 신라를 견제하기 위하여 일본과 무역을 하였다.
③ 당과의 무역으로 산둥 반도에는 신라인의 왕래가 빈번하여 집단 거주 지역이 생겨났다.
④ 신라와 발해는 당의 이간으로 무역 거래가 전혀 이루어지지 않았다.

08 발해의 경제에 대한 설명으로 옳지 않은 것은?

① 솔빈부의 말이 주요 수출품이었다.
② 발해는 산둥 반도와 양쯔 강 하류에 무역을 위한 집단 거주지를 설치하였다.
③ 어업이 발달하여 먼 바다에 나가 고래를 잡기도 하였다.
④ 기후 조건의 한계로 밭농사가 중심이었고, 콩 · 조 · 보리 · 기장 등을 재배하였다.

02 고대의 사회

[1] 화백 회의는 원시 사회 청소년 집단에서 기원하였다. O | X

[2] 원광은 화랑도의 계율로서 세속 5계를 지어 행동 규범으로 제시하였다. O | X

[3] 6두품이 올라갈 수 있는 관직은 17관등 중 6관등 아찬이 상한선이었다. O | X

09 고구려 사회에 대한 설명으로 옳은 것을 〈보기〉에서 모두 고른 것은?

〈보 기〉

ㄱ. 지배층의 혼인 풍습으로 형사취수제와 서옥제가 있었다.
ㄴ. 도둑질한 자는 12배를 물게 하였다.
ㄷ. 지배층은 왕족인 고씨, 부여씨와 8성의 귀족으로 이루어졌다.
ㄹ. 진대법을 실시하여 가난한 농민을 구제하였다.

① ㄱ, ㄴ, ㄷ　② ㄱ, ㄴ, ㄹ
③ ㄱ, ㄷ, ㄹ　④ ㄴ, ㄷ, ㄹ

10 신라의 관등 제도에 대한 설명으로 옳지 않은 것은?

① 6세기 초 법흥왕 때 완성되었다.
② 왕경인에 대한 경위(京位) 17관등과 지방인에 대한 외위(外位) 11관등으로 구성되었다.
③ 6두품은 아찬(阿飡)까지, 5두품은 대사(大舍)까지 승진의 한계가 정해져 있다.
④ 삼국 통일을 전후한 시기에 이르면 6두품 이하에 속한 사람들에게 중위(重位) 제도라는 일종의 특진의 길을 개방하기도 하였다.

11 다음 도표는 신라의 골품과 관등에 대한 것이다. 제시된 도표와 관련된 설명으로 옳지 않은 것은?

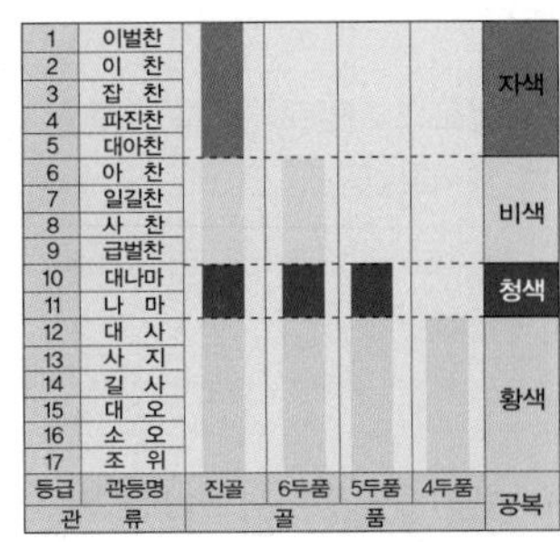

① 공복의 색깔은 관등에 의해 결정되었다.
② 진골이 처음 받는 관등은 대아찬이었다.
③ 5두품은 황색과 청색 공복을 입을 수 있었다.
④ 골품에 따라 진출할 수 있는 관등에 한계가 있었다.

12 다음 자료에 등장하는 '설계두'란 인물이 속한 신분 계층에 대한 설명으로 옳은 것은?

> 설계두가 하루는 친구들과 함께 술을 마시며 자기 뜻을 말하였다. "우리나라에서는 사람을 쓰는데 먼저 골품을 따진다. 정말 그 족속이 아니면 비록 큰 재주와 뛰어난 공이 있다 하더라도 크게 될 수 없다."
>
> -"삼국사기"-

① 왕권의 전제화에 반대하여 반란을 일으킨 김흠돌이 이 신분 출신이었다.
② 신라 하대에 중앙 정부의 통제에서 벗어나 반독립적인 세력으로 성장하였다.
③ 화랑세기를 저술한 한산주의 도독 김대문이 이 신분 출신이었다.
④ 고려 성종 때에는 이들 출신의 유학자들이 국정을 주도하며 유교 정치를 펼쳤다.

13 다음 자료에 나타난 통일 신라 시대의 신분층과 관련된 설명으로 옳은 것은?

> (그들의) 집에는 녹(祿)이 끊이지 않았다. 노동(奴僮)이 3천 명이며, 비슷한 수의 갑병(甲兵)이 있다. 소, 말, 돼지는 바다 가운데 섬에서 기르다가 필요할 때 활로 쏘아 잡아먹는다. 곡식을 남에게 빌려주어 늘리는데, 기간 안에 갚지 못하면 노비로 삼아 부린다.
>
> -"신당서"-

① 관등 승진의 상한은 아찬까지였다.
② 도당 유학생의 대부분을 차지하였다.
③ 돌무지덧널무덤을 묘제로 사용하였다.
④ 식읍 · 전장 등을 경제적 기반으로 하였다.

2016년 소방

14 다음 자료를 읽고 신라 회의 기구에 대한 평가로 옳은 것을 〈보기〉에서 모두 고르면?

> • 나라에 큰 일이 있으면 귀족 대표들이 모여 자세히 의논해서 결정한다.
> • 큰 일이 있으면 여러 사람의 의견을 따르는데 한 명이라도 반대하면 통과하지 못한다. 이를 화백이라 한다.

〈보 기〉

ㄱ. 국왕은 귀족 회의를 통해 왕권을 강화하였다.
ㄴ. 귀족 세력과 왕권 사이에 권력을 조절하는 기능을 가졌다.
ㄷ. 왕권이 전제화되면서 귀족 회의의 권한은 더욱 강화되었다.
ㄹ. 씨족 사회의 전통을 계승한 것으로 집단의 단결을 강화하는 구실을 하였다.
ㅁ. 청소년 집단에서 비롯된 것으로 계급 간의 대립을 조절 · 완화하는 기능을 지녔다.

① ㄱ, ㄴ ② ㄱ, ㄷ
③ ㄴ, ㄹ ④ ㄷ, ㅁ

(Ⅰ 우리 역사의 형성과 고대 국가의 발전)

고대 국가의 대외 교류와 문화 발전

출제빈도 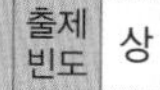  상 중 하

1 고대 문화의 특징과 일본 전파

꼭 기억해야 할 연표

372	고구려의 불교 수용
384	백제의 불교 수용
527	신라의 불교 공인
751	경덕왕, 불국사와 석굴암 창건 시작

1 고대 문화의 특징 기출

고구려	중국 세력을 물리친 경험과 북방 민족의 영향으로 강건하고 패기 넘치는 문화를 이루었다.
백제	중국 남조 문화의 영향을 받아 세련되고 우아한 귀족 문화를 꽃피웠다.
신라	옛 전통이 남아 있어 소박하면서도 조화미를 갖추었다.
통일 신라	• 고구려와 백제 문화를 통합하여 민족 문화 발전의 토대를 확립하였다. • 당, 서역, 인도 등과 교류하면서 세련된 문화가 발전하였다. • 중대에는 귀족 중심의 교종 문화가 발달하였고, 하대에는 지방의 호족과 연결된 선종 문화가 발전하였다. • 중대에는 조형 예술이 최고조로 발전하였으며, 석굴암과 불국사 등에서 조화미와 정제미가 확인된다. 그러나 하대로 가면서 조형 미술은 점차 쇠퇴하였다.
발해	• 고구려 문화를 바탕으로 당 문화를 수용하였는데, 사회 저변에는 소박한 말갈 문화도 남아있었다. • 고구려 요소 : 불상, 석등, 기와, 온돌, 굴식 돌방무덤(정혜 공주 묘) • 당 요소 : 벽돌무덤(정효 공주 묘), 3성 6부제, 상경의 도시 구조와 주작대로

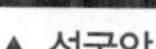
▲ 석굴암

▲ 불국사

▲ 상경의 도시 구조와 주작대로

2 고대 문화의 일본 전파

(1) 삼국 문화의 일본 전파 기출

① 특징 : 일본 고대 국가(야마토 정권)와 아스카 문화 형성에 영향을 주었다.

② 백제

㉠ 일본과 정치적으로 가장 밀접했던 백제는 오경박사, 의박사, 역박사 등을 파견하여 유교와 의학, 천문, 역법 등을 전해주었다.

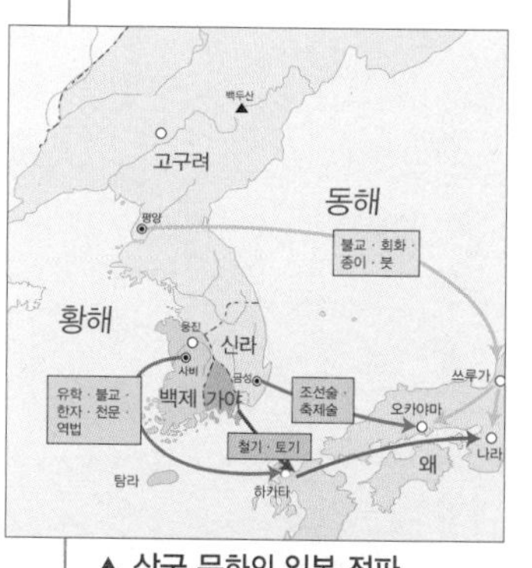

▲ 삼국 문화의 일본 전파

㉡ 불교와 함께 불상 조각, 건축 등을 전파하여 일본 고대 문화 발전에 중요한 역할을 하였다.

㉢ 아직기는 한자, 왕인은 천자문과 "논어"를 전하였으며, 노리사치계는 불경과 불상을 전하였다.

③ 고구려

㉠ 영양왕 시기 담징은 호류 사의 금당 벽화를 그렸고, 종이 · 먹 등의 제조 기술을 전해주었다.

㉡ 승려 혜자는 쇼토쿠 태자의 스승이 되었다.

㉢ 고구려 수산리 고분 벽화는 일본 다카마쓰 고분 벽화에 영향을 주었다.

④ 신라 : 조선술(배 만드는 기술)과 축제술(제방 쌓는 기술, '한인의 연못')을 전해주었다.

⑤ 가야 : 철과 토기의 제작 기술을 전해주었으며, 일본 스에키 토기에 영향을 주었다.

▲ 수산리 고분 벽화

▲ 다카마쓰 고분 벽화

(2) 통일 신라 문화의 일본 전파

① 불교와 유교 문화가 전래되어(원효, 강수, 설총) 일본 하쿠호 문화의 성립에 기여하였다.

② 승려 심상에 의해 전해진 화엄 사상은 일본 화엄종을 일으키는 데 영향을 주었다.

핵심만 정리하자

▶ 고대 문화의 특징

구분	성격	특징
고구려	외래문화를 개성 있게 수용	패기, 정열
백제	세련된 귀족 문화(남조 영향)	우아, 세련
신라	소박 → 후기에는 조화미	소박, 조화
통일 신라	민족 문화 토대 마련	조화미, 정제미, 불교적, 귀족적
발해	고구려 문화 기반 위에 당 문화 흡수	고구려보다 부드러우면서 웅장하고 건실한 기풍

▶ 고대 국가의 일본으로의 문화 전파

국가	일본으로의 문화 전파
백제	• 삼국 중 일본과 가장 밀접한 국가 • 아직기(한자), 왕인(천자문과 "논어"), 노리사치계(불경과 불상)
고구려	• 담징 : 호류 사의 금당 벽화, 종이 · 먹 · 맷돌 제조 방법 전수 • 수산리 고분 벽화 : 일본 다카마쓰 고분 벽화에 영향
신라	조선술(배 만드는 기술)과 축제술(제방 쌓는 기술)
가야	철과 토기 제작 기술 전래, 일본 스에키 토기에 영향
삼국 문화	일본 아스카 문화 형성에 영향
통일 신라 문화	일본 하쿠호 문화 성립에 영향

2 고대의 종교와 사상

1 불교의 수용과 발전

(1) 삼국의 불교 수용 기출

고구려	소수림왕 시기 전진(前秦)의 순도(順道)에 의해 전래되었다(372).
백제	침류왕 때 동진의 마라난타에 의해 전래되었다(384).
신라	눌지마립간 때 고구려의 승려 묵호자에 의해 전래되었으나 법흥왕 때 이차돈의 순교로 공인되었다(527).

(2) 통일 신라의 불교 발전

중대	• 교종의 발달 : 경전 이해를 통한 깨달음을 추구하였다. • 지배 계급은 기성 권위를 긍정하는 교종을 환영하였고, 특히 왕실과 연결된 화엄종이 발전하였다. • 불교 행사와 의식의 중시로 조형 미술이 발달하였다.
하대 기출	• 선종 9산이 성립하여 참선, 불립문자, 견성오도를 강조하였다. • 호족, 6두품의 반신라적 움직임과 결부되어 고려 개창의 사상적 기반이 되었다. • 9산 성립을 통해 경주 중심의 문화를 극복하고 지방 문화 발전에 기여하였다. • 조형 미술이 쇠퇴하고 승탑, 탑비가 등장하였다.

▲ 쌍봉사 철감선사 승탑

심화 플러스 9산 선문

9산	개창자	중심 사찰	위치
가지산문	도의	보림사	장흥
실상산문	홍척	실상사	남원
동리산문	혜철	태안사	곡성
사굴산문	범일	굴산사	강릉
봉림산문	현욱	봉림사	창원
사자산문	도윤	흥녕사	영월
성주산문	무염	성주사	보령
희양산문	도헌	봉암사	문경
수미산문	이엄	광조사	해주

(3) 통일 신라 시기 주요 고승

① 원효 기출

㉠ 법성종을 개창하였다.

㉡ 일심 사상을 바탕으로 화쟁 사상을 주장하여 불교의 통합에 노력하였다.

● 교종 5교

종파	개창자	중심 사찰
열반종	보덕	경복사(전주)
계율종	자장	통도사(양산)
법성종	원효	분황사(경주)
화엄종	의상	부석사(영주)
법상종	진표	금산사(김제)

● 선종의 성립

불립문자 · 직지인심(문자로 기록된 불경이 아니더라도 사람의 본성을 터득할 수 있다) · 견성오도(인간의 타고난 본성이 불성임을 알면 그것은 불교의 도리를 깨닫는 것이다)를 강조하였다. 견성오도의 방법은 참선에 있다. 즉 참선을 통해 심성을 도야함으로서 각자의 마음속에 자존하고 있는 불성을 깨달을 수 있다는 것이다.

▲ 5교 9산

㉢ 불교의 대중화 : 무애가를 부르며 정토 사상(나무아미타불, 아미타 신앙)을 보급하였다.

㉣ "대승기신론소", "십문화쟁론", "금강삼매경론", "화엄경소" 등의 저서를 통해 불교의 사상적 이해 기준을 마련하였다.

② 의상 기출

㉠ 화엄종을 개창하여 왕권 전제화에 기여하였다.

㉡ 일즉다 다즉일(하나가 모든 것이요, 모든 것이 하나다.) 사상은 그의 대표적인 저술인 "화엄일승법계도"에 잘 나타나 있다.

㉢ 현세구복적인 관음 신앙을 중시하였다.

㉣ 부석사와 낙산사 등 여러 사찰을 창건하였다.

③ 혜초 : 인도와 서역을 순례한 후 "왕오천축국전"을 저술하였다.

④ 원측 : 당의 현장 법사에게 유식학을 배운 후 자신의 학문을 발전시켰다(원측의 제자들을 서명학파라고 함).

● 원효와 의상

▲ 원효

▲ 의상

6두품인 원효와 진골인 의상은 비록 신분도, 나이도 달랐지만, 젊은 시절부터 우정을 나누며 함께 당 유학길에 올랐다. 원효는 모든 것이 마음먹기에 달렸다는 깨달음(一切唯心造)을 얻고 당 유학을 포기하였다. 그는 모든 중생이 평등하게 불성을 지녔다고 생각해 노래하고 춤추며 백성에게 불교 신앙을 퍼뜨렸다. 한편 의상은 당 유학 후 10년 만에 귀국하였다. 화엄 사상을 공부하면서 '이 세계를 구성하는 모든 요소는 평등하다.'고 깨달은 그는 노비였던 지통과 빈민 출신인 진정을 제자로 받아들였다.

사료 돋보기 원효와 의상

[원효의 사상]

❶ 일심 사상 : 크다 하나 바늘구멍 하나 없더라도 쑥 들어가고, 작다 하나 어떤 큰 것이라도 감싸지 못함이 없다. 있다 하나 한결같이 텅 비어 있고, 없다 하나 만물이 다 이것으로부터 나온다. 이것을 무어라 이름을 붙일 수 없으므로 억지로 '대승'이라 하였다. …… 도를 닦는 자에게 온갖 경계를 모두 없애 '하나의 마음'(一心)으로 되돌아가게 하고자 한다.

❷ 화쟁 사상 : 마치 바람 때문에 고요한 바다에 파도가 일어나지만 그 파도와 바닷물이 따로 물이 아닌 것처럼 우리 일심(一心)에도 깨달음의 경지인 진여(眞如)와 그렇지 못한 무명(無明)의 분열이 있는데 그 둘도 따로 있는 것이 아니다.

[의상의 화엄일승법계도]

하나 안에 일체(一切)이며 다(多) 안에 하나요(一中一切多中一), 하나가 곧 일체(一切)이며 다(多)가 곧 하나이다(一切一切多卽一). 하나의 미진(微塵) 가운데 십방(十方)을 포함하고, 일체(一切)의 진(塵) 가운데서도 역시 이와 같다(一切塵中亦如是).

분석

하나의 마음, 일심(一心), 일체, 다(多), 하나

[원효의 사상]
원효는 모든 진리는 한 마음에서 나온다는 일심 사상을 바탕으로 화쟁 사상을 주장하여 종파 간 논쟁을 조화롭게 승화시키려 하였다.

[의상의 사상]
의상의 화엄 사상은 일즉다 다즉일 사상으로 요약되며, 통일 후 왕권의 전제화에 기여하였다.

2 도교의 발달

고구려	• 연개소문은 왕실 및 귀족과 연결된 불교를 탄압하고자, 도교를 장려하였다. • 고분 벽화에 보이는 여러 신선, 강서대묘의 사신도(네 개 벽화) 등이 도교의 영향을 받았다.
백제	산수무늬 벽돌, 사택지적비, 무령왕릉의 매지권, 금동대향로 등이 도교의 영향을 받았다.
신라	화랑도의 별칭인 국선도에서 확인된다.

● 백제 금동대향로

백제 금동대향로(국보 제287호)는 부여의 나성과 능산리 고분군 사이에서 발견되었고, 백제인의 도교적 이상 세계가 반영되어 있다.

통일 신라	신라 하대 최치원 등 반신라 유학자들 사이에 크게 유행하였다(은둔주의).
발해	문왕의 딸인 정효 공주 묘지석에 도교의 불로장생 사상이 반영되었다.

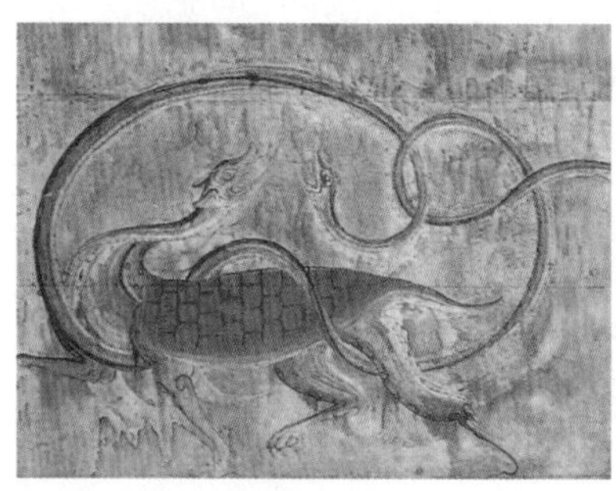

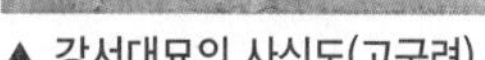

▲ 강서대묘의 사신도(고구려)

▲ 산수무늬 벽돌(백제)

▲ 사택지적비(백제)

3 ▸ 풍수지리설의 도입

(1) 도입 : 신라 말 승려 도선(道詵)이 도입하였다.

(2) 특징 : 신라 말 정부의 권위를 약화시키고, 송악의 왕건에게 후삼국 통일의 유리한 사상적 기반을 제공하였다.

4 ▸ 학문의 발달

(1) 삼국의 학문

고구려	• 태학 : 소수림왕 때 세워진 국립 유학 교육 기관이다. • 경당 : 평양 천도 후에 지방에 세워진 사립 교육 기관, 문 · 무를 교육하였다. • 당시 고구려 사람들은 "사기", "한서" 등의 역사책과 사전인 옥편, 문학서인 문선을 이해하고 있었다.
백제	• 오경박사, 의박사, 역박사 등의 존재로 보아 유학, 의학, 천문학을 교육하였다고 추정된다. • 개로왕의 국서, 무령왕릉 지석, 사택지적비 등을 통해 한문학이 발달하였음을 알 수 있다.
신라	화랑도에서 유교 경전을 교육하였다(임신서기석).

(2) 통일 신라의 학문 기출

① 국학 설립

㉠ 국립 교육 기관으로 9년제이며, 논어와 효경을 필수 과목으로 교육하였다.

㉡ 경덕왕 시기에는 국학의 명칭을 태학감으로 고쳤으며(747), 혜공왕 때 다시 국학으로 개칭하였다(776).

② 독서삼품과 실시

㉠ 신라 하대 원성왕 때 설치되었다.

㉡ 골품 위주의 관리 등용을 지양하고 유학 교육에 따른 능력 위주의 관리를 선발하고자 하였다.

㉢ 진골 귀족의 반발로 실패하였으나 유학 보급에 기여하였다.

● 임신서기석

2명의 화랑이 함께 3년 동안 유교 경전을 공부할 것을 맹세하는 내용이 담겨져 있다.

● 최치원

최치원의 호는 고운이며, 6두품 출신으로 당에 유학하였다. 유학 후 빈공과(당에서 치루던 외국인 대상 과거 시험)에 합격하였고, '토황소격문' 등을 지었다. 이후 신라로 귀국하여 진성 여왕에게 시무책(개혁안) 10여 조를 제시하고, 아찬에 올랐으나 개혁안은 결국 실행되지 못하였다. 관직에서 물러난 최치원은 각 지역을 유랑하며 은둔 생활을 하였다. 대표적인 저서로는 "계원필경"과 "제왕연대력", 사산비명, 난랑비서문, 사륙집, 법장화상전 등이 있다. 한편 최치원은 발해를 고구려의 후예들이 건국한 것으로 이해하고 있었으나, 그의 저술인 "사불허북국거상표(謝不許北國居上表)" 등에서 발해인에 대한 강한 적개심을 확인할 수 있다.

③ 대표 인물

강수	• 가야 출신 6두품이며, 외교 문서 작성(대표적 : 답설인귀서, 청방입문표)에 능하였다. • 불교를 세외교(世外敎, 세상과 동떨어진 종교)로 규정하여 비판하였다.
설총	이두를 체계적으로 정리하였고, "화왕계"를 지어 국왕의 유교적 도덕 정치를 역설하였다.
김대문	• 진골 출신으로 "계림잡전", "고승전", "화랑세기", "한산기"를 저술하여 신라 문화를 주체적으로 인식하였다. • 김대문의 저서는 현재 전하지 않으나 "삼국사기"에 인용 자료로 수록되어 있다.
기출 최치원	• 6두품 출신으로 당에서 빈공과에 합격하고 문명(文名)을 떨치다 신라로 귀국하였다. • 진성 여왕에게 시무책 10여 조를 올려 유교적 정치 이념을 실현하고자 하였으나 뜻을 이루지는 못하였다. • 대표적 저서로 "계원필경"('토황소격문' 수록), 사산비명, 난랑비서문 등이 전해지고 있다.

사료 돋보기 통일 신라의 대표적인 학자

❶ 설총의 "화왕계"

" …… 어떤 이가 화왕(花王, 모란)에게 말하였다. "두 명(장미와 할미꽃)이 왔는데, 어느 쪽을 취하고 어느 쪽을 버리시겠습니까?" 화왕이 말하였다. "장부(할미꽃)의 말도 일리가 있지만 어여쁜 여자(장미)는 얻기가 어려운 것이니 이 일을 어떻게 할까?" 장부가 다가서서 말하였다. "저는 대왕이 총명하여 사리를 잘 알 줄 알고 왔더니 지금 보니 그렇지 않군요. 무릇 임금된 사람치고 간사한 자를 가까이하지 않고 정직한 자를 멀리하지 않는 이가 적습니다. 이 때문에 맹가(맹자)는 불우하게 일생을 마쳤으며, 풍당(중국 한나라 사람)은 머리가 희도록 하급 관직을 면치 못하였습니다. 옛날부터 도리가 이러하였거늘 저인들 어찌하겠습니까?" 화왕이 대답하였다. "내가 잘못했노라. 내가 잘못했노라." …… 이에 왕(신문왕)이 얼굴빛을 바로 하며 말하였다. "그대(설총)의 우화는 진실로 깊은 뜻이 담겨 있도다. 기록해 두어 왕자(王者)의 경계로 삼게 하길 바란다."라고 하고는 설총을 높은 관직에 발탁하였다.

–"삼국사기"–

분석

화왕, 장부(할미꽃), 어여쁜 여자(장미), 우화, 풍류

❶ 6두품 출신 설총은 신문왕에게 '화왕계'를 바쳐 왕의 도덕적 정치를 주장하였다.
❷ 신라 6두품 출신인 최치원은 진성 여왕에게 시무책 10여 조를 올려 유교적 정치 이념을 실현하고자 하였으나 뜻을 이루지는 못하였다. '난랑비서문'에서는 유·불·도의 3교를 풍류도로 정의하였다.

❷ 최치원의 '난랑비서문'

이 나라에 현묘한 도가 있어 이를 풍류라 하였다. 이 교의 기원은 선사(仙史)에 자세히 실려 있거니와 실로 이는 3교를 포함한 것으로 모든 민중을 교화하였다. 즉 집안에서는 효도하고 밖에서는 나라에 충성을 다하니 이것은 노나라 사구(공자)의 취지이다. 모든 일을 거리낌 없이 처리하고 말하지 않고 실행하는 것은 주나라 주사(노자)의 종지였으며, 모든 악한 일을 하지 않고 선만 행하는 것은 축건 태자(석가모니)의 교화 그대로이다.

(3) 발해의 학문

① 주자감을 설치하여 귀족 자제에게 유교 경전을 교육하였다.

② 발해 문자를 사용하였으나, 공문서나 외교 문서 등은 한자를 사용하였다.

③ 유학의 발달

㉠ 도당 유학생과 빈공과 합격 사례로 확인된다.

㉡ 발해 6부의 명칭이 충, 인, 의, 지, 예, 신부로 사용된 점을 통해 발해의 유학이 발달하였음을 확인할 수 있다.

3 고대의 예술과 과학 기술

1 고분과 벽화

(1) 고구려 기출

① 초기에는 장군총과 같은 돌무지무덤이 만들어지다가, 점차 굴식 돌방무덤으로 발전하였다.

② 고구려 굴식 돌방무덤은 모줄임천장 구조가 독특하다.

③ 벽화 : 초기에는 무덤 주인의 생활 모습을 그리다가, 후기에는 사신도를 많이 그렸다.

④ 굴식 돌방무덤과 벽화

강서대묘	사신도 : 도교의 방위신(동 – 청룡, 서 – 백호, 남 – 주작, 북 – 현무)
무용총	무용도와 수렵도(벽화)
각저총	씨름도(벽화)
수산리 고분 벽화	일본 다카마쓰 고분 벽화에 영향을 줌

▲ 장군총

▲ 사신도(청룡)

▲ 무용도

▲ 수렵도

▲ 씨름도

(2) 백제 기출

한성 시대	서울 석촌동 고분은 고구려 계통의 계단식 돌무지무덤이다.
웅진(공주) 시대	무령왕릉은 중국 남조의 영향을 받은 벽돌무덤이다.
사비 시대	• 굴식 돌방무덤으로서 규모는 작지만 축조 기술은 점차 발전하였다. • 사신도, 연꽃무늬, 구름무늬 등의 벽화가 발견된다.

▲ 서울 석촌동 고분

심화 플러스 **무령왕릉**

▲ 무령왕릉

백제의 제25대 왕인 무령왕과 그 왕비의 무덤으로 충남 공주시 금성동에 위치하였다. 웅진 시대 백제의 고분군인 송산리 고분군의 6호분과 5호분의 가운데 뒷면에서 남쪽을 향해 자리 잡고 있다. 1971년 5호 석실분과 6호 전축분의 침수를 방지하기 위해 배수로 작업을 하던 중 발견되어 조사되었다.

능의 내부 구조는 벽돌로 연도와 현실, 배수구를 만들고 그 위에 분구를 조성한 아치형 전축분이다. 무덤 안을 쌓은 벽돌에는 망상문과 연화문, 인동문 등이 새겨져 있고 현실의 벽면에는 불을 밝힐 수 있게 만든 5개의 보주형등감(寶珠形燈龕)이 만들어져 있다. 무덤 입구에 지석(誌石)이 있어 이 무덤의 주인이 무령왕임을 확인할 수 있었다.

이 능에서 출토된 유물은 모두 108종 3천여 점에 이른다. 왕과 왕비의 지석 2매, 오수전 한 꾸러미가 연도 입구에 놓여 있었고, 그 뒤에 돌짐승이 서 있었다. 목관에서는 왕과 왕비를 장식했던 장신구들과 몇 점의 부장품들이 발견되었다. 특히 무덤의 주인을 밝히는 지석이 발견됨으로써 삼국 시대의 고분 중에서 최초로 피장자의 신분을 확인할 수 있게 되었으며, 백제의 문화 수준이 상당한 정도였음을 증명해주었다. 특히 왕비의 지석 뒷면에는 묘지의 매매에 관한 계약의 내용을 담고 있는 매지권이 있는데, 지신(地神)으로부터 묘의 자리를 1만문에 구입했다는 내용을 담고 있다. 한편 무령왕릉의 관의 재료는 일본으로부터 가져온 금송이다.

(3) 신라 기출

통일 이전	• 무덤 규모가 큰 돌무지덧널무덤이 유행하였다(벽화는 없음). • 돌무지덧널무덤은 도굴이 어려워 부장품이 다수 발견되었다. 예 황남대총, 155호 고분(천마총 : 천마도는 벽화가 아니라 마구에 그려진 그림, 장니), 금관총(신라의 금관이 발견된 무덤)
통일 이후	• 무덤 규모가 작은 굴식 돌방무덤이 유행하였다. • 둘레돌에 12지신상을 새겨놓았다. 예 김유신 묘 • 불교의 영향으로 화장이 유행하였다. 예 대왕암(문무왕릉)

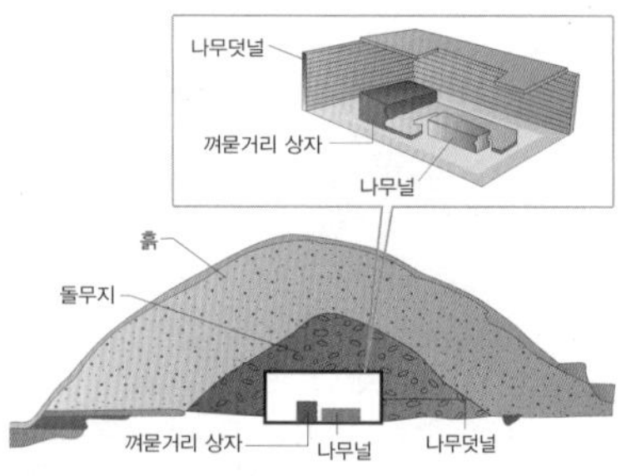

▲ 돌무지덧널무덤의 구조

(4) 발해

정혜 공주 묘	• 굴식 돌방무덤으로 모줄임천장 구조가 특징인데, 이것으로 고구려 문화를 계승하였음을 알 수 있다. • 묘를 발굴하는 과정에서 돌사자상이 출토되었다.
정효 공주 묘	당의 영향을 받은 벽돌무덤 형태이다.

▲ 천마도

▲ 신라의 금관

▲ 김유신 묘

▲ 발해의 돌사자상

심화 플러스 발해의 고분과 고구려 양식 계승

발해의 대표적 고분은 (문왕의 딸들인) 정혜 공주 묘와 정효 공주 묘이다. 굴식 돌방무덤인 정혜 공주 묘에 보이는 모줄임천장 구조는 고구려의 굴식 돌방무덤에서도 볼 수 있다. 이곳에서 나온 돌사자상은 매우 힘차고 생동감이 있다. 정효 공주 묘에서는 묘지와 벽화가 발굴되었는데, 무덤 양식과 벽화는 당의 영향을 받았지만, 천장은 고구려에서 많이 나타나는 평행고임 구조를 지니고 있다.

한편 발해 궁궐 유적에서는 고구려적 문화의 특징인 온돌 장치가 확인되며, 발해의 석등도 고구려적 기풍을 느낄 수 있다. 또한 (궁궐 유적에서 발견된) 벽돌, 기와무늬, 이불병좌상도 대표적인 고구려적 색채가 반영된 발해의 유물이다.

▲ 정효 공주 묘

2 글씨, 그림, 음악

(1) 글씨 : 통일 신라의 김생이 대표적 명필가이다.

(2) 그림 : 다양한 고분 벽화와 천마도가 전해오며, 화가로는 통일 신라의 솔거가 유명하였다.

(3) 음악

① 백성들의 애환을 담은 노래로는 백제의 정읍사가 대표적이다.

② 신라에서는 향가가 유행하여 9세기 말 진성 여왕 때 각간 위홍과 대구화상에 의해 "삼대목"이라는 향가집이 편찬되었다(현재 전하지는 않음).

③ 고구려의 왕산악은 거문고를, 가야의 우륵은 가야금을 만들었다.

핵심만 정리하자

▶ 고분과 벽화

국가	고분과 벽화
고구려	• 고분 : 초기에는 돌무지무덤(장군총) → 점차 굴식 돌방무덤으로 발전(독특한 모줄임천장 구조) • 벽화 : 강서대묘(사신도), 무용총(무용도, 수렵도), 각저총(씨름도)
백제	• 한성 시대 : 계단식 돌무지무덤(서울 석촌동 고분, 고구려 초기 고분과 유사) • 웅진 시대 : 벽돌무덤(대표적 : 남조의 영향을 받은 무령왕릉) • 사비 시대 : 굴식 돌방무덤
신라	돌무지덧널무덤 : 무덤 규모가 크고 벽화가 없음. 도굴이 어려워 부장품이 다수 발견
통일 신라	굴식 돌방무덤, 둘레돌에 12지신상 새김(김유신 묘), 화장의 유행
발해	• 정혜 공주 묘 : 굴식 돌방무덤, 모줄임천장 구조 - 고구려 문화의 영향 • 정효 공주 묘 : 벽돌무덤 - 당 문화의 영향

● 감은사
감은사는 "삼국유사"에 의하면 682년(신문왕 2)에 건립되었는데, 문무왕이 왜병을 진압하려고 이 절을 처음으로 지었으나 역사를 마치지 못하고 사망하자 그 아들 신문왕이 완성하였다.

● 성덕 대왕 신종
신라 경덕왕이 아버지인 성덕왕의 공덕을 널리 알리기 위해 종을 만들려 했으나 뜻을 이루지 못하고, 그 뒤를 이어 혜공왕이 771년에 완성하여 성덕 대왕 신종이라고 불렀다. 이 종은 처음에 봉덕사에 달았다고 해서 봉덕사 종이라고도 하며, 이기를 시주하여 넣었다는 전설로 아기의 울음소리를 본 따 에밀레종이라고도 한다.

3 고대의 문화 기출

구분	고구려	백제	신라	통일 신라	발해
건축, 탑	안학궁(평양)	• 익산 미륵사지 석탑 • 정림사지 5층 석탑	• 분황사 모전 석탑 • 황룡사 9층 목탑	불국사 3층 석탑(석가탑), 감은사지 3층 석탑 등 3층 석탑(중대) → 승탑(하대)	• 상경 궁궐터(당의 장안성 모방) • 영광탑
불상	금동 연가 7년명 여래 입상	서산 용현리 마애여래 삼존상	경주 배동 석조여래 삼존 입상	석굴암 본존불	이불병좌상
학문	태학, 경당	오경박사, 의박사, 역박사	화랑도, 임신서기석	국학, 독서삼품과	주자감
역사서	"유기" → "신집 5권"	"서기"(고흥)	"국사"(거칠부)		
과학 기술학	천문도, 별자리 그림	칠지도	첨성대	• 목판 인쇄술(무구정광대다라니경) • 성덕 대왕 신종	

▲ 익산 미륵사지 석탑(백제)

▲ 부여 정림사지 5층 석탑(백제)

▲ 경주 분황사 모전 석탑(신라)

▲ 불국사 3층 석탑(통일 신라)

▲ 감은사지 3층 석탑

▲ 영광탑(발해)

▲ 금동 연가 7년명 여래 입상(고구려)

▲ 서산 용현리 마애 여래 삼존상(백제)

▲ 경주 배동 석조여래 삼존 입상(신라)

▲ 석굴암 본존불(통일 신라)

▲ 이불병좌상(발해)

▲ 칠지도(백제)

▲ 첨성대(신라)

▲ 성덕 대왕 신종(통일 신라)

▲ 무구정광대다라니경(통일 신라)
현존하는 최고의 목판 인쇄물로 경주 불국사 3층 석탑에서 발견되었다.

기출 및 예상 문제

01 고대 문화의 특징과 일본 전파

[1] 고구려의 문화는 우아하고 세련된 귀족 문화의 특징을 가지고 있다. O | X

[2] 신라 중대는 조형 예술이 발전하였다. O | X

[3] 노리사치계는 일본에 불경과 불상을 전하였다. O | X

02 고대의 종교와 사상

[1] 원효는 금강삼매경론, 화엄경소 등을 통해 불교의 사상적 이해 기준을 마련하였다. O | X

[2] 의상의 화엄 사상은 왕권 전제화에 기여하였다. O | X

[3] 신라 하대에는 선종이 유행하였고, 지방 호족들의 사상적 기반이 되었다. O | X

[4] 고구려의 사신도는 풍수지리설의 영향으로 그려졌다. O | X

[5] 풍수지리설의 유행은 신라 정부의 권위를 약화시켰다. O | X

01 삼국 시대의 사상과 문화에 대한 설명으로 옳지 않은 것은?

① 부여 능산리에서 발견된 백제 대향로에는 신선이 산다는 봉래산이 조각되어 있어 백제인의 신선 사상을 엿볼 수 있다.

② 삼국 시대 불교의 윤회설은 왕이나 귀족, 노비는 전생의 업보에 의해 타고났다고 보기 때문에 신분 질서를 정당화하는 관념을 제공하였다.

③ 신라 후기 민간 사회에서는 주문으로 질병 치료나 자식 출산 등을 기원하는 현실 구복적 밀교가 유행하였다.

④ 고구려의 담징은 일본에 한자를 전해주었다.

02 삼국 문화의 일본 전파 내용으로 옳은 것을 〈보기〉에서 모두 고르면?

〈보 기〉

ㄱ. 왕인 – 천자문과 논어 전파
ㄴ. 담징 – 종이와 먹의 제조술 전파
ㄷ. 혜자 – 호류 사 금당 벽화 제작
ㄹ. 아직기 – 조선술과 축제술 전파
ㅁ. 노리사치계 – 일본 쇼토쿠 태자 교육

① ㄱ, ㄴ　② ㄴ, ㄷ
③ ㄷ, ㄹ　④ ㄹ, ㅁ

03 다음 글의 내용과 관련하여 당시 새롭게 수용된 밑줄 친 새로운 '종교'의 역할에 대한 설명으로 옳은 것은?

> 삼국 시대에 들어와서도 민간에서는 천신, 일월신, 산신, 해신 등의 여러 신을 모시는 샤머니즘과 점술이 널리 퍼져 있었다. 왕실이나 지배 부족들은 조상의 영혼이 자신들과 밀접한 관계를 가지고 있는 것으로 믿었다. 그리하여 왕이나 족장은 시조에 대한 제사를 담당하면서 그 후계자의 지위를 누렸다. 그러나 사회는 이미 초부족적인 상태로 변하였으므로, 샤머니즘 등의 원시 종교를 가지고서는 확대된 사회를 이끌어갈 수 없게 되었다. 이에 부족과 부족을 통합할 수 있는 이념을 가진 <u>새로운 종교</u>가 이를 대신하여 큰 세력을 얻게 되었다.

① 국민 정신의 통일을 이루어 중앙 집권화에 기여하였다.

② 하층민을 중심으로 수용되어 신분제의 갈등을 해소하는 데 기여하였다.

③ 국토의 재편성을 주장하여 중앙 정부의 권위를 약화시키는 구실을 하였다.

④ 도관이 건립되고 국가의 안녕과 왕실의 번영을 기원하는 초제가 거행되었다.

2015년 소방 9급

04 다음 중 고대 문화에 관한 설명으로 옳지 않은 것은?

① 원효는 화엄일승법계도를 지어 불교 대중화에 기여하였다.
② 소수림왕은 태학을 설립하여 유학 교육을 장려하였다.
③ 신문왕은 국학을 설립하고 유학과 함께 산학을 가르쳤다.
④ 원성왕 때 독서삼품과를 통해 관리를 선발하기도 하였다.

05 다음 자료의 밑줄 친 '그'에 대한 설명으로 옳은 것을 〈보기〉에서 모두 고르면?

> 그는 이미 계율을 범하고 설총을 낳은 후로는 속인의 옷으로 바꾸어 입고, 스스로 소성거사라고 일컬었다. 우연히 광대들이 쓰는 이상하게 생긴 큰 박을 얻었다. 그는 그 모양대로 도구를 만들어 '무애호(걸림이 없는 박)'라 하며 노래를 짓고 세상에 퍼뜨렸다. '무애호'라는 말은 화엄경의 '모든 것에 걸림이 없는 사람이라야 곧 바로 삶과 죽음에서 벗어난다.'라는 글귀를 딴 것이다.
> 그는 이것을 가지고 많은 촌락에서 노래하고 춤추며 교화하고 읊으면서 돌아다녔다. 이에 가난하고 몽매한 무리들까지도 모두 부처의 이름을 알게 되었고, '나무아미타불'을 부르게 되었다. 그의 교화가 그만큼 컸던 것이다.
> -"삼국유사"-

〈보 기〉

ㄱ. 불교의 사상적 이해 기준을 확립하였다.
ㄴ. 화엄종을 통해 왕권 전제화에 기여하였다.
ㄷ. 다른 종파들과의 사상적 대립을 조화시켰다.
ㄹ. 부석사와 낙산사를 세웠다.

① ㄱ, ㄴ
② ㄱ, ㄷ
③ ㄴ, ㄷ
④ ㄴ, ㄹ

06 밑줄 친 '그'에 대한 설명으로 옳은 것은?

> 그는 그 모양대로 도구를 만들어 화엄경의 "일체 무애인은 한길로 생사를 벗어난다."라는 문구에서 그 이름을 따와서 무애라 하면 이내 노래를 지어 세상에 퍼뜨렸다. 일찍이 이것을 가지고 많은 촌락에서 노래하고 춤추며 교화하고 음영하여 돌아왔으므로 가난하고 무지몽매한 무리들까지도 모두 부처의 호를 알게 되었고, 다 나무아미타불을 부르게 되었으니 그의 법화는 컸던 것이다.
> -"삼국유사"-

① 부석사를 창건하여 해동 화엄종의 시조가 되었다.
② 천태종을 통해 교종의 입장에서 선종을 통합하려 하였다.
③ 화쟁의 논리에 따라 중관파의 부정론과 유식파의 긍정론을 다 같이 비판하였다.
④ 자신의 행동을 진정으로 참회하는 법화 신앙에 중점을 둔 백련결사를 제창하였다.

2015년 지방 9급

07 다음에서 설명하는 인물의 업적으로 옳은 것은?

> 성은 김씨이다. 29세에 황복사에서 머리를 깎고 승려가 되었다. 얼마 후 중국으로 가서 부처의 교화를 보고자 하여 원효(元曉)와 함께 구도의 길을 떠났다. …… 처음 양주에 머무를 때 주장(州將) 유지인이 초청하여 그를 관아에 머물게 하고 성대하게 대접하였다. 얼마 후 종남산 지상사에 가서 지엄(智儼)을 뵈었다.
> -"삼국유사"-

① 화엄일승법계도를 저술하여 화엄 사상을 정리하였다.
② 중국에서 풍수지리설을 들여와 지세의 중요성을 일깨웠다.
③ 십문화쟁론을 지어 종파 간의 대립을 해소하고자 하였다.
④ 인도와 중앙아시아 지역을 여행하고 돌아와 왕오천축국전을 저술하였다.

2015년 국가 9급

08 신라 승려 ㉠과 ㉡에 대한 설명으로 옳지 않은 것은?

> (㉠)은(는) 불교 서적을 폭넓게 이해하고, 일심(一心) 사상을 바탕으로 여러 종파들의 사상적 대립을 조화시키며, 분파 의식을 극복하려고 노력하였다. 한편 (㉡)은(는) 모든 존재가 상호 의존적인 관계에 있으면서 서로 조화를 이룬다는 화엄 사상을 정립하고, 교단을 형성하여 많은 제자를 양성하였다.

① ㉠은 미륵 신앙을 전파하며 불교 대중화의 길을 열었다.
② ㉠은 무애가라는 노래를 유포하며 일반 백성을 교화하였다.
③ ㉡은 관음 신앙과 함께 아미타 신앙을 화엄 교단의 주요 신앙으로 삼았다.
④ ㉡은 국왕이 큰 공사를 일으켜 도성을 새로이 정비하려 할 때 백성을 위해 이를 만류하였다

09 다음 신라 하대 불교계의 새로운 경향을 알려주는 사상에 대한 설명으로 옳은 것은?

> 불립문자(不立文字)라 하여 문자를 세워 말하지 않는다고 주장하고, 복잡한 교리를 떠나서 심성(心性)을 도야하는 데 치중하였다. 그러므로 이 사상에서 주장하는 바는 인간의 타고난 본성이 곧 불성(佛性)임을 알면 그것이 불교의 도리를 깨닫는 것이라는 견성오도(見性悟道)에 있었다.

① 전제 왕권을 강화해주는 이념적 도구로 크게 작용하였다.
② 지방에서 새로이 대두한 호족들의 사상으로 받아들여졌다.
③ 왕실은 이 사상을 포섭하려는 노력에 관심을 기울이지 않았다.
④ 인도까지 가서 공부하고 온 승려들에 의해 전파되었다.

10 다음과 같은 사상과 관련된 내용으로 옳은 것을 〈보기〉에서 고르면?

> 도선과 왕건의 부친이 함께 산에 올라 산수의 맥을 살펴보았다. 도선이 위로 천문(天文)을 보고 아래로 시운(時運)을 짚어보고 말하기를 "이 땅의 맥이 북서쪽 백두산으로부터 수(水)와 목(木)의 줄기가 되어 내려와서 마두명당(馬頭明堂)이 되었습니다. 마땅히 수(水)의 큰 숫자를 따라서 36칸으로 집을 지으면 하늘과 땅의 큰 수에 응할 것입니다. 만일 이 비결대로 하면 반드시 성자(聖者)가 태어날 것이니, 마땅히 이름을 왕건(王建)이라고 하소서."하고 편지 한 통을 몰래 봉해 주었다. 그 겉봉에 '도선이 삼가 글월을 받들어 백 번 절하고, 미래 삼한을 통합할 임금 대원군자(大原君子)님께 드립니다.'라고 썼다.
>
> –"고려사"–

〈보 기〉

ㄱ. 신라 말기 도선에 의해 중국에서 도입되었다.
ㄴ. 환경을 인간에게 유리하게 바꿀 수 있다는 주장이다.
ㄷ. 경주 외의 다른 지방의 중요성을 인식하게 만들었다.
ㄹ. 전 국토의 균형적인 개발을 추진하는 이론적 배경이 되었다.

① ㄱ, ㄴ　② ㄱ, ㄷ
③ ㄴ, ㄷ　④ ㄷ, ㄹ

11 "계림잡전" 등의 저서를 통해 신라 문화를 주체적으로 인식했던 학자는?

① 강수　② 설총
③ 최치원　④ 김대문

12 다음 그림에 대한 설명으로 옳지 않은 것은?

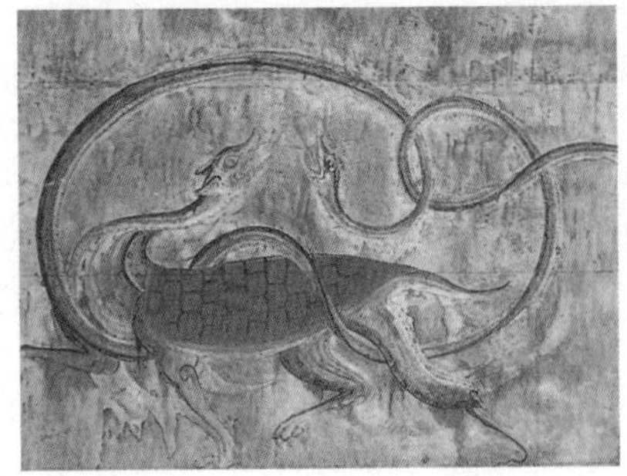

① 사신도의 하나로, 북쪽 방위신이다.
② 돌무지덧널무덤의 벽면에 그려진 것이다.
③ 죽은 자의 사후 세계를 지켜 주리라는 믿음을 표현하였다.
④ 고구려 시대의 고분에 그려졌는데, 도교의 영향이 나타나 있다.

03 고대의 예술과 과학 기술

[1] 고구려 초기에는 굴식 돌방무덤이 만들어지다가, 돌무지무덤 형태로 변화하였다. O | X
[2] 무령왕릉은 남조 문화의 영향을 받은 것으로 벽돌무덤에 해당된다. O | X
[3] 천마총은 돌무지덧널무덤의 형태로 부장품이 다수 발견되었다. O | X

13 신라의 돌무지덧널무덤에 대한 설명으로 옳은 것은?

① 돌로 방을 만들고 외부와 연결되는 통로를 설치하였다.
② 황남대총, 장군총, 천마총 등의 사례가 있다.
③ 무덤 안에 벽돌로 널방을 만들고 그 안에 돌로 덧널을 설치하였다.
④ 무덤 안에서 많은 부장품이 출토되었는데 서봉총 등의 사례가 있다.

14 다음 자료의 밑줄 친 '이 무덤'에 대한 설명으로 가장 적절한 것은?

> 이 무덤은 '동방의 피라미드'라고도 불린다. 무덤 바닥 한 변의 길이는 31.58m이고, 밑면적은 960㎡, 높이는 12.40m로 매우 큰 규모이다. 화강암 표면을 정성껏 가공한 후 일정한 크기로 잘라 7단의 피라미드형으로 쌓았는데, 기단의 둘레에는 너비 4m의 돌을 깔았다.

① 구조상 도굴이 어려워 많은 부장품이 출토되었다.
② 봉토 주위의 둘레돌에 12지신상이 조각되어 있다.
③ 초기 한성 시기의 백제 무덤과 유사한 구조를 보인다.
④ 당시 사람들의 생활 모습을 묘사한 벽화가 남겨져 있다.

2016년 소방

15 다음은 삼국의 고분 양식에 대한 설명이다. (가)와 (나)에 대한 설명으로 옳은 것은?

> (가) 돌로 1개 이상의 널방(玄室)을 짜고 그 위에 흙으로 덮어 봉분을 만든 무덤이다. 돌방을 통로로 연결하여 앞방(제사)과 널방(시신)으로 구분한다.
> (나) 지상이나 지하에 시신과 껴묻거리를 넣고 목곽(木槨)을 짜고 그 위에 냇돌을 쌓은 다음에 흙으로 덮었다. 내부에 벽화가 없는 것이 특징이다.

① (가) – 대표적인 무덤으로는 천마총, 금관총 등을 꼽을 수 있다.
② (가) – 통일 이전의 신라에서 주로 만들어졌다가 통일 이후 사라진다.
③ (나) – 도굴의 위험이 적어 많은 껴묻거리가 출토되었다.
④ (나) – 중국 남조의 영향을 받아 벽돌로 제작되었다.

16 다음은 삼국 시대에 축조된 무덤의 구조이다. 무덤에 대한 설명으로 옳은 것은?

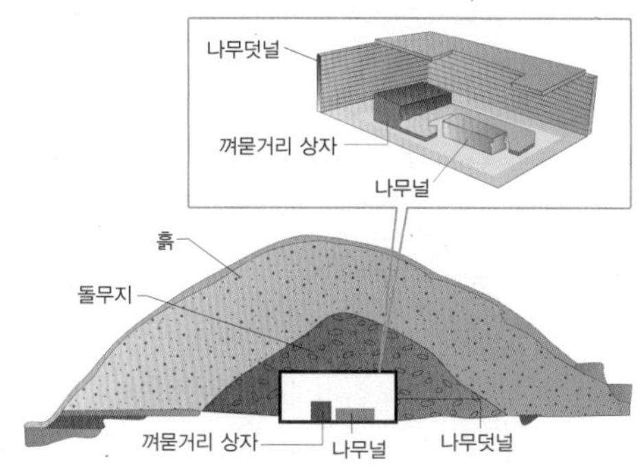

① 고구려에서 주로 만들어졌다.
② 도굴이 어려워 많은 껴묻거리가 그대로 남아있다.
③ 봉토 주위를 둘레돌로 두르고 거기에 12지신상을 조각하였다.
④ 만주 지안, 평안도 용강, 황해도 안악 등지에 주로 분포한다.

2016년 지방 9급

17 밑줄 친 '무덤 주인'이 왕위에 있었던 시기의 사실로 옳은 것은?

> 1971년 7월, 공주시 송산리 고분군 배수로 공사 도중 벽돌무덤 하나가 우연히 발견되었다. 무덤 입구를 열자, 무덤 주인을 알려주는 지석이 놓여 있었으며, 백제는 물론 중국의 남조와 왜에서 만들어진 갖가지 유물들이 고스란히 남아 있었다.

① 중앙에는 22부 관청을 두고 지방에는 5방을 설치하였다.
② 고구려의 남진 정책에 맞서 나 · 제 동맹을 처음 결성하였다.
③ 활발한 대외 정복 전쟁으로 한강 유역을 차지하고 가야를 완전히 정복하였다.
④ 지방에 22개의 담로를 두고 왕족을 파견하여 지방에 대한 통제를 강화하였다.

18 다음 중 고대 국가의 고분에 대한 설명으로 옳은 것은?

① 고구려의 고분 벽화는 초기에 주로 사신도와 같은 상징적인 그림이 많았으나, 후기로 갈수록 무덤 주인의 생활을 표현한 그림이 많아졌다.
② 백제는 한강 유역에 있던 초기 한성 시기에 벽돌무덤을 만들었는데, 이는 백제 건국의 주도 세력이 고구려와 같은 계통이라는 건국 이야기의 내용을 뒷받침하고 있다.
③ 통일 신라 시대에는 불교의 영향으로 화장이 유행하였고, 고분 양식도 돌무지덧널무덤에서 점차 규모가 작은 굴식 돌방무덤으로 바뀌었다.
④ 발해의 정효 공주 묘는 굴식 돌방무덤으로 모줄임 천장 구조가 고구려 고분과 닮았으며, 이곳에서 나온 돌사자상은 매우 힘차고 생동감이 있다.

19 고대의 문학과 음악에 대한 설명으로 옳은 것은?

① 향가의 작가는 주로 화랑과 승려였다.
② 향가집인 삼대목은 현재까지 전해지고 있다.
③ 대가야의 우륵이 신라에 거문고를 전하였다.
④ 백제 음악의 영향으로 일본이 만파식적을 제작하였다.

20 고대의 과학 기술 발달에 대한 설명으로 옳은 것은?

① 고구려에서는 천문도를 제작하지 않았으나, 고분 벽화의 별자리 그림을 통해서 정확한 천문 관측 기술을 엿볼 수 있다.
② 부여 능산리에서 출토된 백제 금동대향로는 백제 금속 공예의 우수성을 잘 보여 주는 작품이다.
③ 불국사 3층 석탑에서 출토된 무구정광대다라니경은 8세기 초에 제작된 세계 최초의 금속 활자 인쇄물이다.
④ 삼국 시대에는 척도를 사용하지 않아 수학이 발달하지 못하였다.

21 중국 북조의 영향을 받았으나 강인한 인상과 은은한 미소로 고구려의 독창성이 엿보이는 불상은?

① 금동 연가 7년명 여래 입상
② 서산 용현리 마애여래 삼존상
③ 경주 배동 석조여래 삼존 입상
④ 금동 미륵보살 반가사유상

2015년 서울 7급

22 백제의 유적이나 유물에 대한 설명으로 옳지 않은 것은?

① 무왕은 익산에 미륵사를 창건하였다.
② 무령왕이 묻힌 관의 재료는 양나라에서 가져온 금송이다.
③ 칠지도에는 백제왕이 왜왕에게 보낸 칼임을 알려주는 내용이 새겨져 있다.
④ 목책과 우물, 사당 등 다양한 유적들이 발견된 풍납토성은 한성 백제 시기에 축조되었다.

23 다음은 "삼국사기"에서 신라의 역사를 세 시기로 구분한 것이다. (가)~(다) 시기에 있었던 사실로 옳은 것을 〈보기〉에서 모두 고른 것은?

← 박혁거세 진덕여왕 →		← 선덕왕 경순왕 →
(가)	(나)	(다)

〈보 기〉

ㄱ. (가) – 황룡사 9층 목탑을 세웠다.
ㄴ. (나) – 천체를 관측하기 위해 첨성대를 세웠다.
ㄷ. (나) – 감은사를 축조하였다.
ㄹ. (다) – 봉덕사 종이라고도 하는 성덕 대왕 신종을 제작하였다.

① ㄱ, ㄴ ② ㄱ, ㄷ
③ ㄴ, ㄷ ④ ㄷ, ㄹ

24 다음 밑줄 친 '이 나라'에 대한 설명으로 옳지 않은 것은?

이 나라에서 만들어진 두 분의 부처가 나란히 앉아 있는 이불병좌상은 고구려 양식을 계승한 것으로 현재 일본에 있으며, 수도인 상경에는 당의 장안의 도로망을 본뜬 주작대로가 있다.

① 말(馬)이 주요 수출품이었다.
② 거란의 침략을 받아 멸망하였다.
③ 당과 교류하면서 빈공과의 합격자를 배출하였다.
④ 9세기에 들어서 비로소 신라와 상설 교통로를 개설하였다.

MEMO

Ⅱ 고려 귀족 사회의 형성과 변천

01 고려의 성립과 정치 발전

02 고려의 경제 정책과 경제 활동

03 고려의 신분 제도와 생활 모습

04 고려의 다양한 사상과 귀족 문화의 발달

[II 고려 귀족 사회의 형성과 변천]

고려의 성립과 정치 발전

출제 빈도 상 중 하

꼭 기억해야 할 연표

- 918 고려 건국
- 919 고려의 송악 천도
- 926 발해 멸망
- 935 신라 멸망
- 936 후백제 멸망, 후삼국 통일

▲ 후삼국의 통일

- **취민유도**
  백성에게 조세를 거둘 때 일정한 법도가 있어야 한다는 뜻이다.
- **사심관 제도**
  중앙의 고위 관직에 임용된 지방 세력을 출신 지역의 사심관으로 임명하여, 지방 세력들을 통제하게 한 제도이다.
- **기인 제도**
  지방 호족의 자제를 인질로 삼아 수도에 머물게 하고, 출신지의 일에 대하여 자문하게 한 제도이다.
- **사성 정책**
  태조 왕건은 유력한 지방 호족들에게 왕씨 성을 하사하여 왕족의 대우를 해주었다.

1 고려의 건국과 국가 기틀의 확립

1 태조(왕건)의 정책 기출

(1) 고려의 건국과 후삼국 통일 : 궁예를 몰아내고 고려를 건국한(918) 왕건은 신라와 후백제를 통합하여 통일을 이루었다(936).

(2) 태조의 정책

① 민생 안정 정책

㉠ 취민유도의 원칙을 세워 백성의 조세 부담을 가볍게 해주었다.

㉡ 흑창을 설치하여 빈민 구제에 힘썼다.

② 불교 숭상 : 연등회, 팔관회 등의 전통을 중시하였다.

③ 호족 통합 정책

호족 통제	사심관 제도, 기인 제도
호족 회유	공신에게 역분전(토지) 지급, 결혼 정책, 사성 정책

④ 북진 정책

㉠ 서경(西京 : 평양)을 북진 정책을 위한 전초 기지로 삼았다.

㉡ 거란을 적대시하고, 발해 유민들을 받아들였다.

㉢ 태조 말에는 청천강에서 영흥만까지 영토를 확보하였다.

⑤ "정계"와 "계백료서"를 저술하고(현재는 전해지지 않음) 훈요 10조를 남겼다.

사료 돋보기 훈요 10조

1. 대업은 부처님의 도움을 받아야하므로, 사원을 보호 감독할 것.
2. 사원의 창설은 도선의 설에 따라 함부로 짓지 말 것.
3. 왕위 계승은 적자 · 적손을 원칙으로 하되 마땅하지 아니할 때는 형제 상속도 가능할 것.
4. 거란과 같은 야만국의 풍속을 본받지 말 것.
5. 서경은 길지이니 순유(巡留)하여 안녕을 이루게 할 것.
6. 연등과 팔관은 주신(主神)을 함부로 가감하지 말 것.
7. 간언을 받아들이고 참언을 물리칠 것이며, 부역을 고르게 하여 민심을 얻을 것.
8. 차령과 금강 이남의 인물은 조정에 등용하지 말 것.
9. 관리의 녹은 그 직무에 따라 제정하되 함부로 증감하지 말 것.
10. 경사를 널리 읽어 옛 일을 거울로 삼을 것.

– "고려사" –

분석

사원, 도선, 적자, 거란, 야만국, 서경, 연등, 팔관, 간언, 차령, 경사

태조가 후대 왕들에게 남긴 훈요 10조에서는 숭불 정책(1, 6), 풍수지리 사상(2, 5), 북진 정책(4, 5) 등이 나타나 있다.

2 광종의 개혁 정치 : 왕권 강화 정책

(1) 광종 즉위 전 상황 : 혜종(왕규의 난), 정종 시기의 왕권 불안을 해소하기 위해 광종은 왕권을 강화하고 호족 세력을 약화시키고자 하였다.

(2) 왕권 강화 정책 기출

① 본래 양인이었으나 호족에 의해 불법으로 노비가 된 자를 다시 양인으로 해방시키는 노비안검법을 실시하였다.

② 유교적 소양을 갖추고 왕에게 충성하는 신진 세력을 등용하기 위해 시험으로 관리를 뽑는 과거제를 실시하였다(쌍기의 건의 수용).

③ 백관의 공복을 제정하여 관리의 기강을 확립하였다(960).

④ 황제라 칭하고, '광덕' · '준풍' 등 독자적 연호를 사용하였다.

⑤ 빈민 구제 기금인 제위보를 설치하였다.

● 노비안검법

> 광종 7년(956)에 노비를 조사하여 옳고 그름을 분명히 밝히도록 명령하였다. 이 때문에 주인을 배반하는 노비들을 도저히 억누를 수 없었으므로 주인을 업신여기는 풍속이 크게 유행하였다. 사람들이 다 수치스럽게 여기고 원망하였다. 왕비도 간절히 말렸지만 받아들이지 않았다.
>
> -"고려사"-

3 성종의 국가 체제 정비

(1) 최승로의 시무 28조 기출

① 유교 정치 이념의 수용을 성종에게 건의하였다.

② 지방관 파견을 통한 중앙 집권 강화를 주장하였다.

사료 돋보기 최승로의 시무 28조

• 불교는 수신(修身)의 본(本)이요, 유교는 치국(治國)의 근원입니다. 수신은 먼 내생의 밑천이며, 치국은 가까운 오늘의 일로 가까운 것을 버리고 먼 것을 구함은 잘못입니다.

• 국왕이 백성을 다스림은 집집마다 가서 돌보고, 날마다 살펴보는 것은 아닙니다. 그런 까닭으로 수령을 보내어 백성의 이익되는 일과 손해되는 일을 살피게 하는 것입니다. 청컨대 외관(지방관)을 두십시오.

– "고려사절요" –

분석

불교, 수신, 유교, 치국, 외관(지방관)

▼

최승로는 성종에게 시무 28조를 올려 유교 정치 이념을 바탕으로 한 통치 제도의 정비와 지방관 파견을 통한 중앙 집권 강화 등 개혁을 요구하였다.

핵심만 정리하자

▶ 고려 초기 왕들의 업적

왕	업적
태조	• 호족 통제(사심관 제도, 기인 제도), 호족 회유(결혼 정책, 사성 정책) • 북진 정책 : 서경 중시, 청천강 ~ 영흥만까지의 영토 확보 • 민생 안정 정책 : 취민유도를 원칙으로 수확량의 1/10을 세금으로 징수 • 훈요 10조 : 후대 왕들에게 정책 방향 제시
광종	• 왕권 강화 정책 : 노비안검법과 과거제 실시, 공복 제정, 독자적 연호 사용(광덕, 준풍)
성종	• 최승로의 시무 28조 수용 → 유교 정치 이념에 따른 통치 제도의 정비 • 2성 6부제 개편, 12목에 지방관 파견, 향리 제도 실시 • 유학 교육 장려 : 국자감 정비, 지방에 경학박사 파견

(2) 성종의 정책 기출

① 지방 제도 정비 : 전국에 12목을 설치하고 지방관을 파견하였으며, 향리 제도를 마련하였다.

② 유교 교육의 진흥 : 국자감을 정비하고, 지방에 경학박사와 의학박사를 파견하였다.

③ 중앙 통치 기구 개편 : 2성 6부의 중앙 통치 기구를 마련하였다.

2 통치 체제의 정비

1 중앙 통치 체제 기출

왕
중서문하성
상서성 – 이부, 병부, 호부, 형부, 예부, 공부
중추원
어사대
삼사
도병마사
식목도감

▲ 고려의 중앙 통치 기구

(1) 중서문하성 : 국가 정책을 심의 결정하였고(장관 : 문하시중), 재신(2품 이상)과 낭사(낭관, 3품 이하)로 구성되었다.

(2) 상서성, 6부 : 실제 정무를 나누어 담당하는 6부를 두고 정책 집행을 담당하였다.

(3) 중추원 : 군사 기밀과 왕명의 출납을 담당하였고, 추밀(2품 이상 관료, 국가 기밀 담당)과 승선(3품 이하 관료, 왕명 출납 담당)으로 구성되었다.

(4) 도병마사와 식목도감

① 중서문하성과 중추원의 고위 관료인 재신과 추밀이 회의를 통해 나랏일을 결정하는 임시 기구였다(고려 귀족 정치의 특징).

② 도병마사

㉠ 국방 문제를 담당하는 임시 기구이다.

㉡ 원 간섭기에는 도평의사사(도당)로 개편되면서 구성원이 확대되었고, 국정 전반의 중요 사항을 결정하는 최고 정무 기구로 발전하였다.

③ 식목도감 : 법률 및 각종 시행 규칙을 제정하는 임시 기구이다.

(5) 대간(대성, 성대) : 어사대(관리 감찰 기구) 관원과 중서문하성의 낭사로 구성되었고, 간쟁·봉박·서경의 권리를 행사하였다. → 왕권 견제

(6) 삼사 : 화폐와 곡식의 회계 출납을 담당하였다.

● 대간

대간은 왕의 잘못을 논하는 간쟁, 잘못된 왕명을 시행하지 않고 되돌려 보내는 봉박, 관리 임명과 법령 개폐에 동의하는 서경 등의 권리를 행사하며 정치권력의 균형을 유지하는 역할을 하였다.

2 지방 행정 조직 기출

(1) 5도 양계

5도	• 일반 행정 구역으로 안찰사가 파견되어 각 지역을 순찰하였다. • 도 아래에는 주·부·군·현과 특수 행정 구역인 향·부곡·소 등이 있었다. • 수령이 파견되는 주현보다 파견되지 않는 속현이 더 많았다.
양계(동계, 북계)	• 북방의 국경 지대에는 양계를 설치하여 군사 책임자인 병마사를 파견하였다. • 국방상의 요충지에는 진을 설치하였다.

▲ 고려의 지방 행정 조직

(2) 향리 : 각 지역의 향리는 조세 · 공물 징수와 노동력 징발 등 행정 실무를 담당하였다.

● 향리

향리는 신라 말 호족에서 기원하였다. 초기에는 독자적인 행정 조직을 갖춘 지방의 세력가였으나, 성종 이후 지방 행정 제도가 정비되면서 종래의 독자성을 잃고 중앙 집권 체제에 포섭되었다. 고려 시대의 군현은 모두 500여 곳이었다. 그중에서 수령이 파견되어 직접 다스린 군현은 110여 곳이며, 나머지 400여 곳의 속현은 향리가 실질적인 행정을 담당하였다.

3 ▸ 군사 제도

중앙군	• 2군 6위 : 2군은 국왕의 친위 부대였으며, 6위는 수도와 국경을 방어하였다. • 중앙군은 직업 군인으로서 복무에 대한 대가로 군인전을 지급받았으며, 그 역을 자손에게 세습하였다. • 이들은 전공을 세워 무신으로 신분을 상승시킬 수 있었다.
지방군	• 주현군 : 5도의 일반 군현에 주둔하였다. • 주진군 : 양계의 상비군으로서 국경을 수비하였다. • 지방군은 16세 이상 60세 이하의 양인 장정으로 편성되었다.

4 ▸ 관리 등용 제도 (기출)

(1) 과거 제도

① 실시 : 광종 9년(958) 호족들의 힘을 약화시키고, 왕권을 강화할 목적으로 시행하였다.

② 과거 시험 : 제술과와 명경과(문관), 잡과(기술관), 승과(승려)

③ 무과 : 고려 시대 무과는 없었던 것과 다름없었다(공양왕 시기 정식 시행).

④ 응시자의 신분 : 법제적으로 양인 이상은 과거에 응시할 수 있었으나 실제로 제술과와 명경과에는 귀족과 향리의 자제들이 응시하였고, 잡과에는 일반 백성도 지원하였다.

⑤ 의미 : 신라의 골품제와 달리 학문 능력이 중시되었음을 의미한다.

▲ 고려의 과거 제도

(2) 음서 제도

① 공신이나 5품 이상 고위 관료의 자손 등은 과거를 거치지 않고도 관료가 될 수 있는 음서의 혜택을 받았다.

② 고려의 관료 체제가 귀족적 특성을 지녔음을 보여 준다.

3 문벌 귀족 사회의 성립과 동요

1 ▸ 문벌 귀족 사회의 성립

(1) 형성

① 성종 이후 중앙 집권 체제가 정비되면서 호족과 신라 6두품 출신의 유학자들이 새로운 지배층을 형성하였다.

② 이 중 일부가 여러 대에 걸쳐 고위 관리를 배출하였는데, 이들을 문벌 귀족이라고 한다.

(2) 특징 (기출)

① 정치적 특권 : 과거와 음서를 통해 관직을 독점하고, 중서문하성과 중추원의 고위 관리가 되어 정치를 주도하였다.

② 경제적 특권 : 과전과 공음전을 받아 경제적 혜택도 독점하였다.

③ 중첩된 혼인 관계 : 문벌 귀족들은 서로 중첩된 혼인 관계를 맺어 결속을 강화하였는데, 특히 왕실과의 혼인을 중시하였다.

2 문벌 귀족 사회의 동요

(1) 문벌 귀족 사회의 모순 : 문벌 귀족이 권력을 독점하고 막대한 토지를 소유하게 되면서 12세기 초부터 귀족 사회 내부의 분열이 일어났다.

(2) 이자겸의 난(1126)

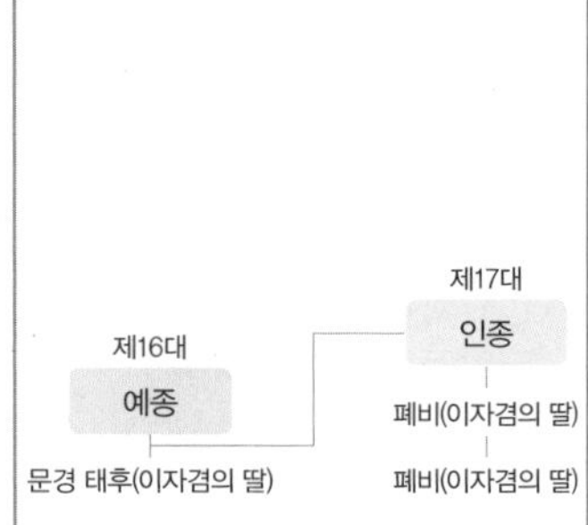

▲ 고려 왕실과 이자겸의 혼인 관계

① 대표적인 외척이었던 이자겸이 실권을 장악하자, 인종은 이자겸을 제거하려고 하였다.

② 이자겸이 척준경과 함께 난을 일으켰으나 인종은 척준경을 포섭하여 이자겸을 제거하고 척준경도 축출하였다.

③ 이자겸의 난은 문벌 귀족 사회의 붕괴를 촉진시켰다.

(3) 묘청의 서경 천도 운동(1135) 기출

● 묘청의 서경 천도 운동

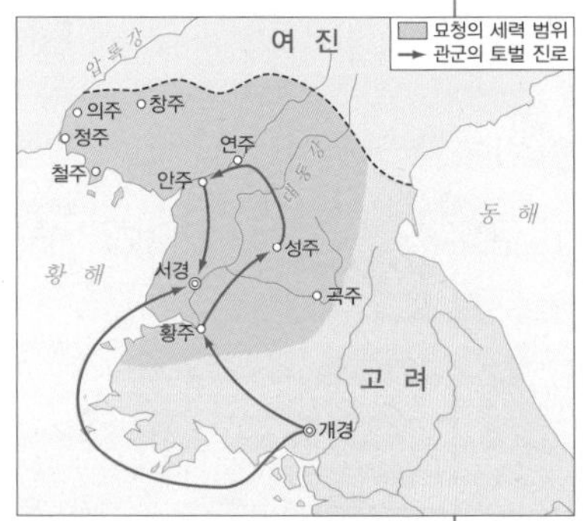

묘청은 서경에서 난을 일으켜 국호를 대위국, 연호를 천개라고 하였다. 또한 군대는 천견충의군으로 불렀다.

① 인종은 승려 묘청과 문신 정지상 등 서경파를 등용하여 개혁 정치를 추진하였다.

② 묘청과 정지상 등 서경 세력은 풍수지리설을 앞세워 서경 천도를 적극 추진하였다.

③ 왕을 황제로 칭하고 연호를 사용할 것(칭제 건원)과 금을 정벌할 것(금국 정벌)을 주장하였으나 개경 세력의 반대로 실패하였다.

④ 묘청이 서경에서 난(1135)을 일으켰으나 1년 만에 김부식이 이끄는 관군에게 진압되었다.

⑤ 서경 천도 운동의 역사적 의의

㉠ 문벌 귀족과 지방 출신 관료 사이의 대립, 유교 사상과 풍수지리설의 대립 등으로 일어난 사건이었다.

㉡ 신라 계승 이념과 고구려 계승 이념(자주적 전통 사상)에 대한 이견과 갈등 등이 얽혀 일어난 것으로 문벌 귀족 사회 내부의 모순을 드러낸 사건이었다.

사료 돋보기 신채호의 서경 천도 운동에 대한 인식

서경 전역은 낭가와 불교 양가 대 유가의 싸움이며, 국풍파 대 한학파의 싸움이며, 독립당 대 사대당의 싸움이며, 진취 사상 대 보수 사상의 싸움이니, 묘청은 전자의 대표요 김부식은 후자의 대표였던 것이다. 묘청의 천도 운동에서 묘청 등이 패하고 김부식이 이겼으므로 조선사가 사대적, 보수적, 속박적인 사상인 유교 사상에 정복되고 말았다. 이 전쟁을 어찌 일천년래 제일대사건이라 하지 아니하랴.

– 신채호, "조선사연구초" –

분석

서경, 묘청, 김부식, 유교 사상, 일천년래 제일대사건

▼

신채호는 민족정신을 강조하는 입장에서 문벌 귀족의 보수적, 사대적 성향에 대항했던 묘청의 서경 천도 운동을 높이 평가하였다.

핵심만 정리하자

▶ 서경파와 개경파

구분	서경파	개경파
중심인물	묘청	김부식(문벌 귀족)
지역	서경	개경
사상	풍수지리설	유교 사상
대외 정책	북진 정책	사대 정책
주장	칭제 건원, 금국 정벌	송에 이용당할 것을 우려, 사대 주장
역사의식	고구려 계승 의식	신라 계승 의식

4 송, 거란, 여진과의 관계

1 북진 정책의 추진과 송과의 교류

(1) 북진 정책의 추진 : 후삼국을 통일한 고려는 거란을 견제하면서 북진 정책을 추진하였다.

(2) 송과의 교류 : 중국의 5대 10국의 혼란이 송(宋)에 의해 통일되자, 고려는 송과 적극적으로 친교하면서 중국의 발달된 문물을 수용하였다.

▲ 10~12세기 대외 관계

● 5대 10국

10세기 초 중국에서는 당이 멸망하고(907) 5대 10국이 흥망하는 가운데 사대부라는 새로운 지배층이 성장하였다. 5대 10국의 혼란을 통일한(960) 송은 중앙 집권적 황제 독재 체제를 구축하고, 과거 제도를 강화하여 문반 관료 중심의 문치주의 체제를 확립하였다.

2 거란(요)의 침입

(1) 침입 과정 기출

제1차 침입 (성종 12, 993)	• 거란의 소손녕이 군사를 이끌고 침입하였다. • 서희의 외교 담판으로 거란 군대를 물러나게 하였고, 강동 6주를 획득하여 압록강까지 영토를 확대하였다.
제2차 침입 (현종 1, 1010)	• 강조의 정변을 빌미로 거란의 성종이 침입하였다. • 양규가 거란의 후방을 압박하고, 현종이 거란의 황제를 만날 것을 약속하자 거란은 회군하였다.
제3차 침입 (현종 9, 1018)	• 현종의 거란 방문과 강동 6주 반환 거부를 구실로 거란의 소배압이 침입하였다. • 강감찬이 귀주에서 거란군을 크게 물리쳤다(1019, 귀주 대첩)

(2) 결과

① 고려가 거란의 3차례 침략을 물리친 후 동아시아는 고려, 송, 거란(요) 사이에 세력 균형이 이루어졌다.

② 고려는 북방 민족의 침략을 막기 위해 천리장성을 쌓고 나성을 축조하여 개경 수비를 튼튼하게 하는 등 국방력을 강화하였다.

▲ 강동 6주 획득

사료 돋보기 거란의 1차 침입

성종 12년 (10월) 거란이 고려를 쳐들어왔다. (소손녕이) 서희에게 말하였다. "너희 나라는 신라 땅에서 일어났다. 고구려는 우리의 소유인데 너희 나라가 이를 침식하고 있다. 또 우리와 국경을 맞대고 있음에도 바다를 건너 송을 섬기고 있다. 이 때문에 대국(거란)이 와서 치는 것이다. 지금 땅을 떼어 바치고 사신을 보낸다면(조빙을 한다면) 아무 일이 없을 것이다."

서희는 말하였다. "그런 것이 아니다. 우리나라는 고구려를 계승한 나라이다. 그런 까닭에 나라 이름을 고려라 하고 평양에 도읍을 정하였던 것이다. 만약 땅의 경계를 논한다면 상국(거란)의 동경도 모두 우리 땅 안에 있다. 어찌 우리를 침식했다고 하느냐, 더구나 압록강 안팎은 우리나라 땅이지만 여진이 점거하였다. 이들이 교활하고 변덕이 많아 길을 막아서 (중국과) 통하지 못하게 하여 바다를 건너는 것보다 더 어렵게 되었다. 조빙을 하지 못함은 여진 탓이다."…… – "고려사절요" –

분석

거란, 소손녕, 서희, 고구려

거란은 친송(親宋) 정책을 추진하던 고려를 제압하고자, 고려 성종 12년에 침략하였다(993). 이때 서희는 거란의 장군 소손녕과 외교적 담판을 통해, 송과의 단교를 조건으로 강동 6주를 획득하였다.

3 여진과의 관계

(1) 배경 : 12세기 초 여진이 부족을 통일하고 국경을 자주 침범하였다.

(2) 윤관의 여진 정벌 기출

① 별무반 조직 : 윤관의 건의로 별무반을 조직하였다(숙종 9, 1104).

② 여진 정벌과 9성 축조 : 윤관은 여진을 정벌하고(예종 2, 1107), 동북 지방 일대에 9성을 개척하였다.

③ 9성 반환 : 여진이 조공을 약속하면서 9성의 반환을 요청하자, 1년 만에 돌려주었다.

(3) 금(金)의 건국(1115, 아골타) : 금이 거란(요)과 북송을 멸망시키고 고려에 군신 관계를 요구하자, 이자겸이 주도하여 사대 관계가 체결되었다.

● 별무반

별무반은 여진을 정벌하기 위해 만든 특수군이며, 신기군 · 신보군 · 항마군(승병)으로 편성되었다.

▲ 척경입비도

5 무신 정권의 성립

1 무신 정변과 무신 정권의 성립

(1) 무신 정변(1170) 기출

① 문 · 무관 차별 대우, 군인전 삭감, 의종의 실정을 배경으로 일어났다.

② 정중부, 이의방 등의 무신이 정변을 일으켜 많은 문신을 죽이고 의종을 폐위하였다.

③ 무신들은 중방을 중심으로 국정을 주도하면서 토지, 노비, 사병을 늘려 세력을 키웠다.

④ 무신 사이에 권력 다툼이 자주 일어나 최고 권력자가 여러 차례 교체되었다.

● 중방

원래 상장군과 대장군으로 구성된 군사 회의 기구였으나 무신 정변 이후 최충헌이 집권하기 전까지 무신 정권의 최고 권력 기구가 되었다.

(2) 무신 정권의 변화

① 초기 : 정중부(중방) → 경대승(도방) → 이의민(중방)

② 안정화 기출

최충헌	이의민을 제거하고 권력을 잡은 최충헌은 교정도감을 설치하고, 도방을 확대하여 군사적 기반을 강화하였다.
최우	정방을 설치하여 인사권을 장악하였고, 서방을 통해 문학적 소양과 행정 실무 능력을 갖춘 문신을 등용하였다.

2 무신 정권 시기의 봉기

(1) 무신 정권에 대한 반발 : 동북면 병마사 김보당과 서경 유수 조위총이 난을 일으켰으나 곧 진압되었다.

(2) 농민과 천민의 봉기 기출

① 배경

㉠ 무신 정변으로 고려의 신분 제도가 동요되어 하층민에서 권력층이 된 자가 많았다.

㉡ 무신들 간의 대립과 지배 체제 붕괴로 백성들에 대한 통제력이 약화되었다.

㉢ 무신들의 농장 확대로 백성 수탈이 강화되었다.

② 주요 봉기

망이 · 망소이의 난(1176)	공주 명학소에서 충순현으로 승격
전주 관노의 난(1182)	전주 관노비들의 봉기
김사미 · 효심의 난(1193)	신라 부흥 운동 표방
만적의 난(1198)	신분 해방적 성격('왕후장상의 씨가 따로 있나')
최광수의 난(1217)	고구려 부흥 표방
이연년의 난(1237)	백제 부흥 표방

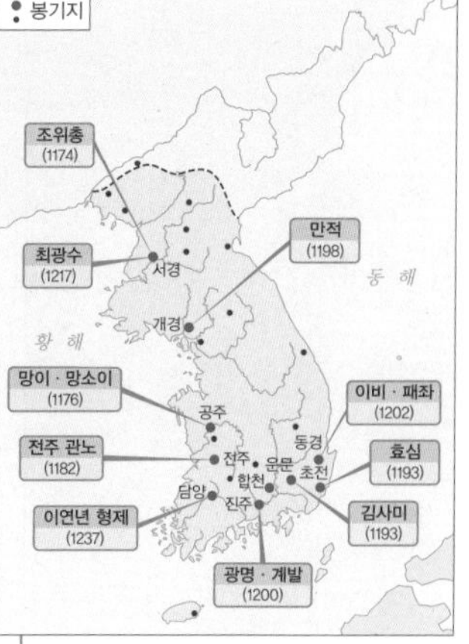

▲ 무신 집권기 농민과 천민의 봉기

6 몽골의 침입과 고려 후기 정치 변동

1 몽골의 침입과 고려의 저항

(1) 몽골의 침입

① 13세기 초 부족을 통일하고 세력이 강성해진 몽골은 거란을 추격하는 과정에서 고려와 처음 접촉하였다(강동의 역, 1218).

② 몽골의 침입

㉠ 제1차 침입(1231) : 몽골 사신 저고여의 피살 → 살리타의 침입 → 박서, 귀주에서 항전 → 개경이 포위되어 강화 → 몽골은 다루가치 설치 후 철군 → 이후 당시 집권자인 최우가 강화도로 천도

● 고려 정부의 강화도 천도

고려를 침략한 몽골군이 육전에는 강하지만 해전에는 약하다는 것을 알고 몽골의 침략을 막아내기 위해 고려 정부는 개경에서 가까운 강화도로 수도를 옮겼다. 그러나 몽골군이 백성들을 약탈하는 것에 대한 대비책을 세우지 않아 백성들은 큰 고통을 받았다.

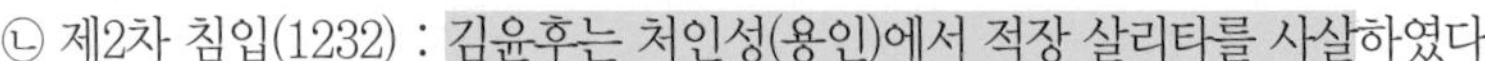

㉡ 제2차 침입(1232) : 김윤후는 처인성(용인)에서 적장 살리타를 사살하였다.

㉢ 제3차 침입(1235) : 황룡사 9층 목탑이 소실되었다.

(2) 삼별초의 대몽 항쟁(1270~1273) 기출

① 무신 정권이 무너진 후 원종은 개경으로 환도하면서 몽골의 간섭이 시작되었다.

② 배중손의 주도로 강화도에서 반기를 들고 대몽 항쟁을 시작하였다.

③ 이후 진도로 근거지를 옮기며 저항하였다.

④ 진도에서 배중손이 전사하자, 김통정이 나머지 세력을 이끌고 제주도로 이동하여 항쟁하였으나 여 · 몽 연합군에 의해 3년 만에 진압되었다.

● 삼별초

삼별초는 최우의 사병 집단인 야별초가 좌별초와 우별초로 분리되고, 몽골군에게 포로로 잡혔다가 돌아온 자들로 신의군을 조직하여 편성된 부대이다. 이후 대몽 항쟁의 핵심 부대가 되었다.

2 원의 내정 간섭

(1) 원의 일본 원정

① 원의 일본 원정에 고려군을 동원하고, 정동행성을 설치하였다.

② 두 차례의 일본 원정은 태풍으로 실패하였으나 정동행성은 그대로 남아 내정 간섭 기구가 되었다.

(2) 고려의 국가적 위상 약화

① 부마국 체제 : 부마국(사위의 나라)으로 전락하여 자주성에 큰 손상을 입었다.

② 왕실 용어의 격하 : '충○왕', 폐하 → 전하 등으로 격하되었다.

③ 관제 변경

㉠ 2성 6부는 1부 4사 체제로 개편되었다.

㉡ 도병마사는 도평의사사, 중추원은 밀직사로 명칭이 변경되었다.

(3) 원의 내정 간섭과 인적 · 물적 수탈

① 영토 상실 : 고려의 영토를 빼앗아 화주에 쌍성총관부, 서경에 동녕부, 제주도에 탐라총관부를 설치하고 그 주변을 지배하였다.

② 만호부 설치 : 고려의 국방과 치안을 간섭하는 기구인 만호부를 설치하였다.

③ 다루가치 파견 : 고려에 감찰관인 다루가치를 파견하여 내정을 간섭하였다.

④ 인적 수탈 : 결혼도감을 통해 공녀를 징발하였다.

⑤ 자원 수탈 : 인삼 · 약재 · 매 등의 특산물을 징발하고, 매(해동청)를 징발하기 위한 응방을 설치하였다.

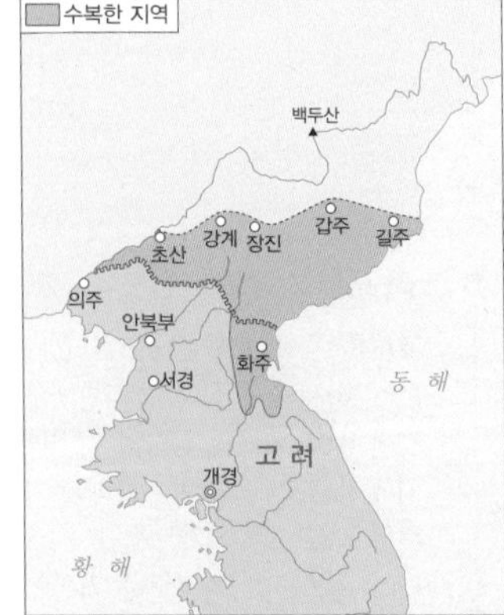

▲ 공민왕의 영토 수복

3 공민왕 때의 개혁 정치(14세기 중엽 원 · 명 교체기) 기출

반원 자주 정책	권문세족 억압 정책
• 기철 등 친원 세력 숙청 • 정동행성이문소 폐지 • 인당으로 하여금 요동 지방을 공략하게 함 • 쌍성총관부를 무력으로 수복(유인우) • 몽골풍의 폐지 • 2성 6부제 복구	• 무신 정권 이후 인사권을 장악하여 신진 사대부의 등장을 억제하던 정방 폐지, 문관의 인사권을 이부로 환원 • 신돈을 전민변정도감(1366)의 판사로 삼아 토지 제도 및 노비 제도 개혁 • 유학 교육 강화(성균관) • 과거제 정비 → 인재 배출

심화 플러스 **공민왕 재위 시기 상황**

14세기에 이르러 원의 지배력은 크게 약화되었다. 왕위 계승을 둘러싼 원 황실의 내분과 경제 혼란, 라마교를 위한 과도한 재정 지출 등으로 중국 각지에서 반원 농민 반란이 자주 일어났다. 원에 쫓겨 고려에 침입하였던 홍건적의 활동은 그 대표적인 예였다.

공민왕 즉위 이후에도 원의 간섭은 여전하였고 친원파 역시 건재하였다. 공민왕은 친원파를 관직에 기용하지 않는 등 적대적인 태도를 보였으나 이들을 완전히 제거할 수 있는 현실적인 힘을 가지고 있지는 못하였다. 때마침 원에서 기황후의 아들이 황태자에 봉해지자 이러한 추세는 더욱 심해졌다. 이를 계기로 기철의 권력이 공민왕을 압도할 정도로 커졌고, 그의 일족과 친원파의 정치적 지위가 크게 높아졌다.

사료 돋보기 **공민왕의 개혁 정치**

공민왕이 원의 제도를 따라 변발(辮髮)을 하고 호복(胡服, 몽골의 옷차림)을 입고 전상(殿上)에 앉아 있었다. 이연종이 간하려고 문 밖에서 기다리고 있었더니, 왕이 사람을 시켜 물었다. (이연종이) 말하기를 "임금 앞에 나아가 직접 대면해서 말씀드리기를 바라나이다."라고 하였다. 이미 들어와서는 좌우(左右, 왕의 측근)를 물리치고 말하기를 "변발과 호복은 선왕(先王)의 제도가 아니오니 원컨대 전하께서는 본받지 마소서."라고 하니, 왕이 기뻐하면서 즉시 변발을 풀어 버리고 그에게 옷과 요를 하사하였다.

– "고려사" –

분석

14세기 중엽 중국의 원·명 교체기를 이용하여, 공민왕은 반원 자주 정책을 추진하였다. 쌍성총관부를 무력으로 수복하였으며, 정동행성이문소 및 몽골풍을 폐지하였다. 또한 전민변정도감을 설치하여 권문세족들의 경제적 영향력을 약화시키고자 하였다.

4 신진 사대부의 성장

(1) 신진 사대부의 성장 기출

① 공민왕의 개혁 정책을 뒷받침하는 세력으로 성장하였다.

② 성리학을 사상적 배경으로 받아들였고, 과거를 통해 중앙 관료로 진출하였다.

③ 신분상 지방 향리의 자제가 많았고, 경제적으로는 지방의 중소 지주였다.

④ 권문세족의 친원적·친불교적 성향에 대해 반대하였고, 대외적으로는 친명 세력이었다.

(2) 신진 사대부의 분열

급진파(혁명파) 사대부	• 정도전, 조준, 윤소종 등은 왕조 교체(이성계와 연결)와 급진적 개혁을 주장하였다. • 이후 조선 왕조 개창(1392)의 주도 세력이 되었다.
온건파 사대부	정몽주 등은 고려 왕조를 유지하며 점진적 개혁을 주장하였다.

권문세족

원의 내정 간섭을 받게 되면서 권문세족이 새로운 지배층으로 등장하였다. 이들은 주로 음서를 통해 관직에 진출하였으며, 도평의사사를 장악하여 국정을 좌우하였다. 아울러 대농장을 차지하고 농민을 핍박하여 노비로 삼는 등 사회 모순을 심화시켰다.

전민변정도감

고려 후기 권문세족의 폐단이 심해지자 공민왕은 전민변정도감을 설치하고 신돈을 등용하여 권문세족이 부당하게 빼앗은 토지와 노비를 본래의 소유주에게 돌려주고, 불법적으로 노비가 된 자를 양민으로 해방시켰다. 전민변정도감은 고려 원종이 처음 설치하였으나 큰 성과를 거두지 못하였고, 이후 충렬왕, 공민왕, 우왕 때에도 설치되었다.

5 고려의 멸망

(1) 고려 사회의 모순

① 신진 사대부들이 과거를 통해 정계에 진출하여 권문세족의 불법과 횡포를 비판하였다.

② 권문세족은 인사권을 장악하고 신진 사대부의 고위직 진출을 방해하였다.

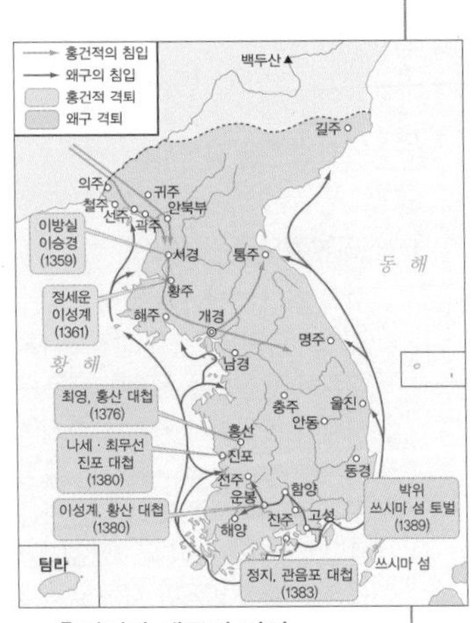

▲ 홍건적과 왜구의 격퇴

(2) 홍건적과 왜구의 침입

① 14세기 후반 홍건적과 왜구의 침입으로 국토가 황폐해졌다.

② 홍건적과 왜구의 침입을 격퇴하는 과정에서 최영과 이성계 등 신흥 무인 세력이 성장하였으며, 신진 사대부 세력과 결탁하였다.

(3) 고려의 멸망 기출

① 명이 철령위를 설치하여 철령 이북의 땅을 차지하려 하자 우왕과 최영은 요동 정벌을 단행하였다.

② 이성계가 위화도에서 회군하여 최영을 제거하고, 우왕과 창왕을 폐한 후 공양왕을 옹립하였다.

③ 급진파 신진 사대부와 이성계는 과전법을 실시하여 권문세족의 경제 기반을 약화시켰다.

④ 급진파 신진 사대부가 이성계를 국왕으로 추대하면서 고려는 멸망하였다.

핵심만 정리하자

▶ 고려의 정치 변동

시기	고려 초기	고려 중기	무신 집권기	원 간섭기	고려 말기
세력	호족, 6두품 출신	문벌 귀족	무신	권문세족	신진 사대부
정치 활동	성종의 통치 체제 정비 → 최승로의 시무 28조	• 음서, 공음전 • 이자겸의 난, 묘청의 서경 천도 운동	• 무신 정변을 통한 권력 독점 • 중방, 교정도감, 정방	• 친원 세력 • 정방, 음서, 대농장	• 공민왕의 개혁(전민변정도감) • 신흥 무인 세력 성장

▶ 고려의 대외 관계 변화

시기	10세기 말~11세기 초	12세기	13세기
나라	거란(요)	여진(금)	몽골
전개	• 1차 침입 : 서희의 외교 담판, 강동 6주 획득 • 2차 침입 : 강조의 정변, 양규의 활약 • 3차 침입 : 강감찬, 귀주 대첩 • 결과 : 나성 및 천리장성 축조	• 윤관 : 별무반 조직, 여진 정벌 → 동북 9성 축조 • 금 건국 : 고려에 사대 요구, 이자겸 등 수용 • 묘청의 서경 천도 운동 발생	• 1차 침입 : 몽골 사신 저고여 피살, 박서의 항쟁(귀주) • 2차 침입 : 처인성 전투(김윤후), 초조대장경 소실 • 3차 침입 : 황룡사 9층 목탑 소실 • 삼별초의 항쟁(배중손) : 강화도 → 진도 → 제주도 • 팔만대장경 조판

기출 및 예상 문제

01 고려의 건국과 국가 기틀의 확립

[1] 태조 왕건은 사심관 제도와 기인 제도를 통해 호족들을 통제하였다. O | X

[2] 광종은 노비안검법과 과거 제도를 실시하여 왕권을 강화하였다. O | X

[3] 성종은 최승로의 시무 28조를 받아들여 유교 정치 이념을 정착시켰다. O | X

2016년 소방

01 후손들에게 다음의 가르침을 남긴 국왕의 업적으로 옳은 것은?

> 1조 … 국가의 대업이 제불(諸佛)의 호위와 지덕(地德)에 힘입었으니 불교를 장려할 것.
> 2조 … 사찰을 지을 때는 도선(道詵)의 풍수 사상에 맞게 짓고, 함부로 짓지 말 것.
> 3조 … 왕위 계승은 적자 적손을 원칙으로 하되 장자가 불초할 때에는 인망 있는 자가 대통을 이을 것.
> 4조 … 우리나라는 방토(方土)와 인성(人性)이 중국과 다르므로 중국 문화를 모두 따를 필요가 없으며, 거란은 언어와 풍속이 다른 짐승과 같은 나라이므로 거란의 제도를 따르지 말 것.
> (중략)
> 8조 … 차령산맥과 금강 이남은 산천과 인심이 배역(背逆)을 끼고 있으므로 그 지방 사람을 등용하지 말 것.
> 9조 … 백관의 기록을 공평히 정해줄 것.
> 10조 … 경사(經史)를 넓게 읽어서 옛날을 거울삼아 현재를 경계할 것.

① 관리들이 경계해야 할 사항과 군주에 대한 도리 등을 규정한 정계, 계백료서를 편찬하였다.
② 광덕, 준풍 등 독자적인 연호를 사용하였고, 개경을 황도(皇都), 서경을 서도(西都)라 불렀다.
③ 지방 12목에 처음으로 지방관인 목사를 파견하였다.
④ 과거제를 실시하여 능력에 따른 인재를 선발하여 신·구 세력의 교체를 도모하였다.

02 다음 제도를 제정한 왕과 관련된 사실로 옳은 것은?

> 처음으로 역분전(役分田)을 정했다. 통합 때의 조신과 군사에게 관계(官階)를 논하지 않고 인성과 행실의 선악, 공로의 대소를 보고 차등 있게 지급하였다.
>
> – "고려사" –

① 광군을 조직하여 거란의 침입에 대비하였다.
② 광덕, 준풍 등의 독자적인 연호를 사용하였다.
③ 북진 정책을 추진하여 서경을 경략하고 압록강까지 영토를 넓혔다.
④ 유력한 지방 호족들과 정략적 혼인 관계를 맺었다.

2015년 소방

03 다음의 국왕에 해당되는 업적만을 〈보기〉에서 모두 고른 것은?

> 그는 중국 후주(後周)에서 귀화한 쌍기를 중용하여 과거 제도를 시행하는 등 왕권을 강화하기 위한 정책을 추진하였다. "고려사"의 기록에 의하면, 이 시기에는 참소하고 아첨하는 무리가 기회를 얻었고, 충직하고 어진 사람을 모함하고 종이 그 상전을 고소하며 자식이 그 부모를 참소하는 행태가 벌어졌다고 하였다.

〈보 기〉

ㄱ. 거란 침입을 대비하기 위해 광군을 조직하였다.
ㄴ. 광덕·준풍 등의 연호를 사용하였다.
ㄷ. 거란의 침입으로 나주로 몽진하였다.
ㄹ. 노비안검법을 시행하였다.

① ㄱ, ㄴ　② ㄱ, ㄷ
③ ㄴ, ㄹ　④ ㄷ, ㄹ

04 밑줄 친 '왕'의 업적에 대한 설명으로 옳은 것은?

> 왕은 여러 가지 과감한 조처를 통하여 왕권을 강화시켰다. 혁신 정치를 대체적으로 일단락 지은 즉위 11년에 칭제건원하고, 개경을 황도, 서경을 서도라 칭한 것은 그와 같은 기반 위에서 취한 자부심의 한 표현이라 볼 수 있다.

① 정방과 정동행성이문소를 폐지하였다.
② 광군사를 설치하여 거란의 침입에 대비하였다.
③ 유교 정치 이념을 채택하고 국자감을 정비하였다.
④ 쌍기의 건의를 받아들여 과거 제도를 도입하였다.

2016년 지방 9급

05 다음 주장을 편 인물의 건의를 받아 실시한 정책으로 옳은 것은?

> 불교를 믿는 것은 자신을 다스리는 근본이며, 유교를 행하는 것은 나라를 다스리는 근원을 구하는 것입니다. 자신을 다스리는 것은 내세에 복을 구하는 일이며, 나라를 다스리는 것은 오늘의 급한 것입니다. 오늘은 아주 가까운 것이요, 내세는 지극히 먼 것입니다. 가까운 것을 버리고 먼 것을 구하는 것은 또한 그릇된 것이 아니겠습니까?
>
> – "고려사" –

① 노비안검법을 실시하여 호족의 세력을 약화시키고 국가 수입 기반을 확대하였다.
② 유교의 학식과 능력에 따른 관리 선발 제도인 과거제를 실시하였고, 백관의 공복을 제정하였다.
③ 12목을 설치하고 지방관을 파견하였으며, 지방 중소 호족을 향리로 편입하여 통제하였다.
④ 정방을 폐지하고 전민변정도감을 설치하여 권문세족의 경제 기반을 약화시키고 국가 재정 수입의 기반을 확대하였다.

2015년 국가 9급

06 다음 건의를 받아들인 왕이 실시한 정책으로 옳은 것은?

> 임금이 백성을 다스릴 때 집집마다 가서 날마다 그들을 살펴보는 것이 아닙니다. 그래서 수령을 나누어 파견하여, (현지에) 가서 백성의 이해(利害)를 살피게 하는 것입니다.
>
> 우리 태조께서도 통일한 뒤에 외관(外官)을 두고자 하셨으나, 대개 (건국) 초창기였기 때문에 일이 번잡하여 미처 그럴 겨를이 없었습니다. 이제 제가 살펴보건대, 지방 토호들이 늘 공무를 빙자하여 백성들을 침해하며 포악하게 굴어, 백성들이 명령을 견뎌내지 못합니다. 외관을 두시기 바랍니다.

① 서경 천도를 추진하였다.
② 5도 양계의 지방 제도를 확립하였다.
③ 지방 교육을 위해 경학박사를 파견하였다.
④ 유교 이념과는 별도로 연등회, 팔관회 행사를 장려하였다.

02 통치 체제의 정비

[1] 도병마사와 식목도감은 고려의 독자적 기구이다. O | X

[2] 중서문하성의 재신과 어사대의 관원이 모여 대간을 이루었다. O | X

[3] 고려 시대의 중앙군은 2군 6위로 구성되었다. O | X

[4] 고려의 지방 행정 제도는 5도 양계를 기본으로 정비되었다. O | X

[5] 고려 시대 2품 이상 관료의 자제 등에게 음서의 혜택이 주어졌다. O | X

07 다음 중 고려 정치 제도의 독자성을 보여 주는 기구로만 짝지어진 것은?

> ㄱ. 중추원　　ㄴ. 도병마사
> ㄷ. 삼사　　ㄹ. 식목도감

① ㄱ, ㄴ　　② ㄴ, ㄷ
③ ㄴ, ㄹ　　④ ㄷ, ㄹ

08 다음 ㉠에 들어갈 정치 기구에 대한 설명으로 옳은 것은?

> 도병마사는 성종 때 처음 설치되어 국방 문제를 담당하였다. …… 원 간섭기에 (㉠)(으)로 개칭되면서 국정 전반에 걸친 중요 사항을 관장하는 최고 기구로 발전하였다.

① 도당으로 불렸으며, 조선 건국 초에 폐지되었다.
② 법제의 세칙을 만드는 고려의 독자적인 기구이다.
③ 정책을 집행하는 기능을 담당하였으며, 그 밑에 6부를 두었다.
④ 관리의 임명이나 법령의 개폐를 동의하는 서경권을 행사하였다.

09 고려 시대 지방 행정 조직에 대한 설명으로 옳은 것은?

① 성종은 호장, 부호장과 같은 향리 직제를 마련하였다.
② 퇴직한 관료를 사심관으로 임명하여 출신 지역에 거주하게 하였다.
③ 광종은 처음으로 중요 거점 지역에 상주하는 지방관을 파견하였다.
④ 지방 향리의 자제를 상수리로 임명하여 궁중의 잡역을 담당하게 하였다.

10 고려의 정치 및 군사 제도에 대한 설명으로 옳은 것은?

① 군현에는 주현과 속현이 있었다.
② 6위는 지방군으로 편성되었다.
③ 향리는 약화되어 서리층으로 전락하였다.
④ 지방 행정은 8도 체제로 정비되었다.

11 고려 시대 과거제에 대한 설명으로 옳지 <u>않은</u> 것은?

① 광종 때 쌍기의 건의로 실시되었다.
② 무인을 선발하는 무과도 초기부터 정기적으로 실시되었다.
③ 문학적인 재능을 시험하는 제술업이 중요시되었다.
④ 잡업에는 의약을 주관하는 의업, 풍수지리를 주관하는 지리업 등이 있었다.

12 고려 시대 음서에 대한 설명으로 옳은 것을 모두 고른 것은?

> ㄱ. 공신의 후손을 위한 음서도 있었다.
> ㄴ. 음서 출신자는 5품 이상의 고위 관직에 오를 수 없었다.
> ㄷ. 어린 나이에 음직을 받은 사례도 있었다.
> ㄹ. 왕의 즉위와 같은 특별한 시기에만 주어졌다.

① ㄱ, ㄴ　　② ㄱ, ㄷ
③ ㄴ, ㄹ　　④ ㄷ, ㄹ

13 고려 시대에 대한 설명으로 옳지 <u>않은</u> 것은?

① 지방의 모든 군현에 지방관이 파견되어 행정을 담당하였다.
② 중앙군은 2군 6위, 지방군은 주현군과 주진군으로 편성되었다.
③ 발해의 유민들을 받아들였으며, 발해 세자 대광현을 왕족으로 대우하였다.
④ 광종은 황제라 칭하고 개경을 황도(皇都)라 불렀으며, 독자적 연호를 사용하였다.

03 문벌 귀족 사회의 성립과 동요

[1] 문벌 귀족은 음서와 공음전의 혜택을 통해 정치·경제적 기반을 확충하였다. O | X

[2] 묘청 등은 풍수지리설을 바탕으로 서경 천도 운동을 추진하였다. O | X

[3] 묘청은 1135년 서경에서 난을 일으키면서 국호를 장안이라 하였다. O | X

14 밑줄 친 '이 세력'은 무엇인가?

> 여러 대에 걸쳐 고위 관료를 배출한 가문으로 과거와 음서를 통해 권력을 독점하였다. 이자겸은 이 세력의 대표적 인물이다.

① 문벌 귀족 ② 진골 귀족
③ 권문세족 ④ 신진 사대부

2015년 소방

15 다음에서 언급하고 있는 사건의 영향으로 옳은 것은?

> "낭불 양가 대 유가의 싸움이며, 국풍파 대 한학파의 싸움이며, 독립당 대 사대당의 싸움이며, 진취 사상 대 보수 사상의 싸움이니, 묘청은 곧 전자의 대표요, 김부식은 곧 후자의 대표가 되는 것이다. 이 전투에서 묘청이 패하고 김부식이 승리하여 조선 역사가 사대적, 보수적, 속박적 사상, 즉 유교 사상에 정복되고 말았거니와 만일 이와 반대로 묘청이 승리했다면 독립적, 진취적 방면으로 나아갔을 것이니, 이 사건을 어찌 1천년래 조선사의 제일대사건이라 하지 않으랴."
>
> – "조선사연구초" –

① 문벌 귀족 사회가 붕괴되는 계기가 되었다.
② 호족이라 불리는 새로운 세력이 등장하였다.
③ 몽골은 고려의 고유한 주권과 풍속을 인정하지 않았다.
④ 진골 귀족 세력이 약화되고 왕권이 전제화되었다.

16 ㉠, ㉡에 대한 설명으로 옳은 것은?

> (㉠)(의) 천도 운동에 대하여 …… 그 실상은 낭가와 불교 양가 대 유교의 싸움이며, 국풍파 대 한학파의 싸움이며, 독립당 대 사대당의 싸움이며, 진취 사상 대 보수 사상의 싸움이니, (㉠)은(는) 전자의 대표요, (㉡)은(는) 후자의 대표였던 것이다.

① ㉠ – 정감록을 근거로 서경 천도를 주장하였다.
② ㉠ – 대외적으로는 몽골의 성장을 견제하고자 하였다.
③ ㉡ – 기전체 사서인 삼국사기를 편찬하였다.
④ ㉡ – 조위총 등 서경 세력과 함께 개경의 관리들과 대립하였다.

04 송, 거란, 여진과의 관계

[1] 서희는 몽골 침략 당시 외교 담판을 통해 강동 6주를 획득하였다. O | X

[2] 거란의 3차 침입 때 강감찬이 거란을 대파한 것을 귀주 대첩이라고 한다. O | X

[3] 윤관은 광군을 조직하여 여진을 정벌하고 동북 9성을 축조하였다. O | X

17 (가), (나) 사이의 시기에 있었던 사실로 가장 옳은 것은?

> (가) 거란의 군사가 귀주를 지나니 강감찬 등이 동쪽 들판에서 맞아 싸웠는데, …… 죽은 적의 시체가 들판을 덮고 사로잡은 군사와 말, 낙타, 갑옷, 투구, 병기는 이루 다 헤아릴 수가 없었다.
>
> (나) 여진의 추장들은 땅을 돌려달라고 떼를 쓰면서 해마다 와서 분쟁을 벌였다. …… 이에 왕은 신하들을 모아 의논한 후에 그들의 요구에 따라 9성을 돌려주었다.

① 발해가 멸망하였다.
② 별무반이 편성되었다.
③ 쌍성총관부가 폐지되었다.
④ 묘청이 서경 천도 운동을 벌였다.

18 다음 자료의 밑줄 친 '새로운 군대'의 활약으로 나타난 사실은?

> "신이 오랑캐에게 패한 것은, 그들은 기병인데 우리는 보병이라 대적할 수 없었기 때문이었습니다." 이에 왕에게 건의하여 새로운 군대를 편성하였다. 문 · 무 산관, 이서, 상인, 농민들 가운데 말을 가진 자를 신기군으로 삼았고, 과거에 합격하지 못한 20살 이상 남자들 중 말이 없는 자를 모두 신보군에 속하게 하였다. 또한 승려를 뽑아서 항마군으로 삼았다.
>
> - "고려사절요" -

① 귀주에서 거란군을 격파하였다.
② 개경까지 침입했던 홍건적을 격퇴하였다.
③ 처인성에서 몽골군의 공격을 막아내었다.
④ 여진족을 물리치고 동북 지방에 9성을 쌓았다.

2014년 지방 9급

19 (가)~(다)는 고려 시대 대외 관계와 관련된 자료이다. 이를 시기 순으로 바르게 나열한 것은?

> (가) 윤관이 "신이 여진에게 패한 이유는 여진군은 기병인데, 우리는 보병이라 대적할 수 없었기 때문입니다."라고 아뢰었다.
> (나) 서희가 소손녕에게 "우리나라는 고구려의 옛 땅이오. 그러므로 국호를 고려라 하고 평양에 도읍하였으니, 만일 영토의 경계로 따진다면, 그대 나라의 동경이 모두 우리 경내에 있거늘 어찌 침식이라 하리요."라고 주장하였다.
> (다) 유승단이 "성곽을 버리며 종사를 버리고, 바다 가운데 있는 섬에 숨어 엎드려 구차히 세월을 보내면서, 변두리의 백성으로 하여금 장정은 칼날과 화살 끝에 다 없어지게 하고, 노약자들은 노예가 되게 함은 국가를 위한 좋은 계책이 아닙니다."라고 반대하였다.

① (가) → (나) → (다)
② (나) → (가) → (다)
③ (나) → (다) → (가)
④ (다) → (나) → (가)

05 무신 정권의 성립

[1] 최충헌 시기 최고 권력 기구는 정방이었다. O | X

[2] 원 간섭 이후 도병마사는 도평의사사로 개편되어 최고 정무 기구로 발전하였다. O | X

[3] 무신 집권기 만적의 난으로 공주 명학소는 충순현으로 승격되었다. O | X

20 고려 시대의 무신 정권에 대한 설명으로 옳지 않은 것은?

① 무신들은 중방을 중심으로 권력을 행사하면서 주요 관직을 독차지하였다.
② 최충헌은 최고 집정부 구실을 하는 교정도감을 설치하였고, 도방을 확대하여 군사적 기반을 확립하였다.
③ 최우는 문무백관의 인사 행정을 담당하는 서방과 능력 있는 문신을 등용하기 위한 정방을 설치하였다.
④ 삼별초는 좌별초와 우별초 및 몽골에 포로로 잡혀갔다가 돌아온 병사들로 조직된 신의군으로 구성되었다.

21 다음은 무신 집권기의 정치 기구에 대한 설명이다. ㉠~㉣에 들어갈 내용으로 알맞은 것은?

> 최충헌은 최고 집정부의 구실을 하는 ㉠ 을 설치하여 권력을 행사하였다. 또 사병 기관인 ㉡ 을 설치하여 신변을 경호하였다. 최우는 자기 집에 ㉢ 을 설치하여 모든 관직에 대한 인사권을 장악하였다. 최우는 문학적 소양과 행정 실무 능력을 갖춘 문신들을 등용하여 ㉣ 에서 숙위하면서 고문에 대비하게 되었다.

	㉠	㉡	㉢	㉣
①	교정도감	정방	서방	도방
②	교정도감	도방	정방	서방
③	정방	교정도감	도방	서방
④	정방	도방	서방	교정도감

22 다음 밑줄 친 인물 (가)에 대한 설명으로 옳은 것은?

> (가) 은/는 임금을 폐하고 세우는 것을 자기 마음대로 하였으며, 항상 조정 안에 있으면서 자기 부하들과 함께 가만히 정안(政案, 관리들의 근무 성적을 매긴 것)을 가지고 벼슬을 내릴 후보자로 자기 당파에 속하는 자를 추천하는 문안을 작성하고, 승선이라는 벼슬아치에게 주어 임금께 아뢰게 하면 임금이 어쩔 수 없이 그대로 좇았다. 그리하여 (가) 의 아들 이(훗날의 우), 손자 항, 항의 아들 의의 4대가 정권을 잡아 그런 관행이 일반화되었다.
>
> – 이제현, "역옹패설" –

① 이의민을 제거하고 권력을 잡았다.
② 예종과 인종 때 왕실과 혼인 관계를 맺어 외척으로서의 지위를 이용하여 정권을 장악하였다.
③ 자기 집에 정방을 설치하여 인사권을 장악하였다.
④ 몽골 침략으로 소실된 초조대장경을 대신하여 재조대장경(팔만대장경)을 조판하였다.

23 ㉠~㉣에 들어갈 알맞은 말을 순서대로 바르게 나열한 것은?

> 처음에 최우(崔瑀)가 나라 안에 도적이 많은 것을 근심해 용감한 병사를 모아 매일 밤 순행하며 폭행을 막게 했으므로, 이를(㉠)(이)라 하였다. 그러나 도적이 각 도에서 일어남에 이르러 별초를 나눠 보내 잡게 하였다. 그 군사가 너무 많아져 드디어 나누어 (㉡)(으)로 삼았다. 또 나라 사람들이 몽골로부터 도망하여 온 자는 일부로 삼아 (㉢)(이)라 불렀으니, 이것이 (㉣)이다.

	㉠	㉡	㉢	㉣
①	신의군	좌우별초	야별초	삼별초
②	좌우별초	신의군	삼별초	야별초
③	야별초	좌우별초	신의군	삼별초
④	삼별초	야별초	좌우별초	신의군

06 몽골의 침입과 고려 후기 정치 변동

[1] 최우 정권 시기인 1231년 몽골의 침략이 시작되었다. O | X

[2] 삼별초는 최씨 무신 정권의 기반이었으며, 개경 환도에 반대하며 대몽 항쟁을 전개하였다. O | X

[3] 공민왕은 전민변정도감을 설치하여 권문세족의 경제 기반을 약화시키려 하였다. O | X

24 다음에서 설명하고 있는 왕이 실시한 정책으로 옳은 것은?

> 충숙왕의 둘째 아들로서 원나라 노국 대장 공주를 아내로 맞이하고 원에서 살다가 원의 후원으로 왕위에 올랐으나 고려인의 정체성을 결코 잃지 않았다.

① 정동행성이문소를 폐지하였다.
② 수도를 한양으로 옮겼다.
③ 삼군도총제부를 설치하였다.
④ 연구 기관인 만권당을 설립하였다.

2015년 서울 9급

25 다음의 밑줄 친 ㉠과 관련된 설명으로 가장 옳지 않은 것은?

> 원의 간섭을 받으면서 그에 의존한 고려의 왕권은 이전 시기에 비하여 상대적으로 안정되었고 ㉠ 중앙 지배층도 개편되었다. …… 그들은 왕의 측근 세력과 함께 권력을 잡아 농장을 확대하고 양민을 억압하여 노비로 삼는 등 사회 모순을 격화시켰다.

① ㉠은 가문의 권위보다는 현실적인 관직을 통하여 정치권력을 행사하였다.
② 공민왕은 ㉠의 경제력을 약화시키기 위해 전민변정도감을 설치하였다.
③ ㉠은 사원 세력의 대표인 신돈과 연대하여 신진 사대부에 대항하였다.
④ ㉠에는 종래의 문벌 귀족 가문, 무신 정권기에 등장한 가문, 원과의 관계에서 성장한 가문 등이 포함되었다.

2014년 국가 9급

26 **다음 괄호 안에 들어갈 국왕과 관련되는 내용은?**

> (　　　　)이 원나라의 제도를 따라 변발(辮髮)을 하고 호복(胡服)을 입고 전상(殿上)에 앉아 있었다. 이연종이 간하려고 문밖에서 기다리고 있었더니, 왕이 사람을 시켜 물었다. …… 답하기를 "변발과 호복은 선왕의 제도가 아니오니, 원컨대 전하께서는 본받지 마소서."라고 하니, 왕이 기뻐하면서 즉시 변발을 풀어버리고 그에게 옷과 요를 하사하였다.
>
> – "고려사" –

① 노비와 관련된 문제를 처리하는 장례원을 설치하였다.
② 정동행성이문소를 폐지하고 요동 지방을 공략하였다.
③ 동국병감과 같은 병서를 간행하여 원나라의 침략에 대비하였다.
④ 권문세족의 경제 기반을 무너뜨리기 위해서 과전법을 시행하였다.

27 **다음 주장을 한 정치 세력에 대한 설명으로 옳은 것을 〈보기〉에서 모두 고르면?**

> 우와 창은 본래 왕씨가 아니기 때문에 종사를 받들 수 없으며, 또한 천자의 명이 있으니 마땅히 가를 폐하고 진을 세울 것이다. 정창군 왕요는 신종의 7대 손으로 그 족속이 가장 가까우니 마땅히 세울 것이다.

〈보 기〉

ㄱ. 전제 왕권 중심의 통치 체제를 정비하였다.
ㄴ. 이색, 정몽주, 윤소종 등을 숙청하였다.
ㄷ. 전제 개혁을 추진하여 과전법을 시행하였다.
ㄹ. 군제를 개혁하여 삼군도총제부를 설치하였다.

① ㄱ, ㄴ　② ㄴ, ㄷ
③ ㄴ, ㄹ　④ ㄷ, ㄹ

2016년 소방

28 **다음 연표의 (가)~(라) 시기에 사실로 옳은 것은?**

무신 정변	(가)	강화 천도	(나)	개경 환도	(다)	위화도 회군	(라)	조선 건국

① (가) – 원나라는 일본 원정을 위해 정동행성을 설치하였다.
② (나) – 현존하는 최고(最古)의 금속 활자인 직지심체요절이 간행되었다.
③ (다) – 묘청 등 서경 세력이 수도를 서경으로 옮기려고 하였다.
④ (라) – 신진 사대부 세력에 의해 과전법이 공포되었다.

[Ⅱ 고려 귀족 사회의 형성과 변천]

02 고려의 경제 정책과 경제 활동

출제 빈도 상 중 하

꼭 기억해야 할 연표

956 광종, 노비안검법 실시

976 경종, 전시과 실시

1391 공양왕, 과전법 제정

1 토지 제도와 수취 체제의 정비

1 토지 제도의 정비

(1) 전시과 제도의 운영 원칙과 특징

① 관리의 직역에 대한 대가로 수조권(조세를 거둘 수 있는 권리)이 지급되었다.

② 전국을 대상으로 전지(농토)와 시지(땔감을 얻을 수 있는 땅)를 지급하였다.

(2) 전시과 제도의 성립과 변천 기출

① 역분전(태조, 940) : 후삼국 통일 과정에서 공을 세운 사람들에게 지급한 논공행상적 성격의 토지이다.

② 시정 전시과(경종 원년, 976) : 관품의 높고 낮음과 함께 인품을 반영하여 토지를 지급하였다.

③ 개정 전시과(목종 원년, 998)

㉠ 기존의 토지 지급 기준이었던 인품을 배제하였다.

㉡ 관등을 기준으로 18품계로 나누어 지급하였다.

㉢ 전 · 현직 관리 모두에게 지급하였다.

㉣ 한외과가 설치되었다.

④ 경정 전시과(문종 30, 1076) : 전시과 제도의 완성

㉠ 실직(현직)만을 대상으로 지급하였다.

㉡ 한외과가 폐지되었다.

⑤ 전시과 제도의 붕괴 : 전시과 체제는 12세기 이후 이자겸 등 문벌 귀족의 대토지 집적으로 제대로 운영되지 못하다가 무신 정변 이후 완전히 붕괴되었다.

시기		등급	1	2	3	4	5	6	7	8	9	10	11	12	13	14	15	16	17	18
경종(976)	시정 전시과	전지	110	105	100	95	90	85	80	75	70	65	60	55	50	45	42	39	36	33
		시지	110	105	100	95	90	85	80	75	70	65	60	55	50	45	40	35	30	25
목종(998)	개정 전시과	전지	100	95	90	85	80	75	70	65	60	55	50	45	40	35	30	27	23	20
		시지	70	65	60	55	50	45	40	35	33	30	25	22	20	15	10			
문종(1076)	경정 전시과	전지	100	90	85	80	75	70	65	60	55	50	45	40	35	30	25	22	20	17
		시지	50	45	40	35	30	27	24	21	18	15	12	10	8	5				

▲ 전시과의 토지 지급 액수(단위 : 결)

● 논공행상

공로의 있음과 없음, 크고 작음을 논하여 합당한 상을 내린다는 의미이다.

● 한외과

18등급에 들지 못한 자들은 별도의 기준을 마련하여 전지 17결을 지급한다.

(3) 토지의 종류 기출

종류	내용
과전(科田)	전시과의 규정에 따라 문무 관리에게 지급
공음전	5품 이상의 관리에게 과전 외에 따로 지급, 세습 가능
한인전	6품 이하 하급 관리의 자제로 관직에 오르지 못한 자에게 지급
군인전	중앙군에게 군역의 대가로 지급, 군역의 세습으로 토지도 세습
구분전	자손이 없는 하급 관료와 군인의 유가족에게 지급, 생활 대책 마련
외역전	향리에게 직역에 대한 대가로 지급
내장전	왕실의 경비에 사용
공해전	중앙 및 지방 관청의 경비 조달
사원전	사찰의 경비 충당
민전	• 일반 농민들이 조상 대대로 물려받은 토지, 상속 · 매매 · 기증 · 임대 가능 • 민전 소유자는 국가에 일정한 세금 납부 의무 있음

2 수취 체제의 정비

(1) 조세(토지세)

① 토지를 논과 밭으로 구분한 뒤 비옥도에 따라 3등급으로 나누어 수확량의 1/10을 부과하였다.

② 지방에서 거두어들인 조세는 큰 강이나 바닷가에 위치한 조창에 모은 뒤 조운을 통해 개경으로 운반하였다.

(2) 공물 : 집집마다 토산물을 징수하는 제도로, 조세보다 부담이 컸다.

(3) 역(노동력 동원) : 16세에서 60세의 정남을 대상으로 군역과 요역(토목 공사)에 동원하였다.

(4) 기타

① 상인에게 거두는 상세와 어민에게 거두는 어염세 등이 있었다.

② 고려 후기 충선왕 때는 국가의 재정을 확대하기 위해 소금의 전매제를 시행하였다.

● 소금의 전매제
소금을 국가에서 독점적으로 판매하는 형태를 말한다.

핵심만 정리하자

▶ 전시과 제도의 변천 과정

역분전	→	태조	→	공로, 충성도에 따라 호족 통합 방법으로 실시
시정 전시과	→	경종	→	전지 · 시지 지급, 관직의 고하(高下), 인품 반영
개정 전시과	→	목종	→	전 · 현직 관리에게 차등 지급(18품)
경정 전시과	→	문종	→	현직 관리에게 지급
녹과전	→	원종	→	경기 8현에 한해 지급
과전법	→	고려 말기	→	조선 건국 과정에서 실시(농민 우대, 사대부 주도)

2 다양한 산업의 발달

1 농업의 발달

(1) 국가의 농업 장려

① 국가에서는 개간과 간척 사업을 장려하여 경작지를 확대해 나갔으며, 개간지에는 일정 기간 세금을 면제해주었다.

② 농번기에는 잡역 동원을 금지하고, 재해를 당한 농민은 세금을 면제해주었다.

(2) 농업 기술의 발달 기출

① 소를 이용한 깊이갈이가 일반화되고, 시비법이 발달하였다. 이에 따라 휴경지가 줄어들면서 농업 생산력이 더욱 향상되었다.

② 밭농사에서는 2년 3작의 윤작법(돌려짓기)이 점차 보급되었다.

③ 고려 말 남부 일부 지역에는 이앙법(모내기법)이 보급되기 시작하였다.

④ 고려 말 원으로부터 "농상집요"가 소개되었고, 문익점에 의해 목화씨가 전래되었다(1363).

● 이앙법(모내기법)

못자리에서 모를 어느 정도 키운 후 논에 옮겨 심는 방법이다.

2 수공업의 발달

(1) 고려 전기의 수공업

① 주로 관청 수공업과 소(所) 수공업을 중심으로 발전하였다.

② 관청 수공업은 수공업자를 공장안에 올려 중앙이나 지방 관청에 소속시켜 물품을 생산하는 방식이다.

③ 소(所)에서는 금, 은, 종이, 먹 등을 생산하여 공물로 납부하였다.

● 공장안

국가에서 필요로 하는 물품을 생산할 수 있는 기술자를 조사하여 기록한 장부를 말한다.

(2) 고려 후기의 수공업 : 사원 수공업과 가내 수공업 형태의 민간 수공업도 발달하였다.

3 상업의 발달

(1) 도시와 지방의 상업 활동

구분	내용
도시	• 시전이 개경에 설치되어 관청과 왕실 및 귀족층의 수요품을 공급하였다. • 대도시에는 관영 상점을 설치하였다. 예 서적점, 약점과 주점 등 • 경시서 : 매점매석과 같은 불법적 상행위를 감독하는 관청이었다.
지방	• 지방 관아 주변에 시장이 개설되었다. • 비정기 시장에서는 행상이 활동하였다. • 후기에는 육상 교통이 발전하면서 여관인 원(院)이 발달하여 상업의 중심지 역할을 하였다.

(2) 화폐 주조와 고리대의 유행 기출

① 성종 때 철전인 건원중보를 발행하였으나 유통에는 실패하였다.

② 대각국사 의천은 송에서 귀국한 뒤 화폐 주조의 필요성을 건의하였다.

③ 숙종은 주전도감을 설치하고 삼한통보, 해동통보, 해동중보, 활구(은병)를 발행하였으나 널리 유통되지 못하였다.

④ 화폐 유통의 한계 : 자급자족적 농업 경제의 한계 때문에 화폐는 다점이나 주점 등에서만 사용되었고, 일반적인 거래는 여전히 곡식이나 삼베를 사용하였다.

▲ 활구(은병)

사료 돋보기 | 고려 시대 화폐의 사용

목종 5년(1002) 7월 왕이 다음과 같이 하교하였다. "예부터 나라를 다스리는 자는 대개 백성들을 먹여 살리는 정사를 우선으로 삼아, 부유하고 번성하게 할 방책을 힘써 숭상하였다. …… 선왕께서 옛 법제에 따라 조서를 내려 청부(靑蚨, 돈)를 주조하게 하였는데, 수년 만에 돈 꿰미 줄이 창고에 가득 찼고 두루두루 쓰기에 편하였다. 그리하여 대신들에게 명령을 내려 축하연을 베풀고 좋은 날을 택하여 통용시켰다. 이때부터 철전이 계속 유통되어 왔다. 과인이 분수 넘치게 왕위를 계승하고 삼가 부왕께서 남기신 뜻을 받들어 특히 화폐로 매매하는 밑천을 풍부하게 하고 이를 준엄히 행하는 제도를 엄격히 세웠다. …… 차(茶)나 술, 음식 등을 파는 각종 상점들에서 매매하는 데는 이전과 같이 돈을 쓰게 하고 그 외에 백성들이 자기네끼리 매매하는 데는 토산물을 마음대로 쓰도록 할 것이다.

– "고려사" –

분석

청부(돈), 주조, 철전, 화폐, 매매, 차·술·음식, 상점, 토산물

고려 정부는 화폐 사용을 장려하였으나 농민들은 자급자족 경제 체제에서 화폐의 필요성을 느끼지 않아 널리 이용되지 못하였다. 이에 화폐는 다점이나 주점에서만 주로 사용되고, 일상적인 거래에서는 여전히 베와 곡식을 교환 수단으로 사용하였다.

4 대외 무역의 발달 기출

(1) 무역항 : 예성강 하구의 벽란도가 국제 무역항으로 번성하였다.

(2) 송과의 무역

① 고려는 선진 문물을 수입하기 위해 송과의 교류에 주력하였다.

② 수입품 – 비단 · 약재 · 서적, 수출품 – 금 · 은 · 인삼 · 종이 · 먹 · 부채 · 나전 칠기 · 화문석

(3) 거란, 여진과의 무역 : 수입품 – 은 · 모피 · 말, 수출품 – 식량 · 농기구

(4) 일본과의 무역 : 수입품 – 수은 · 유황, 수출품 – 식량 · 인삼 · 서적

(5) 아라비아 상인과의 무역

① 팔관회가 열릴 때면 아라비아 상인들도 송을 거쳐 고려에 방문하기도 하였다.

② 아라비아 상인에 의해 '코리아(COREA)'라는 이름이 서방 세계에 알려졌다.

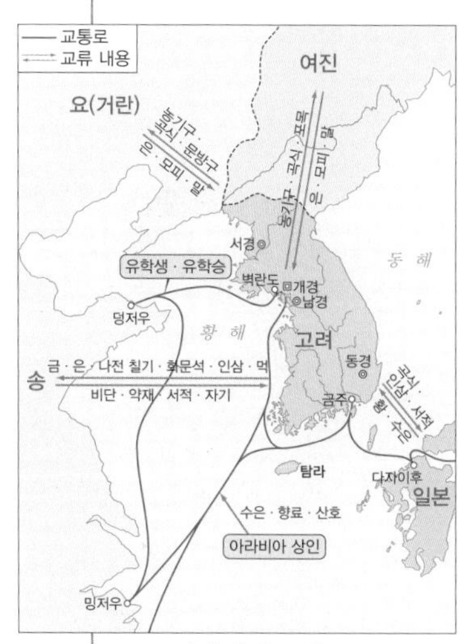

▲ 고려의 대외 무역

(6) 원 간섭기의 무역 활동

① 은이 지나치게 유출되어 사회 문제를 야기하였다.

② 원과의 활발한 교류로 '색목인'으로 불렸던 서역의 외국인들도 고려에 들어왔다.

기출 및 예상 문제

01 토지 제도와 수취 체제의 정비

[1] 시정 전시과는 경종 때 정비되었다. O | X

[2] 경정 전시과에서는 현직 관료만을 대상으로 토지가 지급되었다. O | X

[3] 6품 이하 하급 관리의 자제로서 아직 관직에 진출하지 못한 사람에게는 한인전이 지급되었다. O | X

[4] 자손이 없는 하급 관리나 군인의 유가족에게 지급된 토지는 구분전이다. O | X

01 고려 시대의 토지 제도에 대한 설명으로 옳은 것은?

① 개정 전시과의 과등(科等, 등급)별 토지 지급 액수는 시정 전시과의 그것보다 많았다.
② 하급 관리와 군인의 유가족에게는 한인전을 지급하여 생활 대책을 마련해 주었다.
③ 민전은 매매, 상속, 증여가 가능한 사유지로서 양반은 물론 백정도 소유할 수 있었다.
④ 후삼국 통일 후 태조는 통일 과정에서 공을 세운 사람들에게 구분전이란 토지를 나누어 주었다.

02 (가)~(다) 전시과에 대한 설명으로 옳은 것을 〈보기〉에서 모두 고른 것은?

	등급	1	2	3	4	5	6	7	8	9	10	11	12	13	14	15	16	17	18
(가)	전지	110	105	100	95	90	85	80	75	70	65	60	55	50	45	42	39	36	33
	시지	110	105	100	95	90	85	80	75	70	65	60	55	50	45	40	35	30	25
(나)	전지	100	95	90	85	80	75	70	65	60	55	50	45	40	35	30	27	23	20
	시지	70	65	60	55	50	45	40	35	33	30	25	22	20	15	10			
(다)	전지	100	90	85	80	75	70	65	60	55	50	45	40	35	30	25	22	20	17
	시지	50	45	40	35	30	27	24	21	18	15	12	10	8	5				

〈보 기〉

ㄱ. (가) – 관품과 함께 인품도 고려되었다.
ㄴ. (나) – 한외과가 소멸되었다.
ㄷ. (다) – 현직 관료에게만 지급되었다.
ㄹ. (가)~(다) – 경기 8현에 한하여 지급되었다.

① ㄱ, ㄴ ② ㄱ, ㄷ
③ ㄴ, ㄷ ④ ㄷ, ㄹ

2016년 국가 9급

03 전시과 제도의 변천 과정을 나타낸 것이다. (가) 제도에 대한 〈보기〉의 설명으로 옳은 것만을 모두 고른 것은?

시정 전시과 (경종 1년, 976)	→	개정 전시과 (목종 1년, 998)	→	(가) (문종 30년,1076)

〈보 기〉

ㄱ. 4색 공복을 기준으로 등급을 나누었다.
ㄴ. 산직(散職)이 전시의 지급 대상에서 배제되었다.
ㄷ. 등급별 전시의 지급 액수가 전보다 감소하였다.
ㄹ. 무반과 일반 군인에 대한 대우가 전반적으로 향상되었다.

① ㄱ, ㄴ ② ㄷ, ㄹ
③ ㄱ, ㄴ, ㄷ ④ ㄴ, ㄷ, ㄹ

04 다음은 고려 시대의 토지 제도들이다. 이에 대한 설명으로 옳은 것은?

• (가) 역분전
• (나) 개정 전시과
• (다) 경정 전시과
• (라) 시정 전시과

① (가)에 이르러 고려의 토지 제도가 완성되었다.
② (나)는 전·현직 관리에게 토지를 지급한 것이다.
③ (다)는 관직의 고하와 함께 인품을 고려한 것이다.
④ (라)는 목종 원년에 제정되었다.

05 고려 시대 토지 제도에 대한 설명이다. ㉠, ㉡에 들어갈 말을 바르게 연결한 것은?

> 5품 이상 관리의 자손이 공음전시를 받을 수 있었던 것에 대응하여 6품 이하 관리의 자손에게는 (㉠)을 지급하였다. 그리고 자손이 없는 하급관리와 군인 유가족에게는 (㉡)을 지급하여 생활 대책을 마련해 주었다.

	㉠	㉡		㉠	㉡
①	휼양전	한인전	②	군인전	수신전
③	구분전	한인전	④	한인전	구분전

02 다양한 산업의 발달

[1] 고려 시대에는 시비법이 발달하면서 점차 휴경지가 줄어들었다. O | X

[2] 고려 시대에는 화폐가 널리 유통되었다. O | X

[3] 고려 시대 최대 무역항은 예성강 하구의 울산항이다. O | X

06 고려 시대 농업에 대한 설명으로 옳지 않은 것은?

① 고려 전기에는 농민의 생활 안정을 위한 권농 정책을 추진하였다.
② 소를 이용한 깊이갈이가 일반화 되었다.
③ 시비법이 발달하여 휴경지가 줄어들었다.
④ 고려 말 원의 농법을 소개한 농사직설이 보급되었다.

2015년 소방

07 다음 중 고려 시대 농업과 상업에 대한 설명으로 옳은 것은?

① 전국적으로 모내기법이 활성화되었다.
② 경시서를 설치하여 물가를 조절하였다.
③ 강화도 간척 사업이 활발하게 진행되었다.
④ 밭농사에서는 농종법에서 견종법으로 바뀌었다.

08 고려 시대의 경제 활동에 대한 설명으로 옳지 않은 것은?

① 귀족들이 화폐 사용을 적극적으로 주장하여 화폐가 전국적으로 유통되었다.
② 고려 전기에 수공업의 중심을 이룬 것은 관청 수공업과 소(所) 수공업이었다.
③ 고려 후기에는 국가가 재정 수입을 늘리기 위하여 소금 전매제를 시행하기도 하였다.
④ 농민이 진전(陣田)이나 황무지를 개간하면 국가에서 일정 기간 소작료나 조세를 감면해 주었다.

09 다음과 같은 정책이 시행되었던 시대의 경제 상황에 대한 설명으로 옳은 것은?

> • 해동통보를 비롯한 돈 15,000관을 주조하여 관리들에게 나누어 주었다.
> • 은 한 근으로 우리나라 지형을 본뜬 은병을 만들어 통용시켰는데, 민간에서는 이를 활구(濶口)라 불렀다.

① 공인이 상업 활동을 주도하였다.
② 시전 상인의 금난전권을 제한하였다.
③ 대도시에 주점, 다점 등의 관영 상점을 두었다.
④ 시장을 감독하는 관청으로 동시전을 설치하였다.

10 고려 시대 대외 무역의 발전과 함께 국제 무역항으로 번성했던 항구는?

① 합포　② 벽란도
③ 당항성　④ 울산항

고려의 신분 제도와 생활 모습

출제 빈도 상 중 하

꼭 기억해야 할 연표

986 의창 설치
993 상평창 설치
1198 만적의 난

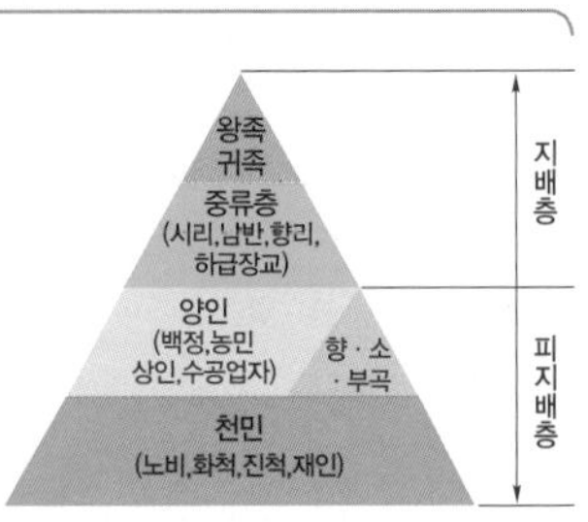

▲ 고려의 신분 구조

● 향리

향리는 호장과 부호장을 비롯한 여러 단계의 직위로 구분되었다. 호족 출신인 상층 향리는 지방의 실질적인 지배층으로 과거를 통해 중앙 관리가 되기도 했는데, 특히 무신 집권기 이후 활발히 중앙으로 진출하였다.

1 고려의 신분 제도

1 귀족(지배층)

(1) 구성 : 고려 지배층의 중심은 귀족이었고, 왕족과 고위 관료들이 주류를 이루었다.

(2) 지배층의 변천 기출

문벌 귀족	• 왕족을 비롯하여 5품 이상의 고위 관료들이 주류를 형성하였다. • 음서나 공음전의 혜택을 받는 특권층이었다.
무신 집권기의 무신 세력	무신 정변 이후 종래 문벌 귀족이 도태되면서 새롭게 무신들이 권력을 잡았다.
권문세족	• 전기부터 이어온 문벌 귀족, 무신 집권기에 진출한 일부 문신, 원 간섭 시기에 새롭게 등장한 세력이 권문세족을 형성하였다. • 음서를 통해 관직에 진출하였고, 고위 관직을 독점하며 도평의사사를 장악하였다.
신진 사대부	• 공민왕 때 과거를 통해 중앙 정계에 본격적으로 진출하였다. • 구질서의 여러 모순을 비판하고 사회 개혁을 추구하였다.

2 중류층

(1) 종류 : 중앙 관청의 실무를 담당하는 잡류, 지방 행정의 실무를 담당하는 향리, 궁중 실무를 담당하는 남반, 하급 장교인 군반 등이 대표적이다.

(2) 특징

① 직역을 세습하고 국가로부터 토지를 지급받았다.

② 중류층은 지배층에 속하였지만 귀족과 달리 높은 관직으로 진출하기는 어려웠다.

3 양민

(1) 백정 : 일반 주·부·군·현에 거주하며 농업과 상공업에 종사하는 사람들로 대다수는 백정으로 불렸던 농민이었다.

(2) 향·부곡·소의 거주민

① 신분상 양인이었으나 백정 농민에 비해 차별받았다.

② 더 많은 세금을 부담하고 국자감 입학과 과거 응시가 불가능하였으며, 거주 이전에도 제한을 받았다.

③ 향 · 부곡의 주민은 주로 농업에 종사하였으며, 소의 주민은 수공업에 종사하였다.

4 천민 기출

(1) 특징

① 천민의 대다수는 노비로 노비는 재산으로 간주되어 매매, 상속, 증여가 가능하였다.

② 부모 중 한 명이 노비이면 그 자녀도 노비가 되었으며(일천즉천), 소유권은 어머니 쪽 소유주에게 귀속되었다(천자수모법).

(2) 구분 : 노비는 국가 기관이 소유한 공노비와 개인이나 사원이 소유한 사노비로 구분된다.

구분	내용
공노비	• 입역 노비 : 관청에 소속되었고, 급료를 받았다. • 외거 노비 : 농사를 지어 얻은 수입 중 규정된 액수를 납부하였다.
사노비	솔거 노비(주인집 거주), 외거 노비(주인과 따로 거주)

▲ 송광사 노비 문서

● 외거 노비

외거 노비는 신분적으로는 주인에게 예속되어 있었으나, 경제적으로는 양인 백정과 비슷하게 독립된 경제생활을 영위할 수 있었다. 그러므로 외거 노비 가운데에는 신분의 제약을 딛고, 지위를 높이거나 재산을 늘린 사람도 있었다.

사료 돋보기 고려 시대 신분의 변동

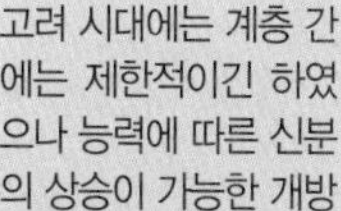

❶ 만적의 신분 해방 운동

신종 원년, 노비 만적 등 여섯 명이 북산에서 나무하다가 공노비와 사노비들을 불러 모의하였다. "나라에서 경인 · 계사년 이후로 고관이 천민과 노비에서 많이 나왔다. 장수와 재상이 어찌 씨가 따로 있으랴. 때가 오면 누구나 할 수 있다. 우리가 왜 육체를 괴롭히면서 채찍 밑에 곤욕을 당해야 하겠는가?" ……

– "고려사" –

❷ 노비의 신분 변동

평량은 평장사 김영관의 집안 노비로, 경기도 양주에 살면서 농사에 힘써 부유하게 되었다. 그는 권세가에게 뇌물을 바쳐 천민에서 벗어나 산원동정의 벼슬을 얻었다. 평량의 처는 소감 왕원지의 사노비인데, 왕원지는 집안이 가난하여 가족을 데리고 와서 의탁하고 있었다. 평량이 후하게 위로하여 서울로 돌아가기를 권하고는 길에서 몰래 처남과 함께 왕원지 부부와 아들을 죽였다. 그리고 그 주인이 없어졌음을 다행으로 여겼다.

– "고려사" –

분석

노비 만적, 고관, 장수와 재상, 씨, 평량, 권세가, 뇌물, 산원동정, 양민

▼

고려 시대에는 계층 간에는 제한적이긴 하였으나 능력에 따른 신분의 상승이 가능한 개방적인 사회였다.

❶ 무신 정변으로 신분 제도가 동요하면서 무신 집권기에는 하층민들의 신분 해방 운동이 자주 일어났다.

❷ 독립된 경제생활이 가능했던 외거 노비들은 재산을 모아 권세가에게 뇌물을 바친 뒤 관직을 얻어 천민 신분에서 벗어날 수 있었다.

2 고려인의 생활 모습

1 농민의 공동 조직 : 향도 기출

(1) 조직 : 불교 신앙 공동체 조직으로 매향 활동을 하며 불상, 범종, 석탑, 사찰 등을 만들 때 대규모의 노동력과 비용을 제공하였다.

(2) 변화 : 고려 후기에 이르러 향도는 마을의 공동 노역, 마을 제사 등 마을 공동체 생활을 주도하였다.

● 매향 활동

▲ 사천 흥사리 매향비

불교 신앙의 하나로, 위기에 닥쳤을 때를 대비하여 향나무를 바닷가에 묻었다가 이를 통하여 미륵을 만나 구원받고자 하는 염원을 담고 있다.

2 사회 시책과 사회 제도

(1) 목적 : 농민 생활 안정을 통해 국가의 지배 체제를 유지하고자 하였다.

(2) 권농 시책 : 농번기 잡역 금지, 재해 시 조세 면제, 고리대에 대한 법정 이자를 규정하였다.

(3) 사회 제도 기출

① 의창 : 빈민 구제를 위한 기구이다.
② 상평창 : 물가 조절 기구로 개경, 서경, 12목에 설치하였다.
③ 의료 기구 : 동 · 서 대비원(빈민 구제를 위한 병원), 혜민국(빈민 구제를 위한 약국), 구제도감(질병 치료) · 구급도감(재난 구호) 등을 설치하였다.
④ 제위보 : 빈민 구제를 목적으로 한 기금이다.

3 법률과 풍속

(1) 법률

① 당의 법률을 참조하여 71개조가 형벌에 적용되었으며, 일상생활과 관련된 것은 관습법을 따랐다.
② 형벌에는 태, 장, 도, 유, 사형이 시행되었으며, 지배 계급에게는 귀향형이 적용되기도 하였다.
③ 반역죄나 불효죄는 중죄로 다스렸으며, 사형의 경우 판결의 공정성을 위해 3심제가 운영되었다.

(2) 상 · 장 · 제례 : 토착 신앙과 결합된 불교나 도교 의식에 따랐다. 유교적 규범을 시행하려는 정부의 노력이 있었지만 효과가 거의 없었다.

(3) 명절 : 명절에는 정월 초하루, 삼짇날(음력 3월 3일), 단오, 추석 등이 있었다.

● 형벌의 종류

- 태형 : 볼기를 치는 매질
- 장형 : 곤장형
- 도형 : 징역형
- 유형 : 유배형
- 사형 : 목숨을 끊는 형벌

● 귀향형

지배 계급이 죄를 지었을 때 자신의 본관지(본향)로 돌아가게 한 형벌이었다. 이것은 거주지 제한과 더불어 중앙의 특권적 신분층으로부터 분리시킨다는 의미가 있었다.

4 여성의 지위와 가족 제도

(1) 혼인 : 여자는 18세, 남자는 20세 전후에 혼인하였으며, 일부일처제가 일반적이었다.

(2) 여성의 지위 기출

① 재산은 자녀 모두 똑같이 상속받았으며, 남편이 죽으면 재산의 분배권을 아내가 행사하였다.

② 연령순으로 호적에 기재하였으며, 여성도 호주가 될 수 있었다.

③ 아들과 딸이 돌아가며 제사를 받들었다.

④ 사위가 처가의 호적에 입적하거나, 처가살이 하는 경우도 많았다.

⑤ 사위와 외손자에게도 음서의 혜택이 주어졌다.

⑥ 여성의 재가가 비교적 자유로웠으며, 자식의 사회적 진출에도 차별받지 않았다.

사료 돋보기 **고려 시대 여성의 지위**

박유가 왕(충렬왕)에게 글을 올려 말하기를 "…… 우리나라는 남자는 적고 여자가 많은데 지금 신분의 높고 낮음을 막론하고 처를 하나 두는 데 그치고 있으며, 아들이 없는 자들까지도 감히 첩을 두려고 생각하지 않고 있습니다. …… 그러므로 청컨대 여러 신하, 관료들로 하여금 여러 처를 두게 하되 품위에 따라 그 수를 점차 줄이도록 하여 보통 사람에 이르러서는 1인 1첩을 둘 수 있도록 하며 여러 처에서 낳은 아들들도 역시 본처가 낳은 아들처럼 벼슬을 할 수 있게 하기를 원합니다. 이렇게 한다면 나라 안에 원한을 품고 있는 남자와 여자들이 없어지고 인구도 늘게 될 것입니다."라고 하였다. 부녀자들이 이 소식을 듣고 원망하고 두려워하지 않는 자가 없었다. 때마침 연등회 날 저녁 박유가 왕의 행차를 호위하여 따라갔는데 어떤 노파가 그를 손가락질하면서 "첩을 두자고 요청한 자가 저 놈의 늙은이이다."라고 하니, 듣는 사람들이 서로 전하여 가리키니 거리마다 여자들이 무더기로 손가락질하였다. 당시 재상들 가운데 그 부인을 무서워하는 자들이 있었기 때문에 그 건의를 정지하고 결국 실행되지 못하였다.

– "고려사" –

분석

박유는 첩을 두어 원한을 품고 있는 남자와 여자들이 없어지고 인구를 늘리도록 하자고 주장하였으나 당시 재상들이 무서워하는 노파가 그를 비난하자 결국 실행되지 못하였다. 즉, 일부다처제의 실시가 여성들의 반대에 부딪혀 실시되지 못하였다. 이는 고려 시대의 여성들이 가족 제도나 일상생활에서 남성과 거의 동등한 위치에 있음을 보여 주고 있다.

핵심만 정리하자

▶ 고려인의 생활 모습

사회 제도	농민 조직	여성의 지위
• 의창 : 빈민 구제 기구 • 상평창 : 물가 조절 기구 • 동 · 서 대비원 : 빈민 구제를 위한 의료 기관 • 혜민국 : 빈민 구제를 위한 약국 • 제위보 : 빈민 구제 기금	[향도] 불교 신앙 공동체 조직, 매향 활동 ↓ 마을 공동체 조직으로 변화, 마을의 공동 노역 · 마을 제사 등 주도	• 남녀 균분 상속 • 연령순 호적 기재 • 아들과 딸의 제사 봉행 • 사위와 외손자에게 음서 혜택 • 여성의 자유로운 재가 허용, 자식의 사회적 진출 제약 없음

기출 및 예상 문제

01 고려의 신분 제도

[1] 문벌 귀족들은 5품 이상의 고위 관료들이 주류를 형성하였고, 음서나 공음전의 혜택을 받는 특권층이었다. O | X

[2] 권문세족들은 첨의부의 재신이나 밀직사의 추신이 되어 도평의사사에게 합좌하였다. O | X

[3] 고려 시대에 백정, 상인, 수공업자는 평민에 속하였고, 중류층에는 서리, 남반, 향리 등이 속하였다. O | X

[4] 부모 가운데 한쪽이 노비이면 그 자식은 양민이 되게 하였다. O | X

[5] 향 · 부곡 · 소 거주민은 군현의 주민에 비해 세금을 적게 부담하였고, 거주 이전의 자유가 있었다. O | X

01 다음 자료에 나타나고 있는 지배층에 대한 설명으로 옳은 것은?

> 이제부터 종친의 경우에는 마땅히 여러 대를 내려오면서 재상을 지낸 집안의 딸을 취하여 부인을 삼을 것이며, 재상의 아들은 종실의 딸과 혼인함을 허락한다. 그러나 만일 그 집안이 한미하다면 반드시 그렇게 할 필요는 없다. …… 철원 최씨, 해주 최씨, 공암 허씨, 평강 채씨, 청주 이씨, 당성 홍씨, 황려 민씨, 횡천 조씨, 파평 윤씨, 평양 조씨는 다 여러 대의 공신이요 재상의 친족으로서 대대로 혼인할 만하다.
>
> – "고려사" –

① 5품 이상의 고위 관료들이 주류를 형성하였고 음서나 공음전의 혜택을 받는 특권층이었다.
② 교정도감이라는 독자적인 정치 기구를 만들고 막대한 사병을 조직하여 무력 기반으로 삼았다.
③ 첨의부의 재신이나 밀직사의 추신이 되어 도평의사사에서 합좌하여 국정을 보았다.
④ 가문이 한미하고 지방의 향리 출신이 많았으며 과거를 통하여 중앙의 관리로 진출하였다.

02 다음 중 신진 사대부에 대한 설명으로 옳지 <u>않은</u> 것은?

① 대부분 신분적으로는 향리, 경제적으로는 중소 지주 출신이었다.
② 신진 사대부는 음서제를 통하여 주로 관직에 진출하였다.
③ 통일 신라 말기에 활동한 호족처럼 개혁적 성향을 가지고 있었다.
④ 사상적으로는 원으로부터 전래된 성리학을 이념적 기반으로 하였다.

03 다음은 고려 시대 지배 세력의 변천을 나타낸 것이다. (나)에 들어갈 세력이 사회를 주도할 당시의 사실로 옳은 것은?

	(가)	(나)	(다)	(라)	
	호족		무신	권문세족	

① 선종을 중심으로 선종과 교종이 통합되었다.
② 원 문화의 영향을 받아 경천사지 10층 석탑이 만들어졌다.
③ 최충의 9재 학당을 비롯한 사학 12도가 융성하고 관학이 위축되었다.
④ 도평의사사가 최고 통치 기구의 역할을 하여 귀족 연합적인 정치가 행해졌다.

04 다음 (가)~(라)는 고려 시대 각 시기의 정치 지배 세력들이다. 이들에 대한 설명으로 옳은 것은?

> (가) 과거와 음서를 통하여 관직을 독점하였으며, 왕실과 혼인 관계를 맺어 정권을 장악하였다.
> (나) 이 세력의 집권 이후 농민, 천민의 신분 해방 운동이 증가하였다.
> (다) 중앙 정부의 통제를 벗어난 반독립적 세력으로 고려 초 사회 변동을 주도한 정치 세력이었다.
> (라) 성리학을 학문적 기반으로 삼았으며, 역성혁명을 통한 새 왕조 건설의 주체가 되었다.

① (가)와 (라)는 정치적으로 대립 관계에 있었다.
② (나)는 신흥 무인 세력과 결탁하여 정권을 유지하였다.
③ (가)의 집권으로 (다) 중심의 지배 질서를 약화시켰다.
④ (라)는 왕권을 뒷받침하고 (나)를 저지하였다.

05 고려 시대 중류층에 대한 설명으로 옳지 <u>않은</u> 것은?

① 남반은 궁중 실무를 담당하였다.
② 하급 장교들도 중류층에 포함되는 것으로 분류되고 있다.
③ 서리는 중앙의 각 관청에서 실무에 종사하였다.
④ 향리는 양반으로 신분을 상승시킬 수 있는 길이 없었다.

06 고려 시대 노비에 대한 설명으로 옳지 <u>않은</u> 것은?

① 노비는 자신의 재산을 소유할 수도 있었다.
② 노비는 매매 · 증여 · 상속의 대상이 되었고, 승려가 될 수 없었다.
③ 소유주가 각기 다른 노와 비가 혼인하더라도 가정을 이루는 것이 가능하였다.
④ 모든 노비는 독립된 경제생활을 영위하였다.

07 고려의 신분 변동에 대한 설명으로 옳지 <u>않은</u> 것은?

① 향 · 부곡 · 소가 점차 일반 군현으로 승격하여 그 주민들이 양인으로 승격되었다.
② 노비들이 납속을 하여 양인 신분을 취득하였다.
③ 향리 출신들이 과거를 통하여 문반 관리로 진출하였다.
④ 군인이 무반으로 출세하는 경우가 있었다.

2013년 국가 9급

08 밑줄 친 '평량'과 '평량의 처'에 대한 설명으로 옳은 것을 〈보기〉에서 골라 바르게 짝지은 것은?

> <u>평량</u>은 평장사 김영관의 사노비로 경기도 양주에 살면서 농사에 힘써 부유하게 되었다.
> <u>평량의 처</u>는 소감 왕원지의 사노비인데, 왕원지는 집안이 가난하여 가족을 데리고 와서 의탁하고 있었다. 평량이 후하게 위로하여 서울로 돌아가기를 권하고는 길에서 몰래 처남과 함께 왕원지 부부와 아들을 죽이고, 스스로 그 주인이 없어졌음을 다행으로 여겼다.
> – "고려사" 중에서 –

〈보 기〉

ㄱ. 평량은 자신의 토지를 소유할 수 있었다.
ㄴ. 평량은 주인집에 살면서 잡일을 돌보았다.
ㄷ. 평량의 처는 국가에 일정량의 신공을 바쳤다.
ㄹ. 평량의 처는 매매 · 증여 · 상속의 대상이 되었다.

① ㄱ, ㄴ ② ㄱ, ㄹ
③ ㄴ, ㄷ ④ ㄷ, ㄹ

2015년 국가 9급

09 고려 사회의 모습으로 옳지 않은 것은?

① 천민 출신인 이의민이 무신 정권의 최고 권력자가 되었다.
② 외거 노비가 재산을 늘려, 그 처지가 양인과 유사해질 수 있었다.
③ 지방 향리의 자제가 과거(科擧)를 통해 귀족의 대열에 진입할 수 있었다.
④ 향 · 부곡 · 소의 백성도 일반 군현의 주민과 동일한 수준의 조세 · 공납 · 역을 부담하였다.

02 고려인의 생활 모습

[1] 전국 군현 모두에는 상평창이 설치되어, 물가 안정을 도모하였다. O | X

[2] 전국 각 주(州)에 춘궁기에 곡식을 빌려주고, 추수한 후에 갚게 하는 의창을 설치하였다. O | X

[3] 향도는 불교 신앙 공동체에서 시작되었다. O | X

[4] 고려 시대에는 재산을 자녀에게 고르게 상속하였으며, 자녀들이 돌아가며 부모의 제사를 지냈다. O | X

2014년 국가 9급

10 고려의 형률 제도에 대한 설명으로 옳은 것은?

① 주로 당나라의 것을 끌어다 썼으며, 때에 따라 고려의 실정에 맞는 율문도 만들었다.
② 행정과 사법이 명확하게 분리 · 독립되어 있었다.
③ 실형주의(實刑主義)보다는 배상제(賠償制)를 우위에 두고 있었다.
④ 기본적으로 태형(笞刑), 장형(杖刑), 도형(徒刑), 유형(流刑)의 4형 체계를 가지고 있었다.

11 다음의 (가)에 해당하는 조직에 대한 설명으로 옳은 것을 〈보기〉에서 모두 고른 것은?

> "미수기언"에 이르기를 "삼척에 매향안(埋香岸)이 있는데, '충선왕 2년(1310)에 향나무 2백 50그루를 묻었다.'고 하였다. …… 여기에서 ((가))라는 이름이 시작되었는데, 후에 이들이 상여를 메었다."고 하였다. …… 이들이 모일 때 승려와 속인이 마구 섞여 무리를 이루었다고 하니 ((가))의 시초는 불교로부터 이루어진 것이다.
>
> – "성호사설" –

〈보 기〉

ㄱ. 이들은 수선사 결사 운동을 전개하였다.
ㄴ. 향촌의 풍속 교화를 위해 향안을 작성하였다.
ㄷ. 불상, 석탑 건립과 같은 불사(佛事)에 주도적으로 참여하였다.
ㄹ. 향음주례를 주관하여 결속을 강화하였다.
ㅁ. 이 조직에서 상여를 메는 사람인 상두꾼이 유래하였다.

① ㄱ, ㄷ　　② ㄴ, ㄹ
③ ㄷ, ㄹ　　④ ㄷ, ㅁ

2015년 국가 9급

12 고려의 농민을 위한 정책으로 옳지 않은 것은?

① 농민 자제의 과거를 위한 기금으로 광학보를 설치하였다.
② 개간지는 일정 기간 면세하여 줌으로써 농민의 부담을 경감해 주었다.
③ 재해를 당했을 때에는 세금을 감면해 농민 생활의 안정을 꾀하였다.
④ 농번기에는 잡역 동원을 금지하여 농사에 지장을 주지 않으려 하였다.

2014년 서울 9급

13 다음 자료에 나타난 시기의 가족 제도의 특징으로 옳은 것을 〈보기〉에서 모두 고른 것은?

> 지금은 남자가 장가들면 여자 집에 거주하여, 남자가 필요로 하는 것은 모두 처가에서 해결하고 있습니다. 그리하여 장인과 장모의 은혜가 부모의 은혜와 똑같습니다. 아아, 장인께서 저를 두루 보살펴 주셨는데 돌아가셨으니, 저는 장차 누구를 의지해야 합니까.
>
> – "동국이상국집" –

〈보 기〉

ㄱ. 제사는 불교식으로 자녀들이 돌아가면서 지냈다.
ㄴ. 부계 위주의 족보를 편찬하면서 동성 마을을 이루어 나갔다.
ㄷ. 태어난 차례대로 호적에 기재하여 남녀 차별을 하지 않았다.
ㄹ. 아들이 없을 때에는 양자를 들이지 않고 딸이 제사를 지냈다.

① ㄱ, ㄴ　② ㄴ, ㄷ
③ ㄷ, ㄹ　④ ㄱ, ㄷ, ㄹ

14 고려 시대 혼인과 여성의 사회 지위에 대한 설명으로 옳은 것은?

① 아들만이 조상에 대한 제사를 모셨다.
② 상복 제도에서 친가와 외가의 차이가 크지 않았다.
③ 재가 여성의 자식은 과거 응시에 큰 제한을 받았다.
④ 아들이 없는 집안은 양자를 들이는 것이 보통이었다.

15 고려 시대의 사회상에 대한 설명으로 옳지 않은 것은?

① 여성의 재가는 비교적 자유롭게 이루어졌으나, 그 소생 자식의 사회적 진출에는 차별을 두었다.
② 부모의 유산은 대체로 자녀에게 골고루 분배되었으며, 사위나 외손자에게도 음서의 혜택이 있었다.
③ 아들이 없을 때에는 양자를 들이지 않고 딸이 제사를 지냈다.
④ 공을 세운 사람의 부모는 물론, 장인과 장모도 함께 상을 받았다.

〔Ⅱ 고려 귀족 사회의 형성과 변천〕

고려의 다양한 사상과 귀족 문화의 발달

출제 빈도 상 중 하

꼭 기억해야 할 연표

- 1145 "삼국사기" 편찬
- 1236 팔만대장경 조판
- 1285 "삼국유사" 편찬
- 1377 "직지심체요절" 편찬

● 7재
- 유학재 : 경덕재, 구인재, 대빙재, 복응재, 양정재, 여택재 등 6재
- 무학재 : 강예재

● 양현고
일종의 장학 재단으로서 관학의 경제적 기반을 강화하려고 설치하였다.

● 섬학전
안향의 제안으로 설치된 섬학전은 양현고의 부실을 보충하기 위한 교육 재단이었다.

● 경사교수도감
한 가지 이상의 경이나 사서에 능통한 사람들로 하여금 국자(國子)를 교육하게 하는 교서를 내리고 경사교수를 선발하였다.

1 유학의 발달과 역사서의 편찬

1 교육 기관

중앙	국자감(국학)	• 설립 목적 : 관리 양성과 유학 교육(국립 대학) • 교육 과정 – 유학부 : 국자학, 태학, 사문학(문무관 7품 이상 관리의 자제 입학) – 기술학부 : 율학, 서학, 산학(8품 이하 관리, 평민 자제 입학)
지방	향교	• 중등 교육 기관에 해당 • 관리와 서민 자제 교육

▲ 고려의 교육 기관

(1) 국자감(국립대학) 기출

① 유학 교육과 기술학 교육(율학, 서학, 산학)이 이루어졌다.

② 국자감의 유학 교육은 7품 이상 관리의 자제를 대상으로 하였다.

③ 기술학부(율학, 서학, 산학)는 8품 이하 관리의 자제 및 평민도 입학이 가능하였다.

(2) 사학의 발달 : 최충의 9재 학당(문헌공도)를 비롯한 사학 12도가 인기를 끌었다.

심화 플러스 4학 12도

명칭	설립자	명칭	설립자	명칭	설립자
문헌공도	최충	홍문공도	웅천도, 정배걸	광헌공도	노단
남산도	김상빈	정경공도	황영	서원도	김무체
문충공도	은정	양신공도	김의진	충평공도	유감
정헌공도	문정	서시공도	서석	귀산도	설립자 미상

(3) 관학 진흥책 기출

숙종	국자감에 서적포 설치
예종	7재의 전문 강좌 설치, 양현고 설치, 청연각과 보문각 설치
인종	경사 6학 정비, 향교를 중심으로 지방 교육 강화
충렬왕	섬학전 설치, 국학에 대성전 신축, 경사교수도감
공민왕	성균관을 순수 유학 교육 기관으로 개편

2 주요 역사서 기출

초기	7대 실록(편년체) → 현재 전해지지 않음.	
중기	"삼국사기"(인종, 김부식) : "구삼국사"를 토대로 서술되었다. → 기전체, 신라 계승 의식, 현존하는 가장 오래된 역사서	유교적 합리주의적 사관
후기	• "동명왕편"(이규보) : 동명왕의 업적을 칭송한 영웅 서사시로 고구려 계승 의식을 반영하였다. • "해동고승전"(각훈) : 우리나라 고승에 관한 전기가 수록되었다. • "삼국유사"(일연) : 신이하고 기이한 불교적 내용과 민간 설화가 수록되었다. 또한 단군 신화와 향가 14수가 실려 있다. • "제왕운기"(이승휴) : 발해를 우리 민족의 역사로 인식하였으며, 단군 신화가 수록되어 있다.	자주적 사관
말기	"사략"(이제현)	정통과 대의명분을 강조하는 성리학적 사관

● 기전체

역사 서술 방식의 하나로, 우리나라와 중국의 역대 왕조에서 정사(正史)를 편찬할 때 사용하였다. 본기(황제), 세가(제후), 열전(인물), 지(관등, 수취 제도 등), 표(연표) 등으로 구성된다.

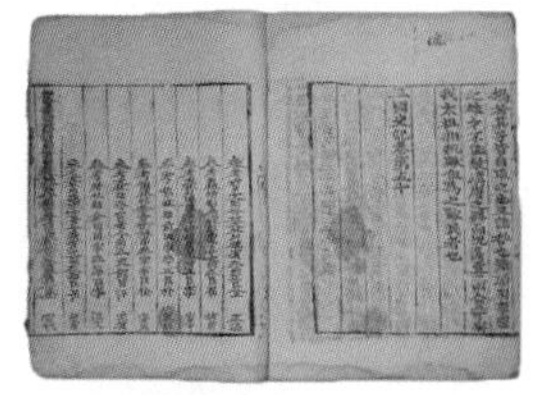

▲ "삼국사기"

▲ "삼국유사"

사료 돋보기 "삼국사기"와 "삼국유사"

❶ 성상 전하께서 …… "또한 그에 관한 옛 기록은 표현이 거칠고 졸렬하며, 사건의 기록이 빠진 것이 있으므로, 이로써 군주와 왕비의 착하고 악함, 신하의 충성됨과 사특함, 나랏일의 안전함과 위태로움, 백성의 다스려짐과 어지러움을 모두 펴서 드러내어 권하거나 징계할 수 없다. 그러므로 마땅히 재능과 학문과 식견을 겸비한 인재를 찾아 권위 있는 역사서를 완성하여 만대에 전하여 빛내기를 해와 별처럼 하고자 한다."라고 하였습니다.

– "삼국사기" –

❷ 대저 옛 성인들은 예(禮)와 악(樂)으로써 나라를 흥륭하고 인의로 가르쳤으며, 괴상한 힘이나 난잡한 귀신을 말하지 아니하였다. 그러나 제왕들이 일어날 때는 …… 반드시 보통 사람보다 다른 것이 있은 뒤에 큰 변란이 있는 기회를 타서 대기(大機)를 잡고 대업(大業)을 이루는 것이다. …… 삼국의 시조들이 모두 신기한 일로 태어났음이 어찌 괴이하겠는가. 이것이 신이(神異)로써 다른 편보다 먼저 놓는 까닭이다.

– "삼국유사" –

분석

❶ "삼국사기"는 1145년(인종) 김부식 등이 왕명을 받아 편찬한 역사서이다. 신라 계승 의식을 중심으로 삼국 시대의 역사를 정리하고, 유교적 합리주의 사관에 입각하여 삼국 시대의 불교와 원시 신앙 등을 비판적으로 서술하였다.

❷ "삼국유사"는 충렬왕 때 일연이 쓴 사찬 사서이다. "삼국사기"에는 없는 각종 신화 및 설화, 불교 관련 내용과 함께 단군 신화가 수록되었다는 점에서 주목된다.

심화 플러스 "삼국사기"와 "삼국유사"

1. "삼국사기" : 우리나라 현존 최고(最古)의 역사서이며, 대표적인 정사(正史)이다.

① 개관

인종 때 문하시중 김부식(신라 후예인 경주 김씨)이 왕명으로 "구삼국사"("구삼국사기"), "고기", "화랑세기" 등 우리나라 역사서와 중국 역사서를 두루 참고해 만든 삼국 시대 관찬 역사서이다. 당시는 묘청의 난(1135)으로 서경파가 제거되고 개경파 문벌 귀족이 지배하던 시기로 "삼국사기"(1145)는 당시 지배 계급의 역사의식을 반영하고 있다. 즉, 유교적 합리주의 사관에 기초하고 있는 것이다.

② **구성**

본기(1~28권), 연표(29~31권), 지(32~40권), 열전(41~50권)으로 구성되었다. 본기에는 삼국 왕실 역사가 균형 있게 기록되어 있으나(1~12권은 신라 본기, 13~22권은 고구려 본기, 23~28권은 백제 본기) 연표, 지, 열전은 신라사에 편향되어 있다.

③ **"삼국사기"에 대한 비판**

내용상 보수적, 유교적, 사대적, 신라 중심적, 개경 중심적으로 편향되어 있는 면이 자주 보인다. 또한 고조선, 부여, 발해 등의 존재를 알면서도 생략하고 삼국 시대에 한정하여 서술하고 있으며, 신화, 설화, 불교, 도교, 풍수지리 사상 관련 사항을 소략하거나 생략하였다. 이는 안정복 등 실학자와 신채호 등 민족주의 사학자들도 비판한 부분이다.

2. "삼국유사"(충렬왕 7~9년, 1281~1283년 저술)

① **시대적 배경**

일연은 경상도 지역에서 활동한 선종 승려이다. "삼국유사"는 충렬왕 때 저술된 것으로 추정되는데, 당시는 원 간섭 초기로 자주적 사관이 고양되던 시기였다.

② **개관 및 특징**

㉠ "삼국유사"는 사찬 역사서이며, 설화를 중심으로 편집한 기사본말체적 야사(野史)집이다.

㉡ "삼국유사"는 문벌 귀족이 가졌던 유교적 합리주의 사관에서 탈피하여, 한국 고대사를 자주적 사관에서 서술하였다. 따라서 "삼국사기"에는 없는 각종 신화 및 설화, 토속 신앙과 불교 사상사 등 고기(古記)의 기록을 원형대로 수록하고 있으며, 기층민의 생활상도 일정 부분 반영되어 있다. 그리고 이차돈의 순교 시 흰 피, 김대성이 재상가에 환생한 것 등 비합리적이고 신이(神異)한 기록들이 가득하다.

㉢ 서술 범위 : 역사 서술 범위도 삼국에 한정하지 않고 단군 조선에서 후삼국 시대까지를 대상으로 하고 있다. 특히 고조선을 국가 기원으로, 단군을 민족 시조로 상정해 삼국의 분립 의식을 불식시키는 인식의 틀을 제공하였다. 또한 단군 신화와 향가 14수가 수록되어 있다는 점에서 역사적 의의가 크다.

③ **한계**

발해를 우리 민족사로 인식하지 못하였음은 대표적 한계점으로 지적된다.

● 기사본말체

역사 서술 방식의 하나로 연대나 인물이 아닌 사건을 처음부터 끝까지 연차순으로 모아 일관성 있게 기술한다.

2 불교, 도교, 풍수지리설의 발달

1 불교의 발달

(1) 숭불 정책과 종파적 분열

① 태조 : 불교를 중시하면서 개경 주변에 여러 사찰을 세웠으며, 훈요 10조에서 연등회와 팔관회를 중시하라고 당부하였다.

② 광종 : 승과를 실시하였고, 신망이 높은 승려를 국사와 왕사로 삼았다.

③ 고려의 중앙 집권 체제가 정비되면서 화엄종, 법상종 등 왕실과 귀족의 지원을 받은 교종이 융성하였다.

④ 불교계에서 '외형적 발전'과 '형식'에 얽매이는 경향이 두드러지고, 각 종파의 분열이 나타났다.

(2) 의천의 해동 천태종 기출

① 의천은 문종의 아들이며, 송에서 화엄학과 천태학을 공부하고 돌아왔다.

② 해동 천태종 개창(중심 사찰 – 국청사) : 화엄종을 중심으로 교종을 통합한 후 선종을 통합하였다.

③ 통합 원리 : 원효의 화쟁 사상을 중시하였고, 교관겸수를 강조하였다.

④ 분열 : 의천이 죽은 뒤 교단은 다시 분열되었고, 특히 문벌 귀족과 결탁된 교종 종파를 중심으로 각종 폐단이 나타났다.

사료 돋보기 | 교관겸수

교를 배우는 사람은 내(內)를 버리고 외(外)를 구하려는 경향이 강한 반면에 선을 익히는 사람들은 인연 이론을 잊어버리고 내조만 좋아하니, 이 모두가 편비된 것이다. 가만히 생각하면 성인이 가르침을 편 목적은 행을 일으키려는 데 있는 것이므로 입으로만이 아니라 몸으로 행동하게 하려는 것이다. 그러므로 양자를 고루 갖추어 안팎으로 모두 조화를 이루어야 한다.

분석

교관겸수는 교와 관을 같이 수행해야 한다는 의미이다. 교는 불교의 이론적인 교리 체계로 교종이 중시하였고, 관은 실천적인 수행법으로 선종이 중시하였다.

(3) 신앙 결사 운동

① 지눌 기출

㉠ 좌선 등 심성의 도야를 강조하고, 지눌을 중심으로 수선사 결사 운동이 전개되었다.

㉡ 조계종 : 무신 정권이 후원하여 선종을 중심으로 교종을 융합하는 새로운 불교 이론을 정립하였다.

㉢ 돈오점수를 주장하면서 그 실천 수행 방법으로 정혜쌍수를 내세웠다.

사료 돋보기 | 지눌의 결사 운동

지금의 불교계를 보면 아침저녁으로 행하는 일들이 비록 부처의 법에 의지하였으나 자신을 내세우고 이익을 구하는 데 열중하며 세속의 일에 골몰한다. 도덕을 닦지 않고 옷과 밥만 허비하니 비록 출가하였다고 하나 무슨 덕이 있겠는가.

하루는 같이 공부하는 사람 10여 인과 약속하였다. 마땅히 명예와 이익을 버리고 산림에 은둔하여 같은 모임을 맺자. 항상 선을 익히고 지혜를 고르는 데 힘쓰고, 예불하고 경전을 읽으며 힘들여 일하는 것에 이르기까지 각자 맡은 바 임무에 따라 경영한다. 인연에 따라 성품을 수양하고 평생을 호방하게 고귀한 이들의 드높은 행동을 좇아 따른다면 어찌 통쾌하지 않겠는가.

– '권수정혜결사문' –

분석

선, 지혜, 예불, 경전, 일, 성품, 수양

▼

지눌은 당시 불교계의 타락을 비판하며, 승려 본연의 자세로 돌아가자는 수선사 결사 운동을 전개하였다.

● 의천

문종의 아들로 송에서 화엄학과 천태학을 공부하고 돌아와 해동 천태종을 개창하였다.

▲ 지눌

● 돈오점수

마음이 곧 부처임을 단번에 깨우치되(돈오), 깨달은 후에 꾸준히 수행(점수)해야 온전한 경지에 이를 수 있다고 주장하였다.

● 정혜쌍수

마음을 한 곳에 집중하는 선정(禪定)과 사물을 있는 그대로 판단하여 일체의 분열을 없애는 지혜를 함께 닦아야 한다는 주장이다.

핵심만 정리하자

▶ 천태종과 조계종

종파	천태종(의천)	조계종(지눌)
융성 시기	문벌 귀족 사회의 전성기	무신 집권기
중심 사찰	국청사	수선사(송광사)
주장	교관겸수, 지관 중시	돈오점수, 정혜쌍수
특징 · 성격	• 화엄 교종을 중심으로 선종 포섭 • 절충적 성격(정책적인 교단의 통합)	• 선종을 위주로 교종 융합 • 교리적 통합(교선 통합의 사상 체계 마련)

④ 혜심 : 유불 일치설을 주장하여 심성의 도야를 강조하였다. 그의 사상은 성리학 수용의 토대를 마련하였다.

⑤ 요세 : 천태종 계열의 백련사 결사를 결성하고 참회에 바탕을 둔 법화 신앙을 강조하였다.

(4) 대장경의 조판 기출

① 초조대장경

㉠ 부처의 힘으로 거란의 침략을 물리치기 위해 현종 때 조판하기 시작하여 선종 때 완성되었다.

㉡ 대구 부인사에 보관되었던 초조대장경은 몽골 침입 시기 소실되었고, 인쇄본의 일부만 현재 전한다.

② 교장(속장경)

㉠ 대각국사 의천이 초조대장경을 보완하기 위해 송, 요, 일본 등지에서 불경의 주석서를 수집하였다.

㉡ 교장도감을 설치하고, 목록인 "신편제종교장총록"을 작성하였다.

㉢ 몽골 침입 시기에 소실되었다.

● 대장경

대장경은 삼장(경장 · 율장 · 논장)과 불경의 주석서인 소, 초(경론의 중요한 부분을 뽑아놓은 것) 등 일체의 경전을 집대성한 것이다.

심화 플러스 목판 인쇄술과 대장경

불국사 3층 석탑(일명 석가탑)에서 발견된 '무구정광대다라니경'(현재까지 전해져 오는 가장 오래된 목판 인쇄물)에서 확인할 수 있듯이 통일 신라 시대 이후 우리나라 목판 인쇄 기술 수준은 매우 높았다. 이러한 전통은 고려 시대에 이르러 국가적인 대장경 간행, 유교 정치와 과거 제도에 의한 유학 서적 간행 등으로 더욱 발달하게 되었다. 특히 현종 때에는 거란(요)의 침입을 부처님의 힘을 통해 막기 위해서 '초조대장경'을 만들기 시작하여(1011), 선종 때 완성하였다(1087). 그 후 대각국사 의천은 흥왕사에 교장도감(대장경 조판을 총괄하는 기구)을 설치하여, 4,700여 권의 '교장(속장경)'을 숙종 때 완성하였다. 이 '교장(속장경)'의 목록을 "신편제종교장총록"이라 한다. 그러나 대구 부인사에 보관되었던 '초조대장경'과 '교장(속장경)'은 1232년 몽골 침입 때 소실되었고, 이에 고려에서는 몽골 침략기 수도였던 강화도에서 1236년 '재조대장경(팔만대장경)'의 조판 사업에 착수하여, 16년만인 1251년에 완성하였다.

'팔만대장경'은 목판 제작의 정교함, 글씨의 아름다움, 내용의 정확성 등에서 매우 높은 평가를 받고 있다. 이 때문에 2007년 해인사 장경판전과 함께 유네스코 세계 기록 유산에 등재되었다.

③ 재조대장경(팔만대장경) 기출

㉠ 몽골 침입 시기 초조대장경과 교장(속장경)이 불에 타자 강화도 피란 시절에 제작하였다.

㉡ 고종 때 대장도감을 설치하고 16년이 걸려 제작하였으며, 현재 경남 합천 해인사에 보관 중이다.

㉢ 총 8만 장이 넘는 판본으로 팔만대장경이라고 부른다.

2 도교와 풍수지리설의 발달

(1) 도교

① 도교 행사인 초제를 거행하였다.

② 도교와 민간 신앙 및 불교가 어우러진 행사인 팔관회가 열렸다.

③ 예종 때에는 도교 사원이 건립되었다.

④ 성격 : 불교적 요소와 도참사상, 민간 신앙 등을 흡수하였으나 일관된 교리를 세워 발전하지는 못하였다.

● 초제
국가의 안녕과 왕실의 번창을 기원하는 국가적인 도교 행사이다.

(2) 풍수지리설

① 신라 말에는 송악 길지설이 대두하여 고려의 건국과 후삼국의 통일을 뒷받침하였다.

② 서경 길지설은 북진 정책의 이론적 근거가 되었으며, 묘청의 서경 천도 운동에도 이용되었다.

④ 고려 중기 이후에는 남경 길지설이 대두하여, 한양을 남경으로 승격시키고 궁궐을 지어 왕이 머물기도 하였다.

3 과학 기술의 발달

1 천문학과 역법의 발달

(1) 과학 기술 발달의 배경

① 국자감에서 기술학(율학, 서학, 산학)이 교육되었고, 과거에서 잡과가 실시되었다.

② 농업을 위해 천문학과 역법을 활용하였다.

③ 중국과 이슬람의 과학 기술도 수용하였다.

(2) 천문학의 발달 : 사천대(후기 : 서운관)에서 천체와 기상을 관찰하여 그 결과를 체계적으로 기록하였다.

(3) 역법의 발달

① 당의 선명력(고려 초기) → 원의 수시력(충선왕) → 명의 대통력(공민왕)을 받아들였다.

② 원의 수시력은 1년을 365.2425일로 계산한 것이다.

▲ 고려 첨성대

2 인쇄술과 무기 기술의 발달

(1) 인쇄술의 발달

① 목판 인쇄술의 발달 : 대장경을 간행하였다.

② 금속 활자의 발명 기출

㉠ "상정고금예문" 50권 인쇄(1234) : 이규보의 "동국이상국집"에 기록되어 있으나 현존하지 않는다.

㉡ "직지심체요절"(1377) : 세계 최초의 금속 활자본으로 공인받았으며, 청주 흥덕사에서 인쇄되었다.

③ 출판 기관

㉠ 서적포 : 숙종 때 국자감에 설치하여 서적을 간행하였다.

㉡ 서적원 : 공양왕 때 설치되었고, 금속 활자를 사용하여 서적이 간행되었다.

▲ "직지심체요절"

심화 플러스 프랑스로 간 "직지심체요절"

"직지심체요절"의 정식 명칭은 "백운화상초록불조직지심체요절"이다. 고려 말 백운화상(경한 스님)이 부처의 설법 등에서 선(禪)의 요체에 관한 내용을 뽑아 엮은 것으로, 1377년(우왕 3년) 청주 흥덕사에서 금속 활자로 발간되었다. 상하 2권 중 현존하는 것은 하권 1책으로 현재 프랑스 국립 도서관에 소장되어 있다.

1886년 조선이 프랑스와 조 · 프 수호 통상 조약을 체결한 이후 프랑스 공사로 콜랭 드 프랑시(Collin de Plancy)가 우리나라에 부임하였다. 그는 우리나라 문화에 큰 관심을 가져, 각종 문화재를 다량 수집했는데, 그중 하나가 "직지심체요절"이었다. 이후 "직지심체요절"은 프랑스 골동품 수집가인 앙리 베베르의 손을 거쳐 프랑스 국립 도서관에 기증되었다.

시간이 한참 지난 후 1967년 어느 날 프랑스 국립 도서관 사서로 근무하던 박병선 박사는 "직지심체요절"을 발견하게 되고, 3년간의 연구 끝에 서양의 구텐베르크가 발명한 금속 활자보다 무려 73년이나 앞선 것을 증명하였다. 그 결과 현재 남아있는 금속 활자 인쇄물 중 가장 오래된 것으로 공인받은 상태이다.

(2) 화약 제조 : 최무선의 주도로 화통도감을 설치하여(우왕 3년, 1377) 화약과 화포를 제작하였으며, 진포 싸움에서 왜구를 격퇴하였다.

● 왜구의 격퇴

공민왕 때 두 차례에 걸친 홍건적의 침략이 있었다. 특히 2차 침입 때는 개경까지 침입하여 왕이 한때 복주(안동)까지 피란하였으나 이방실, 정세운, 안우, 최영, 이성계 등이 이를 격퇴하였다. 한편 우왕 때에는 왜구의 침략이 극심하였다. 이때 최영(홍산 대첩), 이성계(황산 대첩), 최무선(진포 대첩) 등이 왜구를 격퇴하였다.

3 의학의 발달

(1) 의료 교육 기관 설치 : 우리나라 실정에 맞는 의학이 발달하였으며, 중앙에는 태의감을 두고 의과를 주관하도록 하였다.

(2) "향약구급방"(1236) 기출

① 우리나라 실정에 맞는 자주적인 의학이 발전하여 고려의 독자적 처방인 향약방이 이루어졌다.

② 현존하는 우리나라 최고(最古)의 의학 서적으로 각종 질병에 대한 처방과 국산 약재를 소개하고 있다.

4 예술의 발달

1 불교 미술의 발달

(1) 목조 건축물

① 주심포 양식(배흘림기둥) : 안동 봉정사 극락전(현존 최고(最古)의 목조 건물), 영주 부석사 무량수전, 예산 수덕사 대웅전 등이 대표적이다.

② 다포 양식 : 원의 영향을 받았으며, 사리원의 성불사 응진전이 대표적이다.

▲ 안동 봉정사 극락전

▲ 영주 부석사 무량수전

▲ 예산 수덕사 대웅전

(2) 석탑 : 다각 다층탑 발달

전기	• 개성 불일사 5층 석탑 • 개성 현화사 7층 석탑 : 고려의 독특한 직선미 • 평창 월정사 8각 9층탑 : 송의 영향
후기	개성 경천사지 10층 석탑 : 원의 영향, 라마 예술의 영향 → 조선 세조 때 만들어진 원각사지 10층 석탑의 원형

(3) 승탑(부도)

① 선종의 유행과 관련이 있다.

② 8각 원당형의 기본 양식 : 여주 고달사지 승탑

③ 특이한 형태 : 충주 정토사지 홍법국사 실상탑(탑신이 구형), 원주 법천사지 지광국사 현묘탑(탑신이 사각형)

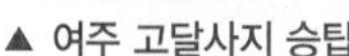

▲ 여주 고달사지 승탑

▲ 충주 정토사지 홍법국사 실상탑

▲ 원주 법천사지 지광국사 현묘탑

(4) 불상

① 초기에는 하남 하사창동 철조 석가여래 좌상과 같은 대형 철불이 많이 제작되었다.

● 주심포 양식

지붕의 무게를 기둥에 전달하면서 건물을 치장하는 장치인 공포가 기둥 위에만 있는 건축 양식이다.

● 다포 양식

공포가 기둥 위뿐만 아니라 기둥 사이에도 있는 건축 양식이다. 주로 건물을 화려하게 꾸밀 때 사용된다.

▲ 사리원 성불사 응진전

▲ 평창 월정사 8각 9층탑

▲ 개성 경천사지 10층 석탑

② 논산 관촉사 석조 미륵보살 입상과 파주 용미리 마애이불 입상은 거대하지만 조형미는 다소 떨어진다.

③ 부석사 소조 아미타여래 좌상은 신라 양식을 계승한 고려 불상의 걸작이다.

▲ 하남 하사창동 철조 석가여래 좌상

▲ 논산 관촉사 석조 미륵보살 입상

▲ 파주 용미리 마애이불 입상

▲ 부석사 소조 아미타여래 좌상

2 공예의 발달

(1) 특징 : 귀족의 생활 도구와 불교 의식의 불구를 중심으로 발달하였다.

(2) 고려자기

① 자기는 신라의 전통 위에 송의 기술이 더해지면서 11세기에는 순수 청자가 발달하였다.

② 12세기에는 고려의 독특한 기술인 상감법이 개발되어 황금기를 맞이하였다(상감 청자).

③ 원 간섭 시기 이후부터 조선 초까지는 소박한 분청사기가 제작되었다.

(3) 금속 공예 : 은입사 기술과 옻칠한 바탕에 자개를 붙여 무늬를 새기는 나전칠기 공예도 성행하였다.

▲ 상감 청자

▲ 분청사기

● 은입사 기술
청동기 표면에 은으로 무늬를 장식하는 기술이다.

3 문학의 발달

(1) 전기의 문학

① 향가 : 보현십원가 11수(균여), 불교의 대중화에 공헌하였다.

② 한문학 : 중국의 것을 모방하던 단계에서 벗어나 독자적 성격으로 발전하였다.

(2) 중기의 문학 : 당과 송의 한문학을 숭상하였으며, 사대적 · 보수적 성격을 지녔다.

(3) 후기 문학의 새 경향

① 무신 정변 이후 문학

㉠ 의인체 : 임춘(국순전), 이규보(국선생전), 이곡(죽부인전)

㉡ 수필 문학 : 이인로의 "파한집"(자주 의식 강조), 이규보의 "동국이상국집"과 백운 소설(패관 문학), 최자의 "보한집", 이제현의 "역옹패설"(패관 문학)

② 장가(속요) : 동동, 정읍사, 청산별곡, 쌍화점 등

③ 경기체가 : 신진 사대부 사이에 유행하였고, 한림별곡 · 관동별곡 등이 대표적이다.

4 서예 · 그림 · 음악의 발달

(1) 서예

① 전기 : 왕희지체, 구양순체(귀족들에게 특히 환영받음)

② 신품 사현 : 유신(柳伸), 탄연(坦然), 최우(崔瑀), 김생(金生, 통일 신라 시대)

③ 후기 : 조맹부의 송설체 유행, 이암(충선왕 때)

(2) 그림

① 인종 때 이령(예성강도), 그의 아들 이광필이 대표적 작가이다.

② 공민왕의 천산대렵도는 원대 북화의 영향을 받았다.

③ 불화

㉠ 혜허의 수월관음도가 대표적이며, 현재 일본에 전해 오고 있다.

㉡ 부석사 조사당의 벽에 그려진 사천왕상과 보살상 등이 있다.

(3) 음악

① 향악 : 신라 시대 이래 우리 고유 음악이며, '동동', '대동강' 등이 있다.

② 아악 : 송에서 수입된 대성악이 궁중 음악으로 발전하여 조선을 거쳐 오늘날까지 전해오고 있다.

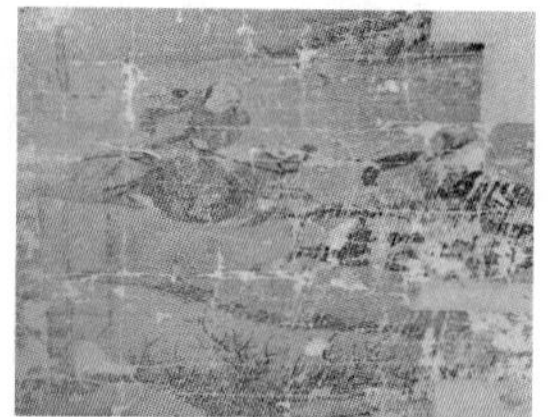

▲ 천산대렵도(공민왕)

▲ 수월관음도(혜허)

핵심만 정리하자

▶ 고려 시대의 예술

구분	건축	석탑	불상	도자기
전기	주심포 양식 예 안동 봉정사 극락전, 영주 부석사 무량수전, 예산 수덕사 대웅전	평창 월정사 8각 9층탑(송의 영향)	논산 관촉사 석조 미륵보살 입상 → 거대 불상	12세기 중엽 상감 청자 유행
후기	다포 양식, 원의 영향 예 사리원 성불사 응진전	개성 경천사지 10층 석탑(원의 영향)	영주 부석사 소조 아미타여래 불상 → 신라 조형 예술 계승	원 간섭기 이후 분청사기 유행

기출 및 예상 문제

01 유학의 발달과 역사서의 편찬

[1] 고려 중기에는 문헌공도 등 사학이 발전하였다. O | X

[2] 국자감은 유학과 기술학을 교육하였다. O | X

[3] 현존하는 우리나라 최고(最古) 역사서는 삼국사기이며, 기전체로 편찬되었다. O | X

[4] 삼국사기는 불교사를 중심으로 서술되었고, 민간 설화까지 기록되었다. O | X

[5] 이규보의 동명왕편은 원 간섭기 민족의 자주성을 강조한 역사서이다. O | X

2015년 지방 9급

01 밑줄 친 '그'에 대한 설명으로 옳은 것은?

> 그는 송악산 아래의 자하동에 학당을 마련하여 낙성(樂聖), 대중(大中), 성명(誠明), 경업(敬業), 조도(造道), 솔성(率性), 진덕(進德), 대화(大和), 대빙(待聘) 등의 9재(齋)로 나누고 각각 전문 강좌를 개설토록 하였다. 그리하여 당시 과거보려는 자제들은 반드시 먼저 그의 학도로 입학하여 공부하는 것이 상례로 되었다.

① 9경과 3사를 중심으로 교육하였다.
② 유교적 합리주의 사관에 기초하여 삼국사기를 편찬하였다.
③ 유교 사상을 치국의 근본으로 삼아 시무 28조의 개혁안을 올렸다.
④ 소학과 주자가례를 중시하고 권문세족과 불교의 폐단을 비판하였다.

02 고려 시대 관학 교육에 대한 설명으로 옳은 것은?

① 국자감에는 율학, 산학, 서학과 같은 유학부와 국자학, 태학, 사문학 등의 기술학부가 있었다.
② 예종 때 도서관 겸 학문 연구소인 청연각, 보문각을 설치하였다.
③ 인종 때 전문 강좌인 7재를 9재 학당으로 정비하였다.
④ 섬학전의 부실을 보충하기 위해 충렬왕 때 양현고를 설치하였다.

2016년 국가 9급

03 (가)와 (나)에 들어갈 역사서에 대한 설명으로 옳은 것은?

> (가) 은(는) 현존하는 우리나라의 가장 오래된 역사서로 고려 인종 때 편찬되었다. 본기 28권, 연표 3권, 지 9권, 열전 10권 등 총 50권으로 구성되어 있다.
>
> (나) 은(는) 충렬왕 때 한 승려가 일정한 역사 서술 체계에 구애받지 않고 자유로운 형식으로 저술한 역사서이다. 총 5권으로 구성되었으며, 민간 설화와 불교에 관한 내용들이 많이 수록되어 있다.

① (가) – 고조선의 역사를 중시하였다.
② (가) – 고구려 계승 의식을 강조하였다.
③ (나) – 민족적 자주 의식을 고양하였다.
④ (나) – 도덕적 합리주의를 표방하였다.

2016년 지방 9급

04 밑줄 친 '그'에 대한 설명으로 옳은 것은?

> 묘청의 천도 운동에서 그가 패하고 묘청이 이겼더라면 조선사는 독립적 · 진취적으로 진전하였을 것이니 이것이 어찌 일천년래 제일 사건이라 하지 아니하랴.

① 성리학적 유교 사관에 입각한 사략을 저술하였다.
② 현존하는 우리나라의 최고(最古) 역사서를 편찬하였다.
③ 우리나라 역사를 단군에서부터 서술한 역사서를 저술하였다.
④ 동명왕의 업적을 칭송한 영웅 서사시인 동명왕편을 저술하였다.

05 다음과 같은 역사 인식에 따라서 편찬된 역사서에 대한 설명으로 옳은 것은?

> 대저 옛 성인은 예악으로 나라를 일으키고 인의로 가르쳤으며 괴력난신(怪力亂神)은 말하지 않았다. 그러나 제왕이 장차 일어날 때는 부명(符命)과 도록(圖籙)을 받게 되므로 반드시 남보다 다른 일이 있었다. 그래야만 능히 큰 변화를 타고 대업을 이룰 수 있는 것이다. …… 그러니 삼국의 시조가 모두 신비하고 기이한 일을 연유하여 태어났다는 것을 어찌 괴이하다 할 수 있겠는가. 이것이 신이(神異)로써 이 책의 앞머리를 삼은 까닭이다

① 정통 의식과 대의명분을 강조하였다.
② 유교적 합리주의 사관에 기초하여 기전체로 서술하였다.
③ 고구려 계승 의식을 반영하고 고구려의 전통을 노래하였다.
④ 우리의 고유문화와 전통을 중시하였으며, 단군 신화를 수록하였다.

06 다음의 역사서가 저술된 시대에 만들어진 문화유산은?

> 동명왕의 사적은 변화와 신이로 여러 사람의 눈을 현혹시킬 일이 아니요, 실로 나라를 세운 신의 자취인 것이다. 이러하니 이 일을 기술하지 않으면 앞으로 후세에 무엇을 볼 수 있으리오.

① 부석사 무량수전 ② 광개토 대왕릉비
③ 석촌동 고분군 ④ 법주사 팔상전

02 불교, 도교, 풍수지리설의 발달

[1] 의천은 해동 천태종을 창시하고, 수행 방법으로 교관겸수를 제시하였다. O | X
[2] 지눌은 수선사 결사를 통해 불교 개혁을 추진하였다. O | X
[3] 요세는 유불 일치설을 주장하였고, 성리학 수용의 사상적 토대가 되었다. O | X
[4] 초제는 도교의 제천 행사이다. O | X
[5] 팔만대장경은 몽골의 침략을 물리치려는 염원에서 만들어졌다. O | X

2014년 지방 9급

07 밑줄 친 '나'에 대한 설명으로 옳지 않은 것은?

> 나는 도(道)를 구하는 데 뜻을 두어 덕이 높은 스승을 두루 찾아다녔다. 그러다가 진수대법사 문하에서 교관(教觀)을 대강 배웠다. 법사께서는 강의하다가 쉬는 시간에도 늘 "관(觀)도 배우지 않을 수 없고, 경(經)도 배우지 않을 수 없다."라고 제자들에게 훈시하였다. 내가 교관에 마음을 다 쏟는 까닭은 이 말에 깊이 감복하였기 때문이다.

① 해동 천태종을 창시하였다.
② 이론과 실천의 양면을 강조하였다.
③ 교종의 입장에서 선종을 통합하였다.
④ 정혜쌍수로 대표되는 결사 운동을 일으켰다.

08 다음과 같은 활동을 한 고려 시대 승려에 대한 설명으로 옳은 것은?

> 숙종의 후원을 받아 국청사를 중심으로 해동 천태종을 창건하여 법상종과 선종의 여러 종파의 대립을 극복하려고 하였다.

① 남중국에 파견되어 천태학을 전하였다.
② 풍수지리 사상을 정립하여 궁궐과 사찰 건립의 입지 선정에 큰 영향을 미쳤다.
③ 정혜쌍수와 돈오점수를 내세워 교종과 선종의 갈등을 해소하려고 하였다.
④ 송, 요, 일본의 불교 서적을 모아 신편제종교장총록을 간행하였다.

09 밑줄 친 '그의 사상'과 관련된 설명으로 옳은 것은?

> 그의 사상은 돈오점수와 정혜쌍수로 요약할 수 있다. 이는 인간의 마음이 곧 부처라는 사실을 깨닫고(선 돈오), 이를 바탕으로 수련을 계속해야 하며(후 점수), 그 수행에 있어서는 정과 혜를 함께 닦아야 한다는 것이다.

① 고려 무신 정권의 비호 아래 천태종의 사상적 기반이 되었다.
② 왕권 우위의 중앙 집권적 귀족 사회에 적합한 이념 체계를 제공하였다.
③ 고려 말 신진 사대부들의 성장에 사상적 기반이 되었다.
④ 고려 후기의 불교계를 선종 중심으로 혁신하려는 운동을 전개하였다.

10 다음은 고려 시대 어느 승려의 사상을 요약한 것이다. 이에 대한 설명으로 옳지 <u>않은</u> 것은?

> • 선(禪)은 부처의 마음이요, 교(教)는 부처의 말씀이다.
> • 깨닫는 것(悟)과 수련하는 것(修)은 분리될 수 없으며, 정(定)과 혜(慧) 또한 같이 닦아야 한다.

① 무신 집권 시기에 보조 국사 지눌이 창시하였다.
② 불교계의 타락을 비판하며 정혜쌍수의 실천 운동을 전개하였다.
③ 정혜쌍수의 바탕이 되는 돈오점수를 강조하였다.
④ 국청사를 중심으로 교관겸수를 통합 원리로 삼았다.

2014년 서울 9급

11 다음은 고려 시대 불교에 대한 내용이다. 옳은 것을 〈보기〉에서 모두 고른 것은?

> ㄱ. 천태종의 지눌은 선종을 중심으로 교종을 포용하는 선교 일치를 주장하였다.
> ㄴ. 의천은 불교와 유교가 심성 수양이라는 면에서 차이가 없다고 하였다.
> ㄷ. 의천이 죽은 뒤 교단은 분열되고 귀족 중심이 되었다.
> ㄹ. 요세는 참회 수행과 염불을 통한 극락왕생을 주장하며 백련사를 결성하였다.

① ㄱ, ㄷ　② ㄱ, ㄴ
③ ㄴ, ㄹ　④ ㄷ, ㄹ

2016년 소방

12 다음은 고려 시대 사상(思想)을 정리한 것이다. 나타난 시대 순으로 바르게 나열한 것은?

> (가) 신앙 결사 운동의 지속적인 발전과 유불 일치설을 주장하며 심성에 대한 추구와 도야를 강조하였다.
> (나) 현실 사회의 모순을 시정하기 위한 개혁 사상으로 성리학을 받아들였다.
> (다) 이론의 연마와 실천을 강조하여 교관겸수(教觀兼修), 내외겸전(內外兼全)을 주창하였다.
> (라) 선(禪)과 교학(教學)이 근본에 있어 둘이 아니라는 정혜쌍수를 사상적 바탕으로 철저한 수행을 선도하였다.

① (가) – (다) – (나) – (라)
② (가) – (라) – (다) – (나)
③ (다) – (나) – (가) – (라)
④ (다) – (라) – (가) – (나)

13 다음 글에 나타나는 의식 체계와 관련된 것을 〈보기〉에서 바르게 골라 묶은 것은?

> 모든 사원은 다 도선이 산수의 순(順)하고 역(逆)한 것을 점쳐서 창건한 것이다. 도선이 말하기를 "내가 점쳐서 정한 이외에 함부로 절을 더 창건하면 지덕을 손상하게 하여 왕업이 길지 못할 것이다."하였으니, 짐은 후세의 국왕 · 공후 · 후비 · 조신들이 각각 원당이라 일컫고 혹 더 창건한다면 크게 우환이 될 것이라 생각한다. 신라 말엽에 절과 탑을 다투어 짓더니, 지덕을 손상하게 하여 망하기에 이르렀으니 어찌 경계하지 아니할 수가 있겠는가?

〈보 기〉

ㄱ. 만적의 봉기　　ㄴ. 서경 천도 운동
ㄷ. 이자겸의 난　　ㄹ. 남경 길지설

① ㄱ, ㄴ　　② ㄱ, ㄷ
③ ㄴ, ㄹ　　④ ㄷ, ㄹ

03 과학 기술의 발달

[1] 사천대는 고려 시대 천문 관측 기구이다. O | X
[2] 직지심체요절은 고려 시대에 금속 활자로 제작된 문화재이다. O | X
[3] 최무선은 화통도감을 설치하여 화포를 제작하였고, 진포에서 왜구를 격퇴하였다. O | X

14 고려 시대의 과학 기술에 대한 설명으로 옳지 않은 것은?

① 가장 오래된 목판 인쇄물인 무구정광대다라니경이 제작되었다
② 과거 제도에는 기술관을 등용하기 위한 잡과가 실시되었다.
③ 천문과 역법을 담당하는 관청으로 사천대가 설치되었다.
④ 이슬람 역법을 수용하여 만든 원의 수시력을 사용하였다.

15 직지심체요절에 대한 설명으로 옳지 않은 것은?

① 보조국사 지눌은 부처와 유명한 승려들이 남긴 말 중 승려로서 마음에 새겨야 할 내용을 가려 뽑아 직지를 만들었다.
② 1377년 청주 흥덕사에서 금속 활자로 찍었으며, 현재는 하권만 전해 온다.
③ 19세기 말 '콜랭 드 프랑시'가 수집하여 프랑스로 건너갔으며, 이를 경매로 구입한 '앙리 베베르'의 유언에 따라 프랑스 국립 도서관에 기증되었다.
④ 박병선 박사에 의해 직지심체요절이 구텐베르크의 42행 성서보다 70여 년 앞서 간행되었음이 밝혀졌다.

04 예술의 발달

[1] 안동 봉정사 극락전은 고려 후기 주심포 양식의 건물이다. O | X

[2] 경천사지 10층 석탑은 송의 영향을 받아 제작되었다. O | X

[3] 원 간섭 이후 소박한 분청사기가 유행하였다. O | X

16 다음에서 설명하는 사찰과 관련이 있는 내용은?

> 이 절은 의상이 세웠으며, 공포가 주심포 양식인 유명한 건축물이 있고, 조사당에는 고려 시대의 사천왕상 벽화가 유명하다.

① 거대한 미륵보살 입상이 있다.
② 신라 양식을 계승한 불상이 있다.
③ 지눌이 수선사 결사 운동을 전개하였다.
④ 금속 활자인 직지심체요절이 간행되었다.

17 고려 시대의 건축과 조형 예술에 대한 설명으로 옳지 않은 것은?

① 초기에는 광주 춘궁리 철불 같은 대형 철불이 많이 조성되었다.
② 지역에 따라서 고대 삼국의 전통을 계승한 석탑이 조성되기도 하였다.
③ 팔각원당형의 승탑이 많이 만들어졌는데, 그 대표적인 예로 법천사 지광국사 현묘탑을 들 수 있다.
④ 후기에는 사리원의 성불사 응진전과 같은 다포식 건물이 출현하여 조선 시대 건축에 큰 영향을 끼쳤다.

18 다음 중 원의 다포 양식의 영향을 받은 건축물은?

① 안동 봉정사 극락전
② 영주 부석사 무량수전
③ 예산 수덕사 대웅전
④ 사리원의 성불사 응진전

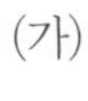

19 다음 자료에 대한 설명으로 옳지 않은 것은?

(가)

부석사 소조 아미타여래 좌상

(나)

고달사지 승탑

(다)

월정사 8각 9층 석탑

(라)

광주 춘궁리 철불

① (가), (나)는 신라 양식을 이어 받았다.
② (나)는 선종의 영향을 받았다.
③ (다)는 원나라 탑의 영향을 받았다.
④ (가), (나), (다), (라) 모두 고려 시대 미술품들이다.

20 다음 도자기 (가), (나)에 대한 설명으로 옳은 것은?

(가)

(나)

① (가)에 사용된 기법은 나전수법에서 시작하였으며, 원 간섭기 이후 퇴조하였다.
② (나)는 민간에까지 널리 사용되었고, 다채로운 안료를 사용하였다.
③ (가)에서 (나)로의 변화는 고려의 독창적 상감 기법이 개발된 성과였다.
④ (가)에서 (나)로 변화한 것은 (나)가 순백의 고상함을 풍겨 선비들의 취향과 어울렸기 때문이다.

21 답사 계획 중 답사 장소와 답사의 주안점을 바르게 연결한 것은?

고려 문화의 향기를 찾아서				
	주제	소주제	답사지	답사 주안점
(가)	불교	결사 운동	강진 만덕사	조계종 발달
(나)	공예	자기 기술	부안, 강진 도요지	상감 청자 제작법
(다)	건축	목조 건축	안동 봉정사	다포 양식 건물
(라)	인쇄술	금속 활자	청주 흥덕사	상정고금예문 인쇄

① (가)
② (나)
③ (다)
④ (라)

Ⅲ 조선 유교 사회의 성립과 변화

01

〔Ⅲ 조선 유교 사회의 성립과 변화〕

조선의 건국과 통치 체제의 정비

출제 빈도 상 중 하

꼭 기억해야 할 연표

1388 위화도 회군
1392 조선 건국
1402 태종, 호패법 실시
1485 성종, "경국대전" 완성
1519 중종, 기묘사화
1545 명종, 을사사화

● 이성계의 4불가론

이성계는 ① 작은 나라가 큰 나라를 거역하는 것, ② 농번기에 출병하는 것, ③ 출병 시 왜구가 침략할 수 있는 것, ④ 장마철에 활이 기능을 하지 못하고 전염병이 발생할 우려가 있는 것을 이유로 요동 정벌을 반대하였다.

● 한양

한양은 나라의 중앙에 위치해 전국을 다스리기 쉽고, 한강을 끼고 있어 교통이 편리하며 물자가 풍부하였다. 또한 주변이 산으로 둘러싸여 있어 외적을 막는 데 유리하였다. 한양에는 경복궁을 비롯한 궁궐과 종묘, 사직, 관청, 시전, 학교 등이 세워졌다.

1 조선의 건국과 국가 기틀의 마련

1 조선의 건국 기출

(1) 14세기 후반 이후 동아시아의 변화

① 원 제국이 약해진 틈을 타 14세기 후반 이후 홍건적을 이끈 주원장이 명을 건국하면서(1368) 동아시아는 명을 중심으로 재편되었다.

② 일본은 13세기 몽골과의 전쟁 이후 경제적 어려움을 겪으면서 가마쿠라 막부에서 무로마치 막부로 교체되었다.

(2) 조선의 건국

① 신진 사대부는 권문세족을 비판하면서 최영, 이성계 등 신흥 무인 세력과 결탁하였다.

② 명은 원이 지배했던 철령 이북의 땅을 직속령으로 삼겠다고 통보해왔으며(철령위 사건), 이에 반발한 최고 집권자 최영은 요동 정벌을 단행하였다.

③ 요동 정벌에 반대한 이성계는 4불가론을 내세워 위화도에서 군대를 돌려 최영을 제거하고 정치 권력을 장악하였다(위화도 회군, 1388).

④ 위화도 회군 이후 신진 사대부는 개혁 방향을 둘러싸고, 온건파 신진 사대부와 급진파 신진 사대부로 분열하였다.

⑤ 이색, 정몽주 등 다수의 신진 사대부들은 고려 왕조를 유지하려 하였다(온건 개혁파 신진 사대부).

⑥ 정도전, 조준 등의 급진 개혁파 신진 사대부는 이성계와 결합하여 권문세족의 토지를 신진 사대부에게 재분배하는 과전법을 실시하고(1391), 정몽주 등을 제거하면서 조선을 건국하였다(1392).

2 조선 초기 왕의 업적

(1) 태조 : 통치 체제의 정비 기출

① 국호를 '조선'으로 정하고, 한양으로 천도하였다.

② 정도전의 정치

㉠ 훌륭한 재상을 선택하여 재상에게 정치의 실권을 부여하여, 위로는 임금을 받들어 올바르게 인도하고 아래로는 백관을 통괄하고 만민을 다스리는 중책을 부여하자고 주장하였다(재상 중심의 정치).

㉡ "불씨잡변"을 통해 불교를 비판하면서, 성리학 중심의 통치 이념 확립에 역점을 두었다.

사료 돋보기 **정도전의 정치사상**

임금의 자질에는 어리석은 자질도 있고 현명한 자질도 있으며, 강력한 자질도 있고 유약한 자질도 있어서 한결같지 않으니, 재상은 임금의 좋은 점은 따르고, 나쁜 점은 바로 잡으며 옳은 일은 받들고 옳지 않은 일은 막아서, 임금으로 하여금 가장 올바른 경지에 들게 해야 한다.

– 정도전, "조선경국전" –

분석

임금, 자질, 재상, 경지

▼

정도전은 국왕의 자질을 보완할 수 있는 재상의 역할을 강조하였다.

심화 플러스 **정도전**

정도전은 이색의 문하에서 수업하였으며, 1362년 문과에 급제하여 예조 정랑 등의 벼슬을 지냈다. 그는 친원 배명 정책을 반대하다가 전라도 나주의 거평 부곡에 유배당하였다. 1377년 유배형을 마친 후 학문 연구와 후진 교육에 종사하였고, 이성계를 도와 조선 왕조 개국 공신이 되었다.

또한 1394년 한양 천도 때는 궁궐과 종묘의 위치 및 도성의 기지를 결정하고 궁·문의 모든 칭호를 정하였다. "조선경국전"을 편찬하여 법제의 기본을 이룩하고, 1398년 9월 '요동 수복 계획'을 수립하던 가운데 세자인 이방석의 편에 서서 종사(宗嗣)를 위태롭게 한다는 이유로 이방원의 습격을 받아 죽었다. 불교를 철저히 반대한 유학자로서 저서에 "삼봉집", "경제문감", "심기리편", "불씨잡변", "진법(陣法)", "금남잡영(錦南雜詠)" 등이 있고, 악곡으로 '납씨가', '정동방곡', '문덕곡' 등이 있다.

(2) 태종 : 국왕 중심 집권 체제의 수립 기출

① 2차례의 왕자의 난에서 승리한 후 정종을 이어 즉위하였다.

② 의정부의 권한을 축소하고 6조 직계제를 시행하였다(왕권 강화).

③ 사병을 혁파하고, 사간원을 독립시켜 대신들을 견제하게 하였다.

④ 양전 사업과 호패법을 실시하였다.

(3) 세종 : 모범적 유교 정치의 실현 기출

① 유교 정치의 실현

㉠ 집현전을 설치하여 경연을 담당하도록 하였다.

㉡ 의정부 서사제를 통해 왕권과 신권의 조화를 추구하였다. 다만 인사와 군사에 관한 일은 왕이 직접 주관하였다.

② 현실적이고 실용적인 정치

㉠ 청백리 재상을 등용하고, 여론을 존중하였다.

㉡ 장영실을 중용하여 각종 과학 기술품을 제작하였다.

(4) 세조 기출

① 수양 대군은 계유정난(1453)을 통해 정권을 장악하였다.

② 왕위에 오른 후 종친을 중용하고, 의정부 서사제를 폐지하면서 6조 직계제를 실시하였다.

③ 집현전을 폐지하고 경연을 중단하였다.

④ "경국대전"을 편찬하기 시작하였다.

● 왕자의 난

1차 왕자의 난은 이방원을 비롯한 신의 왕후 한씨 소생의 왕자들이, 신덕 왕후 강씨 소생 왕자들과 정도전을 제거한 사건이다. 한편 2차 왕자의 난은 동복(同腹) 형제인 이방원과 이방간 사이에 일어난 사건이다. 이방원은 2차례 왕자의 난에서 승리한 후 태종이 되었다.

● 호패

16세 이상의 남자가 지니고 다닌 신분 증명패이다.

핵심만 정리하자

▶ 조선 초기 왕들의 업적

왕	업적
태조	• 국호를 조선으로 정하고 한양으로 천도 • 정도전 : 재상 중심의 정치, "불씨잡변"(불교 비판)
태종	왕권 강화 : 6조 직계제 시행, 사병 혁파, 호패법 실시, 신문고 설치
세종	집현전 설치(경연 담당), 의정부 서사제 실시, 훈민정음 창제
세조	6조 직계제 실시, 집현전과 경연 폐지, "경국대전" 편찬 시작
성종	"경국대전" 완성(성리학적 통치 질서 완성), 홍문관 설치(경연 담당)

(5) 성종 기출

① 홍문관을 설치하고, 경연 기능을 담당하게 하였다.

② 통치 체제의 완성 : "경국대전"을 완성하여 반포하고 시행하였다(성리학적 통치 질서 완성).

사료 돋보기 6조 직계제와 의정부 서사제

❶ 의정부를 나누어 6조에 귀속시켰다. …… 처음에 왕(태종)은 의정부의 권한이 막중함을 염려하여 이를 혁파할 생각이 있었는데, 이에 이르러 신중히 급작스럽지 않게 행하였다. 의정부가 관장한 것은 사대문서와 중죄수의 재심뿐이었다.

– "태종실록" –

❷ 6조 직계제를 시행한 이후 일의 크고 작음이나 가볍고 무거움 없이 모두 6조에 붙여져 의정부와 관련을 맺지 않고, 의정부의 관여 사항은 오직 사형수를 논결하는 일뿐이므로 옛날부터 재상을 임명한 뜻에 어긋난다. …… 6조는 각기 모든 일을 의정부에 품의하고 의정부는 가부를 헤아린 뒤에 왕에게 아뢰어 (왕의) 전지를 받아 6조에 내려 보내어 시행한다. 다만 이조 · 병조의 제수, 병조의 군사 업무, 형조의 사형수를 제외한 판결 등은 종래와 같이 각 조에서 직접 아뢰어 시행하고 곧바로 의정부에 보고한다. 만약 타당하지 않으면 의정부가 맡아 심의 논박하고 다시 아뢰어 시행토록 한다.

– "세종실록" –

분석

❶ 태종은 왕권을 강화하기 위해 의정부의 권한을 약화시키는 6조 직계제를 실시하였다.

❷ 세종은 유교적 이상 정치(왕권과 신권의 조화)를 시행하기 위해 의정부 서사제를 운영하였다. 다만 군사권과 인사권은 왕이 직접 주관하였다.

왕
- 경관직
  - 의정부
  - 6조: 이조, 호조, 예조, 병조, 형조, 공조
  - 승정원
  - 의금부
  - 3사: 사헌부, 사간원, 홍문관
  - 한성부
  - 춘추관
  - 성균관
- 외관직
  - 8도: 부, 목, 군, 현

▲ 조선의 중앙 통치 기구

2 통치 체제의 정비

1 중앙 정치 체제

(1) 중앙 정치 체제의 구조

① 조선의 중앙 정치 체제는 "경국대전"으로 법제화되었다.

② 관직의 구분

㉠ 조선 시대의 관직은 경관직과 외관직으로 구분하였다.

㉡ 경관직의 편성 : 경관직은 국정을 총괄하는 의정부와 그 아래 명령을 집행하는 행정 기관인 6조를 중심으로 편성되었다.

(2) 중앙 통치 기구 기출

구분		내용
의정부		3정승(영의정 · 좌의정 · 우의정)이 정책을 심의 · 결정하여 국정을 총괄하였다.
6조		• 이조 · 호조 · 예조 · 병조 · 형조 · 공조로 이루어졌으며, 왕의 명령을 집행하였다. • 6조 아래 여러 관청들이 업무를 나누어 맡아 행정의 전문성과 효율성을 높였다.
승정원		왕명 출납을 맡은 왕의 비서 기관이었다(수장 : 도승지).
의금부		왕명에 의한 특별 재판 기관이다.
3사	사헌부	관리 감찰 및 풍속 교정을 담당하였다(수장 : 대사헌).
	사간원	왕에 대한 간쟁을 담당하였다(수장 : 대사간).
	홍문관(=玉堂)	왕의 정치 자문 기관으로 경연을 주관하였다(수장 : 대제학).
한성부		수도 행정 및 치안을 담당하였다.
춘추관		역사서의 편찬과 보관을 담당하였다.
성균관		최고의 교육 기관이다.

● 양사

사헌부와 사간원은 간쟁, 봉박, 서경의 권한(5품 이하 관리를 임명할 때 인물의 경력과 신분 등을 조사하여 그 가부를 승인하는 권한)을 가졌다.

2 지방 행정 제도 기출

(1) 지방 행정 구역

① 전국을 8도로 나누고, 그 아래 부 · 목 · 군 · 현을 두었다.

② 면리제를 두어 국가의 통치력이 일반 백성에게 직접 미치게 하였다.

③ 특수 행정 구역인 향 · 부곡 · 소를 폐지하였다.

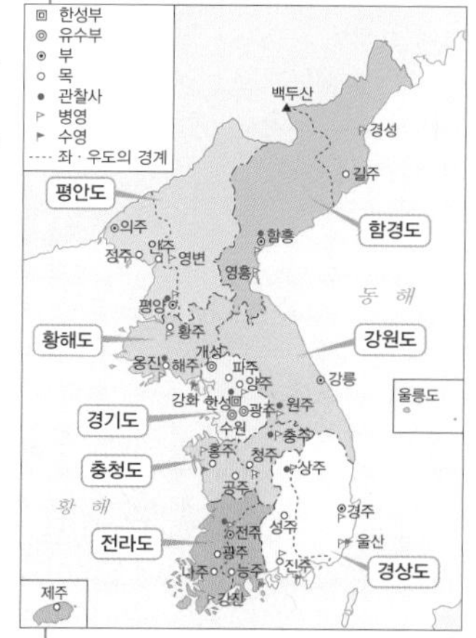

▲ 조선의 지방 행정 제도(8도)

(2) 특징

① 모든 군현에 지방관을 파견하였다. → 향리 세력의 권한 축소(수령 밑에 예속되어 실무 담당)

② 지방관의 임기 제한과 상피제

㉠ 도를 관할하는 관찰사는 1년(360일), 부 · 목 · 군 · 현의 수령은 5년(1800일)의 임기가 정해져 있었다.

㉡ 상피제 : 자기 출신 지역에 지방관으로 부임하지 못하도록 하는 제도이다.

③ 교통(역원제), 통신(봉수제), 조운(운수제) 제도의 정비로 중앙 집권이 강화되었다.

④ 유향소를 두어 향촌 자치를 허용하면서도 경재소를 통하여 지방 세력을 견제하였다.

● 유향소

지방 사족으로 구성되었으며, 수령을 보좌하고 향리를 규찰하는 역할을 담당하였다. 유향소에서는 좌수, 별감과 같은 임원을 선발하였다.

● 경재소

정부가 서울에 설치한 기구이며, 유향소에 대한 통제와 중앙과 지방의 연락 기능을 담당하였다.

3 군역 제도와 군사 조직

(1) 군역 제도

① 양인 개병제 : 16~60세 이하의 모든 양인 남자는 군역의 의무가 있었다.

② 편성

㉠ 현역 군인인 정군과 정군의 비용을 부담하는 보인(봉족)으로 편성되었다.

㉡ 현직 관리와 학생, 향리 등은 군역에서 면제되었고, 종친과 고위 관리의 자제는 고급 특수군에 편재되었다.

(2) 군사 조직 기출

중앙군	궁궐과 한성을 방어하는 5위로 편성되었다.
지방군	육군과 수군으로 나뉘어 병마절도사와 수군절도사의 지휘를 받았다.
잡색군	지역 수비를 보완하기 위해 서리, 신량역천인, 노비 등이 소속된 일종의 예비군이었다.

● 신량역천

수군, 역졸, 봉수군 등 신분은 양인이지만 천한 대우를 받은 계층이다.

4 관리 등용 제도

(1) 과거 제도 기출

① 문관 시험

㉠ 소과(생진과) : 4서 5경을 시험하는 생원과와 문예 능력을 시험하는 진사과가 존재하였다. 합격생은 생원, 진사로 불리며 합격증인 백패를 받았으며, 대과 응시 자격 및 성균관 입학 자격을 부여받았다.

㉡ 대과(문과) : 서울과 지방(향시)에서 초시를 거쳐, 예조에서 복시를 통해 33명 선발하였다(식년시의 경우). 이후 전시(殿試)에서 석차를 매겼고, 합격증인 홍패를 받았다.

㉢ 종류

• 식년시 : 3년마다 열리는 정기 시험이 있었다.

• 특별 시험 : 증광시(增廣試), 알성시(謁聖試, 성균관 유생 대상) 등

② 무과 : 무과는 병조에서 주관하였으며, 식년시의 경우 28명을 선발하였다.

③ 잡과 : 기술관 채용 시험

㉠ 잡과에는 역과, 율과, 의과, 음양과의 4종류가 있었다.

㉡ 사역원, 형조, 전의감, 관상감 등 여러 관서의 특수 기술관을 선발하는 시험으로 초시와 복시만 행해졌다.

㉢ 잡과는 3년마다 치러졌으며 분야별로 정원이 있었고, 이들 기술학 교육은 해당 관청에서 맡고 있었다.

● 문과 응시 자격의 제한

• 죄를 범하여 영구히 임용할 수 없게 된 자
• 탐관오리의 아들
• 재가하거나 부정한 행위를 한 여성의 아들과 손자
• 서얼

● 증광시

왕실의 경사가 있을 때 치러지는 특별 시험이다.

(2) 천거와 음서

천거	고위 관리가 추천한 인물을 관직에 등용하는 것으로 대개 기존 관리들을 대상으로 실시하였다.
음서	고려 시대에 비해 대상자가 크게 줄었으며, 과거에 합격하지 않으면 고위 관리로 승진하기 어려웠다.

(3) 인사 관리 제도

① 상피제를 실시하여 권력의 집중과 부정을 방지하고 5품 이하 관리 등용에는 서경을 거치도록 하여 인사의 공정성을 확보하였다.

② 관리의 근무 성적을 평가하여 승진 또는 좌천의 자료로 삼기도 하였다.

5 교육 제도

(1) 특징

① 관리 선발을 위한 시험 제도와 연관되어 마련되었으며, 주로 문관 양성을 위한 유학 교육을 강조하였다.

② 외국어, 의학, 법학 등 기술 교육은 각 해당 관청에서 담당하였다.

(2) 교육 기관

관학	서울 : 성균관 · 4부 학당, 지방 : 향교
사학	서원, 서당

문과 – 문과(대과) → 문관
문과 – 생진과(소과) – 생원과, 진사과
무과 → 무관
잡과 – 역과, 율과, 의과, 음양과 → 기술관

▲ 조선의 교육 제도

3 사림 세력의 등장과 붕당의 출현

1 사림의 정치적 성장과 훈구 세력 견제

(1) 사림의 정치적 성장 : 김종직의 문인들이 성종 때 본격적으로 진출하였다.

(2) 훈구 세력의 견제 : 주로 (이조) 전랑직과 3사의 언관직을 차지하고 훈구 세력의 비리를 비판하였다.

● 사림

15세기 중반 이후 영남과 기호 지방을 중심으로 성리학에 투철한 지방 사림들이 성장하였다. 이들은 경제적으로 중소 지주였으며, 정치적으로는 왕도 정치와 향촌 자치를 강조하였다.

2 사화(士禍)의 발생 기출

(1) 무오사화(연산군 4, 1498) : 세조를 비방한 김종직의 '조의제문'을 사초에 기록한 것을 트집 잡아 유자광 등의 훈구파가 연산군을 충동하여 김일손 등의 사림파를 제거하였다.

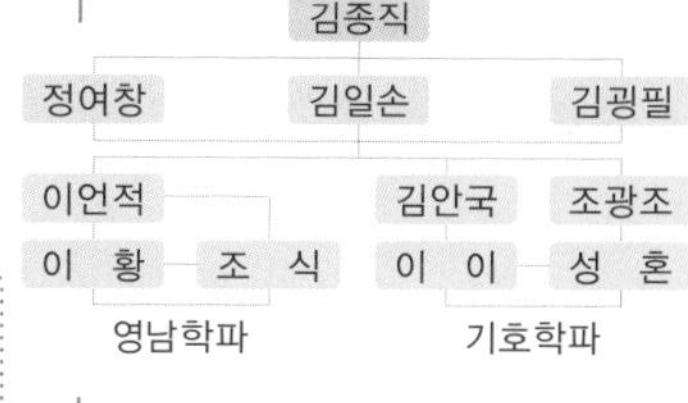

▲ 사림의 계보

사료 돋보기 | 김종직의 '조의제문(弔義帝文)'

정축 10월 어느 날 나는 밀성으로부터 경산으로 향하여 답계역에서 자는데, 꿈에 신이 칠장의 의복을 입고 훤칠한 모양으로 와서 스스로 하는 말이, "나는 초나라 회왕(懷王)의 손자 심인데, 서초 패왕 항우에게 죽임을 당하여 빈 강에 잠겼다."하고 문득 보이지 아니하였다. …… 역사를 사고해 보아도 강물에 던졌다는 말은 없는데 아마 항우가 사람을 시켜 몰래 쳐 죽여 시체를 물에 던졌던 것인지 알 수 없는 일이다. 드디어 문을 지어 조(弔)한다.

분석

김종직이 항우에 의해 죽임을 당한 초나라의 마지막 황제 의제를 추모하고, 항우를 비난한 글이다. 훈구 세력은 이 글에 등장하는 의제가 단종, 항우가 세조를 의미한다고 주장하였다.

(2) **갑자사화**(연산군 10, 1504) : 임사홍, 신수근 등은 연산군의 생모 윤비 폐출 사사 사건을 들추어서 연산군을 충동하여 훈구파와 사림파의 잔존 세력(김굉필, 정여창 등)을 제거하였다.

(3) **기묘사화**(중종 14, 1519)

① 조광조의 개혁 정치 (기출)

㉠ 중종은 사림을 등용하여 유교 정치를 일으키려 하였다.

㉡ 당시 명망이 높았던 조광조가 중용되면서 천거제의 일종인 현량과를 통하여 사림이 대거 등용되었다.

㉢ 사림은 3사의 언관직을 차지하고 자신들의 의견을 공론이라 표방하면서 급진적 개혁을 추진하였다.

㉣ 개혁 내용 : 경연 강화, 언론 활동 활성화, 위훈(僞勳) 삭제, 소격서(昭格署, 도교 의식을 주관하던 기구) 폐지, 소학 보급, 공납 제도 개선 등이었다.

② 기묘사화의 발생 : 조광조의 개혁 정치에 불만을 품은 훈구 세력의 반발로 조광조 등 사림 세력들이 제거되었다.

사료 돋보기 조광조의 현량과

과거의 격식은 조종(祖宗)에서도 각각 제도가 달랐으니, 경서를 강독하기도 하고 강독하지 않기도 하였다. 지금 거론되는 천거로 뽑는 일은 놀랄 일이 아니다. 처음에 천거로 하면 덕행이 있는 자가 빠지지 않을 것이요, 또 책으로 시험하면 그 재행(才行)을 볼 수 있을 것이니, 이는 지극히 좋은 방법이다.

– "중종실록" –

분석

조광조는 전국에서 유능한 인재를 천거하여 관리로 등용하는 현량과를 추진하였다. 이를 통해 사림이 대거 관직에 진출하였다.

(4) **을사사화**(명종 원년, 1545)

① 명종의 외척(소윤파)인 윤원형이 선왕인 인종의 외척(대윤파) 윤임 일파를 제거하면서 일어났다.

② 이에 따라 명종 때에는 윤원형을 비롯한 왕실 외척들이 정국을 주도하였다.

(5) **서원과 향약** : 사화로 사림 세력은 약화되었지만, 서원과 향약을 기반으로 향촌 사회에서 꾸준히 세력을 확대하였다. (기출)

사료 돋보기 이이의 해주 향약 범례문

무릇 뒤에 향약에 가입하기를 원하는 자에게는 반드시 먼저 규약문을 보여 몇 달 동안 실행할 수 있는가를 스스로 헤아려 본 뒤에 가입하기를 청하게 한다. 가입을 청하는 자는 반드시 단자에 참가하기를 원하는 뜻을 자세히 적어서 모임이 있을 때에 진술하고, 사람을 시켜 약정(約正)에게 바치면 약정은 여러 사람에게 물어서 좋다고 한 다음에야 글로 답하고 다음 모임에 참여하게 한다.

– "율곡전서" –

분석

향약, 규약문, 약정

▼

지방 사족은 향촌 사회를 운영하기 위한 향촌 자치 규약인 향약을 만들었다. 조광조의 시행 이후 이황과 이이의 노력으로 전국으로 확산되었다.

● 위훈 삭제

중종반정 공신 중 거짓 공신을 가려내어 공신의 훈을 삭제한 사건이다. 당시 심정, 홍경주 등 74명의 위훈을 박탈하였는데, 이것은 중종반정 공신의 3/4에 해당되었다.

● 훈구파와 사림파

	훈구파	사림파
학통	정도전 등 혁명파 신진 사대부의 학통 계승	정몽주 등 온건파 신진 사대부의 학통 계승
학풍	• 사장(창조적인 글쓰기) 중시 • 현실 정치와 경제 성장에 관심	경학(유학 경전 이해 및 해석) 중시
사상	성리학만을 내세우지 않고 불교 등 타 사상에 관대	성리학 이외의 학문과 사상을 이단으로 배격
정치	부국강병과 민생 안정 강조	왕도 정치와 향촌 자치

서원	• 기능 : 선현에 대한 제사와 교육, 사림의 결속 강화 • 설립 : 백운동 서원(주세붕) → 이황의 건의 → 소수서원(사액 서원) • 영향 : 성리학과 지방 문화의 발전, 붕당의 근거지
향약	• 의미 : 전통적 향촌 규약에 유교 윤리를 가미한 향촌의 자치 규약 • 시행 : 조광조의 보급 시도 → 이황과 이이의 노력으로 전국적 보급 • 영향 : 성리학적 사회 질서 확립에 기여, 사림의 향촌에 대한 통제력 강화

3 붕당의 출현

(1) 사림 세력 간의 갈등 대두

① 사림의 정국 주도 : 선조 즉위 이후 향촌의 사림 세력이 대거 중앙 정계로 진출하여 정국을 주도하였다.

② 사림의 분열

㉠ 명종 때 나타난 외척 정치의 잔재 청산 문제로 사림 세력이 분열하였다.

㉡ 심의겸 등 기성 사림(청산에 소극적)과 김효원 등 신진 사림(적극적 청산 주장)으로 나뉘었다.

(2) 동인과 서인의 분열 기출

① 분열 배경

㉠ 왕실의 외척이면서 기성 사림의 신망을 받던 심의겸과 당시 명망이 높고 신진 사림의 지지를 받던 김효원 사이에 이조 전랑직을 두고 대립하면서 붕당이 이루어졌다.

㉡ 두 세력 중에서 김효원을 지지하는 세력은 '동인'이라 불렸고, 심의겸을 지지하는 세력은 '서인'이라 불렸다.

● 이조 전랑

이조의 정랑과 좌랑을 함께 부르는 말이다. 관원을 천거하거나 뽑는 가장 큰 권한을 가진 직책으로 3사의 언론권을 주관하기도 하였다.

사료 돋보기 동인과 서인의 분열

선조 때에 김효원이 전랑(銓郎)에 추천되었다. 이때 왕실의 외척(外戚)이었던 이조 참의(吏曹參議) 심의겸이 거부하여 효원이 전랑(銓郎)되는 것을 허가하지 않았다. 효원은 젊은 선비들의 환심을 크게 얻고 있었는데, 이에 선비들이 일어나 의겸을 공박(攻駁)하였다. 의겸도 일찍이 권력을 잡은 간사한 자를 물리치고 선비들을 보호한 공(功)이 있었다. 이리하여 나이 늙고 벼슬이 높은 사람은 의겸을 옹호하였다. 이에 선배와 후배 사이에 논의가 갈라졌는데, 처음은 하찮은 일에서 점차 커지게 된 것이다. 그리하여 동(東) · 서(西)라는 명호(名號)가 비로소 나뉘어졌는데, 효원의 집이 동쪽에 있었으므로 동인(東人)이라 하고, 의겸의 집은 서쪽에 있었으므로 서인(西人)이라 하였다. 동인은 김효원 · 유성룡 · 김우옹 · 이산해 · 정지연 · 정유길 · 허봉 · 이발 등을 추대하였고, 서인은 심의겸 · 박순 · 정철 · 윤두수 · 윤근수 · 구사맹 등을 추대하였는데, 이것이 붕당(朋黨)의 시초였다.

– 이중환, "택리지" –

분석

김효원, 전랑, 심의겸, 동인, 서인, 붕당

▼

서원 및 향약을 기반으로 향촌 사회에서 세력을 확대한 사림은 선조 즉위 이후 중앙 권력을 장악하였다. 기성 사림의 신망을 받던 심의겸과 신진 사림의 지지를 받던 김효원 사이에 이조 전랑직을 두고 대립하면서 붕당(심의겸–서인, 김효원–동인)이 형성되었다.

핵심만 정리하자

▶ 사화(士禍)의 발생과 붕당의 형성

왕	내용
성종	훈구 세력 견제를 위해 사림 중용 → 3사의 언관
연산군	• 김종직의 '조의제문' → 무오사화 • 연산군의 생모 '윤비 폐출 사사' 사건 → 갑자사화
중종	조광조 중용 → 현량과 실시, 위훈 삭제, 소격서 폐지 → 기묘사화
명종	외척(대윤, 소윤)의 권력 다툼 → 을사사화
선조	사림의 정국 주도 → 이조 전랑직의 문제로 동인과 서인으로 분열(붕당의 형성)

② 동인과 서인

동인	신진 사림의 지지, 김효원 → 이황, 조식, 서경덕 학문 계승자 참여
서인	기성 사림의 지지, 심의겸 → 이이, 성혼 문인들이 가담

(3) 붕당 정치의 전개 기출

① 동인과 서인이 나뉜 후 처음에는 동인이 우세한 가운데 정국이 운영되었다.

② 선조 22년(1589) 정여립의 모반 사건으로 동인은 북인과 남인으로 나뉘었다.

③ 처음에는 남인이 정국을 주도하였으나, 임진왜란 이후 북인이 광해군 때까지 주류였다.

4 조선 전기의 대외 관계

1 명과의 관계

(1) 조선 초기 관계의 변화

① 건국 직후 태조와 정도전이 요동 정벌을 추진하면서 명과 한때 불편한 관계가 유지되기도 하였다.

② 태종이 즉위한 후 명과 사대 외교가 체결되었다.

(2) 명과의 사대 관계 유지 : 명에 대한 사대 외교는 왕권의 안정과 국제적 지위 확보를 위한 자주적인 실리 외교였으며, 선진 문물을 흡수하기 위한 문화 외교인 동시에 일종의 공무역이었다.

2 여진과의 관계

(1) 회유 정책

① 여진족의 귀순을 장려하여 관직 · 토지 · 주택을 지급하고, 여진의 사신을 위한 북평관(北平館, 동대문 인근)을 설치하였다.

② 태종 6년(1406) 경성 · 경원에 무역소를 설치하고, 국경 무역과 조공 무역을 허락하였다.

③ 조선에서는 그들에게 필요한 소금, 포목, 미곡, 농기구 등을 주었으며, 그들이 가져오는 공물은 말과 모피류 등이었다. 그러나 그들의 약탈 행위는 완전히 그치지 않았다.

(2) 강경책 기출

① 국경 지방에 많은 진을 설치하여 방비를 강화하고 때로는 대규모의 원정군을 파견하여 여진족 토벌에 나서기도 하였다.

② 세종 때 최윤덕과 김종서가 4군 6진을 개척하여 압록강과 두만강을 경계로 하는 오늘날과 같은 국경선을 확정하였다.

③ 사민 정책(徙民政策)

㉠ 새로 개척된 지역에 삼남(전라도, 경상도, 충청도) 지방의 주민을 이주시키는 사민 정책을 지속적으로 추진하였다.

㉡ 북방 개척과 국토의 균형 발전을 추구하고 지역 방어 체제를 확립하기 위한 것이었다.

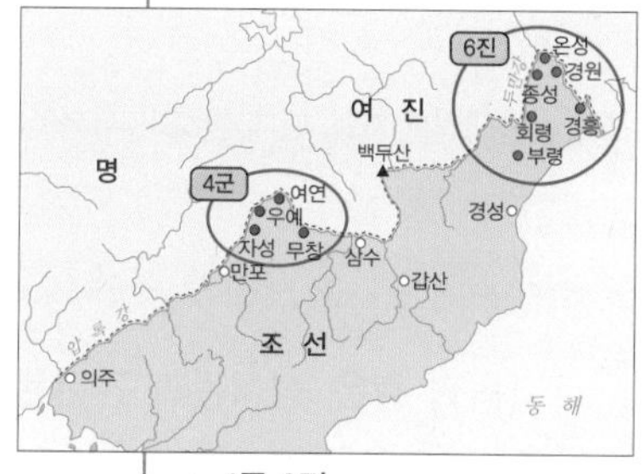

▲ 4군 6진

3 일본과의 관계 기출

(1) 쓰시마 섬 토벌 : 세종 때 이종무가 왜구의 소굴이었던 쓰시마 섬(대마도)을 토벌하였다(1419).

(2) 3포 개항 : 세종 때 3포(부산포, 염포, 제포)를 개항하고 계해약조(癸亥約條, 1443)를 체결하여 제한된 무역을 허용하였다.

● 3포

제포는 현재의 창원이며, 염포는 현재의 울산이다.

4 동남아시아와의 교류

(1) 교류국 : 조선 초에는 류큐(유구), 시암, 자와 등 동남아시아의 여러 나라와도 교류하였다.

(2) 교류 물품 : 조공 혹은 진상의 형식으로 기호품을 중심으로 한 각종 토산품을 가져와서 옷, 옷감, 문방구 등을 회사품으로 가져갔다.

(3) 류큐(유구)와의 교역 : 류큐와의 교역이 활발하였는데, 불경 · 유교 경전 · 범종 · 부채 등을 전해주어 류큐의 문화 발전에 기여하기도 하였다.

핵심만 정리하자

▶ 조선 전기 대외 관계

국가(민족)	내용
명	태조 : 정도전의 요동 정벌 준비로 명과 대립 → 태종 이후 관계 개선(사대)
여진	• 회유책 : 국경 무역 허용(무역소 설치) • 강경책 : 4군 6진의 개척(압록강~두만강에 이르는 국경선 확보) → 사민 정책과 토관 제도 실시
일본	• 강경책 : 쓰시마 섬 정벌 • 회유책 : 3포 개항과 계해약조(제한된 무역 허용)

01 조선의 건국과 국가 기틀의 마련

[1] 세종은 왕권을 강화하기 위해 6조 직계제를 실시하였다. O | X

[2] 4군 6진을 설치하고, 훈민정음을 반포한 왕은 세종이다. O | X

[3] 경국대전은 세조 때 편찬하기 시작하여 성종 때 완성하였다. O | X

01 다음과 같은 정치관과 관련된 정책으로 옳은 것은?

> 임금의 직책은 한 사람의 재상을 논정하는데 있다 하였으니, 바로 총재(冢宰)를 두고 한 말이다. 총재는 위로는 임금을 받들고 밑으로는 백관을 통솔하여 만민을 다스리는 것이니 직책이 매우 크다. 또 임금의 자질에는 어리석음과 현명함이 있고 강함과 유약함의 차이가 있으니, 옳은 일은 아뢰고 옳지 않은 일은 막아서, 임금으로 하여금 대중(大中)의 경지에 들게 해야 한다. 그러므로 상(相)이라 하니, 곧 보상(輔相)한다는 뜻이다.

① 6조 직계제의 시행
② 사간원의 독립
③ 의정부 서사제의 시행
④ 집현전의 설치

02 다음 밑줄 친 '이 제도'에 해당하는 것은?

> 처음에 임금이 의정부의 권한이 무거운 것을 염려하여 이를 개혁할 생각이 있었으나 정중히 여겨 서둘지 않았다. 그런데 이때에 이르러 이 제도를 단행하니, 의정부에서 관장하는 것은 오직 사대문서(事大文書)와 무거운 죄수를 다시 살펴보는 것 뿐이었다.

① 상피제　② 6조 직계제
③ 초계문신제　④ 의정부 서사제

2015년 소방

03 다음의 왕에 대한 업적으로 옳은 것은?

> 의정부의 서사를 나누어 6조에 귀속시켰다. …… 처음에 왕은 의정부의 권한이 막중함을 염려하여 이를 혁파할 생각이 있었지만, 신중하게 여겨 서두르지 않다가 이때에 이르러 단행하였다. 의정부가 관장한 것은 사대문서와 중죄수의 심의 뿐이었다.
>
> -〈ㅇㅇ실록〉-

① 사병을 혁파하였다.
② 의정부 서사제를 시행하였다.
③ 공신과 종친들을 등용하였다.
④ 유향소를 복립하였다.

2016년 서울 9급

04 다음 제도의 시행에 대한 설명으로 옳은 것은?

> 6조에서 올라오는 모든 일을 영의정, 좌의정, 우의정이 중심이 되는 의정부에서 논의하여 합의된 사항을 국왕에게 올려 결재 받게 하였다.

① 이 제도의 시행으로 국왕이 재상들을 직접 통솔할 수 있게 되어 왕권 강화에 기여하였다.
② 무력으로 집권한 태종과 세조는 이 제도를 이용하여 초기의 불안한 왕권을 안정시켰다.
③ 민본 정치를 추구한 정도전은 이 제도를 폐지하고 6조의 업무를 국왕에게 직접 보고하게 하였다.
④ 세종은 안정된 왕권과 경제력을 바탕으로 이 제도를 시행하여 왕권과 신권의 조화를 추구하였다.

05 다음은 조선 건국 후 법령을 집대성한 "경국대전" 서문의 일부이다. 이를 반포한 국왕에 대한 설명으로 옳지 않은 것은?

> 천지가 광대하여 만물이 덮여 있고 실려 있지 않은 것이 없으며, 사시의 운행으로 만물이 생육되지 않은 것이 없으며, 성인이 제도를 만드심에 만물이 기쁘게 보이지 않은 것이 없으니, 진실로 성인이 제도를 만드심은 천지 · 사시와 같은 것이다.

① 직전제 실시 이후 심해진 관리들의 수탈을 방지하기 위하여 관수관급제를 시행하였다.
② 법전 편찬에 심혈을 기울여 조선경국전, 경제육전 등도 간행하였다.
③ 왕권을 안정시키고 사림 정치의 기반을 조성하였다.
④ 홍문관을 통해 경연 기능을 담당하게 하였다.

2016년 소방

06 조선의 통치 구조와 정치 활동으로 옳은 것은?

① 태조 – 왕자의 난을 통하여 개국 공신 세력을 축출하고 왕위에 올랐다.
② 태종 – 의정부 서사제로 정치 체제를 바꿔 왕권을 강화하였다.
③ 세종 – 경국대전을 완성 · 반포하여 조선의 통치 법령을 제시하였다.
④ 성종 – 홍문관을 두었으며 경연 제도를 통해 정책을 토론하고 심의하였다.

02 통치 체제의 정비

[1] 언론 삼사는 왕권 견제 기구였다. O | X

[2] 조선은 왕의 비서 기관으로 의금부를 설치하였다. O | X

[3] 조선 시대에는 지방의 요충지에 5소경을 설치하였다. O | X

[4] 세조 때 지방군은 지역 단위의 방어 체제인 진관 체제로 정비되었다. O | X

[5] 조선 시대에는 문과와 무과가 안정적으로 시행되면서 양반 관료 체제가 형성되었다. O | X

07 조선의 통치 기구에 대한 설명으로 옳은 것은?

① 의정부는 최고의 행정 집행 기관으로 그 중요성에 의해 점차 실권을 강화하였다.
② 홍문관은 정치의 득실을 논하고 관리의 잘못을 규찰하고 풍기와 습속을 교정하는 일을 담당하였다.
③ 예문관과 춘추관은 대간(臺諫)이라 불렸는데, 임명된 관리의 신분과 경력 등을 심의 · 승인하는 역할을 담당하였다.
④ 지방 양반들로 조직된 유향소는 수령을 보좌하고 풍속을 바로 잡고 향리를 규찰하는 등의 임무를 맡았다.

08 다음은 조선 시대의 어떤 관리들에 대한 자료이다. 이 관리들에 대한 설명으로 옳지 않은 것은?

> 대간은 마땅히 위엄과 명망이 우선되어야 하고 탄핵은 뒤에 하여야 한다. 왜냐하면 위엄과 명망이 있는 자는 비록 종일토록 말하지 않더라도 사람들이 스스로 두려워 복종할 것이요. 이것이 없는 자는 날마다 수많은 글을 올린다 하더라도 사람들은 더욱 두려워하지 않기 때문이다. …… 천하의 득실과 백성들을 이해하고 사직의 모든 일을 간섭하고 일정한 직책에 매이지 않는 것은 재상만이 행할 수 있으며 간관만이 말할 수 있을 뿐이니, 간관의 지위는 비록 낮지만 재상과 대등하다.

① 이 관리들은 국왕의 전제권을 견제하는 임무를 맡았다.
② 이 관리들의 활동은 사림의 정치적 성장과 밀접한 관련이 있었다.
③ 이 관리들은 공론을 수렴하는 과정에서 왕권의 강화를 뒷받침하였다.
④ 고려 시대에는 중서문하성의 낭사와 어사대의 관원이 이 관리들과 유사한 기능을 수행하였다.

09 다음은 조선 시대의 중앙 정치 조직에 대한 설명이다. 빈칸에 들어갈 부서에 대한 설명으로 옳은 것은?

> 조선은 국정을 총괄하는 기구인 (㉠)을(를) 설치하고, 그 밑에 행정을 담당하는 (㉡)을(를) 설치하였다.또한 언론 기관인 사간원, 홍문관, 사헌부 등을 (㉢)(이)라고 따로 지칭해 중시하였다. 이외에도, 왕명의 출납을 담당하는 승정원과 국가에 관련된 중요 범죄를 담당하는 (㉣)을(를) 두었다.

① 왕권이 강해지면 ㉠이, 약해지면 ㉡이 국정 운영의 중심 기구가 되었다.
② ㉢은 고려 시대부터 조선과 같은 역할을 하는 기구로 존재하였다.
③ ㉣은 포도청으로 좌포도청과 우포도청으로 나누어져 있었다.
④ ㉢은 권력을 견제하였고, ㉣은 왕권을 강화하였다.

10 다음 자료의 (가)에 들어갈 기구에 대한 설명으로 옳은 것은?

> 지금까지 고을에서 백성을 예속(禮俗)으로 이끈 사람이 몇이나 되는가. 수령은 장부 처리에 바빠서 그럴 틈이 없었고, 선비들은 풍속을 교화시킬 방법은 있었으나 지위가 없어서 사람들이 따르지 않았다. 이제 우리 전하께서 전에 폐지되었던 (가) 를(을) 다시 두게 하셨으니, 나이와 덕망이 높은 자를 추대하여 좌수(座首)라고 일컫고, 그 다음을 별감(別監)이라고 일컬었다.

① 신앙을 기반으로 한 공동체의 성격을 가지고 있었다.
② 수령을 보좌하고 향리를 감찰하였다.
③ 선현에 대한 제사와 교육을 담당하였다.
④ 중종 때 조광조에 의해 최초로 보급되었다.

11 다음 내용을 통하여 조선의 지방 행정을 바르게 추론한 것을 〈보기〉에서 모두 고른 것은?

> • 조선 시대에는 전국 약 330여 개의 모든 군현에 수령을 파견하였으며, 특수 행정 구역이었던 향 · 부곡 · 소를 일반 군현으로 승격시켰다.
> • 전국 8도에는 관찰사가 임명되었는데, 이들은 관할 지역을 순찰하며 수령의 비행을 견제하였고, 후기에는 감영에 머물면서 도내의 행정을 총괄하였다.
> • 향리는 수령의 행정 실무를 보좌하는 세습적인 아전으로 격하되었다.
> • 각 지방 출신의 중앙 관리로 구성된 경재소를 통해 해당 지방 유향소를 통제하였고, 자기 고향 및 연고지에 부임하지 못하게 하는 상피제 등을 실시하였다.

〈보 기〉

ㄱ. 전국의 주민을 국가가 직접 지배하게 되었다.
ㄴ. 향촌 사회는 향리 세력을 중심으로 운영되었다.
ㄷ. 조선의 관찰사는 고려의 안찰사에 비해 그 권한이 약하였다.
ㄹ. 향촌 자치를 허용하면서도 중앙 집권을 효율적으로 강화하였다.

① ㄱ, ㄴ　　② ㄱ, ㄹ
③ ㄴ, ㄷ　　④ ㄴ, ㄹ

12 조선 시대 교육과 과거 제도에 대한 설명으로 옳지 <u>않은</u> 것은?

① 문과는 법제적으로 양인에게 응시 자격이 주어졌으나, 실제로는 생원, 진사 시험을 거쳐 성균관에 입학한 유생이 응시할 수 있었다.
② 과거 이외에도 5품 이상 관리의 자제를 등용하는 문음과 특별 채용 시험인 취재 등으로 임용되는 경우도 있었으나, 이 경우에는 요직으로 나가기 어려웠다.
③ 성균관은 최고 유학 교육 기관으로 과거 준비 기관으로서의 성격도 지녔다.
④ 무과가 실시되어 문무 양반 제도가 확립되었다.

13 밑줄 친 '이 시험'에 대한 설명으로 옳은 것을 〈보기〉에서 모두 고른 것은?

> 모름지기 과거 시험인데 어찌 차이를 둘 수 있겠는가? 천문을 관측하고, 지리를 연구하여 밝히며, 임금의 약을 조제하고, 법률을 판단하며, 외국어를 잘하는 사람을 선발하는 이 시험을 소홀히 해서는 안 된다. 내일 초시를 시행한다고 하는데 해당 관청에서는 엄히 공정하게 하여 문제가 없게 하라.
>
> – "조선왕조실록" –

〈보 기〉

ㄱ. 3년마다 실시하며 분야별로 정해진 인원이 있었다.
ㄴ. 양인 이상이면 별다른 제한 없이 응시할 수 있었다.
ㄷ. 하급 실무직에 임명하기 위한 특별 채용 시험이었다.
ㄹ. 초시 합격자는 도별 인구 비례에 따라 선발하였다.

① ㄱ, ㄴ ② ㄱ, ㄷ
③ ㄴ, ㄷ ④ ㄷ, ㄹ

14 다음과 관련이 있는 시험에 대한 설명으로 옳은 것은?

> 이 시험은 식년시, 증광시, 알성시로 나누어 실시하였으며, 소과를 거쳐 대과에서는 초시, 복시, 전시로 합격자를 선발하였다.

① 식년시는 해마다 실시되었다.
② 초시에서는 33명을 선발하였다.
③ 백정 농민이 주로 응시하였다.
④ 재가한 여자의 손자는 응시할 수 없었다.

15 다음 중 출신 지역에 지방관으로 임명하지 않는 제도는?

① 상피제 ② 구언 제도
③ 서경 제도 ④ 상수리 제도

16 조선 시대의 군사 제도에 대한 설명으로 옳지 않은 것은?

① 현직 관료와 학생은 군역을 면제받았다.
② 노비는 정군의 비용을 부담하는 보인(봉족)으로 편성되었다.
③ 조선 초기에 중앙군의 주축인 5위는 문반 관료가 지휘 책임을 맡았다.
④ 종친 · 외척 · 공신의 자제도 군역을 부담하도록 하였다.

03 사림 세력의 등장과 붕당의 출현

[1] 사림 세력의 내부 분열로 사화가 발생하였다. O | X

[2] 조광조의 개혁 정치가 문제가 되어 일어난 사화는 갑자사화이다. O | X

[3] 사림은 이조 전랑직을 둘러싸고, 동인과 서인으로 분열되었다. O | X

[4] 서인은 정여립의 모반 사건 등을 계기로 남인과 북인으로 분열되었다. O | X

17 다음과 관련된 정치 세력에 대한 설명으로 가장 적절한 것은?

> 조선 성종 때부터 과거를 통해 중앙에 진출한 이들은 주로 전랑과 3사의 언관직에서 성장하였다.

① 고려 말 혁명파 사대부들의 학통을 계승하였다.
② 성리학을 신봉하였으나 다른 학문이나 종교도 포용하였다.
③ 중앙 집권적 부국강병을 추구하였다.
④ 향촌 자치와 의리, 명분을 중시하였다.

18 조선 전기 사림에 대한 설명으로 옳지 않은 것은?

① 재야에서 공론을 주도하는 지도자로서 산림이 존중되었다.
② 향촌 자치를 내세우며, 도덕과 의리를 바탕으로 한 왕도 정치를 강조하였다.
③ 3사의 언관직을 차지하고, 자신들의 의견을 공론으로 표방하였다.
④ 경제적으로 중소 지주였으며, 영남과 기호 지방을 중심으로 성장하였다.

2015년 국가 9급

19 조선 전기(15~16세기) 사림의 향촌을 주도하기 위한 동향으로 옳지 않은 것은?

① 도덕과 의례의 기본 서적인 소학을 보급하였다.
② 향사례(鄕射禮), 향음주례(鄕飮酒禮)의 실시를 주장하였다.
③ 향회를 통해서 자신들의 결속을 다지고, 향촌을 교화하였다.
④ 촌락 단위의 동약을 실시하고, 문중 중심으로 서원과 사우를 많이 세웠다.

2015년 소방

20 다음은 조선 초기의 두 정치 세력에 관한 설명이다. 옳지 않은 것은?

> (ㄱ) 성리학 이외 불교 · 도교 · 풍수지리 · 민간 신앙을 포용하였다.
> (ㄴ) 중소 지주적인 배경을 가지고 성리학 이외의 사상을 이단으로 배격하며 영남과 기호 지방을 중심으로 성장하였다.

① (ㄱ) – 관학파의 주장을 계승하였다.
② (ㄱ) – 부국강병과 민생 안정을 강조하였다.
③ (ㄴ) – 사학파를 계승하였으며, 의리와 왕도 정치를 주장하였다.
④ (ㄴ) – 성종 무렵 처음 등용되어서 선조 때 정권을 장악하였다.

2016년 소방

21 다음의 (가) 인물에 관한 설명으로 옳은 것은?

> 경연에서 (가)는(은) "지방에선 감사, 수령이, 서울에서는 홍문관, 육경, 대간이 천거한 뒤, 그 인재들을 한데 모아 왕이 직접 면담하여 시험한다면, 많은 인재를 얻을 수 있다."고 말하고, 이는 한나라에 시행했던 현량방정과와 같은 것이라고 말한다.
>
> – "중종실록"(13년 3월 조) –

① 단종을 위해 조의제문을 작성하였다.
② 도교 행사를 금지하기 위해 소격서를 폐지하였다.
③ 중앙과 지방 행정의 개혁을 주장하며 경세유표, 목민심서 등을 편찬하였다.
④ 유 · 불 · 선의 주요 내용을 바탕으로 동학을 창시하였다.

22 다음 내용과 관련된 정치적 사건은?

> 왕위 계승을 둘러싸고, 대윤과 소윤 간에 알력은 인종의 즉위로 대윤이 득세하여 소윤을 냉대하다가, 인종이 죽고, 명종이 즉위하자 소윤이 대윤을 박멸한 척신 간의 충돌이다.

① 무오사화 ② 갑자사화
③ 기묘사화 ④ 을사사화

23 다음 사건을 일어난 순서대로 바르게 나열한 것은?

> ㄱ. 김종직의 무덤을 파헤쳐 시신을 참수하였다.
> ㄴ. 조광조가 사약을 받고 죽었다.
> ㄷ. 명종을 해치려 했다는 이유로 윤임 일파가 몰락하였다.
> ㄹ. 연산군은 생모 윤씨의 폐비 사건에 관여한 사림을 몰아냈다.

① ㄱ – ㄴ – ㄷ – ㄹ ② ㄱ – ㄹ – ㄴ – ㄷ
③ ㄴ – ㄱ – ㄷ – ㄹ ④ ㄴ – ㄷ – ㄹ – ㄱ

2015년 서울 9급

24 다음의 사건과 관련된 설명으로 옳은 것은?

> 김효원이 과거에 장원으로 급제하여 이조 전랑의 물망에 올랐으나, 그가 윤원형의 문객이었다 하여 심의겸이 반대하였다. 그 후에 심충겸(심의겸의 동생)이 장원 급제를 하여 이조 전랑에 천거되었으나, 외척이라 하여 김효원이 반대하였다.
>
> – "연려실기술" –

① 외척들의 반발로 이 사건에 관련된 훈구 세력과 사림 세력이 제거되었다.
② 심의겸 쪽에는 정치의 도덕성을 강조한 서경덕, 이황, 조식의 문인들이 가세하였다.
③ 이이, 성혼의 문인들은 주기론(主氣論)에 입각하여 양쪽을 모두 비판하며 타협안을 제시하였다.
④ 이 사건 이후 사림을 중심으로 정치적, 학문적 견해 차이에 따른 붕당 정치가 나타났다.

2015년 지방 9급

25 다음 사건으로 인하여 발생한 역사적 사실은?

> 심충겸이 장원 급제를 하자 전랑으로 천거하려고 하였다. 김효원이 "외척은 쓸 수 없다."하며 막으니, 심의겸이 "외척이 원흉의 문객보다는 낫지 않으냐."라고 하였다. 이때 김효원 편을 드는 사람들은 "효원의 말은 공론에서 나온 것이다. 그런데 의겸이 사사로운 혐의로 좋은 선비를 배척하니 매우 옳지 못하다."라고 하였다.

① 동인과 서인으로의 분화
② 남인과 북인으로의 분화
③ 노론과 소론으로의 분화
④ 서인과 남인 간의 예송 논쟁

26 다음 조직에 대한 설명으로 옳지 않은 것은?

> 가입하기를 원하는 자에게는 반드시 먼저 규약문을 보여 주고, 몇 달 동안 실행할 수 있는가를 스스로 헤아려 본 뒤에 가입하기를 청하게 한다. 가입을 청하는 자는 반드시 단자에 참가하기를 원하는 뜻을 자세히 적어 모임이 있을 때에 진술하고, 사람을 시켜 약정(約正)에게 바치면 약정은 여러 사람에게 물어서 좋다고 한 다음에야 글로 답하고, 다음 모임에 참여하게 한다.
>
> – "율곡전서" –

① 향촌 사회의 질서를 유지하고 치안을 담당하는 향촌의 자치 기능을 맡았다.
② 전통적 미풍양속을 계승하면서 삼강오륜을 중심으로 한 유교 윤리를 가미하였다.
③ 어려운 일이 생겼을 때 서로 돕는 역할을 하였고, 상두꾼도 이 조직에서 유래하였다.
④ 지방 유력자가 주민을 위협, 수탈하는 배경을 제공하는 부작용도 있었다.

04 조선 전기의 대외 관계

[1] 조선 전기 명과는 사대 관계를, 여진 및 일본과는 교린 관계가 형성되었다. O | X

[2] 조선 초기 여진을 정벌하고, 동북 9성을 축조하였다. O | X

27 조선 전기 대외 관계에 대한 설명으로 옳지 않은 것은?

① 명과의 외교는 사대 외교 · 실리 외교이며, 문화 외교이자 공(조공)무역의 성격을 지녔다.
② 여진과는 국경에 무역소를 설치하고 교류하였다.
③ 세종 때 부산, 원산, 인천을 개항하여 일본과 무역을 하였다.
④ 시암, 류큐, 자와(자바)등 동남아시아 국가들과도 교류하였다.

02

〔Ⅲ 조선 유교 사회의 성립과 변화〕

양 난과 조선 후기의 정치

출제 빈도	상	중	하

1 양 난의 극복

1 ▶ 왜란의 극복

(1) 왜란의 원인

대내적	• 16세기 이후 북방에서는 여진족이 자주 국경을 침범하였고, 남쪽에서는 3포 왜란(1510)과 을묘왜변(1555) 등 왜인의 소란이 자주 일어났다. • 농민들에 대한 수탈이 심해지면서 명종 때 임꺽정의 난이 일어나기도 하였다. • 방군수포의 성행으로 국방력은 더욱 약화되었다.
대외적	• 도요토미 히데요시(豊臣秀吉)는 전국 시대의 혼란을 수습하였다. • 이후 불평 세력의 관심을 밖으로 돌리고, 자신의 대륙 진출 야욕을 달성하기 위해 조선을 침략하였다(임진왜란, 1592).

(2) 왜란의 전개 과정 기출

① 고니시 유키나가(小西行長), 가토 기요마사(加藤淸正) 등이 선봉으로 상륙하여 부산진(정발)과 동래성(송상현)을 함락시켰다.

② 신립이 충주 탄금대에서 패배하였다.

③ 서울이 함락되고 선조가 의주로 피란하였다.

④ 이순신의 활약

㉠ 옥포의 첫 승리 이후 사천(삼천포)에서는 거북선을 사용하였고, 한산도, 당포(충무), 당항포(고성) 등지에서 대승을 거두었다.

㉡ 조선 수군 승리의 의의 : 조선 수군은 남해의 제해권을 장악하고 곡창 지대인 전라도 지방을 지키게 되어 왜군의 수륙 병진 정책을 좌절시키는 데 성공하였다.

⑤ 의병의 활동 : 전직 관리, 유학자, 승려 등이 이끈 의병은 익숙한 지형과 그에 맞는 전술을 활용하여 적은 병력으로 왜군을 격퇴하였다.

⑥ 전열의 정비와 명(明)의 참전

㉠ 수군과 의병의 활약으로 관군도 재정비하였다.

㉡ 명의 지원군이 도착하면서 왜군을 경상도 해안 지방까지 밀어냈다.

㉢ 왜군이 먼저 휴전을 제의하였으나, 3년간의 협상은 결국 결렬되었다.

⑦ 정유재란(1597)

㉠ 휴전 협상이 진행되는 과정에서 정부에서는 중앙군인 훈련도감과 지방군인 속오군을 설치하였다.

㉡ 과정 : 일본의 재침입 → 명량 대첩(1597) → 도요토미 히데요시 사망 → 노량 대첩(1598) 승리 → 전쟁 종결(1598)

꼭 기억해야 할 연표

- 1592 임진왜란 발생
- 1627 정묘호란 발생
- 1636 병자호란 발생
- 1680 숙종, 경신환국
- 1811 순조, 홍경래의 난
- 1862 철종, 임술 농민 봉기

● 방군수포

군역 대상자에게 군포를 받고 군대를 면제해주던 것으로, 군사 지휘관에 의해 사적으로 이루어지는 경우가 많았다.

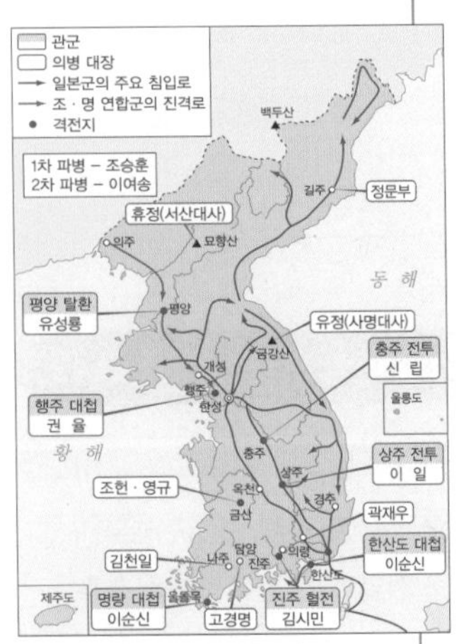

▲ 왜군의 침입과 관군 및 의병의 활동

● 임진왜란 당시 주요 의병장

경상도 의령 곽재우, 충청도 옥천 · 금산의 승려 영규와 조헌, 전라도 김천일 · 김덕령 · 고경명, 묘향산에서 서산 대사(휴정), 금강산 일대의 유정(사명당, 송운 대사), 함경도 경성, 길주의 정문부 등이 활약하였다.

심화 플러스 **임진왜란 때의 주요 전투**

왜군의 침략(1592. 4.) → 부산성 전투(정발) → 동래성 전투(송상현) → 상주 전투(이일) → 충주 탄금대 전투(신립) → 한양 함락(1592. 5. 2.) → 옥포 해전(수군의 첫 승리, 1592. 5. 7.) → 한산도 대첩(1592. 7.) → 진주 대첩(김시민, 1592. 10.) → 평양성 탈환(조 · 명 연합군, 1593. 1.) → 행주 대첩(권율, 1593. 2.) → 진주성 2차 혈전(1593. 6.) → 정유재란 후 명량 대첩(1597. 9.) → 노량 해전(1598. 11.)

(3) 왜란의 영향 기출

조선	• 인구 격감, 농촌의 황폐화, 국가 재정 궁핍과 식량 부족으로 납속책이 실시되었고, 공명첩이 대량으로 발급되어 신분제의 동요를 가져왔다. • 이몽학의 난(1596)과 같은 민란이 도처에서 발생하였다. • 사상적으로 실학이 발달하였고, 민중 문화가 발달하였다. • 경복궁, 불국사, 4대 사고("조선왕조실록" 전주 사고본은 제외) 등의 문화재가 전란 과정에서 소실되었다.
일본	• 도쿠가와(德川家康) 막부가 수립되었다. • 도자기, 인쇄술, 이황의 주리론 등을 수입하여 일본 문화 발전의 계기가 되었다(일본에서는 임진왜란을 도자기 전쟁이라고 부르기도 함).
명	재정 파탄과 인적 손실 등으로 후금(청)의 성장 배경이 되었다.

● 신분제의 동요
- 양반층의 분화 : 벌열 양반과 몰락 양반으로 분열이 가속화되면서 양반에 대한 사회적 권위가 추락하였다.
- 농민층 분화 : 평민 출신 부농층이 등장하고, 농민들의 정치 및 사회의식이 성장하였다.

2 호란의 극복

(1) 광해군의 정치와 인조반정 기출

① 광해군의 정치

㉠ 광해군은 국제 정세의 변화 속에서 명과 후금 사이에 중립 외교를 전개하면서 전후 복구 사업을 추진하였다(개간 장려, 토지와 호적 조사, 대동법 실시, 허준의 "동의보감" 편찬 등).

㉡ 광해군의 지지 세력인 북인은 서인과 남인을 배제한 채 정권을 독점하려 하였다.

㉢ 광해군은 불안정한 왕위를 지키기 위하여 영창 대군을 살해하고 인목 대비를 유폐하여 도덕적으로 비난을 받았다(폐모살제).

핵심만 정리하자

▶ 임진왜란의 영향

국가	내용
조선	• 인구 감소와 농경지 황폐화 • 호적과 양안의 소실 → 재정 악화 • 경복궁, 전주 사고를 제외한 사고(실록을 보관하는 장소) 소실 • 공명첩 발행과 납속 제도 확대 → 신분제의 동요
일본	• 에도 막부(도쿠가와 막부) 성립 • 성리학, 인쇄술, 도자기 발전의 계기
중국	명의 쇠퇴 → 여진의 성장(후금의 건국)

사료 돋보기 **광해군의 중립 외교 정책**

지금 우리가 계책으로 삼는 것은 군신 상하가 모든 일에 힘써 정벌할 준비에 온 생각을 쏟아서 군사를 기르고, 장수를 뽑으며, 인재를 거두어 쓰고, 백성의 걱정을 펴 주어 인심을 기쁘게 하며, 크게 둔전을 개간하고, 병기를 조련하며, 성지(城池)를 잘 수리하여 모든 것을 정리한 뒤에야 정세에 대처할 수 있을 것이로다. 그렇게 하지 않고 혹 태만히 하면 큰 화가 곧바로 이를 것이다. 경들은 임진년의 일을 벌써 잊었는가? 어찌 두렵지도 않은가?

– "광해군일기" –

분석

광해군은 명과 후금 사이에서 중립 외교를 추진하였다. 광해군은 후금을 정벌하는 데 파병 요청을 한 명의 요구에 응하면서도 도원수 강홍립에게 상황에 맞게 행동하도록 지시하였다. 이에 강홍립이 후금에 항복해 조선은 후금과 불필요한 마찰을 피할 수 있었다.

② **인조반정(1623)** : 광해군과 북인은 서인이 주도한 인조반정으로 몰락하였다.

(2) 호란과 북벌론

① **정묘호란**(인조 5, 1627)

㉠ 정권을 잡은 **서인이 친명 배금 정책을 추진**하자, 후금이 조선을 침략하였다.

㉡ 정봉수와 이립 등이 의병을 일으켜 싸웠으나, 후금을 막기에 역부족이었던 조선은 화친을 맺었다(형제의 맹약).

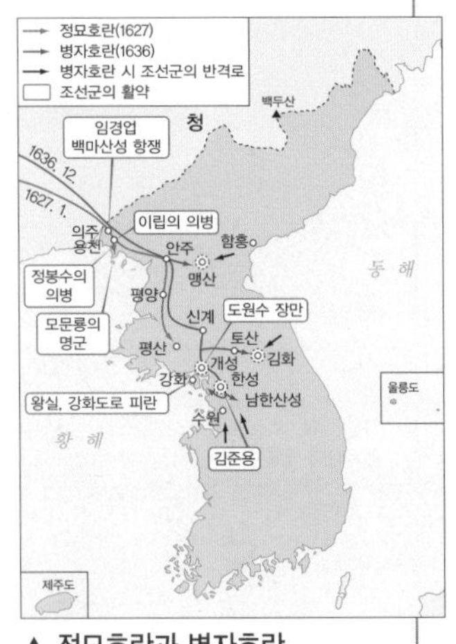

▲ 정묘호란과 병자호란

② **병자호란**(인조 14, 1636) 기출

㉠ 원인

• 세력이 커진 후금은 **조선에 군신 관계를 요구**해왔고, 이러한 상황에 대해 조정은 **주화파(주화론)와 척화파(주전론)로 분열**되었다.

• 결국 **척화파의 주장이 우세**해 후금의 요구를 거절하였다.

㉡ 청의 침략

• 후금은 국호를 청(淸)으로 바꾼 후 **조선을 침략**하였다(1636).

• 인조가 **남한산성에서 항전**하였지만, 결국 조선은 청의 군신 관계를 받아들여 굴욕적으로 강화를 맺었다(삼전도의 굴욕).

• 전쟁 후 명과의 국교가 단절되었고, 소현 세자 · 봉림 대군 등이 심양에 인질로 압송되었다.

● 척화파와 주화파

척화파	오랑캐 국가인 후금(청)을 명과 동등하게 대우할 수 없다고 주장하였다.	김상헌과 3학사
주화파	명분보다는 국제 정세의 현실과 국가의 실질적인 이득을 중요시하여 외교 담판으로 청의 침략을 저지한 다음, 내정 개혁을 통한 국력 배양을 주장하였다.	최명길 등

③ 효종의 북벌 운동

㉠ 소현 세자가 갑자기 죽자 차남인 봉림 대군(효종)이 왕위를 계승하였다.

㉡ 효종은 오랑캐에 당한 치욕을 씻고 명에 대한 의리를 지키자며 **북벌 운동을 추진**하였다.

㉢ 효종은 반청 척화파를 중용하고(송시열, 송준길, 이완 등), 어영청을 중심으로 군사력을 강화하였다.

㉣ 북벌 운동은 실현되지 못하였고, 18세기 후반 청의 선진 문물을 수용해야 한다는 **북학론이 제기**되었다.

2 조선 후기의 정치 변동

1 통치 체제의 변화

(1) 비변사의 기능 강화 기출

① 설치(중종) : 왜구와 여진의 침략에 대비해 임시 회의 기구로 설치되었다.

② 상설 기구화(명종) : 16세기 중엽 을묘왜변을 계기로 상설 기구가 되었다.

③ 비변사의 구성원 확대와 기능 강화

㉠ 임진왜란을 맞아 대책을 수립하기 위하여 고위 관원들이 합의하는 기구의 필요성이 증대되자 비변사의 구성원이 3정승을 비롯한 고위 관원들로 확대되고 기능이 강화되었다.

㉡ 비변사의 구성원은 임진왜란 이후 전 · 현직 정승을 비롯하여 (공조)를 제외한 5조의 판서와 참판, 각 군영 대장, 대제학, 강화 유수 등 국가의 중요 관원들로 확대되었다.

④ 결과 : 비변사가 강화되면서 왕권이 약화되고 6조 중심의 행정 체계도 유명무실해졌다.

▲ "비변사등록"

(2) 군사 제도의 변화 기출

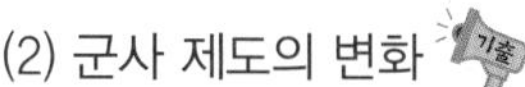

① 중앙군의 개편 : 5군영 체제

㉠ 훈련도감 : 임진왜란 중 편성되었고, 직업 군인인 삼수병(포수, 사수, 살수)으로 구성되었다.

㉡ 어영청 : 인조 때 처음 만들어졌으며, 효종 때 북벌 운동의 중심 기구가 되었다.

㉢ 총융청 · 수어청(인조), 금위영(숙종)이 편성되면서 5군영 체제가 완성되었다.

② 지방 군사 제도의 개편

㉠ 지방군 개편의 배경 : 조선 초기의 진관 체제가 무너지면서 16세기 중종 때 제승방략 체제로 바뀌었는데 왜란을 맞아 실효를 거두지 못하였다.

㉡ 속오군 : 양반으로부터 노비에 이르기까지 모두 속오군으로 편제하였다.

● 속오군
양반부터 노비에 이르기까지 모두 편제되었는데, 평상시에는 생업에 종사하다가 유사시에는 전투에 참여하였다.

2 붕당 정치의 전개와 탕평 정치

(1) 인조반정 이후의 정국

① 서인과 남인 : 학문의 뿌리도 다르지만, 정치사상에 있어서도 다른 점이 있었다.

서인	• 상업과 기술 발전에 호의적이며 노비 속량과 서얼 허통에도 비교적 적극적이었고 부국강병에 관심이 있었다. • 권력 구조에 있어서 대신이 주도하는 정치를 지향하였다.
남인	• 수취 체제의 완화와 자영 농민의 육성에 치중하고 상업과 기술 발전에 소극적이었다. • 권력 구조에 있어서 왕권의 강화와 정책 비판 기능에 큰 비중을 두었다.

② 반정을 주도한 서인은 남인 일부와 연합하여 정국을 운영해 나갔다. 이들은 서로의 학문적 입장을 인정하는 토대 위에서 상호 비판적인 공존 체제를 이루어 나갔다.

③ 산림의 여론 주재

㉠ 정치적 여론은 주로 서원을 중심으로 모아져서 자기 학파의 관리들을 통하여 중앙 정치에 반영되었다.

㉡ 각 학파에서 학식과 덕망을 겸비한 인물이 '산림(山林)'이란 이름으로 재야에서 그 여론을 주도하였다.

● 산림(山林)

시골에 은거해 있던 학덕이 높은 학자 가운데 국가의 부름을 받아 특별한 대우를 받던 인물을 일컫는다.

(2) 예송 논쟁

① 현종 때까지는 서인이 우세한 가운데 남인과 연합하여 공존하는 구도가 유지되며 정치가 전개되었다.

② 예송 논쟁

㉠ 차남으로 왕위에 오른 효종의 정통성과 관련하여 서인과 남인 사이에 두 차례에 걸쳐 예송이 일어났다.

㉡ 인조의 계비였던 자의 대비 조씨의 복제가 쟁점이 되었다.

③ 예송 논쟁의 쟁점 기출

㉠ 서인은 효종이 적장자가 아님을 들어 왕과 사대부에게 동일한 예가 적용되어야 한다는 입장에서 1년설과 9개월설을 주장하였다.

㉡ 남인은 왕에게는 일반 사대부와 다른 예법이 적용되어야 한다는 입장에서 3년설과 1년설을 각각 주장하여 대립하였다.

④ 예송 논쟁의 결과

1차 예송(기해예송)	서인의 1년설이 받아들여졌다.
2차 예송(갑인예송)	남인의 1년설이 받아들여졌다.

심화 플러스 예송 논쟁

예송 논쟁은 차남으로 왕위에 오른 효종의 정통성과 관련하여, 1659년 효종의 사망 시(기해예송)와 1674년 효종 비의 사망 시(갑인예송)에 두 차례에 걸쳐 일어났다. 이때 인조의 계비 자의 대비의 상복 문제가 쟁점이 되었다.

▲ 송시열

▲ 허목

송시열 등 서인은 효종이 장자가 아님을 들어 왕과 사대부에게 동일한 예법이 적용되어야 한다는 입장에서 1년설(1차)과 9개월설(2차)을 주장하였고, 허목 등 남인은 왕에게는 일반 사대부와 다른 예법이 적용되어야 한다는 입장에서 3년설(1차)과 1년설(2차)을 각각 주장하여 대립하였다.

기해예송(1차 예송)에서는 서인의 1년설이 받아들여졌고, 갑인예송(2차 예송)에서는 남인의 1년설이 수용되었다.

(3) 환국의 발생(숙종)

환국	집권 세력	내 용
경신환국 (1680)	남인 → 서인	• 남인의 영수 허적이 왕실 천막(유악)을 사적으로 사용한 것과 허적의 아들인 허견의 역모 사건이 원인이 되었다(경신대출척). • 이 사건으로 서인이 집권하였고, 서인은 남인에 대한 처벌 수위를 두고 강경파인 노론과 온건파인 소론으로 분열되었다.
기사환국 (1689)	서인 → 남인	희빈 장씨의 아들(경종)을 세자로 책봉하는 것에 서인이 반대하였다가 축출되었다.
갑술환국 (1694)	남인 → 서인	폐비 민씨(인현 왕후)의 복위 과정에서 남인이 축출당하고 서인이 권력을 장악하였다.

(4) 노론과 소론의 분쟁

① 소론의 집권 : 왕위 계승 문제와 연결되어 분쟁이 일어났는데, 소론이 지지한 경종이 즉위하게 되면서 소론이 집권하여 노론을 탄압하게 되었다(신임옥사, 1721~1722).

② 노론의 집권 : 경종이 병사하고 영조가 즉위하면서 노론이 집권하게 되었다.

(5) 영조의 탕평 정치 기출

① 영조는 즉위 초 탕평의 교서를 발표하고, 노론과 소론을 번갈아 등용하는 등 혼란한 정국을 바로 잡으려 하였으나 이인좌의 난(소론과 일부 남인이 주도)이 발생한 이후에는 붕당 관계를 재조정하려 하였다.

② 탕평파 중심 정국 운영(완론 탕평)

㉠ 붕당을 없앨 것을 내세우며 이에 동의하는 온건하고 타협적인 탕평파를 중심으로 정국을 운영하였다.

㉡ 영조는 붕당의 뿌리를 제거하기 위하여 산림의 존재를 부정하였고, 서원을 대폭 정리하였다.

㉢ 이조 전랑의 권한을 약화시켰으며, 성균관 앞에 탕평비를 세웠다.

③ 개혁 추진

㉠ 민생 안정과 산업 진흥을 위한 개혁을 추진하였다.

㉡ 균역법을 시행하여 백성의 군역 부담을 줄였다.

㉢ 가혹한 형벌을 폐지하고, 사형수에 대한 삼심제를 엄격하게 추진하였다.

㉣ 신문고 제도를 부활시켰다.

㉣ 문물제도 정비 : "속대전", "속오례의", "동국문헌비고"를 간행하였다.

(6) 정조의 탕평 정치 기출

① 준론 탕평 : 왕권 강화

㉠ 외척과 환관 세력을 제거하고 붕당에 관계없이 능력 있는 사람을 고루 등용하였다.

㉡ 정책 자문 기구인 규장각을 설치하고, 왕의 친위 부대인 장용영을 창설하였다.

● 환국의 결과

경신환국 이후 붕당이 정권을 독점하는 일당 전제화가 나타났고, 노론과 소론의 대립이 격화되었다.

● 영조의 탕평비

탕평의 뜻을 알리고자 영조는 성균관 앞에 탕평비를 세웠다. 탕평은 왕의 정치가 한쪽을 편들지 않고 사심이 없으며 당을 이루지 않는 상태에 이르는 것을 의미한다.

▲ 수원 화성

ⓒ 신진 인물이나 중 · 하급 관리들 가운데 능력 있는 사람들을 선발하여 재교육시키는 초계문신제가 시행되었다.

ⓔ 화성에 신도시(수원 화성)를 설치하였다.

② 개혁 추진

㉠ 수령이 군현 단위의 향약을 직접 주관하게 하여 사림의 영향력을 줄이고자 하였다.

㉡ 서얼 출신 학자들을 규장각 검서관에 기용하고, 노비에 대한 차별을 완화하였다.

㉢ 통공 정책(신해통공)을 실시하여 자유로운 상업 활동을 허용하였다.

㉣ 문물제도 정비 : 청으로부터 "고금도서집성"을 수입하였고, "대전통편", "탁지지", "무예도보통지" 등을 편찬하였다.

● "무예도보통지"

조선 정조 때 이덕무(李德懋), 박제가(朴齊家), 백동수 등이 왕명에 따라 편찬한 종합 무예서이다.

3 세도 정치와 농민 봉기

(1) 세도 정치의 전개(19세기 전반) : 순조, 헌종, 철종 시기 기출

① 내용

㉠ 외척 가문을 중심으로 몇몇 유력 가문 출신의 인물들에게 권력이 집중되었다.

㉡ 비변사를 정권 유지 기반으로 활용하였다.

㉢ 세도 가문 : 순조(안동 김씨) → 헌종(풍양 조씨) → 철종(안동 김씨)

② 세도 정치기의 권력 구조

㉠ 왕실의 외척을 중심으로 소수 정치 집단이 권력을 독점하였다.

㉡ 2품 이상의 고위직 관리가 정치권력을 장악하고, 중 · 하급 관리는 행정 실무만 담당하였다.

㉢ 비변사의 기능이 강화되어 의정부와 6조가 유명무실화되었으며, 왕권이 약화되었다.

핵심만 정리하자

▶ 영조와 정조의 주요 정책

영조	• 즉위 후 탕평 교서 발표 • 이인좌의 난 이후 탕평파 중심의 정국 운영(완론 탕평) • 서원의 대폭 정리 • 이조 전랑의 권한 약화 • 주요 정책 : 균역법 시행, 사형수에 대한 삼심제 실시, 청계천 준설 • 편찬 사업 : "속대전", "동국문헌비고" 등 편찬
정조	• 강력한 탕평책 : 각 붕당의 주장이 옳은지 그른지를 명백히 가리는 적극적인 탕평 정책 추진(준론 탕평) • 규장각 설치 : 왕실 도서관이자 정책 자문 기구, 개혁 정치 뒷받침 • 초계문신제 시행 : 신진 인물, 중 · 하급 관리 중 인재 발굴 • 친위 부대인 장용영 설치 및 화성 축조 • 수령 권한 강화 : 지방 사족의 향촌 지배력 억제, 백성에 대한 통치력 강화 • 편찬 사업 : "대전통편", "무예도보통지" 등 편찬

③ 세도 정치의 폐단

㉠ 세도 정권은 사회 모순 해결 능력이 결여되었다.

㉡ 새로운 사회 세력의 정치 참여와 비판 행위를 금지하였다.

㉢ 상인과 부농을 수탈하고, 지방 수령의 자리를 매매하였다(매관매직).

㉣ 삼정의 문란, 수령과 향리의 부정으로 농민의 조세 부담이 가중되어 농민 봉기가 발생하였다.

● 삼정

삼정은 국가의 주요 재정 수입원인 전정(토지세), 군정(군포), 환곡을 의미한다.

(2) 농민의 항거

① 홍경래의 난(1811) 기출

㉠ 삼정의 문란과 서북인(평안도 사람)에 대한 지역적 차별에 항거하여 일어났다.

㉡ 몰락 양반 홍경래가 주도하였고, 영세 농민 · 중소 상인 · 광산 노동자 등이 합세하여 한때 청천강 이북을 점령하였다.

② 임술 농민 봉기(1862) 기출

㉠ 단성, 진주(몰락 양반 유계춘 주도)에서 시작되어 전국적으로 확대되었다.

㉡ 정부에서는 농민 봉기 이후 암행어사를 파견하고 삼정이정청을 설치하였으나 성과를 거두지는 못하였다.

▲ 홍경래의 난

사료 돋보기 홍경래의 난

평서 대원수는 급히 격문을 띄우노니 관서의 부로(父老)와 자제와 공 · 사 천민들은 모두 이 격문을 들으라. 무릇 관서는 성인 기자의 옛 터요, 단군 시조의 옛 근거지로서 의관(衣冠, 유교 문화를 생활화하는 사람)이 뚜렷하고 문물이 아울러 발달한 곳이다. 그러나 조정에서는 관서를 버림이 분토(糞土)와 다름없다. 심지어 권세 있는 집의 노비들도 서토(西土)의 사람을 보면 반드시 '평안도놈'이라 말한다. 어찌 억울하고 원통하지 않은 자 있겠는가. …… 지금 임금이 나이가 어려 권세 있는 간신배가 그 세를 날로 떨치고 김조순, 박종경의 무리가 국가 권력을 오로지 갖고 노니 어진 하늘이 재앙을 내린다. …… 이제 격문을 띄워 먼저 여러 고을의 군후(郡侯)에게 알리노니, 절대로 동요하지 말고 성문을 활짝 열어 우리 군대를 맞으라. 만약 어리석게 항거하는 자가 있으면 철기 5,000으로 남김없이 밟아 무찌르리니, 마땅히 속히 명을 받들어 거행함이 가하리라.

– "패림" –

분석

평서 대원수, 관서, 서토(西土), 평안도놈, 간신배, 김조순, 박종경, 권세, 격문

▼

몰락 양반인 홍경래는 세도 정치 시기 삼정의 문란과 평안도 지역에 대한 차별 대우에 반발하여 봉기를 일으켰다. 가산에서 난을 일으켜 선천, 정주 등을 점거하고 한때 청천강 이북 땅을 점령하였으나, 5개월 만에 진압되었다.

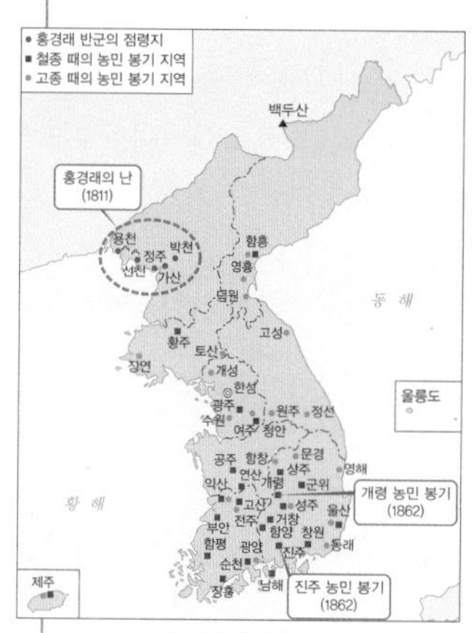

▲ 19세기의 농민 봉기

기출 및 예상 문제

01 양 난의 극복

[1] 임진왜란 당시 이순신이 이끄는 조선 수군이 승리하여 남해의 제해권을 장악하였다. O | X

[2] 광해군은 명과 후금 사이에서 중립 외교를 추진하였다. O | X

[3] 인조 때 청의 군신 관계 요구를 거부하여 임진왜란이 일어났다. O | X

01 임진왜란 때의 주요 전투를 벌어진 순서대로 바르게 나열한 것은?

ㄱ. 권율 장군이 행주산성에서 왜군을 크게 무찔렀다.
ㄴ. 조선과 명의 군대가 합세하여 평양성을 탈환하였다.
ㄷ. 진주 목사 김시민이 왜의 대군을 맞아 격전 끝에 진주성을 지켜냈다.
ㄹ. 이순신 장군이 한산도 앞바다에서 왜의 수군을 격퇴하고 제해권을 장악하였다.

① ㄱ－ㄴ－ㄷ－ㄹ ② ㄱ－ㄷ－ㄴ－ㄹ
③ ㄹ－ㄴ－ㄷ－ㄱ ④ ㄹ－ㄷ－ㄴ－ㄱ

02 다음 〈보기〉에서 광해군이 축출되고 북인 정권이 무너지게 된 원인을 고르면?

〈보 기〉

ㄱ. 양안과 호적을 새로이 작성하였다.
ㄴ. 강홍립에게 정세에 따라 향배를 결정하도록 하였다.
ㄷ. 왕권의 안정을 얻고자 인목 대비를 폐위시켰다.
ㄹ. 성곽과 무기를 수리하는 등 국방을 강화하였다.

① ㄱ, ㄴ ② ㄱ, ㄹ
③ ㄴ, ㄷ ④ ㄷ, ㄹ

03 다음 반정(反正)을 도모한 정치 세력의 대외 인식을 반영한 것으로 옳은 것은?

적신 이이첨과 정인홍(鄭仁弘) 등이 또 그의 악행을 종용하여 임해군(臨海君)과 영창 대군을 해도(海島)에 안치하여 죽이고, …… 대비를 서궁(西宮)에 유폐하고 대비의 존호를 삭제하는 등 그 화를 헤아릴 수 없었다. 선왕조의 구신들로서 이의를 두는 자는 모두 추방하여 당시 어진 선비가 죄에 걸리지 않으면 초야로 숨어버림으로써 사람들이 모두 불안해하였다. 또 토목 공사를 크게 일으켜 해마다 쉴 새가 없었고, 간신배가 조정에 가득 차고 …… 임금이 윤리와 기강이 이미 무너져 종묘사직이 망해가는 것을 보고 개연히 난을 제거하고 반정(反正)할 뜻을 두었다.

– "조선왕조실록" –

① 명의 신종에게 재조지은(再造之恩)을 갚기 위해 만동묘를 설치하였다.
② 광해군 집권 당시에는 중립 외교를 적극적으로 주장하였다.
③ 명의 원군 요청에 적절히 대처하고 후금과 친선을 도모하였다.
④ 대의명분보다 실리를 중요시하는 외교 정책을 제시하였다.

04 다음은 17세기에 발생한 두 차례의 호란에 대한 내용이다. 당시 국내외 상황을 잘못 설명한 것은?

① 조선은 척화 주전론으로 일관하였다.
② 이괄의 일파는 후금의 조선 침입을 종용하였다.
③ 광해군은 명의 출병 요구에 신중한 외교로 대응하였다.
④ 효종 년간 '복수설치(復讎雪恥)'라는 정치적 의식이 대두되었다.

2015년 서울 9급

05 다음 중 ㉠ 시기의 대표적인 정치 동향은?

1623	1649	1659	1674
인조반정	효종 즉위	기해예송	갑인예송

(1649~1659: ㉠)

① 북벌론이 강력하게 추진되었다.
② 서인이 쫓겨나고 남인이 정국을 주도하였다.
③ 민비가 쫓겨나고 장희빈이 왕비에 올랐다.
④ 강성한 청나라와 등거리 외교로 실리적 외교 정책을 견지하였다.

02 조선 후기의 정치 변동

[1] 현종 때 서인과 동인 사이에 예송 논쟁이 일어났다. O | X

[2] 숙종 때는 환국이 자주 발생하여 정치 주도 세력이 자주 교체되었다. O | X

[3] 영조는 자신의 뜻에 동조하는 탕평파를 육성하여 정국을 운영하였다. O | X

[4] 정조는 규장각을 설치하고, 장용영을 설치하였다. O | X

[5] 평안도 지역의 차별과 지배층에 수탈에 저항한 봉기는 진주 농민 봉기이다. O | X

06 다음에서 설명하는 조선 시대의 기관은?

- 3포 왜란을 계기로 설치된 임시 관청이며, 을묘왜변을 계기로 정식 관청이 되었다(1555).
- 정청(政廳)과 권부(權府)라는 이중성이 상존된 것이며, 이의 존치는 결국 중앙 집권적 관료주의를 심화시킨 것이었다.
- 임진왜란 이후 국정의 모든 사무를 담당하게 되면서 최고 정무 기관이 되었다.
- 조선 후기 구성원이 확대되고 기능이 강화되면서 의정부와 6조를 중심으로 하던 국가 행정 체계를 무너뜨렸으며, 왕권도 약화시켰다.

① 홍문관 ② 승정원
③ 춘추관 ④ 비변사

07 다음 밑줄 친 '이 기구'에 대한 설명으로 옳지 않은 것은?

김익희가 상소하여 말하기를, "요즘 이 기구가 큰일이건 작은 일이건 모두 취급합니다. 의정부는 한갓 겉 이름만 지니고 육조는 할 일을 모두 빼앗기고 말았습니다. 이름은 '변방을 담당하는 것'이라고 하면서 과거에 대한 판정이나 비빈 간택까지도 모두 여기서 합니다."라고 하였다.

① 명종 때 을묘왜변을 계기로 처음 만들어진 임시 회의 기구이다.
② 세도 정치기에도 핵심적인 정치 기구로 자리 잡았다.
③ 의정부의 의정과, 공조판서를 제외한 판서 등 주요 관직자가 참여하는 합좌 기관이다.
④ 고종 때 흥선 대원군에 의해 사실상 폐지되었다.

08 다음 내용과 관련된 군사 조직에 대한 설명으로 옳은 것은?

외방 곳곳에서 도적들이 일어났다. 나는 청하기를 "양곡 1천 석을 군량으로 하되, 한 사람당 하루에 2승씩 급료를 준다면 사방에서 군인으로 응하는 자가 모여들 것입니다." …… 얼마 안 되어 수천 명을 얻어 조총 쏘는 법과 창칼 쓰는 기술을 가르치고, 초관과 파총을 세워 그들을 거느리게 하였다. 또 당번을 정하여 궁중을 숙직하게 하고, 국왕의 행차가 있을 때에 이들로써 호위하게 하니 민심이 점차 안정되었다.

– "서애집" –

① 양반에서 노비에 이르기까지 편제 대상이 되었다.
② 진도와 제주도를 중심으로 몽골군에 항쟁하였던 부대이다.
③ 서리, 잡학인, 신량역천인 등이 소속되어 유사시에 동원되었다.
④ 이 부대의 군인들은 포수, 사수, 살수로 구성되었다.

09 다음은 조선 시대 붕당에 대한 설명이다. ㉠~㉣에 대한 설명으로 옳지 않은 것은?

> 사림이 ㉠ 동인과 서인으로 나뉜 후, 동인이 우세한 가운데 정국이 운영되었다. 동인은 ㉡ 온건파인 남인과 급진파인 북인으로 나뉘었다. 그 후 ㉢ 서인과 남인이 격렬하게 대립하였으며, 나중에는 서인에서 갈라져 나온 ㉣ 노론과 소론이 치열하게 경쟁하였다.

① ㉠ – 척신 정치의 잔재 청산 문제에서 주로 소극적인 부류가 서인, 적극적인 부류가 동인으로 형성되었다.
② ㉡ – 정여립 모반 사건 등을 계기로 나뉘어져 처음에는 남인이 정국을 주도하였으나 임진왜란 이후 북인이 집권하였다.
③ ㉢ – 예송 논쟁에서 나타난 예론의 차이는 신권을 강화하려는 서인과 왕권을 강화하려는 남인 사이의 정치적 입장과 연결되었다.
④ ㉣ – 노론은 실리를 중시하고 북방 개척을 주장하는 경향을 보이며, 소론은 대의명분을 중시하고 민생 안정을 강조하는 경향을 보였다.

10 다음 중 같은 국왕 대에 일어난 사실들을 바르게 연결한 것은?

> (가) 적극적인 북벌 운동을 계획하고 어영청을 2만여 명으로 확대하였다.
> (나) 서인이 송시열을 영수로 하는 노론과 윤증을 중심으로 하는 소론으로 갈라졌다.
> (다) 대외적으로 명과 후금의 싸움에 휘말리지 않으면서 실리적인 외교 정책을 펼쳤다.

〈보 기〉

> ㄱ. 하멜이 가져온 조총의 기술을 활용하여 서양식 무기를 제조하였다.
> ㄴ. 후금의 태종이 광해군을 위한다는 명분으로 황해도 평산까지 쳐들어 왔다.
> ㄷ. 대동법을 처음으로 경기도에서 시행하였다.
> ㄹ. 백두산정계비를 세워 서쪽으로 압록강, 동쪽으로 토문강을 경계로 삼았다.

① (가) – ㄴ　　② (가) – ㄹ
③ (나) – ㄱ　　④ (다) – ㄷ

11 다음의 (가), (나)는 예송 논쟁에서 있었던 정치적 대립이다. (가), (나)를 주장한 각 붕당에 대한 설명으로 옳은 것은?

> (가) 효종은 임금이셨으니 새어머니인 인조 임금의 계비는 돌아가신 효종에 대해 3년 복을 입어야 합니다. 임금의 예는 보통 사람과 다릅니다.
> (나) 효종은 형제 서열상 차남이셨으니 새어머니인 인조 임금의 계비는 돌아가신 효종에 대해 1년 복을 입어야 합니다. 천하의 예는 모두 같은 원칙에 따라야 합니다.

① 기해예송에서 (가)의 주장이 채택되었다.
② (나)의 주장을 한 붕당은 경신환국 이후 노론과 소론으로 분열하였다.
③ (가)의 주장을 한 붕당은 신권 강화를 중시하였고, (나)의 주장을 한 붕당은 왕권 강화를 중시하였다.
④ 효종비가 사망한 후, (나)의 주장을 한 붕당은 자의대비 조씨(조대비)가 1년 복을 입어야 한다고 주장하였다.

2014년 지방 9급

12 조선 후기 예송에 대한 설명으로 옳지 않은 것은?

① 갑인예송에서 남인은 조대비가 9개월 복의 상복을 입어야 한다고 주장하였다.
② 기해예송은 서인의 주장대로 조대비가 효종을 위해 1년 복을 입는 것으로 결정되었다.
③ 기해예송은 효종이 사망하자 조대비가 상복을 3년 복으로 입을 것인가, 1년 복으로 입을 것인가를 둘러싸고 일어났다.
④ 갑인예송은 효종비가 사망하자 조대비가 상복을 1년 복으로 입을 것인가, 9개월 복으로 입을 것인가를 둘러싸고 일어났다.

13 조선 숙종 때의 정국에 대한 설명으로 옳은 것을 〈보기〉에서 모두 고르면?

〈보 기〉

ㄱ. 지금까지의 당파 연립 방식을 버리고 붕당을 자주 교체하는 방식이 대두하였다.
ㄴ. 강력한 왕권을 바탕으로 왕을 붕당 사이의 치열한 다툼을 억눌렀다.
ㄷ. 서인은 송시열을 영수로 하는 노론과 윤증을 중심으로 하는 소론으로 갈라졌다.
ㄹ. 이조 전랑의 역할을 축소시켰다.

① ㄱ, ㄴ　② ㄱ, ㄷ
③ ㄴ, ㄷ　④ ㄴ, ㄹ

2015년 소방

14 다음 비문(碑文)을 세운 조선 후기 왕(王)의 활동에 대한 설명 중 가장 적절하지 <u>않은</u> 것은?

두루 하면서 무리 짓지 않는 것이 곧 군자의 공심이고
무리 짓고 두루 하지 않는 것은 바로 소인의 사심이다.
(周而不比 乃君子之公心)
(比而不周 寔小人之私心)

① 전국적인 지리지와 지도의 편찬을 활발하게 추진하여 여지도서, 동국여지도 등이 간행되었다.
② 당파의 옳고 그름을 명백히 가리는 적극적인 준론탕평(峻論蕩平) 정책을 추진하였다.
③ 양역의 군포를 1필로 통일하는 균역법을 시행하였고, 수성윤음을 반포하여 수도 방어 체제를 개편하였다.
④ 국가의 문물제도를 시의에 맞게 재정비하려는 목적으로 속대전, 속오례의 등 많은 편찬 사업을 이룩하였다.

2016년 소방

15 다음 중 (가)와 (나) 사이의 시기에 있었던 사실로 옳은 것은?

(가) 청에 대한 적개심이 오랫동안 남아 있어서 북벌 정책을 추진하기도 하였다.
(나) 수원으로 사도 세자의 묘를 옮기고, 화성을 세워 정치적 · 군사적 기능을 부여함과 동시에, 상공인을 유치하여 자신의 정치적 이상을 실현하는 상징적 도시로 육성하고자 하였다.

① 명과 후금 사이에서 신중한 중립 외교 정책으로 대처하였다.
② 법전 체계를 정리한 속대전, 백과사전인 동국문헌비고를 편찬하였다.
③ 허준으로 하여금 동의보감을 편찬하게 하였다.
④ 안동 김씨나 풍양 조씨 같은 왕의 외척 세력이 권력을 행사하였다.

2016년 지방 9급

16 다음 정책을 시행한 왕에 대한 설명으로 옳은 것은?

- "속대전"을 편찬하여 법령을 정비하였다.
- 사형수에 대한 삼복법(三覆法)을 엄격하게 시행하였다.
- 신문고 제도를 부활시켜 백성들의 억울함을 풀어주고자 하였다.

① 신해통공을 단행해 상업 활동의 자유를 확대하였다.
② 삼정이정청을 설치해 농민의 불만을 해결하려 하였다.
③ 붕당의 폐단을 제거하기 위해 서원을 대폭 정리하였다.
④ 환곡제를 면민이 공동 출자하여 운영하는 사창제로 전환하였다.

17 조선 영조 때의 역사적 사실로 옳지 <u>않은</u> 것은?

① 속대전을 편찬하여 법전 체계를 정비하였다.
② 군역의 부담을 줄여주기 위해 균역법을 시행하였다.
③ 산림의 존재를 인정하지 않고, 그들의 본거지인 서원을 상당수 정리하였다.
④ 각 붕당의 주장이 옳은지 그른지를 명백히 가리는 적극적인 탕평책을 추진하였다.

18 밑줄 친 '국왕'의 정책으로 옳지 <u>않은</u> 것은?

> <u>국왕</u>께서 왕위에 즉위한 첫 해에 맨 먼저 도서집성 5천여 권을 연경의 시장에서 사오고, 또 옛날 홍문관에 간직했던 책과 명에서 보내온 책들을 모았다. …… 창덕궁 안 규장각 서남쪽에 열고관을 건립하여 중국본을 저장하고, 북쪽에는 국내본을 저장하니, 총 3만 권 이상이 되었다.

① 통치 규범을 재정리하기 위하여 대전통편을 편찬하였다.
② 당파와 관계없이 인물을 등용하는 완론 탕평을 실시하였다.
③ 당하관 관료의 재교육을 위해 초계문신 제도를 시행하였다.
④ 왕권을 강화하기 위해 장용영이라는 친위 부대를 창설하였다.

19 밑줄 친 '상(上)'의 재위 시에 있었던 일로 옳은 것은?

> 이 책이 완성되었다. …… 곤봉 등 6가지 기예는 척계광의 기효신서에 나왔는데 …… 장헌 세자가 정사를 대리하던 중 기묘년에 명하여 죽장창 등 12가지 기예를 더 넣어 도해로 엮어 새로 신보를 만들었고, <u>상(上)</u>이 즉위하자 명하여 기창 등 4가지 기예를 더 넣고 또 격구, 마상재를 덧붙여 모두 24가지 기예가 되었는데, 검서관 이덕무, 박제가에게 명하여 …… 주해를 붙이게 했다.

① 민(民)의 상언과 격쟁의 기회를 늘려주었다.
② 대전회통을 편찬하여 통치 체제를 재정리하였다.
③ 군역의 부담을 줄이기 위해 균역법을 시행하였다.
④ 5군영 대신 무위영과 장어영 등 2영을 설치하였다.

20 다음 중 정조 때 설치된 규장각에 대한 설명으로 옳지 <u>않은</u> 것은?

① 역대 국왕의 문적을 수집, 보관하기 위한 곳이었다.
② 학술 및 정책의 연구와 자문 기관으로 육성되었다.
③ 박제가, 유득공, 이덕무, 이서구 등 서얼 출신의 학자들이 다수 기용되었다.
④ 동국문헌비고, 속대전 등을 편찬하여 문헌 및 법전을 재정비하였다.

21 다음 글을 남긴 국왕의 재위 기간에 일어난 사실로 옳은 것은?

> 보잘 것 없는 나, 소자가 어린 나이로 어렵고 큰 유업을 계승하여 지금 12년이나 되었다. 그러나 나는 덕이 부족하여 위로는 천명(天命)을 두려워하지 못하고 아래로는 민심에 답하지 못하였으므로, 밤낮으로 잊지 못하고 근심하며 두렵게 여기면서 혹시라도 선대왕께서 물려주신 소중한 유업이 잘못되지 않을까 걱정하였다. 그런데 지난번 가산(嘉山)의 토적(土賊)이 변란을 일으켜 청천강 이북의 수많은 생령이 도탄에 빠지고 어육(魚肉)이 되었으니 나의 죄이다.
>
> – "비변사등록" –

① 최제우가 동학을 창도하였다.
② 공노비 6만 6천여 명을 양인으로 해방시켰다.
③ 미국 상선 제너럴셔먼호가 격침되었다.
④ 삼정의 문란을 해결하기 위해 삼정이정청을 설치하였다.

22 19세기 발생한 농민 봉기에 대한 설명으로 옳지 <u>않은</u> 것은?

① 몰락한 양반이 민란을 주도하기도 하였다.
② 임술 농민 봉기는 삼남 지방에서 가장 치열하게 일어났다.
③ 홍경래의 난 당시 지도자들은 지방 차별 타파를 내세웠다.
④ 농민 봉기의 결과 부세 제도의 근본적 개혁이 이루어졌다.

23 19세기 조선 사회에 대한 설명으로 옳은 것을 〈보기〉에서 모두 고르면?

〈보 기〉

ㄱ. 순조 초에 훈련도감이 벽파 세력에 의해 혁파되고, 군영 대장 후보자를 결정할 권한은 당시 권력 집단이 장악한 비변사가 가지고 있었다.
ㄴ. 중앙 정치 참여층이 경화 벌열로 압축되고 중앙 관인과 재지 사족 간에 존재했던 경향의 연계가 단절되면서 전통적인 사림의 공론 형성은 거의 불가능해졌다.
ㄷ. 환곡은 본래 진휼책의 하나였지만, 각 아문에서 환곡의 모곡을 재정 수입의 주요 항목으로 이용하면서 부세와 다름없이 운영되었다.
ㄹ. 홍경래의 난을 계기로 국가는 삼정이정청을 설치하여 삼정의 개선 방안을 모색하였으며, 각지의 사족들 또한 상소문을 올려 해결 방안을 제시하였다.

① ㄱ, ㄴ　　② ㄴ, ㄷ
③ ㄴ, ㄹ　　④ ㄷ, ㄹ

24 다음 연표의 각 시기에 해당하는 내용으로 옳은 것은?

1623		1680		1728		1801		1863
인조반정	(가)	경신환국	(나)	이인좌의 난	(다)	신유박해	(라)	흥선 대원군 집권

① (가) – 서인이 주도하고 남인이 공조 및 비판하는 공존 체제가 유지되었다.
② (나) – 훈구 세력과 사림 세력의 갈등과 대립으로 사화가 빈번하게 일어났다.
③ (다) – 특정한 소수의 명문 가문에 의해서 정국이 주도되었다.
④ (라) – 강력한 왕권이 붕당 사이의 치열한 다툼을 일시적으로 통제하였다.

[Ⅲ 조선 유교 사회의 성립과 변화]

조선의 경제 정책과 경제생활의 변화

출제 빈도  상  중  하

꼭 기억해야 할 연표

- 1466 세조, 직전법 실시
- 1608 광해군, 대동법 경기도 실시
- 1635 인조, 영정법 실시
- 1708 숙종, 대동법 전국적 실시 (잉류 지역 제외)
- 1750 영조, 균역법 실시

1 토지 제도와 수취 체제의 정비

1 토지 제도의 변화 (기출)

(1) 과전법 실시(고려 공양왕, 1391)

① 목적 : 신진 사대부의 경제 기반을 확보하고, 농민 생활의 안정을 목적으로 실시되었다.

② 특징

㉠ 현직 및 산직 품관(전 · 현직 관리)에 18과로 구분하여 과전을 지급하였다.

㉡ 경기 지방에 한해 수조권을 지급하였다.

㉢ 농민의 경작권을 법적으로 보장하였다.

③ 토지의 종류

㉠ 과전 : 전 · 현직 관리를 대상으로 18등급(최고 150결 ~ 최하 10결, 경기도 내에 한정)으로 구분하여 지급하였고, 세습은 불허되었다.

㉡ 수신전, 휼양전은 실질적으로 세습되었다.

● 수신전과 휼양전

- 수신전 : 남편이 죽은 후 부인에게 지급한 토지
- 휼양전 : 부모가 죽은 후 자식에게 지급한 토지

사료 돋보기 — 수신전(守信田)과 휼양전(恤養田)

무릇 수전자(受田者)는 그가 죽은 후 처(妻)가 자식이 있어 수신(守信)하는 경우 전과(全科)를 전수(傳受)하며 자식이 없이 수신하는 경우에는 반감(半減)하여 전수하고, 원래 수신하지 않는 경우는 이에 해당되지 않는다. 부모가 모두 죽고 자손이 유약한 경우는 휼양(恤養)함이 마땅하니 그 부(父)의 과전을 전부 전수(傳受)하되, 나이 20세가 되면 각기 자기의 과(科)에 따라 절수하고, 딸은 남편이 정해진 뒤 그 과에 따라 절수한다.

– "고려사" –

분석

수전자, 처, 수신, 부모, 휼양, 전수

▼

수신전은 과전을 받은 관리가 죽었을 때 재혼하지 않은 부인에게, 휼양전은 관리 부부가 다 죽고 자녀가 어릴 때 그 자녀에게 지급한 토지이다.

(2) 직전법 실시(세조, 1466)

① 배경 : 많은 과전의 지급으로 경기 지역 내 수조권이 부족한 상황이 되었다.

② 내용 : 현직 관리에게만 토지를 지급하도록 하였으며, 수신전과 휼양전은 몰수하였다.

(3) 관수관급제 실시(성종, 1469)

① 배경 : 직전법 시행 이후 관리들이 농민에게 조세를 과다하게 거두는 일이 빈번하였다.

② 내용 : 경작자는 국가에 직접 조를 납부하였으며, 국가의 토지 지배를 강화하였다.

(4) 직전법 폐지(명종, 1556)

① 수조권 지급이 소멸되었고, 관리는 오직 녹봉만 받게 되었다.

② 수확량의 절반을 소작료로 징수하는 병작반수에 입각한 지주제가 더욱 확대되었다.

2 수취 체제의 정비 기출

(1) 토지세(전세)

① 조선 건국 직후에는 1결당 30두의 토지세를 징수하였다.

② 세종 때 공법(전분 6등법과 연분 9등법)이 실시되어 최고 20두에서 최하 4두까지 차등 과세하였다.

③ 16세기 이후 지주가 내야 할 토지세를 소작인에게 내도록 강요하는 폐단이 발생하였다.

(2) 공납

① 중앙 관청이 각 군현에 종류와 수량을 할당하면 군현에서는 각 호에 할당해 징수하였다.

② 해마다 일정량의 토산물을 내는 상공을 비롯하여 별공과 진상이 수시로 부과되었다.

③ 16세기 이후 관청의 서리나 지방의 부호들이 공물을 대신 내고 그 대가를 챙기는 방납의 폐단이 나타났다.

(3) 역(役)

① 16 ~ 59세의 정남(丁男)에게 부과하였다.

② 군대에 가는 군역과 토목 공사 등에 동원되는 요역이 있었다.

③ 16세기 이후 다른 사람을 사서 역을 대신하는 대립, 포를 받고 군역을 면제해주는 방군수포도 성행하였다.

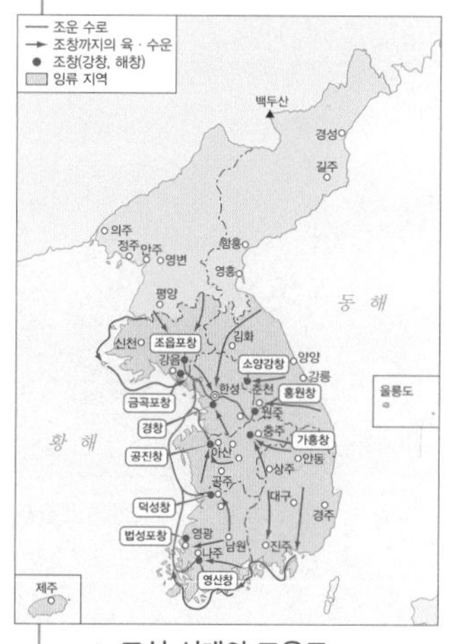

▲ 조선 시대의 조운로

● 군역과 요역

• 군역 : 정군 또는 보인(봉족)으로 군역을 수행하였다.

• 요역 : 노동력을 동원하는 것이다. 1년 중 동원 일수는 6일 이내로 규정되었고, 경작하는 토지 8결마다 한 사람을 차출하게 하였다.

2 조선 후기 수취 체제의 개편

1 전세의 정액화 : 영정법의 시행

(1) 배경 : 세종 때 공법(전분 6등법, 연분 9등법)이 지나치게 복잡해 15세기 말부터는 1결 당 4~6두씩 징수하는 관행이 나타났다.

(2) 영정법 실시(인조) 기출

① 풍흉에 관계없이 토지 1결당 4~6두로 고정 과세하였다.

② 전세율은 낮아졌지만 삼수미세(1결당 2.2두) 등의 신설로 농민 부담은 더욱 증가하였다.

핵심만 정리하자

▶ 조선 시대의 토지 제도 변화

	과전법	직전법	관수 관급제	녹봉제
시기	공양왕(1391)	세조(1466)	성종(1470)	명종(16세기)
배경	권문세족의 대농장 → 재정 궁핍	경기도의 과전 부족	과전 경작 농민에 대한 과도한 수취	수조권 지급 폐지
목적	신진 사대부의 경제적 기반 마련	토지 부족의 보완 → 국가 재정의 안정	국가의 토지 및 농민 지배권 강화	관리들의 생계 보장
원칙	• 전 · 현직 관리 모두에게 지급 • 수신전과 휼양전 지급 • 경기도에'만' 지급	현직 관리에게만 지급	국가에서 수조권 행사	현물 녹봉만 지급
영향	농민의 경작권 인정	훈구파의 농장 확대	농장 확대 가속화	농장의 보편화

▶ 조선 전기 수취 체제

구분	내용
전세(토지세)	세종 때 공법(전분 6등법, 연분 9등법) → 최고 1결당 20두, 최하 1결당 4두를 차등 징수
공납	각 호(戶)를 기준으로 현물 납부 → 방납의 폐단 발생
역	16세부터 60세까지의 양인을 대상으로 함, 군역과 요역(노동력 동원)

2 공납의 전세화 : 대동법의 시행 기출

(1) 배경 : 지방 특산물을 현물로 냈던 공납은 농민에게 가장 큰 부담이었고, 방납의 폐단으로 농민의 부담은 더욱 증가하였다.

(2) 내용 : 토지 결수를 기준으로 현물 대신 미, 포, 전 등으로 납부하였다. → 토지 1결당 쌀 12두 납부

(3) 시행 과정 : 1608년 광해군 때 경기도에서 처음 시작되어 1708년 숙종 때 (잉류 지역을 제외하고) 전국적으로 시행되었다.

(4) 결과

① 금납화가 확대되어 금속 화폐의 전국적 유통이 가능해졌다.

② 공인이 등장하였고, 이후 도고(독점적 도매 상인)로 성장하였다.

(5) 폐단

① 진상, 별공 등 현물 납부가 여전히 존재하였다.

② 상납미가 지속적으로 증가하고 지방 관청의 유치미가 줄어들자, 수령 및 향리들은 농민 수탈을 강화하였다.

③ 토지를 가진 지주에게 부과되던 대동세가 토지를 가지지 못한 소작농에게 전가되었다.

▲ 대동세의 징수와 운송

● 공인

대동법 실시로 등장한 관수품 조달 상인이다. 중앙 관청에서 필요로 하는 물품을 사서 납부하는 어용 상인이었다.

사료 돋보기 대동법(大同法)의 실시

선혜청(宣惠廳)을 설치하였다. 처음에 영의정 이원익이 제의하기를 "각 고을의 진상(進上)과 공물(貢物)이 각급 관청의 방납인(防納人)에 의해 저지되어, 한 물건의 값이 3, 4배 혹은 수십 · 수백 배까지 되어 그 폐해가 극심하고, 특히 경기 지방은 더욱 그러합니다. 지금 마땅히 별도로 청을 설치하여 매년 봄 · 가을로 백성들에게 쌀을 거두되, 토지 1결마다 2번에 걸쳐 8두씩 거두어 본청에 수납하게 하고, 본청은 그때 물가의 시세를 보아 쌀로써 방납인(防納人)에게 지급하여 수시로 무역해서 납부하게 하소서."라고 하니, 임금이 이에 따랐다. 이때 왕의 교지 중에서 선혜(宣惠)라는 말이 있어 이로써 청(廳)의 이름을 삼았다.

– "광해군일기" –

> **분석**
> 선혜청, 진상, 공물, 방납인, 쌀
> ▼
> 선혜청은 대동법 관할 관청이다. 대동법은 호(戶)에 부과되던 공납을 토지 결수에 따라 쌀, 면포, 삼베, 동전으로 대신 징수한 제도이다.

3 균역법의 시행

(1) 배경 : 군역 대신 포를 내는 경향의 증가, 납속이나 공명첩의 발행으로 농민의 수 감소뿐만 아니라 군역의 폐단이 심해지면서 농민들의 부담이 증가하였다.

(2) 내용 : 정부는 매년 2필씩 바치던 군포를 1필로 줄였다.

(3) 부족한 군포 보충

① 토지에 결작(1결당 2두)을 부과하고, 해세(海稅) · 어장세 · 선박세 등의 잡세를 국가 재정으로 보충하였다.

② 일부 부유한 상민에게도 선무군관포를 징수하였다.

사료 돋보기 군정(軍政)의 문란

• 나라의 100여 년에 걸친 고질병폐(痼疾病弊)로서 가장 심한 것은 양역(良役)이다. 호포(戶布)나 결포(結布)의 주장들이 분분하게 나왔으나 적당히 따를 만한 것이 없다. 백성은 날로 곤란해지고 폐해는 갈수록 심해지니, 혹은 3, 4명의 형제가 한꺼번에 군포(軍布)를 납부해야 하며, 또한 이웃의 이웃이 견책을 당하고 친척의 친척이 징수를 당하고, 황구(黃口)는 젖 밑에서 군정(軍丁)으로 편성되고, 백골(白骨)은 지하에서 징수를 당하며, 한 사람이 도망하면 열 집이 보존되지 못하니, 비록 좋은 재상과 현명한 수령이라도 어찌할 수 있을지 모른다.

• 양역(良役)의 절반을 감하라고 명령하였다. …… 임금이 말하기를, "구전(口錢)은 한 집안에서 거두는 것이니 주인과 노비의 명분이 문란하며, 결포(結布)는 이미 정해진 세율이 있으니 결코 더 부과하기 어렵고, 호포(戶布)가 조금 나을 것 같아 1필을 감하고 호전(戶錢)을 걷기로 하였으나 마음은 매우 유쾌하지 않다.

– "영조실록" –

> **분석**
> 군역의 폐단을 시정하기 위해 호포론과 결포론이 제기되었으나 실행되지 못하였다. 이에 영조는 균역법을 실시하여 농민의 부담을 1년에 2필에서 1필로 줄이고 결작 및 선무군관포 징수 등으로 이를 보완하고자 하였다.

● **군역의 폐단 시정**
군역의 폐단을 시정하기 위해 호포론(군포를 호 단위로 부과하여 양반에게도 군포를 부과하려는 제도), 결포론(토지 결수에 따라 군포를 징수하려 한 제도)이 제기되었으나, 양반과 지주들의 반대로 시행되지 못하였다.

● **선무군관포(選武軍官布)**
영조 때 부유한 상민의 자제 중에서 선발한 무관직으로 유사시에 소집되어 군사를 지휘하게 하고, 평상시에는 매년 군포 1필을 납부하게 하였다.

핵심만 정리하자

▶ 조선 후기 수취 제도의 변화

구분	제도	내용
전세	영정법(인조)	• 풍흉과 상관없이 1결당 4~6두씩 고정 과세 • 전세 액수 감소, 각종 부가세로 농민 부담 가중
공납	대동법(광해군)	• 방납의 폐단을 시정하기 위해 도입 • 토지 결수를 기준으로 1결당 12두씩 부과 • 현물 대신 쌀, 면, 포, 동전으로 납부 • 국가의 필요 물품을 조달해주는 공인의 등장
역	균역법(영조)	• 1년에 군포 부담을 2필에서 1필로 줄여줌 • 부족한 군포 수입은 결작, 선무군관포, 각종 잡세(어장세, 선박세 등)로 보충

3 조선의 경제 변화

1 조선 전기의 경제

(1) 중농 정책과 양반의 경제적 기반

① 정부에서는 개간을 장려하고, 수리 시설을 확충하였다.

② "농사직설"(세종 때 편찬), "금양잡록"(성종 때 강희맹이 편찬) 등의 농서를 보급하였다.

③ 양반의 대부분은 지주였으며, 주 수입원은 토지와 노비였다.

(2) 농업 기술의 발달 기출

① 2년 3작 보급 : 밭에서는 조, 보리, 콩의 2년 3작이 널리 행해졌다.

② 모내기법 보급 : 논에서는 남부 지방을 중심으로 모내기법(이앙법)이 실시되어 벼와 보리의 이모작이 가능해졌다.

③ 시비법 발달 : 밑거름과 덧거름을 주는 시비법의 발달로 경작지를 묵히지 않고 매년 농사를 지을 수 있게 되었다.

④ 목화 재배 확대 : 목화 재배 면적이 확대되고 면방직 기술이 발달하면서 의 생활이 개선되었다.

⑤ 쟁기, 낫, 호미 등의 농기구도 개량되었다.

(3) 지주제의 확대와 소작농으로의 전락

① 농업 기술의 발달에도 불구하고 농민들은 자연재해, 고리대, 세금 부담 등으로 소작농이 되는 경우가 증가하였다.

② 토지를 상실한 농민들에 대해 정부는 호패법과 오가작통법을 통해 농민 통제를 강화하였다.

③ 양반들은 향약을 통해 농촌 사회를 통제하려 하였다.

(3) 수공업 생산 활동

① 초기에는 관영 수공업이 가장 큰 비중을 차지하였다.

● "농사직설"

세종 때 간행된 농서로 정초, 변효문 등이 왕명에 의해 편찬하였다. 우리나라 풍토에 맞는 농법 등이 소개되어 있다.

② 원칙적으로 공장은 모두 공장안에 등록된 관영 수공업장이었다.

③ 관장도 1년 중 일정한 기간동안 관역에 동원되었고, 동원 기간 이외에 생산된 물품은 공장세를 납부하고 판매하였다.

(4) 상업 활동 (기출)

① 상업의 변화

15세기	정부의 상업 통제 정책과 유교적 검약 생활이 강조되어 상업 활동은 부진하였다.
16세기	• 농업 생산력의 발달로 상업이 점차 활발하게 되었다. • 15세기 후반 전라도 지방에서부터 생겨난 장시는 농업 생산력의 발전에 따라 16세기 중반에 전국적 유통망이 형성되었다.

② 경시서

㉠ 시전의 감독, 도량형 검사, 화폐 유통, 물가 조절 등을 관할하며 상업 통제의 책임을 맡았다.

㉡ 세조 때 평시서로 개칭된 후 갑오개혁 때 혁파되었다.

③ 시전

㉠ 관청에서 필요한 물건을 바치는 대신 특정 상품에 대한 독점 판매권을 부여하였다.

㉡ 육의전 : 명주, 비단, 면포(무명), 종이, 저포(모시), 어물을 파는 상점을 말한다.

④ 보부상 : 장시의 유통망을 연결했던 상인이다.

⑤ 화폐 발행

㉠ 정부는 저화(지폐)와 조선통보 등의 화폐를 만들어 보급하였으나 널리 유통되지는 못하였다.

㉡ 농민들은 여전히 쌀과 무명(면포)을 사용해 물품을 거래하였다.

● 보부상

보부상은 보상과 부상을 합쳐 부르는 용어이다.

• 보상 : 생활 주변의 소도구, 세공품을 주로 행상하는 봇짐장수
• 부상 : 농산물이나 수산물 등을 파는 등짐장수

2 조선 후기 농업, 수공업, 광업의 발전

(1) 농민의 경제생활 (기출)

① 논농사

㉠ 이앙법(모내기법)이 전국적으로 확대되자 벼, 보리의 이모작으로 단위 면적당 생산량이 증가하였다.

㉡ 정부는 가뭄 피해를 우려해 금지하였으나 농민들은 수리 시설을 확충하며 이앙법을 확산시켰다.

㉢ 이앙법으로 단위 농가의 경작 면적이 넓어지면서 광작이 발달하였다.

② 밭농사 : 깊이 판 밭고랑에 곡식을 심는 견종법이 널리 확대되어 수확량이 증대되었다.

③ 외래 작물의 전래 : 임진왜란 이후 고추, 호박, 토마토, 담배 등이 전래되어 농가의 수입을 늘렸다.

④ 상품 작물의 재배

㉠ 인삼, 면화, 담배, 채소 등의 상업(상품) 작물의 재배가 확대되었다.

㉡ 쌀을 많이 거래하면서 밭을 논으로 바꾸는 현상이 일어났다.

● 견종법

바람과 추위, 가뭄에 강하고 김매기가 쉬워 노동력이 절감된다. 반면 수확량은 2~3배 증가한다.

구황 작물

흉년으로 기근이 심할 때 주식물 대신 먹을 수 있는 농작물로 가뭄이나 장마에 영향을 받지 않고 걸지 않은 땅에서도 키울 수 있는 작물이다.

⑤ 구황 작물의 재배 : 18세기 영조 때 조엄이 일본에서 고구마를 들여왔고, 19세기에는 청에서 감자가 도입되었다.

사료 돋보기 상품 작물의 재배

밭에 심는 것은 9곡(九穀)뿐이 아니다. 모시, 오이, 배추, 도라지 등의 농사를 잘 지으면 조그만 밭이라도 얻는 이익이 헤아릴 수 없이 크다. 한성 내외의 읍과 도회지의 파밭, 마늘밭, 배추밭, 오이밭에서는 10무(畝)의 땅으로 많은 돈을 번다. 서쪽 지방의 담배밭, 북쪽 지방의 삼밭(麻田), 한산 지방의 모시밭, 전주의 생강밭, 강진의 고구마밭, 황주의 지황밭은 모두 다 논 상상등(上上等)보다 그 이익이 10배에 달한다.

– "경세유표" –

분석

모시, 오이, 배추, 도라지, 담배밭, 삼밭, 모시밭, 생강밭, 고구마밭, 논 상상등, 10배

일부 농민들은 담배, 인삼, 채소 등 상품 작물을 재배하여 시장에 내다팔아 높은 수익을 올렸다.

(2) 농촌 사회의 변화와 지대의 변화 기출

① 광작의 유행과 농민의 계층 분화

㉠ 광작의 유행으로 일부 농민은 부농층으로 성장하였고, 지주도 더 많은 수익을 올릴 수 있었다.

㉡ 다수의 농민은 경작지를 잃고 임노동자로 전락하거나 도시로 나가 영세 상인이 되었다.

② 지대의 변화 : 지주와 소작인이 수확량의 절반씩 나누어 갖는 타조법이 일반적이었으나 일부 지방에서는 일정 액수의 지대를 정해 곡물이나 화폐로 납부하는 도조법이 등장하였다.

(3) 민영 수공업의 발달

① 민간 수공업자는 작업장과 자본 규모가 작았기 때문에 원료의 구입과 제품의 판매에서 상업 자본의 지배를 받는 경우가 많았다.

② 수공업자는 공인이나 사상에게 물품의 주문과 함께 자금과 원료를 미리 받아 제품을 생산했는데, 이러한 방식을 선대제 수공업이라고 한다. 기출

③ 18세기 후반 이후 상품 화폐 경제가 발전하면서 스스로 물품을 생산하고 판매하는 독립 수공업자가 나타나 부를 축적하였다.

▲ 대장간(김홍도)

(4) 민영 광산의 증가

① 민영 수공업이 발달하자 그 원료인 광물의 수요가 급증하여 광업이 활성화되었다.

② 개인의 광산 개발을 금지하던 정부도 17세기 이후에는 개인에게 광산 채굴을 허용하고 세금을 받는 정책으로 전환하였다(설점수세제).

③ 민영 광업은 자본주인 물주(物主)가 시설과 자금을 대고 덕대(德大)가 전문적으로 경영하는 형태였다.

④ 광산 작업 과정은 분업에 토대를 둔 협업으로 진행되었다.

⑤ 광산 개발을 하면 큰 이익을 얻을 수 있기 때문에 몰래 광산을 개발하는 잠채도 유행하였다.

3 조선 후기 상업의 발전

(1) 공인과 사상의 성장

공인	• 대동법 이후 출현한 공인은 국가에 관수품을 조달하는 과정에서 수공업 생산을 촉진하고 장시를 활성화하는 등 유통 경제의 발전에 기여하였다. • 공인은 특정 물품에 대한 독점권을 확보하여 도고(독점적 도매 상인)로 성장할 수 있었다.
사상	• 종루, 배오개(이현), 칠패, 송파 등에서 난전이 성장하면서 기존 시전 상인과 대립하였다. • 시전 상인은 금난전권을 행사하며 사상을 억압하였다. • 통공 정책(신해통공, 1791) : 육의전을 제외한 시전 상인들의 금난전권을 폐지하여 자유로운 상업 활동을 보장하였다.

● 난전의 성장

난전은 국가의 허가를 받지 않은 상인이 운영한 가게이다. 종루는 종로 일대, 배오개(이현)는 동대문 부근, 칠패는 남대문 바깥 지역을 의미한다.

● 금난전권

시전 상인들은 특정 품목에 대한 독점 판매권을 근거로 난전(사상)의 상행위를 금지할 수 있었다.

(2) 지방 거상의 대두

① 송상

㉠ 개성을 중심으로 인삼을 직접 재배, 이를 가공하여 전국에 판매하였다.

㉡ 전국에 송방이라는 지방 조직을 통해 내상(동래 상인), 만상(의주 상인)과 연계하여 외국과 교역하였다.

② 경강상인 : 한강을 근거지로 세곡 운반 등 곡물 도매상으로 발전하였으며, 선박의 생산까지 담당하였다.

③ 의주의 만상은 대청 무역, 동래의 내상은 대일 무역을 통해 대상인으로 성장하였다.

(3) 장시의 발달

① 상품 교역량이 늘자 일부 장시는 상설 시장으로 발전하였다.

② 18세기 말에는 송파장, 강경장, 원산장 등은 몇 개의 군현을 연결하는 상업 중심지로 성장하였다.

(4) 포구의 발달

① 상거래가 수로를 이용하여 이루어졌기 때문에 전국 각지의 포구는 점차 하나의 유통망으로 연결되었다.

② 포구에서는 객주와 여각이 활동하며 운송업, 숙박업, 금융업 등에 종사하였다.

(5) 화폐의 유통

① 상공업의 발달에 따라 상평통보(동전)가 전국적으로 유통되었다.

② 상품 화폐 경제가 발전하면서 어음, 환, 신용 화폐를 이용한 대규모 상거래가 이루어지기도 하였다.

③ 전황 : 지주나 대상인이 재산 축적과 고리대에 동전을 사용하면서 시중의 화폐 유통량이 부족해지는 현상이 나타났다.

(6) 대외 무역

① 청과의 무역

㉠ 청과는 국경 지대를 중심으로 국가가 공식 허용한 개시 무역과 사적으로 이루어지는 후시 무역이 이루어졌다.

㉡ 주로 은 · 인삼 · 무명 등을 수출하고, 비단 · 약재 · 문방구 등을 수입하였다.

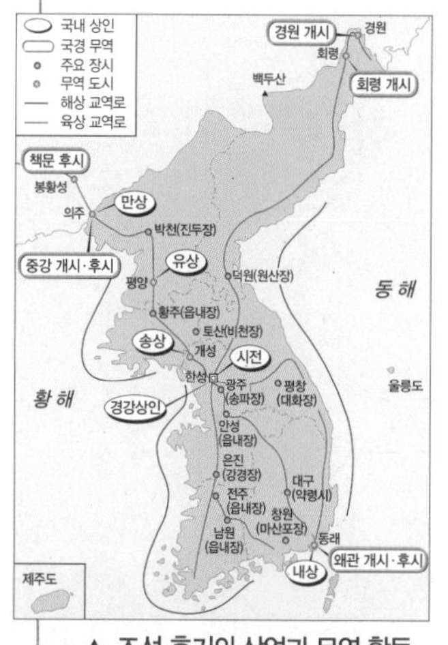

▲ 조선 후기의 상업과 무역 활동

② 일본과의 무역

㉠ 부산포에 설치한 왜관에서 개시 무역과 후시 무역이 이루어졌다.

㉡ 인삼 · 쌀 · 무명 등을 일본에 수출하였고, 은 · 구리 · 황 · 후추 등이 수입되었다.

사료 돋보기 **조선 후기 상업의 발달**

❶ 조선 후기 사상의 성장

이현(梨峴)과 칠패(七稗)는 모두 난전(亂廛)이다. 도고 행위는 물론 집방(執房)하여 매매하는 것이 어물전의 10배에 이르렀다. 또 이들은 누원점의 도고 최경윤, 이성노, 엄차기 등과 체결하여 동서 어물이 서울로 들어오는 것을 모두 사들여 쌓아두었다가 이현과 칠패에 보내서 난매(亂賣)하였다.

– "각전기사" –

❷ 포구에서의 상업 활동

우리나라는 동 · 서 · 남의 3면이 모두 바다이므로 배가 통하지 않는 곳이 거의 없다. 배에 물건을 싣고 오가면서 장사하는 장사꾼은 반드시 강과 바다가 이어지는 곳에서 이득을 얻는다. 전라도 나주의 영산포 · 영광의 법성포 · 흥덕의 사진포 · 전주의 사탄은 비록 작은 강이나 모두 바닷물이 통하므로 장삿배가 모인다. 충청도 은진의 강경포는 육지와 바다 사이에 위치하여 바닷가 사람들과 내륙 사람들이 모두 여기에서 서로의 물건을 교역한다. 매년 봄 · 여름 생선을 잡고 해초를 뜯을 때는 비린내가 마을에 넘치고, 큰 배와 작은 배가 밤낮으로 포구에 줄을 서고 있다.

– "택리지" –

분석

❶ 조선 후기 농업 생산력이 증대하면서 상업도 발전하였다. 사상들은 종루(현재의 종로 일대), 칠패(남대문 밖) 등에서 활동하면서 시전 상인의 상권을 잠식하였다.

❷ 조선 시대에는 육상 도로망이 발전하지 못하여 대부분의 물화가 해로나 수로로 운송되었다. 조선 후기에는 포구를 중심으로 상품 유통의 거점이 만들어져 객주, 여각 등이 성장하였다.

핵심만 정리하자

▶ 조선의 경제 변화

	조선 전기	조선 후기
농업	• 직파법(남부 일부 모내기법) • 조, 보리, 콩의 2년 3작 • 지대 : 타조법	• 모내기법의 확대 → 쌀과 보리의 이모작 가능 → 생산력 증대 → 광작 가능 → 농민층 분화 • 상품 작물의 재배 확대 • 지대 : 도조법
상업	• 시전 상인(육의전), 보부상(장시) • 농본억상 정책으로 상업 부진 • 화폐 : 저화, 조선통보 → 실패	• 시전 상인, 보부상, 공인 • 사상의 활동(난전, 신해통공), 도고의 성장, 거상의 등장(만상, 내상, 송상, 경강상인), 선상 · 객주 · 여각 발달, 장시의 상설 시장화, 포구 발달 • 화폐 : 상평통보 유통, 전황 발생
수공업	관영 수공업, 장인의 공장안 등록	• 민영 수공업 발달 • 선대제 → 독립 수공업자 형성
광업	관영 광업	• 민영 광업 발달 • 설점수세제, 물주와 덕대의 분업, 잠채 성행

기출 및 예상 문제

01 토지 제도와 수취 체제의 정비

[1] 과전법은 경기 지역을 대상으로 관리에게 수조권을 지급한 것이다. O | X

[2] 세조 때 직전법의 실시로 현직 관료에게 만 수조권이 지급되었다. O | X

[3] 세종 때 공법 제도가 마련되어, 1결당 최고 20두에서 최하 4두까지 차등 과세되었다. O | X

2015년 국가 9급

01 과전법과 그 변화에 대한 설명으로 옳지 않은 것은?

① 수신전, 휼양전을 죽은 관료의 가족에게 지급하였다.
② 공음전을 5품 이상의 관료에게 주어 세습을 허용하였다.
③ 세조 대에 직전법으로 바꾸어 현직 관리에게만 수조권을 지급하였다.
④ 성종 대에는 관수관급제를 실시하여 전주의 직접 수조를 지양하였다.

02 다음과 같은 조세 제도가 실시된 시기에 있었던 일로 옳지 않은 것은?

> 토지 비옥도와 풍흉의 정도에 따라 전분 6등법, 연분 9등법으로 바꾸고 조세 액수를 1결당 최고 20두에서 최하 4두를 내도록 하였다.

① 안평 대군의 꿈을 바탕으로 안견이 몽유도원도를 그렸다.
② 충신, 효자, 열녀 등의 행적을 그리고 설명한 삼강행실도가 편찬되었다.
③ 이암이 중국의 농서인 농상집요를 소개하였다.
④ 소리의 장단과 높낮이를 표현할 수 있는 정간보를 창안하였다.

03 다음 토지 제도에 대한 설명으로 옳은 것은?

> 경기는 사방의 근본이니 마땅히 과전을 설치하여 사대부를 우대한다. 무릇 경성에 거주하여 왕실을 시위(侍衛)하는 자는 직위의 고하에 따라 과전을 받는다. 토지를 받은 자가 죽은 후, 그의 아내가 자식이 있고 수신하는 자는 남편의 과전을 모두 물려받고, 자식이 없이 수신하는 자의 경우는 반을 물려받는다. 부모가 모두 사망하고 그 자손이 유약한 자는 휼양전으로 아버지의 과전을 전부 물려받고, 20세가 되면 본인의 과에 따라 받는다.
>
> – "고려사" –

① 과전을 지급함으로써 조선 개국 세력의 경제적 기반이 되었다.
② 관리가 되었으면서도 관직을 받지 못한 사람들에게 한인전을 지급하였다.
③ 관직이나 직역을 담당하는 사람들에게 전지와 땔감을 채취하는 시지를 주었다.
④ 공로가 많은 사람들에게 인품을 기준으로 역분전을 차등 지급하였다.

02 조선 후기 수취 체제의 개편

[1] 광해군 때 영정법이 실시되어 1결당 4~6두씩 고정 과세되었다. O | X

[2] 방납의 폐단을 시정하기 위해 1608년 대동법이 경기도에서 처음 실시되었다. O | X

[3] 대동법이 실시되면서 공인이라는 어용 상인이 등장하여 관청에 필요한 물품을 납부하였다. O | X

[4] 정조 때 균역법이 실시되었고, 균역법 실시 이후 군포 수입을 보충하기 위해 지주에게 결작을 부과하였다. O | X

[5] 균역법 시행으로 일부 상류층에게 선무군관포를 내게 하였다. O | X

04 양 난 이후 수취 체제의 변화에 대한 설명으로 옳지 않은 것은?

① 영정법에서는 연분 9등법을 따르지 않고 풍흉에 관계없이 전세를 토지 1결당 미곡 4두로 고정시켰다.
② 대동법의 시행으로 공납이 전세화되어 농민은 대체로 토지 1결당 미곡 12두만 납부하면 되었다.
③ 영정법에 따라 전세의 비율이 이전보다 다소 낮아져 대다수 농민의 부담이 경감되었다.
④ 대동법은 부족한 국가 재정을 보완하고 농민의 부담을 경감하기 위한 개혁론으로 제기되었다.

05 다음 밑줄 친 '이 제도'의 시행 결과로 옳은 것은?

> 이 제도가 처음 경기도에서 실시되자 토호와 방납인들은 그동안 얻었던 이익을 모두 잃게 되었다. 그래서 온갖 수단을 다 동원하여 왕에게 폐지할 것을 건의했으나, 백성들이 이 제도가 편리하다고 하였기 때문에 계속 실시하기로 하였다.
>
> – "열조통기" –

① 전국의 농민이 공납을 현물로 납부하게 되었다.
② 전세가 풍흉에 관계없이 토지 1결당 미곡 4두로 정해졌다.
③ 공인이 활약하여 수공업이 활기를 띠고 상품 수요가 증가하였다.
④ 호(戶)를 기준으로 하였기 때문에 농민의 세금 부담이 줄어들었다.

06 다음 자료의 제도에 대한 설명으로 옳은 것을 〈보기〉에서 모두 고르면?

> 공물을 각종 현물 대신 쌀로 통일하여 징수하였고, 과세의 기준도 종전의 가호에서 토지의 결수로 변경하였다. 토지를 가진 농민들은 토지 1결당 쌀 12두만 납부하면 되었기 때문에 공납의 부담이 경감되었고 무전 농민이나 영세 농민은 일단 이 부담에서 해방되었다. 또 쌀을 납부하기 어려운 지방에서는 포목, 동전 등으로 대신하도록 하였다.

〈보 기〉

ㄱ. 재정 감소분을 결작 등으로 보충하였다.
ㄴ. 이를 관리하는 기관으로 선혜청이 설치되었다.
ㄷ. 인징, 족징 등의 폐단을 해결하기 위해 도입되었다.
ㄹ. 전국적으로 실시되는 데 100여 년의 시간이 소요되었다.

① ㄱ, ㄴ ② ㄱ, ㄷ
③ ㄴ, ㄹ ④ ㄷ, ㄹ

2016년 소방

07 다음 밑줄 친 부분의 문제점을 해결할 방법으로 옳은 것은?

> 균역법으로 인해 양인 남자들이 1년에 2필씩 바치던 군포가 1필로 줄어들었다. 당연히 군포 수입이 반으로 줄어들었고, 나라에서는 이에 대한 보충 방안을 마련하였다.
>
> – "영조실록(균역청사목(均役廳事目))" –

① 육의전을 제외한 시전 상인들의 금난전권을 폐지하였다.
② 별공과 진상은 계속 현물로 징수하였다.
③ 지주에게 토지 1결당 미곡 2두의 결작미를 징수하였다.
④ 각종 부과세를 신설하여 징수하였다.

2015년 국가 9급

08 다음의 기록이 보이는 왕대의 정치 변화를 바르게 설명한 것은?

> (왕이) 양역을 절반으로 줄이라고 명하셨다. 왕이 말하였다. "호포나 결포는 모두 문제점이 있다. 이제는 1필로 줄이는 것으로 온전히 돌아갈 것이니 경들은 대책을 강구하라."

① 특정 붕당이 정권을 독점하는 일당 전제화의 추세가 대두되었다.
② 왕위 계승에 대한 정통성과 관련하여 두 차례의 예송이 발생하였다.
③ 정치 집단은 소수의 가문 출신으로 좁아지면서 그 기반이 축소되었다.
④ 붕당을 없애자는 논리에 동의하는 관료들을 중심으로 탕평 정국을 운영하였다.

03 조선의 경제 변화

[1] 조선 전기 수공업자들은 공장안에 등록되어, 국가에서 필요한 물품을 생산하였다. O | X

[2] 조선 후기 직파법이 보급되면서 농업 생산량이 증대하였다. O | X

[3] 정조 때 신해통공이 실시되어 자유로운 상업 활동이 보장되었다. O | X

[4] 조선 후기 송상은 의주에 거점을 두고 활동하였다. O | X

09 다음 자료는 무엇과 관련된 설명인가?

> 일반 교역의 대부분이 여기에서 이루어졌다. 당시 농업 생산력의 발달과 지주제의 확대로 인하여 시간이 흐를수록 발달하였다. 삼남 지방에서는 재난과 기근으로 물자의 교역이 요구됨에 따라 지방의 소도시를 중심으로 자연 발생적으로 개설되기 시작하였다.

① 시전　　② 방납
③ 장시　　④ 보부상

10 밑줄 친 '이 역서'가 편찬된 시기의 농업에 대한 설명으로 옳은 것은?

> 왕께서 학자들에게 명하여 선명력과 수시력 등 여러 역법의 차이를 비교하여 교정하도록 하였다. 또한 정인지, 정흠지, 정초 등에게 명하여 "태음통궤"와 "태양통궤" 등 중국 역서를 연구하여 우리 실정에 맞는 <u>이 역서</u>를 편찬하도록 하였다.

① 밭농사에 2년 3작의 윤작법이 시작되었다.
② 벼와 보리의 이모작이 전국적으로 확대되었다.
③ 철제 농기구가 점차 보급되고 우경이 시작되었다.
④ 농업 기술을 발달시키기 위해 농사직설이 간행되었다.

11 다음 민요에서 보이는 조선 전기의 경제 활동에 대한 설명으로 옳지 <u>않은</u> 것은?

> 짚신에 감발 차고 패랭이 쓰고
> 꽁무니에 짚신 차고, 이고 지고
> 이 장 저 장 뛰어가서
> 장돌뱅이 동무들 만나 반기며
> 이 소식 저 소식 묻고 듣고
> 목소리 높여 고래고래 지르며
> ⋮
> 손잡고 인사하고 돌아서네.
> 다음날 저 장에서 다시 보세.

① 15세기 후반 이후 장시는 점차 확대되었다.
② 보부상은 장시에서 농산물, 수공업 제품 등을 판매하였다.
③ 정부가 조선통보를 유통시킴으로써 동전 화폐 유통이 활발해졌다.
④ 농업 생산력의 발달에 힘입어 지방에서 장시가 증가하였다.

12 다음 자료가 등장하는 시기에 나타난 경제적 변화에 대한 설명으로 옳지 않은 것은?

> 이앙(移秧)을 하는 것은 세 가지 이유다. 김매기 노력을 더는 것이 첫째요, 두 땅의 힘으로 모 하나를 서로 기르는 것이 둘째며, 좋지 않은 것은 솎아내고 싱싱하고 튼튼한 것을 고를 수 있는 것이 셋째다.

① 모내기법이 확산되어 벼와 보리의 이모작이 가능해졌고, 노동력이 크게 절감될 수 있었다.
② 일부 농민은 인삼, 담배, 채소, 면화 등과 같은 상품 작물을 재배해 높은 수익을 올렸다.
③ 지주에 대한 지대 납부 방식이 타조법에서 도조법으로 바뀌어 갔다.
④ 교환 경제의 발전은 해동통보를 비롯한 여러 화폐의 사용을 확산시켰다.

13 다음 자료에 나타난 시기의 경제 상황으로 옳지 않은 것은?

> 이현(梨峴)과 칠패(七稗)는 모두 난전(亂廛)이다. 도고 행위는 물론 집방(執房)하여 매매하는 것이 어물전의 10배에 이르렀다. 또 이들은 누원점의 도고 최경윤, 이성노, 엄차기 등과 체결하여 동서 어물이 서울로 들어오는 것을 모두 사들여 쌓아두었다가 이현과 칠패에 보내서 난매(亂賣)하였다.
>
> – "각전기사" –

① 사상과 난전의 발호로 시전 상인의 특권이 위협받았다.
② 강경포, 원산포 지역이 새로운 상업 중심지로 성장하였다.
③ 포구를 이용하여 경강상인이 선상(船商)으로 활동하였다.
④ 중개 무역을 하던 송상이 운송업, 조선업을 지배하면서 거상으로 성장하였다.

14 다음 사실이 나타난 시기의 경제 상황에 대한 설명으로 옳은 것은?

> 내가 장단 적소에 있을 때 해서 면포 상인의 왕래가 끊이지 않은 것을 보았는데 길 가는 사람들이 통공 발매의 효과라 하였다. 작년 겨울 서울의 면포 가격이 이 때문에 등귀하지 않아 서울 사람들이 생업을 즐길 수 있게 되었다.

① 포구에 객주나 여각이 크게 발달하였다.
② 벽란도가 국제 무역항으로 크게 발전하였다.
③ 활구의 제작으로 은의 수요가 크게 늘어났다.
④ 주점과 다점 등 관영 상점이 크게 늘어났다.

2015년 국가 9급

15 다음 자료에 보이는 시기의 경제 동향에 대한 설명으로 옳지 않은 것은?

> 배에 물건을 싣고 오가면서 장사하는 장사꾼은 반드시 강과 바다가 이어지는 곳에서 이득을 얻는다. 전라도 나주의 영산포, 영광의 법성포, 흥덕의 사진포, 전주의 사탄은 비록 작은 강이나 모두 바닷물이 통하므로 장삿배가 모인다. …… 그리하여 큰 배와 작은 배가 밤낮으로 포구에 줄을 서고 있다.
>
> – "택리지" –

① 강경, 원산 등이 상업 중심지로 성장하였다.
② 선상은 선박을 이용해서 각 지방의 물품을 거래하였다.
③ 객주나 여각은 상품의 매매를 중개하고, 숙박, 금융 등의 영업도 하였다.
④ 상업 활동이 활발해지면서 삼한통보 등의 동전을 만들어 유통하였다.

16 **조선 후기 상업 발달에 대한 설명으로 가장 적절하지 않은 것은?**

① 포구가 새로운 상업 중심지로 되었고, 포구에서의 상거래는 장시보다 규모가 컸다.
② 객주나 여각은 주로 포구에서 상품의 매매를 중개하고, 부수적으로 운송, 보관, 숙박, 금융 등의 영업도 하였다.
③ 청(淸)과의 무역이 활발해지면서, 국경 지대를 중심으로 공적으로 허용된 무역인 개시와 사적인 무역인 후시가 이루어졌다.
④ 국제 무역에서 사적인 무역이 허용되면서 상인이 무역 활동에 적극적으로 참여하였는데, 특히 내상(萊商)은 중국과의 무역을 주도하면서 재화를 많이 축적하였다.

17 **다음에서 설명하고 있는 조선 시대의 상인은?**

운송업 종사, 한강 근거, 선박 건조 등 생산 분야까지 진출하였다.

① 만상　② 내상
③ 송상　④ 경강상인

18 **조선 후기의 경제 상황에 대한 설명으로 옳지 않은 것은?**

① 상평통보가 널리 유통되면서 환·어음 등의 신용화폐는 점차 소멸하였다.
② 이앙법의 보급으로 직파법에 비해 김매기에 필요한 노동력이 감소하였다.
③ 공장안(工匠案)에서 벗어난 납포장이 장인세를 납부하면서 상품 생산을 확대하였다.
④ 감자·고구마 등의 구황 작물과 담배·고추 등의 상업 작물이 도입되어 상품 경제가 활성화되었다.

[Ⅲ 조선 유교 사회의 성립과 변화]

신분 질서와 생활 모습의 변화

출제 빈도	상	중	하

꼭 기억해야 할 연표

1731 노비종모법 시행

1801 순조, 공노비 해방

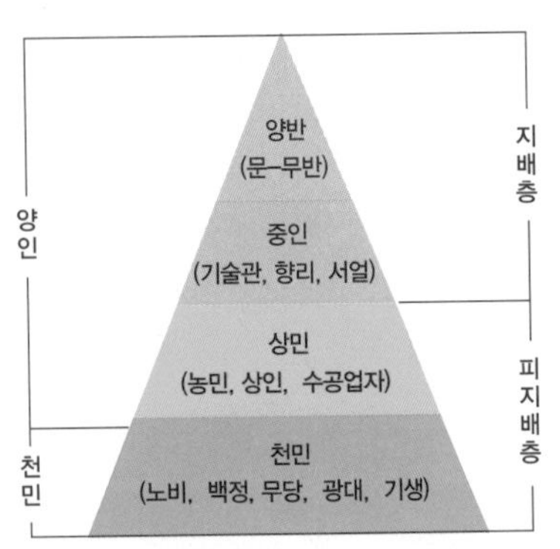

▲ 조선 시대 신분 구조

● 서얼

양반의 양인 첩에서 태어난 서자와 천민 첩에서 태어난 얼자를 함께 부르는 말이다.

● 신량역천(身良役賤)

신량역천은 신분은 양인이지만, 사회적으로 천시되는 역을 맡았던 사람들이다. 수군, 조례(관청의 잡역 담당), 일수(지방 관청의 잡역 담당), 봉수군(봉수 업무), 역졸, 조졸(조운의 역 담당) 등이 대표적이며, 이들을 7반 천역으로 불렀다.

1 조선 전기 신분제와 사회 모습

1 양천(良賤) 제도와 4신분제의 운영

(1) 신분 제도의 특징

① 신분 구조 : 조선 초에는 법제상 양천제가 원칙이었으나 실질적으로는 양반, 중인, 상민, 천민의 4신분제로 운영되었다.

② 신분의 개방성 : 조선 시대는 엄격한 신분제 사회였으나, 신분 이동이 가능하였다.

(2) 4신분제의 구성 : 반상 제도의 일반화 기출

① 양반

㉠ 정치적으로는 관료층, 경제적으로는 지주에 해당한다.

㉡ 원래 문반과 무반을 아울러 부르는 명칭이었으나, 점차 사족(문벌이 높은 가문)을 의미하였다.

㉢ 문 · 무관제가 신분으로 정착되어 배타적 양반 계층을 형성하였다.

㉣ 원칙적으로 면역이나 면세가 되지 않았지만, 양반불역의 관행이 호포제(고종, 1871) 실시 때까지 계속되었다.

② 중인

㉠ 중인은 넓은 의미로는 양반과 상민의 중간 신분을 뜻하지만, 좁은 의미로는 잡과를 통해 선발된 역관, 의관 등 기술관을 가리킨다.

㉡ 지방 관청의 실무 행정을 담당하는 향리도 중인에 속하게 되었다.

㉢ 서얼은 중인과 같은 신분적 처우를 받아 중서라고도 불렸으며, 재산 상속과 관직 진출에 심한 차별을 받았고 문과 응시가 법적으로 금지되었다.

③ 상민(평민, 양민)

㉠ 상민은 농민, 수공업자, 상인을 포함한다.

㉡ 농민

- 상민의 대부분을 차지하였고 출세에 법적 제한이 없었지만, 교육받을 수 있는 기회가 부족했기 때문에 관료로의 진출은 거의 불가능하였다.
- 조세 · 공납 · 역의 의무가 있었고, 수공업자나 상인보다는 사회적으로 우대되었다.

㉢ 수공업자는 관영 수공업이나 민영 수공업에 종사하였고, 상인은 국가의 통제 아래 상업 활동을 하였다.

㉣ 양인 중에는 신량역천이라고 불리며, 천역을 담당하는 계층도 있었다.

④ 천민

㉠ 천민의 대다수는 노비였으며, 백정, 광대, 무당 등도 천민으로 간주되었다.

㉡ 노비

- 재산으로 취급되어 매매, 상속, 증여의 대상이 되었다.
- 신분이 자손에게 세습되었는데, 부모 중 한쪽이 노비이면 그 자녀도 노비가 되는 법이 일반적으로 시행되었다.

㉢ 공노비와 사노비

공노비	국가 관청에 속한 노비이며, 일정 기간 동안 관청에서 일하거나 매년 정해진 액수의 신공(몸값)을 바쳤다.
사노비	• 개인이 소유한 사노비는 주인과 함께 살면서 노동력을 제공하는 솔거 노비와 독립된 생활을 하면서 신공을 바치는 외거 노비로 구분되었다. • 외거 노비는 재산을 가질 수 있었기 때문에 일반 농민과 비슷한 삶을 살았다.

2 사회 정책과 사회 시설

(1) 사회 정책 및 사회 제도 기출

① 실시 목적 : 정부는 사회의 근간을 이루었던 농민 생활을 안정시키기 위해 다양한 법적 · 사회적 제도를 운영하였다.

② 국가적 시책 : 재해를 당한 농민들에게는 조세를 덜어주었고, 환곡 제도를 운영하여 생활이 어려운 농민을 구휼하였다.

③ 향촌 자치적 농민 구제책 : 향촌의 양반들은 자치적으로 구휼 기구인 사창을 설치하여 곡식을 빌려 주어 농민 생활을 안정시키고, 양반 중심의 향촌 질서를 유지하고자 하였다.

④ 의료 시설

동 · 서 대비원, 혜민국	도성 부근 서민 환자의 구제와 약재 판매를 담당하였다.
제생원	지방민의 구호와 진료를 맡았다.
동 · 서 활인서	도성에 설치되었으며, 유랑자의 수용과 구휼을 담당하였다.

(2) 법률 제도

① 형벌과 민사에 관한 사항은 "경국대전"의 규정에 따라 처리되었다.

② 반역죄와 강상죄를 가장 무겁게 처벌하였으며 범인의 가족까지 함께 처벌하는 연좌제가 적용되었다. 범죄가 발생한 고을의 호칭이 강등되고 수령이 파면되기도 하였다.

③ 형벌은 태, 장, 도, 유, 사형으로 구분되었다.

④ 토지와 노비의 소유권 분쟁은 문건에 의한 증거를 기준으로 처리되었고, 상속 문제는 종법에 의거하여 처리되었다.

⑤ 사법 기관

㉠ 중앙에는 사헌부, 의금부, 형조, 도성의 치안을 담당하는 한성부, 노비 문제를 전담하는 장례원이 있었다.

● 강상죄

삼강오륜을 저버린 반인륜적 범죄를 의미한다. 예를 들어 부모나 배우자를 죽이거나, 노비가 주인을 죽이는 경우 등이 있었다.

● 종법

성리학적 가족 제도에 따라 부계 중심, 장자 중심으로 재산 상속이나 제사 계승 등을 규정한 것이다.

㉡ 지방에서는 각 도의 관찰사와 수령이 사법권을 행사하였다.

㉢ 재판 결과에 불만이 있을 경우 다른 관청이나 상부 관청에 소송을 제기할 수 있었다.

2 조선 후기 신분제의 동요와 사회 변화

1 조선 후기 신분제의 동요

(1) 양반 중심의 신분제 동요 기출

① 양반층 분화

㉠ 치열한 정쟁이 일당 전제화로 나타나면서 양반층도 분화되었다.

㉡ 집권층 양반인 벌열 양반, 향반, 잔반으로 분화되었다.

② 신분 이동

㉠ 농업 생산력의 증대와 상품 화폐 경제의 발달로 부농층, 상업 자본가, 독립 수공업자 등 부를 축적한 새로운 계층이 나타났다.

㉡ 부유한 상민들은 공명첩을 사거나 족보를 구매 또는 위조하여 양반 신분을 획득하였다. 그 결과 양반의 수는 급증하고 상민의 수는 크게 줄어들었다.

㉢ 많은 농민들은 농토에서 밀려나 임노동자나 영세 상인으로 몰락하였다.

(2) 중인의 신분 상승 운동 기출

① 서얼의 신분 상승 운동

㉠ 서얼은 왜란 후 납속책과 공명첩을 이용하여 관직에 진출하였다.

㉡ 서얼들은 여러 차례 집단 상소 운동을 벌여 청요직 진출을 요청하였다.

㉢ 정조 때 유득공, 이덕무, 박제가 등이 규장각 검서관에 등용된 것은 이러한 노력의 결실이었다.

	양반	상민	노비
1690 (숙종 16)	9.2%	53.7%	37.1%
1729 (영조 5)	18.7%	54.7%	26.6%
1783 (정조 7)	37.5%	57.5%	5.0%
1858 (철종 9)	70.3%	28.2%	1.5%

▲ 조선 후기 신분별 인구 변동

● 향반과 잔반

향반이란 향촌 내에서 겨우 행세할 수 있을 정도의 군소 양반을 지칭하며, 잔반이란 상민과 다름없을 정도로 몰락한 양반을 가리킨다.

● 공명첩

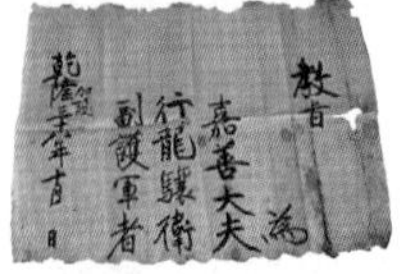

공명첩은 이름을 적는 곳이 비어 있는 관직 임명장이다. 임진왜란 이후 조선 정부는 재정 문제를 해결하기 위해 공명첩을 판매하였다.

● 납속책

국가의 재정 부족을 해결하거나 구호 사업을 위하여 곡물을 바치게 하고, 그 대가로 일정한 혜택을 주던 정책이다.

● 청요직

홍문관, 사간원, 사헌부 등의 관직을 말하며, 조선 시대 관리들이 선망하는 자리였다. 이 청요직을 거쳐야만 판서나 정승으로 진출하는 데 유리하였다.

사료 돋보기 조선 후기 신분제의 동요

❶ 옷차림은 신분의 귀천을 나타내는 것이다. 그런데 어찌 된 까닭인지 근래 이것이 문란해져 상민 · 천민들이 갓을 쓰고 도포를 입는 것이 마치 조정의 관리나 선비와 같이 한다. 진실로 한심스럽기 짝이 없다. 심지어 시전 상인들이나 군역을 지는 상민들까지도 서로 양반이라 부른다.

– "일성록" –

❷ 근래 아전의 풍속이 나날이 변하여 하찮은 아전이 길에서 양반을 만나도 절을 하지 않으려 한다. 아전의 아들 · 손자로서 아전의 역을 맡지 않은 자가 고을 안의 양반을 대할 때 맞먹듯이 너, 나하며 자(字)를 부르고 예의를 차리지 않는다.

– "목민심서" –

옷차림, 신분, 귀천, 상민, 천민, 갓, 양반, 아전, 자(字), 예의

▼

양 난 이후 양반의 수가 증가하고 경제적으로 몰락한 양반들이 등장하면서 양반의 권위가 하락하였다.

② 기술직 중인의 신분 상승 노력

㉠ 경제력과 전문성을 발판으로, 19세기 중엽 철종 때 대규모 소청 운동을 시도했으나 실패하였다.

㉡ 역관의 경우 외래문화 수용을 주도하여 새로운 사회를 추구하였고, 이후 통상 개화론자로 성장하기도 하였다.

(3) 노비 제도의 해체 기출

① 노비의 신분 상승 : 노비는 군공과 납속 등을 통해 신분을 상승시키기도 하고, 신분적 속박에서 벗어나기 위해 도망을 가는 경우도 많았다.

② 노비종모법 시행 : 영조 때 노비종모법을 시행하여 노비의 신분 상승 기회를 높여주었다.

③ 공노비 해방 : 순조 때 6만 6천여 명의 공노비가 해방되었다.

④ 노비 제도 폐지 : 1894년 갑오개혁 때 노비 제도는 법적으로 폐지되었다.

● 노비종모법

노비종모법은 아버지가 노비라도 어머니가 양인이면 그 자녀가 양인이 되는 법이다.

2 조선 후기 사회의 변화

(1) 가족 제도와 여성의 지위 변화

① 16세기까지는 재산의 남녀 균분 상속 및 제사의 분담 실시가 이루어졌다.

② 17세기 이후

㉠ 부계 중심의 가족 제도가 확립되면서 재산 상속과 제사는 장자를 중심으로 이루어졌고, 딸과 다른 아들들은 점차 재산 상속과 제사에 대한 권리를 잃어갔다.

㉡ 친영 제도가 정착되었으며, 아들이 없는 경우 양자를 들이는 것이 일반화되었다.

● 친영 제도

여성이 혼인 후 곧바로 남자 집에서 생활하는 혼인 형태이다.

③ 여성의 지위 변화

㉠ 성리학적 윤리가 강조되면서 여성의 지위가 점차 낮아졌다.

㉡ 여성의 이혼과 재혼을 금지하였으며, 여성의 정절을 중시해서 정부가 열녀를 표창하는 제도가 시행되었다.

(2) 향촌 질서의 변화 기출

① 양반층의 지위 유지 노력

㉠ 조선 후기에는 양반의 수가 급증하고, 이와 함께 경제적으로 몰락하는 양반이 늘어나면서 향촌 사회에서 양반이 지녔던 권위가 점차 약화되었다.

㉡ 사족은 문중을 중심으로 서원 및 사우를 건립하고 동족 마을을 형성하거나, 촌락 단위로 동약을 실시하여 자신들의 지위를 유지하고자 하였다.

② 부농층(요호부민(饒戶富民))의 성장

㉠ 부농층(신향)은 경제력을 바탕으로 양반 신분을 획득하고 관권과 결탁하여 지방 사족(구향)에게 대항하였다(향전 발생).

㉡ 부농층은 수령과 결탁해 지방 양반들의 모임인 향회에 참여하고, 향임직에도 진출하여 자신들의 영향력을 확대하였다.

㉢ 수령과 향리의 권한이 강화되고, 향회는 수령의 세금 부과에 대한 자문 기관으로 위상이 약화되었다. → 정부의 향촌 통제력 강화

● 부농층과 관권의 결탁

정부는 재정 위기를 타개하고자 부농층을 적극 활용하였다. 이에 부농층은 사족이 담당하던 정부의 부세 제도 운영에도 적극 참여하였다.

● 향임직

향청(유향소)에서 일을 보는 직책이다. 조선 후기에는 향임직을 둘러싸고, 사족(구향)과 부농층(신향) 사이에 갈등이 발생하였다. 이것을 향전이라고 한다.

기출 및 예상 문제

01 조선 전기 신분제와 사회 모습

[1] 조선 시대 양인은 직업, 가문, 거주지 등에 따라 양반, 중인, 상민으로 구분되고, 그에 따른 역할 분담이 이루어졌다. O | X

[2] 고려 시대의 향리는 조선 시대에 더욱 그 세력이 강화되었다. O | X

[3] 조선 시대 중인은 기술관, 서리, 향리 등으로 구성되었다. O | X

[4] 조선 시대에는 경국대전 형전과 대명률에 의해서 형벌이 적용되었다. O | X

01 조선 시대 신분 제도를 나타낸 그림이다. 이에 대한 설명으로 옳지 않은 것은?

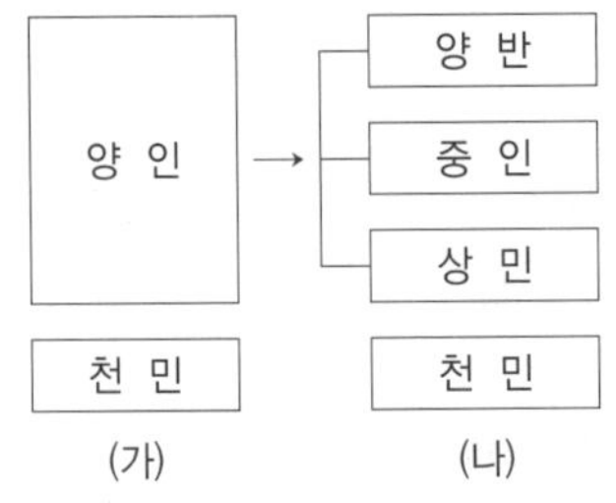

① (가)는 법제적 신분 제도였다.
② (가)에서 농민은 법적으로 과거에 응시할 수 없었다.
③ (나)에서 서얼은 문과 응시에 제한을 받았다.
④ (나)의 양반에는 문반과 무반뿐 아니라 그 가족이나 가문까지 포함되었다.

02 조선 시대 신분 제도에 대한 설명으로 옳은 것은?

① 양반은 역관, 의관 등의 기술관을 포함한다.
② 상민은 조세 · 공납 · 역의 의무를 지니지 않는다.
③ 서얼은 중인과 같이 재산 상속과 관직 진출에 심한 차별을 받았다.
④ 천민의 대다수는 신량역천이라 불리는 계층이었다.

03 밑줄 친 '공(公)'이 속한 신분 계층에 대한 설명으로 옳은 것은?

> 공(公)은 열일곱에 사역원(司繹院) 한학과(漢學科)에 합격하여, 틈이 나면 성현(聖賢)의 책을 부지런히 연구하여 쉬는 날이 없었다. 경전과 백가에 두루 통달하여 드디어 세상에 이름이 났다. …… 공은 평생 고문을 좋아하였다.
>
> –"완암집"–

① 조선 초기 – 개시 무역에 종사하여 많은 부를 축적하였다.
② 조선 중기 – 서원 건립을 주도하고 성현들의 제사를 받들었다.
③ 조선 후기 – 소청 운동을 통해 신분 상승 운동을 전개하였다.
④ 개항 전후 – 외세 침략에 맞서 위정척사 운동을 주도하였다.

04 조선 시대 사회 정책에 대한 설명으로 옳은 것은?

① 사창은 국가에서, 의창 및 상평창의 환곡 제도는 주민 자치적으로 운영되었다.
② 국가는 오가작통법과 호패법을 통해 민의를 반영하고자 하였다.
③ 사법 기관인 의금부에서는 정치적 사건을, 장예원은 노비 소송을 관장하였다.
④ 향촌 사회는 향 · 부곡 · 소가 자연촌과 함께 유지하였고, 면리 제도 등이 이루어졌다.

05 조선 시대 사회 제도와 내용이 잘못 연결된 것은?

① 의창 – 물가 조절 기관
② 동 · 서 활인서 – 유랑자의 수용과 구휼
③ 혜민국 – 수도권 안의 서민 환자 구제와 약재 판매
④ 제생원 – 지방민 구호 및 진료

02 조선 후기 신분제의 동요와 사회 변화

[1] 조선 후기 양반층 내부에서도 벌열 양반(권세가), 향반, 잔반 등으로 계층 분화가 일어났다. O | X

[2] 조선 후기 기존 사족과 신향과의 향촌 주도권 다툼을 향전이라고 한다. O | X

[3] 조선 후기에는 양반 수가 지속적으로 감소하고, 노비의 수가 증가하였다. O | X

2015년 국가 9급

06 밑줄 친 '우리'에 해당하는 계층의 활동으로 옳은 것은?

> 아! 우리는 본시 모두 사대부였는데 혹은 의(醫)에 들어가고 혹은 역(譯)에 들어가 7, 8대 또는 10여 대를 대대로 전하니 …… 문장과 덕(德)은 비록 사대부에 비길 수 없으나, 명공(名公) 거실(巨室) 외에 우리보다 나은 자는 없다.

① 집단으로 상소하여 청요직(淸要職) 허통(許通)을 요구하였다.
② 형평사를 창립하고, 평등한 대우를 요구하는 형평 운동을 펼쳤다.
③ 관권과 결탁하고 향회를 장악하여, 향촌 사회에서 영향력을 키우려 하였다.
④ 유향소를 복립하여 향리를 감찰하고 향촌 사회의 풍속을 바로 잡으려 하였다.

07 조선 후기의 신분제 변화에 대한 설명으로 옳지 않은 것은?

① 양 난 이후 군량미 조달을 위한 정부의 납속책을 통하여 서얼, 향리층이 양반으로 상승하였다.
② 정부는 전쟁 이후 늘어난 관청의 운영비를 충당하기 위하여 관노비의 신공(身貢)을 강화하는 정책을 폈다.
③ 당쟁 과정을 통하여 중앙 권력에서 소외된 양반들은 향반·토반 등으로 분화되어 갔다.
④ 농민의 경우 일부는 부농층으로 성장하였지만 대부분 소작농의 위치에 머물거나 임노동자로 전락하였다.

2015년 국가 9급

08 다음 향촌 사회 변화에 대응한 기존 양반층의 움직임으로 옳은 것은?

> 지금까지 향촌 사회에서 영향력을 행사하였던 양반은 새로 성장한 부농층의 도전을 받았다. 경제력을 갖춘 부농층은 수령을 중심으로 한 관권과 결탁하여 향안에 이름을 올리는가 하면, 향회를 장악하여 향촌 사회에서 영향력을 키우려고 하였다. 부농층은 종래의 재지 사족이 담당하던 정부의 부세 제도 운영에 적극 참여하였으며, 향임직에 진출하거나 기존 향촌 세력과 타협하면서 상당한 지위를 얻었다.

① 향도를 조직하여 공동으로 신앙 활동을 하였다.
② 양반층의 결속을 위한 납속책 확대 시행을 지지하였다.
③ 문중 의식을 고양하고 문중 서원이나 사우 건립을 확대하였다.
④ 향회를 통한 수령권의 견제와 이서층의 통제를 강화하였다.

2015년 지방 9급

09 다음과 같은 현상이 일어나게 된 배경으로 옳지 않은 것은?

> 향회라는 것이 한 마을 사민(士民)의 공론에 따른 것이 아니고, 수령의 손아래 놀아나는 좌수·별감들이 통문을 돌려 불러 모은 것에 불과합니다. 그 향회에서는 관의 비용이 부족하다는 핑계로 제멋대로 돈을 거두고 법을 만드니, 일의 원통함이 이보다 심한 것이 없습니다.

① 사족의 향촌 지배력이 약화되었다.
② 수령과 향리의 영향력이 약해졌다.
③ 향회는 수령의 부세 자문 기구로 전락하였다.
④ 양반 사족과 부농층이 향촌의 주도권 다툼을 벌였다.

10 조선 시대 향촌 사회의 모습으로 옳지 않은 것은?

① 유향소는 수령을 보좌하고 향리를 감찰하기 위한 기구였다.
② 향안은 임진왜란 전후 시기에 각 군현마다 보편적으로 작성되었다.
③ 경제적으로 성장한 일부 부농층은 향회를 장악하며 상당한 지위를 확보하기도 하였다.
④ 세도 정치 시기에 향회는 수령과 향리들을 견제하고 지방 통치를 대리하는 기구로 성장하였다.

11 조선 후기 가족 제도에 대한 설명으로 옳은 것은?

① 형제가 돌아가면서 제사를 지냈으며 책임을 분담하였다.
② 태어난 순서대로 족보에 기재하여 남녀 차별을 하지 않았다.
③ 입양 제도가 확대되고 부계 위주의 족보가 적극적으로 편찬되었다.
④ 사위가 처가의 호적에 입적하여 처가에 생활하는 것이 일반적이었다.

12 조선 후기의 가족 제도와 사회상에 대한 설명으로 가장 적절한 것은?

① 남녀를 구분하지 않고 태어난 순서대로 족보에 기재하였다.
② 동성 마을이 많아지고 부계 중심의 족보가 편찬되었다.
③ 아들이 없으면 양자를 들이는 대신에 딸과 외손자가 제사를 지냈다.
④ 혼인은 친영 제도에서 남귀여가혼으로 변화되었고, 재산은 균등하게 상속되었다.

13 18세기 이후 조선 사회에 대한 설명으로 옳은 것은?

① 서얼에 대한 차별이 더욱 심화되었다.
② 공노비는 사노비보다 더 가혹한 수탈과 사회적 냉대를 받았다.
③ 일반 서민 중에서도 부를 축적하여 지주가 되는 사람이 있었다.
④ 여자의 지위가 상승하여 딸도 아들처럼 부모의 재산을 상속받았다.

Ⅲ 조선 유교 사회의 성립과 변화

05 양반 문화의 발달과 문화의 새 경향

출제 빈도 상 중 하

1 조선 전기의 문화

1 민족 문화의 융성

(1) 훈민정음의 창제 기출

① 훈민정음은 백성이 쉽게 익혀서 자신의 의사를 표현할 수 있게 하려는 목적에서 만들어졌다.

② 집현전 학자 신숙주, 성삼문, 정인지, 박팽년 등이 연구하여 세종 25년(1443) 창제하였으며, 세종 28년(1446) 반포하였다.

③ 훈민정음을 활용하여 유교 윤리를 보급하였고, 불경 등 여러 분야의 서적도 훈민정음으로 번역하거나 편찬하였다.

④ 서리들이 훈민정음을 배워 행정 실무에 이용할 수 있도록 하고, 이들을 채용할 때 훈민정음 시험을 보도록 하였다.

⑤ 최만리 등 일부 유학자들과 양반들이 반발하였다.

⑥ 한글 창제의 의의

㉠ 일반 백성들의 문자 생활이 가능해졌다.

㉡ 민족 문화의 기반을 확고히 다지고 더욱 발전할 수 있는 계기를 마련하였다.

(2) 과학 기술의 발달

① 천문학 및 농업

㉠ 과학 기구 발명

- 혼의, 간의(천체 관측)
- 자격루(물시계), 앙부일구(해시계)
- 측우기(세계 최초의 강우량 측정 기구), 인지의와 규형(토지 측량과 지도 제작에 이용)

㉡ 천문도 제작 : 천상열차분야지도(태조, 고구려 천문도를 바탕으로 돌에 새김)

▲ 자격루

▲ 앙부일구(해시계)

▲ 측우기

꼭 기억해야 할 연표

1429 세종, "농사직설" 편찬
1443 세종, 훈민정음 창제
1776 정조, 규장각 설치
1801 순조, 신유박해
1860 최제우, 동학 창시

▲ 천상열차분야지도

● 칠정산

칠정(七政)은 해와 달, 금성, 목성, 수성, 화성, 토성을 의미한다. 요즘에는 칠정보다는 칠요(七曜)라는 표현을 많이 쓰고 있으며, 지금의 요일 명칭은 여기서 비롯되었다. 중국의 역법은 중국 수도인 북경을 중심으로 계산하였다. 북경과 한양은 경위도가 다르기 때문에 태양이 뜨고 지는 시각이라든지, 달이 뜨고 지는 시각이 달라 예보가 자주 틀렸다. 전통 사회에서 일식이나 월식과 같은 천문 현상은 왕의 권위와 정치의 잘잘못을 평가하는 민감한 사안이었다. 칠정산은 우리 실정에 맞는 역법을 갖추려는 세종의 자주적인 의지와 노력으로 탄생하였다.

● "국조오례의"

신숙주 등이 길례(제사), 가례(관혼), 빈례(빈객), 군례, 흉례(장례)의 5례를 정리하여 국가적 의식의 기준을 마련하였다.

② 역법 : 칠정산 제작

㉠ 세종 때 이순지 등이 원의 '수시력'과 아라비아의 '회회력'을 참고하여 제작하였다.

㉡ 한양을 기준으로 천체 운동을 정확하게 계산한 역법이다.

③ 의학

㉠ "향약집성방" : 우리 풍토에 맞는 약재와 치료법을 정리하여 편찬하였다.

㉡ "의방유취" : 중국의 역대 의서를 집대성하여 만든 동양 최대의 의학 백과사전이다.

④ 농서

㉠ 정부는 농업 진흥을 목적으로 농서를 간행하여 새로운 농법을 보급하고자 하였다.

㉡ 세종 때 우리 풍토에 맞는 농사법을 모아 "농사직설"을 간행하였다. 기출

(3) 활자 인쇄술과 제지술

① 인쇄술

㉠ 활자의 개량 : 태종 때 주자소를 설치하고, 계미자(태종)와 갑인자, 경자자(세종)를 주조하였다.

㉡ 인쇄 기술 발달 : 세종 때 식자판을 조립하는 방법으로 두 배의 인쇄 능률을 올릴 수 있었다.

② 제지술 : 조지서를 설치하였다(종이의 대량 생산 가능).

(4) 병서 편찬과 무기 제조

① 병서 편찬 : "총통등록"(화약 무기 제작과 사용법), "동국병감"(전쟁사) 등이 편찬되었다.

② 무기 제작

㉠ 고려 말 처음 등장한 화포가 더욱 개량되었다.

㉡ 신기전을 잇달아 발사할 수 있는 화차와 거북선 등 신무기가 개발되었다.

③ 16세기 이후에는 기술을 천시하는 경향으로 무기 제작 등 과학 기술은 점차 침체되었다.

(5) 윤리 · 의례서 편찬 기출

① "삼강행실도"(세종) : 설순이 모범이 될 만한 충신, 효자, 열녀를 골라 그 행적을 그림으로 그리고, 설명을 덧붙였다. 이후 한글로도 번역되었다.

② "국조오례의" : 성종 때 국가와 왕실의 각종 행사를 유교의 예법에 맞게 정리하여 편찬되었다.

③ "이륜행실도"와 "동몽수지"

㉠ 16세기에는 사림이 소학과 주자가례의 보급 실천에 힘쓰면서 "이륜행실도"와 "동몽수지" 등을 간행하여 보급하였다.

㉡ "이륜행실도"는 연장자와 연소자, 친구 사이의 윤리를 강조한 책이며, "동몽수지"는 어린이가 지켜야 할 예절을 기록한 윤리서이다.

사료 돋보기 "삼강행실도"

인륜의 도는 진실로 삼강 밖에서 나오는 것이 없고, 천성의 참됨은 진실로 만대에 같은 것입니다. 마땅히 앞선 사람들의 행실에 대한 기록을 모아 오늘의 모범을 삼아야 할 것입니다. 그윽이 살펴보건대, 임금에게 충성하고 아버지에게 효도하고 남편에게 절개를 바치는 것은 하늘의 법칙에 근본을 둔 것입니다. 신하로서 이것을 하고 아들로서 이것을 하며 아내로서 이것을 하는 것은 순종하는 땅의 도리에 근원을 둔 것입니다. 중국에서 우리나라에 이르기까지 동방 고금의 서적에 기록되어 있는 것을 모두 보았습니다. 그 가운데 효자 · 충신 · 열녀로 우뚝 높아서 기록으로 남길 만한 사람을 각각 100명씩 찾아내었습니다. 앞에는 그림으로 그리고 뒤에는 사실을 기록하였으며, 모두 시를 붙였습니다.

– "삼강행실도" –

분석

삼강, 행실, 모범, 임금, 충성, 아버지, 효도, 남편, 절개, 효자, 충신, 열녀

▼

"삼강행실도"는 세종 때 설순 등이 역사상 모범이 될 만한 충신, 효자, 열녀를 뽑아 그 행적을 그림으로 그리고, 설명을 붙인 윤리서이다.

▲ "삼강행실도"

(6) 역사서 편찬

① 서술 내용 기출

시기	내용
초기	왕조 개창의 정당화를 목적으로 하였다. → "고려국사"(정도전), "동국사략"(권근)
15세기 중엽	고려 시대의 역사를 자주적으로 정리하려는 노력이 대두되었다. → "고려사"(기전체), "고려사절요"(편년체)
15세기 말	성종 때 서거정이 단군 조선부터 고려까지의 역사를 "동국통감"으로 정리하였다.
16세기	단군보다 기자를 더 높이 평가하였다. → "기자실기"(이이), "동국사략"(박상)

● "고려사"와 "고려사절요"

	고려사	고려사절요
공통점	성리학적 역사관을 바탕으로 고려 역사 정리	
차이점	국왕 중심으로 정리	재상 중심으로 정리

사료 돋보기 "고려사"와 "기자실기"

❶ "고려사"

태조께서는 고려의 왕조는 이미 폐허로 되었으나, 그 역사를 없앨 수는 없다고 생각하여 사관들에게 고려 역사를 편찬하게 하였는데 …… 야사(野史)들의 각종 자료를 참고하고, 관부의 옛 서적들을 들추어 삼가 3년간 노력을 다하여 힘껏 고려 일대의 역사를 완성하였습니다. 이것으로 역사의 밝은 거울을 후대 사람들에게 보이며, 선악의 사실들을 영원히 전하도록 하겠습니다.

❷ "기자실기"

우리 동방에도 백성이 있어 살아온 지 중국에 뒤지지 않은 것 같은데, 아직 예지(叡智)를 지닌 성인이 나오시어 군사(君師)의 구실을 다하였다는 말을 듣지 못하였다. 물론 단군께서 제일 먼저 나시기는 하였으나 문헌으로 상고할 수 없다. 삼가 생각하건대 기자(箕子)께서 우리 조선에 들어오시어 그 백성을 후하게 양육하고 힘써 가르쳐 주시어 머리를 틀어 얹는 오랑캐의 풍속을 변화시켜 문화가 융성하였던 제나라와 노나라 같은 나라로 만들어 주셨다.

분석

❶ "고려사"는 기전체 역사서로서, 조선 건국과 정당성을 강조하기 위해 고려 말 사실을 왜곡하였다는 특징을 가지고 있다.

❷ 16세기 이이의 "기자실기"는 우리 역사에서 '기자'를 강조한 당시 사림의 역사관이 반영되어 있다.

▲ "조선왕조실록"

② "조선왕조실록" 기출

㉠ 태조~철종 시기(25대) 역사적 사실을 연대순으로 서술한 편년체 역사서이다.

㉡ 왕의 사후 춘추관에 실록청을 설치하고 편찬하였는데, 사초를 기준으로 "승정원일기", "의정부등록", "비변사등록", "춘추관 시정기", 상소문 등을 참고하여 서술하였다.

㉢ 실록은 사대 사고(서울 춘추관, 충주, 성주, 전주 등)에 보관하였으나, 임진왜란 때 전주 사고만 존속하여 광해군 때 5대 사고로 재편하였다.

(7) 지도와 지리서 편찬

① 지도의 제작

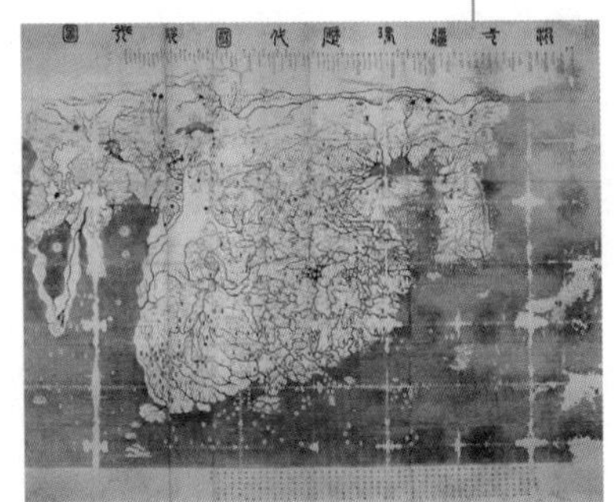
▲ 혼일강리역대국도지도

㉠ 혼일강리역대국도지도 : 15세기 초 태종 때 만들어진 현존하는 동양에서 가장 오래된 세계 지도이다. 기출

㉡ 팔도도 : 15세기 북방에 대한 관심이 반영되어 압록강 이북까지 상세하게 기록하였다.

㉢ 16세기 지도로는 조선방역지도가 현존하고 있다.

② 지리지의 편찬

㉠ 15세기에는 "팔도지리지"와 "동국여지승람"이 제작되었고, 16세기에는 "신증동국여지승람"이 편찬되었다.

㉡ 이 책들은 군현의 연혁, 지세, 인물, 풍속 등을 상세히 기록하였는데, 이는 당시 국토에 대한 인문 지리적 수준이 높았음을 보여 준다.

2 불교와 민간 신앙

(1) 불교 정책 : 억불 정책

① 성리학이 국가의 통치 이념으로 정착되면서 불교를 비롯한 다른 사상은 크게 위축되었다.

② 건국 직후부터 불교 사원이 소유한 토지와 노비를 환수하였고, 도첩제의 실시로 승려의 수가 제한되었다.

③ 세종 때에는 모든 종파를 선종과 교종으로 통합하였다.

④ 세조 때 원각사 10층 석탑을 세우고, 간경도감을 설치해 불경을 간행하는 등 불교가 일시적으로 중흥의 기회를 맞기도 하였다.

⑤ 사림 세력이 성장하면서 불교의 사회적 위상은 크게 약화되었다.

(2) 도교와 민간 신앙

① 도교 : 도교 행사를 주관하는 소격서를 설치하고, 마니산 참성단에서 초제를 시행하였다.

② 풍수지리설과 도참사상 : 한양 천도에 반영되었고, 양반 사대부의 묘지 선정(산송 문제)에도 영향을 주었다.

③ 민간신앙 : 무격신앙, 산신 신앙, 삼신 숭배 등이 민간에서 유행하였다.

3 성리학의 발달

(1) 성리학의 두 흐름

① 성리학은 고려 말 신진 사대부가 적극적으로 수용하여 조선의 건국과 그 과정에서 이루어진 사회 개혁에 사상적 기반을 제공하였다.

② 훈구파와 사림파 기출

	훈구파(관학파)	사림파
학통	조선을 개창한 정도전, 조준 등 혁명파 신진 사대부의 학통을 계승하였다.	역성혁명을 거부한 정몽주 등 온건파 신진 사대부를 계승하였다.
출신 지역	주로 기호 지방 출신이다(경기도, 충청도).	영남 일대에서 세력을 형성하였다.
학풍	사장을 중시하면서 현실의 정치, 경제에 관심을 가졌다. → 경세적 기능 중시, 실용적 유학	경학을 중시하였다. → 관념적인 이기론 중심, 이론적 유학
사상	성리학만을 내세우지 않고 불교 등 타 사상에 관대하고, 주례를 통치 이념으로 중시하였다.	성리학 이외의 학문과 사상을 이단으로 배격하였다.
정치	부국강병과 중앙 집권, 민생 안정을 추구하였다.	왕도 정치와 향촌 자치를 추구하였다.
사관	자주적 사관(단군 숭배)	중국 중심의 역사 인식(기자 숭배)
업적	성균관과 집현전을 통해 양성, 15세기 근세 문화 창조(관학파)	서원을 통해 양성, 16세기 이후 사상계 주도
경제 기반	대지주로 상공업을 독점하고 방납으로 경제 이익을 취하였다.	중소 지주로 농민에게 영향력을 행사하였다.

● "주례"

주나라의 제도를 기록한 유교 경전으로, 정도전은 조선의 통치 규범을 제시할 때 이를 모범으로 삼았다.

(2) 성리학의 융성 : 주요 성리학자 기출

① 조선의 성리학은 인간의 심성을 성찰하는 이기론(理氣論)을 중심으로 발달하였다.

② 서경덕 : 기를 중심으로 인간과 세상을 이해하였다.

③ 조식 : 학문의 실천성을 강조하면서 노장 사상에 포용적이었다.

④ 이언적 : 기보다는 이를 중심으로 이론을 전개하였다.

⑤ 이황(주리론 완성) 기출

㉠ 주자의 학설을 조선의 현실에 맞게 체계화하였다.

㉡ 저서 : "주자서절요", "성학십도"

㉢ 도덕적 행위의 근거로 인간의 심성을 중시하였고, 신분 질서를 유지하는 데 기여하였다.

㉣ 일본 성리학에 영향(동방의 주자)을 주었으며, 근본적 · 이상주의적 성격으로 평가된다.

㉤ 기대승과 사단 칠정 논쟁을 벌였으며, 예안 향약을 실시하고 도산 서원을 건립하였다.

㉥ 김성일, 유성룡 등에게 이어져 영남학파가 형성되었다.

● 이기론

일반적으로 '이(理)'란 인간의 심성을 포함한 모든 사물의 생성 변화를 가능하게 하는 원리이며, '기(氣)'는 '이'의 원리가 현실로 구체화되는 데 필요한 현상적 요소로 이해된다. 어느 것을 중요하게 생각하느냐에 따라 주리론과 주기론으로 구분된다.

⑥ 이이(주기론 완성) 기출

㉠ '이'와 '기'를 통일적으로 이해하면서 현실 세계를 구성하는 '기'를 중시하였다.

㉡ 저서 : "동호문답"(대공수미법), "만언봉사"(10만 양병설), "성학집요"

㉢ 이이는 해주 향약과 서원 향약을 실시하였다.

㉣ 현실적 · 개혁적 성격의 사상은 조헌과 김장생 등으로 이어져 기호학파를 형성하였다.

⑦ 김장생 : 예학을 정리하여, 상장제례 의식을 성리학적으로 체계화시켰다.

심화 플러스 이황과 이이의 사상

❶ 이황(李滉)의 주장

- "우주 만물의 근원이 되는 이(理)는 절대적으로 선한 것이고, 만물을 구성하는 기(氣)는 선과 악이 함께 섞여 있는 것이다. 이(理)는 존귀하고, 선악이 함께 내재한 기(氣)는 비천한 것이다."
- 이(理)와 기(氣)가 모두 운동성을 갖는다는 '이기호발설(理氣互發說)'을 주장하여 이기이원론(理氣二元論)을 정립하였다.
- 수양론(修養論)에서 경(敬)에 의한 궁리(窮理)의 방법을 통하여 참된 지(知)에 이를 수 있다고 하였다.

❷ 이이(李珥)의 주장

- "이(理)는 형체가 없고, 기(氣)는 형체가 있는 까닭에 이(理)는 두루 통하고, 기(氣)는 한정되고 국한된다."
- 이(理)와 기(氣)는 이미 두 가지 물건이 아니요, 또한 한 가지 물건도 아니다. 한 가지 물건이 아니기 때문에 하나이면서 둘이요, 두 가지 물건이 아니기 때문에 둘이면서 하나라고 하는 '기발이승일도설(氣發理乘一途說)'을 주장하였다.

❸ 이황의 "성학십도"와 이이의 "성학집요"의 차이점

"성학십도"에서는 군주 스스로가 성학을 따를 것을 제시한 반면, "성학집요"에서는 현명한 신하가 성학을 군주에게 가르쳐 그 기질을 변화시켜야 한다고 주장하였다.

핵심만 정리하자

▶ 이황과 이이

인물	사상
이황	• 이(理)의 중요성 강조 • 인간의 심성 중시, 근본적 · 이상주의적 · 도덕적 경향 • 임진왜란 이후 일본 성리학 발전에 영향을 줌(동방의 주자) • 대표적 저서 : "주자서절요", "성학십도" 등
이이	• 기(氣)의 중요성 강조 • 현실적 · 개혁적 성향 • 통치 체제 정비와 수취 체제의 개혁 주장 • 대표적 저서 : "동호문답", "만언봉사", "성학집요" 등

2 조선 후기 사회 개혁론의 대두

1 성리학의 변화

(1) 성리학의 절대화

① 송시열을 비롯한 노론은 양 난 이후 지배 체제를 강화하기 위해 성리학적 질서를 절대적 가치로 내세웠다.

② 주자를 성인으로 추앙하고 주자의 학설만을 절대적인 진리로 받아들였다.

(2) 성리학 비판 : 탈성리학적 경향이 나타났으나 사문난적으로 몰렸다. 기출

① 윤휴와 박세당

윤휴	서경덕의 영향으로 유교 경전에 대해 독자적으로 해석하였다.
박세당	양명학과 노장사상을 기반으로 주자 학설을 비판하였다.

② 소론 : 성리학 이해에 탄력적이며, 양명학과 노장사상을 수용하기도 하였다.

● 사문난적

유교 윤리를 어지럽히거나 어긋나는 행동을 하는 사람들을 가리킨다.

심화 플러스 노론 내부의 철학 논쟁(호락논쟁)

성리학에 대한 이해가 깊어지면서 18세기 충청 노론(호론)과 한성 · 경기 노론(낙론) 사이에 호락논쟁이 벌어졌다.

학파	호론(湖論)	낙론(洛論)
지역	충청도	한성, 경기
내용	인물성이론(인간과 사물의 본성이 다름)	인물성동론(인간과 사물의 본성이 같음)
영향	위정척사 사상	북학 사상

(3) 양명학의 수용 기출

① 소개 : 16세기 양명학 서적인 "전습록"이 전래되었으나 이황은 사문난적으로 비판하였다.

② 확산 : 17세기 후반 소론학자들이 본격적으로 수용하였다.

③ 특징 : 지행합일(지행일치)을 강조하였다.

④ 체계화 : 정제두가 양명학을 연구하여 강화학파를 형성하였다.

⑤ 계승 : 한말과 일제 강점기에 박은식, 정인보 등은 양명학을 계승하여 민족 운동을 전개하였다.

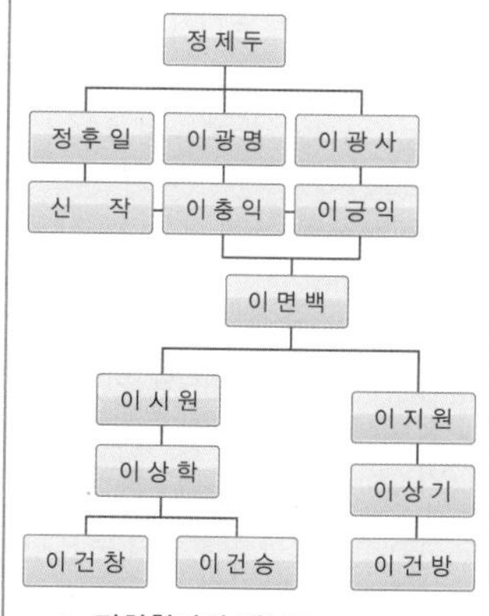

▲ 강화학파의 계보표

● 지행합일(知行合一)

지행합일 혹은 지행일치는 지식과 행동이 서로 맞아야 한다는 것으로, 양명학은 이를 바탕으로 실천성을 강조하였다.

2 실학의 발달

(1) 실학의 등장

① 17~18세기의 사회 · 경제적 변동에 따른 해결책을 구상하는 과정에서 등장한 새로운 학문적 경향이자 사회 개혁론으로, 이수광과 한백겸 등에 의해 제기되었다.

② 청에서 전해진 고증학과 서양 과학 기술을 받아들이며 발전하였다.

③ 실학은 비판적이며 실증적인 논리를 내세우며 농업과 상공업 중심의 개혁론으로 확대되었다.

(2) 농업 중심의 개혁론(경세치용 학파, 중농학파) 기출

① 특징 : 경기 지방의 남인 출신들이 많았으며, 자영농 육성을 목적으로 토지 제도를 개혁하는 데 관심을 두었다.

② 유형원 : "반계수록" 저술

㉠ 균전론 : 관리, 선비, 농민 등에게 토지를 차등 분배할 것을 주장하였다.

㉡ 자영농을 중심으로 군사와 교육 제도를 재정비하고, 노비 세습제를 폐지하자고 주장하였다.

사료 돋보기 유형원의 균전론

농부 한 사람이 1경(頃)의 토지를 받으며, …… 사(士)로서 처음 학교에 입학한 자는 2경의 토지를 받고, 내사에 들어간 자는 4경과 병역을 면제한다. …… 현직 관료는 9품부터 7품까지 6경, 그리고 관품이 높아질수록 더하여 정2품에 이르면 12경을 준다. 무릇 품직자로서 토지를 받는 자는 벼슬을 그만두고 토지를 반납해도 병역은 면제한다.

–"반계수록"–

분석

유형원은 관리, 선비, 농민에게 차등을 두어 토지를 분배할 것을 주장하였다(균전론). 이것은 자영농을 육성하여 자영농 중심의 군사 제도와 교육 제도를 재정비하는 것을 의미한다.

③ 이익 : "성호사설" 저술

㉠ 한전론 : 매매를 금지한 영업전을 모든 농가에 지급함으로써 최소한의 농민 생활을 보장하고, 그 밖의 토지는 매매를 허용하여 점진적으로 토지 소유를 균등하게 하려는 것이었다.

㉡ 나라를 좀먹는 여섯 가지 폐단(좀)을 지적하고, 노비 매매를 금지해야 한다고 강조하였다.

④ 정약용 : 실학 집대성, "경세유표"·"목민심서"·"흠흠신서"·"여유당전서" 등 저술 기출

㉠ "경세유표"(중앙 정치 제도 개혁안)와 "목민심서"(지방관의 지침), "흠흠신서"(형벌의 엄격한 적용)에서 통치자는 백성을 위해 존재해야 하며, 권력은 백성으로부터 나온 것이라고 주장하였다.

㉡ 신유박해에 연루되어 강진으로 유배되어, 그곳에서 500여 권의 저술을 남겼다("여유당전서" 등).

㉢ 기예론 : 수원 화성 건축에 거중기를 사용하였고, 주교(배다리)를 설치하였다.

㉣ 전론 : 여전론(일종의 공동 농장 제도)과 그 차선책으로서 정전제(井田制)를 주장하였다.

⑤ 한계 : 중농주의 실학자들의 사상과 학문은 재야 지식인들의 공감을 얻었음에도 불구하고 국가 정책에는 반영되지 못하였다.

● 이익의 나라 좀 먹는 여섯 가지 폐단

양반 문벌제도, 노비 제도, 과거 제도, 사치와 미신 숭배, 승려, 게으름

● 여전론

여전론은 한 마을을 단위로 토지를 공동으로 소유하고 공동으로 경작하며 노동량에 따라 그 수확량을 분배하는 일종의 공동 농장 제도였다.

● 정전제

전국의 토지를 국유화하여 정전(井田)을 편성한 후 그중 1/9을 공전으로 만들어 조세를 충당하고, 나머지는 농민에게 분배하자는 토지 제도였다.

사료 돋보기 정약용의 여전론

지금 농사를 짓고자 하는 사람은 토지를 얻고, 농사를 짓지 않는 사람은 토지를 얻지 못하도록 한다. 즉 여전의 법을 시행하면 나의 뜻을 이룰 수 있을 것이다. 여전이란 무엇인가? 산천의 지형을 기준하여 구역을 나누고, 경계 선 안의 모든 지역을 1여로 한다. …… 1여에 여장을 두고 토지는 공동 소유, 공동 경작하며 오직 여장의 명령에 따른다. 여민이 농사짓는 경우 여장은 매일 개인의 노동량을 기록하고 가을이면 모든 수확물을 여장의 집에 가져온 다음 분배한다. 이때 조세, 여장의 봉급을 제한 후 나머지는 노동량에 따라 분배한다.

-"여유당전서"-

분석 정약용의 여전론은 마을 단위로 토지를 공동 소유하고, 공동으로 경작하여 (노동력에 따라) 수확량 분배를 제시한 일종의 공동 농장 제도이다. 다만 정약용은 여전론이 당장 실시되기 어렵다고 판단하고, 그 대안으로 정전제를 제시하였다.

(3) 상공업 중심의 개혁론(이용후생 학파, 북학파, 중상학파) 기출

① 특징 : 상공업 진흥과 기술 혁신 및 청 문물을 적극적으로 수용할 것을 주장하였다.

② 유수원 : "우서"를 저술하였으며, 상공업을 진흥하기 위해서는 상업을 천시하는 생각을 버리고 사·농·공·상의 직업적 평등화와 전문화가 이루어져야 한다고 주장하였다.

사료 돋보기 유수원의 중상주의

지금 양반이 명분상으로 상공업에 종사하는 것을 부끄러워하지만, 그들의 비루(鄙陋)한 행동은 상공업자보다 심한 자가 많다. 학문이 없어도 세력만 있으면 부정하게 과거에 합격하고 그렇지 않으면 음직(蔭職)을 바라거나 공물 방납과 고리대를 하거나 노비를 빼앗기 위한 소송을 벌여 생활한다. …… 상공업을 두고 천한 직업이라 하지만 본래 부정하거나 비루한 일은 아니다. 그것은 스스로 재간 없고 덕망 없음을 안 사람이 관직에 나가지 않고 스스로의 노력으로 물품 교역에 종사하면서 남에게서 얻지 않고 자기 힘으로 먹고 사는 것이다. 어찌 천하거나 더러운 일이겠는가?

-"우서"-

분석 유수원은 "우서"에서 상공업을 천대하는 사회 풍조를 비판하였다. 그는 상공업을 발전시키기 위해 사농공상의 직업적 평등화와 전문화를 강조하였다.

③ 홍대용

㉠ "임하경륜"을 저술하여 기술 혁신과 문벌제도의 철폐를 주장하였다.

㉡ 성리학적 세계관을 비판하였다(지전설 수용, "의산문답").

④ 박지원 기출

㉠ "열하일기"를 저술하였고, 수레와 선박의 이용 및 화폐 유통의 필요성을 주장하였다.

㉡ 양반전과 호질, 허생전 등 한문 소설에서 놀고먹는 양반들을 비판하였다.

㉢ "과농소초(課農小抄)"를 저술하여 농업 기술의 발전 및 상업적 농업을 장려하였다.

● 정약용

▲ 다산 초당(전남 강진)

정약용은 문과에 급제한 뒤 정조의 개혁 정치에 참여하였고, 과학 기술에 관심이 많아 배다리와 거중기 등을 만들었다. 정조 사후 반대파의 모함으로 강진으로 유배되었으며, 그곳에서 학문 연구에 몰두하여 실학을 집대성하였다.

▲ 박지원

▲ 박제가

⑤ 박제가 기출

㉠ "북학의"를 저술하여 절약보다 소비를 강조하였다.

㉡ 청의 문물을 적극적으로 수용하고, 수레와 선박의 이용 확대를 주장하였다.

㉢ 무역선을 파견하여 청에서 행해지는 세계 무역에도 참여해야 한다고 주장하였다.

⑥ 북학파 실학자들의 주장은 19세기 후반 개화사상으로 계승 · 발전되었다.

사료 돋보기 박제가의 소비관

비유하건대 재물은 대체로 샘과 같은 것이다. 퍼내면 차고, 버려두면 말라 버린다. 그러므로 비단옷을 입지 않아서 나라에 비단 짜는 사람이 없게 되면 여공(길쌈질)이 쇠퇴하고, 쭈그러진 그릇을 싫어하지 않고 기교를 숭상하지 않아서 공장(수공업자)이 기술을 익히지 않으면 기예가 망하게 되며 농사가 황폐해진다. 사농공상의 사민이 모두 곤궁하여 서로 구제할 수 없게 된다."

–"북학의"–

분석

박제가는 "북학의"에서 소비와 생산의 관계를 우물물에 비유하며 소비를 통한 생산력 증대를 강조하였다. 또한 수레와 선박의 이용 확대, 청과의 통상 확대를 주장하였다.

핵심만 정리하자

▶ 농업 중심의 개혁론 : 중농학파, 경세치용 학파

유형원	"반계수록"	• 균전론 : 관리, 선비, 농민 등에게 토지의 차등적 재분배 주장 • 농병 일치의 군사 조직과 사농 일치의 교육 제도
이익	"성호사설"	• 한전론 : 토지 소유의 점진적 평등 주장(영업전 이외의 토지만 매매 허용) • 6좀 비판 : 양반 문벌제도, 과거 제도, 노비 제도, 사치와 미신 숭배, 승려, 게으름 비판 • 폐전론 주장 : 전황 현상의 폐단 지적
정약용	"목민심서", "경세유표", "흠흠신서"	• 여전론(마을 단위의 공동 소유와 공동 경작 및 노동량에 따른 분배 주장 = 공동 농장 제도) → 차선책으로 정전제 제시 • 과학 기술과 상공업에도 관심, 백성의 의사가 적극 반영될 수 있는 정치 제도의 개선 주장

▶ 상공업 중심의 개혁론 : 중상학파, 이용후생 학파, 북학파

유수원	"우서"	• 기술 혁신, 상공업 진흥, 사 · 농 · 공 · 상의 직업적 평등화, 전문화 • 상인 간의 합자 : 대상인의 지역 사회 개발 참여
홍대용	"의산문답", "임하경륜"	• 기술 혁신, 신분 제도 철폐, 성리학의 극복을 통한 부국강병 주장 • 지전설 주장 : 중국 중심 세계관 비판 • 균전제 주장 : 농업 문제에 관심
박지원	"열하일기", "과농소초"	• 수레와 선반의 이용과 화폐 유통 주장 • 양반 제도의 비생산성 비판(양반전, 호질, 허생전), 농업 생산력 증대 중시
박제가	"북학의"	청과의 통상 강화, 수레와 선박 이용, 절약보다 소비 권장(재물을 우물에 비유)

3 국학 연구의 확대

(1) 역사 연구 기출

① 안정복 : "동사강목" 저술, 우리 역사의 독자적 정통론을 내세웠으며, 고증 사학의 토대를 마련하였다.

② 이종휘 : "동사" 저술, 고구려를 중심으로 민족사를 서술하였다.

③ 유득공 : "발해고" 저술, 발해 역사 연구를 심화하였고 남북국이라는 용어를 최초로 사용하였다.

④ 한치윤 : "해동역사" 저술

㉠ 고조선부터 고려까지의 역사를 실증적으로 정리하였다.

㉡ 중국 및 일본의 자료 500여 권을 인용하여 민족사 인식의 폭을 확대하였다.

사료 돋보기 안정복의 삼국 시대 인식

삼국사에서 신라를 으뜸으로 한 것은 신라가 가장 먼저 건국되었고, 뒤에 고구려와 백제를 통합하였으며, 고려는 신라를 계승하였으므로 편찬한 것이 모두 신라의 남은 문적(文籍)을 근거로 하였기 때문이다. 그러므로 편찬한 내용이 신라에 대하여는 약간 자세히 갖추어져 있고 백제에 대하여는 겨우 세대만을 기록했을 뿐 없는 것이 많다. …… 고구려의 강대하고 현저함은 백제에 비할 바가 아니며 신라가 자처한 땅의 일부는 남쪽에 불과할 뿐이다. 그러므로 김씨(김부식)는 신라사에 쓰인 고구려 땅을 근거로 했을 뿐이다.

—"동사강목"—

분석

안정복은 고조선부터 고려 말까지의 역사를 체계적으로 정리한 "동사강목"에서 신라 중심적인 "삼국사기"의 서술을 비판하고, 고구려의 강대함을 강조하였다. 또한 삼한 정통론을 제시하여 단군과 기자, 마한을 우리 역사의 정통 국가로 제시하였다.

● 유득공의 "발해고"

부여씨가 망하고 고씨가 망함에 이르러 김씨가 그 남쪽을 차지하고, 대씨가 그 북쪽을 차지하고 발해라 하였으니, 이를 남북국(南北國)이라 한다. 마땅히 남북국(南北國)의 역사책이 있어야 했는데, 고려가 이를 편찬하지 않은 것은 잘못된 일이다. 대저 대씨는 어떤 사람인가? 바로 고구려 사람이다. 그들이 차지했던 곳은 어디인가? 바로 고구려 땅이다.

유득공은 "발해고" 서문에서 발해가 고구려의 후계자임을 분명히 밝히면서, 발해사가 우리 민족사의 범주에 속하며, 통일 신라 시대는 발해와 신라가 양립된 '남북국 시대'라고 규정하였다.

(2) 지리서와 지도 기출

① 지리서

역사지리서	한백겸의 "동국지리지"(역사 지리지)
인문지리서	이중환의 "택리지" : 각 지역의 환경, 풍속, 인심 등을 서술하였다.

② 지도

동국지도(정상기)	최초로 100리 척을 사용하였다.
대동여지도(김정호)	• 산맥, 하천, 포구, 도로망 등을 자세히 표현하였고, 10리마다 눈금을 표시하였다. • 목판으로 대량 인쇄를 시도한 점이 특징이다.

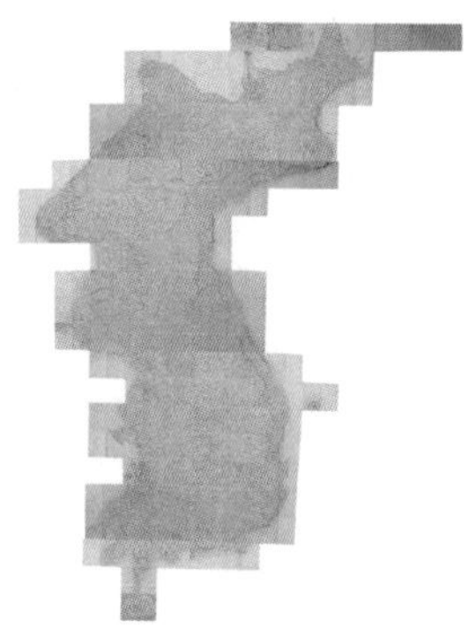

▲ 김정호의 대동여지도

(3) 한글 연구 : 우리말 음운에 대한 신경준의 "훈민정음운해"와 유희의 "언문지"가 저술되었다.

4 서양 문물의 수용과 과학 기술의 발전

(1) 천문학과 지도 제작 기술의 발달

① 천문학 : 서양 과학의 영향으로 크게 발달하였다.

㉠ 이익은 서양 천문학에 관심을 갖고 연구하였다.

㉡ 김석문이 최초로 지전설을 주장하였고, 홍대용은 지전설을 주장하며 "의산문답"에서 우주 무한론을 주장하였다. → 성리학적 세계관 비판

▲ 홍대용의 혼천의

사료 돋보기 홍대용의 지전설

천체가 운행하는 것이나 지구가 자전하는 것은 그 세가 동일하니 분리해서 설명할 필요가 없다. 다만 9만 리의 둘레를 한 바퀴 도는데 이처럼 빠르며, 저 별들과 지구와의 거리는 겨우 반경(半徑)밖에 되지 않는데도 몇 천만 억의 별들이 있는지 알 수 없는데 하물며 천체들이 서로 의존하고 상호 작용하면서 이루고 있는 우주 공간의 세계 밖에도 또 다른 별들이 있다. …… 칠정(七政 : 태양, 달, 화성, 수성, 목성, 금성, 토성)이 수레바퀴처럼 자전함과 동시에 맷돌을 돌리는 나귀처럼 둘러싸고 있다. 구에서 가까이 보이는 것을 사람들은 해와 달이라 하고 지구에서 멀어 작게 보이는 것을 사람들은 오성(五星 : 수성, 금성, 화성, 목성, 토성)이라 하지만 사실은 모두가 동일한 것이다.

-"담헌서"-

분석

김석문에 의해 지전설이 처음 주장된 이후 홍대용도 지전설을 주장하였다. 특히 "의산문답"에서 지구는 우주의 중심이 아니라 수많은 별 중 하나라는 우주 무한론을 주장하였다.

김석문과 홍대용의 지전설을 통해 중국 중심(성리학 중심) 세계관을 비판하고 있었음을 알 수 있다.

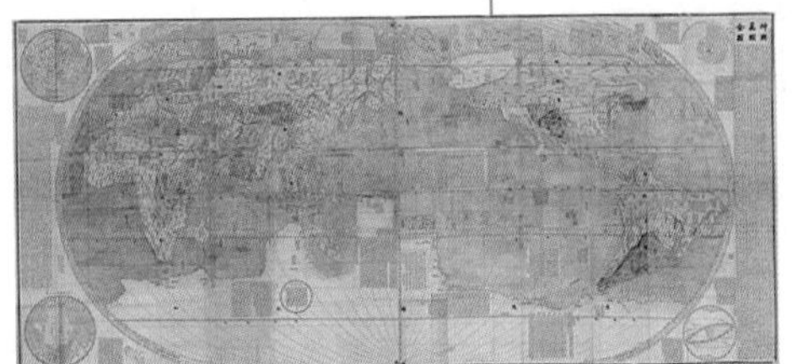
▲ 곤여만국전도

② 역법 : 효종 때 김육 등의 노력으로 아담 샬의 시헌력을 도입하였다.

③ 수학

㉠ 마테오 리치의 "기하원본"이 도입되었다.

㉡ 홍대용은 "주해수용"을 통해 수학 연구 성과를 정리하였다.

④ 지도 : 중국으로부터 세계 지도인 '곤여만국전도'가 전래되면서 조선인들의 세계관 확대에 기여하였다.

(2) 의학, 과학 기술, 농서의 편찬

① 의학 기출

17세기	허준의 "동의보감"(의학서), 허임의 "침구경험방"(침구술)
18세기	정약용의 "마과회통"(종두법 연구)
19세기	이제마의 "동의수세보원"(사상 의학)

② 정약용의 과학 기술학

㉠ 기예론 : 기술의 발달이 인간 생활을 풍요롭게 한다고 역설하였다.

㉡ 서양의 과학 기술 서적인 "기기도설"을 참고하여 거중기를 만들어 수원 화성 축조에 사용하였고, 배다리를 설계하여 정조의 화성 행차에 이용하였다.

③ 농서의 편찬

㉠ 신속의 "농가집성"은 이앙법 보급에 기여하였다.

㉡ 홍만선의 "산림경제", 박세당의 "색경" 등 많은 농서가 저술되었다.

3 조선 후기 사회 변혁의 움직임

1 사회 불안의 심화와 예언 사상의 대두

(1) 사회 불안의 심화

① 조선 후기 신분제의 동요로 인한 농민의 정치적 의식이 성장하였다.

② 농촌 경제의 파탄으로 농민의 적극적 저항이 자주 발생하여 사회 불안이 고조되었다.

(2) 예언 사상의 대두

① 각종 비기, 도참설 등 예언 사상이 유행하였고, 특히 정감록은 민중의 가혹한 삶을 구원하고, 새로운 세상을 열어 줄 '진인(眞人)'의 출현을 예고하였다.

② 현실 세계의 불만을 해결하기 위한 미륵 신앙과 무격신앙이 점차 유행하였다.

● 비기

길흉화복 따위를 미리 예언한 것과 미래를 예언하여 길흉을 점치는 술법을 기록한 서적이다.

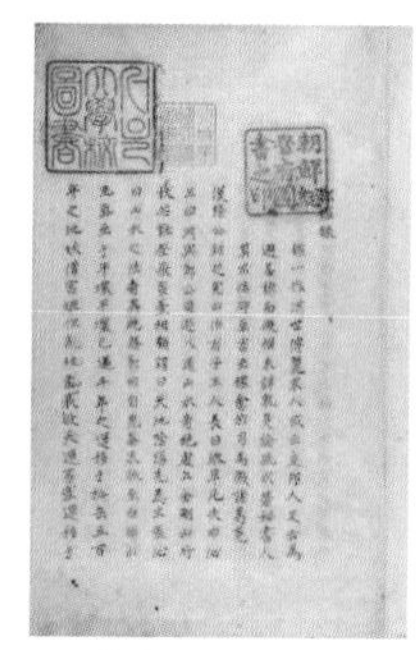

▲ 정감록

2 천주교의 전래 (기출)

(1) 전래와 수용

① 17세기경 베이징을 왕래하던 사신에 의해 서학으로 소개되었다.

② 18세기 후반에는 남인 실학자들 사이에서 신앙 운동으로 발전하였다.

(2) 탄압

① 천주교 신자가 유교의 제사를 거부하고, 조상의 신주를 없애는 사건이 발생하자, 양반 중심의 신분 질서를 부정한다는 이유로 천주교를 탄압하였다.

② 순조 때에는 권력을 잡은 노론 강경파가 많은 천주교 신자를 처형하였다(1801, 신유박해).

③ 황사영의 백서 사건 등을 계기로 천주교가 서양 세력과 연결되었다는 인식이 확산되어 갔다.

● 황사영의 백서 사건

신유박해가 일어나자, 천주교 신자인 황사영이 서양인 주교에게 조선에 군대를 보내 천주교 신자들을 도와달라는 내용의 청원서를 보내려다 발각된 사건이다.

(3) 전파 : 정부의 탄압에도 신 앞에 모든 사람이 평등하고, 불안한 현실을 대신할 내세 사상이 있다는 천주교 교리에 공감하면서 피지배 계층, 특히 하층민과 부녀자를 중심으로 천주교는 빠르게 보급되었다.

3 동학의 창시 (기출)

(1) 창시 : 경주 출신의 몰락 양반인 최제우가 창도하였으며(1860), '동학'은 서학을 배격한다는 뜻에서 붙여진 이름이다.

(2) 이념

① '사람이 곧 하늘이다.'라는 인내천 사상을 내세워 인간의 평등을 강조하였다.

② '보국안민'을 내세워 외세의 침략을 비판하였다.

③ '지금 세상은 운이 다했고 새로운 세상이 열린다.'는 후천 개벽 사상은 당시 농민의 사회 변혁 운동에 영향을 주었다.

▲ 최제우

(3) 탄압 : 정부는 세상을 어지럽히고 백성을 속인다는 죄명을 씌워 최제우를 처형하고 동학을 탄압하였다.

(4) 확산 : 2대 교주 최시형은 동학의 경전인 "동경대전"과 가사집 "용담유사"를 편찬하고, 교단 조직(포접제)을 정비하였다.

4 조선의 문화와 예술

1 유교적 양반 문화의 발달

(1) 조선 초기 문학 : 관료 문인 중심
① 악장 : '용비어천가', '월인천강지곡' 등은 왕조 개창의 업적을 찬양하고, 자주의식을 표현하였다.
② "동문선"(서거정) : 우리의 시와 산문을 정리하였다.
③ 시조 : 김종서와 남이의 시조는 패기와 유교적 충절을 표현하였다.
④ "필원잡기"(서거정), "용재총화"(성현) 등 설화 문학은 불의를 폭로하고, 풍자성이 강하였다.

사료 돋보기 서거정의 "동문선" 서문

이것은 우리 동방의 글이 송 · 원의 글도 아니고 또한 한당의 글도 아니며 바로 우리나라의 글인 것입니다. 마땅히 중국 역대의 글과 나란히 천지 사이에 행하게 해야 합니다. 어찌 사라져 전함이 없게 하겠습니까. …… 저희들은 높으신 위촉을 받자와 삼국 시대로부터 우리 대에 이르기까지의 여러 가지 문체를 수집하여 이 가운데 문장과 이치가 아주 바르고 교화에 도움이 될 만한 것을 취하여 분류하고 정리하였습니다.

분석
"동문선"은 우리나라 역대의 빼어난 시문을 모아 편찬한 책이다. 서거정은 "동문선" 서문에서 우리글의 독자성을 강조하였다.

(2) 16세기 문학 : 사림 및 여류 문인 중심
① 시조 : 순수한 인간 본연의 감정 표현 ㉑ 황진이, 윤선도(어부사시사)
② 가사 : 풍부한 우리말 어휘 구사 ㉑ 송순, 정철(관동별곡, 사미인곡)
③ 기타 : 서얼(어숙권의 "패관잡기", 임제의 풍자시) 및 여류 문인(신사임당, 허난설헌)의 활동

2 조선 후기 서민 문화의 발달 기출

(1) 배경 : 서당 교육이 보급되고, 서민의 경제적 · 사회적 지위가 향상되었다.

(2) 특징 : 중인 및 서민들의 문예 활동이 활발해졌다.

(3) 경향 : 양반의 위선적 모습을 비판하고, 사회의 부정과 비리를 풍자하였다.

(4) 종류 : 한글소설, 사설시조, 판소리, 탈놀이, 풍속화, 민화

한글 소설	서얼에 대한 차별 철폐를 주장한 "홍길동전"과 탐관오리의 응징을 내용으로 하는 "춘향전"이 대표적이다.
사설시조	형식에 구애됨이 없이 서민들의 감정을 솔직하게 묘사하거나 익살스럽게 풍자하였다.
판소리	• 판소리 열두 마당이 있었으나 19세기 후반 신재효가 정리하여 여섯 마당이 확립되었다. • 현재 춘향가, 심청가, 흥보가, 적벽가, 수궁가 다섯 마당이 전해지고 있다.
탈놀이(탈춤)	대부분 교통, 상업, 군사, 행정의 중심지에서 유행하였다.
풍속화	백성의 생활 모습을 생동감 있게 표현하였다.
민화	• 해, 달, 나무, 꽃, 물고기 등 다양한 소재를 표현하였다. • 민중의 소원을 기원하고 생활 공간을 장식하였다.

▲ 홍길동전

3 조선 후기 한문학과 시사

(1) 한문학

① 실학의 유행과 함께 부조리한 현실을 비판하였다.

② 박지원의 양반전, 허생전 등은 양반 사회의 허구성을 비판하였다.

③ 정약용은 삼정의 문란을 폭로한 많은 한시를 남겼다(대표작 : 애절양).

(2) 시사

① 중인과 서민층의 창작 활동이 활발해지면서 일종의 문학 모임인 시사가 많이 만들어졌다.

② 시사는 창작 활동을 하거나 역대 시인의 시를 모아 시집을 간행하기도 하였다.

4 조선의 건축

(1) 15세기 : 궁궐과 관아, 성곽, 학교 건축이 중심을 이루었다.

① 궁궐과 도성 건축 : 경복궁, 창덕궁, 창경궁, 숭례문, 돈화문, 개성 남대문, 평양 보통문 등

② 불교 건축 : 팔만대장경을 보관하기 위해 해인사 장경판전이 만들어졌고, 대리석으로 원각사지 10층 석탑이 건축되었다.

▲ 원각사지 10층 석탑(15세기)

(2) 16세기

① 사림의 학문적, 정치적 근거지인 서원이 많이 만들어졌다.

② 사찰의 가람 배치 양식과 주택 양식이 실용적으로 결합되어 선비들의 기품과 검소, 소박함이 잘 드러난다.

③ 대표적 서원으로 경주 옥산 서원과 안동 도산 서원이 있다.

(3) 17세기

① 불교의 사회적 지위 향상과 양반 지주층의 경제적 성장이 반영된 큰 사원 건축물이 지어졌다.

② 금산사 미륵전, 화엄사 각황전, 법주사 팔상전이 대표적이다.

▲ 평양 보통문(15세기)

▲ 해인사 장경판전(15세기)

▲ 안동 도산 서원(16세기)

▲ 법주사 팔상전(17세기)

▲ 금산사 미륵전(17세기)

▲ 화엄사 각황전(17세기)

(4) 18세기 : 정조가 당시의 문화적 역량을 결집하여 수원 화성을 건립하였다.

(5) 19세기 : 국왕의 권위를 세우기 위해 흥선 대원군 집권 시기에 경복궁을 중건하였다(대표적 건축물 : 근정전과 경회루).

● 수원 화성

정조는 사도 세자를 장헌 세자로 추존하고, 묘소를 수원으로 옮기면서 격을 높이기 위해 화성을 건설하였다(1794). 화성 건축 과정에서 정약용이 만든 거중기는 공사 기간 및 공사비의 단축에 큰 역할을 하였으며, 축조 과정은 "화성성역의궤"에 자세히 기록되어 있다.

▲ 경복궁 경회루(19세기)

5 조선의 예술

(1) 자기와 공예

① 자기

㉠ 분청사기(15세기) : 소박한 무늬와 자유로운 양식이 특징이다.

㉡ 순 백자(16세기) : 담백함과 순백의 고상함 때문에 선비들의 취향과 잘 어울렸다.

㉢ 청화 백자(조선 후기)

- 백자가 계속 유행하는 가운데 푸른색으로 그림을 그려 넣은 청화 백자가 만들어졌다.
- 청화 백자는 주로 제기와 문방구 등 생활용품이 많았다.

▲ 분청사기

▲ 백자

▲ 청화 백자

② 공예 : 쇠뿔을 쪼개어 무늬를 새긴 화각 공예와 자개 공예 등도 조선 전 시기에 걸쳐 유행하였다.

(2) 그림과 글씨

① 그림 기출

㉠ 15세기 : 도화서 화원인 안견의 '몽유도원도', 문인 화가인 강희안의 '고사관수도'가 대표적 작품이다.

㉡ 16세기 : 선비의 지조를 상징하는 이정의 '묵죽도' 등 사군자를 그린 문인 화가 유행하였다.

㉢ 조선 후기

- 진경 산수화를 개척한 정선('인왕제색도', '금강전도'), 풍속화가인 김홍도와 신윤복이 유명하였다.
- 이름 없는 화가들이 그린 민화도 유행하였는데, 민화는 예술성을 추구하기 보다는 건강과 장수 등 소박한 소망과 기원을 표현하였다.

▲ 몽유도원도(안견)

▲ 고사관수도(강희안)

▲ 인왕제색도(정선)

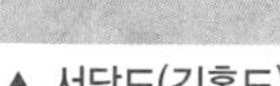

▲ 서당도(김홍도)

▲ 단오풍정(신윤복)

▲ 까치와 호랑이(민화)

(3) 서예

① 양반들의 필수 교양으로 중시되었다.

② 조선 전기에는 한호(석봉체)와 안평 대군이 유명하였고, 19세기에는 김정희의 활동(추사체)이 두드러졌다.

(4) 음악

① 국가에서는 음악을 백성의 교화 수단으로 인식하였고, 국가 의례로 중시하였다.

② 세종은 '정간보'를 창안하고, 스스로 여민락을 작곡하였다.

③ 성종 때 성현은 당시의 음악을 집대성하여 "악학궤범"을 편찬하였다.

④ 조선 후기에는 양반들의 가곡 및 산조, 서민들의 민요와 잡가 등 다양한 장르의 음악이 유행하였다.

● 김홍도와 신윤복

김홍도	사람들의 소탈하고 익살스런 모습을 적나라하게 표현
신윤복	양반의 위선, 남녀 사이의 애정을 감각적 · 해학적으로 표현

● 김정희

김정희는 금석학에도 조예가 깊어 "금석과안록"을 저술하였으며, 여러 필법을 연구하여 독창적인 '추사체'를 창안하였다.

기출 및 예상 문제

01 조선 전기의 문화

[1] 세종 때 한양을 기준으로 역법을 정리한 칠정산이 편찬되었다. O | X

[2] 군주 스스로가 성학(聖學)을 따를 것을 제시한 이황은 기(氣)보다는 이(理)를 강조하였다. O | X

[3] 조선왕조실록은 국가적 차원에서 편찬하였고, 태조에서 철종까지 역사를 기록하였다. O | X

[4] 이황은 주리론을 주장하였으며, 성학집요를 저술하였다. O | X

[5] 이이는 동호문답 등을 저술하여 사회 개혁 방안을 제시하였다. O | X

01 조선 시대 과학 기술의 발전에 대한 설명으로 옳지 않은 것은?

① 조선 초기 농업 기술의 발전 성과를 반영한 영농의 기본 지침서는 세종 때 편찬된 농가집성이었다.
② 세종 때 해와 달 그리고 별을 관측하기 위해 간의대(簡儀臺)라는 천문대를 운영하였다.
③ 세종 때 동양 의학에 관한 서적과 이론을 집대성한 의학백과사전인 의방유취가 편찬되었다.
④ 문종 때 개발된 화차(火車)는 신기전이라는 화살 100개를 설치하고 심지에 불을 붙이는 일종의 로켓포였다.

02 세종 때 과학 기술의 발달에 대한 설명으로 옳지 않은 것은?

① 해시계인 혼의와 물시계인 자격루를 만들었다.
② 의방유취라는 의학백과사전을 편찬하였다.
③ 한양을 기준으로 천체 운동을 계산한 역법서인 칠정산을 만들었다.
④ 밀랍 대신 식자판을 조립하는 방법으로 인쇄 기술이 더욱 발전하였다.

03 다음 자료에 나타난 사상과 동일한 맥락에서 이해할 수 있는 것을 〈보기〉에서 모두 고른 것은?

> 사방 각국의 풍토가 다르고 성음 역시 이에 따라 다르게 마련이다. 중국 이외의 외국말은 성음만 있고 문자가 없으므로 중국의 문자를 빌어서 사용하고 있는데, 이것은 마치 둥근 구멍에 모난 자루를 끼워 맞추는 것과 같아 서로 맞지 않으니 어찌 잘 통하여 막힘이 없겠는가. 요는 모두 각각 그 곳에 따라 편리하게 할 뿐 억지로 똑같게 할 수는 없는 것이다.

〈보 기〉

ㄱ. 향약집성방　　ㄴ. 칠정산
ㄷ. 농상집요　　ㄹ. 동의보감

① ㄱ, ㄴ, ㄷ　　② ㄱ, ㄴ, ㄹ
③ ㄱ, ㄷ, ㄹ　　④ ㄴ, ㄷ, ㄹ

04 다음 내용과 관련 있는 책을 〈보기〉에서 모두 고른 것은?

> 인륜의 도는 진실로 삼강 밖에서 나오는 것이 없고, 천성의 참됨은 진실로 만대에 같은 것입니다. 마땅히 앞선 사람들의 행실에 대한 '기록을 모아 오늘의 모범으로 삼아야 할 것입니다. 그윽이 살펴보건대, 임금에게 충성하고 아버지에게 효도하고 남편에게 절개를 바치는 것은 하늘의 법칙에 근본을 둔 것입니다. 신하로서 이것을 하고 아들로서 이것을 하며 아내로서 이것을 하는 것은 순종하는 땅의 도리에 근원을 둔 것입니다.

〈보 기〉

ㄱ. 동몽수지　　ㄴ. 경제문감
ㄷ. 이륜행실도　　ㄹ. 동국여지승람

① ㄱ, ㄴ　　② ㄱ, ㄷ
③ ㄴ, ㄷ　　④ ㄷ, ㄹ

05 다음 글과 관련된 역사서에 대한 설명으로 가장 적절한 것은?

> 이 책을 편찬하면서 범례는 사마천의 "사기"를 따랐고, 기본 방향은 직접 왕에게 물어서 결정하였습니다. '본기'라고 하지 않고 '세가'라고 한 것은 대의명분의 중요성을 보인 것입니다. 신우, 신창을 세가에 넣지 않고 열전으로 내려놓은 것은 왕위를 도적질한 사실을 밝히려한 것입니다.

① 구삼국사를 기본으로 유교적 합리주의 사관에 기초하여 기전체로 서술되었다.
② 종래 중국 중심의 역사 인식에서 벗어나 민족적 역사적 정통성을 밝히고자 하였다.
③ 사림은 존화 사상을 바탕으로 우리 역사를 소중화의 역사로 파악하였다.
④ 성리학적 통치 규범을 정착시킴과 동시에 고려 시대 역사를 정리하였다.

2015년 국가 9급

06 괄호 안에 들어갈 역사책에 대한 설명으로 옳은 것은?

> 동양에서는 역사학이 정책을 입안하는 데 이론적 근거와 참고 자료를 마련하기 위하여 연구되었다. 동양에서는 역사학의 제1차적인 목적을 귀감에서 찾는다. 그러기에 대부분의 역사책은 '거울 감 鑑'자를 쓴다. 우리나라에서는 서거정이 편찬한 (　　　　), 중국에서는 사마광의 "자치통감", 주희의 "통감강목", 원추의 "통감기사본말" 등이 그 대표적인 예이다.

① 성리학적 가치관으로 고려 역사를 정리한 기전체 사서이다.
② 단군 조선에서 고려 말까지의 역사를 노래 형식으로 정리하였다.
③ 단군 조선에서 삼한까지의 역사를 외기(外紀)로 구분하여 서술하였다.
④ 역대 국왕의 사적(事績) 가운데 후세의 귀감이 될 만한 내용만을 뽑아 편년체로 편찬하였다.

07 다음 〈보기〉에서 조선 시대 역사서와 역사가에 대한 설명으로 옳은 것을 모두 고른 것은?

〈보 기〉

ㄱ. "조선왕조실록"은 사관이 국왕 앞에서 기록한 시정기, 각 관청의 문서를 모아 만든 사초 등을 종합 · 정리하여 편년체로 편찬되었다.
ㄴ. 성종 때에는 고조선부터 고려 말까지의 역사를 정리한 편년체 통사로서 "동국사략"이 간행되었다.
ㄷ. 이긍익은 조선 시대의 정치와 문화를 정리하여 "연려실기술"을 저술하였다.
ㄹ. 이익은 실증적이며 비판적인 역사 서술을 제시하고, 중국 중심의 역사관에서 벗어나 우리 역사를 체계화할 것을 주장하였다.

① ㄱ, ㄷ　　② ㄱ, ㄹ
③ ㄴ, ㄷ　　④ ㄷ, ㄹ

08 다음 중 각 시대의 역사의식 및 역사서에 대한 설명으로 가장 적절한 것은?

① 조선 건국 초기에는 고려 멸망의 부당성을 알리고 조선 건국을 비판하기 위하여 고려국사가 편찬되었다.
② 안정복은 동사강목을 통하여 한국사의 정통론을 세워 중국 중심의 역사 인식을 탈피하고자 하였다.
③ 김부식이 지은 삼국사기는 유교 사관에 의한 편년체의 역사서로 자주성을 강조하고 있다.
④ 박상의 동국사략은 외국의 사서를 500여 종이나 인용한 기전체적 분류사로, 삼국사기나 고려사의 누락을 보충하는 등 사림의 역사 인식을 확인하였다.

09 다음은 어떤 책의 서문이다. 이 책에 대한 설명으로 옳은 것은?

> 세조께서 일찍이 말씀하셨다. "우리 조종의 심후하신 인덕과 크고 아름다운 규범이 훌륭한 전장(典章)에 퍼졌으니 …… 또 여러 번 내린 교지가 있어 법이 아름답지 않은 것은 아니지만, 관리들이 재주가 없고 어리석어 제대로 받들어 행하지 못한다. …… 이제 손익을 헤아리고 회통할 것을 산정하여 만대성법을 만들고자 한다."

① 국가 통치 규범을 확립한 경국대전이다.
② 국가 행사 때 사용될 의례 규범서인 국조오례의이다.
③ 후대에 모범이 될 만한 역대 국왕의 행적을 기록한 국조보감이다.
④ 효자, 충신, 열녀 등의 사례를 뽑아서 만든 백성들의 윤리서인 삼강행실도이다.

10 조선 전기에는 국가 주도하에 다양한 서적들이 편찬되었다. 이에 대한 설명으로 옳지 않은 것은?

① 당대사를 정리한 실록과는 별도로 전 왕조인 고려시대사를 정리한 고려사와 고려사절요가 편찬되었다.
② 동국여지승람은 정치 · 경제 · 군사 등 국가 통치에 필요한 제반 사항뿐만 아니라 인물, 시문(詩文) 등의 인문적인 사실까지 서술한 인문 지리서이다.
③ 주자가례, 국조오례의 등에는 조선의 예치주의 정신이 반영되어 있다.
④ 동국통감은 삼국 이후 고려에 이르는 역사를 유교적 정통론의 입장에서 서술한 것이다.

11 조선 시대의 종교와 제사에 대한 설명으로 옳지 않은 것은?

① 조선의 국가 제사 중 왕실 조상의 신위를 모신 종묘와 토지, 곡식신을 모신 사직에 대한 제사가 가장 크고 중요하였다.
② 조선 초 왕실에는 불교 행사가 자주 시행되기도 하였지만 국가 차원에서 불경 등 불교 관련 책을 편찬하지는 않았다.
③ 성리학이 지배적인 학문으로 자리 잡아 가면서 불교와 도교 등을 이단 혹은 음사(陰祀)로 규정하여 배척 · 억압하는 정책을 폈다.
④ 조선 초기에는 소격서라는 관청을 두어 일월성신에 대한 제사를 주관하게 하였다.

2015년 국가 7급

12 다음은 사단칠정에 대한 어느 유학자의 견해이다. 〈보기〉에서 이 유학자에 대한 설명으로 옳은 것을 모두 고른 것은?

> • 사단의 발은 순리이므로 선하지 않음이 없고, 칠정의 발은 이기를 겸하였기 때문에 선악이 있다.
> • 사단은 이가 발함에 기가 따른 것이고, 칠정은 기가 발함에 이가 탄 것이다(理乘之).
>
> – "논사단칠정서" –

〈보 기〉

ㄱ. 이는 무형(無形)하지만 기는 유형하므로 이통기국(理通氣局)이라 주장하였다.
ㄴ. 간략한 해석을 곁들인 10개의 도형으로 성리학의 핵심 내용을 집성하여 왕에게 바쳤다.
ㄷ. 형이하의 현실 세계를 기의 능동성으로 파악하여 경세적으로는 경장(更張)을 강조하였다.
ㄹ. 도덕적 행위의 근거로서 인간의 심성을 중시하고 근본적이며 이상주의적인 성격이 강하였다.

① ㄱ, ㄷ　　② ㄱ, ㄹ
③ ㄴ, ㄷ　　④ ㄴ, ㄹ

13 다음 (가), (나) 인물에 대한 설명으로 옳은 것은?

> (가) 이(理)를 강조하였으며, "주자서절요", "성학십도" 등을 저술하였다.
> (나) 기(氣)를 강조하였으며, "동호문답", "성학집요" 등을 저술하였다.

① (가)의 문인과 성혼의 문인들이 결합해 기호학파를 형성하였다.
② (나)는 근본적이고 이상주의적 성격이 강하였다.
③ (가)의 사상이 일본의 성리학 발전에 큰 영향을 주었다.
④ (나)는 군주 스스로 성학을 따를 것을 주장하였다.

2016년 소방

14 조선의 유학에 대한 설명으로 옳지 않은 것은?

> (ㄱ) 이황은 주자의 이론에 조선의 현실을 반영시켜 나름대로의 체계를 세우려고 하였다. 그는 정신과 물질을 이원화 시켜 도덕적 행위의 근거로서 인간의 심성을 중시하고 근본적이며 이상주의적인 성격이 강하였다.
> (ㄴ) 이이는 상대적으로 기의 역할을 강조하여 현실적이며 개혁적인 성격을 갖고 있었다. 이이는 16세기 조선 사회의 모순을 극복하는 방안으로 통치 체제의 정비와 수취 제도의 개혁 등 다양한 개혁 방안을 제시하였다.

① (ㄱ) – 지방을 통제할 목적으로 향약을 시행할 것을 주장하였다.
② (ㄱ) – 주자서절요를 저술하였다.
③ (ㄴ) – 관념적 도덕 세계와 동시에 경험적 현실 세계를 중시하였다.
④ (ㄴ) – 동호문답, 성학집요를 저술하였다.

02 조선 후기 사회 개혁론의 대두

[1] 정제두는 양명학을 연구하였고, 그의 제자들이 강화학파를 형성하였다. O | X
[2] 유형원은 신분에 따른 차등 분배가 전제된 균전론을 주장하였다. O | X
[3] 이익은 영업전은 법으로 매매를 금지하자는 한전론을 주장하였다. O | X
[4] 정약용은 정전제를 주장하였고, 그 차선책으로 여전론을 제시하였다. O | X
[5] 홍대용은 북학의에서 절약과 검소보다는 소비를 강조하였다. O | X

2014년 국가 9급

15 조선 시대의 사상에 대한 설명으로 옳은 것은?

① 정도전은 성리학에만 국한하지 않고 다양한 사상을 포용하였으며, 특히 춘추를 국가의 통치 이념으로 중요하게 여겼다.
② 이황은 16세기 조선 사회의 모순을 극복하는 방안으로 통치 체제의 정비와 수취 제도의 개혁 등을 주장하였다.
③ 18세기에는 인간과 사물의 본성이 다르다고 주장하는 호론과, 이를 같다고 주장하는 낙론 사이에서 논쟁이 벌어졌다.
④ 유형원과 이익의 사상을 계승한 김정희는 토지 제도 개혁론을 비롯하여 많은 저술을 남겼다.

16 다음 이론을 계승한 학파로 옳은 것은?

> • 심즉리(心卽理) : 인간의 마음(心)이 곧 이(理)이다.
> • 치양지(致良知) : 인간이 천리인 양지를 실현해 사물을 바로 잡을 수 있다.
> • 지행합일(知行合一) : 앎은 행함을 통해서 성립한다.

① 기호학파 ② 강화학파
③ 영남학파 ④ 성호학파

17 다음과 같은 주장을 한 조선 후기 실학자에 대한 설명으로 옳은 것은?

> 농사를 힘쓰지 않는 자 중에 그 좀[蠹]이 여섯 종류가 있는데, 장사꾼은 그 중에 들어가지 않는다. 첫째가 노비요, 둘째가 과거요, 셋째가 벌열이요, 넷째가 기교요, 다섯째가 승려요, 여섯째가 게으름뱅이들이다. 저 장사꾼은 본래 사민(四民)의 하나로서 그래도 통화의 이익을 가져온다. 소금·철물·포백 같은 종류는 장사가 아니면 운반할 수 없지만, 여섯 종류의 해로움은 도둑보다도 더하다.

① 절약보다는 소비를 강조하였다.
② 자영농 육성을 위한 토지 제도 개혁론으로 여전론을 주장하였다.
③ 신분에 따른 토지의 차등 분배를 주장하였다.
④ 영업전은 법으로 매매를 금지하자는 토지 개혁론을 주장하였다.

2015년 국가 7급

18 다음과 같은 주장을 한 실학자의 활동으로 옳은 것은?

> 무릇 1여(閭)의 토지는 여민이 함께 농사하고 경계를 나누지 않는다. 여장은 매일 개개인의 노동량을 장부에 기록하여 두었다가 가을이 되면 수확물을 여장의 집에 가져온 다음에 분배한다. 이때 국가에 바칠 세와 여장의 봉급을 제하며, 그 나머지를 가지고 노동 일수에 따라 여민(閭民)에게 분배하도록 한다.

① 박제가와 함께 종두법을 연구하고 실험하였다.
② 이익의 역사의식을 계승하여 동사강목을 저술하였다.
③ 지구가 우주의 중심이 아니라는 무한우주론을 내놓았다.
④ 북학의를 저술하여 청의 문물을 적극 수용하자고 하였다.

19 조선 실학자들의 토지 개혁론에 대한 설명으로 옳지 않은 것은?

① 정약용은 반계수록에서 정전론을 주장하였다.
② 이익의 한전론은 영업전 이외의 토지 매매 허용을 주장하였다.
③ 정약용의 여전론은 토지 공동 소유·경작, 수확물 공동 분배를 주장하였다.
④ 유형원의 균전론은 신분에 따른 토지의 차등 분배를 주장하였다.

2015년 소방

20 다음 제시된 자료와 관련된 인물에 대한 설명으로 옳은 것은?

> 비유하건대, 재물은 대체로 샘과 같은 것이다. 퍼내면 차고, 버려두면 말라 버린다. 그러므로 비단옷을 입지 않아서 나라에 비단 짜는 사람이 없게 되면 여공(女紅)이 쇠퇴하고, 쭈그러진 그릇을 싫어하지 않고 기교를 숭상하지 않아서 공장(工匠 : 수공업자)이 도야(陶冶 : 기술을 익힘)하는 일이 없게 되면 기예가 망하게 되며, 농사가 황폐해져서 그 법을 잊게 되므로, 사농공상의 사민이 모두 곤궁하여 서로 구제할 수 없게 된다.
>
> –"북학의"–

① 신분에 맞게 토지를 차등 분배하자고 주장하였다.
② 나라를 약화시키는 6좀을 제시하였다.
③ 토지를 정자(井字)로 구분한 뒤, 1구역은 공동으로 수확하여 세금으로 충당하자고 주장하였다.
④ 청나라와의 통상을 강화하기 위해 무역선을 활용할 것을 건의하였다.

21 **다음 밑줄 친 (가), (나)학파의 사상에 대한 설명으로 옳은 것은?**

> 18세기 전반에 농업 중심의 개혁론을 제시한 실학자들을 (가) 학파라고도 하는데, 이 학파는 공통적으로 농민 생활의 안정을 위한 토지 제도 개혁을 중요하게 생각하였다. 이에 반해 18세기 후반에 청나라 문물을 적극적으로 수용하여 이용후생에 힘쓰자고 주장한 이들을 (나) 학파라고도 한다.

① (가)학파의 선구적인 인물은 유수원으로, 반계수록을 저술하였다.
② (나)학파의 이익은 나라를 좀먹는 여섯 가지 폐단을 지적하였다.
③ (나)학파의 홍대용은 의산문답에서 지전설을 주장하였다.
④ (나)학파의 박지원은 생산과 소비의 관계를 우물물에 비유하여 절약보다 소비를 권장해야 한다고 주장하였다.

22 **다음은 조선 후기에 집필된 역사서의 일부이다. 이 책에 대한 설명으로 옳은 것은?**

> 삼국사에서 신라를 으뜸으로 한 것은 신라가 가장 먼저 건국하였고, 뒤에 고구려와 백제를 통합하였으며, 또 고려는 신라를 계승하였으므로 편찬한 것이 모두 신라의 남은 문적(文籍)을 근거로 했기 때문이다. …… 고구려의 강대하고 현저함은 백제에 비할 바가 아니며, 신라가 차지한 땅은 남쪽의 일부에 불과할 뿐이다. 그러므로 김씨는 신라사에 쓰여진 고구려 땅을 근거로 했을 뿐이다.

① 우리 역사의 독자적 정통론을 세워 이를 체계화하였다.
② 단군－부여－고구려의 흐름에 중점을 두어 만주 수복을 희구하였다.
③ 중국 및 일본의 자료를 망라한 기전체 사서로 민족사 인식의 폭을 넓혔다.
④ 여러 영역을 항목별로 나눈 백과사전적 서술로 문화 인식의 폭을 확대하였다.

23 **조선 후기 역사학과 지리학에 대한 설명으로 옳지 않은 것은?**

① 한치윤은 해동역사에서 500여 종의 중국 및 일본의 자료를 인용하여 민족사 인식의 폭을 넓혔다.
② 이중환은 택리지에서 각 지역의 자연환경, 물산, 풍속, 인심 등을 서술하였다.
③ 이종휘의 동사와 유득공의 발해고는 한반도 중심의 협소한 사관을 극복하였다.
④ 김정호는 최초로 축척을 사용하여, 대동여지도를 제작하였다.

24 **조선 후기 과학 기술에 대한 설명으로 옳지 않은 것은?**

① 김석문과 홍대용은 지전설을 주장하여 중국 중심의 세계관을 비판하였다.
② 이제마가 동의수세보원이라는 저서를 통해 체질 의학 이론을 정립하였다.
③ 신속은 농가집성을 펴내 이앙법의 보급에 기여하였다.
④ 박지원은 마과회통에서 자신이 연구하고 실험한 종두법을 소개하였다.

25 **다음 내용과 관련된 저자와 의학서가 바르게 연결된 것은?**

> 사람의 체질을 태양인, 태음인, 소양인, 소음인으로 구분하여 치료하는 체질 의학 이론으로 오늘날까지 한의학계에서 통용되고 있다.

① 허준 － 동의보감
② 정약용 － 마과회통
③ 허임 － 침구경험방
④ 이제마 － 동의수세보원

03 조선 후기 사회 변혁의 움직임

[1] 정조 때까지는 천주교에 대한 박해가 심하지 않았으나, 순조 즉위 후 대규모 박해가 일어났다. O | X

[2] 신유박해가 일어난 이후 황사영의 백서 사건이 발생하였다. O | X

[3] 동학은 경주 지방의 몰락 양반인 최시형이 창시하였다. O | X

26 다음을 읽고 조선 후기에 천주교의 교세가 커질 수 있었던 원인을 〈보기〉에서 모두 고르면?

> 거듭 말씀드리거니와 천주교를 믿음으로써 제 양반 칭호를 빼앗긴다 해도 저는 천주께 죄를 짓기를 원치 않습니다. 그리고 신주를 모시지 않는 서민들이 정부를 반대하는 것이 아니라는 것과, 가난하기 때문에 모든 제사를 규정대로 지내지 못하는 양반들도 엄한 책망을 당하지 않는다는 점을 고려하여 주십시오. 그러므로 제 낮은 생각으로는 신주를 모시지 않고 제 집에서 천주교를 충실히 믿는 것은 결코 국법을 어기는 것이 아닌 듯 합니다.

〈보 기〉

ㄱ. 이양선의 출몰
ㄴ. 내세 신앙의 교리
ㄷ. 정조 사후 벽파의 집권
ㄹ. 세도 정치로 말미암은 사회 불안
ㅁ. 신 앞에 모든 인간은 평등하다는 논리

① ㄱ, ㄴ, ㄷ ② ㄱ, ㄷ, ㄹ
③ ㄴ, ㄷ, ㄹ ④ ㄴ, ㄹ, ㅁ

27 다음 내용과 관련 있는 것은?

- 경주의 양반 출신 최제우가 창시하였다.
- '사람이 곧 하늘'이라는 인내천 사상이 중심 사상이다.
- 천주교 전파와 서양 세력의 침입에 반대하였다.

① 실학 ② 동학
③ 서학 ④ 성리학

28 다음은 조선 후기 종교 박해에 대한 내용이다. 이들 사건의 원인이 되었던 두 종교의 공통점으로 가장 적절한 것은?

- 세상을 어지럽히고 백성을 현혹한다는 이유로 교조인 최제우를 처형하였다.
- 순조 원년(1801) 이승훈, 이가환, 정약종, 주문모 등을 처형하고 정약용 등 많은 사람이 유배를 당하였다.

① 신분 질서를 위협하는 인간 평등사상을 지니고 있었다.
② 내세적 성향이 강하여 현세 부정적인 경향이 있었다.
③ 유교적 제사 의식을 거부하여 유교적 사회 질서를 흔들리게 하였다.
④ 서양 문물의 수용을 주장하여 화이론적 사상을 약화시켰다.

04 조선의 문화와 예술

[1] 서거정이 편찬한 동문선은 우리의 시와 산문을 정리하여 민족의 자주성을 강조하였다. O | X

[2] 해인사 장경판전은 16세기 축조된 대표적 건물이다. O | X

[3] 조선 후기에는 풍속화가 유행하였으며, 서민 문화가 발전하였다. O | X

[4] 진경 산수화는 우리의 자연을 사실적으로 그린 화풍이며, 김홍도가 개척하였다. O | X

[5] 허균의 홍길동전은 서얼 제도에 대한 비판, 탐관오리의 폐해 등 당시 현실 사회의 모순을 날카롭게 비판하였다. O | X

29 15세기 건축물에 대한 설명으로 옳은 것은?

① 경복궁이 중건되었다.
② 서원 건축을 중심으로 발달하였다.
③ 궁궐, 관아, 성문 건축을 중심으로 발달하였다.
④ 수원 화성이 건축되었다.

30 다음 중 조선 후기 건축물이 아닌 것은?

① 안동 도산 서원 ② 수원 화성
③ 금산사 미륵전 ④ 논산 쌍계사

31 조선 후기 문학과 예술의 새로운 경향으로 옳지 않은 것은?

① 설화 문학이 유행하여 필원잡기와 용재총화가 편찬되었다.
② 도시 상인층의 지원에 의해 산대놀이가 민중 오락으로 정착되었다.
③ 우리의 고유한 자연을 그린 진경 산수화가 유행하였다.
④ 중인층의 문예 활동이 활발해지면서 시사(詩社)가 조직되었다.

2016년 소방

32 다음에 제시된 그림이 유행할 당시의 사회 모습을 설명한 것으로 옳은 것은?

① 조혼의 풍습이 유행하였고, 민족적 자주의식을 바탕으로 전통문화에 대한 올바르게 이해하려는 경향이 대두되었다.
② 아들이 없을 경우 양자를 들이지 않고 딸이 부모에 대한 제사를 지냈다.
③ 납속책의 실시와 공명첩의 발행 등을 통해 신분의 변동이 심해졌다.
④ 농민과 노동자들의 계급 의식이 확산되었다.

33 다음 그림이 그려진 시기의 문화 예술에 대한 설명으로 옳은 것을 〈보기〉에서 모두 고르면?

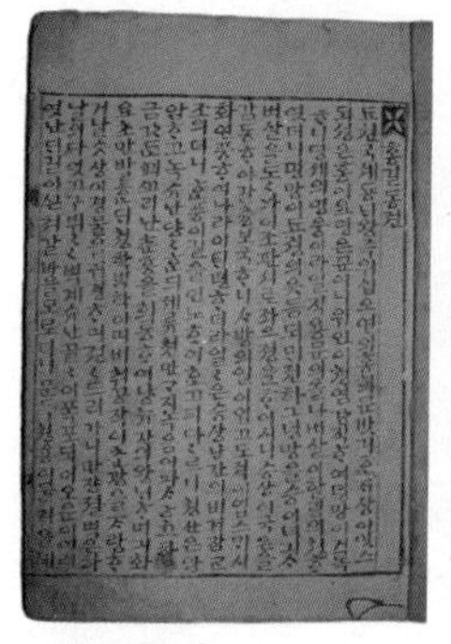
▲ 홍길동전

▲ 민화

〈보 기〉

ㄱ. 구양순체가 서예의 주류를 이루었다.
ㄴ. 목공예가 크게 발전하여 장롱, 책상, 문갑 등이 많이 생산되었다.
ㄷ. 독자적인 화풍이 개발되어 일본 무로마치 시대 미술에 많은 영향을 주었다.
ㄹ. 청화 백자가 민간에서도 사용되었고 제기와 문방구 등 생활용품이 제작되었다.

① ㄱ, ㄴ ② ㄱ, ㄷ
③ ㄴ, ㄷ ④ ㄴ, ㄹ

34 다음 그림들을 시대 순으로 바르게 배열한 것은?

ㄱ. 강희안의 '고사관수도'
ㄴ. 장승업의 '군마도'
ㄷ. 이상좌의 '송하보월도'
ㄹ. 정선의 '인왕제색도'

① ㄱ - ㄷ - ㄴ - ㄹ ② ㄱ - ㄷ - ㄹ - ㄴ
③ ㄷ - ㄱ - ㄹ - ㄴ ④ ㄷ - ㄱ - ㄴ - ㄹ

Ⅳ 국제 질서의 변동과 근대 국가 수립 운동

01 흥선 대원군의 정책과 근대적 개혁의 추진

출제 빈도 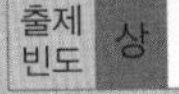 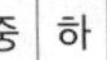 상 중 하

꼭 기억해야 할 연표

1863 흥선 대원군 집권
1866 병인양요
1871 신미양요
1876 강화도 조약 체결
1882 조 · 미 수호 통상 조약 체결

● 제국주의
19세기 후반부터 서구 열강들이 독점 자본주의와 변질된 민족주의를 바탕으로, 다른 지역을 침략하여 식민지로 삼았던 팽창 정책을 통칭한다. 한편 독점 자본주의란 소수의 거대한 기업이 시장과 사회 전반을 지배하는 자본주의의 독점적 단계를 의미한다.

● 애로호 사건
1856년 영국 국기를 게양하고 있던 소금 밀수선 애로호를 청의 관헌이 들어가 영국 국기를 끌어 내리고 중국인 승무원을 체포한 사건이 일어났다. 이 사건을 빌미로 영국과 프랑스 연합군과 청 사이에 전쟁이 일어났다. 이것을 '애로호 전쟁' 또는 '제2차 아편 전쟁'이라고도 한다.

1 서양 세력의 침략과 동아시아의 대응

1 서양 세력의 침략

제국주의 열강들은 19세기 이후 아시아와 아프리카 지역을 식민지로 분할하여 점령하였다.

2 동아시아의 대응

(1) 청의 개항

① 19세기 초 영국은 차와 비단의 수입으로 청과의 무역에서 적자가 심해지자, 인도산 아편을 청에 밀수출하였다.

② 이로 인해 막대한 은이 유출되고, 마약 중독자가 심각한 수준에 이르자, 청은 임칙서를 파견하여 아편을 몰수하였고, 영국은 무력 도발을 감행하였다(제1차 아편 전쟁, 1840~1842).

③ 전쟁은 영국의 압도적인 승리로 끝나고, 난징 조약이 체결되어 홍콩을 영국에 넘겨주고, 광저우를 비롯한 몇 개의 항구가 개항되었다.

④ 영국과 프랑스는 애로호 사건을 구실로 베이징을 점령하였다. 이때 러시아는 연합군과 청의 조약을 중재하여 1860년 연해주를 넘겨받는 등 동아시아 정세는 불안해졌다(제2차 아편 전쟁).

(2) 일본의 개항

① 일본의 도쿠가와 막부는 미국에 의해 개항되었다(미 · 일 통상 조약, 페리, 1854).

② 일본에서는 지방의 개혁적 하급 무사들을 중심으로 국왕 중심의 새로운 개혁을 추진하였다(메이지 유신, 1868).

2 흥선 대원군(1863~1873)의 개혁 정치

1 흥선 대원군의 집권과 정책 목표

(1) 시대적 배경

① 조선은 오랜 세도 정치로 왕권이 약화되고, 삼정의 문란 때문에 전국 각지에서 민란이 일어났다.

② 철종이 갑자기 돌아가시자(1863), 고종이 12세의 나이로 왕위에 올랐다. 이에 국왕의 부친인 흥선 대원군 이하응이 섭정에 올라 정권을 잡게 되었다(1863~1873).

(2) **정책 목표** : 흥선 대원군은 대내적으로 왕권 강화와 민생 안정에 힘쓰고, 대외적으로는 통상 수교 거부 정책(쇄국 정책)을 추진하였다.

▲ 흥선 대원군

2 흥선 대원군의 대내 정책

(1) 통치 체제의 정비 (기출)

① 비변사를 폐지하고, 정치는 의정부, 군사권은 삼군부로 이관하였다.

② 법전인 "대전회통"과 "육전조례"를 편찬하여 왕권 중심의 법치 질서를 정비하였다.

③ 서원의 정비 : 만동묘를 혁파하고, 사액 서원 47개를 제외한 600여 곳을 철폐하였다.

● 만동묘

임진왜란 당시 조선에 파병했던 명의 신종과 의종을 모시던 사당이다. 송시열의 유지에 따라 1704년(숙종 30) 충청도 괴산군에 만들어졌다.

④ 경복궁 중건(1865~1872)

㉠ 왕실의 권위를 높이기 위해 임진왜란 때 불타버린 경복궁을 중건하였다.

㉡ 공사비 마련을 위해 당백전을 발행하고(인플레이션 유발) 원납전(강제 기부금)을 강제로 징수하였으며, 백성의 노동력을 강제로 동원하였다.

▲ 당백전

사료 돋보기 | 서원의 정리

흥선 대원군이 …… 서원의 폐단이 많고 유생이 발호 횡포하여 백성을 침학하니 명을 내려 각 도의 서원을 철폐하고 서원의 유생들을 쫓아내고 따르지 않는 자는 죽인다 하였다. 양반들이 크게 놀라 온 나라 안이 물 끓듯 하였고 대궐 문간으로 나아가 부르짖는 자가 수만 명이 되었다. 이윽고 간언하기를, "선현의 제사를 받드는 것은 선비의 기풍을 배양하는 것이니 이 명령만을 거두어들이십시오."라고 하였다. 이에 대원군이 크게 노하여 "백성을 해치는 자는 공자가 다시 살아난다 하여도 내가 용서 못한다. 하물며 서원은 우리나라의 선유에게 제사 지내는 곳인데 어찌 이런 곳이 도적이 숨는 곳이 되겠느냐?" 하면서 군졸들로 하여금 유생들을 해산시키고 한강 건너로 축출하였다.

–박제형, "근세조선정감"–

분석

서원, 철폐령, 유생, 대원군

▼

사족들이 서원을 중심으로 결속하면서 백성을 가혹하게 수탈함으로써 폐단이 컸다. 이에 흥선 대원군은 사족들의 영향력을 약화시키고, 민생을 안정시키기 위해 서원을 대대적으로 정리하였다.

(2) 삼정의 개혁 (기출)

① 양전 사업을 실시하여 토지 대장에서 누락된 토지(은결)를 찾아내는 등 전정을 바로잡고자 하였다.

② 군역 제도를 개혁하여 평민에게만 받던 군포를 양반에게도 징수하는 호포제를 실시하였다(1871).

③ 국가에서 운영하던 환곡 제도를 폐지하고 마을 단위로 사창제를 실시하였으며, 그 마을에서 덕망과 경제적 여건을 갖춘 사람을 뽑아 사창의 운영을 맡겼다.

사료 돋보기 호포제 실시

흥선 대원군이 양반에게도 군포를 징수하는 호포제를 실시하려 했을 때 조정의 관리들은 "만약 이러한 법을 시행하면 국가에서 충신과 공신을 포상, 장려하는 후한 뜻이 자연히 사라지게 됩니다."라고 간언하였다. 흥선 대원군은 이에 대하여 "충신과 공신이 이룩한 사업도 나라와 백성을 위한 것이었는데, 지금 그 후손이 면세 받음으로서 일반 백성들이 무거운 짐을 지게 되는 것은 충신의 본뜻이 아닐 것이다. 만약 그들의 혼령이 살아 있다면 어찌 이와 같은 포상을 편하게 여기겠는가."라고 하였다.

–박제형, "근세조선정감"–

분석

흥선 대원군, 양반, 군포 징수, 호포제

흥선 대원군은 양반들에게도 군포를 징수하여 일반 백성들의 군포 부담을 줄이고자 하였다.

● **병인박해**

1860년 러시아가 연해주를 획득하자 조선의 위기감이 높아졌다. 당시 흥선 대원군은 국내에 있던 프랑스 선교사를 통해 프랑스와 동맹을 맺어 러시아의 위협에 맞서려 하였으나 교섭은 실패하였다. 이러한 가운데 천주교를 금지해야한다는 유생들의 목소리가 높아지자, 흥선 대원군은 수많은 천주교 신자들과 프랑스 선교사 9명을 처형하였다.

● **척화비**

'서양 오랑캐가 쳐들어오는데 싸우지 않으면 화친하는 것이고, 화친을 주장함은 나라를 파는 것이다.'는 내용이 수록되어 있다.

3 흥선 대원군의 대외 정책 : 통상 수교 거부 정책(쇄국 정책)

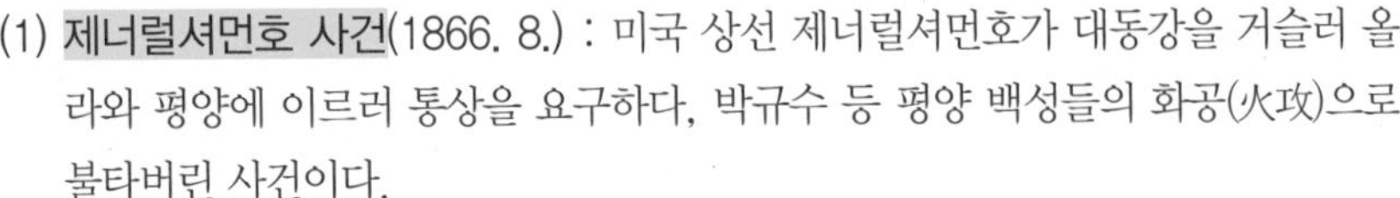

(1) **제너럴셔먼호 사건**(1866. 8.) : 미국 상선 제너럴셔먼호가 대동강을 거슬러 올라와 평양에 이르러 통상을 요구하다, 박규수 등 평양 백성들의 화공(火攻)으로 불타버린 사건이다.

(2) **병인양요**(1866. 9.)

① 병인박해(1866. 1.)를 빌미로 1866년 프랑스 함대가 강화도를 침략하고, 조선 정부에 통상을 요구하였다.

② 문수산성(한성근)과 정족산성(양헌수)에서 프랑스군을 격퇴하였다.

③ 퇴각하던 프랑스군은 외규장각 도서("조선왕조의궤")를 약탈하였다.

(3) **오페르트 도굴 미수 사건**(1868) : 대원군의 아버지인 남연군의 무덤을 도굴하는 만행(도굴 실패)을 저질렀다.

(4) **신미양요**(1871)

① 제너럴셔먼호 사건(1866)을 빌미로 미국이 강화도를 침략하였다.

② 광성보, 갑곶 등지에서 격전이 벌어졌고, 어재연 장군이 전사하였다. 이때 어재연 장군의 수(帥)자기가 약탈당하였다.

▲ 수(帥)자기

(5) **척화비의 건립** : 신미양요 이후 흥선 대원군은 서양과의 통상 수교를 거부하는 정책을 널리 알리기 위해 전국에 척화비를 세웠다.

핵심만 정리하자

▶ 병인양요와 신미양요

사건	병인양요(1866)	신미양요(1871)
배경	병인박해를 구실로 프랑스의 강화도 침략	제너럴셔먼호 사건을 구실로 미국의 개항 요구
경과	한성근(문수산성), 양헌수(정족산성)의 활약 → 프랑스군의 퇴각	미국의 강화도 침략 → 어재연 전사
영향	프랑스군이 외규장각 도서("조선왕조의궤") 약탈	전국에 척화비 설치

3 문호 개방과 근대적 개혁의 추진

1 강화도 조약(1876, 조 · 일 수호 조규)의 체결

(1) 배경

① 국내의 통상 개화론 대두 : 북학론을 계승하여 박규수, 오경석 등이 발전시켜, 개화사상 형성과 개화 정책 추진에 직접적인 영향을 미쳤다.

② 당시 일본에서는 메이지 유신 이후 정한론(征韓論)이 대두되었고, 이어 운요호 사건이 발생하였다(1875).

(2) 강화도 조약의 체결(1876) 기출

① 1조에서 조선을 자주국으로 규정하여, 청의 종주권을 부인함으로써 일본의 조선 진출을 유리하게 하였다.

② 4조에서는 세 개의 항구를 개항시킴으로써 일본의 경제적(부산), 정치적(인천), 군사적(원산) 침략 의도를 드러냈다.

③ 7조에서는 해안 측량권, 10조에서는 치외 법권을 규정하였다. 이는 조선 주권에 대한 침해였다(불평등 조약의 성격).

사료 돋보기 | 강화도 조약

제1관 : 조선은 자주의 나라이며, 일본국과 평등한 권리를 가진다.
제4관 : 조선국은 부산 외에 두 곳을 개항하고, 일본인이 왕래 통상함을 허가한다.
제7관 : 조선국은 일본국의 항해자가 자유로이 해안을 측량하도록 허가한다.
제10관 : 일본국 인민이 조선국 지정의 각 항구에 머무르는 동안에 죄를 범한 것이 조선국 인민에게 관계되는 사건일 때에도 모두 일본 관원이 심판한다.

> 분석
> 조선, 자주, 부산 개항, 항해자, 해안, 측량, 허가, 일본 관원, 심판
> ▼
> 강화도 조약은 최초의 근대적 조약이지만, 불평등 조약이다. 강화도 조약 이후 부산, 원산, 인천이 개항되었다.

(3) 강화도 조약의 성격과 일제의 침탈 가속화

① 강화도 조약은 최초의 근대적 조약이나, 불평등 조약이었다.

② 이후 일본 화폐의 유통이 규정된 '조 · 일 수호 조규 부록'과 양곡의 무제한 유출 및 일본 상품에 대한 무관세를 규정한 '조 · 일 통상 장정(조 · 일 무역 규칙)'이 잇달아 체결되어 일본의 경제적 침략이 가속화되었다.

2 서구 열강과의 조약 체결

(1) 조 · 미 수호 통상 조약(1882) : 최초로 서구 열강과 맺은 조약 

① 배경 : 당시 국내에서는 2차 수신사였던 김홍집(1880)이 "조선책략"(주일 청국 외교관 황쭌셴 저술)을 국내로 유입하였고, 고종이 정책적으로 보급하였다. 이에 많은 개화 지식인들은 미국과의 수교 필요성을 제기하였다.

● 운요호 사건

일본의 운요호가 허락도 없이 강화도로 다가오자 강화 수비대는 위협 포격을 가하였다. 일본은 이 과정에서 조선 수비대가 일본 국기를 모독했다고 억지를 부리며 군대를 영종도에 상륙시켜 살인과 약탈을 저질렀다. 그 후 대규모 군함과 병력을 파견하여 조선에 문호 개방을 강요하였다.

● 조 · 일 수호 조규 부록

1. 조선 내에서 일본 외교관의 여행 자유, 2. 일본 상인의 활동 범위는 거류지로부터 사방 10리로 제한(간행이정), 3. 개항장에서 일본 화폐 사용 가능

● 조 · 일 통상 장정(조 · 일 무역 규칙, 1876. 7.)

무관세, 무항세 및 개항장에서 쌀과 잡곡을 무제한 수출할 수 있도록 허용되었다. 이후 1883년 조 · 일 통상 장정이 개정되어 관세가 설정되었으나, 조 · 미 수호 통상 조약의 영향으로 최혜국 대우가 추가되었다. 특히 방곡령 선포가 규정되었으나, 방곡령 시행 1개월 전에 반드시 지방관이 일본 영사관에 알려야 한다는 단서 조항을 두었다.

사료 돋보기 "조선책략"

오늘날 조선의 급선무는 러시아를 막는 일보다 급한 것이 없다. 러시아를 막는 책략은 무엇인가? 중국과 친하고 일본과 맺고 미국과 이어짐으로서 자강을 도모할 따름이다. …… 미국이 강성함은 유럽의 여러 대지와 더불어 동, 서양 사이에 끼어 있기 때문에 항상 약소한 자를 돕고 공의를 유지하여 유럽 사람에게 함부로 악한 짓을 못하게 하고 있다.

분석
러시아의 남하를 저지하기 위해서 '친중국, 결일본, 연미국'을 주장하였다. "조선책략"의 유포는 조·미 수호 통상 조약 체결의 계기가 되었다.

② 핵심 내용 : 거중조정(1조), 최혜국 대우(2조), 치외 법권(3조), 관세 부과(5조) 등의 규정이 포함되어 있다. 기출

- **거중조정**
  양국 중 한 나라가 다른 나라의 핍박을 받게 되면 반드시 서로 돕고 분쟁을 원만히 해결하도록 주선한다는 것이다.
- **최혜국 대우**
  한 나라가 제3국에 부여한 가장 유리한 조건을 조약 상대국에도 부여하는 것이다.

사료 돋보기 조·미 수호 통상 조약(일부 요약)

제1조 조선과 미국은 각각 영원히 화평 우호를 지키되 만약 타국의 불경한 일이 있게 되면 1차 조사를 거친 뒤 서로 돕고 거중조정함으로써 우의가 두터움을 표시한다.
제2조 미국에 대한 최혜국 대우를 인정하되, 타국에 대한 우대가 협약에 의한 것이라면 미국과도 협약을 맺은 후 우대할 수 있다.
제3조 치외 법권을 잠정적으로 인정한다.
제5조 일용품의 수출입품에 대한 수입 세율은 생필품 1/10, 사치품 3/10으로 한다.

분석
거중조정, 최혜국 대우, 치외 법권, 수입 세율
▼
서양 국가 중 최초로 통상 조약을 체결한 나라는 미국이다. 청의 알선으로 체결된 조·미 수호 통상 조약에서는 거중조정, 최혜국 대우 조항, 관세 부과가 규정되었다.

(2) 기타 서양 국가들과의 수교
① 1883년 영국, 독일과도 수교하였다.
② 러시아와는 청이 알선해주지 않아 베베르를 통해 독자적으로 조약을 체결하였다(1884).
③ 천주교 선교 인정 문제로 지연된 프랑스와 수교한(1886) 이후 천주교 신앙과 포교의 자유가 인정되었다.

4 개화사상의 형성과 개화 정책의 추진

1 개화파의 형성과 분화

(1) 개화파의 형성
① 박규수, 오경석, 유홍기 등 초기의 개화사상가들은 "해국도지", "영환지략" 등의 서적을 통해 서양의 기술과 문물, 국제 정세를 폭넓게 이해할 수 있었다.
② 박규수의 영향을 받은 김옥균, 서광범, 박영효 등은 일본의 발전된 모습을 직접 접하면서 개화의 필요성을 절감하였다.

(2) 개화파의 분화

① 임오군란 이후 청의 내정 간섭이 심해지자 개화 정책의 추진 방법과 청·일 양국에 대한 인식에 이견이 생겨 온건 개화파와 급진 개화파로 분화되었다.

② 온건 개화파와 급진 개화파

온건 개화파	• 점진적인 개혁(동도서기론)을 지향하였고, 민씨 정권과 결탁하여 '반일 친청' 정책을 추구하였다. • 대표적 인물로 민영익, 민승호, 민긍호, 조영하, 어윤중, 김홍집, 김윤식 등이 있었다.
급진 개화파 (개화당)	• 일본의 메이지 유신을 본받아 급진적인 개혁을 추진하고자 하였다. • 청의 내정 간섭과 정부의 사대 정책을 비판하였고, 대표적 인물로 김옥균, 박영효, 홍영식, 서광범, 서재필 등이 있다.

2 정부의 개화 정책

(1) 외교 사절단의 파견

① 수신사 파견 : 강화도 조약 체결 직후 일본에 파견하였으며, 1차 수신사는 김기수(1876, "일동기유" 저술), 2차 수신사는 김홍집(1880, "조선책략(황쭌셴)" 조선에 유입)이었다.

② 신사 유람단(조사 시찰단) 파견(1881. 4.) : 김홍집의 건의에 따라 박정양, 어윤중 등이 일본 문물을 시찰하고 돌아왔다.

③ 영선사 파견(1881. 9.)

㉠ 이홍장의 권유로 김윤식 등을 청에 파견하여 톈진의 기기국에서 무기 제조법, 군사 훈련, 외국어 학습 등을 하였으나 임오군란의 여파로 귀국하였다.

㉡ 기기창 설치(1883, 근대적 무기 제조 기구)에 큰 영향을 미쳤다.

④ 보빙사 파견(1883)

㉠ 민영익, 홍영식, 서광범, 유길준 등을 미국으로 파견하여, 최초로 서양 문명을 견문하고 돌아왔다.

㉡ 보빙사 중 홍영식은 미국의 선진적 우편 제도를 참고하여 우정국 설치를 건의하였다.

▲ 보빙사

(2) 개혁 기구의 설치

① 청의 제도를 모방하여 통리기무아문(1880)을 설치하고 개혁을 주도하였다.

② 5군영을 무위영과 장어영(2영)으로 개편하였고, 신식 군대인 별기군을 신설하였다(1881).

핵심만 정리하자

▶ 개화 세력의 분화

구분	온건 개화파	급진 개화파
중심인물	김윤식, 김홍집, 어윤중	김옥균, 박영효, 홍영식, 서광범, 서재필
개혁 모델	청의 양무운동	일본의 메이지 유신
방법론	점진적 개혁	급진적 개혁
개혁 주장	동도서기론	문명개화론
외교 관계	친청 사대 정책	청에 대한 사대 외교와 청의 간섭 반대

기출 및 예상 문제

01 서양 세력의 침략과 동아시아의 대응
~ **02** 흥선 대원군(1863~1873)의 개혁 정치

[1] 흥선 대원군은 고종의 즉위 후 실권을 장악하고 경복궁을 중건하였다. O | X

[2] 흥선 대원군은 호포법을 실시하여, 양반에게도 군포를 부과하였다. O | X

[3] 병인양요 당시 어재연 장군이 분전하였으나 전사하였다. O | X

01 흥선 대원군의 정책으로 옳지 않은 것은?

① 서원을 정리하였다.
② 당백전을 발행하였다.
③ 호포제를 실시하였다.
④ 서양과 통상 수교를 추진하였다.

02 다음 자료에 나오는 인물의 활동으로 옳은 것은?

> 그가 대단한 능력을 발휘하여 힘써 교정하고 쇄신하니 치도(治道)가 맑고 깨끗하여 국가의 재정이 풍족하게 된 것은 득이며, 장점인 것이요. …… 쇄국을 스스로 장하다 하여 대세의 흐름을 부질없이 반대하였으니 이것은 단점이요, 실정인 것이다.

① 군국기무처에서 총재관을 역임하였다.
② 을미의병이 확산되자 해산 권고 조칙을 발표하였다.
③ 갑신정변이 발발하자 청군의 개입을 요청하였다.
④ 신미양요 이후 전국에 척화비를 세웠다.

03 밑줄 친 '그'가 추진한 정책으로 옳지 않은 것은?

> 나라의 제도로서 인정(人丁)에 대한 세를 신포(身布)라고 하였는데, 충신과 공신의 자손에게는 모두 신포가 면제되었다. 이 법이 시행된 지도 이미 오래됨에 턱없이 면제된 자가 매우 많았다. 근래에 와서는 무릇 사족이란 자는 모두 신포를 바치지 않고, 그 모자라는 액수를 평민에게 덧붙여 징수하여 보충하고 있었다. 그는 이를 수정하고자 동포(洞布)라는 법을 제정하였다. 가령 한 마을에 2백 호가 있으면 매호에 더부살이 호가 약간씩 있는 것을 정밀하게 밝혀내어 계산하고, 신포를 부과하여 고르게 징수하였다. 이 때문에 예전에는 면제되던 자라도 신포를 바치지 않은 수가 없게 되었다.
>
> –박제형, "근세조선정감"–

① 정치 기구를 재정비하기 위해 의정부의 기능을 부활시켰다.
② 전통적 공동 조직과 미풍양속을 계승한 향약을 강화하였다.
③ 대전회통, 육전조례 등의 법전을 편찬하였다.
④ 군정을 바로 잡기 위해 호포제를 실시하였다.

04 다음 밑줄 친 '그'가 집권한 시기에 발생한 역사적 사실을 〈보기〉에서 모두 고른 것은?

> 그는 "백성을 해치는 자는 공자가 다시 살아난다 해도 내가 용서하지 않을 것이다."는 단호한 결의로 47개소만 남기고 대부분의 서원을 철폐하였다.

〈보 기〉

ㄱ. 갑신정변
ㄴ. 신미양요
ㄷ. 임술 농민 봉기
ㄹ. 제너럴셔먼호 사건
ㅁ. 오페르트 도굴 미수 사건

① ㄱ, ㄴ, ㅁ　　② ㄱ, ㄷ, ㄹ
③ ㄴ, ㄹ, ㅁ　　④ ㄷ, ㄹ, ㅁ

05 다음 설명에 해당하는 역사적 사건은?

- 프랑스군의 강화도 침략
- 조선군이 문수산성, 정족산성에서 항전
- 프랑스군이 외규장각 의궤 등 각종 문화재 약탈

① 을미사변 ② 병인양요
③ 아관 파천 ④ 간도 참변

2015년 지방 9급

06 다음 설명과 관련된 사건으로 옳은 것은?

1975년 서지학자 박병선 박사는 이곳 도서관에서 조선 시대 도서가 보관되어 있음을 발견하고 목록을 정리하여 그 존재를 알렸다. 그 후 1990년대 초 한국 정부가 반환을 공식 요청하기에 이르렀다. 그 결과 2011년에 '5년마다 갱신이 가능한 대여 방식'으로 반환되었다.

① 어재연이 광성보에서 결사 항전하였다.
② 제너럴셔먼호 사건을 빌미로 일어났다.
③ 프랑스가 강화도 외규장각 도서를 약탈하였다.
④ 조선이 처음으로 서양 국가와 외교 관계를 맺었다.

07 다음에서 설명하고 있는 사건은?

흥선 대원군이 실권을 잡고 있을 당시 미국은 제너럴셔먼호 사건을 구실로 강화도를 침략하였다. 그러나 미군은 조선측의 강력한 저항에 부딪혀 물러갔다.

① 병인박해 ② 병인양요
③ 신미양요 ④ 갑신정변

03 문호 개방과 근대적 개혁의 추진

[1] 강화도 조약에서는 치외 법권과 해안 측량권이 규정되었다. O | X

[2] 강화도 조약 이후 부산, 원산, 인천이 차례로 개항되었다. O | X

[3] 강화도 조약 이후 조 · 일 수호 조규 부록과 조일 통상 장정이 잇달아 체결되었다. O | X

[4] 조선이 외국과 맺은 최초의 조약은 조 · 미 수호 통상 조약이다. O | X

[5] 프랑스와 수교 이후 천주교의 신앙과 자유과 인정되었다. O | X

08 다음 조약과 직접 관련된 내용으로 옳은 것은?

제10조 : 일본인이 조선국 지정의 각 항구에 머무는 동안에 죄를 범한 것이 조선인에 관계되는 사건일 때에는 모두 일본국 관원이 심판할 것이다.

① 일본은 조선에 주둔시켰던 군대를 철수하였다.
② 개항장에 일본 군인을 주둔하게 하는 규정을 두었다.
③ 일본국 항해자가 자유롭게 조선의 해양을 측량하도록 허가하였다.
④ 일본 공사관에 군인을 두어 경비하게 하고 그 비용은 조선이 부담하게 하였다.

09 다음 내용을 포괄하는 조약의 개념으로 옳은 것은?

- 미국과의 조항에서 규정됨
- 어떤 외국에 부여하고 있는 가장 유리한 대우를 상대국에도 자동으로 부여하는 것

① 거중조정 ② 치외 법권
③ 해안 측량권 ④ 최혜국 대우

10 다음 (가), (나) 조약과 관련된 설명으로 옳지 않은 것은?

> (가) 조선국은 부산 외에 두 곳의 항구를 개항하고 일본인이 와서 통상을 하도록 허가한다.
> (나) 조선국이 어느 때든지 어느 국가나 어느 나라 상인에게 본 조약에 의하여 부여되지 않는 어떤 특혜를 허가할 때는 이와 같은 특혜는 미합중국의 관민과 상인 및 공민에게도 무조건 균점된다.

① (가) – 부산에 이어 목포, 인천이 차례로 개항되었다.
② (나) – 강화도 조약과 달리 관세 조항이 들어 있었다.
③ (가) – 해안 측량권과 치외 법권이 규정되어 있다.
④ (가), (나) – 조선에 불리한 불평등 조약이었다.

11 다음은 어떤 사람이 19세기 후반 조선이 취해야 할 대외 정책을 언급한 글이다. 이에 대한 설명으로 옳은 것은?

> 러시아가 영토를 넓히려고 한다면 반드시 조선이 그 첫 번째 대상이 될 것이다. 그렇다면 오늘날 조선이 세워야 할 책략으로 러시아를 막는 것보다 더 급한 일이 없다. 러시아를 막는 책략은 무엇인가? 중국과 친하고, 일본과 손잡고, 미국과 연합함으로써 자강을 도모하는 방법밖에는 없다.

① 미국과 수교를 체결하는 한 계기가 되었다.
② 고종은 아관 파천을 통해 이 주장을 수용하였다.
③ 갑신정변 주도 세력은 이 외교 노선을 충실히 따랐다.
④ 이 글에서 예측한 대로 러시아는 거문도를 점령하였다.

2016년 소방

12 다음 밑줄 친 '황쭌셴의 책자'가 끼친 영향으로 옳은 것은?

> "수신사 김홍집이 가지고 와서 유포한 <u>황쭌셴의 사사로운 책자</u>를 보노라면 어느새 털끝이 일어서고 쓸개가 떨리며 울음이 복받치고 눈물이 흐릅니다."

① 청나라에 의존하는 사대 외교 관계가 청산되었다.
② 불평등 내용이 포함된 조 · 미 수호 통상 조약이 체결되었다.
③ 외국 군대가 처음으로 조선에 주둔하게 되었다.
④ 고종은 러시아 공사관으로 거처를 옮기게 되었다.

13 다음 (가)와 (나)에 해당하는 나라를 바르게 연결한 것은?

> 오늘날 조선이 세워야 할 책략으로 ((가))을(를) 막는 것보다 더 급한 일이 없다. 이를 막는 책략은 무엇인가? 중국과 친(親)하고, 일본과 맺고(結), ((나))와(과) 이어짐(聯)으로써 자강을 도모할 뿐이다.
>
> – 황쭌셴, "조선책략" –

	(가)	(나)
①	미국	영국
②	영국	미국
③	러시아	영국
④	러시아	미국

14 조선은 강화도 조약 이후 여러 나라들과 근대적 조약을 체결하였다. 다음 중 조선이 처음으로 관세권을 인정받은 조약은?

① 조 · 일 통상 장정
② 조 · 미 수호 통상 조약
③ 조 · 청 상민 수륙 무역 장정
④ 조 · 영 수호 통상 조약

04 개화사상의 형성과 개화 정책의 추진

[1] 1차 수신사로 일본으로 간 김홍집은 조선책략을 국내에 유입시켰다. O | X

[2] 개화 정책의 일환으로 일본에는 조사 시찰단, 청에는 영선사를 파견하였다. O | X

[3] 1883년 미국에 파견된 보빙사는 최초로 서양 문명을 견문하고 돌아왔다. O | X

[4] 개항 이후 개화 정책을 추진하기 위해 설치한 기구는 집강소이다. O | X

[5] 통리기무아문은 신식 군대인 별기군을 신설하였다. O | X

15 급진 개화파(개화당) 세력에 대한 설명으로 옳지 <u>않은</u> 것은?

① 일본의 메이지 유신을 모델로 급진적 개혁을 추진하고자 하였다.
② 청의 내정 간섭과 정부의 사대 정책을 비판하였다.
③ 김옥균, 박영효 등이 핵심 인물이었다.
④ 개화 정책의 추진 방향은 동도서기(東道西器)론이었다.

16 개화사상과 정부의 개화 정책에 대해 <u>잘못</u> 설명한 것은?

① 개화사상은 북학파 사상, 청의 양무운동, 일본의 문명 개화론의 영향으로 형성되었다.
② 초기 개화파는 동도서기를 개화의 목표로 설정하였다.
③ 청에는 신사 유람단을, 일본에는 영선사를 파견하였다.
④ 신식 군대의 양성을 위하여 별기군을 창설하였다.

17 다음 밑줄 친 '이들'에 대한 설명으로 옳은 것은?

> <u>이들</u>이 받은 교육 내용은 주로 서양의 말과 문장, 탄약 제조, 화약 제조, 제도, 전기, 소총 수리 등이었다. 그러나 이들 가운데에는 자질이 부족하여 교육에 어려움을 느끼다가 자퇴하는 사람들도 있었다.

① 갑신정변을 주도하였다.
② 일본에 파견되어 활동하였다.
③ 정부의 재정 지원으로 외국에서 3년 간 교육을 받았다.
④ 이들의 활동을 계기로 근대적 병기 공장인 기기창이 설치되었다.

Ⅳ 국제 질서의 변동과 근대 국가 수립 운동

02 구국 운동과 근대 국가 수립 운동

출제 빈도 상 중 하

꼭 기억해야 할 연표

1882 임오군란
1884 갑신정변
1885 거문도 사건
1894 동학 농민 운동, 갑오개혁
1895 을미사변, 을미개혁
1896 독립 협회 설립
1897 대한 제국 선포

● 위정척사(衛正斥邪)
정학인 성리학을 옹호하고, 사학인 성리학 이외 모든 사상과 종교를 배척한다는 의미이다.

● 척화주전론
화친하는 것을 배척하고, 전쟁할 것을 주장하는 것이다.

● 왜양일체론
일본이 서양과 같은 무리이므로 일본에게도 문호를 개방해서는 안 된다는 것이다.

1 위정척사 운동과 임오군란

1 위정척사 운동 기출

1860년대	통상 반대 운동 : 병인양요 당시 기정진, 이항로 등은 척화주전론을 주장하여 흥선 대원군의 통상 수교 거부 정책(쇄국 정책)을 사상적으로 뒷받침하였다.
1870년대	개항 반대 운동 : 최익현은 왜양일체론을 주장하였다.
1880년대	개화 반대 운동 : "조선책략"이 유포되자 이만손 등은 '영남 만인소'를 올려 정부의 개화 정책과 서양과의 수교를 반대하였다.
1890년대 이후	항일 의병 운동 : 을미사변과 단발령 이후 을미의병이 일어나는 등 항일 의병 운동으로 변화하였다.

사료 돋보기 위정척사 운동

❶ **이항로의 상소문** : 양이(洋夷)의 화(禍)가 금일에 이르러서는 비록 홍수나 맹수의 해일지라도 그보다 심할 수 없습니다. 양이의 재앙을 일소(一掃)하는 근본은 전하의 한 마음에 있사옵니다. 지금 전하가 할 계책은 마음을 밝게 닦아 외물(外物)에 견제당하거나 흔들리지 않는 도리밖에 없사옵니다. 이른바 외물이라는 것은 종류가 극히 많아서 일일이 열거할 수 없지만, 그 중에서도 양품(洋品)이 가장 심합니다. 몸을 닦아 집안을 잘 다스리고 나라가 바로잡힌다면 양품이 쓰일 곳이 없어져 교역하는 일이 끊어질 것입니다. 교역하는 일이 끊어지면 저들의 기이함과 교묘함이 수용되지 못할 것이며, 그러면 저들은 기필코 할 일이 없어져 오지 않을 것입니다.

❷ **최익현의 개항 반대 상소** : 우리의 물건은 한정이 있는데 저들의 요구는 끝이 없을 것입니다. 한 번이라도 응해 주지 못하면 저들은 우리를 침략하고 유린하여 …… 일단 강화를 맺고 나면 저들의 욕심은 물화를 교역하는 데 있습니다 …… 우리의 피와 살이 되어 백성들의 목숨이 걸려 있는 유한한 물화를 저들의 사치하고 기괴한 노리개 따위의 물화와 교역을 한다면 우리의 심성과 풍속이 피폐될 뿐 아니라 …… 저들이 비록 왜인이라 하나 실은 양적(洋賊)이옵니다. 강화가 한번 이루어지면 사학(邪學)의 서적과 천주(天主)의 초상화가 교역 속에 들어올 것입니다. …… 예의(禮儀)는 시궁창에 빠지고 인간들은 변하여 금수(禽獸)가 될 것입니다.

–"면암집"–

분석

❶ 양이, 양품, 교역
❷ 물화, 교역, 왜인, 양적
❸ "조선책략" 러시아, 미국, 일본

위정척사(衛正斥邪) 운동은 1860년대 통상 반대 운동, 1870년대 개항 반대 운동, 1880년대 개화 반대 운동으로 전개되었다. 그리고 1890년대 이후에는 항일 의병 운동으로 계승되었다.

❸ **영남 만인소** : 김홍집이 가져온 황쭌셴의 "조선책략"이 유포되는 것을 보고 울음이 북받치고 눈물이 흐릅니다. …… "조선책략"의 요점은 '러시아를 막는 것'보다 급한 것이 없다고 하고, 러시아를 막기 위해서는 '중국과 친하고, 일본과 맺고, 미국과 이어져야 한다.'는 것보다 급한 것이 없다고 하였습니다. …… 일본은 우리에게 매어 있는 나라입니다. 임진왜란의 숙원(宿怨)이 가시지 않았는데, 그들은 우리의 수륙 요충(水陸要衝)을 점령하였습니다. 만일 방비하지 않았다가 저들이 산돼지처럼 돌진해 오면 전하께서는 장차 어떻게 이를 제어하시겠습니까? 미국은 우리가 모르던 나라입니다. 저들을 끌어들였다가 저들이 우리의 빈약함을 업신여겨 어려운 청을 강요하면 어떻게 대응하시겠습니까? 러시아는 본래 우리와는 혐의가 없는 나라입니다. 공연히 남의 이간을 듣고 배척하였다가 이것을 구실 삼아 분쟁을 일으키면 어떻게 구제하시겠습니까? 하물며 러시아 · 미국 · 일본은 같은 오랑캐들이어서 후박(厚薄)을 두기 어렵습니다.

–"일성록"–

2 임오군란(1882) 기출

(1) 배경

① 정부의 개화 정책 추진과 외세 침략에 대한 불만이 증가하였다.

② 신식 군대인 별기군 설치 후 구식 군대에 대한 차별 대우로 구식 군대가 봉기하였다.

(2) 전개 과정

① 구식 군인들은 선혜청을 습격하고 민겸호 등 정부 고관들을 제거하였다.

② 일본인 별기군 교관을 살해하였고, 일본 공사관을 습격하였다.

③ 청의 개입

㉠ 임오군란 이후 흥선 대원군이 재집권하여 별기군 폐지, 통리기무아문 폐지 등 과거 체제로의 복귀를 시도하였으나 청군 3,000명이 파견되어 임오군란은 진압되었다.

㉡ 임오군란 이후 흥선 대원군은 청에 납치되었으며, 조선에 대한 청의 내정 간섭이 본격화되었다.

(3) 결과

① 일본과 제물포 조약 체결

㉠ 배상금 50만원을 지불하고, 일본에 사절단을 파견하였다. 이때 박영효 등이 사절단으로 파견되면서 태극기가 처음 사용되었다.

㉡ 일본 공사관 보호라는 명목으로 일본 군대가 주둔하게 되었다.

② 청은 군대를 상주시키고, 마젠창(내정 고문), 묄렌도르프(외교 고문) 등을 고문으로 파견하였다.

③ 청 상인의 특권(내지 통상권)을 명시한 조 · 청 상민 수륙 무역 장정이 체결되었다(1882).

▲ 별기군

● 구식 군대의 봉기

정부가 개화 정책의 일환으로 구식 군대를 줄이고 신식 구대를 창설한 가운데 구식 군인들이 밀린 급료로 받은 쌀에 겨와 모래가 섞여 있자 분노하여 봉기하였다.

사료 돋보기 **제물포 조약(1882. 7.)**

제1조 지금으로부터 20일을 기하여 범인을 체포하여 엄징할 것.
제2조 일본국 피해자를 후하게 장사지낼 것.
제3조 5만 원을 지불하여 피해자 유족 및 부상자에게 급여할 것.
제4조 배상금 50만 원을 지불할 것.
제5조 일본 공사관에 군대를 주둔시켜 경비에 임하는 것을 허용할 것.
제6조 조선국은 대관(고위 관료)을 특파하여 일본국에게 사죄할 것.

배상금 50만 원 지불, 일본 공사관, 군대, 주둔, 일본국, 사죄

▼

임오군란 당시 일본인(별기군 교관 호리모토)의 죽음과 일본 공사관의 파괴 등을 구실로 제물포 조약이 체결되었다.

사료 돋보기 **조 · 청 상민 수륙 무역 장정(1882. 8.)**

이 수륙 무역 장정은 청이 속방을 우대하는 뜻에서 상정한 것이고, 각 대등 국가 간의 일체 동등한 혜택을 받는 예와는 다르다.
제1조 청의 상무위원을 서울에 파견하고 조선 대관(고위 관료)을 톈진에 파견한다. 청의 북양대신과 조선 국왕은 동등한 지위를 가진다.
제2조 조선의 개항장에서 청의 상무위원이 청 상인에 대한 재판권을 행사한다.
제4조 베이징과 한성, 양화진에서 상점을 열어 무역을 허락하되, 양국 상민의 내지 행상을 금한다. 다만 내지 행상이 필요할 경우 지방관의 허가서를 받아야 한다.
제7조 청 선박의 항로 개설권, 청 병선의 조선 연해 내왕권 및 조선 국방 담당권을 허용한다.

조선 개항장, 청 상인, 재판권 행사, 양화진, 상점, 무역 허락

▼

조 · 청 상민 수륙 무역 장정은 조선을 청의 속국으로 규정한 불평등 조약이다. 이 조약에서는 청 상인의 서울 및 내륙 시장 진출의 특권(내지 통상권)이 보장되었다는 점이 특징이다.

심화 플러스 **조 · 청 상민 수륙 무역 장정**

1. 장정의 첫머리에 "이 수륙 무역 장정은 중국이 속방(屬邦)을 우대하는 뜻에서 상정한 것이고, 각 대등 국가 간의 일체 균점(均霑)하는 예와는 다르다."고 하여 불평등 조약임을 밝혔다.
2. 상무위원의 파견 및 양국 파원의 처우, 북양대신과 조선 국왕의 위치를 대등하게 규정하고 있다(1조).
3. 조선에서의 청나라 상무위원의 치외 법권을 인정하고 있다(2조).
4. 조난 구호 및 평안도 · 황해도와 산동 · 봉천 연안 지방에서의 어채 허용을 규정하고 있다(3조).
5. 북경과 한성의 양화진에서의 무역을 허락하되 양국 상민의 내지채판을 금하고, 다만 내지채판과 유력(遊歷, 돌아다니는 일)이 필요할 경우 지방관의 허가서를 받아야 한다는 것이 포함되었다(4조, 관세 3 · 4조 및 세칙 5조).
6. 그 외 책문(柵門) · 의주, 훈춘(琿春) · 회령에서의 개시(5조), 홍삼 무역과 세칙(6조) 등이 주목할 만하다.

● **어채 허용**
청나라 사람의 조선 연안 어업권을 인정하였다.

● **내지채판**
내지로 들어가 토산물을 구입하는 행위를 말한다.

2 갑신정변과 거문도 사건

1 갑신정변(1884) 기출

(1) 배경과 과정

① 급진 개화파는 일본으로부터 개혁을 위한 차관을 도입하려 하였으나 실패하였다.

② 청 · 프 전쟁(1884)으로 청군 일부가 철수하자, 급진 개화파는 일본 공사의 군사적 지원을 약속받아, 우정총국 개국 축하연을 계기로 정변을 일으켰다.

③ 개화파 인사들을 제거하고, 개화당 정부를 수립한 이후 14개조 정강을 발표하였다.

④ 청군의 개입으로 3일 천하로 끝났으며, 김옥균, 박영효, 서광범, 서재필 등은 일본으로 망명하였다.

▲ 갑신정변의 주역(왼쪽부터 박영효, 서광범, 서재필, 김옥균)

사료 돋보기 14개조 정강

1. 청에 잡혀간 흥선 대원군을 곧 돌아오게 하며, 종래 청에 대하여 행하던 조공의 허례를 폐한다.
2. 문벌을 폐지하여 인민 평등의 권리를 세워, 능력에 따라 관리를 임명한다.
3. 지조법을 개혁하여 관리의 부정을 막고 백성을 보호하며, 국가 재정을 넉넉하게 한다.
4. 내시부를 없애고, 그중에 우수한 인재를 등용한다.
5. 부정한 관리 중 그 죄가 심한 자는 치죄한다.
6. 각 도의 환상미를 영구히 받지 않는다.
7. 규장각을 폐지한다.
8. 급히 순사를 두어 도둑을 방지한다.
9. 혜상공국을 혁파한다.
10. 귀양살이를 하고 있는 자와 옥에 갇혀 있는 자는 그 정상을 참작하여 적당히 형을 감한다.
11. 4영을 합하여 1영으로 하고, 근위대를 급히 설치한다.
12. 모든 재정은 호조에서 통할한다.
13. 대신과 참찬은 의정부에 모여 정령을 의결하고 반포한다.
14. 의정부 · 6조 외의 모든 불필요한 기관을 없앤다.

–김옥균, "갑신일록"–

분석

조공, 허례, 폐한다, 문벌, 폐지, 지조법, 개혁, 혜상공국, 혁파, 재정, 호조, 통할, 순사, 도둑, 방지, 4영, 1영, 근위대

▼

14개조 정강에서는 청에 대한 사대 관계 청산, 인민 평등권의 확립, 지조법 개혁, 혜상공국 혁파를 통한 자유로운 상공업의 발전, 재정의 일원화 등을 주장하였다.

(2) 결과

한성 조약	갑신정변 과정에서 소실된 일본 공사관의 신축 비용 문제에 대한 협약이다.
텐진 조약(1885)	일본은 청과 동등하게 조선에 대한 파병권을 획득하였다.

(3) 의의와 한계

① 의의 : 근대 국가를 지향하는 최초의 정치 개혁 운동이었다.

● 혜상공국

1883년 조직된 보부상 조직이다.

● 4영의 통합

전후좌우 네 개 영으로 운영되던 친군(親軍, 왕실 친위군)을 하나로 통합한다는 내용이다.

● 톈진 조약

> 제3조 : 앞으로 만약 조선에 변란이나 중대 사건이 일어나 청, 일 두 나라나 어떤 한 국가가 파병을 하려고 할 때에는 마땅히 그에 앞서 쌍방이 문서로서 알려야 한다. 그 사건이 진정된 뒤에는 즉시 병력을 전부 철수시킨다.

청과 일본은 톈진 조약을 체결해 조선에서 양국의 군대를 철수하고 앞으로 군대를 파견할 때 상대국에 미리 알리도록 규정하였다.

② 한계 : 일본에게 지나치게 의존하였고, 토지 제도 개혁을 배제하였기 때문에 민중의 지지 획득에는 실패하였다.

2 거문도 사건(1885)

(1) 거문도 사건

① 러시아의 남하 정책을 견제하려는 영국은 1885년 거문도를 점령하여 포대를 구축하고, '헤밀턴 항'으로 이름 붙였다.

② 청의 이홍장이 중재하여 러시아로부터 조선을 침략하지 않는다는 확약을 받고, 1887년 철수하였다.

(2) 조선 중립화론의 대두 : 독일인 부들러와 유길준은 '조선의 중립화론'을 제기했으나, 실효를 거두지 못하였다. 기출

▲ 유길준(1856~1914)

사료 돋보기 유길준의 한반도 중립화론

"우리의 지리적 위치는 벨기에와 같고, 중국에 조공하던 것은 터키에 조공하던 불가리아와 같다. 불가리아의 중립은 유럽 열강들이 러시아를 막기 위함이고, 벨기에의 중립은 유럽 열강들이 자국을 보전하기 위함이었다. 우리나라가 아시아의 중립국이 된다면 러시아를 방어할 수도, 아시아 국가들이 서로 보전할 수도 있을 것이다. 오직 중립만이 우리를 지키는 방책인데, 우리 스스로가 제창할 수도 없으니 중국에 청하도록 하자. 아시아에 관계있는 여러 나라들이 화합해 조선의 중립을 확인받는 것이다. 이것은 비단 우리만 위한 것이 아니라 중국이며 다른 여러 나라가 서로 보전하는 계책도 될 테니 무엇이 괴로워서 하지 않겠는가?"

-"유길준전서"-

분석

아시아, 중립국, 러시아, 방어, 보전, 조선, 중립 확인

▼

거문도 사건 이후 유길준은 미국을 비롯한 유럽에 다녀온 경험을 바탕으로, 한반도 중립화론을 제기하였다. 강대국 모두가 보장하는 중립화가 이루어지면 조선이 안전할 것이라고 보았다.

심화 플러스 보빙사와 유길준

1882년 조 · 미 수호 통상 조약 체결 후 이듬해 공사 푸트(Foote, L. H.)가 내한하자, 이에 대한 답례와 양국 간 친선을 위하여 보빙사절단(보빙사)을 파견하였다. 구성원은 전권대신 민영익, 부대신 홍영식, 종사관 서광범, 수원 유길준 · 고영철 · 변수 · 현흥택 · 최경석 등과 중국인 오례당(吳禮堂), 일본인 미야오카(宮岡恒次郎), 미국인 로웰(Lowell, P.) 등 모두 11인이었다.

7월 26일 인천을 출발하여 일본을 거쳐 9월 18일 미국 대통령 아서(Arthur, C. A.)를 접견하고 국서와 신임장을 제출하였다. 그 뒤 40여 일 동안의 미국 거류 기간 중에 외국박람회 · 공업제조회관 · 병원 · 신문사 · 조선공장 · 육군사관학교 등을 방문 시찰하였고, 미국 정치와 농사 개량에 대한 지식도 배웠다. 보빙사가 받아들인 신문물은 그 뒤 신식 우편 제도 창시, 육영 공원 설치에 영향을 미쳤고, 특히 농무목축시험장과 경작기계의 제작 및 수입 등 농업 기술의 연구에도 기여한 바가 컸다.

한편 홍영식 등은 태평양을 거쳐 바로 귀국하였으나, 유길준은 미국에 남아 갑신정변의 발발 때까지 유학하였다. 이후 유럽을 돌아보고 돌아와 "서유견문"(1895년 간행)을 저술하였다.

3 동학 농민 운동과 갑오 · 을미개혁

심화 플러스 1894년의 주요 사건 (날짜 표기는 음력 기준)

- 1. 10. : 고부 농민 봉기
- 4. 7. : 황토현 전투
- 4. 23 : 황룡촌 전투
- 5. 5. : 청군 상륙
- 5. 6. : 일본군 상륙
- 5. 8. : 전주 화약
- 6. 11. : 조선 정부의 교정청 설치
- 6. 21.(양력 7. 23.) : 일본군의 경복궁 침입
- 6. 23.(양력 7. 25.) : 청 · 일 전쟁 발발
- 6. 25.(양력 7. 27.) : 제1차 갑오개혁(군국기무처 설치)
- 9. 18. : 동학 농민 재봉기
- 10월 : 남접과 북접 연합군 논산 집결
- 11월 : 공주 우금치 전투

1 동학 농민 운동(1894) 기출

(1) 배경

① 일본의 경제적 침략과 지배층의 무능이 확산되었고, 조세 부담이 가중되자 농민의 사회 변혁 욕구가 고조되었다.

② 포접제를 중심으로 동학은 급속히 세력을 팽창하고 있었고, 동학의 합법화를 위한 교조 신원 운동이 전개되었다.

③ 교조 신원 운동 : 삼례 집회(1892), 복합 상소(1893), 보은 집회(1893) 등의 운동이 전개되었다.

(2) 전개 과정 기출

① 제1기 : 전라도 고부 군수 조병갑의 탐학 → 전봉준을 선두로 봉기하여 고부 관아 점령(고부 농민 봉기) → 안핵사 이용태 파견

② 제2기

㉠ 안핵사 이용태가 농민군을 탄압하자 전봉준이 사발통문을 돌려 봉기를 호소하였다.

㉡ 전라도 지역의 동학도들이 합세하여 창의문(보국안민, 제폭구민)을 발표하고, 백산에 집결하였다.

㉢ 전봉준, 김개남, 손화중 등이 황토현 전투 · 황룡촌 전투에서 관군을 물리치고, 정읍 · 무안 · 나주 등을 거쳐 전주성을 공격하였다.

㉣ 정부는 청에 원군을 요청하였고, 톈진 조약을 근거로 일본군도 출병하였다.

③ 제3기 : 청군과 일본군이 개입하자 정부와 농민군 사이에는 전주 화약이 체결되었고, 이후 농민군은 전라도 일대에 집강소를 설치하였다(폐정 개혁안 12개조 실시 : 반봉건 · 반외세적 성격).

● 포접제

동학의 모임 장소인 접소에 책임자인 접주를 두고, 전국을 포와 접으로 나누어 관리한 동학의 교단 조직이다.

● 복합 상소

서울에 40여 명의 교도가 상경하여 경복궁 앞에서 복합 상소를 하다가 해산당하였다.

● 보은 집회

2만여 명의 신도들이 교조 신원 운동을 전개하다, '제폭구민', '척왜양창의' 등의 구호를 외치며 정치 운동으로 발전하였다.

▲ 사발통문

사료 돋보기 **백산 봉기 격문(1894. 3.)**

우리가 의(義)를 들어 이에 이름은 그 본의가 다른 데 있지 아니하고, 창생을 도탄에서 건지고 국가를 반석 위에 두고자 함이다. 안으로는 탐학한 관리의 머리를 베고, 밖으로는 횡포한 강적의 무리를 구축하고자 함이다. 양반과 호강(豪强, 부호)의 앞에서 고통을 받는 민중들과 방백과 수령의 밑에서 굴욕을 받는 소리(小吏, 하급 관리)들은 우리와 같이 원한이 깊은 자이다. 조금도 주저하지 말고 이 시각으로 일어서라. 만일 기회를 잃으면 후회해도 미치지 못하리라.

–오지영, "동학사"–

분석

의(義), 창생, 도탄, 탐학, 관리, 횡포, 강적

▼

백산 봉기 격문을 통해 동학 농민 운동이 부패한 봉건 지배 세력을 타도하고, 일본을 몰아내려는 반봉건 · 반침략(반외세)적 성격을 지녔음을 확인할 수 있다.

사료 돋보기 **폐정 개혁안 12개조**

1. 동학도는 정부와의 원한을 씻고, 서정에 협력한다.
2. 탐관오리는 그 죄상을 조사 · 엄징한다.
3. 횡포한 부호를 엄징한다.
4. 불량한 유림과 양반의 무리를 징벌한다.
5. 노비 문서를 소각한다.
6. 천인 차별을 개선하고, 백정이 쓰는 평량 갓은 없앤다.
7. 청상과부의 개가를 허용한다.
8. 무명의 잡세는 일체 폐지한다.
9. 관리 채용에는 지벌을 타파하고, 인재를 등용한다.
10. 왜와 통하는 자는 엄징한다.
11. 공사채를 막론하고, 기왕의 것은 무효로 한다.
12. 토지는 평균하여 분작한다.

분석

폐정 개혁안은 노비 문서의 소각, 천인 차별 개선, 과부의 개가 허용 등 봉건적 신분 제도와 악습 폐지를 포함하고 있다. 또한 '토지의 평균 분작'이라는 토지 개혁도 주장하였다. 한편 대외적으로는 왜와 결탁하는 자(통하는 자)는 엄히 징벌한다는 내용을 통해 반외세적 성격도 지녔음을 확인할 수 있다.

④ 제4기

㉠ 일본이 경복궁을 점령하고 내정 간섭을 강화하자, 동학 농민군이 재봉기하였다.

㉡ 남접과 북접의 연합군을 조직하였다.

㉢ 이후 논산에 집결하여 관군 및 일본군에 맞섰으나, 공주 우금치 전투에서 대패하였다.

㉣ 농민군 지도자인 전봉준, 김개남, 손화중 등이 체포되면서 동학 농민 운동은 끝났다.

(3) 역사적 의의

① 안으로는 개혁 정치를 통해 봉건 지배 질서를 타파하고, 밖으로는 외세의 침략을 물리쳐 나라를 지키려했던 우리 역사상 최대의 농민 운동이었다.

② 동학 농민 운동에서의 개혁 요구는 갑오개혁에 일부 내용이 반영되어 새로운 질서의 성립을 촉진하였다.

▲ 재판을 받으러 가는 전봉준

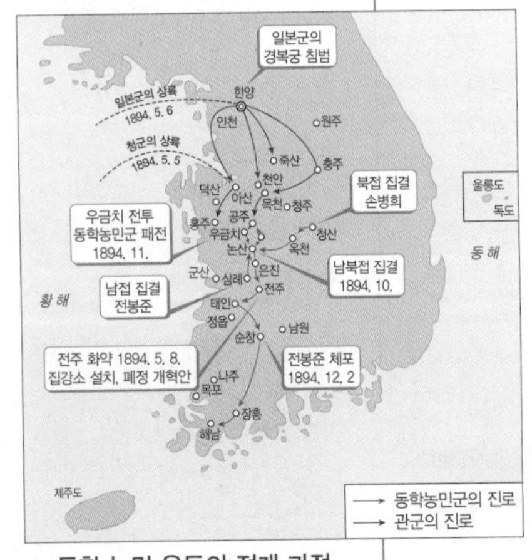

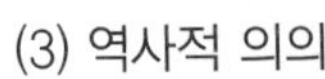

▲ 동학 농민 운동의 전개 과정

2 갑오개혁과 을미개혁 기출

(1) 제1차 갑오개혁

① 개혁의 추진

㉠ 일본이 경복궁을 점령하였고, 민씨 정권을 축출한 후 김홍집을 수반으로 하는 친일 내각을 조직하였다(제1차 김홍집 내각).

㉡ 일본은 청·일 전쟁을 일으키고, 조선 정부에 개혁을 강요하면서 군국기무처를 설치하였다.

② 개혁의 주요 내용

㉠ 청의 연호를 폐지하고 '개국' 연호를 사용하였다.

㉡ 왕실 사무(궁내부)와 정부 사무(의정부)를 분리하여 왕권을 축소하였다.

㉢ 6조를 8아문으로 개편하고, 과거 제도를 폐지하였다.

㉣ 사회적으로는 노비제 등 신분 계급을 타파하고, 봉건적 악습(조혼, 과부의 재가 금지, 고문과 연좌제)을 폐지하였다

㉤ 경무청 설치, 탁지아문으로의 재정 일원화, 은 본위 화폐 제도, 도량형 통일 등을 공포하였다.

● 군국기무처

▲ 군국기무처에서 회의하는 모습

김홍집 내각은 초정부 심의 기구인 군국기무처를 설치하였고, 이곳에서 심의한 안건은 국왕이 재가하면 국법으로 시행하였다.

(2) 제2차 갑오개혁

① 개혁의 추진

㉠ 청·일 전쟁에서 승기를 잡은 일본은 내정 간섭을 본격화하였다.

㉡ 박영효(내무), 서광범(법무) 등을 입각시켜, 제2차 김홍집 연립 내각을 구성하였다.

㉢ 이후 추진된 제2차 갑오개혁에서는 군국기무처를 폐지하였고, 213건의 개혁안을 실시하였다.

㉣ 고종은 독립서고문을 발표하고, 최초의 근대적 헌법의 성격을 가진 홍범 14조를 반포하였다.

● 8아문

내무아문, 외무아문, 탁지아문, 군무아문, 법무아문, 학무아문, 공무아문, 농상무아문

② 개혁의 주요 내용

㉠ 의정부를 내각으로 개칭하고, 각 아문을 부로 바꾸고, 농상무아문과 공무아문을 농상공부로 개편하였다(8아문을 7부로 개편).

㉡ 궁내부의 관제를 대폭 간소화하였고, 지방 제도를 8도에서 23부로 개편하였다.

㉢ 사법권을 행정권으로부터 독립시켰다.

㉣ 교육 입국 조서를 반포하여 근대적 교육 제도를 마련하였으며, 한성 사범학교 관제, 소학교 관제, 외국어 학교 관제 등을 공포하였다.

● 교육 입국 조서

1895년 발표된 교육 입국 조서는 국가의 부강은 '국민의 교육에 있다.'는 내용을 골자로 실용주의적인 신교육을 도입할 것을 천명하였다.

사료 돋보기 | 홍범 14조

1. 청에 의존하는 생각을 버리고 자주독립의 기초를 세운다.
2. 왕실 전범(典範)을 제정하여 왕위 계승의 법칙과 종친과 외척과의 구별을 명확히 한다.
3. 임금은 각 대신과 의논하여 정사를 행하고, 종실, 외척의 내정 간섭을 용납하지 않는다.

7. 조세의 징수와 경비 지출은 모두 탁지아문(度支衙門)의 관할에 속한다.
8. 왕실의 경비는 솔선하여 절약하고, 이로써 각 아문과 지방관의 모범이 되게 한다.
9. 왕실과 관부(官府)의 1년 회계를 예정하여 재정의 기초를 확립한다.
10. 지방 제도를 개정하여 지방 관리의 직권을 제한한다.
11. 총명한 젊은이들을 파견하여 외국의 학술, 기예를 견습시킨다.
12. 장교를 교육하고 징병을 실시하여 군제의 근본을 확립한다.
13. 민법, 형법을 제정하여 국민의 생명과 재산을 보전한다.
14. 문벌을 가리지 않고 인재 등용의 길을 넓힌다.

분석

자주독립, 왕실 사무, 국정 사무, 아문, 조세, 탁지아문, 징병, 민법, 형법

▼

최초의 근대적 헌법인 홍범 14조에서는 국정 개혁의 기본 강령을 제시하였다.

(3) 을미개혁(제3차 개혁)

① 배경

㉠ 청 · 일 전쟁은 일본의 승리로 끝나고 시모노세키 조약이 체결되었으며, 이를 통해 일본은 막대한 전쟁 배상금과 랴오둥 반도를 할양받았다.

㉡ 삼국 간섭(러시아, 프랑스, 독일)으로 랴오둥 반도를 청에게 돌려주자(1895. 4.) 조선 내에는 명성 황후 등 친러시아 세력이 성장하게 되었다(제3차 김홍집 내각의 성립).

㉢ 위기를 느낀 일본은 낭인들을 동원하여 명성 황후를 시해하는 을미사변을 일으켰다.

② 개혁의 추진 : 을미사변 이후 유길준 등이 김홍집 내각(제4차 김홍집 내각)에 적극 참여하면서 을미개혁이 시행되었다.

핵심만 정리하자

▶ 갑오개혁(1894)

	1차 개혁(군국기무처)	홍범 14조 발표 후 2차 개혁
정치 및 행정	• 정부와 왕실 사무 분리 • 중국 연호 폐지 • 6조제를 8아문 제도로 개편 • 경무청 신설 • 과거제 폐지	• 내각제 시행 • 8아문 제도를 7부 체제로 개편 • 8도제를 23부제로 개편
경제 및 사회	• 재정 기관 일원화 • 은 본위제 채택 • 도량형 통일 • 조세 금납제 • 노비제 폐지 • 연좌법 폐지 • 조혼 금지, 과부의 재가 허용	• 한성 사범 학교 설립 • 외국어 학교 관제 공포 • 사법권과 행정권 분리

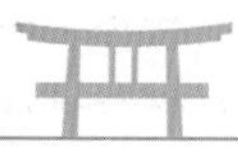

③ 개혁의 주요 내용 : 태양력 사용, 종두법 실시, 소학교 설치, 우편 사무 개시, 단발령 시행, 연호(건양) 제정, 서울에 친위대 · 지방에 진위대 설치 등

④ 개혁의 중단 : 1895년 을미의병이 거병하였고, 1896년 아관 파천이 단행되면서 개혁은 중단되었다.

(4) 갑오 · 을미개혁의 의의와 한계

① 갑오 · 을미개혁은 대외적으로 일본의 조선 침략을 위해 강요된 측면이 있다.

② 개혁에 대한 민중의 지지를 얻어내지 못하였고, 국방력 강화나 상공업 진흥과 같은 개혁에는 소홀했던 한계가 있다.

③ 개화파의 개혁 의지와 동학 농민군의 사회 변혁 요구가 반영된 근대적 개혁이었다.

▲ 단발을 한 고종 황제

● 아관 파천

을미사변으로 신변의 위협을 느낀 고종이 일본을 피해 러시아 공사관으로 거처를 옮긴 사건이다.

4 독립 협회와 대한 제국

1 독립 협회의 설립과 활동

(1) 독립 협회(1896)의 설립 배경

① 아관 파천 이후 친 러시아 정권이 수립되자 국가의 자주성이 손상되고, 열강의 이권 침탈이 가속화되었다.

② 1896년 서재필 등은 정부의 지원을 받아 독립신문을 발행하였다. 이후 관료와 지식인들을 중심으로 독립 협회를 창립하였다.

(2) 독립 협회의 활동 기출

① 독립 협회는 영은문 자리에 독립문을 건립하고, 모화관을 헐어 독립관을 건축하였다.

② 만민 공동회 개최

㉠ 만민 공동회를 개최하여 러시아의 내정 간섭과 이권 요구를 규탄하는 자주 국권 운동을 전개하였다.

㉡ 만민 공동회는 우리나라 최초의 근대적 민중 집회였으며, 이는 개화 세력과 민중의 결합을 의미하였다.

③ 관민 공동회 개최

㉠ 만민 공동회의 지탄을 받던 보수 정권이 무너지고, 박정양이 집권한 후 헌의 6조를 채택하였다.

㉡ 역사상 최초의 의회 설립 단계까지 갔던 중추원 관제를 반포하였다.

(3) 독립 협회의 해산 : 고종은 보부상으로 구성된 황국 협회와 군대를 동원하여 독립 협회를 강제로 해산시켰다(1898. 12.).

(4) 독립 협회의 역사적 의의와 한계

① 독립 협회는 제국주의 열강의 침략으로부터 주권을 수호하고 자유 민권을 신장시킴으로써 자강 개혁을 이루고자 하였다.

▲ 독립문

● 중추원 관제

중추원은 관선 25명, 민선 25명의 의원으로 구성되었다. 법률 및 칙령의 개정 및 폐지, 의정부가 정부에 건의하는 사항, 국민의 제안 등을 심사 · 결정하는 권한을 가졌다.

② 민중 계몽을 통해 민중에 기초한 근대화 운동을 전개함으로써 갑신정변과 갑오개혁의 한계를 극복할 수 있었다.

③ 독립 협회의 외세 배격 운동은 주로 러시아를 대상으로 삼았고, 그 밖의 열강에 대해서는 우호적인 태도를 취했다는 점이 한계로 지적된다.

사료 돋보기 **헌의 6조**

1. 외국인에게 의지하지 말고, 관민이 합심하여 전제 황권을 공고히 할 것.
2. 외국과의 이권에 관한 계약과 조약은 각 대신과 중추원 의장이 합동, 날인하여 시행할 것.
3. 재정은 탁지부에서 관할하고, 예산과 결산을 공포할 것.
4. 중대 범죄인은 공판하고, 피고의 인권을 존중할 것.
5. 칙임관을 임명할 때는 정부에 그 뜻을 물어 중의에 따를 것.
6. 별항의 규칙을 실천할 것.

분석

헌의 6조는 국가의 자주권 수호(1조), 황제의 권력 남용 견제(2조), 재정 일원화와 투명성 확보(3조), 인권 존중(4조), 인사 행정의 공정화를 통한 황제권 견제(5조) 등을 포함하고 있다.

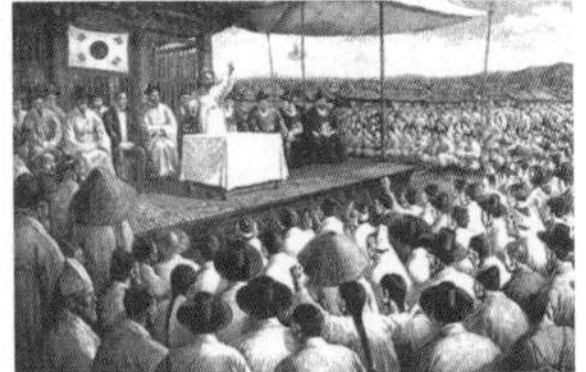

▲ 관민 공동회에서 박성춘이 연설하는 모습

사료 돋보기 **백정 박성춘의 관민 공동회 연설문(1898)**

나는 대한의 가장 천한 사람이고 무지몰각합니다. 그러나 충군 애국의 뜻은 대강 알고 있습니다. 이에 이국편민(利國便民)의 길인즉, 관민이 합심한 연후에야 가하다고 생각합니다. 저 차일에 비유하건대, 한 개의 장대로 받친즉 역부족이나, 많은 장대를 합한 즉 그 힘이 공고합니다. 원컨대 관민이 합심하여 우리 황제의 성덕에 보답하고, 국운(國運)이 만만세 이어지게 합시다.

분석

독립 협회는 개화 지식인들이 지도부를 형성하였으나, 다수의 민중이 참여했다는 것이 특징이다. 특히 관민 공동회에서 백정 출신 박성춘도 연설을 하였다.

2 대한 제국의 수립

(1) 대한 제국의 수립(1897) 

① 배경

㉠ 아관 파천 이후 열강의 이권 침입 등으로 국내의 여론이 악화되고, 고종의 환궁을 독촉하는 목소리가 높아졌다.

㉡ 이에 1897년 고종은 경운궁(현재의 덕수궁)으로 환궁하였다.

② 수립

㉠ 고종은 환궁 이후 원구단(환구단)에서 황제 즉위를 선포하고, 연호를 '광무'로 정하고, 국호를 '대한 제국'으로 고쳤다.

㉡ 고종은 독립 협회를 해산시키고 대한국 국제를 반포하여(1899), 자주독립과 전제 황권 강화를 표방하였다.

㉢ 원수부(황제가 군대를 직접 장악)를 설치하고, 구본신참을 원칙으로 점진적 개혁을 추진하였다(광무개혁).

▲ 황궁우와 원구단(환구단)

● 구본신참(舊本新參)

옛 것을 근본으로 하고 새 것을 참조한다는 뜻이다.

사료 돋보기 대한국 국제(1899)

제1조 대한국은 세계 만국이 공인한 자주독립 제국이다.
제2조 대한국의 정치는 만세 불변의 전제 정치이다.
제3조 대한국 대황제는 무한한 군주권을 누린다.
제4조 대한국 신민이 군권을 침해하면 신민의 도리를 잃은 자로 인정한다.
제5조 대한국 대황제는 육해군을 통솔하고 군대의 편제를 정하며, 계엄을 명한다.
제6조 대한국 대황제는 법률을 제정하여 그 반포와 집행을 명하고, 대사, 특사, 감형, 복권 등을 명한다.
제9조 대한국 대황제는 각 조약 체결 국가에 사신을 파견하고, 선전, 강화 및 제반 조약을 체결한다.

–"고종실록"–

분석

세계 만국, 자주독립 제국, 만세 불변, 전제 정치, 군주권, 육해군 통솔, 법률 제정, 사신 파견

▼

대한국 국제에서는 황제가 군 통수권, 입법, 사법, 행정, 외교 등 모든 권한을 장악한다고 규정되었다. 이는 독립 협회가 민권 확립을 통한 근대적 자주독립 국가를 이룩하려고 한 사실과 비교된다.

(2) 광무개혁의 내용과 한계 기출

구분	내용
내용	• 국가 재정을 확보하기 위해 양전 사업을 실시하고, 일부 지역에서 토지의 소유권을 명시한 지계를 발급하였다. • 금 본위제 화폐 제도를 채택하였다. • 서양의 기술과 기계를 적극 도입하여 상공업을 진흥시키려는 식산흥업 정책을 추진하였다. • 근대적 산업 기술을 습득하기 위해 외국에 유학생을 파견하고, 각종 실업학교와 기술 교육 기관도 설립하였다. • 한 · 청 통상 조약의 체결 : 1899년(광무 3) 대한 제국과 청이 대등한 상대로 국가 간 체결된 통상 조약이다.
한계	• 황제권 강화에 중점을 두어, 민권을 보장하는 데까지 이르지 못하였다. • 일본 등 열강의 간섭에서도 완전히 벗어나지 못하였다.

● 지계

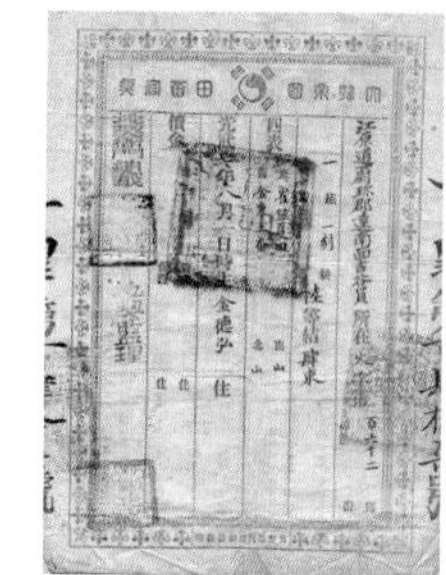

지계는 근대적 토지 소유권을 명확히 한 문서이다. 즉 토지의 명분상 소유주와 실제 소유주를 일치시켜 세금을 부담하는 당사자를 국가에서 파악할 수 있었다.

핵심만 정리하자

▶ 근대 국가 수립 운동

구분	성립	내용
독립 협회(1896)	• 열강의 이권 침탈 가속화 • 서재필 등 개화파의 독립신문 간행, 독립 협회 창립	• 독립문 건립, 독립관 건축 • 만민 공동회 개최 : 러시아 내정 간섭과 이권 요구 규탄 → 자주 국권 운동 • 관민 공동회 개최 : 헌의 6조 채택, 중추원 관제 선포 → 자강 혁신 운동
대한 제국(1897)	을미사변 → 아관 파천 → 독립 협회의 요구, 고종의 경운궁 환궁 → 대한 제국 수립	• 연호 '광무', 국호 '대한 제국', 황제 즉위식 거행 • 광무개혁 실시 : 대한국 국제 반포, 한 · 청 통상 조약 체결, 원수부 설치, 기술 교육 기관 설립 등

기출 및 예상 문제

01 위정척사 운동과 임오군란

[1] 1860년대 위정척사 세력은 흥선 대원군의 통상 수교 거부 정책을 적극적으로 반대하였다. O | X

[2] 이만손의 영남 만인소에서는 조선책략 유포에 반대하였다. O | X

[3] 구식 군대에 대한 차별과 개화 정책에 반대하는 갑신정변이 일어났다. O | X

[4] 임오군란 이후 제물포 조약이 체결되어 일본 경비병의 주둔이 허용되었다. O | X

01 위정척사 운동에 대한 설명으로 옳지 않은 것은?

① 대원군의 통상 수교 거부 정책을 뒷받침하였다.
② 동도서기론과 문명개화론을 주장하였다.
③ 영남 유생들의 만인소 운동이 일어났다.
④ 일본과 관련하여 왜양일체론을 내세웠다.

02 다음 주장과 유사한 인식 아래 추진된 사실로 볼 수 없는 것은?

> 지금 국론(國論)이 화친과 전쟁으로 양분되어 있습니다. 서양을 공격하자는 것은 우리 쪽 사람의 주장이고, 서양과 화친하자는 것은 적국 쪽 사람의 주장입니다. 전자를 따르면 나라 안에 인덕(仁德)의 정치를 보전할 수 있을 것이지만, 후자를 따르면 인류가 금수(禽獸)의 지경에 빠질 것입니다.

① 척화주전론 주장
② 청에 영선사 파견
③ 왜양일체론 주장
④ 개항 반대 운동 전개

2015년 소방

03 다음의 가상 신문에서 언급한 사건 이후의 사실로 옳은 것은?

> 반란군이 일본 공사관을 습격하자 일본인들이 도망치기 시작하였다. 습격 받은 일본인들은 살기 위해서 궁(宮)으로 들어갔는데, 그 궁(宮)마저도 반란군의 무리가 많이 모여 있었다. 지금 현재 한국은 무정부 상태이다.
>
> – 1882년 6월 9일–

① 일본군의 궁궐 침입으로 명성 황후가 시해되었다.
② 조 · 청 상민 수륙 무역 장정이 체결되어 청의 종주권이 인정되었다.
③ 조 · 일 무역 규칙이 체결되었다.
④ 청 · 일 양국 군대의 공동 철수와 파병 시 상호 통보 사항에 합의하였다.

04 다음 자료에 나타난 사건을 원인으로 체결된 조약의 내용으로 옳지 않은 것은?

> 선혜청 당상관 민겸호의 하인이 선혜청 창고에서 군량을 내줬다. 이때 하인이 쌀을 벼 껍질과 바꾸어 이익을 챙기자 많은 군인이 분노하여 하인을 때려눕혔다. 민겸호는 주동자를 잡아 포도청에 가두고는 곧 죽여 버리겠다고 하니 군인들은 분기하여 포도청과 경기 감영을 습격하였다.

① 개항장에서 일본 화폐의 유통을 허락한다.
② 일본 공사관에서 경비병의 주둔을 허락한다.
③ 양화진에서 청국 상인의 통상을 인정한다.
④ 조선에서 청국 상무위원의 영사 재판권을 인정한다.

2016년 소방

05 다음에 제시된 조약이 체결된 계기가 된 사건의 설명으로 옳은 것은?

> • 1조 : 조선국은 흉도를 포획하고 수괴를 가려내 중벌로 다스릴 것.
> • 2조 : 일본국 관리로 피해를 입은 자는 조선국이 융숭한 예로 장사지낼 것.
> • 3조 : 조선국은 5만원을 지불해 일본국 관리 피해자의 유족 및 부상자에 지급할 것.
> • 4조 : 흉도의 폭거로 인해 일본국이 받은 손해 및 공사를 호위한 육 · 해 군비 중에서 50만원을 조선이 부담하며, 매년 10만원씩 지불해 5년에 완납 청산할 것.
> • 5조 : 일본 공사관에 병사 약간 명을 두어 경비하게 하며, 병영의 설치 · 수선은 조선국이 책임을 지고, 만약 조선국의 병 · 민이 법률을 지킨 지 1년 후에 일본 공사가 경비를 필요하지 않다고 인정할 때에는 철병을 해도 무방함.
> • 6조 : 조선국은 대관을 특파하고 국서를 보내어 일본국에 사죄할 것 등이다.

① 구식 군인을 차별 대우한 것에 대한 불만이 폭발하였다.
② 우정국 개국 축하연을 기회로 정변을 일으켰다.
③ 을미사변과 단발령에 반발하며 의병을 일으켰다.
④ 전국 요지에 척화비를 세우게 된 계기가 되었다.

02 갑신정변과 거문도 사건

[1] 급진 개화파들은 우정총국 개국 축하연을 계기로 갑신정변을 일으켰다. O | X

[2] 갑신정변은 청의 군사적 개입으로 진압되었다. O | X

[3] 갑신정변 이후 조선과 청은 조 · 청 상민 수륙 무역 장정을 체결하였다. O | X

[4] 1885년 러시아는 거문도를 불법적으로 점령하였다. O | X

[5] 유길준은 조선 중립화론을 제기하였으나 실효를 거두지는 못하였다. O | X

06 다음 정강에 들어갈 내용으로 옳지 <u>않은</u> 것은?

> 첫째, 대원군을 가까운 시일 안으로 나라에 돌아오게 하도록 할 것.
> 둘째, 문벌을 없애 인민이 평등한 권리를 갖는 제도를 제정할 것.

① 혜상공국을 없앨 것.
② 공사노비법을 혁파할 것.
③ 전국에 걸쳐 지조법을 개혁할 것.
④ 각 도의 환곡 제도를 영원히 없앨 것.

2015년 서울 9급

07 밑줄 친 '그들'이 추진했던 정책에 대한 설명으로 옳은 것을 〈보기〉에서 모두 고른 것은?

> <u>그들</u>의 실패는 우리에게 무척 애석한 일이다. 내 친구 중에 이 사건을 잘 아는 이가 있는데, 그는 어쩌다 조선의 최고 수재들이 일본인에게 이용당해서 그처럼 큰 잘못을 저질렀는지 참으로 애석하다고 했다. 진실로 일본인이 조선의 운명과 그들의 성공을 위해 노력을 다했겠는가? 우리가 만약 국가적 발전의 기미를 보였다면 일본인들은 백방으로 방해할 것이 자명한데 어찌 그들을 원조했겠는가?
>
> –"한국통사"–

〈보 기〉

ㄱ. 토지의 평균 분작을 실현한다.
ㄴ. 러시아와 비밀 협약을 추진한다.
ㄷ. 보부상 단체인 혜상공국을 혁파한다.
ㄹ. 의정부, 6조 외의 불필요한 관청은 없앤다.

① ㄱ, ㄴ ② ㄱ, ㄷ
③ ㄴ, ㄹ ④ ㄷ, ㄹ

08 다음에 제시된 개혁 내용을 공통으로 포함한 것은?

• 인민 평등 실현	• 청과의 조공 관계 청산
• 재정의 일원화	• 혜상공국 혁파

① 갑오개혁의 홍범 14조
② 독립 협회의 헌의 6조
③ 동학 농민 운동의 폐정 개혁안
④ 갑신정변 때의 14개조 정강

2016년 소방

09 다음의 주장이 등장하게 된 배경으로 가장 적절한 것은?

> "우리의 지리적 위치는 벨기에와 같고, 중국에 조공하던 것은 터키에 조공하던 불가리아와 같다. 불가리아의 중립은 유럽 열강들이 러시아를 막기 위함이고, 벨기에의 중립은 유럽 열강들이 자국을 보전하기 위함이었다. 우리나라가 아시아의 중립국이 된다면 러시아를 방어할 수도, 아시아 국가들이 서로 보전할 수도 있을 것이다. 오직 중립만이 우리를 지키는 방책인데, 우리 스스로가 제창할 수도 없으니 중국에 청하도록 하자. 아시아에 관계있는 여러 나라들이 화합해 조선의 중립을 확인받는 것이다. 이것은 비단 우리만 위한 것이 아니라 중국이며 다른 여러 나라가 서로 보전하는 계책도 될 테니 무엇이 괴로워서 하지 않겠는가?"

① 영국은 러시아의 남하를 견제하기 위해 거문도를 불법 점령하였다.
② 일본은 조·일 통상 장정을 체결하여 관세를 협정 관세로 바꾸었다.
③ 러시아는 절영도를 조차하기 위해 조선과 밀약을 체결하였다.
④ 청은 내지 통상권을 확보를 위해 조선과 한성 조약을 체결하였다.

03 동학 농민 운동과 갑오·을미개혁

[1] 동학 농민 운동 이전 동학의 교조 신원 운동이 전개되었다. O | X

[2] 동학 농민 운동은 전봉준을 중심으로 봉기하였으며, 전주 화약 이후 집강소를 설치하여 개혁을 추진하였다. O | X

[3] 제1차 갑오개혁에서는 사법권이 독립되었다. O | X

[4] 삼국 간섭으로 일본이 랴오둥 반도를 청에 돌려주자, 국내에서는 친러 내각이 수립되었다. O | X

[5] 을미개혁 이후 신분제와 과거제가 폐지되었다. O | X

10 동학 농민 운동에 대한 설명으로 옳지 <u>않은</u> 것은?

① 전주 화약 이후 조선 정부는 청·일 군대의 철수를 요청하였다.
② 조선 정부는 농민들의 요구에 대응하여 삼정이정청을 설치하였다.
③ 청·일 전쟁 발발 직후에도 전라도 지역을 중심으로 집강소가 운영되었다.
④ 일본군이 경복궁을 점령한 후 전라도와 충청도 지역의 농민군이 연합하였다.

11 다음에 제시된 역사적 사건들을 시간 순서대로 바르게 나열한 것은?

ㄱ. 우금치 전투	ㄴ. 전주 화약 체결
ㄷ. 황룡촌 전투	ㄹ. 교정청 설치
ㅁ. 군국기무처 설치	

① ㄴ - ㄷ - ㄱ - ㅁ - ㄹ
② ㄴ - ㄷ - ㄹ - ㅁ - ㄱ
③ ㄷ - ㄴ - ㄹ - ㄱ - ㅁ
④ ㄷ - ㄴ - ㄹ - ㅁ - ㄱ

12 다음과 같은 주장이 발표된 시기의 역사적 사실로 가장 적절한 것은?

> 우리가 지금 의(義)를 내세워 주장하는 것은 그 본의가 다른데 있지 아니하고 창생(蒼生)을 도탄에서 건지고 국가를 반석 위에 두려는 것이다. 안으로는 탐학한 관리의 머리를 베고 밖으로 횡포한 강적(强賊) 무리를 구축(驅逐)하고자 함이다. 양반과 호강(豪强)에게서 고통 받는 민중들과 방백(方伯)과 수령 밑에서 굴욕을 받는 하급 관리들은 우리처럼 원한이 깊은 자이다. 조금도 주저하지 말고 이 시각에 일어서라. 만일 기회를 잃으면 후회해도 소용없으리라.
>
> -호남 창의 대장소-

① 일본이 전쟁을 도발하려 하자 대한 제국은 국외 중립을 선언하였다.
② 급진 개화파가 문벌 폐지와 청에 대한 사대 관계 청산을 촉구하였다.
③ 고종이 칭제건원의 요청을 수용하고 구본신참의 개혁 과제를 공포하였다.
④ 일본이 공사관 보호 명분으로 서울에 침입하고 서해 지역에서 청을 공격하였다.

13 다음 내용이 포함된 개혁에 대한 설명으로 옳지 않은 것은?

> • 공 · 사노비 제도를 모두 폐지하고, 인신매매를 금지한다.
> • 연좌법을 폐지하여 죄인 자신 외에는 처벌하지 않는다.
> • 과부의 재혼은 귀천을 막론하고 그 자유에 맡긴다.

① 중국 연호의 사용을 폐지하였다.
② 독립 협회 활동의 영향을 받았다.
③ 군국기무처의 주도하에 추진되었다.
④ 동학 농민 운동의 요구를 일부 수용하였다.

2016년 소방

14 다음은 제1차 갑오개혁 때의 개혁 법령 중 일부이다. 이를 토대로 갑오개혁의 성격을 바르게 설명한 것은?

> 1. 현재 이후 국내외의 공사(公私) 문서에는 개국 기원(開國紀元)을 사용할 것.
> 2. 문벌과 양반 · 상민 등의 계급을 타파하여 귀천에 구애됨이 없이 인재를 뽑아 쓸 것.
> 4. 죄인 자신 이외 일체의 연좌율(緣坐律)을 폐지할 것.
> 6. 남녀의 조혼(早婚)을 엄금할 것.
> 7. 과부의 재혼은 귀천(貴賤)을 막론하고 자유에 맡길 것.
> 8. 공사노비법을 혁파하고 인신의 판매를 금할 것.
> 19. 과거 대신 다른 관리 등용 제도를 제정할 것.

① 반외세를 내세운 자주적 개혁이었다.
② 민중의 지지에 힘입어 추진된 위로부터의 개혁이었다.
③ 봉건적 폐습을 타파한 근대적 개혁이었다.
④ 농민층이 주도한 아래로부터의 개혁이었다.

15 다음 〈보기〉와 같은 개혁이 추진될 당시의 정황으로 가장 적절한 것은?

〈보 기〉

• 단발령 실시	• 태양력 사용
• 우편 사무 시작	• 소학교 설립
• '건양' 연호 사용	• 종두법 실시

① 청은 군대를 상주시키고 조선의 내정에 간섭하였다.
② 개화당 요인들이 우정국 개국 축하연 때 정변을 일으켰다.
③ 일제는 명성 황후를 시해한 후 친일 내각을 수립하였다.
④ 통감부가 설치되어 조선의 모든 내정에 간섭하였다.

2016년 서울 9급

16 다음 약력에 해당하는 인물은?

- 1872년 철종의 딸 영혜 옹주와 결혼
- 1884년 갑신정변에 참여함. 실패 후 일본 망명
- 1894년 내무 대신에 임명됨. 다음해 일본 망명
- 1910년 국권 피탈 이후 일본의 작위를 받고 동아일보사 초대 사장, 중추원 의장·부의장, 일본 귀족원 의원 등 역임

① 박영효　② 윤치호
③ 김옥균　④ 김홍집

04 독립 협회와 대한 제국

[1] 독립 협회 창립 이후 독립신문을 발행하여 민중을 계몽하였다. O | X

[2] 독립 협회는 관민 공동회를 개최하고, 헌의 6조를 결의하였다. O | X

[3] 고종은 황국 협회 등을 동원해 독립 협회를 해산시켰다. O | X

[4] 대한 제국의 헌법인 대한국 국제에서는 전제 황권 강화를 표방하였다. O | X

[5] 광무개혁 시기 양전 사업을 실시하여 근대적 토지 소유권 제도를 확립하고자 하였다. O | X

17 다음은 어느 단체가 발간한 신문에서 발췌한 것이다. 이와 관련된 설명으로 가장 적절한 것은?

오늘 우리는 국왕이 영은문 옛 자리에 새로운 문을 건설하는 데 동의한 사실을 매우 기쁘게 생각한다. 이 문은 단지 청국으로부터 독립을 의미하는 것이 아니라, 일본으로부터, 러시아로부터, 그리고 유럽 열강 모두로부터 독립을 의미하는 것이다.

① 이 신문은 대한민국 임시 정부의 기관지였다.
② 이 신문은 자주 국권 사상과 자유 민권 사상을 전파하였다.
③ 이 단체는 일제의 황무지 개간권 요구에 반대하는 운동을 벌였다.
④ 이 단체는 실력 양성 운동을 전개하다가 105인 사건으로 와해되었다.

18 다음에서 설명하고 있는 기관의 공통된 이름으로 옳은 것은?

- 고려와 조선에서는 왕명 출납, 군사 기무, 숙위의 일을 맡았다.
- 대한 제국에서는 정부의 자문 기구로 개편되었고, 독립 협회가 의회로의 개편을 시도하였다.

① 중추원　② 홍문관
③ 규장각　④ 성균관

19 밑줄 친 '개혁'의 내용으로 옳지 않은 것은?

독립 협회가 해산된 후 대한 제국은 황제 중심의 근대 국가를 수립하기 위하여 노력하였다. …… 대한 제국의 <u>개혁</u> 이념은 옛 법을 근본으로 하고 새로운 제도를 참작한다는 것이었다. 갑오개혁이 지나치게 급진적으로 진행되었다고 생각하여 점진적인 <u>개혁</u>을 추구한 것이었다.

① 양전 사업을 실시하고 지계를 발급하였다.
② 일본의 메이지 유신을 본뜬 제도 개혁을 추진하였다.
③ 상공업 진흥 정책에 따라 민간 회사의 설립을 지원하였다.
④ 대한 제국의 헌법이라 할 수 있는 대한국 국제를 반포하여 황제권을 강화하였다.

2014년 지방 9급

20 다음은 근대 개혁 방안에 관한 자료이다. 이를 시기 순으로 바르게 나열한 것은?

ㄱ. 내시부를 없애고 그 가운데 재능 있는 자가 있으면 뽑아 쓴다.
ㄴ. 왕실 사무와 국정 사무를 모름지기 나누어 서로 뒤섞지 아니한다.
ㄷ. 대한국 대황제는 육해군을 통솔하고 편제를 정하며 계엄과 해엄을 명한다.
ㄹ. 재정은 모두 탁지부에서 전담하여 맡고, 예산과 결산은 인민에게 공포한다.

① ㄱ－ㄴ－ㄷ－ㄹ　② ㄱ－ㄴ－ㄹ－ㄷ
③ ㄴ－ㄱ－ㄷ－ㄹ　④ ㄴ－ㄱ－ㄹ－ㄷ

(Ⅳ 국제 질서의 변동과 근대 국가 수립 운동)

03 일제의 침략과 국권 수호 운동의 전개

출제 빈도 | 상 | 중 | 하

1 일제의 침략

1 일제의 국권 침탈 과정 (기출)

(1) 러 · 일 전쟁의 발발

① 1900년에 러시아군이 의화단 운동을 진압한다는 명분으로 만주를 점령하자, 세계 각지에서 러시아와 대립하고 있던 영국은 일본과 군사 동맹(제1차 영 · 일 동맹, 1902)을 체결하였다.

② 러시아의 만주 지배는 더욱 강화되어, 뤼순을 요새화하고 동아시아 총독부를 설치하였다.

③ 러시아는 1903년 용암포를 점령하고 한국에 조차를 요구하였다(용암포 사건).

④ 일본은 러시아와의 전쟁을 결심하고, 1904년 2월 뤼순 항을 기습 공격함으로써 러 · 일 전쟁(1904~1905)을 일으켰다.

(2) 한 · 일 의정서(1904. 2.) : 대한 제국의 중립 선언을 무시하고, 러 · 일 전쟁 도발 후 '일본이 전략상 필요한 곳을 사용할 수 있다.'는 조항을 강제하였다.

(3) 제1차 한 · 일 협약(1904. 8. 고문 정치) : 러 · 일 전쟁에서 유리해진 일본은 외교와 재정 분야에 고문을 파견하였다(외교 – 스티븐스, 재정 – 메가타).

(4) 일제의 조선 독점 외교

조약명	조약 당사국과 주요 내용
가쓰라 · 태프트 밀약 (1905. 7. 29.)	미국은 필리핀, 일본은 한국에서 독점적 우위권을 인정하였다.
제 2차 영 · 일 동맹 (1905. 8. 12.)	영국은 인도, 일본은 한국에서의 우위권을 인정하였다.
포츠머스 조약 (1905. 9. 5.)	러시아가 일제의 한국에서의 독점적 우위권을 인정하였다.

(5) 을사늑약(을사조약, 제2차 한 · 일 협약, 1905. 11.) (기출)

① 일제는 러 · 일 전쟁에서 승리한 이후 외교권을 박탈하고 통감부(초대 통감 : 이토 히로부미)를 설치하였다. → 보호국 체제의 성립

② 황성신문 사장 장지연은 '시일야방성대곡'을 사설로 게재하고, 대한매일신보는 황제가 서명하지 않았다는 황제의 친서를 보도하였다.

③ 민영환은 자결로서 저항하였고, 고종은 헐버트를 미국에 보내 일본의 불법성을 강조하였다.

꼭 기억해야 할 연표

- 1904 러 · 일 전쟁
- 1905 을사늑약(을사조약)
- 1907 한 · 일 신협약(정미 7조약)
- 1909 간도 협약
- 1910 국권 피탈

● 의화단 운동

청 말기에 일어난 농민 운동으로, 청 왕조를 지지하고 외세를 반대하자는 구호를 내세웠다.

● 을사늑약(을사조약)

• 제2조 : 일본국 정부는 한국과 타국 사이에 현존하는 조약의 실행을 완수하는 책임을 지며 한국 정부는 금후 일본국 정부의 중개를 거치지 않고서는 국제적 성질을 가진 어떠한 조약이나 약속을 하지 않을 것을 약속한다.

• 제3조 : 일본국 정부는 그 대표자로서 한국 황제 폐하의 아래에 1명의 통감(統監)을 두되, 통감은 오로지 외교에 관한 사항을 관리하기 위하여 서울에 주재하고, 직접 한국 황제 폐하를 궁중에서 알현할 권리를 가진다.

일제는 1905년 11월 군대를 동원하여 황제와 대신들을 위협하는 가운데 대한 제국의 외교권을 박탈하는 을사늑약을 체결하고, 정치 전반을 간섭하기 위해 통감부를 설치하였다.

④ 나철 · 오기호 등은 오적 암살단을 조직하였고, 최익현 · 신돌석 등은 의병 활동을 전개하였다(을사의병).

(6) 한 · 일 신협약(정미 7조약, 차관 정치, 1907) 기출

① 고종의 헤이그 특사 사건을 계기로 고종을 폐위시키고, 순종을 등극시키며 연호를 '융희'로 바꾸었다.

② 고등 관리의 임용은 통감의 동의를 얻어야 하며, 일본인 차관을 임명하였다.

③ 한 · 일 신협약을 체결한 직후 대한 제국의 군대를 해산시켜 일본의 침략에 군사적으로 대응하지 못하게 하였다. → 정미의병 발생

(7) 기유각서(1909) : 사법권과 감옥 관련 사무를 박탈하였다.

(8) 한국 병합 조약(1910) : 1910년 경찰권을 박탈하고, 국권을 피탈하였다(경술국치).

● 헤이그 특사 사건

▲ 헤이그 특사 (이준, 이상설, 이위종)

고종은 을사늑(조)약의 부당함을 알리기 위해 네덜란드 헤이그에서 열리는 만국 평화 회의에 이상설, 이준, 이위종을 특사로 파견하였다. 그러나 일본의 방해로 결국 성과를 거두지 못하였고, 일본은 이를 빌미로 고종을 강제 퇴위시켰다.

2 간도와 독도

(1) 백두산정계비와 간도 귀속 문제 기출

① 청과의 국경 분쟁과 정계비 건립

㉠ 간도는 고조선 이래 부여, 고구려, 발해 등 여러 국가의 영토로 우리 민족의 주요 활동 무대였다.

㉡ 여진족이 청을 건국한 이후 이 지역이 그들 조상의 건국 발상지라 하여 봉금지로 정하고 조선인과 중국인의 출입을 엄격하게 금지하였다.

㉢ 이후에도 조선인들은 그곳으로 들어가 산삼을 채취하거나 사냥을 하였고, 정착하는 사람들도 있었다.

② 조선과 청 사이에 국경 분쟁이 일어났고, 1712년 국경을 확정하기 위해 백두산정계비를 세웠다.

③ 간도 귀속 문제 발발

㉠ 19세기 중엽에 들어와 청의 봉금 정책이 해제되면서, 생활고에 시달리던 우리나라 농민들은 새로운 경작지와 삶의 터전을 찾아 만주와 연해주로 이주하였다. 이에 조선과 청 사이에 간도 귀속 문제가 발생하였다.

㉡ 그 핵심은 토문강 위치에 대한 해석상의 차이(청은 두만강, 조선은 쑹화강 유역)였다.

㉢ 조선 정부는 1883년 어윤중을 서북경략사로, 1885년 이중하를 토문감계사로 파견하여 대처하도록 하였다.

㉣ 1902년에는 이범윤을 간도 관리사로 파견하여 간도를 함경도에 편입시키고, 조세를 징수하였다.

④ 간도 협약의 체결

㉠ 1909년 대한 제국이 불법적으로 외교권을 상실한 상태에서 청과 일본 사이에 간도 협약이 체결되어 청의 영토로 귀속되었다.

㉡ 일제는 청으로부터 남만주 철도(안봉선) 부설권 및 푸순 탄광 채굴권을 획득하였다.

● 봉금지(封禁地)

여진족의 후예(만주족)들이 중국 본토로 이주해가면서, 간도 지역을 '봉금'이라 하여 다른 민족의 출입을 금지하였다.

● 백두산정계비

숙종 38년(1712) 청의 목극등과 조선의 박권이 만나 백두산에 세운 경계비로, 백두산 산정 동남방 약 4km, 해발 2,200m에 세워졌다. 백두산 정계비의 내용은 '西爲鴨綠 東爲土門 故於分水嶺上'이라 하여 서는 압록, 동은 토문의 두 강을 경계로 양국의 국경을 정한다고 쓰여 있다.

사료 돋보기 간도 협약(1909)

제1조 일, 청 양국 정부는 토문강(두만강)을 청국과 한국의 국경으로 하며, 강의 원류 지역은 백두산정계비를 기점으로 하여 석을수(石乙水, 백두산 남쪽에 위치)가 양국 국경임을 성명한다.

제3조 토문강 이북 잡거 구역 내에 있는 한국인 소유의 토지와 가옥은 청국 정부가 청국 인민의 재산과 똑같이 완전하게 보호해야 한다.

제6조 청국 정부는 앞으로 길장 철도를 옌지 남쪽 경계까지 연장하여 한국의 회령에서 한국 철도와 연계해야 한다.

–"순종실록", 1909. 9. 4.–

분석

토문강, 석을수, 길장, 철도

▼

을사늑약으로 대한 제국의 외교권을 강탈한 일제는 간도 협약을 통해 간도를 청의 영토로 인정하였다. 대신 일제는 청으로부터 남만주 철도(안봉선) 부설권 및 푸순 탄광 채굴권을 얻었다.

(2) 일본과의 관계

① 일본과의 국교 재개

㉠ 왜란 후 일본의 도쿠가와 막부는 경제적 어려움을 해결하고 선진 문물을 받아들이기 위하여 쓰시마 도주를 통하여 조선에 국교 재개를 요청해 왔다.

㉡ 조선은 막부의 사정 조사와 전쟁 포로 송환을 위해 유정(사명당)을 파견하여 일본과 강화를 맺었다(1607).

㉢ 일본과 기유약조를 맺어 부산포에 다시 왜관을 설치하고 제한된 범위 내의 교섭을 허용하였다(1609).

② 통신사의 파견

㉠ 일본은 조선의 선진 문화 수용과 도쿠가와 막부의 국제적 권위를 인정받기 위해 사절 파견을 요청해 왔다.

㉡ 조선에서는 1607년부터 1811년까지 12회에 걸쳐 통신사라는 이름으로 사절을 파견하였다.

㉢ 통신사는 조선의 선진 학문과 기술을 전파하는 역할을 담당하였다.

▲ 조선 통신사 행렬도

③ 울릉도와 독도 문제 기출

㉠ 독도는 울릉도에 딸린 섬으로, 신라 지증왕 때 이사부가 울릉도(우산국)를 흡수한 이래 우리나라 고유 영토였다. "삼국사기"에 울릉도가 기록되어 있으며, "고려사"에는 우산국 사람들이 고려에 토산품을 바쳤다는 기록이 있다.

㉡ 조선 태종 때 왜구의 피해에 대비하여 공도 정책을 실시하면서 사람의 내왕이 적어졌지만 특히 독도는 "세종실록지리지"(독도에 관한 최초의 기록물), "동국여지승람", "성종실록", "숙종실록" 등에 따르면 우산도, 삼봉도라고 불리면서 울릉도와 함께 강원도 울진현에 속해 줄곧 우리 영토로 인식되어 왔다.

㉢ 17세기 이후 일본 어민들이 자주 이곳을 침범해 불법 어로 활동이 시작되었다. 이 때문에 양국 어민들 사이에 충돌이 일어나(1693) 안용복이 일본에 건너가 에도 막부로부터 울릉도와 독도가 조선의 영토임을 확인받고 돌아왔다.

● 공도 정책

공도 정책이란 조선 왕조가 왜구의 침입에 대비하여 울릉도 등 섬 주민을 본토로 이주시킨 정책이다.

● 안용복

안용복은 숙종 22년(1696) 울릉우산양도감세관이라 가칭하고, 일본 호키주 태수에게 일본어선의 범경 사실을 항의, 사과받고 돌아왔다. 다음해 일본 막부는 쓰시마 도주를 통해 일본의 출어 금지를 통보해왔다. 그러나 안용복은 공직을 사칭하였다는 이유로 처벌받았다.

● 독도

1849년 프랑스 포경선 리앙쿠르 호에 의해서 독도가 유럽에 알려졌으며, 지금도 유럽에서는 독도를 '리앙쿠르 바위섬'으로 부르는 경우가 있다.

● 태정관 문서

1876년 일본 내무성은 전국의 지도를 제작하였다. 이 과정에서 시마네 현에서 '울릉도와 독도를 시마네 현에 포함시킬 것인가'에 대해 질의하였다. 5개월의 조사 끝에 내무성은 '이 문제는 17세기에 끝난 문제이고, 울릉도와 독도는 일본과 관계가 없다.'고 결론을 내렸다. 그러나 영토 문제는 중요한 사항이라고 생각하여 최고 국가 기관인 태정관에 질의하였다. 1877년 3월 20일 태정관은 '품의(의견을 올린 내용)한 취지의 죽도(울릉도) 외 일도(一島, 독도)의 건은 일본과 관계없다.'라는 최종 결론을 내렸다.

● 을미의병

> 국모가 섬 오랑캐의 해를 입었으니 하늘과 땅이 바뀌었고, 성상(聖上)이 단발의 치욕을 받았으니 해와 달이 빛을 잃었도다.
>
> – 민용호, "관동창의록" –

을미의병은 을미사변과 단발령을 계기로 거병하였고, 보수적 유생들(유인석, 이소응)이 주도하였다.

ⓡ 19세기 이후 조선 정부는 공도 정책을 중단하고, 개척령을 발표하여 관리를 파견하고 주민을 이주시켰다.

ⓜ 1900년 10월 대한 제국 정부는 울릉도를 군으로 승격시켜 독도를 관할하게 하면서 우리의 영토임을 분명히 밝히는 대한 제국 칙령 제41호를 공표하였다.

ⓑ 일제는 러 · 일 전쟁 중에 독도를 주인없는 무인도로 규정하고, 시마네 현에 불법적으로 편입하였다(1905. 2.).

ⓢ 독도는 현재 역사적 · 국제법적으로 배타적 영유권을 가지며 실효적으로 지배하고 있으나, 일본은 1951년 조인된 샌프란시스코 강화 조약에서 독도가 명시되어 있지 않다는 등의 근거를 들어 자국 영토라고 억지 주장을 계속하고 있다.

2 항일 의병 운동과 의거 활동

1 항일 의병 운동

(1) 을미의병(1895) : 전기 의병 기출

① 명성 황후 시해 사건인 을미사변과 단발령을 계기로 거병하였다.

② 의병장의 대부분은 유인석 등 지방 유생으로 대의에 입각한 존왕양이를 명분으로 거사하였다.

③ 아관 파천 이후 고종이 단발령을 취소하고 의병 해산 권고 조칙을 내리자 의병은 대부분 해산하였다.

④ 그 후 활빈당(1900) 등의 무장 결사를 통해 항일 투쟁을 이어갔다.

심화 플러스 – 활빈당

1. 활빈당은 1900~1904년까지 남한 각지에서 반봉건, 반외세를 표방하고 봉기한 민중 무장 집단이다.
2. 활빈당에는 동학 혁명군과 화적들이 많이 가담하고 있었으며, 을사늑(조)약 이후에는 의병 대열에 합류하였다.
3. 이들은 봉건적 수탈과 일제의 경제적 침투에 항거, 대한사민논설 13조를 발표하였는데, 여기에는 반봉건적 요구와 외국의 경제적 침탈을 비판하는 반외세적 요구가 공존하고 있었다.
4. 대한사민논설 13조의 주요 내용

> • 행상 등 영세 상인에 대한 징세 폐단이 심하니 폐단을 시정할 것
> • 전지(田地)를 황폐하게 하는 금광 채굴을 엄금하고 안민의 방책을 꾀할 것
> • 소작료가 너무 무거우므로 사전을 혁파하여 균전법을 시행할 것(지주제 혁파)
> • 곡가를 안정시키는 법을 만들 것, 외국에 철도 부설권을 허락하지 말 것

(2) 을사의병(1905) : 을사늑약 이후 거병한 중기 의병 기출

① 민종식, 최익현, 신돌석 등이 이 시기 의병장의 대표적 인물이다.

② 평민 출신 의병장 신돌석이 등장하여 혁혁한 성과를 보임으로써 이후 수많은 평민 의병장이 대두할 수 있는 계기가 되었다.

사료 돋보기 **을사의병장 최익현의 격문**

오호라, 작년 10월(1905. 11.)에 저들이 한 행위는 만고에 일찍이 없던 일로써, 억압으로 한 조각의 종이에 조인하여 5백 년 전해 오던 종묘사직이 드디어 하룻밤 사이에 망했으니 천지신명도 놀라고 조종의 영혼도 슬퍼하였다. …… 나라가 이와 같이 망해갈진대 어찌 한 번 싸우지 않을 수 있는가. 또 살아서 원수의 노예가 되기보다는 죽어서 충의의 혼이 되는 것이 나을 것이다. …… 우리 의병 군사의 올바름을 믿고 적의 강대함을 두려워하지 말자. 이에 격문을 돌리니 의연히 일어나라.

–최익현, "면암집"–

분석

작년 10월, 원수, 노예, 충의, 격문, 저들, 행위

▼

을사늑약 체결 이후 최익현은 전라북도 태인에서 거병하여 정읍, 순창 일대를 장악하기도 하였으나, 결국 일제에 체포되어 쓰시마로 압송되었다.

● 최익현

최익현은 제자들과 봉기하여 정읍, 순창 일대를 장악하였으나 관군이 출동하자 항전을 중지하고 체포되어 일본군에게 넘겨졌고 일제가 주는 물과 음식을 거부하다가 결국 쓰시마 섬에서 순국하였다.

(3) 정미의병(1907) : 의병 전쟁으로 발전한 후기 의병 기출

① 해산당한 군인들의 참여로 화력이 크게 증가되었고, 공격의 대상도 주로 일본군을 상대로 하는 정규전의 양상을 띠었다(의병 전쟁으로 발전).

② 정미의병을 국제법상 교전 단체로 인정해 줄 것을 요구하였다.

③ 전국적 의병 연합 부대인 '13도 창의군'을 결성하였다.

④ 13도 창의군의 군사장 허위는 서울 근교(동대문 근처)까지 진격하였다(서울 진공 작전, 1908).

⑤ 일제는 남한 대토벌 작전(1909)을 전개하여 의병 세력을 탄압하였다.

⑥ 이후 의병 세력은 간도와 연해주로 이동하여 항일 독립군 활동을 전개하게 된다.

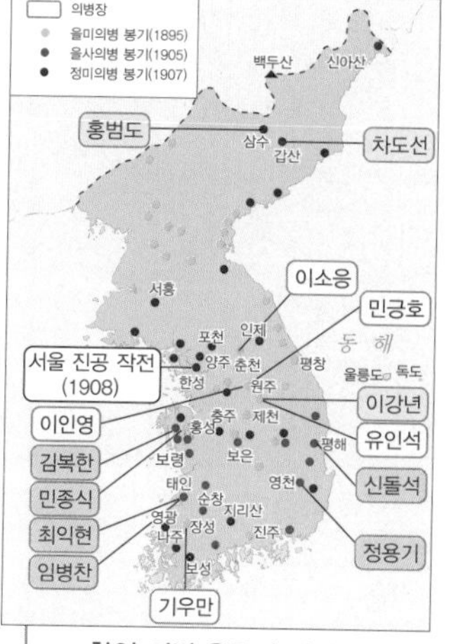

▲ 항일 의병 운동의 전개

핵심만 정리하자

▶ 항일 의병 운동

구분	내용
을미의병(1895)	• 배경 : 을미사변과 단발령 • 특징 : 유생들이 주도, 동학 농민군 잔여 세력의 참여 • 활동 : 친일 관리 처단, 일본군 공격 • 해산 : 아관 파천 후 단발령 철회와 고종의 해산 권고 조칙의 발표
을사의병(1905)	• 배경 : 을사늑약 체결 • 특징 : 유생 의병장(민종식, 최익현) 외에 평민 출신 의병장(신돌석) 활동
정미의병(1907)	• 배경 : 고종의 강제 퇴위, 군대 해산 • 특징 : 해산 군인들의 참여 • 연합 전선 : 13도 창의군 결성 → 서울 진공 작전(1908) 실패

▲ 안중근

● 을사오적

일제가 1905년 을사늑약을 강제 체결할 당시, 한국 측 대신 가운데 조약에 찬성하여 서명한 다섯 대신을 말한다. 즉 박제순(외부대신), 이지용(내부대신), 이근택(군부대신), 이완용(학부대신), 권중현(농상부대신)을 일컫는다.

2 항일 의거 활동

나철, 오기호	을사늑약 이후 일제에 적극 협조한 매국노들을 응징하기 위해 5적 암살단을 조직하였다.
장인환, 전명운	미국의 샌프란시스코에서는 일제의 한국 침략이 정당하다고 주장한 스티븐스를 저격하였다(1909).
안중근	침략의 원흉인 이토 히로부미를 하얼빈에서 처단하였다(1909).
이재명	이완용을 칼로 찔러 을사오적을 공포에 떨게 하였다.

3 애국 계몽 운동의 전개

1 애국 계몽 운동의 의미

교육, 언론 등 문화 진흥과 산업 발전을 통해 실력을 양성하고 국권을 회복하자는 운동이다.

2 애국 계몽 운동 단체

(1) 보안회(1904)

① 송수만, 심상진 등을 중심으로 일본의 황무지 개간권 요구를 저지하였다.

② 정부 관리들을 중심으로 농광 회사를 설립하여 황무지 개간에 나서기도 하였다.

(2) 헌정 연구회(1905)

① 의회 설립을 위한 입헌 정치 체제 수립을 목표로 활동하였다.

② 왕실과 정부도 헌법과 법률에 따라 활동해야 하며 국민은 법률이 보장하는 권리를 누릴 수 있어야 한다고 주장하였으나 일제의 탄압으로 해산되었다.

(3) 대한 자강회(1906)

① 교육과 산업의 진흥을 통한 실력 양성 운동을 전개하였다.

② 25개 지회를 두고 월보를 제작하였다.

③ 고종의 강제 퇴위를 반대하는 운동을 전개하다가 통감부에 의해 강제로 해산되었다.

(4) 신민회(1907) : 한말 최대의 비밀 결사

① 국권 회복과 공화정체의 근대 국민 국가 건설을 목표로 하였다.

② 안창호, 양기탁 등이 중심이 되어 실력 양성 운동을 전개하였다

③ 평양에 대성 학교, 정주에 오산 학교, 태극 서관, 자기 회사 등을 설립하였다.

④ 이회영, 이상룡 등은 국외 독립운동 기지 건설을 추진하였다(대표적 : 남만주의 삼원보).

⑤ 신민회는 일제가 날조한 105인 사건으로 해체되었다(1911).

● 105인 사건

안중근의 사촌 동생인 안명근이 독립 자금을 모금하다가 적발되자, 일제는 이를 총독 암살 미수 사건으로 날조하고 신민회 간부 105명을 구속하였다.

사료 돋보기 대한 자강회 취지문

무릇 우리나라의 독립은 오직 자강(自強)의 여하에 있을 따름이다. 우리 대한이 종전에 자강의 방법을 강구하지 않아 인민이 스스로 우매함에 묶여 있고 국력이 쇠퇴하여 마침내 오늘의 위기에 다다라 결국 외국인의 보호를 당하게 되었으니, 이는 모두 자강의 도에 뜻을 다하지 않았던 까닭이다. …… 자강의 방법을 생각해 보면 다름 아니라 교육을 진작함과 식산흥업(殖産興業)에 있다. 무릇 교육이 일어나지 못하면 백성의 지혜(民智)가 열리지 못하고, 산업이 늘지 못하면 국부가 증가하지 못한다. 그런즉, 미지를 개발하고 국력을 기르는 길은 무엇보다도 교육과 산업을 발달시키는 데 있지 않겠느냐?

– 대한 자강회 '월보' –

분석

자강, 교육, 식산흥업, 산업, 국부

▼

대한 자강회는 교육을 통해 국민의 지식 수준을 높이고, 산업 육성을 통해 나라의 부를 증대시켜 국권을 수호하려 하였다. 그러나 헤이그 특사 사건 이후 고종이 강제 퇴위당하게 되자 적극적으로 고종 퇴위 반대 운동을 전개하다 통감부에 의해 해산되었다.

▲ 대한 자강회 '월보'

사료 돋보기 신민회

❶ 신민회 창립 취지문

신민회는 무엇을 위해 일어났는가? 백성의 풍습이 무지하고 부패하니 새로운 사상이 시급하며, 백성이 우매하니 새로운 교육이 시급하며, …… 무릇 우리 대한인(大韓人)은 내외(內外)를 막론하고 통일 연합으로써 그 진로를 정하고 독립 자유로써 그 목적을 세움이니, 이것이 신민회가 원하는 바이며 신민회가 품어 생각하는 것이다. 간단히 말하면 오직 새로운 정신을 불러 깨우쳐서 새로운 단체를 조직한 후에 신국가를 수립할 뿐이다.

–주한 일본 공사관 기록, 1909–

❷ 신민회 4대 강령

1. 국민에게 민족의식과 독립 사상을 고취할 것.
2. 동지를 찾아 단합하여 민족 운동의 역량을 축적할 것.
3. 교육 기관을 각지에 설치하여 청소년 교육을 진흥할 것.
4. 각종 상공업 기관을 만들어 단체의 재정과 국민의 부력(富力)을 증진할 것.

–도산 안창호–

❸ 신민회, 국외에 독립운동 기지를 건설하다.

"…… 남만주로 집단 이주하려고 기도하고, 조선 본토에서 상당한 재력이 있는 사람들을 그곳에 이주시켜 토지를 사들이고 촌락을 세워 새 영토로 삼고, 다수의 청년동지들을 모집, 파견하여 한인 단체를 일으키고, 학교를 세워 민족 교육을 실시하고, 나아가 무관 학교를 설립하여 문무를 겸하는 교육을 실시하면서, 기회를 엿보아 독립 전쟁을 일으켜 구한국의 국권을 회복하려고 하였다. ……"

–105인 사건 판결문(1911)–

분석

❶ 새로운 사상, 새로운 교육, 새로운 정신
❷ 남만주, 한인 단체, 무관 학교, 독립 전쟁

▼

1907년 안창호, 양기탁 등 수 많은 애국지사가 참여해 만든 신민회는 민족 교육(대성 학교, 오산 학교)과 산업 육성(자기 회사, 태극 서관)을 추진하였다. 특히 공화주의를 표방하였다는 점과 국외 독립운동 기지를 건설했다는 점이 중요하다.

기출 및 예상 문제

01 일제의 침략

[1] 정미 7조약(한 · 일 신협약)으로 대한 제국의 외교권이 박탈되었다. O | X

[2] 고종은 을사늑약의 부당성을 알리기 위해 헤이그에 특사(이상설, 이준, 이위종)를 파견하였다. O | X

[3] 일제는 1909년 청과 간도 협약을 맺어 간도를 청의 영토로 인정하였다. O | X

[4] 숙종 때 안용복은 일본으로 건너가, 울릉도와 독도가 조선의 영토임을 확인받고 돌아왔다. O | X

01 다음 사건들을 발생 순서대로 바르게 나열한 것은?

> ㄱ. 일본은 러시아로부터 한국에 대한 지도 · 보호 및 감독의 권리를 인정받았다.
> ㄴ. 미국은 한국에서 일본의 보호권 확립을, 일본은 미국의 필리핀 지배를 인정하였다.
> ㄷ. 일본은 한국의 외교권을 박탈하고 통감부를 설치하였다.
> ㄹ. 영국은 한국에서 일본의 특수 이익을, 일본은 영국의 인도 지배를 서로 승인하였다.

① ㄱ－ㄴ－ㄷ－ㄹ ② ㄴ－ㄹ－ㄱ－ㄷ
③ ㄷ－ㄱ－ㄴ－ㄹ ④ ㄹ－ㄴ－ㄱ－ㄷ

2015년 서울 7급

02 일본이 강요한 조약의 내용을 시기 순으로 나열한 것은?

> ㄱ. 비밀 각서를 통해 대한 제국의 군대를 해산하였다.
> ㄴ. 재정 고문으로 일본인 메가타를, 외교 고문으로 미국인 스티븐스를 채용하게 하였다.
> ㄷ. 통감부를 설치하여 대한 제국의 외교권을 완전히 장악하였다.
> ㄹ. 대한 제국이라는 국가가 없어졌다.

① ㄴ－ㄱ－ㄷ－ㄹ ② ㄴ－ㄷ－ㄱ－ㄹ
③ ㄷ－ㄱ－ㄴ－ㄹ ④ ㄷ－ㄴ－ㄱ－ㄹ

2015년 소방

03 다음은 국권 피탈 과정에 일본과 체결한 조약이다. 옳은 것을 고른 것은?

> (가) 일본의 재정 고문과 외교 고문이 파견되어 고문 통치가 시작되었다.
> (나) 일본인 차관이 재정을 장악하는 차관 통치가 실시되었다.
> (다) 일본군이 전략상 필요한 지점을 자유로이 사용할 수 있도록 한다.

① (가) – 일제에 의해 군대가 강제 해산되었다.
② (나) – 통감부가 설치되고 초대 통감이 파견되었다.
③ (다) – 러 · 일 전쟁을 수행하기 위해 일본에 의해 강제로 체결되었다.
④ (가) – (나) – (다)의 순서로 체결되었다.

02 항일 의병 운동과 의거 활동

[1] 을미의병은 을미사변과 단발령 실시를 계기로 거병하였다. O | X

[2] 을사의병 때는 신돌석과 같은 평민 출신 의병장이 등장하였다. O | X

[3] 정미의병은 남한 대토벌 작전을 추진하여 일제에 저항하였다. O | X

[4] 나철, 오기호 등은 을사오적을 처단하기 위해 5적 암살단을 조직하였다. O | X

[5] 장인환은 1909년 하얼빈 역에서 이토 히로부미를 저격하였다. O | X

04 다음의 유서와 관련된 사건을 계기로 일어난 의병 활동에 대한 사실로 옳은 것은?

> 대한 2천만 동포에게 남기는 글
> 슬프다! 국치와 민욕이 이에 이르렀으니, …… 영환은 다만 한번 죽음으로써 우러러 황은에 보답하고 우리 2천만 동포에게 사죄하노라. 영환은 죽었다 하더라도 죽은 것이 아니다. 여러분을 구천지하에서 반드시 도울 것이다. 부디 우리 동포 형제들은 천만으로 분려를 배가하여 자기를 굳게 하고 학문에 힘쓰고 결심육력하여 우리의 자유와 독립을 회복하면 죽은 자가 마땅히 땅속에서 기뻐 웃을 것이다. 슬프다. 그러나 조금도 실망하지 말라.

① 유인석, 이소응 등 위정척사 사상을 가진 유생이 주도하였고, 고종의 해산 권고 조칙에 의해 스스로 해산하였다.
② 평민 출신 의병장 신돌석이 등장하여 강원도, 경상도의 해안 지역을 무대로 활약하였다.
③ 이인영, 허위 등의 주도로 13도 창의군을 결성하고, 서울 진공 작전을 펼쳤다.
④ 고종의 강제 퇴위와 군대 해산이 계기가 되었고, 해산된 군인이 합류하면서 의병의 전투력이 강화되었다.

2015년 국가 9급

05 다음 두 사건이 일어난 이후의 사실로 옳은 것만을 〈보기〉에서 모두 고른 것은?

> • 고종 황제의 강제 퇴위
> • 일제에 의한 군대 해산

〈보 기〉

ㄱ. 안중근이 만주 하얼빈에서 이토 히로부미를 사살하였다.
ㄴ. 민영환이 일제에 대한 저항을 강력하게 표현한 유서를 남기고 자결하였다.
ㄷ. 장지연이 민족 의식을 고취하는 '시일야방성대곡'을 황성신문에 발표하였다.
ㄹ. 이인영을 총대장으로 하는 13도 연합 의병 부대(창의군)가 서울 진공 작전을 시도하였다.

① ㄱ, ㄴ ② ㄱ, ㄹ
③ ㄴ, ㄷ ④ ㄷ, ㄹ

2016년 소방

06 다음 제시된 조약 체결을 계기로 전개된 항일 의병 운동에 대한 설명으로 옳은 것은?

> 제1조 : 일본국 정부는 재 동경 외무성을 경유하여 금후 한국의 외국에 대한 관계 및 사무를 감리(監理), 지휘하며, 일본국의 외교 대표자 및 영사는 외국에 재류하는 한국의 신민(臣民) 및 이익을 보호한다.
> 제2조 : 일본국 정부는 한국과 타국 사이에 현존하는 조약의 실행을 완수할 임무가 있으며, 한국 정부는 금후 일본국 정부의 중개를 거치지 않고는 국제적 성질을 가진 어떤 조약이나 약속도 하지 않기로 상약한다.
> 제3조 : 일본국 정부는 그 대표자로 하여금 한국 황제 폐하의 궐하에 1명의 통감(統監)을 두게 하며, 통감은 오로지 외교에 관한 사항을 관리하기 위하여 경성(서울)에 주재하고 한국 황제 폐하를 친히 내알(內謁)할 권리를 가진다.

① 정부군과 황토현 전투에서 승리하고 전주성까지 점령하였다.
② 최초의 평민 출신 의병장인 신돌석의 활약이 컸다.
③ 해산된 군인들이 합류하면서 의병 전쟁으로 확산되었다.
④ 단발령이 철회되고 고종의 해산 권고 조칙에 의해 해산되었다.

07 다음 신문 기사에 보도된 의병에 대한 설명으로 옳은 것은?

> 의병이 1천여 명에 달하여 일본 경찰과 접전하기 시작했다고 한다. 소문에는 전(前) 의병장 유인석 등이 10여 년 전부터 재앙의 근원을 만들더니 지금 해산병이 들고 일어났다고 한다. 원주를 중심으로 동으로 강릉, 남으로 제천 등 여러 군이 호응하여 6, 7백 리 지방에 창궐한 형세가 나날이 증가한다고 한다.
> –'대한신문'–

① 외교권 박탈을 계기로 일어났다.
② 단발령 시행에 분노하여 봉기하였다.
③ 러시아 공사관에 있는 고종의 환궁을 요구하였다.
④ 연합 의병을 결성하여 서울 진공 작전을 추진하였다.

03 애국 계몽 운동의 전개

[1] 보안회는 일제의 황무지 개간권 요구를 저지하였다. O | X

[2] 헌정 연구회는 고종의 강제 퇴위를 반대하다가 해산되었다. O | X

[3] 신민회는 대성 학교, 오산 학교를 설립하여 인재를 양성하였고, 공화정을 추구하였다. O | X

[4] 신민회는 국외 독립운동 기지 건설을 추진하였다. O | X

08 신민회에 대한 설명으로 옳지 않은 것은?

① 일제의 탄압을 피해 비밀 결사 조직의 형태를 유지하였다.
② 신교육과 신사상 보급 등 교육 운동에서 활발한 활동을 하였다.
③ 이동휘는 의병 운동에 고무되어 무장 투쟁론을 주장하였다.
④ 원산 노동자의 총파업과 단천의 농민 운동 그리고 광주 학생 항일 운동을 지원하였다.

2014년 지방 9급

09 다음 활동을 전개한 단체로 옳은 것은?

> 평양 대성 학교와 정주 오산 학교를 설립하였고 민족 자본을 일으키기 위해 평양에 자기 회사를 세웠다. 또한 민중 계몽을 위해 태극 서관을 운영하여 출판물을 간행하였다. 그리고 장기적인 독립운동의 기반을 마련하여 독립 전쟁을 수행할 목적으로 국외에 독립운동 기지 건설을 추진하였다.

① 보안회　　② 신민회
③ 대한 자강회　　④ 대한 광복회

2015년 지방 9급

10 다음 취지서를 발표한 단체의 활동에 대한 설명으로 옳은 것은?

> 무릇 나라의 독립은 오직 자강(自强)의 여하에 달려 있는 것이다. …… 그러나 자강의 방도를 강구하려 할 것 같으면 다른 곳에 있지 않고 교육을 진작하고 산업을 일으키는 데 있으니 무릇 교육이 일어나지 않으면 민지(民智)가 열리지 않고 산업이 일어나지 않으면 국부가 증가하지 못하는 것이다. 교육과 산업의 발달이 곧 자강의 방도임을 알 수 있는 것이다.

① 만민 공동회를 개최하여 러시아의 침략 정책을 강력하게 규탄하였다.
② 고종의 강제 퇴위 반대 운동을 전개하다가 일본의 탄압으로 해산되었다.
③ 방직, 고무, 메리야스 공장을 육성하여 경제 자립을 이루자는 운동을 전개하였다.
④ 일본의 황무지 개간에 대한 대중적인 반대 운동을 일으켜 이를 철회시키는 데 성공하였다.

11 다음에 제시된 두 사회 운동에 대한 설명으로 옳은 것을 〈보기〉에서 모두 고른 것은?

> (가) 대한 자강회, 대한 협회, 신민회 등의 단체를 중심으로, 교육과 산업을 진흥시켜 독립의 기초를 만들 것을 목적으로 한 운동이었다.
> (나) 제국주의 열강의 약소국 침탈이 극심하던 시기에, 일제의 보호국 체제라는 한계에도 불구하고 전개된 국권 회복을 위한 무력 투쟁이었다.

〈보 기〉

ㄱ. (가)는 개화 자강 계열의 운동을 계승하였다.
ㄴ. (가)는 공화 정체의 국민 국가 건설을 목표로 삼았다.
ㄷ. (나)는 봉건 질서의 타파를 내세운 양반 유생층이 주도하였다.
ㄹ. 국권 피탈 후 (나)는 무장 독립 투쟁으로 계승되었다.
ㅁ. (가)와 (나) 모두 항일 투쟁의 과정에서 서로 긴밀하게 협조하였다.

① ㄱ, ㄴ　　② ㄱ, ㄹ
③ ㄴ, ㄷ　　④ ㄷ, ㅁ

(Ⅳ 국제 질서의 변동과 근대 국가 수립 운동)

개항 이후 경제와 사회, 문화의 변화

출제 빈도 상 중 하

1 개항 이후 열강의 경제 침략

1 일본의 경제적 침탈

(1) 일본 상인의 침투

① 개항과 일본과의 무역

㉠ 강화도 조약 이후 조 · 일 수호 조규 부록(거류지 무역)과 조 · 일 무역 규칙(무관세 무역)이 체결되어 일본 상인의 침투가 본격적으로 시작되었다.

㉡ 개항장에서 일본 상인은 일본 화폐를 사용할 수 있었고, 관세를 내지 않았으며, 곡식을 마음대로 수입해갔다.

㉢ 임오군란 이후 조 · 일 수호 조규 속약을 맺어 간행이정을 50리로 확대한 결과 조선은 국내 산업을 거의 보호할 수 없었으며, 일본과의 무역 규모는 급속히 확대되었다.

② 조 · 일 무역 규칙의 개정(1883, 조 · 일 통상 장정)

㉠ 조선 정부는 국제적인 통상 관례에 크게 어긋나는 조 · 일 무역 규칙의 무관세 규정을 시정하기 위해 꾸준히 노력하였다.

㉡ 관세권의 설정, 방곡령 선포 등이 포함된 조 · 일 통상 장정이 개정되었지만, 일본의 요구로 최혜국 대우 규정도 들어갔다(1883).

③ 일본의 무역 독점 : 일본은 초기 개항장을 중심으로 영국산 면직물을 중계하여 판매하다가 청 · 일 전쟁 승리 이후 조선 무역을 독점하였다.

(2) 일본의 토지 약탈

① 일본은 러 · 일 전쟁을 도발하면서 철도 부지와 군용지를 확보한다는 명목으로 엄청난 규모의 토지를 빼앗았다.

② 1908년에는 동양 척식 주식회사를 세워 황무지, 관청이나 역에 딸린 토지 등을 대규모로 약탈하였다.

(3) 화폐 정리 사업

① 일본은 한국을 경제적으로 지배하기 위해 금융과 재정을 장악하였다.

② 1905년 메가타의 주도로 화폐 정리 사업을 단행하여, 대한 제국의 화폐 발행권을 박탈하였다.

③ 당시 사용되던 상평통보, 백동화 등을 일본 제일은행이 발행한 화폐로 바꾸도록 한 것인데, 질이 나쁜 조선의 화폐는 교환해주지 않았다.

④ 화폐 정리 사업의 결과 일본 제일은행이 사실상 중앙은행이 되었으며, 국내 상공업자들과 농민은 큰 타격을 받았다.

꼭 기억해야 할 연표

- 1883 조 · 일 통상 장정 개정
- 1889 방곡령 실시
- 1905 화폐 정리 사업 시작
- 1907 국채 보상 운동
- 1908 동양 척식 주식회사 설립

● 방곡령의 선포

개항 직후부터 일본 상인이 곡물을 사들여 일본으로 가져가면서 가격이 크게 올랐고, 흉년으로 곡물이 크게 부족하였다. 그러자 함경도, 황해도, 충청도 등지의 지방관이 곡물의 유출을 막기 위해 방곡령을 선포하였다. 특히 함경도 관찰사 조병식은 개정된 조 · 일 통상 장정에 따라 1개월 전에 외교 담당 관청에 통고하고 방곡령을 실시하였다(1889). 그러나 일본은 통고를 늦게 받았다는 구실로 조선 정부에 압력을 가해 방곡령을 철회시키고 막대한 배상금까지 받아냈다.

사료 돋보기 **화폐 정리 사업**

(가) 화폐 개혁 조례
제1조 통화의 가치를 금의 가치와 연계하고, 기왕 발행한 화폐는 신화폐와 교환 혹은 환수할 것.
제2조 구화 은 10냥은 신화 금 1환에 맞먹는 비율로 정부의 편의에 따라 점차로 교환하거나 환수할 것.
제3조 구 백동 화폐의 교환 및 환수는 광무 9년 7월 1일부터 시행할 것.
제5조 구 백동화의 교환 기간이 끝난 후에는 그 통용을 금지할 것. 단, 통용을 금지한 후 6개월 동안은 공납(公納)에는 쓸 수 있게 할 것.

백동화를 품질에 따라 갑, 을, 병으로 구분하여 갑종은 신전 2전 5리, 을종은 1전으로 교환하며, 병종은 교환을 하지 않는다.

분석

화폐 개혁, 백동화, 갑종, 을종, 병종

▼

제1차 한 · 일 협약으로 대한 제국에 온 재정 고문 메가타는 1905년 화폐 정리 사업을 단행하였다. 당시 대한 제국에 유통되던 백동화 등을 일본 제일은행권으로 교환해주면서 품질에 따라 갑, 을, 병 세 종류로 나눈 후 질 나쁜 병종은 교환해주지 않았다.

2 경제적 구국 운동

(1) 상권 수호 운동과 근대적 자본의 성장

① 개항 이후 외국 상인과 대항하기 위해 시전 상인들은 황국 중앙 총상회를 조직하여 독립 협회와 더불어 상권 수호 운동을 전개하였다.

② 객주와 여각은 상회사를 설립하기도 하였다.

③ 경강상인은 증기선을 도입하였고, 개성 상인도 활동 영역을 수출입과 유통업으로 확대하였다.

④ 정부는 혜상공국을 설치하여(1883) 보부상을 보호하고, 외국 상인의 불법 행위를 단속하게 하였다.

⑤ 해운 회사인 전운국(1886), 육운회사인 이운사(1892) · 통운사(1901), 그 외에도 철도 회사와 광업 회사를 설립하였다.

⑥ 산업 자본이 성장하여 조선유기상회, 대한직조공장, 종로직조사 등이 설립되었다.

⑦ 금융 자본도 조선은행(1896, 최초의 민간 은행)을 비롯하여 한성은행(1897), 대한천일은행(1899) 등이 설립되었으나 일제의 화폐 정리 사업 이후 대부분 몰락하였다.

● 상권 수호 운동

독립 협회는 러시아의 절영도 조차 요구를 좌절시켰으며, 만민 공동회를 열어 러시아가 파견한 군사 교관과 재정 고문을 철수하고 한러은행을 폐쇄하라고 요구해 이를 관철시켰다.

● 상회사

개항장의 객주들은 객주 상회를 조직, 개항장에서 일본 상인의 불법 행위를 규탄하고 고발하는 등 스스로의 권익을 보호하기 위해 근대적 상인 단체를 구성하였다. 평안도의 대동 상회와 서울의 장통 상회가 대표적이다.

(2) 국채 보상 운동(1907)

① 일제의 차관 제공에 의한 경제적 예속화를 반대한 운동이었다.

② 김광제, 서상돈 등을 중심으로 국채를 갚아 국권을 회복하자는 운동을 전개하였다(국채 보상 기성회 설립).

③ 대구에서 시작된 이 운동을 당시 대한매일신보 등 언론 기관들이 적극적으로 지원하여 전국으로 확대되었다.

④ 일제는 이 운동을 주도하던 대한매일신보 사장 양기탁을 구속하는 등 탄압을 가하였고, 결국 국채 보상 운동은 목적을 이루지 못하고 중단되었다.

사료 돋보기 **국채 보상 운동 취지문**

국채 1,300만 원은 우리 대한의 존망에 관계있는 것이다. 갚아 버리면 나라가 존재하고 갚지 못하면 나라가 망하는 것은 대세가 반드시 그렇게 이르는 것이다. 현재 국고에서는 이 국채를 갚아 버리기 어려운 즉, 장차 삼천리 강토는 우리나라와 백성의 것이 아닌 것으로 될 위험이 있다. 2천만 인이 3개월을 한정하여 담배의 흡연을 폐지하고, 그 대금으로 1인마다 20전씩 징수하면 1,300만 원이 될 수 있다. 우리 2천만 동포 중에 애국 사상을 가진 이는 기어이 이를 실시해서 삼천리강토를 유지하게 되기를 간절히 바라는 바이다.

–'대한매일신보', 1907–

분석

국채 1,300만 원, 존망, 국고, 삼천리강토, 담배, 동포

▼

국채 보상 운동은 일제의 차관 제공을 통한 재정 예속화 정책에 대항한 경제적 구국 운동이었다. 1907년 대구에서 국채 보상 기성회가 조직되어 전국적 모금 운동으로 확대되었다.

2 근대 문물의 수용

1 근대 시설

(1) 수용 과정

① 개항 이후에는 개화파 뿐 아니라 정부 역시 서양 기술과 무기의 우수성을 인정하고, 이를 적극적으로 받아들여야 한다고 주장하였다.

② 정부는 1880년대부터 유학생을 파견하고 외국인 기술자와 교사를 초빙하였다.

(2) 근대 기술 및 시설의 도입

근대 시설	• 박문국(1883) : 한성순보 발간 • 기기창(1883) : 신식 무기 개발 • 전환국(1883) : 화폐 발행
통신	• 전신 : 일본 ~ 부산(1884), 인천 ~ 서울 ~ 의주(1885) • 전화 : 경운궁(1898)에 미국인에 의해 처음 가설
전기	• 한성 전기 회사 설립 → 발전소 건설 • 전등 : 경복궁에 처음 설치(1887) • 전차 : 서대문과 청량리 구간에서 처음 개통(1899)
우편 업무	우정총국(1884)은 갑신정변으로 폐지 → 을미개혁 때 우체사 설치(1895), 만국 우편 연합에 가입(1900)
교통	철도 : 근대적 교통 시설 • 경인선(1900) : 최초의 철도(부설권 : 미국 → 일본) • 경부선(1904. 12. 완공, 1905. 1.부터 영업), 경의선(1905, 러 · 일 전쟁 중 일본이 가설)
의료	• 지석영 : 종두법을 배워 천연두 예방 • 광혜원(1885) : 선교사 알렌이 운영한 최초의 근대식 병원, 이후 제중원으로 개칭
건축	서양식 건축물 : 독립문(1896, 프랑스 개선문 모방), 명동 성당(1898, 중세 고딕 양식), 덕수궁 석조전(1910, 르네상스 양식) 등

▲ 독립문

▲ 명동 성당

▲ 덕수궁 석조전

2 근대 교육

(1) 근대적 교육 기관

원산 학사(1883)	• 함경도 덕원 주민이 세운 최초의 근대적 사립 학교이다. • 외국어 등 근대 학문과 무예를 가르쳤다.
동문학(1883)	외국어를 교육하여 통역관을 양성하는 학교였다.
육영 공원(1886)	헐버트 등 외국인 교사를 초빙하여 상류층 자제를 대상으로 영어 및 근대 학문을 교육하였다.

(2) 교육 입국 조서(1895) : '국가의 부강은 국민의 교육에 있다.'

① 1895년 2월 고종이 발표한 교육에 관한 조칙이다.

② 내용 : 교육은 국가 보존의 근본이며, 신교육은 과학적 지식과 실용을 추구하며, 교육의 3대 강령으로 지양, 체양, 덕양을 제시하며, 교육 입국의 정신을 들어 학교를 많이 설립하고, 인재를 길러내는 것이 국가 중흥과 보존에 직결된다고 밝히고 있다.

● 사립 학교령(1908)

• 모든 학교의 설립은 학부대신의 인가를 받아야 한다.
• 학부가 편찬 검인정하지 않은 교과용 도서는 학부대신의 인가 없이 사용할 수 없다.
• 법령, 명령을 위반하여 유해하다고 생각될 때는 학부대신이 폐쇄를 명령할 수 있다.

(3) 사립 학교

① 개신교 선교사들의 사립 학교 설립 : 배재 학당, 이화 학당, 경신 학교, 정신 여학교, 숭실 학교 등

② 민족주의 계통의 사립 학교 : 보성 학교, 양정 학교, 진명 여학교, 숙명학교, 중동학교, 대성 학교, 오산 학교 등

③ 일제의 탄압 : 일제는 1908년 '사립 학교령'을 발표하여 사립 학교의 설립과 운영을 통제하였다.

독립신문

▲ 독립신문

大韓每日申報
대한매일신보

▲ 대한매일신보

3 언론 활동

(1) 언론 기관의 발달

한성순보(1883)	• 근대적 신문의 효시로 박문국에서 간행하였다. 순한문으로 제작되었으며, 관보의 성격을 가졌다. • 한성순보는 갑신정변 직후에 폐간되었고, 1886년 한성주보가 발간되었다.
독립신문(1896)	서재필이 창간한 우리나라 최초의 민간 신문이며, 국문판과 영문판을 발행하였다.
제국신문(1898. 8.)	부녀자와 일반 대중을 대상으로 국문판으로 발간되었다.
황성신문(1898. 9.)	을사늑약 체결 후 장지연의 '시일야방성대곡'을 게재하였다.
대한매일신보(1904)	• 영국인 베델과 양기탁에 의해 한 · 영 합작으로 설립되었다. • 비교적 활동이 자유로워 가장 강경한 항일 논조를 펼쳤고, 국채 보상 운동에 앞장섰다. • 신문사 정문에 '일본인 출입 금지'라는 문구를 붙여놓고 일제의 침략을 규탄하였다.
만세보(1906)	• 오세창, 손병희를 중심으로 발행된 천도교계 신문이었다. • 이후 이인직이 만세보를 인수하여 대한신문으로 제호를 고치고, 이완용 내각의 기관지(친일 신문)로 변질되었다.

사료 돋보기 장지연의 '시일야방성대곡'

지난번 이토 히로부미 후작이 한국에 왔을 때 어리석은 우리 인민은 서로 말하기를 "후작은 평소 동양 삼국이 서로 돕고 의지할 것을 주선한다고 자처하던 사람이니 반드시 우리나라 독립을 부식하는 방법을 권고하리라."하고, 시골에서 서울에 이르기까지 관민 상하가 모두 환영하였는데, 천하의 일에는 헤아리기 어려운 일도 많도다. 천만 뜻밖에 5조약은 어디서부터 나왔는가? …… 아, 저 개돼지만도 못한 우리 정부 대신이란 자들이 영달과 이득을 노리고 위협에 겁을 먹고, 벌벌 떨면서 나라를 파는 도적이 되어, 4천 년의 강토와 5백 년의 종묘사직을 남에게 바치고, 2천 만 생령으로 하여금 모두 다른 사람의 노예 노릇을 하게 하였으니 아, 분하고 원통하도다. 우리 2천 만 동포여, 살았는가, 죽었는가.

– 황성신문, 1905. 11. 20. –

분석

후작, 동양 삼국, 독립, 개돼지, 정부 대신, 강토, 종묘사직, 노예, 동포

▼

황성신문은 국·한문 혼용체를 사용하여 발간되었고, 유림들이 주요 독자층이었다. 을사늑약 체결 이후 장지연은 황성신문에 '시일야방성대곡'을 게재하여 을사늑약을 비판하였다.

(2) **일제의 탄압** : 일제는 한국 신문의 반일 논조를 억압하고자 1907년 신문지법을 제정하여 언론 활동을 크게 위축시켰다.

사료 돋보기 일제의 언론 탄압

❶ 신문지법(1907. 7.)

제1조 신문지를 발행하려는 자는 발행지를 관할하는 관찰사(경성에서는 관무사)를 경유하여 내부대신에게 청원하여 허가를 받아야 한다.

제2조 내부대신은 신문지가 안녕질서를 방해하거나 풍속을 어지럽힌다고 인정할 때는 그 발매 반포를 금지하고 압수하여 발행을 정지하거나 금지할 수 있다.

❷ 출판법(1909. 2.)

제2조 문서나 도서를 출판하고자 할 때는 저작자 또는 그 상속자 및 발행자가 날인하고, 원고를 첨가하여 지방 장관을 경유하여 내부대신에게 허가를 신청해야 한다.

제12조 외국에서 발행한 문서나 도서 또는 외국인이 국내에서 발행한 문서나 도서로서 안녕질서를 방해하거나 풍속을 어지럽힌다고 인정될 때는 내부대신은 그 문서나 도서를 국내에서 발매 또는 반포함을 금지하고, 그 인본을 압수할 수 있다.

❸ 보안법(1907. 7.)

제1조 내부대신은 안녕질서를 지키기 위해 필요한 경우에 결사의 해산을 명령할 수 있다.

제2조 내부대신은 안녕질서를 지키기 위해 필요한 경우에 집회 또는 다중의 운동 또는 군집을 제한 금지하거나 해산시킬 수 있다.

분석

❶ 신문지, 발행, 허가, 금지, 정지
❷ 허가, 신청, 반포, 금지, 압수
❸ 결사, 해산, 명령, 금지, 해산

▼

일제는 법을 통해 언론을 통제하였으며, 보안법을 제정하여 집회 및 결사의 자유를 억압하였다.

4 국학 연구의 진전

(1) 국사 연구

① "을지문덕전", "강감찬전", "최도통전(최영 장군)", "이순신전" 등 영웅들의 전기가 편찬되었다.

② "미국독립사", "베트남망국사", "이태리건국삼걸전" 등을 통해 외국의 독립과 흥망사(興亡史)를 소개하였다.

③ 신채호는 '독사신론'을 통해 민족주의 사학의 기틀을 마련하였다.

● 독사신론

1908년 대한매일신보에 연재된 '독사신론'은 민족주의 사관에 입각해 서술한 한국 고대사 논설이다. 역사 서술의 주체를 민족으로 설정하고 일제에 의한 역사 왜곡을 비판하였다.

(2) 국어 연구

① 국문 연구소(1907) : 정부 내 학부에 설치하였고, 주시경과 지석영이 활약하였다.

② 문법서 발간 : 유길준의 "대한문전", 주시경의 "국어문법" 등이 발간되었다.

5 문예와 종교의 새 경향

(1) 신소설

① 특징

㉠ 언문일치의 문장을 사용하고 봉건적인 윤리의 배격과 미신 타파를 주장하였다.

㉡ 남녀평등 사상과 자주독립 의식을 고취하고자 하였다.

② 대표적 작품 : 이인직의 "혈의 누", 이해조의 "자유종", 안국선의 "금수회의록"

(2) 신체시 : 우리나라 최초의 신체시는 최남선이 지은 '해(海)에게서 소년에게'이며, 소년지 창간호에 발표되었다(1908.11.).

(3) 외국 문학 : "성경", "이솝 우화", "로빈슨 표류기" 등이 번역되었다.

(4) 미술 : 서양 화풍이 도입되어 유화가 그려지기 시작하였다.

(5) 창가 : 서양식 곡에 우리말 가사를 붙여 부르는 창가가 널리 퍼졌다.

(6) 신극 운동 : 최초의 서양식 극장인 원각사가 건립되었고, '은세계', '치악산' 등이 공연되었다.

▲ 원각사

(7) 종교 운동의 새 국면

천도교	동학을 천도교로 개칭하고 정통성을 계승해 나가면서 교육, 문화 사업에 힘쓰고 민족의식을 고취하였다.
유교	박은식은 양명학에 토대를 둔 '유교 구신론'을 통해 지배 계급 중심의 유교를 민중 중심으로 전환하자고 주장하였다.
불교	한용운은 '조선 불교 유신론'을 통해 조선 불교의 자주성을 회복하고, 미신적 요소를 없애는 등 철저한 개혁을 주장하였다.
대종교	• 나철, 오기호 등이 단군 신앙을 발전시켜 창시하였다. • 5적 암살단을 조직하고, 이후 중광단과 북로 군정서의 주체가 되었던 종교이다.
개신교	알렌, 언더우드, 아펜젤러 등 개신교 선교사들은 교육과 의료 사업을 추진하였다.

사료 돋보기 박은식의 '유교 구신론'

…… 유교가 끝내 인도의 불교와 서양의 기독교와 같이 세계의 대 발전을 하지 못함은 어째서이며, 근세에 이르러 침체 부진이 극도에 달하여 거의 회복할 가망이 없는 것은 무슨 까닭인가? 여기에 감히 외람됨을 무릅쓰고 3대 문제를 들어서 개량 구신의 의견을 바치노라.

첫째는 유교파의 정신이 전적으로 제왕 측에 존재하고 인민 사회에 보급할 정신이 부족함이요, 둘째는 여러 나라를 돌아다니면서 세계의 주의를 바꾸려는 생각을 강론하지 아니하고 또한 내가 동몽(학생)을 찾는 것이 아니라 동몽이 나를 찾는 주의를 지킴이요, 셋째는 우리 유가(儒家)에서 쉽고 정확한 학문(양명학)을 구하지 아니하고 질질 끌고 되어 가는 대로 내버려 두는 공부(성리학)를 전적으로 숭상함이라.

분석

유교, 개량, 구신, 유가, 학문, 공부, 숭상

▼

박은식은 성리학 중심의 유교의 폐단을 지적하고, 양명학을 수용하여 유교를 혁신해야 한다고 주장하였다.

핵심만 정리하자

▶ 근대 문물의 수용과 새 문화 경향

구분	내용
근대 시설	박문국(한성순보 발간), 기기창(신식 무기), 전환국(화폐 발행)
통신, 교통	• 한성 전기 회사 설립, 경복궁에 전등 설치, 경운궁에 전화 가설, 전차 개통(서대문~청량리) • 우정총국(1884), 만국 우편 연합 가입(1900) • 철도 : 경의선(1899), 경부선(1905), 경의선(1906)
의료	광혜원(1885, 최초의 근대식 병원) → 제중원 → 세브란스 병원
건축	독립문(1897), 명동 성당(1898), 덕수궁 석조전(1910)
교육	• 갑오개혁 이전 : 원산 학사(1883), 동문학(1883), 육영 공원(1886) • 갑오개혁 이후 : 교육 입국 조서 발표, 한성 사범 학교 · 소학교 · 외국어 학교 등 설립 • 사립 학교 : 배재 학당 · 이화 학당 · 보성 학교 · 오산 학교 · 대성 학교 등 설립, '사립 학교령' 발표(1908)
언론	한성순보(1883), 독립신문(1896), 황성신문(1898), 제국신문(1898), 대한매일신보(1904)
국학	신채호의 '독사신론', 주시경의 국문 연구소
문학, 예술	'해에게서 소년에게'(최남선, 신체시), 외국 문학 번역, 서양 화풍 도입, 창가 유행, 원각사 건립(최초의 서양식 극장, '은세계', '치악산')
종교	천도교(손병희), 대종교(단군 신앙, 나철 · 오기호 → 중광단, 북로 군정서), 유교(박은식, 유교 구신론), 불교(한용운, 조선 불교 유신론)

기출 및 예상 문제

01 개항 이후 열강의 경제적 침략

[1] 1883 조 · 일 통상 장정이 개정되어 관세권의 설정과 방곡령 규정이 들어갔지만, 일본의 요구로 최혜국 대우 조항이 추가되었다. O | X

[2] 을사늑약 이후 대한 제국의 재정 고문으로 들어온 메가타는 화폐 정리 사업을 주도하였다. O | X

[3] 국채 보상 운동은 일제의 경제적 예속화를 반대한 운동이었다. O | X

01 개항 직후 외국 상인의 침투에 대항하여 조선 상인들이 취한 행동은?

① 상회사 조직
② 회사령 철폐 요구
③ 국채 보상 운동 전개
④ 금난전권의 부활 촉구

02 다음의 경제 조치에 대한 설명으로 옳지 않은 것은?

> 제1조 구 백동화 교환에 관한 사무는 금고로 처리케 하여 탁지부 대신이 이를 감독함
> 제3조 구 백동화의 품위(品位), 양목(量目), 인상(印象), 형체(形體)가 정화(正貨)에 준할 수 있는 것은 매 1개에 대하여 금 2전 5푼의 가격으로 새 화폐로 교환함이 가함

① 한국 상인들이 경제적으로 큰 타격을 받았다.
② 일본 제일은행이 중앙은행의 역할을 하게 되었다.
③ 액면가대로 바꾸어 주는 화폐 교환 방식을 따랐다.
④ 구 백동화 남발에 따른 물가 상승이 이 조치에 영향을 끼쳤다.

03 다음은 어느 독자가 '대한매일신보'에 투고한 글이다. 이 글의 내용과 관련 있는 운동은?

> 혹 어떤 사람들이 말하기를, "그 돈을 내가 썼나, 남이 썼더라도 한 푼이나 누가 구경하였나, 왜 우리더러 물라는가, 무슨 돈을 1,300만 원이나 차관하여서 다 무엇에 썼나. 우리가 돈을 모아 물어주면 재미가 있어 또 차관만 하게 할 것이다." …… 설령 그 세간살이 하던 사람이 미워서 갚고 싶지 않더라도 가옥 전토를 다 빼앗기고 보면, 그 부모와 집안 식구들이 다 어디다 두며 제 몸은 어디다 담으며 무엇을 먹고 살겠소. 그렇게 되고 보면 그 자식들이 어디 가서 사람이라고 행사할 수 있소.

① 국채 보상 운동
② 사립 학교 설립 운동
③ 민간 은행 설립 운동
④ 황무지 개간권 반대 운동

02 근대 문물의 수용

[1] 대한매일신보는 영국인 베델이 경영하여 강력한 항일 논조를 유지할 수 있었다. O | X

[2] 최초의 근대식 사립 학교는 원산 학사이다. O | X

[3] 우리나라 최초의 근대식 병원은 광제원이다. O | X

[4] 명동 성당은 고딕 양식, 덕수궁 석조전은 르네상스식 건물이다. O | X

[5] 민족 종교로서 설립된 동학은 이후 나철 등에 의해서 교세가 확장되었다. O | X

2016년 서울 9급

04 근대의 구국 계몽 운동에 대한 설명으로 가장 옳은 것은?

① 송수만, 심상진은 대한 자강회를 조직하고 일본의 황무지 개척에 반발하는 운동을 전개하여 이를 철회시켰다.
② 이종일은 순한글로 간행한 황성신문을 발간하여 정치 논설보다 일반 대중을 위한 사회 계몽 기사를 많이 실었다.
③ 최남선은 을지문덕, 강감찬, 최영, 이순신 등의 애국 명장에 관한 전기를 써서 애국심을 고취하였다.
④ 고종은 을사늑약의 불법성을 폭로하는 친서를 양기탁과 영국인 베델의 대한매일신보를 통하여 발표하였다.

05 다음 자료의 ㉠, ㉡에 대한 설명으로 옳지 않은 것은?

> 판　사 (㉠)은(는) 힘이 없는 조선이 망하지 않도록 일본이 보호하자는 조약이지 않은가? 그러니 초대통감을 죽인다고 (㉡)이(가) 폐지되겠는가?
> 안중근 (㉠)은(는) 우리 황제를 협박해 강제로 체결된 것이며, 그 늑약으로 (㉡)이(가) 설치된 이후 우리 백성들이 더 많이 학살되고 있다.

① ㉠에 반발하여 민종식, 최익현 등이 의병을 일으켰다.
② ㉠에 대하여 장지연은 논설 '시일야방성대곡'으로 비판하였다.
③ ㉡의 설치는 보안회가 결성되는 계기가 되었다.
④ ㉡을 통하여 대한 제국의 외교권을 강탈하였다.

06 다음 개화기의 언론에 대한 설명으로 옳지 않은 것은?

① 황성신문은 국·한문 혼용으로 발간되었고, '시일야방성대곡'을 게재하였다.
② 순한글로 간행된 제국신문은 창간 이듬해 이인직이 인수하여 친일지로 개편되었다.
③ 독립신문은 한글과 영문을 사용하였으며, 근대적 지식 보급과 국권·민권 사상을 고취하였다.
④ 우리나라 최초의 신문인 한성순보는 관보의 성격을 띠고 10일에 한 번 한문으로 발행되었다.

07 밑줄 친 '이 신문'에 대한 설명으로 옳지 않은 것은?

> 신문으로는 여러 가지 신문이 있었으나, 제일 환영받기는 영국인 베델이 경영하는 이 신문이었다. 관 쓴 노인도 사랑방에 앉아서 이 신문을 보면서 혀를 툭툭 차고 각 학교 학생들은 주먹을 치고 통론하였다.
>
> – 유광열, "별건곤" –

① 국민의 힘으로 국채를 갚아야 한다는 운동을 주도하였다.
② 고종은 을사늑약의 부당성을 폭로하는 친서를 발표하였다.
③ 양기탁이 신민회를 조직하면서 신민회의 기관지 역할을 하였다.
④ 을사늑약 체결을 비판하는 '시일야방성대곡'이라는 사설이 처음 발표되었다.

08 다음 자료와 관련 있는 인물의 활동으로 옳은 것은?

> 무릇 동양의 수천 년 교화계(敎化界)에서 바르고 순수하며 광대 정미하여 많은 성인이 뒤를 이어 전하고 많은 현인이 강명(講明)하는 유교가 끝내 인도의 불교와 서양의 기독교와 같이 세계에 대발전을 하지 못함은 어째서이며, 근세에 이르러 침체 부진이 극도에 달하여 거의 회복할 가망이 없는 것은 무슨 까닭이뇨. …… 그 원인을 탐구하여 말류(末流)를 추측하니 유교계에 3대 문제가 있는지라. 그 3대 문제에 대하여 개량(改良) 구신(求新)을 하지 않으면 우리 유교는 흥왕할 수가 없을 것이며 …… 여기에 감히 외람됨을 무릅쓰고 3대 문제를 들어서 개량 구신의 의견을 바치노라.
>
> – 서북학회 '월보' 제1권 –

① 양명학을 토대로 대동사상을 주창하였다.
② 만세보를 발간하여 민족의식을 고취하였다.
③ 위정척사 운동의 계승과 실천을 강조하였다.
④ 독사신론을 통해 역사학의 방향을 제시하였다.

09 대한 제국 시기에 볼 수 있는 장면으로 적절하지 않은 것은?

① 전등이 켜진 경복궁
② 한성순보를 읽는 관리
③ 종로 일대를 달리는 전차
④ 광제원에서 치료받는 환자

10 다음은 개항 이후 근대 문물의 수용과 외세의 침략에 관한 연표이다. (가)~(라)의 각 시기에 들어갈 사실로 옳은 것은?

1882 임오 군란	(가)	1894 청·일 전쟁	(나)	1896 아관 파천	(다)	1904 러·일 전쟁	(라)	1910(년) 한·일 합방

① (가) – 국한문체를 사용한 한성주보가 발간되었다.
② (나) – 경인선 철도가 개통되었다.
③ (다) – 일제는 화폐 정리 사업을 단행하였다.
④ (라) – 영국이 거문도 사건을 일으켰다.

11 다음은 일제의 보호국 체제하에서 이루어진 국학 운동이다. 이러한 움직임이 당시 사회 일반에 미친 영향은?

> • 계몽 사학자들은 외국의 건국 영웅이나 독립운동, 혁명 운동의 역사를 번역·소개하였다.
> • 조선 광문회는 "동국통감", "동사강목" 등 민족 고전을 정리, 간행하였다.
> • 국문 연구소는 국문의 정리와 국어의 새로운 이해 체계를 확립하였다.

① 자주적 근대화의 방향 제시
② 근대 의식과 민족의식 고취
③ 민족사에 대한 정통론 재인식
④ 화이 사상을 극복하는 세계관의 변화

MEMO

V 일제의 강점과 민족 운동의 전개

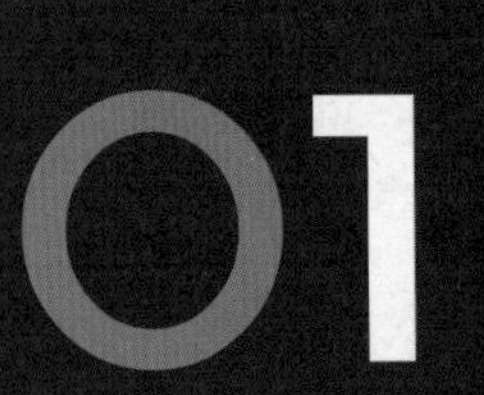

(V 일제의 강점과 민족 운동의 전개)

일제의 식민 통치 체제 구축과 전개

출제 빈도 상 중 하

꼭 기억해야 할 연표

1910	회사령 공포
1912	조선 태형령, 토지 조사 사업 시작
1920	산미 증식 계획 시작
1925	치안 유지법 공포
1938	국가 총동원법 공포

▲ 조선 총독부

1 1910년대 식민 통치와 경제 수탈

1 1910년대 헌병 경찰 통치

(1) 조선 총독부의 설치

① 일제는 일제 식민 통치 중추 기관으로 조선 총독부를 설치하고 초대 총독으로 데라우치를 임명하였다.

② 조선 총독은 일본군 현역 대장이 임명되었고, 천황 직속으로 입법·사법·행정 및 군대 통수권까지 장악하여 절대 권력을 행사하였다.

③ 조선인 자문 기관으로 중추원을 설치하여 한국인을 정치에 참여시키는 것처럼 보였으나 1919년 3·1 운동 때까지 정식 회의가 한 번도 개최되지 않았던 형식적 기구에 불과하였다.

(2) 무단 통치의 실시 : 헌병 경찰 제도 시행 기출

① 교원과 관리까지 칼을 차며 공포 정치로 일관하였으며, 언론·집회·결사의 자유권을 박탈하였다.

② 태형 제도를 부활시키는(조선 태형령, 1912) 등 한국인의 일상까지도 관여하였다.

● '조선 태형령' 시행세칙 1조

태형은 형을 받는 자의 양손을 좌우로 벌려 형틀 위에 거적을 펴고 엎드리게 하고, 양손 관절 및 양다리에 수갑을 채우고 옷을 벗겨 둔부를 드러나게 하여 집행하는 것으로 한다.

사료 돋보기 조선 태형령(1912)

제1조 3개월 이하의 징역 또는 구류에 처하여야 할 자는 그 정상에 따라 태형을 처할 수 있다.

제7조 태형은 태 30 이하일 경우 이를 한 번에 집행하되, 30을 넘을 때마다 횟수를 증가시킨다. 태형의 집행은 하루 한 번을 넘길 수 없다.

제11조 태형의 시행은 감옥 또는 즉결 관서에서 비밀리에 집행한다.

제13조 본령은 조선인에 한하여 적용한다.

– 조선 총독부 '관보' –

분석

태형, 조선인, 적용, 감옥, 즉결 관서

태형은 한국인에게만 적용되었으며, 헌병 경찰은 즉결 처분권을 가지고 있어서 재판 없이 마음대로 태형을 가할 수 있었다.

2 1910년대 일제의 경제 수탈

(1) 토지 조사 사업(1912~1918) 기출

① 근대적 토지 소유권의 확립을 명목으로 임시 토지 조사국을 설치하고(1910), 토지 조사령을 공포하였다(1912).

② 실제로는 토지 수탈을 통한 지세의 안정적 확보가 토지 조사 사업의 근본적 목적이었다.

③ 기한부 신고제와 증거주의에 입각한 복잡한 신고 절차는 결국 대규모 미신고 토지 발생으로 이어졌다.

④ 미신고 토지는 주인 없는 토지로 간주하여 수탈하고, 조선 총독부 산하 동양 척식 주식회사에서 관리하거나 일본인에게 싸게 팔았다.

⑤ 조선인들은 기한부 계약에 의한 소작농으로 전락하여 많은 이들이 연해주나 간도로 이주하게 되었다.

● 동양 척식 주식회사

1908년 일제가 토지와 자원을 수탈할 목적으로 설립한 국책 회사로 토지 조사 사업 이후 수탈한 농토를 관리하며 조선 농민들을 가혹하게 착취하였다.

사료 돋보기 토지 조사령(1912)

1. 토지 소유권은 조선 총독, 또는 그 권한을 위촉받은 자가 결재, 시행한다.
2. 소유권의 주장은 신고주의를 원칙으로 한다.
3. 불복자에 대해서는 증거주의를 채택한다.
4. 토지의 지주는 조선 총독이 정하는 기간 내에 그 주소, 성명 또는 명칭 및 소유지의 소재, 결수를 임시 토지 조사 국장에게 통지한다.
5. 임시 토지 조사국은 토지 대장 및 지도를 작성하고, 토지의 조사 및 측량에 대해 사정(査定)으로 확정한 사항 또는 재결을 거친 사항을 이에 등록한다.

– 조선 총독부 '관보' –

분석

신고주의, 증거주의, 기간 내 통지

▼

일제가 토지 조사 사업을 실시한 결과 조선 총독부의 지세 수입이 증가하였고, 일본인의 토지 소유가 확대되었다. 또한 농민의 경작권이 부정되어 많은 농민이 기한부 소작농으로 전락하였다.

(2) 산업 침탈

① 회사령 실시(허가제 : 1910) 기출

㉠ 회사 설립은 조선 총독의 허가를 받아야 한다.

㉡ 조선의 민족 자본의 성장을 억제하고자 하였다.

② 담배 · 인삼 · 소금의 전매제를 실시하였고, 산림령(1911), 어업령(1911), 광업령(1915), 임야 조사령(1918)을 제정하여 조선 산업 전반을 장악하였다.

③ 평남선(1910), 호남선(1914), 함경선(1914~1928) 등의 철도망을 확대하여 조선을 일본 경제권에 편입시키고자 하였다.

사료 돋보기 회사령(1910)

제1조 회사의 설립은 조선 총독의 허가를 받아야 한다.

제5조 회사가 본령이나 혹 본령에 의거하여 발하는 명령이나, 허가 조건에 위반하거나 또는 공공질서와 선량한 풍속에 반하는 행위를 할 때 조선 총독은 사업의 정지, 지점의 폐쇄, 또는 회사의 해산을 명한다.

제6조 허가를 받지 않고 회사의 설립 행위를 한 자는 5년 이하의 징역 또는 금고, 5천 원 이하의 벌금에 처하고 부실 신고를 하여 허가받은 자도 이와 같다.

분석

회사, 설립, 조선 총독, 허가

▼

회사를 설립하려면 조선 총독의 허가를 받게 하였고, 허가 조건을 어길 때에는 총독이 기업을 해산할 수 있도록 규정하였다.

핵심만 정리하자

▶ 토지 조사 사업(1912~1918)

목적	• 명분 : 근대적 토지 소유권 제도의 확립 • 실제 : 토지 수탈과 식민 통치에 필요한 재정 확보
내용	• 임시 토지 조사국 설치(1910) → 토지 조사령 공포(1912) • 복잡한 구비 서류와 절차, 기한부 신고제에 의한 토지 소유 입증
결과	• 미신고 토지, 소유주가 불분명한 토지 → 조선 총독부의 토지 약탈 • 약탈한 토지는 동양 척식 주식회사에서 관리하거나 일본인에게 싸게 팜 • 많은 조선 농민들이 기한부 소작농으로 전락 → 만주나 연해주로 이주

2 1920년대 식민 통치와 경제 수탈

1 1920년대 민족 분열 통치

(1) 식민지 지배 정책의 변경 : 1919년 3·1 운동 이후 일제는 '조선인의 문화 창달과 민력 증진을 꾀한다.'는 구호 아래 문화 통치로 식민 지배 방식을 바꾸었다.

(2) 기만적 '문화 통치' 시기 : 문화 통치의 실상 

① 문관(민간인) 출신도 총독에 임명 가능 → 실제로는 해방이 될 때까지 단 한 명의 문관 출신도 총독에 임명되지 않았다.

② 보통 경찰 제도로의 전환 → 경찰 수와 비용 확대, 고등 경찰제 실시 등으로 감시 체제를 강화하였다. 또한 1군(郡) 1경찰서, 1면(面) 1주재소 제도를 확립하였다.

③ 언론·집회·결사의 자유 허용 및 조선인 교육 확대 표방 → 치안 유지법을 제정(1925)하여 언론의 자유 및 항일 운동을 적극적으로 탄압하였다.

④ 도(道), 부(府), 면(面)에 평의회 혹은 협의회라는 이름의 자문 기구 설치 → 친일 인사만 의원이 될 수 있었다.

● 언론의 자유 허용
1920년 조선일보, 동아일보 등 신문이 창간되고, '개벽'(1920, 천도교 계열), '신천지'(1921), '조선지광'(1922) 등 잡지가 간행되었다. 특히 최초의 사회주의 잡지인 '신생활'(1922)이 창간된 것은 이채롭다. 그러나 언론사에 대한 검열이 강화되고, 언론 유력인사를 회유·포섭하는 등 언론 탄압이 계속되었다.

● 조선인 교육 확대
1922년 조선 교육령을 개정(제2차 조선 교육령)하여 조선 학생과 일본 학생들의 공학(共學)과 교육 기간 확대는 규정되었으나 동화 교육은 더욱 강화하였다. 한편 조선에서의 대학 설립을 규정하여, 민립 대학 설립 운동에 근거가 되었다. 그러나 민립 대학 설립 운동은 실패하고 일제에 의해 1924년 경성 제국 대학이 설립되었다.

사료 돋보기 치안 유지법(1925)

제1조 국체(國體)의 변혁을 목적으로 결사를 조직하거나 결사의 임원, 그 외 지도자의 임무에 종사하는 자는 사형, 무기, 5년 이상의 징역 또는 금고에 처한다. …… 사유 재산 제도를 부인할 목적으로 결사를 조직하거나, 또 그 정황을 알고 이에 가입한 자, 행위를 돕는 자는 10년 이하의 징역 또는 금고에 처한다.

제7조 본법은 누구를 막론하고 본 법의 시행 구역 밖에서 범한 자에게도 역시 이를 적용한다.

분석

국체, 변혁, 결사, 조직, 사유 재산 제도, 부인

▼

1925년 5월 발표되어 천황제 및 식민 체제를 부정하는 반정부, 반체제 운동이나 사유 재산제, 자본주의 체제를 부정하는 사회주의 단체의 조직과 활동을 금하는 법이다.

(3) 문화 통치의 목적 : 가혹한 식민 통치를 은폐하고, 친일 세력을 양성하여 우리 민족을 이간 · 분열시키는 데 있었다.

사료 돋보기 **친일파 양성책**

- 일본에 절대 충성하는 자로서 관리를 강화한다.
- 조선인 부호에게는 노동 쟁의 · 소작 쟁의를 통하여 노동자 · 농민과의 대립을 인식시키고, 일본 자본을 도입하여 연계(連繫) · 매판화(買辦化)시켜 일본 측에 끌어들인다.
- 농민을 통제 · 조정하기 위하여 전국 각지에 유지가 이끄는 친일 단체를 만들어 국유림의 일부를 불하(拂下)해 주는 한편, 수목 채취권(樹木採取權)을 주어 회유 · 이용한다.

– 사이토 총독의 '조선 민족 운동에 대한 대책', 1920 –

분석

일본, 절대 충성, 관리, 조선인 부호, 일본 자본, 친일 단체

▼

일제는 3 · 1 운동 이후 소위 문화 통치를 실시하였으나 식민 통치의 본질은 변하지 않았다. 특히 친일파를 양성하여 조선 민족 내부의 분열 정책을 추진하였다.

● 매판(買辦)

개인적 이익을 위하여 외국 자본과 결탁하여 제 나라의 이익을 해치는 일을 말한다.

2 1920년대 일제의 경제 수탈 기출

(1) 산미 증식 계획(1920~1934)

① 1918년 일본에서의 쌀 파동 이후 일본의 안정적인 미곡 수급을 위하여 1920년부터 조선에서 산미 증식 계획을 단행하였다.

② 증산은 계획대로 이루어지지 않았으나, 증산량 이상을 일본으로 반출하여 조선인의 식량 사정은 악화되었다.

③ 일제는 한국 내 부족한 식량 사정을 보충하기 위해 만주에서 대량의 잡곡을 수입하였다.

▲ 쌀로 가득한 군산항

(2) 일본 자본의 진출

① 종래의 허가제의 회사령을 폐지하고, 회사 설립을 신고제(계출제)로 전환하였다(1920).

② 일본 상품에 대한 관세를 철폐하여(1923) 일본 자본의 조선 진출을 용이하게 하였다.

핵심만 정리하자

▶ 문화 통치의 정책과 실상

정책	실상
문관 출신 총독 임명 가능	단 한 명의 문관 출신의 총독이 임명되지 않음
보통 경찰제로 전환	경찰 수와 비용 확대, 감시 체제 강화
언론 · 출판의 자유 허용	치안 유지법 제정, 언론의 검열 강화 및 기사 삭제

▶ 산미 증식 계획(1920)

목적	• 일본의 쌀 폭동 계기 → 부족한 쌀을 한국에서 확보하려 함
결과	• 증산량보다 수탈량이 훨씬 많음 • 증산 비용의 소작농 전가 • 국내 식량 사정 악화 → 만주에서 수입된 잡곡으로 보충

사료 돋보기 **산미 증식 계획 요강**

일본 내 쌀 소비는 연간 약 6,500만 석인데, 생산은 약 5,800만 석을 넘지 못한다. 해마다 그 부족분을 식민지 및 외국의 공급에 의지하는 형편이다. 게다가 일본의 인구는 해마다 약 70만 명씩 증가하고 있으며, 국민 생활의 향상과 함께 1인당 쌀 소비량도 역시 점차 증가하게 될 것은 필연적인 대세로 앞으로 쌀은 부족하게 될 것이다. …… 따라서 지금 미곡의 증식 계획을 수립하여 일본 제국의 식량 문제를 해결하는 데 도움을 주는 것은 진실로 정책상 시급한 일이라고 믿는다.

–조선 총독부 농림국, 1926–

분석

일본의 공업화가 진전되고 도시 인구가 증가하면서 일본 내의 식량이 부족해지고, 쌀값이 폭등하였다. 이에 일제는 조선에서 1920년부터 산미 증식 계획을 추진하여 일본의 식량 부족을 해결하고자 하였다.

3 1930년대 이후 식민 통치와 경제 수탈

1 1930년대 이후 민족 말살 통치

(1) 침략 전쟁의 확대 : 세계 대공황으로 궁지에 몰린 일본 자본주의는 그 돌파구를 찾기 위해 대륙 침략을 본격화하면서 만주 사변(1931), 중 · 일 전쟁(1937), 태평양 전쟁(1941)으로 침략 전쟁을 확대하였다.

(2) 민족 말살 통치의 실시 기출

① 일제는 전쟁에 필요한 인력과 물자를 효율적으로 동원하기 위해 국민 정신 총동원 운동을 전개하여 황국 신민화를 적극 강요하였다.

② 국가 총동원법 발표(1938) 이후에는 '내선일체론'을 바탕으로 황국 신민화 정책(황국 신민 서사 암송, 신사 참배, 궁성 요배, 애국 저축)을 강화하였다.

③ 심상소학교의 명칭을 '황국 신민 학교'라는 의미의 '국민학교'로 바꾸었다(1941).

④ 성과 이름도 일본식으로 바꾸도록 강요하였는데(창씨개명), 이를 거부할 경우에는 자녀를 학교에 보낼 수 없었고, 식량 배급도 받지 못하였다.

⑤ 조선일보와 동아일보를 폐간시키고(1940), 조선어 학회 사건(1942)을 일으켜 민족 언론을 탄압하였다.

▲ 조선 신궁에 강제로 참배하는 학생들

▲ 창씨개명을 신고하러 온 주민들

▲ 황국 신민 서사를 암송하는 학생들

세계 대공황
1929년 10월 24일 '검은 목요일'에 뉴욕 증권 거래소의 주가가 폭락하면서 대공황이 시작되었다. 대공황은 제1차 세계 대전 후 큰 호황을 누리던 미국에서 시작되어 순식간에 전 세계로 확산되었다. 재고가 쌓인 기업이 파산하고 실업자가 크게 늘었으며, 은행이 도산하는 등 자본주의 경제에 큰 위기가 닥쳤다.

태평양 전쟁
일본은 중 · 일 전쟁을 도발한 이후 대동아 공영권 건설(일본을 중심으로 단결하여 아시아에서 서양 세력을 물리치자는 논리)을 명분으로 동남아시아 지역까지 침략하였다. 이에 미국이 전략 물자 수출을 금지하는 등 압박을 가하자, 하와이의 진주만을 기습하여 태평양 전쟁을 도발하였다(1941).

내선일체론
일본(내지)과 조선은 하나이기 때문에 일본의 전쟁은 곧 조선의 전쟁이라는 논리이다.

궁성 요배
아침마다 일왕의 거처가 있는 도쿄를 향해 절을 하고 경의를 표하는 행위이다.

사료 돋보기 **황국 신민 서사(아동용)**

- 우리는 대일본 제국의 신민입니다.
- 우리들은 마음을 합하여 천황 폐하에게 충의를 다합니다.
- 우리들은 괴로움을 참고 견디며 단련을 하여 훌륭하고 강한 국민이 되겠습니다.

분석
일제는 어린아이들에게도 황국 신민 서사를 외우도록 강요하여 일본 왕에 대한 충성심을 기르도록 하였다.

심화 플러스 **제3차 조선 교육령과 제4차 조선 교육령**

1. 제3차 조선 교육령(1938)
   ① 보통학교를 심상소학교로, 고등보통학교를 중학교로, 여자고등보통학교를 고등여학교로 변경하였다. 또한 국어, 국사 과목을 필수 과목에서 수의 과목(=선택 과목)으로 변경하였다.
   ② 1941년 제3차 조선 교육령을 일부 개정하여, 소학교를 국민학교로 바꿨다.
2. 제4차 조선 교육령(1943)
   ① '학생 동원 체제 정비에 관한 훈령', '학도동원본부의 설치', '학도근로령', '결전교육조치요강' 등의 각종 법령을 공포하여, 학교 교육을 전쟁 수행의 도구로 만들었다.
   ② 중학교와 고등여학교의 수업 연한을 4년으로 축소하였고, 조선어가 교육과정에서 완전히 삭제되었다.

2 전쟁 동원 체제

(1) 목적 : 전쟁에 필요한 인적 · 물적 자원을 효과적으로 수탈하기 위해서 농촌 진흥 운동, 병참 기지화 정책 및 남면북양 정책 등을 시행하였다. 기출

심화 플러스 **농촌 진흥 운동(1932)**

세계 대공황의 여파로 한국 농촌은 농산물 가격 폭락 등이 계속되어, 농민들의 삶이 악화되었다. 이에 소작 쟁의가 극심해지고, 사회주의 세력이 농촌에 침투하여 적색 농민 조합 운동이 확산되었다. 일제는 조선 농민 회유책의 일환으로 1932년 관제 운동인 농촌 진흥 운동을 실시하였다. 그러나 조선 농민의 권익 신장이나 자립 지원과는 거리가 먼 정신 운동으로 전개되었고, 실효도 없었다. 다음은 농촌 진흥 운동의 구체적인 내용이다.

① 1932년 : 춘궁 퇴치, 차금(借金) 예방, 궁민(窮民)을 위한 토목 사업, 자작농지 설정 사업 및 소작 조정령 발효
② 1933년 : 농가 경제 갱생 계획
③ 1934년 : 조선 농지령 발표, 지주의 토지 소유권을 일부 제한하여 농민의 소작권을 3년간 보호하는 규정 마련

(2) 인적 · 물적 자원 수탈 기출

① 중 · 일 전쟁을 일으킨 일제는 국가 총동원법(1938)을 제정하여 인적 · 물적 자원 수탈을 강화하였다.

- **병참 기지화 정책**
  한반도를 대륙 침략 및 군수 물자 보급 기지로 이용하는 정책이다.
- **남면북양 정책**
  공업 원료 증산을 위해 남부 지방에서는 면화를 재배하고, 북부 지방에서는 양을 기르도록 강요한 일제의 정책이다. 이는 일본의 방직 자본가를 보호하고자 한 조치였다.

● 식량 배급 정책과 공출 제도
일제는 군량 마련을 위해 집집마다 목표량을 정해 쌀을 공출하고 식량 배급제를 실시하였으며, 무기를 만들기 위해 절이나 교회의 종, 가정에서 쓰는 놋그릇과 숟가락까지 빼앗아갔다.

② 식량 배급 정책과 공출 제도를 시행하는 한편 국민 징용령(1939), 학도지원병제(1943), 징병제(1944) 등을 통해 인적 수탈을 자행하였다.

㉠ 강제 징용 : 군수 산업에 종사할 노동력을 보충하기 위해 일제는 국민 징용령(1939)을 공포하였다.

㉡ 학도 지원병, 강제 징병 : 전투 병력 동원을 위해 일제는 지원병제(1938), 학도 지원병제(1943)를 시행하였고, 징병제(1944)를 실시하여 조선의 청년들을 우선 전선에 동원하였다.

③ 많은 여성들을 전쟁터로 보내 '일본군 위안부(성노예)'가 되게 하였으며, 1944년 여자 정신 근로령을 공포하여 후방 병참 지원 인력으로 동원하였다.

④ 어린 학생들마저 근로 보국대라는 조직을 만들어 전쟁 물자 조달에 동원하였다.

사료 돋보기 국가 총동원법(1938)

제1조 국가 총동원이란 전시에 국방 목적을 달성하기 위하여, 국가의 전력(全力)을 가장 유효하게 발휘하도록 인적 · 물적 자원을 운용하는 것을 말한다.

제4조 정부는 전시에 국가 총동원상 필요할 때는 칙령이 정하는 바에 따라 제국 신민을 징용하여, 총동원 업무에 종사하게 할 수 있다.

제7조 정부는 전시에 국가 총동원상 필요할 때는 칙령이 정하는 바에 따라 노동 쟁의의 예방, 혹은 해결에 관하여 필요한 명령을 내리거나 작업소의 폐쇄, 작업 혹은 노무의 중지, 기타의 노동 쟁의에 대한 행위의 제한 혹은 금지를 행할 수 있다.

제8조 정부는 칙령이 정하는 바에 따라 물자의 생산, 수리, 배급, 기타의 처분 등에 관하여 필요한 명령을 내릴 수 있다.

– 조선 총독부 '관보' –

분석

국가 총동원, 전시, 국방, 전력, 인적 · 물적 자원, 징용

▼

중 · 일 전쟁이 장기화되자, 1938년 국가 총동원법을 공포하였다. 이를 통해 전시 통제를 확대하고, 인적 · 물적 자원의 수탈을 강화하였다.

핵심만 정리하자

▶ 민족 말살 통치

배경	• 일제의 침략 전쟁 확대 : 만주 사변(1931), 중 · 일 전쟁(1937), 태평양 전쟁(1941)
내용	• 1938년 국가 총동원법 발표 이후 황국 신민화 정책 강화를 통한 조선 민족의 저항 억압, 침략 전쟁에 인적 · 물적 자원 수탈 • 민족 말살 정책 : 내선일체 주장, 황국 신민 서사 암송 강요, 신사 참배 강요, 창씨개명 강요, 조선일보 · 동아일보 폐간 • 병참 기지화 정책, 남면북양 정책, 농촌 진흥 운동 시행 • 전시 동원 체제 : 국가 총동원법, 지원병제, 국민 징용령, 학도 지원병제, 징병제, 일본군 위안부

01 1910년대 식민 통치와 경제 수탈

[1] 일제는 1912년 조선 태형령을 제정하였다. O | X

[2] 1910년 회사령을 제정하여 회사 설립을 신고제로 운영하였다. O | X

[3] 1910년대 삼림령, 조선 어업령, 조선 광업령 등이 제정되었다. O | X

2016년 지방 9급

01 다음 법령이 시행되던 시기에 볼 수 있는 모습으로 옳은 것은?

> • 제1조 3개월 이하의 징역 또는 구류에 처하여야 할 자는 그 정상에 따라 태형에 처할 수 있다.
> • 제6조 태형은 태로써 볼기를 치는 방법으로 집행한다.
> • 제13조 본령은 조선인에 한하여 적용한다.

① 회사령 공포를 듣고 있는 상인
② 경의선 철도 개통식을 보는 학생
③ 동양 척식 주식회사의 설립식에 참석한 기자
④ 대한 광복군 정부의 군사 훈련에 참여한 청년

02 다음 (가) 시기에 실시되었던 일제의 식민 통치 정책에 대한 설명으로 옳은 것은?

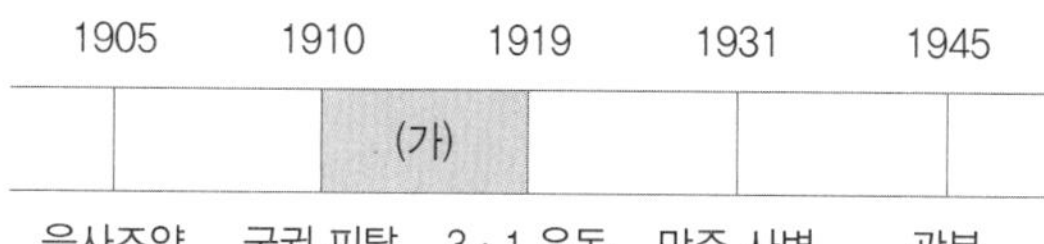

① 토지 조사 사업을 실시하고 무단 통치를 하였다.
② 신사 참배와 황국 신민 서사를 외우도록 강요하였다.
③ 문화 통치와 산미 증식 계획을 실시하였다.
④ 한반도를 전쟁 물자를 보급하는 병참 기지로 삼았다.

03 다음 자료에 나타난 사업에 대한 설명으로 옳은 것은?

> 제17조 임시 토지 조사국은 토지 대장 및 지도를 작성하고 토지의 조사 및 측량에 대해서 사정(査定)으로 확정된 사항 또는 재결을 거친 사항을 이에 등록한다.

① 명의상의 주인을 내세우기 어려운 문중 토지의 상당 부분이 조선 총독부에 편입되었다.
② 지주 계층의 사전 강매에 따른 혼란과 유상 분배에 따른 빈농의 어려움이 나타났다.
③ 신고주의 원칙에 상관없이 조선인 지주와 수조권자의 경우 소유권 취득에 실패하였다.
④ 대한 제국 시기에 시행된 토지 조사 결과를 바탕으로 농민의 토지에 대한 여러 권리를 인정하였다.

2016년 서울 9급

04 다음 자료와 관련된 사업에 대한 설명으로 가장 옳지 <u>않은</u> 것은?

> 만약 지주가 정해진 기한 내에 조사국 혹은 조사국 출장소원에게 신고 제출을 게을리하거나 신고를 제출하지 아니하는 때는 당국에서 이 토지에 대해 지주의 소유권 유무 등을 심사하여 만약 소유자로 인정하지 못할 경우에는 이 토지를 지주가 없는 것으로 간주하여 당연히 국유지로 편입하는 수단을 집행할 것이니, 일반 토지 소유자는 고시에 의한 신고 제출을 게을리하지 말도록 하였더라.
>
> – '매일신보'–

① 소유권 분쟁을 인정하지 않아 분쟁은 발생하지 않았다.
② 명의상의 주인을 내세우기 어려운 동중·문중 토지의 상당 부분이 조선 총독부의 소유가 되었다.
③ 한·일 병합 조약이 체결된 직후 신속하게 사업이 시작되었다.
④ 사업의 결과 조선 총독부의 재정 수입이 크게 증가하였다.

2016년 소방

05 다음에 제시된 법령이 시행될 당시의 사실로 옳은 것은?

> • 회사의 설립은 조선 총독의 허가를 받아야 한다.
> • 조선 외에서 설립한 회사가 조선에 본점이나 지점을 설립하고자 할 때는 조선 총독의 허가를 받아야 한다.
> • 회사가 본령이나 혹 본령에 의거하여 발하는 명령과 허가 조건에 위반하거나 또는 공공질서와 선량한 풍속에 반하는 행위를 할 때 조선 총독은 사업의 정지, 지점의 폐쇄, 또는 회사의 해산을 명한다.

① 일본에서 들여온 차관 1,300만원을 갚자는 국채 보상 운동이 전개되었다.
② 조선어 교과를 완전히 폐지하였다.
③ 국산품 애용을 외치는 물산 장려 운동이 전개되었다.
④ 헌병이 경찰 임무를 대행하는 헌병 경찰제가 시행되었다.

02 1920년대 식민 통치와 경제 수탈

[1] 문화 통치 시기부터는 문관 출신도 조선 총독에 임명되었다. O | X
[2] 치안 유지법은 1910년대 식민지 수탈 체제 구축 노력의 일환이었다. O | X
[3] 일본의 안정적 식량 공급을 위해 1920년부터 산미 증식 계획을 추진하였다. O | X
[4] 1920년부터는 회사 설립을 허가제로 운영하였다. O | X

06 다음 중 문화 정치 시기에 있었던 사실이 아닌 것은?

① 문관 출신의 총독을 파견하여 통치하였다.
② 산미 증식 계획으로 식량을 수탈하였다.
③ 민족 신문의 발행을 허가하였다.
④ 보통 경찰제를 실시하였다.

07 다음은 조선 총독 사이토의 '시정 방침 훈시' 내용 중 일부이다. 이와 같은 시정 방침이 나오게 된 배경으로 옳은 것은?

> 관제 개정의 취지는 금상폐하의 은혜로운 조칙이 밝힌 바와 같이 한 · 일 병합의 본뜻에 기초하여, 누구나 적당한 자리를 찾아 생을 영위하고, 밝고 즐거운 혜택을 누리도록 시세에 맞게 제도를 정하여 편리하게 이용하려는 데 그 목적이 있다. 이 뜻에 따라 총독은 문 · 무관 어느 쪽이라도 임용될 수 있는 길을 열고, 나아가 헌병에 의한 경찰 제도를 폐지하고, 보통 경찰관에 의한 경찰 제도를 채택한 것이다. 그리고 복제를 개정하여 일반 관리 · 교원의 금테 제복과 착검을 폐지하고, 조선인의 임용 및 대우에 더 많은 고려를 하고자 한다.

① 일제의 무단 통치에 대항하여 거족적인 만세 운동이 전개되었다.
② 일제는 대동아 공영권을 내세우며, 식민지 조선의 인적 · 물적 자원을 수탈하였다.
③ 한 · 일 신협약이 체결되자 대한 제국 군인들은 일제의 침략에 맞서 무력으로 저항하였다.
④ 비타협적 민족주의 계열과 사회주의 계열이 민족 유일당 운동을 전개하였다.

2015년 지방 9급

08 1920년대 산미 증식 계획에 대한 설명으로 옳은 것은?

① 춘궁 퇴치 · 자력갱생 등을 내세웠다.
② 쌀 · 잡곡에 대한 배급 제도와 공출 제도가 실시되었다.
③ 소작농을 보호한다는 명목으로 소작 조정령을 발표하였다.
④ 공업화로 인한 일본의 식량 부족 문제를 해결하고자 실시하였다.

09 (가) 정책이 시행된 시기에 있었던 일제의 식민 통치 모습으로 옳은 것은?

> 더 많은 쌀을 일본으로 가져가기 위해 추진된 (가) 정책으로 말미암아 소작농들은 수리 조합비나 비료 대금을 비롯한 각종 비용 부담이 늘어나자 · 소작농 가운데 토지를 잃고 소작농이나 화전민으로 전락하는 농민들이 많아졌다.

① 조선어 교육을 폐지하였다.
② 징병과 징용을 실시하였다.
③ 조선어 학회를 강제로 해산시켰다.
④ 회사령이 폐지되어 일본 자본의 침투가 증가하였다.

03 1930년대 이후 식민 통치와 경제 수탈

[1] 일제는 세계 대공황의 위기를 타개하기 위해 대륙 침략을 본격화하였다. O | X

[2] 1930년대 전쟁이 확대되면서 일제는 병참 기지화 정책과 남면북양 정책 등을 추진하였다. O | X

[3] 일제는 1938년 국가 총동원법을 발표한 이후 전쟁 수행을 위한 인적 · 물적 자원 수탈을 강화하였다. O | X

10 다음 설명을 내용으로 하는 일제의 식민지 지배 정책은?

> 1. 농민에게 식량을 지급하고 농촌의 경제적 향상을 도모한다는 명목으로 1932년경부터 추진되었다.
> 2. 일제의 수탈로 궁핍화된 농민들이 소작 쟁의 등의 형태로 저항하는 상황에 대응하여 마련하였다.
> 3. 농촌이 피폐해진 원인을 농민 자신의 게으름, 낭비벽, 무식함에 있는 것처럼 돌렸다.
> 4. 자작농지 설정 사업, 조선 소작 조정령, 조선 농지령 등 개량적인 토지 정책을 추진하였다.

① 토지 조사 사업　② 산미 증식 계획
③ 농촌 진흥 운동　④ 브나로드 운동

2015년 지방 9급

11 다음 법이 공포된 이후 나타난 일제의 지배 정책에 대한 설명으로 옳지 않은 것은?

> 제4조 정부는 전시에 국가 총동원상 필요할 때에는 칙령이 정하는 바에 따라 제국 신민을 징용하여 총동원 업무에 종사하게 할 수 있다.

① 마을에 애국반을 편성하여 일상생활을 통제하였다.
② 일본식 성과 이름으로 고치는 창씨개명을 시행하였다.
③ 여성에게 작업복인 '몸뻬'라는 바지의 착용을 강요하였다.
④ 토지 현황 파악을 위해 전국적으로 토지 소유권을 조사하였다.

12 다음 법령이 실시되었던 시기에 일제가 실시한 정책을 〈보기〉에서 고른 것은?

> 제1조 : 국가 총동원이란 전시에 국방 목적을 달성하기 위해 국가의 전력을 가장 유효하게 발휘하도록 인적 및 물적 자원을 운용하는 것이다.
> 제4조 : 정부는 전시에 국가 총동원상 필요할 때에는 칙령이 정하는 바에 따라 제국 신민을 징용하여 총동원 업무에 종사하게 할 수 있다.
> 제8조 : 정부는 전시에 국가 총동원상 필요할 때에는 칙령이 정하는 바에 따라 물자의 생산, 수리, 배급, 양도, 기타의 처분, 사용, 소비, 소지 및 이동에 관하여 필요한 명령을 내릴 수 있다.

〈보 기〉

ㄱ. 한글을 사용하는 신문과 잡지를 강제 폐간시켰다.
ㄴ. 소학교 대신 국민학교라는 명칭을 사용하도록 하였다.
ㄷ. 조선 태형령을 제정하여 시행하였다.
ㄹ. 사회주의자들을 탄압하기 위해 치안 유지법을 만들었다.

① ㄱ, ㄴ　② ㄱ, ㄹ
③ ㄴ, ㄷ　④ ㄷ, ㄹ

2015년 소방

13 다음 시기에 나타나는 역사적 사실로 옳은 것은?

> (가) '일본과 조선은 하나다.'라는 명분으로 일본인들은 조선인들을 동화시켰다.
> (나) 일본 황제 폐하에게 충성을 다하자는 황국 신민 서사를 암송하였다.

① 태형령이 발표되어 조선인에 한해 적용되었다.
② 회사 설립이 신고제에서 허가제로 바뀌었다.
③ 조선일보, 동아일보 등의 신문 발행이 허가되었다.
④ 일제에 의해 조선어 학회가 해산되었다.

14 다음 중 일제의 경제 침탈에 대한 설명으로 가장 적절하지 않은 것은?

① 1910년대 시작된 토지 조사 사업은 토지의 소유권, 토지 가격, 지형 및 용도를 조사한 것으로, 토지에 대한 지주의 권리와 농민의 경작권을 함께 인정하였다.
② 1920년대 산미 증식 계획은 더 많은 쌀을 일본으로 가져가기 위해 추진되었으며, 수리 시설의 확대와 품종 교체, 화학 비료 사용 증가 등을 통해 이루어졌다.
③ 1930년대 이후 일제는 일본을 발전된 공업 지역으로, 만주를 농업과 원료 생산 지대로 만들고, 한반도를 경공업 중심의 중간 지대로 만들기 위해 조선 공업화 정책을 펼쳤다.
④ 1940년대 전시 동원 체제하에서 세금을 늘리고 저축을 강요하여 마련된 자금은 군수 기업에 집중 지원되었다.

15 다음 중 일제의 식민 통치에 대한 서술을 시대 순으로 바르게 나열한 것은?

> ㄱ. 재판 없이 태형을 가할 수 있는 즉결 처분권을 헌병 경찰에게 부여하였다.
> ㄴ. 한반도를 대륙 침략을 위한 병참 기지로 삼았다.
> ㄷ. 국가 총동원법을 발표하여 인적 · 물적 자원의 수탈을 강화하였다.
> ㄹ. 사상 통제와 탄압을 위하여 고등 경찰 제도를 실시하였다.

① ㄱ – ㄴ – ㄷ – ㄹ
② ㄱ – ㄹ – ㄴ – ㄷ
③ ㄹ – ㄱ – ㄴ – ㄷ
④ ㄹ – ㄱ – ㄷ – ㄴ

02 3 · 1 운동과 대한민국 임시 정부

(V 일제의 강점과 민족 운동의 전개)

출제빈도 

1 1910년대 항일 독립운동

꼭 기억해야 할 연표

- 1912 독립 의군부 결성
- 1914 대한 광복군 정부 설립
- 1915 대한 광복회 결성
- 1919 3 · 1 운동, 대한민국 임시 정부 수립
- 1923 국민 대표 회의 개최

1 1910년대 국내 비밀 결사

(1) **독립 의군부**(1912) 기출

① **임병찬**이 고종의 밀지를 받아 조직하였고, **복벽주의**를 목표로 하였다.

② 일본 총리와 조선 총독에게 국권 반환 요구서를 보내려고 계획하던 중 조직이 발각되어 해체되었다.

(2) **대한 광복회**(1915) 기출

① 풍기의 광복단과 조선 국권 회복단의 일부가 통합되어 결성되었다.

② **공화정을 지향**하였고, **박상진**과 채기중을 중심으로 **군대식으로 조직**되었다.

③ 군자금을 모금하여, 만주에 사관 학교를 설립하고자 하였다.

(3) 기타 : 대한 광복회의 토대가 된 조선 국권 회복단, 여성 단체인 송죽회, 조선 국민회(하와이 대조선 국민 군단의 국내 지부 성격) 등이 있었다.

사료 돋보기 — 대한 광복회 강령

우리는 대한의 독립된 국권을 광복하기 위하여 우리의 생명을 희생(犧牲)에 바침은 물론, 우리가 일생의 목적을 달성하지 못할 때에는 자자손손이 계승하여 원수 일본을 완전히 몰아내고 국권을 광복하기까지 절대 변하지 않고 한마음으로 힘을 다할 것을 천지신명께 맹세함.

1. 부호의 의연 및 일본인이 불법 징수하는 세금을 압수하여 무장을 준비한다.
2. 만주에 사관 학교를 설치하여 독립 전사를 양성한다.
3. 중국, 러시아 등에 의뢰하여 무기를 구입한다.
4. 무력이 준비되는 대로 일본인 섬멸전을 진행하여 최후 목적을 달성한다.

분석 대한 광복회는 경북 풍기의 광복단(중심인물 : 채기중)과 대구의 조선 국권 회복단(대표 인물 : 박상진)의 인사들이 힘을 합쳐 결성한 조직이다. 의병 운동 계열과 애국 계몽 운동 계열이 모두 참여하였으며, 민주 공화국을 지향하였다.

심화 플러스 — 대한 광복회 강령과 활동

대한 광복회 강령에는 독립 전쟁을 통해 국권 회복을 추구하는 모습이 잘 드러나 있다. 이를 위해 국내에서 군자금 모금을 위한 다양한 활동을 전개하였다. 의연금 협조를 거부하는 경북 칠곡의 부호 장승원, 충남 아산 도고 면장 박용하 등을 처단하였으며, 경주에서 세금 수송차를 탈취하기도 하였다.

● **임병찬**
최익현과 함께 을사의병을 일으켰다가, 쓰시마 섬에 유배되었다. 이후 독립 의군부를 조직하고 의병 봉기를 준비하였으나 체포되어 거문도에 유배, 순국하였다.

● **복벽주의**
나라를 되찾아 임금을 다시 세우겠다는 주장으로, 대한 제국의 회복을 추구하는 독립운동 이념이다.

● **송죽회**
평양 숭의 여학교 여교사와 여학생들이 조직한 단체로서, 독립군 가족 돌보기와 실력 양성 운동을 추구하였다.

2 1910년대 국외 민족 운동 기출

(1) 만주 지역의 항일 운동

서간도 : 삼원보	• 신민회 인사들(이회영, 이시영, 이상룡 등)이 세운 독립군 기지로서 자치 기관인 경학사(이후 부민단, 한족회로 발전)를 조직하였다. • 신흥 무관 학교(1911~1920)를 세워 독립군 간부를 양성하였다.
북간도	• 중광단은 대종교계가 설립한 무장 단체이며, 3 · 1 운동 이후 북로 군정서로 발전하였다. • 간민회 등의 자치 기관과 서전서숙(1906, 이상설), 명동 학교(1907, 김약연) 등 많은 학교가 설립되었다. • 러시아와 만주 접경 도시인 밀산 지역에는 이상설 등에 의해 독립군 기지인 한흥동이 만들어졌다.

● 신흥 무관 학교

이회영, 이상룡 등이 남만주(서간도) 삼원보에 설립하였다. 신흥 강습소로 출발하여 신흥 중학교, 신흥 무관 학교로 개편되었고, 3,000명 이상의 졸업생을 배출하였다. 졸업생 중에는 의열단, 한국광복군 등에 참여하여 무장 독립 전쟁의 중추적 역할을 한 독립지사들이 많다.

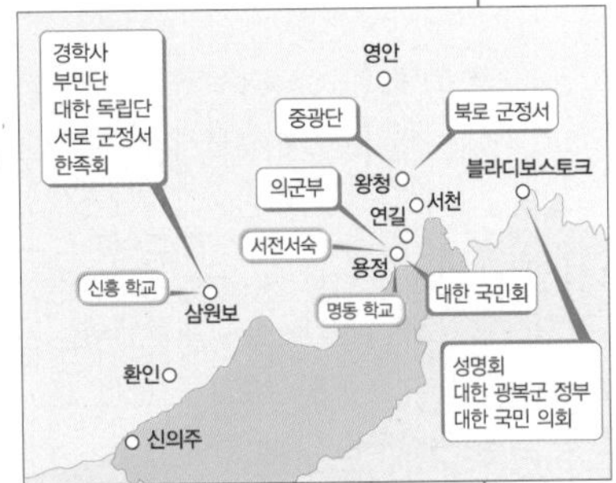

▲ 1910년대 만주와 연해주의 독립운동

(2) 연해주의 항일 운동

① 13도 의군과 성명회

㉠ 1910년 이범윤, 유인석 등을 중심으로 13도 의군이 결성되어 국내 침투 작전이 계획되었다.

㉡ 1910년 이상설을 중심으로 성명회가 설립되었다. 성명회는 선언에서 '광복의 그 날까지 피의 투쟁을 다짐한다.'고 역설하였다.

② 블라디보스토크 교외에 독립운동 기지인 신한촌이 건설되었고, 자치 기관인 권업회(1911)가 조직되었다.

③ 대한 광복군 정부(1914)

㉠ 권업회(1911)를 모체로 블라디보스토크에 이상설, 이동휘를 정 · 부통령으로 하는 망명 정부를 수립하였다.

㉡ 대한민국 임시 정부가 수립될 수 있는 토대가 되었다.

(3) 중국 본토의 항일 운동(주로 상하이 중심)

동제사(1912)	신규식, 박은식을 중심으로 결성되었고, 이후 박달학원을 설립하였다(1913).
대동보국단(1915)	신규식, 박은식이 만든 단체로, 잡지 '진단'을 발간하였다.
신한 청년당(1918)	김규식을 파리 강화 회의에 파견하였다.

(4) 미주 지역의 항일 운동

대한인 국민회 (국민회, 1910)	• 이승만, 박용만, 안창호 등이 주도하여 하와이의 한인 합성 협회와 미주의 공립 협회를 통합하여 조직하였다. • 국권 회복의 방법으로 독립 전쟁을 지향하는 세력(박용만), 실력 양성 세력(안창호), 외교를 통한 독립 청원 세력(이승만)으로 분열되었다.
흥사단(1913)	샌프란시스코에서 안창호가 설립한 실력 양성 운동 단체이다.
대조선 국민군단 (1914)	하와이에서 박용만을 중심으로 결성된 무장 단체로서 항일 투쟁을 위한 군대를 양성하였다.

● 숭무 학교

미주 지역에서 1910년 이근영, 양귀선, 조병하, 이순근 등이 멕시코 메리다(Merida) 중심지에 한인 무관 양성 학교인 숭무 학교를 건립하였다.

핵심만 정리하자

▶ 1910년대 국내 항일 운동

단체	활동
독립 의군부	• 조직 : 임병찬이 고종의 지시를 받아 조직 • 목표 : 국권 회복과 황제 복위(복벽주의) • 활동 : 일본 내각 총리대신과 조선 총독에게 국권 반환 요구서 서신 발송 추진, 의병 전쟁 계획 → 지도부의 체포로 실패
대한 광복회	• 조직 : 군대식 조직으로 결성(총사령 : 박상진) • 목표 : 독립 전쟁을 통한 국권 회복과 공화정 추구 • 활동 : 만주에 무관 학교를 설립하기 위해 군자금 모금

▶ 1910년대 국외 항일 운동

지역	주요 단체
서간도	• 신민회 인사들을 중심으로 독립군 기지인 삼원보 개척 • 자치 기관인 경학사(부민단, 한족회로 발전) 설치 → 신흥 강습소(신흥 무관 학교로 발전)
북간도	• 교육 기관 : 서전서숙, 명동 학교 • 무장 단체 : 대종교 계열이 중심이 되어 중광단 조직(→ 북로 군정서로 발전)
연해주	• 신한촌 건설, 권업회(→ 대한 광복군 정부로 발전 : 이상설, 이동휘) • 전로 한족회 중앙 총회(대한 국민 의회로 발전)
상하이	동제사, 대동보국단, 신한 청년당(김규식을 파리 강화 회의에 파견)
미주 지역	대한인 국민회, 흥사단(안창호), 대조선 국민군단(박용만)

2 3 · 1 운동과 대한민국 임시 정부

1 3 · 1 운동

(1) 3 · 1 운동의 배경

① 국외적 배경

㉠ 제1차 세계 대전(1914~1918)과 러시아 혁명(1917)으로 변화된 세계정세는 민족 문제에 대한 자각을 높이고, 여러 지역에서 피압박 약소민족의 해방을 고무시켰다.

㉡ 1918년 미국 대통령 윌슨이 한 민족이 그들 국가의 독립 문제를 스스로 결정짓게 하자는 민족 자결주의를 제창하였고, 이는 식민지와 비식민지 민족들을 크게 고무시켰다.

㉢ 우리 독립운동 세력들은 대동단결 선언(1917)과 무오 독립 선언서 발표(1918), 도쿄 유학생들이 중심이 된 2 · 8 독립 선언(1919)을 통해 항일 운동의 역량을 결집시키려 하였다.

② 국내적 배경 : 1919년 1월 21일 고종이 승하하자 독살설이 유포되어 우리 민족을 분노케 하였다.

● 제1차 세계 대전

오스트리아 – 헝가리 제국의 황태자 부부가 세르비아 청년에게 암살당한 사라예보 사건을 계기로 독일, 오스트리아 – 헝가리 제국, 오스만튀르크 제국 등의 동맹국과 영국, 프랑스, 러시아, 미국, 일본 등 연합국 간의 세계 대전이 일어났다.

● 러시아 혁명

레닌이 이끄는 혁명군은 차르 체제를 붕괴시키고 '소비에트 사회주의 공화국 연방(소련)'을 수립하였다.

사료 돋보기 **3 · 1 운동 이전 주요 선언문**

❶ 대동단결 선언(1917)

융희 황제가 삼보(영토, 인민, 주권)를 포기한 경술년(1910) 8월 29일은 즉 우리 동지가 이를 계승한 시점이다. 우리 동지는 완전한 상속자니 저 황제권 소멸의 때가 즉 민권 발생의 때요, 구한국의 마지막 날은 신한국 최초의 날이니, 무슨 까닭인가. 우리 대한은 과거 이래로 한인(韓人)의 한(韓)이다. 한인 사이에 주권을 주고받는 것은 역사상 불문법의 국헌(國憲)이오. 비 한인에게 주권 양여는 근본적 무효이며, 한국의 국민성이 절대 불허하는 바이다. 고로 경술년 융희 황제의 주권 포기는 즉 우리 국민 동지에 대한 묵시적 선위이니, 우리 동지는 당연히 삼보를 계승하여 통치할 특권이 있고, 또 대통을 상속할 의무가 있도다.

❷ 대한 독립 선언서(무오 독립 선언서)

봉기하라! 독립군아 일제히 독립군은 천지를 휩쓸라. 한 번 죽음은 인간의 면할 수 없는 바이니, 개, 돼지와 같은 일생을 누가 구차히 도모하겠는가? 살신성인하면 2천 만 동포는 하나 되어 부활하니 어찌 일신을 아끼며 집안 재산을 바쳐 나라를 되찾으면 3천리 옥토는 자기의 소유이니 어찌 일가의 희생이 아까우랴 …… 국민의 본령을 자각한 독립임을 기억하고, 동양의 평화를 보장하고, 인류의 평등을 실시하기 위한 자립임을 명심하여 하늘의 명령을 받들고, 일체의 못된 굴레에서 해탈하는 건국임을 확신하여 육탄 혈전으로 독립을 완성하라.

❸ 2 · 8 독립 선언서

오족(吾族)은 생존의 권리를 위하여 온갖 자유행동을 취하여 최후의 일인까지 자유를 위한 열혈을 유(流)할지니 오족은 일본에 대하여 영원히 혈전을 선언하노라 …… 자(玆)에 오족은 일본이나 혹은 세계 각국이 오족에게 단결의 기회를 여하기를 요구하니, 만일 불연이면 오족은 생존을 위하야 자유의 행동을 취하야 이로써 독립을 기성하기를 선언하노라.

분석

❶ 1917년 7월 조소앙, 신석우, 한진교 등이 박은식, 신채호, 박용만 등의 지도를 받아 대동단결 선언을 만들어 각지의 독립운동 세력에게 보냈다. 이들은 국민 주권설에 따른 공화정의 이념을 바탕으로 임시 정부를 세우기 위해 민족 대회를 열자고 요구하였다.

❷ 우리나라 최초의 독립 선언서인 무오 독립 선언서는 만주 지린에서, (주로 중광단 인사를 중심으로) 독립운동가 39명의 이름으로 발표되었다. 정식 이름은 대한 독립 선언서이며, 조소앙이 집필하였다.

❸ 2 · 8 독립 선언은 도쿄 유학생 최팔용 등이 중심이 되어 발표하였으며, 선언문은 이광수가 작성하였다. 여기에서 일제의 강점은 우리 민족의 의사에 반하여 결정된 것임을 분명히 하고, 파리 강화 회의에서 제기된 민족 자결주의 원칙을 우리 민족에게 적용해 줄 것을 요구하였다.

(2) 3 · 1 운동의 전개 과정 기출

① 1919년 3월 1일 인사동 태화관에 모인 민족 대표들은 독립을 선언하고, 만세를 부른 후 일본 정부와 의회, 미국의 윌슨 대통령, 파리 강화 회의의 각국 대표들에게 독립 선언서와 청원서를 송부하였다(이후 자진 체포).

② 파고다 공원(현재의 탑골 공원)에 운집한 학생들은 독립 선언서를 낭독하고, 만세 운동을 전개하였다.

③ 일본군은 시위 군중을 대량으로 살상하고, 수원 화성 인근의 제암리에서 집단 학살을 자행하기도 하였다.

④ 만세 시위가 주요 도시로부터 전국 농촌 각지로 확산되는 과정에서 무력 투쟁적 양상이 나타났다.

● 제암리 학살 사건

(1919년 4월 16일) 그들(선교사들과 각국 외교관)은 이야기로 듣던 것보다 훨씬 더 참혹한 장면을 목격하였다. 제암리 교회 터에는 재와 숯처럼 까맣게 타버린 시체뿐이었고, 타들어간 시체 냄새로 속이 메슥거릴 정도였다. 곡식 창고와 가축들도 같이 타 버렸다.

– 노블, "3·1 운동, 그날의 기록" –

제암리 학살 사건은 3 · 1 운동 당시 일제의 무자비한 탄압을 단적으로 보여 주는 대표적 사례이다.

사료 돋보기 **기미 독립 선언문(공약 3장)**

1. 금일 오인(吾人)의 이번 거사는 정의, 인도, 생존, 존영을 위하는 민족적 요구이니 오직 자유적 정신을 발휘할 것이요, 결코 배타적 감정으로 일주(逸走, 도망쳐 달아남)하지 말라.
2. 최후의 일인, 최후의 일각까지 민족의 정당한 의사를 쾌히 발표하라.
3. 일체의 행동은 가장 질서를 존중하여 오인의 주장과 태도로 하여금 어디까지든지 광명정대하게 하라.

분석

민족 대표들은 민족 자결주의로 상징되는 국제 정세의 변화를 주목하여, 비폭력 평화 시위를 통해 민족의 독립 의지를 전 세계에 알림으로써 국제 사회의 지지를 얻어 독립하고자 하였다.

● 독립 선언서

기미 독립 선언서는 최남선이 작성하였으나, 공약 3장은 한용운이 덧붙였다.

(3) 3 · 1 운동의 결과 기출

① 민족의 독립을 위한 열망을 세계에 과시하였고, 이후 아시아 약소 국가의 독립운동에 영향을 주었다(중국의 5 · 4 운동, 인도의 비폭력 · 무저항 민족 운동, 중동 지방의 민족 운동 등).

② 대한민국 임시 정부 수립의 계기를 마련하였다.

③ 3 · 1 운동은 만주, 용정, 연해주, 미주, 일본 등으로 전파되어 우리 민족의 독립 의지를 세계 각 지역에 알렸다.

④ 일제는 무단 통치에서 문화 통치로 식민 정책을 바꾸었다.

⑤ 국내에서는 학생, 노동자, 농민들의 사회적 의식이 높아져 향후 다양한 민족 운동이 나타날 수 있는 계기가 되었다.

사료 돋보기 **중국의 5 · 4 운동**

조선은 독립을 꾀하여 "독립하지 못하면 차라리 죽겠다."라고 하였다. 모름지기 국가가 망하고 영토를 넘겨주어야 하는 문제가 눈앞에 닥쳐도 국민이 큰 결심을 하여 끝내 떨쳐 일어서지 않는다면, 이는 20세기 열등 민족이며, 인류의 대열에 서 있다고 말할 수도 없다. …… 중국이 살아남느냐 망하느냐 하는 것이 오직 이번 일에 달려 있다.

– 전체 학생 천안문 선언, 1919. 5. 4. –

분석

중국의 5 · 4 운동은 3 · 1 운동의 영향을 받아 일어난 운동으로, 두 운동 모두 반제국주의 운동이었으며, 근대 국가 수립 운동이었다.

● 한성 정부

1919년 4월 13도 대표가 서울에 모여 민주 공화제의 한성 정부를 조직해 발표하였다. 집정관 총재에는 이승만, 국무총리 이동휘, 내무총장에는 이동녕이 선임되었다.

● 대한 국민 의회

러시아 혁명이 일어나자 블라디보스토크의 신한촌에서 2천여 명의 회원이 전로 한족회 중앙 총회를 조직하였다(1917. 10.). 제1차 세계 대전이 끝나고 전후 문제를 처리하기 위한 파리 강화 회의가 개최되는 등 새로운 국제 질서가 전개되자, 전로 한족회 중앙 총회를 대한 국민 의회로 개편하게 되었다. 1919년 3월 17일 블라디보스토크에 세워진 대한 국민 의회(노령 임시 정부)는 대통령에 손병희, 부통령에 박영효, 국무총리에 이승만 등을 추대하고, 80여 명의 위원으로 구성되었다.

2 대한민국 임시 정부의 수립과 활동

(1) 대한민국 임시 정부의 출범 기출

① 국내에서 수립된 한성 정부를 중심으로 연해주의 대한 국민 의회를 흡수하여, 상하이에 통합 정부인 대한민국 임시 정부를 수립하였다(1919. 4.).

② 임시 정부는 이승만을 대통령으로 국무총리에 이동휘를 선임하였다.

③ 대한민국 임시 정부는 입법 기관인 임시 의정원, 행정 기관인 국무원, 사법 기관인 법원으로 구성된 우리나라 최초의 삼권 분립에 입각한 민주 공화정체의 정부이다.

▲ 대한민국 임시 정부의 이동

사료 돋보기 대한민국 임시 헌장 선포문

신인일치(神人一致)로 중외협응(中外協應)하여 한성에서 의(義)를 일으킨 이래 …… 국민의 신임으로 완전히 다시 조직한 임시 정부는 항구 완전한 자주독립의 복리로 아(我) 자손여민(子孫黎民)에 세전하기 위하여 임시 의정원의 결의로 임시 헌장을 선포하노라.

제1조 대한민국은 민주 공화제로 한다.
제2조 대한민국은 임시 정부가 임시 의정원의 결의에 의하여 통치한다.
제3조 대한민국의 인민은 남녀 · 귀천 및 빈부의 계급이 없고 일체 평등하다.
제4조 대한민국의 인민은 종교 · 언론 · 저작 · 출판 · 결사 · 집회 · 통신 · 주소 이전 · 신체 및 소유의 자유를 가신다.
제5조 대한민국의 인민으로 공민 자격이 있는 자는 선거권 및 피선거권이 있다.
제6조 대한민국의 인민은 교육 · 납세 및 병역의 의무가 있다.

분석

한성, 의(義), 임시 의정원, 결의, 임시 헌장, 민주 공화제

▼

자료 중 '한성에서 의(義)를 일으켰다.'는 것은 3 · 1 운동을 의미한다. 1919년 4월 상하이에서 조직된 대한민국 임시 정부는 삼권 분립 체제를 갖춘 민주 공화국 정부로 출범하였다.

(2) 대한민국 임시 정부의 개헌 과정

개헌	내용
1차 개헌 (1919. 9. 11.)	대통령 지도제로서 대통령이 국정을 총괄하였다.
2차 개헌 (1925. 4. 7.)	국무령을 수반으로 하는 내각 책임제로 개편되었다.
3차 개헌 (1927. 2. 25.)	행정부를 임시 의정원에 예속시켜 국무위원 중심의 집단 지도 체제로 바뀌었다.
4차 개헌 (1940. 5.)	주석 지도 체제로 개편하며 행정부의 독자적 활동을 보장하였다(주석 : 김구).
5차 개헌 (1944)	주석의 권한을 강화하고, 부주석을 신설하였다(주석 : 김구, 부주석 : 김규식).

(3) 대한민국 임시 정부의 활동 기출

① 연통제 조직
㉠ 임시 정부의 비밀 행정 조직으로 재정을 확보하고, 제정되는 법령이나 공문을 국외로 전파하는 업무를 담당하였다.
㉡ 서울에 총판, 도에 독판을 두었으며, 그 아래 군감 · 면감을 두었다.
㉢ 1921년 일제에 발각되어 해산되었다.
② 교통국 설치 : 국내와의 비밀 연락을 위한 통신 기관인 교통국을 설치하고 정보를 수집하거나 교환하였다.
③ 외교 활동 : 미국에 구미 위원부를 설치하여 이승만을 중심으로 활동하였다.

▲ 대한민국 임시 정부 임시 의정원 신년 축하 기념 사진 (1921)

④ 군자금은 독립 공채를 발행하거나 만주의 이륭 양행과 부산의 백산 상회를 통해 모금하였다.

⑤ 문화 활동

㉠ 독립신문의 창간 : 1919년 8월 21일 '독립'이란 이름으로 창간되어, 10월 25일부터 독립신문으로 고쳐 간행하였다(주필 이광수).

㉡ 관보로 '공보'를 발행하고, 사료 편찬소에서 "한 · 일 관계 사료집"과 박은식의 "한국독립운동지혈사"를 간행하였으며, 구미 위원부에서는 KOREA REVIEW(코리아 리뷰)를 발행하였다.

⑥ 충칭 정부 시대에는 한국 독립당을 결성하고(1940. 7.) 한국광복군을 창설하였다(1940. 9.).

(4) 국민 대표 회의의 개최 기출

① 이승만의 외교 독립론 등 임시 정부가 안고 있던 많은 문제를 해결하기 위하여 임시 정부의 개편이 필요했기 때문에 국민 대표 회의가 개최되었다(1923).

② 임시 정부를 해체하고 새로운 정부를 조직해야 한다는 창조파(대표 인물 : 신채호, 박용만, 문창범)와 임시 정부를 그대로 유지하면서 실정에 알맞게 보완해야 한다는 개조파(대표 인물 : 안창호, 여운형, 이동휘, 김동삼 등)의 주장이 팽팽히 맞서 회의가 결렬되었다.

사료 돋보기 국민 대표 회의 선언(1923. 2. 20.)

본 국민 대표 회의는 이천만 민중의 공정한 뜻에 바탕을 둔 국민적 대화합으로 최고의 권위를 가지고 국민의 완전한 통일을 공고케 하며 광복 대업의 근본 방침을 수립하여 우리 민족의 자유를 회복하며 독립을 완성하고자 하여 이로써 우리 민족의 자유를 만회하며 독립을 완성하기를 기도하고 이에 선언하노라. …… 본 대표 등은 국민이 위탁한 사명을 받들어 국민적 대단결에 힘쓰며, 독립운동이 나아갈 방향을 확립하여 통일적 기관 아래서 대업을 완성하고자 한다.

분석

이승만 중심의 외교 독립론이 한계가 드러나자 독립운동 세력들은 국민 대표 회의를 개최하여 새로운 독립운동 방안을 모색하였다. 그러나 창조파와 개조파의 대립으로 회의는 결렬되었다.

▲ 독립공채

● 이륭 양행

만주의 안동 현에 소재한 영국인 쇼(G. L. Show)가 경영하던 무역상의 대리점으로, 임시 정부는 이륭 양행의 2층에 교통국의 안동 지부를 설치하였고, 이곳에서 국내의 정보를 수집하는 일, 군자금을 전달하는 일 등을 맡아 처리하였다.

● 백산 상회

1914년 대종교 신도였던 부산의 안희제(安熙濟)가 영남 지방 지주들의 자본으로 설립한 회사이다. 국내외 독립운동 단체의 연락처로서 역할을 하였으며, 군자금을 모아 임시 정부에 전달하는 역할을 수행하는 한편 장학 사업과 협동 조합 운동을 전개하였다.

핵심만 정리하자

▶ 대한민국 임시 정부의 활동

비밀 연락망과 군자금 조달	• 연통제 : 임시 정부와 국내를 연결하는 비밀 행정 조직망 • 교통국 : 임시 정부와 국내를 연결하는 교통 · 통신 기관 • 군자금의 조달 : 독립 공채 발행, 이륭 양행과 백산 상회
외교 활동	구미 위원부 설치(이승만의 외교 활동)
문화 활동	• 독립신문 간행 • 사료 편찬소 설립("한 · 일 관계 사료집" 발간)

기출 및 예상 문제

01 1910년대 항일 독립운동

[1] 조선 태형령이 운영되었던 시기에 독립 의군부와 대한 광복회 등의 비밀 결사가 활동하였다. O | X

[2] 일제 강점기 독립군 간부를 양성한 신흥 무관 학교가 설치된 지역은 북간도 지방이다. O | X

[3] 대한 광복군 정부는 연해주에서 설립되었다. O | X

[4] 하와이에서는 1914년 박용만 등에 의해 대조선 국민 군단이 설립되었다. O | X

2015년 국가 9급

01 밑줄 친 ㉠, ㉡에 대한 설명으로 옳은 것은?

> 일제의 가혹한 탄압으로 독립운동은 큰 제약을 받게 되었다. 그러나 그러한 제약 속에서도 비밀 결사의 형태로 독립운동 단체가 결성되었다. ㉠ 독립 의군부와 ㉡ 대한 광복회는 모두 이러한 비밀 결사 단체였다.

① ㉠은 공화국의 건설을 목표로 하였다.
② ㉡은 고종의 비밀 지령을 받아 조직되었다.
③ ㉠과 ㉡은 모두 1910년대 국내에서 결성된 단체이다.
④ ㉠은 박상진을 중심으로, ㉡은 임병찬을 중심으로 한 조직이었다.

02 1910년대 국내 민족 운동의 상황으로 옳지 않은 것은?

① 여성 단체인 송죽회가 활동하였다.
② 유림이 중심이 된 비밀 결사로는 독립 의군부가 대표적이다.
③ 대구에서 서상일 등이 조선 국권 회복단을 조직하여 만주와 연해주의 독립 단체와 연결되었다.
④ 공화주의를 표방하며 독립군 양성을 목적으로 군자금 모집, 친일 부호를 처단한 대표적 비밀 결사는 자립단이다.

03 다음에서 설명하고 있는 지역은?

> • 대한 광복군 정부가 수립되었다.
> • 권업회(勸業會)가 조직되어 항일 투쟁을 전개하였다.
> • 3 · 1 운동 이후 대한 국민 의회가 결성되어 독립운동의 새로운 방향을 모색하였다.

① 연해주　② 북간도
③ 밀산부　④ 미주

04 밑줄 친 '여러 단체와 기관'에 해당하지 않는 것은?

> 1907년 설립된 신민회 회원들은 1909년 말 이후 일본의 한국 병합이 목전에 있다고 보고, 국외로 나가 독립운동을 전개할 필요가 있다는 데 의견을 같이하였다. 이에 따라 신민회 회원들은 1910년 초 이후 국외로 나가기 시작하였다. 신민회의 이회영, 이시영, 이상룡 등은 1911년 압록강 건너 서간도로 옮겨가 삼원보에 자리 잡았다. 이들은 여러 단체와 기관을 설립하여 독립운동 기지 건설 운동을 전개하였다.

① 경학사　② 권업회
③ 부민단　④ 신흥 무관 학교

05 다음의 밑줄 친 '이 지역'과 관련된 것은?

> 우리 민족은 이 지역에 19세기 후반에 본격적으로 이주하였다. 일제는 독립군 기지를 없앤다는 구실로 마을을 불태우고 학살하여 많은 동포들이 피살되었다.

① 대한인 국민회　② 대한 광복군 정부
③ 신한 청년당　④ 삼원보

02 3 · 1 운동과 대한민국 임시 정부

[1] 1919년 3월 1일 탑골 공원에서 수많은 학생들과 시민들이 모여든 가운데, 민족 대표 33인은 독립 선언서를 낭독하였다. O X

[2] 1923년 임시 정부의 방향성을 논의하기 위해 국민 대표 회의가 소집되었다. O X

[3] 임시 정부의 3차 개헌에서는 국무령 중심의 내각 책임제로 개편되었다. O X

06 다음은 3 · 1 운동의 전개 과정을 나타낸 것이다. 이에 대한 설명으로 옳은 것은?

(가) 1단계 : 민족 대표 중심의 시위 점화
(나) 2단계 : 도시 중심 확산, 청년 학생 중심, 상인 · 노동자 가세
(다) 3단계 : 농촌 및 산간벽지로 확산, 농민들의 적극 참여

① (가) 시기부터 본격적인 무력을 동원한 시위운동이 전개되었다.
② (나) 시기에도 민족 대표들이 꾸준히 운동을 시도하였다.
③ (다) 시기에는 2 · 8 독립 선언서의 영향으로 운동이 확산될 수 있었다.
④ (다) 시기에 농민이 적극 참여한 것은 토지 조사 사업 등 일제의 수탈 때문이었다.

07 3 · 1 운동의 영향으로 옳은 것은?

① 신분제가 폐지되었다.
② 강화도 조약이 체결되었다.
③ 위정척사 운동이 전개되었다.
④ 일제가 식민 통치 방식을 문화 통치로 바꾸었다.

2014년 국가 9급

08 다음은 박은식이 저술한 "한국독립운동지혈사"의 일부분이다. 여기에서 언급된 사건과 관련된 설명으로 옳지 않은 것은?

만세 시위가 확산되자, 일제는 헌병 경찰은 물론이고 군인까지 긴급 출동시켜 시위 군중을 무차별 살상하였다. 정주, 사천, 맹산, 수안, 남원, 합천 등지에서는 일본 군경의 총격으로 수십 명의 사상자를 냈으며, 화성 제암리에서는 전 주민을 교회에 집합, 감금하고 불을 질러 학살하였다.

① 일제는 무단 통치를 이른바 문화 통치로 바꾸었다.
② 독립운동의 중요한 분기점이 된 대규모의 만세 운동이었다.
③ 세계 약소민족의 독립운동에도 커다란 자극을 주었다.
④ 파리 강화 회의에 신규식을 대표로 파견하여 이 사건의 진상을 널리 알렸다.

2016년 소방

09 다음 중 대한민국 임시 정부에 대한 설명으로 옳지 않은 것은?

① 국내와의 연락을 위해 연통제와 교통국을 운영하였다.
② 미국에 구미 위원부를 두어 외교 활동을 전개하였다.
③ 삼권 분립을 표방한 민주 공화정의 형태를 띠었다.
④ 1923년 개최된 국민 대표 회의 결정에 따라 주석제로 개편되었다.

10 다음은 대한민국 임시 정부 각 기관들의 역할에 대한 설명이다. 바르게 연결한 것은?

> ㄱ. 임시 정부의 통신 기관으로 정보의 수집과 분석, 교환 및 연락 업무를 담당하였다.
> ㄴ. 임시 정부와 국내를 연결하기 위한 비밀 연락망으로 당시 행정 조직에 따라 도, 군, 면 단위로 설치하였다.
> ㄷ. 1919년 이승만을 중심으로 미국 워싱턴에 설치한 외교 기관이다.

	ㄱ	ㄴ	ㄷ
①	연통제	구미 위원부	교통국
②	교통국	연통제	구미 위원부
③	구미 위원부	연통제	교통국
④	교통국	구미 위원부	연통제

11 다음 사건 이후 전개된 대한민국 임시 정부의 활동으로 옳은 것은?

> 대한민국 임시 정부는 충칭에서 광복군을 창립하였다. 총사령에는 지청천, 참모장에는 이범석이 임명되었다.

① 대한민국 건국 강령을 공포하였다.
② 국무령 중심의 내각 책임제를 채택하였다.
③ 구미 위원부를 설치하였다.
④ 국민 대표 회의를 소집하였다.

2015년 서울 9급

12 밑줄 친 '이 단체'에 대한 설명으로 옳지 않은 것은?

> 대한민국 임시 정부에서는 만주 지역의 독립군과 각처에 산재해 있던 무장 투쟁 세력을 모아 충칭에서 이 단체를 창설하였다.

① 김원봉이 이끄는 조선 의용대의 일부를 통합하여 군사력을 증강하였다.
② 초기에는 중국 군사 위원회의 지휘와 간섭을 받았다.
③ 중국의 화북 전선에서 일본군에 대항하여 팔로군과 연합 작전을 전개하였다.
④ 중국 주둔 미국 전략 정보국(OSS)과 합작하여 국내 진공 작전을 계획하였으나 실현되지 못하였다.

13 밑줄 친 '우리 부대'에 대한 설명으로 옳은 것은?

> 이번 연합군과의 작전에 모든 운명을 거는 듯하였다. 주석(主席)과 우리 부대의 총사령관이 계속 의논하는 것을 옆에서 들었기 때문에 더욱 일의 중대성을 절감하였다. 드디어 시기가 온 것이다! 독립 투쟁 수십 년에 조국을 탈환하는 결정적 시기가 온 것이다. 이때의 긴장감은 내가 일본 군대를 탈출할 때와는 다른 긴장감이었다. 목적은 같으나 그때는 막연한 미지의 세계에 뛰어드는 것이었지만 이번에는 분명히 조국으로 가는 것이 아닌가?
>
> -"장정"-

① 중국 공산군과 함께 화북에서 항일전을 벌였다.
② 만주에서 중국 의용군과 연합 작전을 수행하였다.
③ 중국 관내에서 조직된 최초 한국인 군사 조직이었다.
④ 인도, 미얀마 전선에서 영국군과 공동 작전을 펼쳤다.

14 **대한민국 임시 정부의 활동 내용으로 옳지 않은 것은?**

① 대한민국 임시 정부는 1921년 제1차 개헌에서 독립운동의 효율을 높이고, 권력 집중을 막기 위해 내각 책임제를 선택하였다.
② 임시 정부의 연통제는 국내외를 연결하는 비밀 행정 조직망이었다.
③ 임시 정부는 상하이에 육군 무관 학교를 설립하여 독립 전쟁을 수행할 초급 지휘관 양성에 노력하였다.
④ 임시 정부는 기관지로 독립신문을 간행하였고, 사료 편찬소를 두어 한·일 관계 사료집을 간행하였다.

15 **다음은 대한민국 임시 정부가 한국 독립당을 결성한 후 제정한 대한민국 건국 강령의 주요 내용이다. 이에 대한 설명으로 옳은 것은?**

- 국가의 독립을 보위하며 민족의 문화를 발양할 것.
- 계획 경제를 확립하여 균등 사회와 행복 사회를 보장할 것.
- 전 민족 정치 기구를 건립하여 민주 공화의 국가 체제를 완성할 것.
- 국비 교육 시설을 완비하여 기본 지식과 필수 기능을 보급할 것.
- 평등 호조를 원칙으로 세계 일가를 실현하도록 할 것.

① 사회주의 계열이 주도하였다.
② 정치, 교육, 경제의 균등을 제시하였다.
③ 국내의 독립운동가들은 이를 반대하였다.
④ 조선 독립 동맹의 정치 이념을 계승하였다.

16 **밑줄 친 부분에 들어갈 내용으로 옳은 것은?**

일제의 중국 침략이 가속화되자 우리나라 독립운동 단체들은 항일 세력을 한 곳으로 모으는 데 힘을 기울였다. 그리하여 민족주의 계열의 세 개 정당을 한국 독립당으로 통합하는 데 성공하였다. 한국 독립당은 김구가 중심이 된 단체로서 대한민국 임시 정부의 집권 정당의 성격을 가졌다. 한국 독립당을 중심으로 한 대한민국 임시 정부는 주석 중심제로 정부 체제를 개편하여 독립 전쟁을 전개할 강력한 지도 체제를 확립하였고, 그 후

____

① 한인 애국단을 조직하였다.
② 국민 대표 회의를 개최하였다.
③ 대한민국 건국 강령을 발표하였다.
④ 광주 학생 항일 운동을 지원하였다.

03

(Ⅴ 일제의 강점과 민족 운동의 전개)

3·1 운동 이후 국내 민족 운동

출제 빈도 상 중 하

꼭 기억해야 할 연표

1926	6·10 만세 운동
1927	신간회 창립
1929	광주 학생 항일 운동
1931	브나로드 운동 시작
1942	조선어 학회 사건

● 브나로드 운동

▲ 브나로드 운동 포스터

브나로드는 러시아 말로 '민중 속으로'라는 뜻이다.

● 민립 대학 설립 운동 취지문

> 우리의 운명을 어떻게 개척할까? 민중의 보편적 지식은 보통 교육으로도 가능하지만 심오한 지식과 학문은 고등교육이 아니면 불가하다. …… 우리의 생존을 유지하며 문화의 창조와 향상을 기도하려면 대학의 설립이 아니고서는 방도가 없다.

일제가 식민지 우민화 교육으로 한국인들의 고등 교육 기회를 제한하자, 식민지 교육의 한계를 극복하고 민족의 실력을 양성하고자 민립 대학 설립 운동이 추진되었다.

1 국내의 다양한 민족 운동 전개

1 민족 실력 양성 운동

(1) 언론 기관의 활동

① 조선일보 : 1929년부터 '아는 것이 힘, 배워야 산다.'라는 표어 아래 문자 보급 운동을 전개하였다.

② 동아일보 : 1931년부터 농촌 계몽 운동인 브나로드 운동을 전개하였다.

(2) 민립 대학 설립 운동

① 이상재, 이승훈 등이 1922년 조선 민립 대학 기성 준비회를 결성하고, '한민족 1천만이 한 사람 1원씩'이라는 구호를 앞세워 전국적인 모금 운동을 추진하였다.

② 일제는 민립 대학 운동을 정치 운동으로 규정하고, 탄압함으로써 결국 실패하였다.

③ 일제는 1924년 경성 제국 대학을 설립하고 소수의 한국인을 입학시켜 친일 관리를 양성하고자 하였다.

(3) 물산 장려 운동 기출

① 1920년 조만식 등은 조선 물산 장려회를 설립하고(1923, 전국 조직체 구성), 토산품 애용('내 살림 내 것으로')과 근검저축 등을 실천 과제로 내세웠다.

② 사회주의자들은 민족 기업의 성장이 일반 민중과는 상관없다는 이유로 비난하였고, 조선 총독부의 탄압도 가중되어 실패하였다.

사료 돋보기 조선 물산 장려회 궐기문

> 내 살림 내 것으로!
> 보아라! 우리의 먹고 입고 쓰는 것이 다 우리의 손으로 만든 것이 아니었다.
> 이것이 세상에 제일 무섭고 위태한 일인 줄을 오늘에야 우리는 깨달았다.
> 피가 있고 눈물이 있는 형제들아, 우리가 서로 붙잡고 서로 의지하여 살고서 볼일이다.
> 입어라! 조선 사람이 짠 것을.
> 먹어라! 조선 사람이 만든 것을.
> 써라! 조선 사람이 지은 것을.
> 조선 사람, 조선 것.

분석

내 살림, 내 것, 조선 사람, 조선 것

▼

1920년 평양에서 시작된 물산 장려 운동은 토산품 애용, 근검저축, 금주 및 금연 운동을 전개하였다. 그러나 사회주의자들은 물산 장려 운동을 부르주아 운동으로 규정하고 비판하였다.

핵심만 정리하자

▶ 실력 양성 운동

물산 장려 운동	목적	민족 자본과 민족 산업 육성을 통한 자립 경제 도모
	전개	평양에서 조선 물산 장려회 설립(조만식) → 전국으로 확대
	구호	'내 살림 내 것으로', '조선 사람 조선 것으로' 주장
	한계	사회주의 계열의 불참과 비판
민립 대학 설립 운동	배경	한국인에게 초등 교육과 실업 교육 위주 → 고등 교육의 필요성 대두
	전개	조선 민립 대학 기성회 조직, 구호 : '한민족 1천만이 한 사람이 1원씩'
	결과	일제의 탄압으로 실패 → 이후 일제는 1924년 경성 제국 대학 설립
문맹 퇴치 운동	문자 보급 운동(1926)	조선일보 주도, '아는 것이 힘, 배워야 산다.'
	브나로드 운동(1931)	동아일보 주도, 학생 계몽대 조직, 한글 강습회 개최

2 학생 운동

(1) 6 · 10 만세 운동(1926) 기출

① 1926년 순종의 인산일(장례식)을 계기로, 사회주의 계열 · 천도교 · 학생 등이 만세 운동을 준비하였다.

② 사회주의 세력의 준비는 사전에 발각되었으나, 학생들을 중심으로 서울 시내 곳곳에서 만세 시위를 벌였다.

③ 의의 : 준비 과정에서 사회주의 세력과 민족주의 세력이 연대함으로써 민족 유일당을 결성할 수 있는 공감대를 형성하였다.

(2) 광주 학생 항일 운동 기출

① 1929년 광주로 가는 통학 열차 안에서 일본 남학생이 조선 여학생을 희롱한 일을 계기로 일어났다.

② 광주 학생들의 비밀 조직이었던 독서회(성진회가 확대 · 개편된 조직)가 주도하여 동맹 휴학이 시작되었고, 전국적으로 확대되었다.

③ 신간회에서는 광주 학생 항일 운동에 대한 진상 조사단을 파견하였으며, 이는 3 · 1 운동 이후 최대 규모의 항일 민족 운동으로 평가된다.

사료 돋보기 광주 학생 항일 운동 때의 격문

학생, 대중이여 궐기하라!
검거된 학생은 우리 손으로 탈환하자.
언론 · 결사 · 집회 · 출판의 자유를 획득하라.
식민지 교육 제도를 철폐하라.
조선인 본위의 교육 제도를 확립하라.
용감한 학생, 대중이여!
최후까지 우리의 슬로건을 지지하라.
그리고 궐기하라.
전사여, 힘차게 싸워라.

분석

학생, 대중, 식민지 교육 제도, 조선인 본위의 교육 제도

▼

통학 열차 안에서 한일 학생 간의 충돌로 촉발되어 광주 학생들의 동맹 휴학이 시작되었다. 당시 신간회 광주 지부에서 이를 적극적으로 지지하였고, 전국적으로 확대되었다.

● 6 · 10 만세 운동의 준비

조선 공산당은 6 · 10 만세 운동을 준비하면서 사회주의 세력, 민족주의 세력, 청년 계열 등을 망라하여 대한 독립당을 조직하고, 거족적 민족 항쟁을 전개하려 하였다.

● 6 · 10 만세 운동 때의 격문

> 조선 민중아!
> 우리의 철천지원수는 자본 · 제국주의 일본이다.
> 이천만 동포야! 죽음을 각오하고 싸우자!
> 만세, 만세, 조선 독립 만세.

6 · 10 만세 운동은 사회주의 계열과 천도교 계열이 연합하여 준비하였으나 사전에 발각되었다. 한편 6월 10일 당일 서울 지역 학생들이 중심이 되어 만세 시위가 전개되었다.

3 농민 운동과 노동 운동

(1) 농민 운동

① 배경

㉠ 토지 조사 사업과 산미 증식 계획 등으로 조선인들의 상당수는 소작인으로 전락하였다.

㉡ 식민지 지주제가 강화되면서, 소작인들은 고율의 소작료를 부담하였다.

소작인의 소작료 부담

당시 소작료는 생산량의 60%가 보통이었고, 소작 계약의 형태는 구두 계약 73%, 문서 계약 27%였으며, 소작 기간은 대개 1~3년의 단기 소작이었다.

② 전개

1920년대 초 · 중반	• 3 · 1 운동 이후 정치적으로 각성한 농민들은 일제하 1920년대 초반, 중반에는 소작료 인하, 소작권의 보장 등을 통해 그들의 권익을 확보하려 하였다. • 대표적 소작 쟁의 : 1923년 암태도 소작 쟁의(암태도 소작인들이 지주와 일본 경찰에 맞서 1년이나 투쟁을 벌여 소작료를 낮춤)
1920년대 중반 이후	• 1927년에는 조선 농민 총동맹이 결성되었다. • 1920년대 중반 이후 사회주의와 결합하여 조직적 항일 운동으로 변모하였다.

③ 일제는 한국 농민들의 불만을 무마시키기 위하여 1930년대 전반 '자작농 창설 계획', '조선 농지령' 등 농촌 진흥 운동을 전개하였으나, 실질적인 성과는 없었다.

(2) 노동 운동

① 초기의 노동 운동은 일제의 식민지 공업화 추진에 따른 노동 조건의 열악함 때문에 일어났다.

② 이후 점차 사회주의 계열과 결합하여 항일 투쟁으로 변모하였다.

③ 일제는 노동 운동을 철저히 탄압하였으며, 치안 유지법(1925)을 제정하여 탄압 근거를 만들었다.

④ 대표적 노동 운동 단체 : 조선 노농 총동맹(1924)이 조선 농민 총동맹과 조선 노동 총동맹(1927)으로 분리되었다.

⑤ 대표적 노동 쟁의 : 원산 노동자 총파업(1929)

심화 플러스 원산 노동자 총파업(1929)

원산 총파업은 한 석유 회사에서 일본인 감독이 한국인 노동자를 구타한 사건에서 비롯되었다. 감독 파면과 근무 조건 개선을 요구하며 시작한 파업에 회사가 약속을 어기고 탄압을 가하자, 원산 노동자들은 총파업에 돌입하였고 일반 사무원들까지 가세하였다. 일제가 경찰과 군대, 깡패들까지 동원하여 노동자를 탄압하고 노조 간부들을 검거하였으나 원산의 노동자들은 항쟁을 계속하였다.

투쟁 소식이 알려지자 전국 각지에서 성금과 식량을 보내왔고, 일본의 부두 노동자들이 동조 파업을 진행하였으며, 중국 · 소련 · 프랑스의 노동자들이 격려 전문을 보내왔다. 이에 힘입어 항쟁은 4개월이나 지속될 수 있었다.

원산 총파업은 일제 강점기 최대 규모의 노동 쟁의였으며, 일제와 일본인 자본가에게 맞서 치열하게 투쟁한 반제국주의 항일 운동이었다.

핵심만 정리하자

▶ 농민 운동과 노동 운동

농민 운동	배경	토지 조사 사업과 산미 증식 계획 → 소작농 증가, 고율의 소작료 징수
	전개	• 소작인 조합과 농민 조합 결성, 소작 쟁의 전개 • 대표 쟁의 : 암태도 소작 쟁의(1923)
노동 운동	배경	저임금, 열악한 노동 환경
	전개	• 임금 인상과 노동 조건 개선 요구 → 일제의 탄압 → 노동자들의 민족의식 고조 • 대표 쟁의 : 원산 노동자 총파업(1929)

4 민족 유일당 운동과 신간회

(1) 신간회의 창립 배경

① 중국의 제1차 국공 합작과 6 · 10 만세 운동에서의 경험은 민족주의 계열과 사회주의 계열의 연대를 가능하게 하였다.

② 1920년대 친일파 양성책은 효과를 거두어 민족주의 세력 내에서 자치 운동(참정권 획득 운동)을 추진하는 민족 개량주의 세력(타협적 민족주의 세력, 대표 인물 : 최린, 이광수['민족 개조론', '민족적 경륜' 발표])이 형성되었다.

③ 소수의 비타협적 민족주의 세력과 사회주의 세력은 1926년 조선 민흥회를 결성하기도 하였다.

④ 6 · 10 만세 운동 이후 사회주의 세력은 정우회 선언을 통해 비타협적 민족주의 세력과의 연대를 모색하였다.

사료 돋보기 정우회 선언(1926)

"…… 우리가 승리를 향해 나아가기 위해서는 현실적으로 가능한 모든 조건을 충분히 이용하지 않으면 안 될 것이며, …… 따라서 민족주의적 세력에 대해서는 그 부르주아 민주주의적 성질을 명백하게 인식하는 동시에, 또 과정상의 동맹자적 성질도 충분히 승인하여, 그것이 타락한 형태로 나타나지 않는 한 적극적으로 제휴하여, 대중의 개량적 이익을 위해서도 종래의 소극적 태도를 버리고 세차고 꿋꿋하게 떨쳐 일어나 싸워야 할 것이다."

– '조선일보', 1926. 11.17. –

분석

민족주의적 세력, 동맹자적 성질, 제휴

▼

6 · 10 만세 운동 후 일제의 탄압을 받은 사회주의 계열은 정우회를 조직하고, 비타협적 민족주의 세력과의 연대를 주장하였다.

(2) 신간회의 창립 기출

① 창립 : 이상재를 회장, 홍명희를 부회장으로 하는 합법적 단체로 신간회를 결성하였다(1927).

② 활동

㉠ 전국 143개 지회를 결성하고, 자매단체로는 근우회가 조직되었다.

㉡ 한국인에 대한 착취 기관의 철폐, 타협적 정치 운동의 배격, 한국인 본위의 교육, 사회 과학 사상 연구의 보장 등을 내걸고 노동 쟁의 · 소작 쟁의 · 동맹 휴학 등의 대중 운동을 지도하였다.

㉢ 광주 학생 항일 운동에 김병로를 단장으로 조사단을 파견하는 등 활발한 활동을 하였다.

● 제1차 국공 합작

중국의 국민당과 공산당이 국내 군벌과 제국주의 세력의 타파를 목표로 손을 잡은 사건이다(1924).

● 최린

천도교 3대 교주인 손병희가 사망한 후 최린 중심의 신파와 권동진 중심의 구파로 분열되었다. 신파의 최린은 일제와 타협하여 자치 운동을 추진하였고, 일본으로 건너가 조선 의회의 설립을 청원하는 운동을 벌였다.

● 정우회 선언

1926년 11월 정우회가 사회주의 운동의 새로운 방향을 밝힌 선언으로 사회주의 운동의 침체를 극복하기 위해 '분파 투쟁의 청산', '사상 단체의 통일', '타락하지 않은 민족주의 세력과의 타협', '경제 투쟁에서 정치 투쟁으로의 전환'을 선언하였다.

● 신간회 강령

• 정치적 · 경제적 각성을 촉구한다.
• 민족의 단결을 공고히 한다.
• 기회주의자를 배격한다.

핵심만 정리하자

▶ 신간회(1927~1931)

배경	조선 민흥회 설립, 정우회 선언
전개	기회주의자 배격(강령), 원산 노동자 총파업과 광주 학생 항일 운동 지원

(3) 일제의 탄압 : 대규모 민중 대회를 준비하다가 일제에 의해 탄압을 받았다.

(4) 신간회의 해소 : 중앙 조직(민족주의 계열)의 합법 운동으로의 방향 전환 움직임과 소련의 지시를 받은 사회주의자들이 민족주의 세력과의 연대를 포기하면서 해소되었다(1931).

● 신간회의 해소
'해소'라는 말은 단순히 해체한다는 의미가 아니라 다른 운동 형태로 발전한다는 의미이다. 당시 사회주의자들은 민중 대회 이후 신간회 중앙 지도부의 개량주의적 경향을 지적하며 신간회를 해소한 후 노동자, 농민이 주체가 되는 계급 투쟁 노선을 적극적으로 추진할 것을 주장하였다.

사료 돋보기 신간회의 투쟁 목표

1. 언론, 집회, 출판, 결사의 자유 확보
2. 단결권, 파업권, 단체 계약권의 확립
3. 조선 민족을 억압하는 모든 법령 철폐
4. 경작권의 확립
5. 일본인의 조선 이민 반대
6. 8시간 노동제 실시
7. 부당한 납세 반대
8. 최저 임금, 최저 봉급제 실시
9. 모든 학교 교육을 조선인 본위로 실시할 것.

분석
신간회는 일제가 정한 합법적 공간에서 활동하려 했기 때문에 '일본 제국주의의 타도'와 같은 투쟁 목표는 없었다.

2 민족 문화 수호 운동

1 역사 연구

(1) 식민 사학 : 일제는 침략을 정당화하기 위하여 조선사 편수회, 청구 학회 등을 통해 우리 역사를 왜곡하였다.

● 식민 사관의 내용
1. 정체성론 : 한국사는 역사적 발전을 제대로 겪지 못해서, 근대 사회로의 이행에 필요한 봉건 사회를 거치지 못하고, 고대 국가 정도에 머물러 있다는 주장이다(중세 부재론).
2. 타율성론 : 한국사의 전개 과정이 한국인의 자주적 역량에 의해 자율적으로 이루어지지 못하고, 외세의 간섭과 압력에 의해서 타율적으로 이루어졌다는 주장이다.
3. 당파성론 : 한국인은 분열성이 강하여 항상 내분으로 싸웠다는 주장이다.
4. 반도성론 : 반도 국가의 지리적 특수성을 강조하며, 한국사의 독자적 발전을 부정하였다.

(2) 민족주의 사학 기출

박은식	• 유교 구신론을 주장하였고(1909), 최남선과 함께 조선 광문회를 조직하였다(1910). 조선 광문회에서는 민족의 고전을 정리하여 간행하였다. • 임시 정부의 제2대 대통령을 역임하였다. • 나라는 형(形 : 형체, 魄 : 몸)이며, 역사는 신(神 : 정신, 혼)이다.'라고 강조하면서 국가의 외형적 요소는 멸망할 수 있지만 정신 또는 국혼(국어, 국사)이 멸망하지 않으면 반드시 국권을 회복할 수 있다고 강조하였다. • "한국통사", "한국독립운동지혈사"를 저술하였다.
신채호	• '독사신론'(1908, 대한매일신보에서 연재)을 통해 민족주의 사학의 기반을 마련하였다. • "조선사연구초", "조선상고사" 등을 저술하였다. • "조선상고사"에서는 역사를 '아(我)와 비아(非我)의 투쟁'으로 정의하였다.
정인보	"오천년간 조선의 얼"(1935) 등을 저술하여 민족 사관을 고취시켰고, 실학 연구에 주력하였다(조선학 운동).

문일평	• 1930년대 조선학 운동에 참여한 문일평은 식민 사관을 부정하고, '조선심'을 강조하였다. • "대미 관계 50년사"(1934)에서 제국주의의 침략을 국제적 안목에서 파악하였다.

사료 돋보기 | 민족주의 사학

❶ 옛 사람이 말하기를, 나라는 멸망할 수 있으나 그 역사는 결코 없어질 수 없다고 했으니, 이는 나라가 형체라면 역사는 정신이기 때문이다. 이제 우리나라의 형체는 없어져 버렸지만, 정신은 살아남아야 할 것이다. 이 때문에 나는 우리나라의 역사를 쓰는 것이다. 정신이 살아 있으면 형체도 부활할 때가 있을 것이다."

– 박은식, "한국통사" 서문 –

❷ 역사란 무엇이뇨. 인류 사회의 아(我)와 비아(非我)의 투쟁이 시간에서 발전하여, 공간까지 확대되는 심적 활동 상태의 기록이니, 세계사라 하면 세계 인류의 그리되어온 상태의 기록이며, 조선사라 하면 조선 민족이 그리되어 온 상태의 기록이니라. 그리하여 아(我)에 대한 비아(非我)의 접촉이 많을수록 비아에 대한 아의 투쟁이 더욱 맹렬하여 인류 사회의 활동이 휴식할 사이가 없으며, 역사의 전도가 완결될 날도 없다. 그러므로 역사는 아(我)와 비아(非我)의 투쟁이다.

– 신채호, "조선상고사" –

분석

❶ 나라, 형체, 역사, 정신
❷ 역사, 아(我), 비아(非我), 투쟁

▼

❶ 박은식은 "나라는 형체이고, 역사는 정신이다."라고 말하면서 조선 민족의 '혼(정신)'을 강조하였다.
❷ 신채호는 고대사 연구에 주력하며 사대주의와 식민주의를 비판하였다. 또한 민중 중심의 자주적 역사관을 강조하였다. 특히 "조선상고사"에서는 역사를 '아(我)와 비아(非我)의 투쟁'으로 정의하였다.

(3) 사회 경제 사학 기출

① 사회 경제 사학자들은 일제 식민 사학자들의 정체성론을 부정하였다.

② 백남운

㉠ 마르크스 유물 사관으로 우리 역사의 체계화를 시도하였고, "조선사회경제사"와 "조선봉건사회경제사"를 저술하였다.

㉡ 우리 역사를 세계사적인 일원론적 발전 법칙을 적용하여 이해하고자 했다.

사료 돋보기 | 백남운의 사회 경제 사학

우리 조선의 역사적 발전의 전 과정은 예를 들면 지리적인 조건, 인종적인 골상, 문화 형태의 외형적인 특징 등 다소의 차이를 인정한다 하더라도, 외관상 특수성이 다른 문화 민족의 역사적 발전 법칙과 구별되어야 할 독자적인 것은 아니며, 세계사적인 일원론적 역사 법칙에 의해 다른 제 민족과 거의 궤적인 발전 과정을 거쳐 왔던 것이다. 그 발전 과정의 완만한 템포, 문화상의 특수적인 농담은 결코 본질적인 특수성이 아니다.

– "조선사회경제사" –

분석

세계사적인 일원론적 역사 법칙

▼

백남운은 한국사도 세계사의 보편적 발전 법칙에 따라 발전했음을 주장하며, 식민 사학의 정체성론을 비판하였다.

(4) 실증주의 사학 : 이병도, 신석호 등은 문헌 고증을 통해 객관적으로 역사를 서술하려 하였으며, 진단 학회를 조직하였다("진단 학보" 발간).

● **조선학 운동**

1934년 다산 서거 100주년을 맞아 조선학 운동이 일어났다. 정인보, 안재홍 등은 "여유당전서"를 교열하여 "정다산전서"라는 이름으로 간행하는 등 실학 연구에 주력하였다. 역사학에서의 조선학 운동은 안재홍, 정인보, 문일평 등 비타협적 민족주의 사학자들에 의해 주도되었는데, 신채호 등의 민족주의 사학을 계승하되, 이전 민족주의 사학의 한계를 인식하고, 민족의 고유성 및 특수성과 세계사적 보편성을 동시에 추구하였다.

● **정체성론**

식민 사관 중 하나로 한국은 고려, 조선으로 왕조가 바뀌면서도 역사의 발전은 정체되어 있으며, 중세 봉건 사회를 거치지 않았기 때문에 스스로 자본주의를 발전시켜 근대화할 수 없다는 주장이다.

핵심만 정리하자

▶ 박은식과 신채호

박은식	유교 구신론 주장, 조선 광문회 조직, 임시 정부 2대 대통령 역임, "한국통사"·"한국독립운동지혈사" 저술
신채호	'독사신론' 연재, 국민 대표 회의 당시 창조파, "조선사연구초"·"조선상고사" 저술

▲ 조선어 학회

● 조선어 학회 사건(1942)

일제가 조선어 학회를 독립운동 단체로 규정하고 치안 유지법을 적용하여 관련 인사를 체포한 사건이다. 이 사건으로 최현배, 이희승 등 33명이 검거되고, 이윤재, 한징은 옥사하였다.

2 국어 연구

(1) 조선어 연구회 : 1921년 조직된 조선어 연구회에서는 1926년 가갸날(한글날)을 제정하고 잡지 "한글"을 간행하였다(1927).

(2) 조선어 학회 기출

① 1931년 조선어 학회로 명칭을 변경한 이후 "한글 맞춤법 통일안"과 "표준어 및 외래어 표기법 통일안"을 제정하였다.

② 조선어 학회는 "우리말 큰 사전" 편찬을 시작하였으나, 1942년 조선어 학회 사건으로 실패하였다.

3 종교계의 활동 기출

천도교	제2의 3 · 1 운동을 계획하여 1922년 3월 1일 자주독립 선언문을 발표하고, 개벽 · 신여성 · 어린이 · 학생 등의 잡지를 발행하였다.
기독교	1935년 총독부가 신사 참배를 강요하자 신사 참배 거부 운동을 전개하였다.
원불교	박중빈이 창시하였으며, 허례 폐지, 근검절약, 협동 단결 등 새 생활 운동을 전개하였다.
천주교	고아원과 양로원을 세우는 등 사회사업을 전개하였고, 무장 독립 단체인 의민단을 조직하였다.
대종교	간도에서 적극적인 항일 무장 투쟁을 전개하였고, 북간도에서 중광단을 조직하였다.
불교	한용운은 불교 대중화 운동에 노력하였고, '조선 불교 유신회'를 조직하여 일제의 불교 통제에 저항하였다.

● 일제의 불교 통제

일제는 사찰령(1911)을 제정하여 불교를 통제하였다. 사찰령의 핵심은 사찰 재산의 처분, 주지 임명을 조선 총독부에서 허가제로 운영한 것이다.

사료 돋보기 천도교의 자주독립 선언문

존경하는 천도교인과 민중 여러분!

우리 대한은 당당한 자주독립국이며, 평화를 애호하는 세계의 으뜸 국민임을 재차 선언합니다. 지난 기미년의 독립 만세 운동은 곧 우리의 전통적인 독립의 의지를 만방에 천명한 것이고, 국제 정세의 순리에 병진(竝進)하는 자유 · 정의 · 진리의 함성이었습니다. 그럼에도 불구하고, 일본의 무력적인 압박으로 말미암아 우리의 자유와 평등을 주장한 자주독립운동은 가슴 아프게도 꺾였습니다. …… 우리의 독립을 위한 투쟁은 이제부터가 더욱 의미가 있고 중요합니다. 뜻 맞는 동지끼리 다시 모여 기미년의 감격을 재현하기 위해 신명을 바칠 것을 결의하고 선언합니다.

분석

천도교인, 민중, 자주독립국, 평화, 기미년, 만세 운동, 자유와 평등

▼

3 · 1 운동에 중심적인 역할을 수행한 천도교는 3 · 1 운동 3주년을 맞아 제2의 독립 선언 운동을 계획하고 만세 시위를 추진하였으나 일제의 탄압으로 실패하였다.

기출 및 예상 문제

01 국내의 다양한 민족 운동 전개

[1] 민립 대학 설립 운동에서는 '내 살림 내 것으로'라는 구호를 제시하였다. O | X

[2] 물산 장려 운동은 대구에서 처음 시작되었다. O | X

[3] 비타협적 민족주의 세력과 사회주의 세력이 결합한 단체는 신민회이다. O | X

[4] 신간회에서는 6 · 10 만세 운동의 진상 조사를 위해 조사단을 파견하였다. O | X

[5] 광주 학생 항일 운동은 3 · 1 운동 이후 최대의 민족 운동으로 발전하였다. O | X

01 일제 강점기 (가)와 (나)의 주장을 한 단체에 대한 설명으로 옳은 것은?

> (가) 우리가 우리의 손에 산업의 권리 생활의 제일 조건을 장악하지 아니하면 우리는 도저히 우리의 생명 · 인격 · 사회의 발전을 기대하지 못할지니 …… 우리 조선 사람의 물산을 장려하기 위하여 조선 사람은 조선 사람이 지은 것을 사서 쓰자.
>
> (나) 유감스러운 것은 우리에게 아직도 대학이 없는 일이라. 물론 관립 대학도 조만간 개교될 터지만 …… 우리 학문의 장래는 결코 일개 대학으로 만족할 수 없다. 그처럼 중대한 사업을 우리 민중이 직접 영위하는 것은 오히려 우리의 의무이다.

① (가) – 사회주의 성향의 운동 세력이 주도하였다.
② (가) – 조선과 일본 간의 관세 철폐 정책에 대항하였다.
③ (나) – 민족 연합 전선 단체인 신간회의 후원을 받았다.
④ (나) – 조선 학생 과학 연구회와 연계한 6 · 10 만세 운동을 전개하고 격문을 작성하였다.

02 다음 ㉠, ㉡와 관련된 운동으로 가장 적절한 것을 각각 고르면?

㉠

㉡

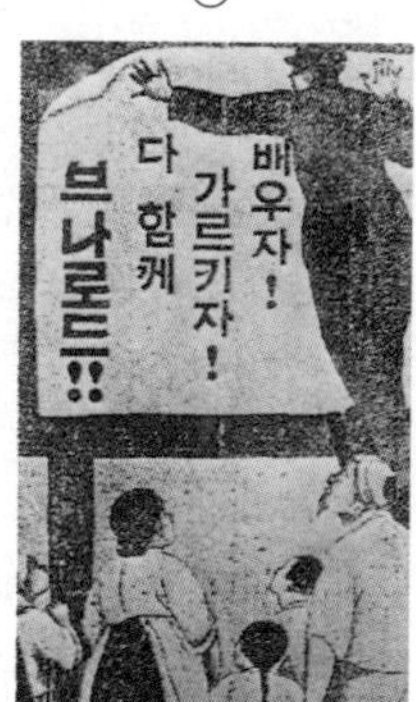

	㉠	㉡
①	야학 운동	6 · 10 만세 운동
②	한자 보급 운동	대동단결 운동
③	문자 보급 운동	브나로드 운동
④	민립 대학 설립 운동	문자 보급 운동

03 다음은 우리나라 어느 신문의 사설이다. 밑줄 친 '이 운동'에 대한 설명으로 옳은 것은?

> 남녀 청년학도들이 계몽대, 강연대를 조직하여 삼천리 방방곡곡을 누비며 우리 글, 우리 역사를 가르치고 농촌 위생, 농촌 경제 개발에 앞장섰던 <u>이 운동</u>은 지식인과 학생이 이 땅에서 일으킨 최초의 민중 운동이었다.

① 언론사 중심의 문맹 퇴치 운동이 전개되었다.
② 사회주의 계열의 청년들이 주도하였다.
③ 당시 학생, 지식층이 주도한 만세 시위 운동이 확산되고 있었다.
④ 이 운동을 계승하여 민립 대학 설립 운동이 추진되었다.

2014년 서울 9급

04 다음 사건에 대한 설명으로 옳지 않은 것은?

㉠ 3 · 1 운동　　　　　㉡ 6 · 10 만세 운동
㉢ 광주 학생 항일 운동　㉣ 소작 쟁의

① ㉠은 중국의 5 · 4 운동, 인도의 비폭력 · 불복종 운동 등에 영향을 주었다.
② ㉡은 순종의 장례일에 대규모 만세 시위를 계획하였다.
③ ㉡은 준비 과정에서 사회주의 계열과 민족주의 계열이 연대하여 민족 유일당을 결성할 수 있는 공감대가 형성되었다.
④ ㉢은 민족 차별 중지, 식민지 교육 제도 철폐 등을 요구하며 대규모 가두시위를 벌였다.
⑤ ㉣의 대표적인 사례는 암태도 소작 쟁의로 1년여에 걸친 투쟁에도 효과가 없었다.

05 다음 (가), (나) 자료와 관련된 민족 운동에 대한 설명으로 옳지 않은 것은?

(가) 비록 우리 재화가 남의 재화보다 품질상 또는 가격상으로 개인 경제상 다소 불이익이 있다 할지라도, 민족 경제의 이익에 유의하여 이를 애호하며 장려하여 수요하고 구매할 지라.
(나) 민중의 보편적 지식은 보통 교육으로 능히 수여할 수 있으나 심원한 지식과 심오한 학리는 고등 교육에 기대하지 아니하면 불가할 것은 설명할 필요도 없거니와 사회 최고의 비판을 구하며 유능한 인물을 양성하려면 최고 학부의 존재가 가장 필요하도다.

① (가) – 사회주의자들로부터 비판을 받았다.
② (가) – 일본 상품의 무관세 움직임에 대응하여 시작되었다.
③ (나) – 전국적인 모금 운동을 전개하였다.
④ (나) – 브나로드 운동과 병행하여 전개되었다.

06 다음과 같은 주장을 제기한 사람들이 1920년대에 전개한 활동을 〈보기〉에서 모두 고른 것은?

- 그 기초가 되고 요건이 되며 가장 급무가 되고 가장 선결의 필요가 있으며 가장 힘있고 가장 필요한 수단은 교육이 아니면 불능하도다.
- 우리 생활에 제일 조건은 의식주의 문제이다. 산업적 기초가 파멸을 당하여 우리에게 남은 것이 없으면 아무것도 없는 우리들은 사람으로 사람다운 생활을 하지 못하고 사람다운 발전을 하지 못할 것은 당연하다.

〈보 기〉

ㄱ. 민립 대학 설립을 위해 모금 운동을 전개하였다.
ㄴ. 조선 물산 장려회를 조직하여 토산품 애용 운동을 전개하였다.
ㄷ. 소작료 인하와 소작권 확보를 위해 농민 조합을 결성하였다.
ㄹ. 임금 인상과 근로 조건 개선을 위해 노동 조합을 결성하였다.

① ㄱ, ㄴ　　② ㄱ, ㄷ
③ ㄴ, ㄷ　　④ ㄷ, ㄹ

07 다음의 내용을 배경으로 일어난 항일 민족 운동은?

- 순종의 인산일을 기해서 시작되었다.
- 학생과 민족주의자, 사회주의자들이 중심이 된 항일 민족 운동이다.
- 일제의 수탈 정책과 식민지 교육에 대한 항거를 목적으로 하였다.

① 3 · 1 운동
② 광주 학생 항일 운동
③ 2 · 8 독립 선언
④ 6 · 10 만세 운동

08 다음은 정우회 선언이다. 이와 관련하여 수립된 단체의 활동 내용으로 옳은 것은 ?

> 우리가 승리를 향해 나아가기 위해서는 현실적으로 가능한 모든 조건을 이용하지 않으면 안 될 것이며 …… 민족주의 세력에 대해서도 그것이 타락하지 않는 한 적극적으로 제휴하여, 대중의 개량적 이익을 위해서도 종래의 소극적인 태도를 버리고 세차게 싸워야 할 것이다.

① 국권 회복을 목표로 경제, 문화적인 측면에서 실력 양성 운동을 전개하였다.
② 일본 총리와 총독부에 국권 반환을 요구하는 서신을 발송하였다.
③ 민주주의와 사회주의 제도를 혼합한 건국 강령을 제정하였다.
④ 기회주의자를 배격하는 등 비타협적인 정치 운동을 전개하였다.

09 다음에서 설명하는 단체의 구호로 가장 적절한 것은?

> • 조선 민흥회를 모태로 하여 정우회 선원을 계기로 창립되었다.
> • 광주 학생 항일 운동을 지원하였다.
> • 노동 쟁의, 소작 쟁의, 동맹 휴학 등과 같은 운동을 지도하였다.

① '배우자 가르치자 다 함께'
② '우리는 기회주의를 일체 부인한다.'
③ '한민족 1천만의 한 사람이 1원씩'
④ '내 살림 내 것으로', '조선 사람 조선 것으로'

10 다음은 어느 단체의 강령이다. 밑줄 친 강령의 정신과 거리가 <u>먼</u> 역사적 사실은?

> • 우리는 정치적 · 경제적 각성을 촉진함.
> • <u>우리는 단결을 공고히 함.</u>
> • 우리는 기회주의를 일체 부인함.

① 근우회 발족
② 민립 대학 설립 운동
③ 조선 의용대의 한국광복군 합류
④ 한국 독립 유일당 북경 촉성회 결성

11 신간회에 대한 내용으로 옳지 <u>않은</u> 것은?

① 좌우 협력 운동의 양상이 확대되어 1927년 신간회가 조직되었다.
② 김활란 등 여성들이 조직한 근우회가 자매단체로 활동하였다.
③ 신간회는 평양에 자기 회사를 설립하고, 태극 서관을 운영하였다.
④ 신간회는 당시 진행되고 있던 자치 운동을 기회주의로 규정하여 철저히 규탄하였다.

02 민족 문화 수호 운동

[1] 민족주의 사학자 신채호는 "한국통사", "한국독립운동지혈사"를 저술하였다. O | X
[2] 정인보, 안재홍 등은 1930년대 조선학 운동을 주도하였다. O | X
[3] 조선어 학회는 한국 맞춤법 통일안을 발표하였고, "우리말 큰 사전" 편찬을 준비하였다. O | X
[4] 백남운 등 사회 경제 사학자들은 일제의 정체성론을 비판하였다. O | X
[5] 의민단은 대종교의 무장 단체이다. O | X

2015년 국가 7급

12 일제 강점기 식민 사학을 비판한 연구 경향으로 옳지 않은 것은?

① 정인보는 5천 년간의 조선 얼을 강조하였다.
② 신채호는 조선상고사를 연재하여 민족의식을 고취하였다.
③ 진단 학회는 개별 역사적 사실의 이해를 확고히 하는 실증 사관을 중시하였다.
④ 청구 학회는 조선과 만주의 역사를 일원적으로 파악하는 만선 사관을 견지하였다.

2015년 소방 변형

13 다음 주장을 한 인물에 대한 설명으로 옳은 것은?

> 옛 사람이 이르기를, "나라는 멸할 수 있으나 역사는 멸할 수 없다."고 하였는데, 그것은 나라는 형체이고 역사는 정신이기 때문이다. 이제 한국의 형체는 허물어졌지만 정신만은 독존할 수 있는 것이다.
>
> – "한국통사" –

① 임시 정부 2대 대통령을 역임하였으며, 한국독립운동지혈사를 저술하였다.
② 객관적이고 실증적인 역사 연구를 위해 진단 학회를 조직하였다.
③ 우리나라도 세계사와 동일하게 고대, 중세 등의 발전 과정을 겪었다.
④ 조선사연구초를 지어 묘청의 서경 천도 운동을 '조선역사 1천년 이래 제1대 사건'으로 평가하였다.

2014년 지방 9급

14 다음 글을 쓴 인물에 대한 설명으로 옳은 것은?

> 이른바 3대 문제는 무엇인가. 첫째는 유교계의 정신이 오로지 제왕 측에 있고, 인민 사회에 보급할 정신이 부족함이오, 둘째는 여러 나라를 돌아다니면서 천하를 변혁하려 하는 정신을 강구하지 않고, 내가 동몽(童蒙)을 찾는 것이 아니라 동몽이 나를 찾는다는 생각을 간직함이오, 셋째는 우리 대한의 유가에서 쉽고 정확한 법문을 구하지 아니하고 질질 끌고 되어 가는 대로 내버려 두는 공부만을 숭상함이다.

① '조선심'의 개념을 중시하고 한글을 그 결정체로 보았다.
② '5천 년간 조선의 얼'이라는 글을 써서 민족정신을 고취하였다.
③ 실천적인 새로운 유교 정신을 강조하는 유교 구신론을 주장하였다.
④ 3 · 1 운동 때 민족 대표 33인의 한 사람이며, 일제의 사찰령에 반대하였다.

2014년 서울 9급

15 다음 활동을 펼친 인물로 옳은 것은?

> 1915년에는 국혼을 강조한 "한국통사"를, 1920년에는 전 세계 민중의 힘에 의한 일본의 패망을 예견한 "한국독립운동지혈사"를 지었다.

① 정인보　② 박은식
③ 안재홍　④ 신채호

16 다음 글을 쓴 인물에 대한 설명으로 옳은 것은?

> 묘청의 천도 운동에 대하여 역사가들은 단지 왕사(王師)가 반란한 적을 친 것으로 알았을 뿐인데, 이는 근시안적인 관찰이다. 그 실상은 낭가(郎家)와 불교 양가 대 유교의 싸움이며, 국풍파(國風派) 대 한학파(漢學派)의 싸움이며, 독립당 대 사대당의 싸움이며, 진취 사상 대 보수 사상의 싸움이니, 묘청은 전자의 대표요 김부식은 후자의 대표였던 것이다. 묘청의 천도 운동에서 묘청 등이 패하고 김부식이 이겼으므로 조선사가 사대적, 보수적, 속박적 사상인 유교 사상에 정복되고 말았다. 만약 김부식이 패하고 묘청이 이겼더라면 조선사가 독립적, 진취적으로 진전하였을 것이니 이것이 어찌 일천년래 제일대 사건이라 하지 아니하랴.

① 한국독립운동지혈사를 저술하였다.
② 유물 사관에 바탕을 두고 식민 사관의 정체성론을 비판하였다.
③ 조선 혁명 선언을 작성하였다.
④ 대한민국 임시 정부 2대 대통령을 역임하였다.

2015년 서울 9급

17 다음 ㉠의 인물에 대한 설명으로 옳은 것은?

> ㉠은 조선 시대에 민중을 위해서 노력한 정치가들과 혁명가들을 드러내고, 세종과 실학자들의 민족 지향, 민중 지향, 실용 지향을 높이 평가하는 사론을 발표하여 일반 국민의 역사의식을 계발하는 데 기여하였다. 또한 국제 관계에서 실리적 감각이 필요함을 절감하고, 이러한 시각에서 "대미관계 50년사"라는 저서를 내기도 하였다.

① 1930년대에 조선학 운동을 주도하였다.
② 진단 학회를 창립하여 한국사의 실증적 연구에 힘썼다.
③ 한국사가 세계사의 보편적 법칙에 입각하여 발전하였음을 강조하였다.
④ 우리의 민족정신을 혼으로 파악하고, 혼이 담겨 있는 민족사의 중요성을 강조하였다.

18 다음 민족 운동의 추진 결과 나타난 성과로 옳은 것은?

> • 정인보, 안재홍, 문일평 등이 중심이 되어 추진되었다.
> • 어느 실학자의 서거 100주기 행사와 관련되어 이루어졌다.
> • 1930년대 중반에 민족 문화 수호 운동의 일환으로 진행되었다.
> • 민족을 중시하고, 우리 문화의 고유성과 세계성을 찾으려 하였다.

① 조선 광문회에서 실학자들의 저술을 간행하였다.
② 박지원이 저술한 열하일기와 과농소초를 엮어 편찬하였다.
③ 북학파 실학과 개화사상과의 연관성을 새롭게 밝혔다.
④ 정약용의 저서들을 정리하여 여유당전서를 간행하였다.

19 다음 자료에 대한 설명으로 옳은 것은?

> 조선 역사 발전의 전 과정은 가령 지리적 조건, 인종학적 골상, 문화 형태의 외형적 특징 등 다소의 차이는 인정되더라도, 외관적인 소위 특수성은 다른 문화 민족의 역사적 발전 법칙과 구별되어야 하는 독자적인 것은 아니며, 세계사적인 일원론적 역사 법칙에 의하여 다른 민족과 거의 같은 궤도로 발전 과정을 거쳐 온 것이다.

① 한국통사, 한국독립운동지혈사 등을 저술하여 일제의 국권 침탈과 독립운동사를 정리하였다.
② 실증 사학을 중심으로 역사적 사실을 객관적으로 밝히려하였다.
③ 사회, 경제 부분의 연구를 통해 식민 사학의 정체성론을 비판하였다.
④ 실증주의 사학, 민족주의 사학, 사회 경제 사학의 장점을 모아 새로운 민족주의 사관을 제시하였다.

20 다음 자료에 해당하는 단체는?

> • 실천성이 강한 유물 사관과 민족주의 역사학을 모두 거부하면서 순수 학문으로서 역사학을 전공하는 학자들이 결집하여 창립하였다.
> • 이병도, 이상백, 김상기 등의 와세다 출신 역사학자와 이윤재, 이희승 등 국어학자 그리고 손진태, 송석하 등 민속학자들이 참여하였다.

① 청구 학회　② 조선 문인 협회
③ 조선어 학회　④ 진단 학회

21 일제 강점기 국어 연구와 한글 보급 운동에 적극적으로 활동한 조선어 학회에 대한 설명으로 옳지 <u>않은</u> 것은?

① 우리말 큰 사전의 편찬을 시도하였다.
② 한글 맞춤법 통일안과 표준어를 제정하였다.
③ 한글 기념일인 '가갸날'을 제정하여 우리말 쓰기를 권장하였다.
④ 일제는 조선어 학회를 독립운동 단체로 간주하여 강제로 해산시켰다.

22 다음 중 종교별 항일 운동에 대한 설명이 옳은 것은?

① 대종교 – 야학을 운영하여 민중 계몽 운동에 힘썼다.
② 천도교 – 단군 신앙을 내세워 만주 지역의 독립군과 동포에게 민족정신을 일깨웠다.
③ 개신교 – 일제의 신사 참배 강요에 반대 운동을 펼쳤다.
④ 원불교 – 불교 유신론을 주장하며 일본 불교의 침략에 맞섰다.

V 일제의 강점과 민족 운동의 전개

04 무장 독립 전쟁의 전개와 건국 준비 활동

출제 빈도 상 중 하

1 무장 독립 전쟁의 전개

1 1920년대 해외 항일 독립운동

(1) 봉오동 전투와 청산리 대첩

봉오동 전투 (1920. 6. 7.)	홍범도의 대한 독립군은 군무도독부군(최진동), 국민회군(안무)과 연합하여 일본군 157명을 사살하였다.
청산리 대첩 (1920. 10. 26.)	김좌진이 지휘하는 600명의 북로 군정서군과 대한 독립군 등의 독립군 연합 부대는 10여 회의 전투 끝에 1,200여 명을 사살하는 등 혁혁한 전과를 올렸다.

(2) 독립군의 시련

① 간도 참변(경신참변, 1920) : 일제는 1920년 10월부터 이듬해 5월까지 독립군 소탕을 핑계로 한인촌에 대한 학살과 방화를 자행하였다.

② 자유시 참변(1921) : 서일을 중심으로 대한 독립 군단(1920. 12.)이 결성되어 소련으로 이동하였으나, 소련 적군에 의해 자유시 참변이 발생하였다.

(3) 독립군의 재정비 : 3부의 성립

참의부(1923)	대한민국 임시 정부 직할 부대로 결성되었다.
정의부(1924)	• 이탁, 지청천 등이 지린, 봉천을 중심으로 남만주 지역을 통치 구역으로 조직되었다. • 휘하에 1,500여 호와 700여 명의 군대를 거느린 가장 조직적인 단체였다.
신민부(1925)	자유시 참변 이후 김좌진 등 소련 영토에서 돌아온 독립군들이 중심이 되어 조직되었다.

(4) 미쓰야 협정(1925)

① 만주에 있는 독립군을 근절시키기 위하여 중국의 경천성 경무처장과 조선 총독부 경무국장 미쓰야 사이에 맺어진 협정이다.

② 일제는 만주 군벌과 공동으로 독립군을 탄압하였다.

(5) 3부의 통합

① 1920년대 후반 이후에는 3부 통합 운동이 활발해져, 혁신 의회(1928)와 국민부(1929)로 통합되었다.

② 혁신 의회에서는 이후 한국 독립당과 한국 독립군이 결성되었고, 국민부에서는 조선 혁명당과 조선 혁명군이 만들어졌다.

꼭 기억해야 할 연표

- 1919 의열단 창립
- 1920 봉오동 전투, 청산리 대첩
- 1921 자유시 참변
- 1923 조선 혁명 선언 발표
- 1925 미쓰야 협정
- 1931 한인 애국단 조직
- 1932 윤봉길 상하이 의거

▲ 1920년대 항일 독립운동

● 청산리 대첩

백운평, 천수평, 고동하, 어랑촌 등 10회의 전투를 합쳐 청산리 대첩이라고 한다.

● 3부의 성립과 재정비

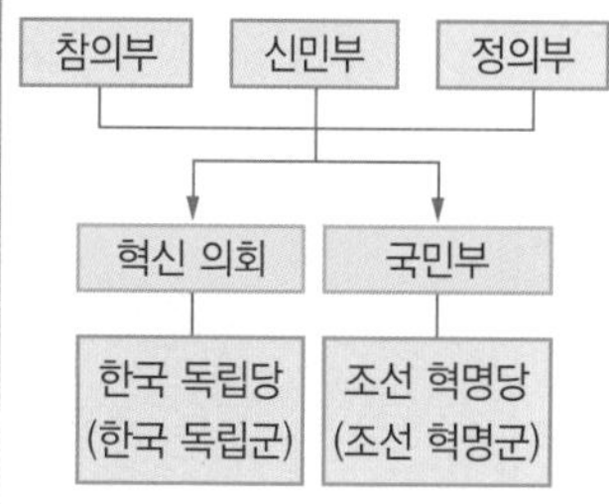

3부는 민정 조직과 군정 조직을 갖추어 운영되었으며, 만주 지역 동포 사회를 이끌었던 일종의 자치 정부였다.

사료 돋보기 **미쓰야 협정(1925. 6. 11.)**

1. 한국인의 무기 휴대와 한국 내 침입을 엄금하며, 위반자는 검거하여 일본 경찰에 인도한다.
2. 재만 한인 단체를 해산시키고 무장을 해제하며, 무기와 탄약을 몰수한다.
3. 일제가 지명하는 독립운동 지도자를 체포하여 일본 경찰에 인도한다.
4. 한국인 취체(取締)의 실황을 상호 통보한다.

분석
미쓰야 협정에는 한국의 독립운동가를 중국 관헌이 체포하여 일본에 넘긴다는 내용이 포함되어 있다. 따라서 독립군들은 일본의 군경뿐 아니라 현상금을 노리는 만주 군벌 경찰의 탄압과 감시도 피해야 했다.

2 의열단의 활동

(1) **조직** : 1919년 만주 지린에서 김원봉이 조직하였다.

(2) **조선 혁명 선언**(1923, 신채호)

① 의열단 선언문으로 작성되었다.

② 강도 일본의 통치를 몰아내기 위한 방법으로 민중의 직접적 폭력 혁명을 주장하면서 의열단의 개인 의열 투쟁은 민중을 일깨워 혁명에 나서게 하는 혁명의 무기라고 정당성을 부여하였다.

사료 돋보기 **조선 혁명 선언**

우리는 '외교', '준비' 등의 미련한 꿈을 버리고 민중 혁명의 수단을 취함을 선언하노라. 조선 민족의 생존을 유지하자면 강도 일본을 내쫓을지며, 강도 일본을 내쫓을지면 오직 혁명으로써 할 뿐이다. 혁명이 아니고는 강도 일본을 내쫓을 방법이 없는 바이다. …… 민중은 우리 혁명의 대본영이다. 폭력은 우리 혁명의 유일한 무기이며, 우리는 민중 속으로 가서 민중과 손잡고 폭력, 암살, 파괴, 폭동으로 강도 일본의 통치를 타파하고, 이상적 조선을 건설할지니라.

– "단재 신채호 전집" –

분석
민중 혁명, 강도 일본, 민중, 폭력

신채호는 조선 혁명 선언에서 국내 타협적 민족주의자들의 자치 운동과 문화 운동을 강력히 비판하였을 뿐 아니라, 외교 독립론과 준비론(실력 양성론) 등도 비판하였다.

(3) 관련 의거

① 부산경찰서 폭탄 투척 사건(1920, 박재혁)

② 조선 총독부 폭탄 투척 사건(1921, 김익상)

③ 종로경찰서 폭탄 투척 사건(1923, 김상옥)

④ 일본 궁성 이중교 폭탄 투척 사건(1924, 김지섭)

⑤ 동양 척식 주식회사와 조선식산은행에 폭탄 투척 사건(1926, 나석주)

(4) **변화** : 1920년대 후반부터 개별 의열 활동의 한계를 인식하고, 독립군 간부 양성(조선 혁명 간부 학교 설립)과 정당 조직(민족 혁명당) 활동을 전개하였다.

3 1930년대 이후 항일 독립운동

(1) 1930년대 한 · 중 연합군의 항일 투쟁 : 1931년 만주 사변 이후 한 · 중 연합군이 결성되어 일제의 침략 전쟁 확대에 공동 대응하였다.

한국 독립군	지청천이 지휘한 한국 독립군은 중국 호로군과 연합하여 쌍성보 전투(1932), 사도하자 전투, 대전자령 전투, 동경성 전투(1933) 등에서 일본군을 격퇴하였다.
조선 혁명군	양세봉이 지휘하는 조선 혁명군은 중국 의용군과 연합하여 영릉가 전투(1932), 흥경성 전투(1933) 등지에서 일본군을 격퇴하였다.

심화 플러스 한국 독립군과 중국 호로군의 합의 내용(1931)

- 한 · 중 양군은 최악의 상황이 오는 경우에도 장기간 항전할 것을 맹서한다.
- 중동 철도를 경계선으로 하여 서부 전선은 중국이 맡고, 동부 전선은 한국이 맡는다.
- 전시의 후방 전투 훈련을 한국 장교가 맡고, 한국군에 필요한 군수품 등은 중국군이 공급한다.

– "광복" 제2권, 한국광복군 사령부 –

만주 사변 이후 한 · 중 연합군이 결성되었다. 지청천이 지휘하는 한국 독립군은 중국 호로군과 연합하여 북만주와 동만주에서 큰 전과를 올렸으며, 양세봉의 조선 혁명군은 중국 의용군과 연합하여 남만주에서 활약하였다.

(2) 한인 애국단의 활동

① 조직 : 1931년 김구가 상하이에서 조직하였다.

② 의거

㉠ 이봉창 : 일본 왕의 마차에 수류탄을 던졌으나 실패하였다(1932).

㉡ 윤봉길의 상하이 훙커우 공원 의거(1932)

- 윤봉길은 1932년 4월 29일 상하이 사변의 승전 축하와 일왕의 생일(천장절)을 기념하는 행사장에 폭탄을 던져 일본군 장성과 고관을 처단하였다.
- 윤봉길의 의거를 계기로 중국 국민당 정부는 한국의 독립운동을 적극적으로 지원하게 되었다.

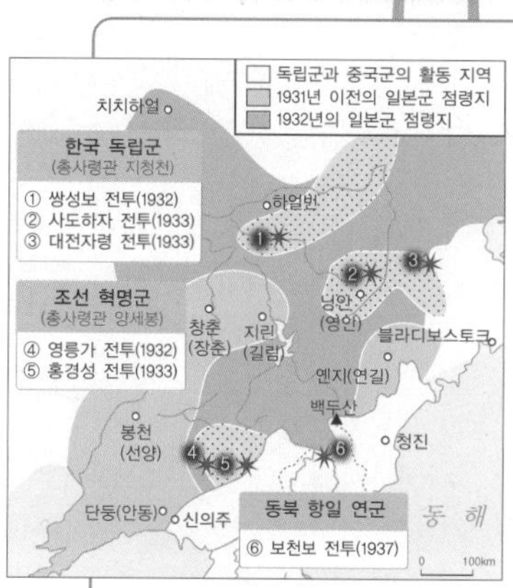

▲ 1930년대 만주 지역 항일 무장 투쟁

● 한인 애국단 선서문

나는 적성(참된 정성)으로써 조국의 독립과 자유를 회복하기 위해 한인 애국단의 일원이 되어 적국과의 수괴(首魁)를 도륙하기로 맹서하나이다.

– 대한민국 13년 12월 한인 애국단 이봉창 –

이봉창은 민족 차별의 경험을 통해 식민지 백성의 한계를 절감하고 조국의 독립을 위해 몸 바칠 것을 각오하고 한인 애국단에 가입하였다. 이봉창은 동경에서 일본 왕의 마차에 수류탄을 던졌으나 실패하였다(1932).

● 상하이 사변

일제가 중국 언론의 반일적 태도를 구실로 상하이를 침략하여 점령한 사건이다. 그러나 실제로는 만주 침략에 대한 열강의 비난 여론을 돌리기 위한 술책으로 평가된다.

핵심만 정리하자

▶ 의열 투쟁의 전개

의열단	• 김원봉이 만주 지린(길림)에서 조직(1919) • 신채호의 '조선 혁명 선언'(1923)을 지침으로 활동 • 김익상(조선 총독부 폭탄 투척), 김상옥(종로경찰서 폭탄 투척), 나석주(동양 척식 주식회사 폭탄 투척) 등의 의거
한인 애국단	• 김구가 상하이에서 조직(1931) • 이봉창 의거 : 도쿄에서 일왕이 탄 마차에 폭탄 투척 → 실패 • 윤봉길 상하이 훙커우 공원 의거 : 중국 국민당 정부의 대한민국 임시 정부 지원 계기

(3) 민족 혁명당(1935. 7. 난징 결성)

① 민족주의계와 사회주의계가 참여한 중국 관내 최대 규모의 통일 전선 정당이다.

② 조소앙의 한국 독립당, 지청천의 조선 혁명당, 김원봉의 의열단은 참여하였으나, 김구 등 임시 정부 계열(한국 국민당)은 불참하였다.

③ 조직의 주도권을 김원봉의 의열단계가 장악하자, 조소앙 · 지청천 등 민족주의계 일부 인사가 탈퇴하였다.

④ 중 · 일 전쟁 이후 김원봉을 중심으로 좌익 계열 통합 단체인 조선 민족 전선 연맹을 결성하였고(1937), 김구 · 지청천 · 조소앙 등은 우익 계열 통합 단체인 한국 광복 운동 단체 연합회를 조직하였다.

사료 돋보기 민족 혁명당 강령(1935)

- 원수 일본의 침략 세력을 박멸하여 우리 민족의 자주 독립을 완성한다.
- 봉건 세력 및 일체 반혁명 세력을 숙청함으로써 민주 집권제 정권을 수립한다.
- 토지는 국유로 하고 농민에게 분배한다.
- 대규모 생산 기관 및 독점 기업은 국영으로 한다.

분석

민족 혁명당은 임시 정부를 대체하려는 의도를 가지고 정치적으로는 민주 공화국 수립을, 경제적으로는 사회주의 개혁을 추구하였다.

(4) 조선 의용대(1938)

① 김원봉이 조직한 무장 부대로 중국 관내에서 조직된 최초의 무장 조직이었으며, 중국 국민당과 함께 항일전을 전개하였다.

② 1942년 조선 의용대 일부가 한국광복군에 편입되어 광복군 1지대가 되었고, 김원봉은 부사령관에 취임하였다.

③ 조선 의용대 화북 지대는 한국광복군에 참여하지 않고 호가장 전투와 반소탕전 등에서 큰 전과를 올렸으며, 이후 조선 의용군으로 개편되었다.

2 국내외의 건국 준비 활동

*광복 직전부터 국내외 독립운동 세력들은 일본의 패망에 대비하여 건국 준비 활동을 전개하고 있었다.

1 대한민국 임시 정부

(1) 임시 정부 체제 개편 : 충칭에 정착하여 김구 주석 중심의 단일 지도 체제를 마련하였다.

(2) 한국 독립당 결성 : 대한민국 임시 정부는 1940년 5월 기초 정당을 한국 국민당에서 한국 독립당으로 확대 · 개편하고, 삼균주의를 정강 정책으로 채택하였다.

● 삼균주의

조소앙이 제창한 이론으로 정치, 경제, 교육의 균등을 의미한다.

(3) 대한민국 건국 강령 발표

① 임시 정부는 1940년 한국광복군을 창설하여 군사적 측면을 강화하였으며, 1941년 11월 대한민국 건국 강령을 발표하였다.

② 대한민국 건국 강령의 주요 내용 : 보통 선거를 통한 민주 공화국의 수립, 토지 개혁 및 주요 산업의 국유화, 친일파 청산

(4) 국내 진공 작전 계획

① 한국광복군은 1943년 미얀마, 인도 전선에 파견되어 영국군과 공동 작전을 전개하였고, 미군과 연합하여 국내 진공 작전을 계획하였다.

② 미국 전략 정보국(OSS)과 협조하여 국내 정진군을 편성하고 특수 훈련을 받았으나 일본이 연합군에 무조건 항복하면서 작전은 무산되었다.

▲ 한국광복군 총사령부 성립 전례식 기념사진(중국 충칭)

사료 돋보기 임시 정부 대일 선전 성명서

한국 전 인민이 현재 이미 반침략 전선에 참여했으니 한 개의 전투 단위로서 추축국에 선전한다.

1. 한국, 중국 및 서태평양으로부터 왜구를 완전히 구축하기 위하여 최후의 승리를 얻을 때까지 혈전한다.

분석

대한민국 임시 정부가 일본에 선전포고를 한 후, 한국광복군은 연합군의 일원으로 태평양 전쟁에 참여하였다.

2 조선 독립 동맹(1942)

(1) 결성 : 중국 화북 지방에서 활동하던 사회주의 계열 독립운동가들은 1942년 조선 독립 동맹을 결성하였다.

(2) 활동 : 군사 조직으로 조선 의용군을 두었고, 중국 공산당군과 연합하여 항일 전쟁에 참가하였다.

3 조선 건국 동맹(1944)

(1) 결성 : 국내에서는 여운형, 안재홍이 중심이 되어 비밀 결사 조직인 조선 건국 동맹을 결성하였다(1944).

(2) 활동

① 일제의 패망에 대비하여 중앙과 지방의 10여 지역에 체계적인 조직을 갖추었다.

② 여운형은 해방 직전 조선 총독에게 정치 · 경제범의 즉시 석방, 서울의 3개월분 식량 확보, 치안 유지 등을 위한 정치 운동 · 학생 및 청년 활동 · 노동자와 농민 동원 등에 대한 불간섭 등을 요구하였다.

기출 및 예상 문제

01 무장 독립 전쟁의 전개

[1] 김좌진의 북로 군정서군은 청산리 대첩에서 일본군을 크게 격파하였다. O | X

[2] 일제는 자유시 참변을 자행하여 독립군 세력을 탄압하였다. O | X

[3] 참의부, 정의부, 신민부는 1920년대 후반 이후 통합 운동을 진행하여 혁신 의회와 국민부로 통합되었다. O | X

[4] 1919년 조직된 의열단 단원 중 김익상, 김지섭, 나석주 등이 의거를 일으켰다. O | X

[5] 의열단 단원인 윤봉길은 상하이 의거를 성공시켰다. O | X

01 다음 사건들을 순서대로 바르게 나열한 것은?

> ㄱ. 자유시 참변
> ㄴ. 봉오동 전투
> ㄷ. 간도 참변(경신참변)
> ㄹ. 청산리 대첩

① ㄱ - ㄴ - ㄷ - ㄹ ② ㄱ - ㄷ - ㄹ - ㄴ
③ ㄴ - ㄱ - ㄹ - ㄷ ④ ㄴ - ㄹ - ㄷ - ㄱ

2016년 국가 9급

02 1920년대 만주 지역 독립운동에 대한 설명으로 옳지 않은 것은?

① 대종교 계통 인사들이 신민부를 결성하였다.
② 독립군 연합 부대가 봉오동 전투에서 승리하였다.
③ 민족 유일당 운동의 일환으로 국민부를 결성하였다.
④ 한국 독립군이 한 · 중 연합 작전으로 동경성에서 승리하였다.

03 (가)와 (나) 사이의 시기에 있었던 만주 무장 항일 운동에 대한 설명으로 옳지 않은 것은?

> (가) 경신년에 왜병이 내습하여 31명이 살고 있는 촌락을 방화하고 총격을 가하였다. 나도 가옥 9칸과 교회당, 학교가 잿더미로 변한 것을 보고 그것이 사실임을 알았다. 11월 1일에는 왜군 17명, 왜경 2명, 한인 경찰 1명이 와서 남자들을 모조리 끌어내서 죽인 뒤 …… 남은 주민들을 모아 일장 연설을 하였다.
> – 무장 독립운동 비사 –
>
> (나) 북만주와 동만주 일대의 항일 무장 독립운동은 한국 독립군의 활동으로 대표되었다. …… 그때는 만주에 전운이 감돌고 일제는 군사 행동을 일으켜 북만주 지역까지 마수를 뻗치므로 한국 독립군은 항일 중국군과 제휴하여 쌍성보 전투에서 승리하였다.
> – 오광선 녹취록 –

① 한국 독립군이 조선 의용대에 참여하였다.
② 미쓰야 협정으로 독립군 기지의 유지가 어려웠다.
③ 임시 정부와 연계된 참의부가 국내 침투를 감행하였다.
④ 독립군이 전력을 보전하기 위하여 자유시로 이동하였다.

2015년 국가 7급

04 다음 선언을 활동 지침으로 했던 단체의 활동으로 옳지 않은 것은?

> 우리는 일본 강도 정치 곧 이족(異族) 통치가 우리 조선 민족 생존의 적(敵)임을 선언하는 동시에, 우리는 혁명 선언으로 우리 생존의 적인 강도 일본을 살벌(殺伐)함이 곧 우리의 정당한 수단임을 선언하노라.

① 박재혁이 부산 경찰서를 공격하였다.
② 김상옥이 종로 경찰서에 폭탄을 투척하였다.
③ 강우규가 사이토 총독에 폭탄을 투척하였다.
④ 나석주가 동양 척식 주식회사와 조선식산은행을 공격하였다.

2014년 지방 9급

05 다음 선언을 지침으로 삼았던 애국 단체의 활동에 대한 설명으로 옳은 것은?

> 우리는 '외교', '준비' 등의 미련한 꿈을 버리고 민중 직접 혁명의 수단을 취함을 선언하노라. 조선 민족의 생존을 유지하자면 강도 일본을 내쫓을 지며, 강도 일본을 내쫓을지면 오직 혁명으로써 할 뿐이니, 혁명이 아니고는 강도 일본을 내쫓을 방법이 없는 바이다.

① 이재명이 이완용을 습격해 중상을 입혔다.
② 나석주가 동양 척식 주식회사에 폭탄을 투척하였다.
③ 장인환이 샌프란시스코에서 외교 고문 스티븐스를 사살하였다.
④ 안중근이 만주 하얼빈 역에서 초대 통감이었던 이토 히로부미를 사살하였다.

06 다음은 어느 인물에 대한 설명이다. '그'와 관련이 있는 활동으로 옳은 것은?

> 그는 경상도 밀양 출생으로 1919년 만주 지린에서 다른 12명의 동지와 함께 의열단을 결성하였다. 곧 의열단은 국내에 대규모로 폭탄을 들여와 일본 관공서를 폭파하려고 하였으며, 침략에 앞장선 일본 군인들에 대한 저격에 나섰다. 해방 후 남한 단독 정부 수립에 반대하여 월북한 후 요직을 맡았다가 연안파로 몰려 숙청을 당하였다.

① 북만주의 쌍성보 전투 등에서 일본군을 격퇴하였다.
② 한인 애국단을 조직하여 적극적인 의열 투쟁을 전개하였다.
③ 조선 민족 혁명당이 이끄는 조선 의용대의 일부가 한국광복군에 합류하였다.
④ 삼균주의 이론을 주창하였고, 이는 대한민국 임시 정부의 기본 이념과 정책 노선으로 채택되었다.

07 다음 독립 투쟁을 일으킨 인물과 당시 소속 단체가 일치하지 않는 것은?

> ㉠ 조선 총독부에 폭탄을 던진 다음, 수십 겹의 포위망을 뚫고 중국으로 탈출하여 이듬해 중국 상하이에서 일본 육군 대장을 저격하였다.
> ㉡ 조선 총독의 마차를 겨냥하고 영국제 수류탄을 던져 총독부 요인과 관리들에게 큰 부상을 입혔다.
> ㉢ 동양 척식 주식회사에 들어가 폭탄을 투척하였으나, 터지지 않자 권총으로 일본 간부를 살해하고 경찰과 시가전을 벌였다.
> ㉣ 도쿄에서 황궁으로 들어가는 이중교에 폭탄을 던져 일제에게 두려움을 안겨주었다.

① ㉠ : 김익상 – 의열단
② ㉡ : 강우규 – 노인단
③ ㉢ : 나석주 – 의열단
④ ㉣ : 이봉창 – 한인 애국단

08 다음 자료의 밑줄 친 부분으로 인해 변화된 상황을 가장 적절하게 서술한 것은?

> 1930년대 초에 일어난 만보산 사건과 만주 사변 등으로 중국인의 한국인에 대한 감정이 매우 나빠져 중국에서 항일 독립운동을 하기가 더욱 어려워졌다. 이러한 상황에서 대한민국 임시 정부는 난국을 타개하기 위한 <u>획기적인 방안</u>이 있어야 했다.

① 청년 지식층을 중심으로 농민 운동과 노동 운동이 활성화될 수 있는 계기가 되었다.
② 학생들을 중심으로 각종 민족 운동 단체들이 연합하여 만세 운동을 준비하게 되었다.
③ 민족주의계와 사회주의계의 대립과 갈등을 극복하는 계기가 마련되어 민족 유일당 운동이 전개되었다.
④ 중국 국민당 정부의 임시 정부에 대한 적극적인 지원이 이루어지는 계기를 마련할 수 있게 되었다.

09 밑줄 친 '그'가 일으킨 사건의 영향에 대한 설명으로 옳은 것은?

> 일제는 1월 28일 일본 승려 사건을 계기로 전쟁을 도발하였다.
> 일본은 이때 시라카와 대장을 사령관으로 삼아 중국과의 전쟁을 승리로 이끌었다. 그는 이해 봄 야채상으로 가장하여 일본군의 정보를 탐지한 뒤 4월 29일 이른바 천장절 겸 전승 축하 기념식에 폭탄을 투척하기로 하였다. 식장에 참석하여 수류탄을 투척함으로써 파견군사령관 시라카와, 일본 거류민단장 가와바다 등은 즉사하였다.

① 이 사건을 계기로 신간회가 결성되었다.
② 한국광복군 형성의 기초가 되었다.
③ 민족 유일당 운동의 계기가 되었다.
④ 미쓰야 협정이 체결되는 계기가 되었다.

2014년 지방 9급

10 다음은 일제 강점기 국외 독립운동에 대한 사실들이다. 이를 시기 순으로 바르게 나열한 것은?

> ㄱ. 대한민국 임시 정부가 지청천을 총사령으로 하는 한국광복군을 창설하였다.
> ㄴ. 블라디보스토크에서 이상설, 이동휘 등이 중심이 된 대한 광복군 정부가 수립되었다.
> ㄷ. 홍범도가 이끄는 대한 독립군을 비롯한 연합 부대는 봉오동 전투에서 대승을 거두었다.
> ㄹ. 양세봉이 이끄는 조선 혁명군은 중국 의용군과 연합하여 영릉가 전투에서 일본군을 무찔렀다.

① ㄱ－ㄹ－ㄴ－ㄷ
② ㄴ－ㄷ－ㄹ－ㄱ
③ ㄷ－ㄴ－ㄹ－ㄱ
④ ㄹ－ㄷ－ㄱ－ㄴ

2016년 지방 9급

11 다음 사실들을 시기 순으로 바르게 나열한 것은?

> ㄱ. 김좌진을 중심으로 한 신민부가 조직되었다.
> ㄴ. 민족 협동 전선론에 따라 정우회가 조직되었다.
> ㄷ. 노동 조건의 개선을 요구한 원산 노동자 총파업이 일어났다.
> ㄹ. 백정의 사회적 차별을 철폐하고자 하는 형평사가 창립되었다.

① ㄱ－ㄴ－ㄹ－ㄷ
② ㄱ－ㄹ－ㄷ－ㄴ
③ ㄹ－ㄱ－ㄴ－ㄷ
④ ㄹ－ㄷ－ㄱ－ㄴ

12 다음은 일제 강점기 무장 투쟁에 관한 내용이다. 시기 순으로 바르게 나열한 것은?

> ㄱ. 봉오동 전투, 청산리 대첩
> ㄴ. 간도 참변
> ㄷ .미쓰야 협정
> ㄹ. 자유시 참변
> ㅁ. 한 · 중 연합 작전
> ㅂ. 한국광복군의 창설

① ㄱ－ㄴ－ㄷ－ㄹ－ㅂ－ㅁ
② ㄱ－ㄴ－ㄹ－ㄷ－ㅁ－ㅂ
③ ㄴ－ㄱ－ㄹ－ㄷ－ㅂ－ㅁ
④ ㄴ－ㄱ－ㅁ－ㄹ－ㄷ－ㅂ

02 국내외의 건국 준비 활동

[1] 대한민국 임시 정부는 1940년 남경(난징)으로 들어가 한국광복군을 창설하였다. O | X

[2] 대한민국 임시 정부는 삼균주의를 바탕으로 1941년 대한민국 건국 강령을 발표하였다. O | X

[3] 1942년 화북 지방의 사회주의자들은 조선 독립 동맹을 결성하였다. O | X

13 다음 단체들의 공통점을 바르게 설명한 것으로 옳은 것은?

- 조선 독립 동맹
- 조선 건국 동맹
- 대한민국 임시 정부

① 광복 이후 남북한의 통치권을 장악하였다.
② 우익 세력 중심으로 구성되었다.
③ 일제 강점기에 민족 유일당 운동을 전개하였다.
④ 제2차 세계 대전 말기에 일제의 패망을 예견하고 건국을 위한 준비 작업을 추진하였다.

14 빈칸에 들어갈 인물에 대한 설명으로 가장 옳은 것은?

(　　　)은(는) 조선 총독에게 정치 · 경제범의 즉시 석방, 서울의 3개월 분 식량 확보, 치안 유지 등을 위한 정치 운동 · 학생 및 청년 활동 · 노동자와 농민 동원 등에 대한 불간섭 등을 요구하였다.

① 만주 지린 시에서 의열단을 조직하여 일본을 무너뜨리고 민중적 조선을 건설하는 것을 목표로 민족 투쟁을 벌였다.
② 김규식과 함께 좌우익의 대표로서 10인의 좌우 합작 위원회를 구성하여 남북한 통일 정부 수립 운동을 벌였다.
③ 단독 정부 수립 운동에 반대하며 분단을 막고 통일 정부 수립을 위하여 북한에 남북 지도자 연석회의를 제안하였다.
④ 좌우 협력의 민족 운동인 신간회 운동을 주도한 인물 중 한 사람으로 조선학 운동을 통해 민족 문화 수호에 앞장섰다.

05

일제 강점기 사회 · 문화의 변화

출제 빈도 | 상 | 중 | 하 

 꼭 기억해야 할 연표

- 1923 조선 형평사 창립
- 1926 한용운, '님의 침묵' 발표 / 나운규, '아리랑' 제작
- 1927 근우회 조직
- 1936 안익태, 애국가 작곡

▲ 어린이날 포스터

▲ 근우회 기관지 '근우'

1 일제 강점기 사회의 변화

1 사회 운동

(1) 청년 운동 : 민족주의 진영과 사회주의 진영으로 분열되어 상호 대립하였고, 이를 해결하기 위하여 조선 청년 총동맹이 결성되었다(1924).

(2) 소년 운동

① 방정환은 천도교 소년회를 조직하고(1921), 어린이날을 제정하였다(1922).

② 잡지 '어린이'를 발간하였고, 전국적 조직체인 조선 소년 연합회를 결성하였다(1927).

(3) 여성 운동

① 3 · 1 운동 이후 독립운동에 국내외 여성들이 대거 참여하면서 조선 여자 교육회, 조선 여자 기독교 청년회 등이 결성되었다.

② 1920년대에 사회주의 사상이 유입되면서, 민족주의 여성 단체와 갈등을 보이자, 이를 해결하기 위하여 근우회(1927, 신간회의 자매단체, 여성계 민족 유일당 단체)가 조직되었다.

③ 근우회는 기관지로 '근우'를 발간하였으며, 전국을 순회하며 강연회를 개최하였고 노동 운동과 농민 운동에 적극 참여하였다(행동 강령 : 조혼의 폐지와 결혼의 자유, 인신매매와 공창 폐지, 부인 노동의 임금 차별 철폐 등).

사료 돋보기 | 근우회 취지문(1927)

인류 사회는 많은 불합리를 생산하는 동시에 그 해결을 우리에게 요구하여 마지않는다. 여성 문제는 그중의 하나이다. …… 그러나 회고(回顧)해 보면 조선 운동은 거의 분산되어 있었다. 그것에는 통일된 조직이 없었고 통일된 목표와 지도 정신(指導精神)도 없었다. 그러므로 그 운동은 효과를 충분히 내지 못하였다. 우리는 운동상 실천으로부터 배운 것이 있으니 우리가 실지로 우리 자체를 위하여 우리 사회를 위하여 분투하려면 우선 조선 자매 전체의 역량을 공고히 단결하여 운동을 전반적으로 전개하지 아니하면 아니 된다.

일어나라! 오너라! 단결하자! 분투하자! 조선의 자매들아! 미래는 우리의 것이다.

 분석

여성 문제, 통일, 조직, 목표, 지도 정신, 조선 자매, 역량, 미래

▼

신간회가 조직되자, 여성계에서도 민족주의 계열과 사회주의 계열이 연합하여 근우회를 조직하였다. 근우회는 전통 사회에서 이어진 가부장 제도의 모순과 여성 노동자 문제 등 여러 사회적 현안을 해결하고자 노력하였다.

(4) 형평 운동

① 갑오개혁으로 신분제가 폐지된 이후에도 백정에 대한 사회적 차별은 계속되었다.

② 1923년 경남 진주에서 백정들이 조선 형평사를 조직하고 평등한 대우를 요구하였다.

사료 돋보기 조선 형평사 취지문(1923)

공평(公平)은 사회의 근본이고, 사랑은 인간의 본성이다. 고로 우리는 계급을 타파하고, 모욕적인 칭호를 폐지하여, 교육을 장려하고 우리도 참다운 인간으로 되고자 함은 본사(本社)의 주지이다. 지금까지 조선의 백정은 어떠한 지위와 압박을 받아왔던가? 과거를 회상하면 종일 통곡하고도 피눈물을 금할 수 없다.

…… 따라서 이 문제를 선결하는 것이 우리들의 급선무라고 설정함은 당연한 것이다. 천하고 가난하고 연약해서 비천하게 굴종하였던 자는 누구였는가? 아아! 그것은 우리 백정이 아니었던가? 그러나 이러한 비극에 대한 사회의 태도는 어떠했는가? 소위 지식 계층에 의한 압박과 멸시만이 있지 않았던가? 직업의 구별이 있다고 한다며 금수의 생명을 빼앗는 자는 우리들만이 아니다.

분석

공평, 계급, 타파, 백정, 지위, 압박, 멸시

백정은 갑오개혁으로 법제상 천민 신분에서 완전히 벗어났지만 사회적 차별이 여전히 존재하였다. 형평 운동은 백정들의 사회적 차별을 철폐하자는 운동에서 시작되어 항일 민족 운동으로 발전하였다.

▲ 형평 운동 포스터

2 사회 구조와 생활 모습의 변화

(1) 도시의 발달

① 개항 이후 서울, 평양 등과 함께 부산 등 개항장이 근대적 도시로 바뀌어갔다.

② 도시에는 신작로가 뚫리고 새로운 시가지가 형성되었으며, 일본인은 시가지 중심지를 차지하고 도시의 경제권을 장악하였다.

(2) 의식주 생활의 변화 : 근대 문물의 유입과 함께 의식주 생활에도 변화가 일어났다.

핵심만 정리하자

▶ 소년 운동

배경	어린이를 온전한 인격체로 대우하려는 움직임 대두
전개	• 1920년대 천도교를 중심으로 적극적으로 전개 • 천도교 소년회(1921) : 방정환 주도, 어린이날 제정, 잡지 '어린이' 발간

▶ 형평 운동

배경	신분제 철폐(갑오개혁) 이후에도 백정에 대한 사회적 차별 여전
전개	• 목적 : 백정에 대한 사회적 차별 타파 • 진주에서 조선 형평사 조직(1923) → 평등한 대우 요구

① 의생활

㉠ 도시의 직장인에게는 양복이 보편화되었고, 여성은 단발머리나 파마머리를 하고 블라우스와 스커트 차림에 하이힐을 신는 경우가 늘어 갔다(모던 보이와 모던 걸 등장).

㉡ 1940년대 전시 체제하에서 남성은 간소한 '국민복'을, 여성은 '몸뻬' 입기를 강요받기도 하였다.

② 식생활 : 일제의 미곡 수탈 정책으로 1인당 쌀 소비량이 줄어 식생활은 열악하였다.

③ 주생활

㉠ 농촌은 대부분 초가나 전통 한옥이 여전하였으나 도시에는 문화 주택이라 불리는 양옥들이 늘어갔다.

㉡ 경성 변두리에는 빈민들이 토막집을 짓고 살기도 하였다.

2 일제 강점기 문화의 변화

1 문학 활동

(1) 순수 문학 : 순수 문학 계열 동인지로는 '창조'(1919, 자연주의 문학), '백조'(1922, 낭만주의 문학), '폐허'(1920, 퇴폐주의) 등이 간행되었다.

(2) 신경향파 문학

① 박영희, 김기진 등 신경향파 작가들은 식민지 현실을 고발하고, 계급 의식을 고취시키는 것을 문학의 중요한 역할로 인식하였다.

② 사회주의 문학 단체인 KAPF(조선 프롤레타리아 예술가 동맹)가 결성되었다(1925).

(3) 저항 문학

① 이상화는 '빼앗긴 들에도 봄은 오는가'에서 식민지 현실의 참혹함과 독립의 염원을 표현하였다.

② 한용운은 '님의 침묵(1926)', '당신을 보았습니다(1930).' 등을 통해 일제에 대한 저항 의식을 표현하였다.

③ 심훈은 '그날이 오면'(1930)을 통해 광복을 바랐다.

④ 이육사('청포도', '광야', '절정')와 윤동주('별 헤는 밤', '하늘과 바람과 별과 시') 등도 대표적인 저항 문인이다.

(4) 친일 문학 : 최남선, 이광수, 주요한, 모윤숙, 노천명, 김춘수, 서정주 등은 대동아 공영권을 찬양하면서 조선 청년들을 전쟁에 동원하였다.

● 대동아 공영권

일본을 중심으로 함께 번영할 동아시아의 여러 민족과 그 거주 범위를 말한다. 태평양 전쟁 당시 일제가 아시아 대륙에 대한 침략을 합리화하기 위해 내건 정치 표어이다.

사료 돋보기 윤동주의 '별 헤는 밤'

…… 나는 무엇인지 그리워
이 많은 별빛이 나린 언덕 우에
내 이름자를 써보고,
흙으로 덮어 버리었습니다.

딴은 밤을 새워 우는 버레는
부끄러운 이름을 슬퍼하는 까닭입니다.

그러나 겨울이 지나고 나의 별에도 봄이 오면
무덤 우에 파란 잔디가 피어나듯이

내 이름자 묻힌 언덕 우에도
자랑처럼 풀이 무성할거외다.

분석

창씨개명을 하고 유학을 가려던 윤동주는 언덕에 올라 별을 바라보며 수취심에 젖어 이 시를 쓴 것으로 생각된다.

2 예술 활동

(1) 음악 : 홍난파 · 현제명 등이 많은 가곡을 남겼으며, 안익태는 애국가를 작곡하였다(1936).

(2) 연극

① 1923년 박승희, 김기진 등이 토월회를 조직하여 신극 운동을 자극하며, 남녀평등, 봉건적 유교 사상 비판, 일제에 대한 저항 등을 주제로 공연하였다.

② 1931년 극예술 연구회가 결성되어 유치진의 '토막' 등을 공연하여 식민지의 비참한 현실을 고발하였다.

(3) 영화

① 1924년 부산에서 최초의 영화 제작사인 조선 키네마 주식회사가 설립되었다.

② 1926년 나운규가 '아리랑'을 감독하여 망국인의 슬픔과 애국심을 고취하였다.

③ 일제는 1940년 조선 영화령을 제정하여 영화를 일제의 침략 전쟁을 찬양 및 고무하는 도구로 전락시켰다.

(4) 미술

① 서양화가로는 이중섭('소'), 고희동, 김관호, 나혜석 등이 유명하다.

② 안중식, 허백련 등은 전통 회화를 계승하여 발전시킨 대표적 한국 화가이다.

(5) 과학 대중화 운동 : 1922년 최초의 조선인 비행사였던 안창남의 고국 방문 비행은 과학에 대한 관심을 자극하였다.

기출 및 예상 문제

01 일제 강점기 사회의 변화

[1] 천주교의 방정환은 어린이날을 제정하고, 조선 소년 연합회를 창립하였다. O | X

[2] 백정들은 일제 강점기 사회적 차별의 철폐를 목적으로 형평 운동을 전개하였다. O | X

[3] 1927년 신간회의 자매단체로 근우회가 창립되었다. O | X

[4] 일제는 전시 동원 체제를 추진하면서 여성들에게 '몸뻬'라는 일 바지를 입도록 강요하였다. O | X

01 다음 중 백정들이 평등한 대우를 요구하며 조직한 단체는?

① 조선 형평사 ② 조선 노동 총동맹
③ 조선 농민 총동맹 ④ 조선 교육회

02 다음 주장과 관련 있는 단체는?

> 우리는 실천에서 배운 것이 있으니, 우리가 실지로 우리 자체를 위하여 우리 사회를 위하여 분투하려면, 우선 조선 자매 전체의 역량을 공고히 단결하여 운동을 전반적으로 전개하지 아니하면 아니 된다.
> 일어나라! 오너라! 단결하자! 분투하자! 조선 자매들아! 미래는 우리의 것이다.

① 근우회 ② 정우회
③ 한인 애국단 ④ 조선 여성 동우회

03 다음 내용과 관련된 설명으로 가장 적절하지 않은 것은?

> (가) 청년 운동 (나) 종교 운동
> (다) 소년 운동 (라) 형평 운동

① (가) – 민족주의 계열과 사회주의 계열을 통합하여 조선 청년 총동맹이 결성되었다.
② (나) – 개신교에서는 제2의 3 · 1 운동을 계획하였다.
③ (다) – 천도교 청년회 소년부가 설치되어 어린이날을 제정하였다.
④ (라) – 직업의 구별이 있다고 한다면 금수의 생명을 빼앗는 자는 우리들만이 아니라고 하였다.

04 일제는 다음과 같은 취지의 조선 교육령을 공포하였다. 이에 대한 설명으로 옳은 것은?

> • 보통학교의 수업 연한을 4년에서 6년으로 고등보통학교는 4년에서 5년으로 연장한다.
> • 조선인과 일본인의 공학을 원칙으로 한다.

① 헌병 경찰 중심의 통치 체제하에서 낮은 수준의 실용 교육만 실시하고자 하였다.
② 태평양 전쟁을 일으키고 황국 신민화 교육을 더욱 강화하고자 하였다.
③ 만주 침략을 감행하고 한국인을 동화시켜 침략 전쟁의 협조자로 만들고자 하였다.
④ 3 · 1 운동 이후 격화된 한국인의 반일 감정을 무마하고자 하였다.

02 일제 강점기 문화의 변화

[1] 1920년대 신경향파 작가들은 식민지 현실을 고발하고, 계급 의식을 고취시키는 것을 중요하게 생각하였다. O | X

[2] 이육사는 '님의 침묵' 등을 발표한 대표적 저항 시인이다. O | X

[3] 나운규의 아리랑은 1930년대에 제작되었다. O | X

05 다음 밑줄 친 부분에 해당하는 사례로 적절하지 않은 것은?

> 3 · 1 운동 이후에 유입된 이 사상은 청년, 지식인층을 중심으로 파급되었다. 그리하여 마르크스를 비롯한 여러 사상가의 저작이 널리 읽혔다. <u>이 사상은 사회 · 경제적 민족 운동과 문예 활동에 많은 영향을 끼쳤다.</u>

① 조선 공산당이 비밀리에 결성되었다.
② 언론사를 통한 문자 보급 운동이 활발하게 전개되었다.
③ 지주제 폐지를 내건 혁명적 농민 조합 운동이 나타났다.
④ 전국 규모의 청년 조직으로 조선 청년 총동맹이 결성되었다.

06 일제 강점기 문화 · 예술 활동으로 옳지 않은 것은?

① 미술에서는 서양화의 유화 기법이 도입되었다.
② 연극에서는 판소리 등의 전통 예술이 더욱 강화되었다.
③ 음악에서는 '반달' 등 민족적인 정서를 담은 작품이 나왔다.
④ 나운규는 영화 '아리랑'을 통해 민족의 저항 의식과 정서를 표현하였다.

07 다음 중 식민지 시기 문학에 대한 설명으로 옳지 않은 것은?

① 1920년대에는 신경향파 문학이 등장하였고, 조선 프롤레타리아 예술가 동맹(KAPF, 카프)이 결성되었다.
② 서정주, 노천명 등은 1940년대 일제에 저항하는 시를 발표하였다.
③ 윤동주, 이상화, 이육사 등은 대표적인 저항 시인이다.
④ 1920년대에는 창조, 폐허, 백조 등 여러 동인지가 발간되었다.

08 다음 중 일제 강점기 예술, 체육 활동에 대한 설명으로 옳지 않은 것은?

① 손기정은 태극기를 가슴에 달고 1936년 베를린 올림픽에서 금메달을 차지하였다.
② 안중식은 한국화, 이중섭은 서양화를 대표하는 화가이다.
③ 홍난파의 봉선화, 현제명의 고향 생각 등 가곡이 창작되었다.
④ 나운규의 민족 정서를 충실히 반영한 아리랑을 제작하였다.

Ⅵ 대한민국의 발전과 현대 세계의 변화

01 대한민국 정부 수립과 6 · 25 전쟁

02 민주주의의 시련과 발전

03 현대 사회의 변화와 통일을 위한 노력

대한민국 정부 수립과 6·25 전쟁

출제 빈도 상 중 하

꼭 기억해야 할 연표

1945. 8. 15. 8·15 광복
1945. 12. 모스크바 3국 외상 회의
1946. 3. 1차 미·소 공동 위원회 개최
1946. 7. 좌우 합작 위원회 조직
1948. 4. 남북 협상
1948. 8. 15. 대한민국 정부 수립
1950. 6. 25. 6·25 전쟁

▲ 8·15 광복

● 한국 민주당

한국 민주당은 1945년 9월 송진우, 김성수, 조병옥 등의 보수 우익 세력을 중심으로 조직되었다. 한국 민주당에는 친일파 지주, 자본가들이 많았기 때문에 친일파 척결, 토지 개혁에 적극적으로 반대하였다. 이들은 조선 건국 준비 위원회에 불참하며, 1945년 9월 조직된(좌익 중심) 조선 인민 공화국에 저항하였다. 또한 대한민국 임시 정부 지지를 표방하면서도, 미군정과 긴밀히 연결되어 강력한 정치 세력으로 부상하였다. 이후 이승만 세력과 함께 대한민국 건국 주도 세력이 되었다.

1 대한민국 정부의 수립

1 광복과 해방 직후 정치 상황

(1) 일제로부터의 광복

① 제2차 세계 대전 중 미국, 영국, 중국의 정상은 카이로 회담(1943. 11.)에서 '한국인들의 노예 상태에 유의하여 적당한 절차를 거쳐 독립을 시켜야 한다.'고 선언함으로써 처음으로 우리나라의 독립을 결의하였다.

② 포츠담 선언(1945. 7.)에서 '카이로 선언의 조항은 이행될 것'이라고 밝힘으로써 우리나라의 독립을 재확인하였다.

③ 제2차 세계 대전에서 이탈리아와 독일의 항복 뒤 고립된 일본은 1945년 8월 6일과 9일 히로시마와 나가사키에 원폭이 투하되고, 8월 8일 소련의 참전을 계기로 8월 15일 무조건 항복하였다.

④ 우리 민족에게 해방은 끊임없는 항일 투쟁에도 불구하고 연합국의 승리라는 국제 환경 속에서 다가온 불완전한 것이었다.

(2) 해방 직후 정치 상황 기출

① 조선 건국 준비 위원회(1945. 8. 15.)

㉠ 광복 직후 조선 건국 동맹의 여운형을 중심(부위원장 안재홍)으로 좌익과 우익 통합 형태로 출범하였다.

㉡ 조선 건국 준비 위원회(이하 건준)는 치안대를 조직하고 전국에 145개 지부를 건설하였다.

② 조선 인민 공화국의 성립 : 미군의 진주를 대비하여 건준을 해체하고 이승만을 주석, 여운형을 부주석, 허헌을 국무총리로 선임하여 조선 인민 공화국을 선포하였다(1945. 9. 6.).

③ 미군정의 실시

㉠ 남한에 진주한 미군은 하지 중장을 사령관으로 하여 군정을 실시하였다(1945. 9. 9.).

㉡ 미군정은 조선 인민 공화국을 정부로 인정하지 않고, 친미적인 정부 수립을 위해 한국 민주당(이하 한민당) 인사들과 긴밀하게 접촉하였다.

㉢ 미군정은 대한민국 임시 정부를 인정하지 않았으며, 주석인 김구의 귀국도 개인 자격으로만 허용하였다.

④ 독립 촉성 중앙 협의회 결성 : 1945년 10월에 귀국한 이승만은 독립 촉성 중앙 협의회를 결성하였다.

사료 돋보기 조선 건국 동맹과 조선 건국 준비 위원회

❶ 조선 건국 동맹의 여운형(呂運亨)이 조선 총독에게 요구한 5개 조항
- 정치 · 경제범을 즉시 석방할 것.
- 3개월분 식량을 확보할 것.
- 조선인의 치안 유지와 건국 운동을 위한 정치 활동에 대하여 절대로 간섭하지 말 것.
- 학생과 청년을 조직 · 훈련하는 데 대하여 간섭하지 말 것.
- 노동자와 농민을 건국 사업에 동원하는 데 대하여 절대로 간섭하지 말 것.

❷ 조선 건국 준비 위원회 3대 강령
- 우리는 완전한 독립 국가의 건설을 기함.
- 우리는 전 민족의 정치적 · 경제적 · 사회적 기본 요구를 실현할 수 있는 민주주의 정권의 수립을 기함.
- 우리는 일시적 과도기에 있어서 국내 질서를 자주적으로 유지하여 대중 생활의 확보를 기함.

분석

해방 이전 여운형과 안재홍을 중심으로 조선 건국 동맹이 설립되었다. 조선 총독부는 일제의 패망에 대비하여, 여운형에게 일본인의 안전을 부탁하였다. 여운형은 조선 총독에게 정치, 경제범의 석방 등 5개 조항을 요구하였고, 해방 당일 조선 건국 동맹을 모체로 조선 건국 준비 위원회를 창립하였다.

2 통일 정부 수립을 위한 노력

(1) 모스크바 3국 외상 회의(1945. 12. 28.) 기출

① 미국, 영국, 소련의 3국 외무장관이 모여 한국 문제를 논의하였다.

② 결정안의 주요 내용 : 이 회의에서는 한국에 민주주의적 임시 정부를 세우기 위해 첫째 미 · 소 공동 위원회를 설치하고, 둘째 최고 5년 동안 미 · 영 · 중 · 소의 신탁 통치를 시행할 것을 결의하였다.

▲ 반탁 시위

(2) 좌익과 우익의 대립과 갈등 : 찬탁과 반탁

① 초기에는 좌익과 우익 모두 신탁 통치 반대 운동을 전개하였으나 좌익은 모스크바 3국 외상 회의의 총체적 지지(신탁 통치 찬성)로 입장을 바꾸었다.

② 신탁 통치에 대한 입장 차이로 좌익과 우익의 격렬한 대립과 갈등이 발생하였다.

▲ 찬탁(총체적 지지) 시위

(3) 미 · 소 공동 위원회(1차 : 1946. 3., 2차 : 1947. 5.) 기출

① 모스크바 3국 외상 회의의 결정에 따라 한국에 임시 민주 정부를 수립하는 방안을 논의하기 위해 미 · 소 공동 위원회가 서울 덕수궁에서 열렸다.

② 미국은 신탁 통치에 반대하는 우익 세력을 미 · 소 공동 위원회의 합의 대상에 포함시키려 한 반면 소련은 신탁 통치를 지지하는 정당과 사회단체만을 고집하였다.

③ 양측 모두 자신에게 유리한 입장을 관철시키려 하였기 때문에 회의는 두 차례 모두 결렬되었다.

(4) 이승만의 정읍 발언(1946. 6. 3.) : 1차 미 · 소 공동 위원회가 결렬되자, 이승만은 남한만의 단독 정부 수립을 주장하였다.

사료 돋보기 **이승만의 정읍 발언**

이제 우리는 무기 휴회된 공위(共委)가 재개될 기색도 보이지 않으며 통일 정부를 고대하나 여의케 되지 않으니 남방만이라도 임시 정부 혹은 위원회 같은 것을 조직하여 38도선 이북에서 소련이 철퇴하도록 세계 공론에 호소하여야 될 것이니 여러분도 결심하여야 될 것이다. 그리고 민족 통일 기관 설치에 대하여 지금까지 노력하여 왔으나 이번에는 우리 민족의 대표적 통일 기관을 귀경한 후 즉시 설치하게 되었으니 각 지방에 있어서도 중앙의 지시에 순응하여 조직적으로 활동하여 주기 바란다.

분석
1차 미·소 공동 위원회(1946. 3. ~ 1946. 5.)가 결렬된 후 민족 분열의 조짐이 심화되는 상황에서 이승만은 정읍 발언을 통해 남한'만'의 단독 정부 수립을 주장하였다.

(5) 좌우 합작 운동 기출

① 중도 세력들은 좌우의 대립을 극복하고 통일 정부를 수립하기 위하여 좌우 합작 위원회를 결성하였다(우익 : 김규식, 좌익 : 여운형, 1946. 7.).

② 좌우 합작 7원칙을 제시하였으나 좌우 모두에게 환영받지 못하였다.

사료 돋보기 **좌우 합작 7원칙(1946. 10.)**

1. 모스크바 3국 외상 회의 결정에 의해 좌우 합작으로 임시 정부를 수립할 것.
2. 미·소 공동 위원회 속개를 요청하는 공동 성명을 발표할 것.
3. 몰수·유(有) 조건 몰수 등으로 농민에게 토지 무상 분여 및 중요 산업을 국유화할 것.
4. 친일파, 민족 반역자 처리 문제는 장차 구성될 입법 기구에서 처리할 것.
5. 남북 좌우의 테러적 행동을 일체 제지하도록 노력할 것.
6. 입법 기구의 구성 방법 및 운영 등은 본 합작 위원회에서 작성, 적극 실행할 것.
7. 전국적으로 언론, 집회, 결사, 출판 등의 자유를 절대 보장할 것.

분석
좌우 합작, 임시 정부, 토지 무상 분여, 친일파 처리
▼
1차 미·소 공동 위원회가 결렬되고, 민족 내부 갈등이 심화되자 여운형, 김규식 등 중도 세력을 중심으로 좌우 합작 위원회가 조직되었다(1946. 7.). 좌우 합작 위원회는 좌우 합작 7원칙을 발표하였으나(1946. 10.), 좌익과 우익 모두에게 환영받지 못하였다.

● 유엔 한국 임시 위원단

▲ 유엔 한국 임시 위원단 환영식

'남북한의 인구 비례에 따라 남북한 자유 총선거를 실시한다.'는 유엔 총회의 결의에 따라 1948년 1월 한국에 파견되었다. 호주, 프랑스, 캐나다, 중국, 인도, 엘살바도르, 필리핀, 시리아, 우크라이나 등 9개국의 대표 35명으로 구성되었다(우크라이나는 불참). 의장은 인도인 크리슈나 메논이었다.

(6) 한국 독립 문제의 유엔 이관과 단독 정부 반대 운동

① 미·소 공동 위원회가 진전을 이룰 가능성이 없게 되자, 미국은 한국에 대한 신탁 통치를 포기하고, 1947년 9월 한국 문제를 유엔에 넘겼다.

② 1947년 11월 유엔 총회에서는 미국이 제안한 인구 비례에 의한 남북한 총선거가 결의되었다.

③ 총선거를 감독하기 위해 유엔 한국 임시 위원단이 파견되었으나(1948. 1.) 소련과 북한측이 위원단의 입북을 거부하였다.

④ 남북 협상 : 단독 정부 반대 운동 추진 기출

㉠ 유엔 소총회에서의 논의가 남한만의 단독 선거로 흘러가자, 김구와 김규식은 남북의 영구적 분단을 초래할 것을 우려하면서 강력히 비판하였다.

㉡ 남북 협상 방안을 제시하였고(1948. 3. 8.), 평양에서 김일성 · 김두봉 등과 회담하였다(1948. 4.).

㉢ 남북 협상에서는 외국 군대의 철수, 향후 내전 발생 불가 확인, 전 조선 정치 회의 구성을 통한 임시 정부의 수립, 총선거를 통한 통일 국가의 수립, 남한만의 단독 선거 반대 등을 결의하였다.

㉣ 남북 협상의 결의 사항은 끝내 실현되지 못하였고, 5 · 10 총선거가 예정대로 실시되어 분단 국가 수립이 현실화되었다.

심화 플러스 | 남북 협상

1948년 4월 19일~30일까지 평양에서 열린 회담이다. 당시 5월 10일 남북의 총선거를 통해 통일 정부를 구성한다는 유엔의 결의를 북한과 소련측이 반대하자, 남한 단독 선거라도 추진하자는 국제 여론이 점차 지지를 얻었다. 그리하여 점차 분단이 확정되어 갔다. 이에 남측의 김구와 김규식이 분단을 막기 위한 마지막 수단으로 평양을 방문하였다. 그러나 김일성은 통일 대신 북한의 권력 장악을 꿈꾸고 있었기 때문에 아무런 성과를 얻지 못하였다. 이후 김구와 김규식은 남한에서도 이승만에게 밀려나고 말았다.

▲ 남북 협상을 위해 북으로 가던 김구

사료 돋보기 | 김구의 '삼천만 동포에게 읍고함'

조국이 있어야 한국 사람이 있고, 한국 사람이 있어야 민주주의도 공산주의도 무슨 단체도 있을 수 있는 것이다. 그러면 우리의 자주독립적 통일 정부를 수립하려는 이때에 있어서 어찌 개인이나 자기 집단의 사리사욕에 탐하여 국가 민족의 백년대계를 그르칠 자가 있으랴? …… 현실에 있어서 나의 유일한 염원은 3천만 동포가 다 손을 잡고 통일된 조국의 달성을 위하여 공동 분투하는 것뿐이다. 이 육신을 조국이 필요로 한다면 당장에라도 제단에 바치겠다. 나는 통일된 조국을 건설하려다 38선을 베고 쓰러질지언정 일신의 구차한 안일을 위하여 단독 정부를 세우는 데는 협력하지 않겠다.

–김구, '삼천만 동포에게 읍고함(1948. 2.)'–

분석

조국, 삼천만 동포, 통일 정부, 통일된 조국, 단독 정부

▼

김구는 남한만의 단독 선거가 분단의 길이며, 민족상잔의 비극을 초래하게 될 것이라고 주장하였다. 이후 통일 정부 수립을 위해 평양으로 가, 북한 정치 지도자들과 남북 협상을 진행하였다.

핵심만 정리하자

▶ 통일 정부 수립을 위한 노력

좌우 합작 운동	배경	1차 미 · 소 공동 위원회 결렬, 이승만의 단독 정부 수립 주장
	중심 세력	중도 우파(김규식) + 중도 좌파(여운형)
	활동	• 좌우 합작 위원회 결성 : 미군정의 지원 아래 좌우 합작 위원회 결성(1946. 7.) • 좌우 합작 7원칙 발표(1946. 10.)
	좌절	1947년부터 냉전 시작, 2차 미 · 소 공동 위원회 실패, 여운형 암살
남북 협상 (1948. 4.)	배경	남한만의 단독 선거 움직임
	전개	김구와 김규식의 남북 요인 회담 제안 → 김구, 김규식 평양행 → 남북 협상 추진
	결의 사항	외국 군대의 즉시 철수, 외국 군대 철수 후 내전 발생 불가, 총선거를 통한 통일 정부 수립
	좌절	남북 협상 실패 → 남한만의 단독 선거 실시(5 · 10 총선거)

● 5 · 10 총선거

▲ 5 · 10 총선거 포스터

우리나라 역사상 최초로 실시된 보통 선거로, 만 21세 이상 모든 남녀에게 선거권을 부여하고, 만 25세 이상 국민에게 피선거권이 부여되었다. 직접, 비밀, 평등, 자유 원칙에 따른 민주주의 선거로 진행되었다.

● 신한 공사

미군정 시기인 1946년 3월 설치(1946년 2월에 법령 발표)되어, 적산을 관리하던 기관이다. 1948년 3월 폐지되었으며, 신한 공사의 업무는 중앙 토지 행정처로 이관되었다.

3 대한민국 정부의 수립 기출

(1) 5 · 10 총선거와 대한민국 정부의 수립

① 김구 등 남북 협상파들이 대거 불참한 가운데, 5 · 10 총선거가 실시되었다(1948. 5. 10.).

② 총선거로 198명의 국회의원이 선출되고 임기 2년의 제헌 국회가 구성되었다.

③ 제헌 국회는 국호를 '대한민국'으로 정하고, 제헌 헌법을 제정하였다.

④ 제헌 국회는 간접 선거를 통해 이승만을 대통령으로, 이시영을 부통령으로 선출하고 8월 15일 대한민국의 수립을 선포하였다(1948. 8. 15.).

⑤ 유엔에서는 1948년 12월 한반도의 유일한 합법 정부로 인정함으로써 그 정통성을 인정받았다.

심화 플러스 제주 4 · 3 사건과 여수 · 순천 10 · 19 사건

1947년 3월 1일, 3 · 1절 28주년을 맞아 좌파 진영의 제주 민전(민주주의 민족전선의 약칭)이 도내의 곳곳에서 기념집회를 주최하였다. 기념식을 마친 군중들은 시가행진을 하며 가두시위에 돌입하였고, 관덕정(觀德亭) 앞 광장에서 구경하던 어린아이가 기마경찰이 탄 말에 차여 다치는 사고가 발생하였다. 기마경찰이 그대로 가려고 하자 일부 군중이 돌맹이를 던지며 쫓아갔고, 이를 경찰서 습격으로 여긴 경찰이 군중들에게 총을 발포하여 6명이 사망하고 6명이 중상을 입었다. 한편 1948년 남한만의 단독 선거가 결정되자, 1948년 4월 3일 단독 선거 반대, 단독 정부 수립 반대를 주장하며, 제주도민들의 시위가 있었고, 그 진압 과정에서 다수의 무고한 주민들이 희생당하였다(제주 4 · 3 사건).

여수 · 순천 10 · 19 사건은 이승만 정부가 여수 주둔 군대를 파견하여 제주 4 · 3 사건의 잔여 세력을 진압하려 하자, 1948년 10월 19일 전라남도 여수 · 순천 지역에서 국방경비대 제14연대 소속 좌익 군인들이 반란을 일으켰다. 이를 진압하는 과정에서 무고한 다수의 주민들이 희생당하였다.

(2) 대한민국 정부 수립 이후의 활동

① 반민족 행위 처벌법(반민법, 1948. 9.)

㉠ 정부 수립 후 친일 행위자 처벌을 위한 반민족 행위 처벌법(반민법)을 제정하고, 반민족 행위 특별 조사 위원회(반민 특위)를 구성하였다.

㉡ 이승만 정부는 반민 특위 소속 국회의원들을 구속하고, 친일 경찰들이 반민 특위 사무실을 습격하는 사건도 발생하였다(6 · 6 사건).

㉢ 반민 특위가 해체되면서 민족정기를 바로잡는 과제는 성과를 거두지 못한 채 미뤄졌다.

㉣ 1949년 6월 김구가 육군 소위 안두희에 의해 암살되면서 이승만의 독재는 점차 강화되었다.

② 농지 개혁(1949. 6.)

㉠ 이승만 정부는 1949년 6월 농지 개혁법을 제정하였다.

㉡ 과거 신한 공사가 관리하던 토지와 지주들의 토지를 3정보를 상한으로 유상으로 매입하고 유상으로 분배하였다(5년 동안 수확량의 30%씩 상환).

심화 플러스 **반민법과 반민 특위**

5 · 10 총선거를 통해 출범한 제헌 국회는 우리 민족의 정기를 바로잡기 위해 1948년 9월 22일 친일파를 처벌하기 위한 반민족 행위 처벌법(반민법)을 제정 · 공포하였다. 1948년 7월 17일 제정된 헌법 제101조 '국회는 1945년 8월 15일 이전의 악질적인 반민족 행위를 처벌하는 특별법을 제정할 수 있다.'는 조항에 의거하여 반민법이 제정되었다.

이 법의 집행을 위해 김상덕 위원장과 김상돈 부위원장 등 국회의원으로 구성된 반민족 행위 특별 조사 위원회(반민 특위)가 설치되었고, 친일 혐의를 받았던 주요 인사들의 명단을 작성하여 조사가 이루어졌다. 반민 특위는 반민족 행위자 제1호로 화신 재벌의 총수로 일제 침략 전쟁에 협력한 화신산업 사장 박흥식을 체포하면서 본격적인 활동을 하였다. 이어 일제 경찰 간부를 지내면서 독립운동가들을 체포 · 고문한 악질 경찰 노덕술과 김태석 · 이종형, 이토 히로부미의 수양딸 행세를 하며 밀정 노릇을 한 배정자, 친일 행위를 한 최남선과 이광수, 문명기, 이성근 등을 구속하였다. 이에 대해 이승만 정부는 조금씩 불만을 표시하던 중 국회 프락치 사건(1949), 경찰의 반민 특위 습격 사건 등이 일어나게 되었다. 결국 1950년 6월로 규정된 반민법의 시효 기간을 단축시키는 법안이 통과되면서 반민 특위는 해체되고, 반공 정책을 우선시한 이승만 정부의 소극적 태도로 성과를 거두지 못하고 종료되고 말았다.

2 6 · 25 전쟁과 전후 상황

1 6 · 25 전쟁

(1) 배경

① 남한 : 애치슨 선언(1950. 1.)으로 한반도가 미국 방위선에서 제외되고 미군이 철수하기 시작하였다.

● 애치슨 선언

"미국의 극동 지역 방어선은 알류산 열도로부터 일본, 오키나와를 거쳐 필리핀을 통과한다. 방위선 밖의 국가가 제3국의 침략을 받는다면 침략을 받은 국가는 그 국가 자체의 방위력과 유엔 헌장의 발동으로 침략에 대항해야 한다.

핵심만 정리하자

▶ 대한민국 정부 수립 과정

구분	내용
5 · 10 총선거 (1948)	• 의의 : 우리나라 역사상 최초의 민주적 보통 선거 • 실시 결과 : 제헌 국회의원 선출(임기 2년) → 국호를 '대한민국'으로 정하고 헌법 제정
제헌 헌법	• 헌법 정신 : 3 · 1 운동 정신과 대한민국 임시 정부의 법통을 계승한 민주 공화국임을 선언 • 주요 내용 : 3권 분립과 정 · 부통령의 간접 선거제 채택
정부 수립	국회에서 대통령에 이승만, 부통령에 이시영 선출 → 대한민국 수립 선포(1948. 8. 15.) → 유엔 총회에서 대한민국을 한반도의 유일한 합법 정부임을 승인(1948. 12.)

▶ 농지 개혁

구분	내용
경과	1949년 6월 제정 → 1950년 초부터 시행 → 6 · 25 전쟁으로 중단 → 전쟁 후 재개
방식	3정보를 기준으로 유상 매수, 유상 분배
성과	자영농의 증가

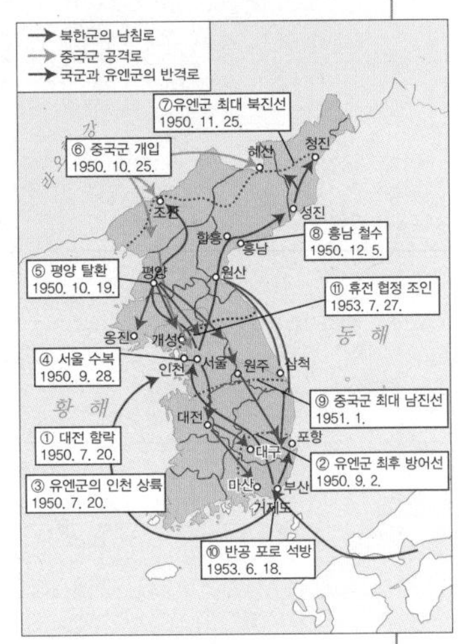

▲ 6 · 25 전쟁의 전개 과정

포로 송환 방식

정전 회담의 최대 걸림돌은 포로 송환 문제였다. 유엔은 포로들의 자유의사에 의한 송환(자유 송환)을 주장하였고, 북한은 해당 국가로의 강제 송환을 주장하였다. 휴전을 원하지 않았던 이승만은 유엔의 동의 없이 임의로 반공 포로를 석방하였다(1953. 6.).

② 북한 : 소련과 중국의 도움을 받아 군사력을 증강하는 한편, 조선 의용군을 인민군에 편입시켰다.

(2) 전개 과정 : 북한의 남침(1950. 6. 25.) → 서울 함락 → 국군의 낙동강까지 후퇴 → 유엔군 참전 → 인천 상륙 작전(1950. 9. 15.) → 서울 수복(1950. 9. 28.) → 중국군의 개입(1950. 10. 25.) → 흥남 철수 → 서울 재철수(1 · 4 후퇴, 1951. 1. 4.) → 서울 재탈환(1951. 3. 15.) 기출

(3) 휴전 협정 체결(1953. 7. 27.)

① 소련의 제의로 1951년 7월 개성에서 휴전 회담이 시작되었다.

② 군사 분계선(휴전선) 설정과 포로 송환 방식 등에 관한 합의가 쉽지 않았다.

③ 이승만의 반공 포로 석방(1953. 6.)으로 위기를 겪기도 하였으나 1953년 7월 27일 휴전 협정이 체결되었다.

④ 휴전 협정 체결 이후 한 · 미 상호 방위 조약이 체결되어(1953. 10.) 미군이 한국에 계속 주둔하게 되었다.

▲ 북한의 남침

▲ 인천 상륙 작전

▲ 서울 수복

▲ 중국군의 개입

▲ 흥남 철수

▲ 휴전 협정

(4) 전쟁의 영향

① 군인, 민간인 등 사상자가 발생하였고, 수많은 전쟁고아와 이산가족이 생기는 등 막대한 인적 피해를 남겼다.

② 주택, 학교, 도로, 항만, 공장 등 사회 기반 시설이 파괴되는 등 물적 피해가 컸으며, 식량과 생필품이 부족하였다.

③ 남북 간의 적대감이 심화되어 전쟁 이후 서로 무력 통일을 주장하며 대립하였다.

2 1950년대 대한민국의 정치와 경제

(1) 부산 정치 파동(1952. 5.)

① 1950년 제2대 국회의원 선거에서 반 이승만 성향의 후보가 대거 당선되었다.

② 국회에서 대통령에 당선될 확률이 낮아진 이승만은 자유당을 결성하고 '대통령 직선제로의 헌법 개정(발췌 개헌안)'을 위해 부산 정치 파동을 일으켰다.

(2) 발췌 개헌과 사사오입 개헌 기출

발췌 개헌 (1952)	• 1950년 제2대 국회의원 선거에서 반이승만 성향의 사람들이 대거 당선되었다. • 국회를 통한 대통령 선거(간선제)에서 당선될 확률이 낮아진 이승만이 자유당을 결성하였다. • 부산 일대에 계엄령을 선포하고 야당 국회의원들을 연행하였으며, 이후 기립 표결로 대통령 직선제로의 헌법 개정, 양원제 국회 등을 내용으로 하는 개헌안을 통과시켰다.
사사오입 개헌 (1954)	이승만과 자유당이 장기 집권을 추구하면서 초대 대통령에 한하여 중임 제한을 철폐하였다.

심화 플러스 | 발췌 개헌과 사사오입 개헌

1950년 제2대 국회의원 선거에서 이승만에 반대하는 사람들이 다수 당선되자, 국회의 간접 선거로는 재선이 어렵다고 판단한 이승만은 전시(6 · 25 전쟁 중) 수도인 부산 일대에 비상계엄을 선포하고 내각제를 찬성하는 의원들을 헌병대로 연행하였다. 또한 10여 명의 국회의원을 국제 공산당원으로 몰아 구속하였다. 이러한 와중에 자유당은 대통령 직선제에다 내각 책임제를 약간 가미한 개헌안(양원제 : 참의원, 민의원)을 국회에 제출하였고, 국회는 기립 표결로 통과시켰다(1952. 7.).

한편 1954년 5월, 제3대 국회의 민의원 선거에서 관권의 개입으로 자유당이 압승을 거두자, 권력을 계속 장악하기 위해 초대 대통령에 한해 중임(重任, 임기가 끝나거나 임기 중 개편이 있을 때 거듭 그 자리에 임용하는 것) 제한을 철폐하자는 헌법 개정안을 국회에 제출하였다. 국회에서 정족수에 미달한다고 판단해 부결시켰으나, 자유당은 부결 이틀 만에 사사오입의 논리를 내세워 가결을 선언하였다(1954. 11.).

(3) 1956년 제3대 정 · 부통령 선거

① 민주당은 대통령 후보 신익희와 부통령 후보 장면을 내세워 '못살겠다. 갈아보자' 등의 구호를 내걸고, 활발한 득표 활동을 전개하였다.

② 선거 기간 중 신익희가 사망하였고, 혁신 세력인 조봉암이 2위로 선전하였다.

(4) 진보당 사건(1958. 1.)

① 이승만 정권에서는 조봉암 등 진보당 간부들이 북한과 내통했다는 혐의로 국가 보안법을 적용하여 조봉암을 사형하였다.

② 이후 반공 체제 강화를 표방하면서 신국가보안법을 통과시켰고(1958. 12.), 반정부적 언론인 경향신문을 폐간하였다(1959).

(5) 1950년대 경제 기출

① 미국의 농산물 원조가 대규모로 이루어졌다.

② 미국의 경제 지원으로 삼백 산업이 발달하였고, 철강 · 기계 등 생산재 산업의 성장은 저조하였다.

● 자유당

1951년 8월 15일 대통령 이승만의 '신당 조직 의사 표명'을 계기로 당시 이승만의 지지 기반이었던 원내의 공화 민정회(共和民政會) 소속 의원들과 국민회(國民會) · 대한 청년단(大韓青年團) · 대한 노동 조합 총연맹(大韓勞動組合總聯盟) · 농민 조합 연맹(農民組合聯盟) · 대한 부인회(大韓婦人會) 등 5개 우익 사회단체를 결합하여 자유당이 결성되었다.

● 제3대 정 · 부통령 선거

사사오입 개헌 이후 1956년 실시된 제3대 정 · 부통령 선거에서 당시 집권당인 자유당에서는 이승만(대통령 후보)과 이기붕(부통령 후보)이 출마하였으며, 야당인 민주당에서는 신익희(대통령 후보)와 장면(부통령 후보)이 출마하였다. 한편 진보 세력인 조봉암도 대통령에 입후보하였다. 선거 과정 중 신익희가 갑자기 사망하였고, 선거 결과 대통령에 이승만, 부통령에 장면이 당선되었다. 조봉암은 득표율 2위를 차지하였다.

● 삼백 산업

제분, 제당, 면방직 공업을 의미한다. 세 개의 산업 모두 원료가 흰색이어서 삼백 산업으로 불렸다.

기출 및 예상 문제

01 대한민국 정부 수립

[1] 모스크바 3국 외상 회의에서 미국, 영국, 소련의 외상들은 한국 문제 해결 방안으로 최소 5년간의 신탁 통치를 결정하였다. O | X

[2] 이승만은 정읍 발언을 통해 남한만의 단독 정부 수립을 주장하였다. O | X

[3] 김구는 단독 정부 수립에 반대하며, 남북 협상에 참여하였다. O | X

[4] 대한민국 정부 수립 이후 유상 매입, 무상 분배를 원칙으로 농지 개혁을 실시하였다. O | X

2016년 국가 7급

01 다음 선언문을 발표한 회담과 관련한 설명으로 옳은 것은?

> 우리 동맹국은 일본이 제1차 세계 대전 이후에 탈취하거나 점령한 태평양의 도서 일체를 박탈할 것과 만주, 팽호도와 같이 일본이 청국에게서 빼앗은 지역을 모두 중화민국에 반환할 것을 목표로 한다. …… 그리고 우리 세 나라는 현재 한국 국민이 노예 상태하에 있음을 유의하여 적당한 시기에 한국을 자주독립 국가로 할 결의를 가지고 있다.

① 회담 당사국은 미국, 영국, 소련이었다.
② 4개국에 의한 최장 5개년의 한반도 신탁 통치를 결정하였다.
③ 회담의 영향으로 임시 정부가 건국 강령을 발표하였다.
④ 제2차 세계 대전 중 최초로 한국의 독립을 국제적으로 보장하였다.

2015년 지방 9급

02 8·15 광복 직후 일어난 역사적 사실로 옳은 것은?

① 여운형은 조선 건국 동맹을 조직하였다.
② 대한민국 임시 정부는 건국 강령을 발표하였다.
③ 조선어 학회는 우리말 큰 사전 편찬을 시작하였다.
④ 모스크바 3상 회의에서 한반도 문제가 논의되었다.

03 다음 자료와 관련된 설명으로 옳은 것은?

> 공동 위원회의 역할은 조선인의 정치적·경제적·사회적 진보와 민주주의 발전 및 조선 독립 국가 수립을 도와줄 방안을 만드는 것이다. 또한 임시 정부 및 조선 민주주의 단체를 참여시키도록 한다. 공동 위원회는 미·영·중·소 4국 정부가 최고 5년 기간의 4개국 통치 협약을 작성하는 데 공동으로 참작할 수 있는 제안을 조선 임시 정부와 협의하여 제출해야 한다.

① 카이로 선언의 원칙을 구체적으로 실행에 옮기기 위한 방안에서 나온 것이다.
② 미국의 즉각적인 독립안과 소련의 신탁 통치안이 대립하면서 나온 절충안이었다.
③ 공동 위원회에서 소련은 표현의 자유를 내세워 모든 단체의 회담 참여를 주장하였다.
④ 한반도 내의 좌익 세력은 좌우 합작 위원회를 구성하여 회의를 총체적으로 지지하였다.

04 다음 내용에 해당하는 정당은?

> • 1945년 9월에 송진우, 김성수, 조병옥 등이 결성하였다.
> • 이승만의 남한 단독 정부 수립 운동에 동조하고, 대한민국 수립의 주요 세력이 되었다.

① 한국 독립당
② 조선 인민당
③ 한국 민주당
④ 조선 건국 준비 위원회

2015년 소방

05 다음 중 대한민국 정부 수립 과정에 대한 설명으로 옳은 것은?

① 제2차 미 · 소 공동 위원회가 휴회한 후 소련은 남북한 자유 총선거를 시행하자고 유엔 총회에 안건을 상정하였다.
② 소련은 유엔에 선거가 가능한 지역만 선거를 치르자고 제안하였고, 유엔 소총회는 이를 승인하였다.
③ 소련과 북한은 한국 임시 위원단의 방북 요청을 승인하고 38도선을 개방하여 유엔 한국 임시 위원단 활동을 지원하였다.
④ 1947년 11월 유엔 총회에서 유엔 한국 임시 위원단의 감시 아래 인구 비례에 의한 남북한 총선거를 결의하였다.

06 다음 자료는 정부 수립에 대한 두 가지 상반된 주장이다. (가)와 (나)를 주장한 인물에 대한 설명으로 옳은 것은?

> (가) "…… 이제 무기한 휴회된 미 · 소 공동 위원회가 재개될 기색도 보이지 않으며, 통일 정부를 고대하나 여의케 되지 않으니, 남한만이라도 임시 정부, 혹은 위원회 같은 것을 조직하여 38도 이북에서 소련이 철회하도록 세계 여론에 호소해야 할 것이다.……
> – 서울신문 1946년 6월 4일자 기사 –
>
> (나) …… 나는 통일된 조국을 세우려다가 38도선을 베고 쓰러질지언정 일신의 구차한 안일을 취하여 단독 정부를 세우는 데는 협력하지 않겠다.
> – "자료 대한민국사 Ⅳ"(국사편찬위원회) –

① (가) – 미군정청과 긴밀하게 협의하면서 남북 협상에 나서기도 하였다.
② (가) – 단독 정부 수립을 주장하며, 동시에 좌우 합작 운동에도 앞장섰다.
③ (나) – 광복 이후 조선 건국 준비 위원회를 조직해 주도적인 역할을 담당하였다.
④ (나) – 충칭에서 설립한 한국 독립당을 중심으로 통일된 정부 수립을 위해 노력하였다.

2015년 서울 9급

07 다음 원칙을 발표한 기구가 내세운 주장으로 옳은 것은?

> 조선의 좌우 합작은 민주 독립의 단계요, 남북 통일의 관건인 점에서 3천만 민족의 지상 명령이며 국제 민주화의 필연적 요청이었음에도 불구하고 저간의 복잡다단한 내외 정세로 오랫동안 파란 곡절을 거듭해 오던바, 드디어 …… 다음과 같은 7원칙을 결정하였다.

① 외국 군대의 철수
② 미 · 소 공동 위원회의 속개
③ 토지의 무상 몰수, 무상 분배
④ 유엔(UN) 감시하의 남북한 총선거 실시

2014년 지방 9급

08 밑줄 친 '나'에 대한 설명으로 옳은 것은?

> 우리가 기다리던 해방은 우리 국토를 양분하였으며, 앞으로는 그것을 영원히 양국의 영토로 만들 위험성을 내포하고 있다. …… <u>나</u>는 통일된 조국을 건설하려다가 38도선을 베고 쓰러질지언정 일신의 구차한 안일을 취하여 단독 정부를 세우는 데에는 협력하지 아니하겠다.

① 통일 정부 수립을 위한 남북 협상을 추진하였다.
② 한국 민주당을 결성하여 미군정에 적극적으로 참여하였다.
③ 미국에서 귀국한 후 독립 촉성 중앙 협의회를 구성하였다.
④ 조선 건국 준비 위원회를 조직하고 위원장으로 활동하였다.

09 다음은 대한민국 정부 수립 과정을 나타낸 것이다. (가) 시기에 일어난 사실이 아닌 것은?

모스크바 3국 외상 회의
↓ (가)
대한민국 정부 수립 선포

① 미 · 소 공동 위원회가 결렬되었다.
② 반민족 행위 처벌법이 제정되었다.
③ 김구, 김규식 등이 남북 협상을 추진하였다.
④ 5 · 10 총선거가 실시되었다.

2016년 서울 9급

10 대한민국 정부 수립 이후에 일어난 사건을 〈보기〉에서 모두 고른 것은?

〈보 기〉

ㄱ. 반민족 행위 특별 조사 위원회 설치
ㄴ. 농지 개혁법 시행
ㄷ. 안두희의 김구 암살
ㄹ. 제주 4 · 3 사건 발생
ㅁ. 여수 · 순천 10 · 19 사건 발생

① ㄱ, ㄴ, ㅁ ② ㄱ, ㄴ, ㄷ, ㅁ
③ ㄱ, ㄴ, ㄹ, ㅁ ④ ㄱ, ㄴ, ㄷ, ㄹ, ㅁ

2015년 국가 7급

11 밑줄 친 '개혁'에 대한 설명으로 옳지 않은 것은?

정부는 제헌 헌법에 의거하여 1949년 6월 21일 법률 제31호로 농지를 농민에게 적절히 분배하는 개혁을 추진하였다. 그것을 통하여 농가 경제 자립과 농업 생산력 증진으로 인한 농민 생활의 향상 및 국민 경제의 균형과 발전을 도모하였다.

① 귀속 농지의 관리 기구인 신한 공사를 해체하였다.
② 호당 3정보 이하 농지는 매수 대상에서 제외하였다.
③ 3정보 이상의 농지로 이미 매도된 경우 개혁에서 제외하였다.
④ 매수된 농지의 지주에게는 연평균 수확량의 150%를 5년간 나누어 보상하도록 하였다.

02 6 · 25 전쟁

[1] 애치슨 선언은 6 · 25 전쟁의 원인 중 하나이다. O | X

[2] 한 · 미 상호 방위 조약이 체결된 후 휴전 협정이 조인되었다. O | X

[3] 발췌 개헌안의 주요 내용은 '초대 대통령에 한해서 중임 제한 규정을 철폐한다.' 이다. O | X

[4] 조봉암은 1958년 국가 보안법 위반 협의로 사형되었는데, 이를 진보당 사건이라고 한다. O | X

[5] 1950년대에는 원조 물자를 바탕으로 삼백 산업이 발달하였다. O | X

2015년 국가 9급

12 연표의 (가), (나) 시기에 있었던 사실로 옳은 것은?

	(가)		(나)	
6 · 25 전쟁 발발 (1950. 6. 25.)		서울 수복 (1950. 9. 28.)		휴전 협정 체결 (1953. 7. 27.)

① (가) – 인천 상륙 작전이 실시되었다.
② (가) – 중국군의 참전으로 인해 한국군은 서울에서 후퇴하게 되었다.
③ (나) – 애치슨 선언이 발표되었다.
④ (나) – 유엔 안전 보장 이사회에서 유엔군 파병이 결정되었다.

2015년 서울 7급

13 다음 선거 벽보가 사용된 선거에 대한 설명으로 옳지 않은 것은?

① 조봉암이 대통령 후보로 출마하였다.
② 자유당의 부통령 후보는 이기붕이었다.
③ 부정 선거로 자유당이 대통령과 부통령 선거에서 모두 승리하였다.
④ 사사오입 개헌 이후 이승만이 제3대 대통령으로 당선된 선거였다.

02

(Ⅵ 대한민국의 발전과 현대 세계의 변화)

민주주의의 시련과 발전

출제 빈도 상 중 하

1 민주주의의 시련

1 4·19 혁명과 장면 내각의 수립

(1) 4·19 혁명(1960) 

① 3·15 부정 선거에 대한 마산 시민들의 시위가 일어났고, 시위 도중 고등학생인 김주열 군이 눈에 최루탄이 박힌 채 시신으로 발견되었다(4. 11.).

② 고려대 학생들이 시위에 참여하였고, 시위 도중 깡패와 충돌하였다(4. 18.).

③ 학생과 시민들의 주도로 전국적으로 시위가 발생하였다(4. 19.).

④ 서울 지역 대학교수 300여 명이 시국 선언('쓰러진 학생들의 피에 보답하라.')을 발표하고 침묵시위를 벌였다(4. 25.).

⑤ 국민이 원한다면 물러나겠다고 밝히며 이승만 대통령이 하야하였다(4. 26.).

사료 돋보기 서울대학교 문리대 학생의 4·19 혁명 선언문

민주주의와 민중의 공복(公僕)이며, 중립적 권력체인 관료와 경찰은 민주를 위장한 가부장적 전제 권력의 하수인으로 발 벗었다. 민주주의 이념의 최저의 공리(公利)인 선거권마저 권력의 마수 앞에 농단되었다. …… 나가자! 자유의 비결은 용기일 뿐이다.

자유의 종을 난타하는 타수의 일익을(서울대학교 문리대 학생회 4월 혁명 제1선언) 상아의 진리탑을 박차고 거리에 나선 우리는 질풍과 같은 역사의 조류에 자신을 참여시킴으로써, 지성과 진리, 그리고 자유의 대학 정신을 현실의 참담한 박토에 뿌리려하는 바이다. …… 보라! 우리는 기쁨에 넘쳐 자유의 횃불을 올린다. 보라! 우리는 캄캄한 밤의 침묵에 자유, 자유의 종을 난타하는 타수의 일원임을 자랑한다. 일제의 철추(鐵鎚)하에 미칠 듯 자유를 환호한 나의 아버지, 나의 형들과 같이 양심은 부끄럽지 않다. 외롭지도 않다. 영원한 민주주의의 사수파는 영광스럽기만 하다.

–시사연구소 편, "광복 30년사"–

분석
3·15 부정 선거와 김주열 군 사망은 전국적인 민주화 운동으로 연결되었다. 학생, 시민들을 중심으로 1960년 4·19 혁명이 일어났고, 이승만 대통령이 하야하여 제1공화국은 몰락하였다.

(2) 장면 내각의 수립

① 허정의 과도 정부가 수립된 후 내각 책임제를 중심으로 개헌이 이루어졌고, 총선거 실시를 실시하여 민주당 정권이 출범하였다(제2공화국 출범).

② 제2공화국은 내각 책임제와 양원제를 기본으로 대통령에 윤보선, 장면을 국무총리로 선출하였다.

③ 민주당 내의 정치적 갈등이 심해지고, 경제적 어려움도 가중되었다.

꼭 기억해야 할 연표

1960	4·19 혁명
1961	5·16 군사 정변
1965	한·일 협정 체결
1972	유신 헌법 공포
1980	5·18 민주화 운동
1987	6월 민주 항쟁
1993	금융 실명제 실시
2000	6·15 남북 공동 선언

● 3·15 부정 선거

제4대 정·부통령 선거에서 민주당 대통령 후보였던 조병옥이 사망하자, 이승만의 당선은 확실시되었다. 그러나 고령인 이승만이 건강상의 문제가 생기면 부통령이 대통령직을 승계해야 했다. 이에 자유당 부통령 후보인 이기붕을 당선시키기 위해 대규모 부정 선거를 시행하였다.

▲ 4·19 혁명 당시 대학교수들의 시위 모습

사료 돋보기 **장면 내각의 시정 방침**

1. 일본과의 국교 정상화 및 유엔 감시하의 남북한 자유 선거에 의한 통일
2. 관료 제도의 합리화와 공무원 재산 등록 및 경찰 중립화를 통한 민주주의의 구현
3. 부정 선거의 원흉과 발포 책임자, 부정 및 불법 축재자 처벌
4. 외자 도입과 경제 원조 확대를 통한 경제 개발 계획의 추진
5. 군비 축소와 군의 정예화 추진을 통한 국방력 강화 및 군의 정치적 중립 확보

분석

민주주의의 구현, 부정 선거의 원흉 처벌, 경제 개발 계획의 추진

▼

장면 내각은 안정적인 정국 운영에 실패하였고, 민주당 내의 계파 갈등이 촉발되어 이러한 시정 방침을 제대로 이행하지 못하였다.

2 5 · 16 군사 정변과 박정희 정부

(1) 5 · 16 군사 정변과 군사 정부

① 박정희를 중심으로 군인들이 군사 정변을 일으켜 군사 혁명 위원회를 설치하고 혁명 공약을 발표하였다.

② 군사 혁명 위원회를 국가 재건 최고 회의로 개칭하였고(의장 박정희), 1962년 제1차 경제 개발 5개년 계획이 실시되었다.

③ 1963년 제5대 대통령 선거에서 민주 공화당 후보로 박정희가 당선되었다(제3공화국).

▲ 5 · 16 군사 정변

● 국가 재건 최고 회의

1961년 5 · 16 군사 정변 이후 설치된 국가 통치 최고 기관으로, 입법권 · 행정권 · 사법권을 모두 통할하며 국민의 기본권을 제약하였다.

사료 돋보기 **혁명 공약(5 · 16 군사 정변 이후)**

1. 반공을 국시의 제일로 삼고 반공 태세를 재정비 강화한다.
2. 유엔 헌장과 국제 협약을 충실히 이행하고, 미국을 비롯한 자유 우방과의 유대를 더욱 공고히 한다.
3. 이 나라 사회의 모든 부패와 구악을 일소(一掃)하고 퇴폐한 국민 도의와 민족정기를 바로잡기 위하여 청신한 기풍을 진작시킨다.
4. 민생고를 시급히 해결하고, 국가 자주 경제 재건에 총력을 경주한다.
5. 민족의 숙원인 국토 통일을 위하여 공산주의와 대결할 수 있는 실력 배양에 전력을 집중한다.
6. 양심적인 정치가에게 민정 이양을 한다.

분석

반공, 국시의 제일, 부패와 구악 일소, 민정 이양, 국가 자주 경제 재건

▼

1961년 5월 16일 박정희를 비롯한 일부 군인들이 정변을 일으켜 정치권력을 장악하였다. 이들은 군사 혁명 위원회를 조직하고, 소위 혁명 공약을 발표하였다.

(2) 한 · 일 국교 정상화(1965) 기출

① 박정희 정부는 경제 개발에 필요한 자본 확보가 당면 과제였으며, 이에 일본과의 국교 정상화를 서둘러 경제 발전 자금을 마련하고자 하였다.

② 식민 통치에 대한 사과나 배상은 요구하지 않는 정부에 반대하는 학생 시위가 전개되었다(6 · 3 시위).

③ 정부는 군대를 동원하여 시위를 진압하였고, 결국 한 · 일 협정이 조인되었다(1965. 6. 22.).

(3) 베트남 파병 기출

① 1964년 6 · 3 시위가 일어난 가운데 미국의 요구를 수용하여 국군의 베트남 파병안을 국회에서 통과시켰으며(1964. 7. 30.), 이후 1965년부터 전투 병력을 파병하였다.

② 1966년 미국은 브라운 각서를 통해서 국군의 전력 증강과 경제 개발에 필요한 기술 및 차관 제공을 약속하였다.

③ 베트남 파병으로 국군의 전력이 증강되고, 경제적 성장이 이루어졌다(베트남 특수).

▲ 베트남 파병

(4) 경제 성장과 문제점

① 박정희 정부의 경제 개발 계획 추진으로 경제 성장은 획기적인 변화를 맞이하게 되었다.

② 고도 경제 성장은 농민과 노동자의 희생을 담보로 했기 때문에 많은 문제점을 야기하였다.

(5) 3선 개헌(1969) 기출

① 1967년 재선된 박정희 대통령은 대통령의 3회 연임을 허용하는 헌법 개정을 추진하였다.

② 국민과 야당은 장기 집권 음모라고 비판하면서 반대하였지만 결국 개헌안은 통과되었다(1969).

③ 1971년 대통령 선거에서 박정희는 야당 후보인 김대중을 힘겹게 누르고 당선되었다.

● 북한의 무력 도발

- 1 · 21 사태(1968. 1. 21.) : 김신조 등 북한 특수 부대가 청와대를 습격하려다 실패한 사건이다.
- 푸에블로호 납치 사건(1968. 1. 23.) : 미국 정보함 푸에블로호를 북한이 납치한 사건이다.

3 유신 체제의 성립과 붕괴

(1) 유신 헌법 제정(1972. 10.) 기출

① 제정 과정

㉠ 1972년 10월 정부는 전국에 계엄령을 선포함과 아울러 국회를 해산시키고, 모든 정치 활동을 금지시켰다.

㉡ 평화통일을 위해서는 강력한 정부가 필요하다며 유신 헌법을 제정하였다.

② 헌법 내용

㉠ 대통령의 중임 제한을 없앴으며(임기 6년), 통일 주체 국민 회의에서 대통령을 간접 선출하도록 하였다.

㉡ 대통령은 국회의원 1/3의 임명권과 법관 인사권을 장악하였고, 긴급 조치권과 국회 해산권 등 절대 권력을 행사하였다.

(2) 유신 반대 운동

① 1973년 8월에는 김대중 납치 사건 등 반인권적인 사건이 다수 발생하였다.

② 재야 인사 등을 중심으로 개헌 청원 백만 명 서명 운동(1973)과 3 · 1 민주구국 선언(1976) 등 유신 반대 운동이 전국적으로 일어났다.

● 긴급 조치권

국가의 안전 보장이나 공공의 안녕질서가 중대한 위협을 받았을 때 대통령이 국민의 자유나 권리의 일부를 제한할 수 있는 조치를 내릴 수 있는 권리를 말한다.

● 판문점 도끼 만행 사건

1976년 8월 판문점 공동 경비 구역 내 사천교(돌아오지 않는 다리) 근방에서 미루나무 가지치기 작업을 하던 유엔사 경비병들을 북한군 수십 명이 도끼 및 흉기로 구타하여 살해한 사건이다.

심화 플러스 **통일 주체 국민 회의**

박정희가 조국의 평화적 통일을 추진한다는 명분으로 설립하였다. 통일 주체 국민 회의는 국민의 직접 선거에 의하여 선출된 2,000인 이상 5,000인 이하의 대의원으로 구성되었다. 대의원으로 출마할 수 있는 자는 국회의원 피선거권이 있고, 선거일 현재 30세에 달한 자로서 조국의 평화적 통일을 위하여 국민 주권을 성실히 행사할 수 있는 사람이어야 하였다.

주요 임무는 통일에 관한 중요 정책의 결정, 또는 변경에 있어서 국론 통일을 위하여 필요한 경우에 통일 주체 국민 회의 심의에서 재적 대의원 과반수의 찬성을 얻은 통일 정책은 국민의 총의로 보게 되어, 통일 정책의 최종 결정 기관이었다. 또한 토론 없이 무기명 투표로 대통령을 선거하고, 정수의 3분의 1에 해당하는 국회의원을 선거하였으며, 그 밖에 국회의원이 제안한 헌법 개정안을 국회 의결 후 최종적으로 확정하는 권한을 가졌다.

사료 돋보기 **3・1 민주 구국 선언(1976)**

민주주의는 대한민국의 국시이다. 따라서 대한민국의 정통성은 민주주의에 있다. 그러므로 어떤 구실로도 민주주의가 위축되어서는 안 된다. 노동자, 농민을 차관 기업과 외국 자본의 착취에 내맡긴 경제 입국 논리는 처음부터 국민을 위한 것이 아니었다. 국민의 경제력을 키우면서 그 기반 위에 수출 산업을 육성하지 않은 것이 잘못이다.

분석
재야 정치인들은 3・1 민주 구국 선언을 발표하였다. 이는 유신 체제와 경제 발전 논리를 정면으로 비판하면서 유신 체제를 반대한 성명이다.

(3) 유신 체제의 붕괴 기출

① YH 무역 사건(1979)을 계기로 신민당 총재 김영삼이 정치 공세를 강화하자, 여당은 국회에서 김영삼 의원을 제명하였다.

② YH 무역 사건과 김영삼 의원 제명을 계기로 부산과 마산 일대에서 부・마 항쟁이 일어나 유신 체제가 압박을 받았다(1979).

③ 박정희 대통령이 중앙정보부장 김재규에게 피살되면서 유신 체제는 붕괴되었다(10・26 사태, 1979).

2 민주화 운동과 민주주의의 발전

1 5・18 민주화 운동과 6월 민주 항쟁

(1) 신군부의 등장과 5・18 민주화 운동(1980) 기출

① 1979년 12월 12일 전두환, 노태우 등을 중심으로 하는 신군부 세력이 정치 권력을 장악하였다(12・12 사태).

② 1980년 '서울의 봄'으로 민주화 열기가 확대되자, 5월 17일 비상계엄을 전국적으로 확대하고 광주의 민주화 운동을 유혈 진압하였다(1980. 5. 18.).

● YH 무역 사건
가발 제조업체인 YH 무역이 회사 자금을 빼돌리고 폐업을 공고하자, 여성 노동자들이 야당인 신민당 당사에 들어가 도움을 요청하고, 밀린 임금을 요구하는 농성을 벌였다. 당시 경찰은 신민당 당사에 진입하여 노동자들을 강제 해산시키는 과정에서 신민당 당원 및 취재 기자들을 무차별 폭행하였다.

● 부・마 항쟁
부산과 마산에서 유신 정권 퇴진을 외치던 학생들의 시위에 시민들이 합세하여 대규모 민주 항쟁으로 발전하였다. 당시 박정희 정부는 부산과 마산 일대에 계엄령을 선포하고 민중들을 탄압하였다. 이 사건은 유신 체제의 종말을 가져왔다.

● 12・12 사태
10・26 사태로 계엄령이 선포된 가운데 당시 국군 보안사령관 전두환 등 신군부 세력은 군의 지휘 계통을 무시한 채, 일부 병력을 동원하여 군권을 장악하였고, 차츰 정치적 영향력을 확대하였다.

● 서울의 봄
유신 체제가 무너진 후 사회 곳곳에서는 민주화를 요구하는 목소리가 터져 나왔다. 1980년 5월 15일 서울역 시위에서 민주화 운동은 절정에 이르렀다. 이날 서울역 앞에 모인 수만 명의 학생들은 계엄 해제와 신군부 퇴진을 요구하며 시위를 벌였다.

③ 국가 보위 비상 대책 위원회(1980. 5. 31.)가 중심이 되어 7년 단임의 대통령제로 개헌하였다(8차 개헌, 1980. 10.).

④ 민주 정의당을 창당하고, 대통령 선거인단을 통한 간접 선거로 제5공화국이 출범하였다(1981).

⑤ 제5공화국의 주요 사건

㉠ 정의 사회 구현과 복지 국가 건설을 슬로건으로 내세웠다.

㉡ 국풍 81(1981. 5.) 등 대규모 문화 행사를 개최하고, 통행금지 해제(1982), 교복 자율화(1983) 등을 추진하였다.

㉢ 1983년에는 버마(현재의 미얀마)에서 북한에 의해 아웅산 테러 사건이 발생하였다.

(2) 6월 민주 항쟁(1987) 기출

① 1980년대 중반에 일어난 민주화 운동의 핵심적인 주장은 대통령 직선제였다.

② 당시 시민과 학생들은 대통령 선거인단에 의한 간접 선거 방식으로는 군사 정권을 종식시킬 수 없다고 판단하고, 대통령 직선제를 강력히 요구하였다.

③ 1987년 1월 서울대생 박종철이 수사 과정에서 사망하는 사건이 발생하였고(박종철 고문치사 사건), 민주화 운동은 더욱 확산되었다.

④ 전두환 정부는 4 · 13 호헌 조치를 발표하며 거부하다가 이한열의 사망으로 시위가 전국적으로 확대되었다.

⑤ 결국 6월 민주 항쟁(6 · 10 항쟁)에 굴복하여 여당 대표인 노태우가 6 · 29 민주화 선언을 발표하였다.

⑥ 5년 단임의 대통령 직선제를 내용으로 하는 개헌이 진행되었다(현행 제9차 헌법).

⑦ 주요 사건 : 1987년 11월 29일 대한항공(KAL) 858기가 북한 공작원 김현희 등에 의해 미얀마 안다만 해역 상공에서 폭파되는 사건이 발생하였다.

▲ 6월 민주 항쟁

● 6 · 29 민주화 선언(일부)

> 첫째, 여야 합의로 조속히 대통령 직선제 개헌을 하고 새 헌법에 의한 대통령 선거를 통해 1988년 2월 평화적 정부 이양을 실현토록 하겠습니다. 오늘의 이 시점에서 저는 사회적 혼란을 극복하고 국민적 화해를 이루기 위해서는 대통령 직선제를 택하지 않을 수 없다는 결론에 이르게 되었습니다. 국민은 나라의 주인이며, 국민의 뜻은 모든 것에 우선하는 것입니다.

사료 돋보기 6 · 10 국민 대회 선언문(1987)

국민 합의 배신한 4 · 13 호헌 조치는 무효임을 전 국민의 이름으로 선언한다. 오늘 우리는 전 세계의 이목이 주시하는 가운데 독재 정치를 청산하고 희망찬 민주 국가를 건설하기 위한 거보를 전 국민과 함께 내딛는다. 국가의 미래요, 소망인 꽃다운 젊은이를 야만적인 고문으로 죽여 놓고 그것도 모자라서 뻔뻔스럽게 국민을 속이려 했던 현 정권에게 국민의 분노가 무엇인지를 분명히 보여 주고, 4 · 13 폭거를 철회시키기 위한 민주장정을 시작하려 한다.

분석 1987년 박종철 고문치사 사건, 4 · 13 호헌 조치는 국민들의 민주화 운동을 자극하였다. 1987년 6월 10일부터 전국적으로 시위가 확산되었고(호헌 철폐, 독재 타도), 결국 민주 정의당 대표 노태우에 의해 6 · 29 민주화 선언이 발표되었다.

2 직선제 개헌 이후의 정부

(1) 노태우 정부(1988)

① 국민의 직접 선거 결과 민주 정의당 대표 노태우가 대통령에 당선되었다.

핵심만 정리하자

▶ 5 · 18 민주화 운동(1980)

배경	비상계엄 확대 등 신군부의 권력 장악 기도, 민주화 운동에 대한 탄압
경과	비상계엄 확대에 저항하는 광주의 학생들과 시민들의 시위 → 계엄군의 폭력 진압 → 학생들과 시민들의 시민군 조직 → 계엄군의 광주 봉쇄와 시민군 진압
의의	1980년대 민주화 운동의 토대

▶ 6월 민주 항쟁(1987)

배경	대통령 직선제 개헌 운동
전개	박종철 고문치사 사건 → 4 · 13 호헌 조치 → 개헌 요구 시위 확산(이한열 학생 사망) → 6 · 29 민주화 선언
결과	6 · 29 민주화 선언 이후 여야 합의로 헌법 개정(5년 단임의 대통령 직선제)

② 이듬해 국회의원 선거에서 야당이 과반수를 확보하였으며, 이후 야당의 요구로 전두환 정부의 비리 조사와 5 · 18 민주화 운동 진상 조사 등을 실시하였다.

③ 지방 자치제를 제한적으로 실시하였으며, 동유럽 공산 국가 · 소련(1990) · 중국(1992)과 수교하는 등 북방 외교를 추진하였다.

④ 활발한 북방 외교의 결과 남북한 유엔 동시 가입이 이루어졌다(1991).

(2) 김영삼 정부(1993, 문민정부)

① 문민정부 출범 직후 금융 실명제 실시(1993), 고위 공직자 재산 공개, 지방 자치제 전면 실시(1995) 등 개혁 조치가 진행되었다.

② 신군부의 뿌리인 하나회를 해체하여 군의 정치적 중립을 확보하였다.

③ '역사 바로 세우기'를 내세워 조선 총독부 건물을 해체하였다(1995).

④ 전두환, 노태우 두 전직 대통령을 반란 및 내란죄로 수감시켰다(1996).

⑤ 1996년 경제 협력 개발 기구(OECD)에 가입하였으나 임기 말 외환 위기를 맞아 국제 통화 기금(IMF)에 지원을 요청하였다(1997).

(3) 김대중 정부(1998, 국민의 정부)

① 최초로 선거를 통한 여야 정권 교체가 이루어졌으며, 외환 위기 극복에 노력하였다.

② 여성부를 신설하여 성차별 극복에 힘쓰고, 국민 기초 생활 보장법을 제정하였다.

③ 1998년 정주영 현대 그룹 회장이 소떼를 몰고 방북한 이후(1998. 6.) 금강산 해로 관광이 시작되었다(1998. 11.).

④ 분단 이후 최초로 남북 정상 회담을 개최하여 6 · 15 남북 공동 선언을 이끌어냈다(2000).

● 김대중 정부의 외환 위기 극복

1998년 전 국민적으로 금 모으기 운동을 실시하였고, 2001년에는 국제 통화 기금(IMF)에서 빌린 자금을 전액 상환하였다.

(4) 노무현 정부(참여 정부)

① 참여 정부를 표방하고, 저소득층을 위한 복지 정책을 강화하였다.

② 김대중 정부의 대북 정책을 계승하여 제2차 남북 정상 회담을 성사시켰다(2007).

(5) 이명박 정부(2008) : 4대강 살리기를 포함한 친환경 녹색 성장 등을 추진하였고, 한 · 미 자유 무역 협정(FTA)을 성사시켰다.

심화 플러스 헌법 개정의 역사

개헌	주요 내용	비고
1차 개헌 (1952)	대통령 직선제, 양원제 규정, 국무위원에 대한 국회의 불신임 제청권	발췌 개헌
2차 개헌 (1954)	초대 대통령에 한해 중임 제한 철폐	사사오입 개헌, 이승만의 장기 집권 의도
3차 개헌 (1960)	의원 내각제, 양원제	부통령제 폐지, 민주당 정권 수립
4차 개헌 (1960)	3 · 15 부정 선거 관련자 처벌	소급 특별법 제정
5차 개헌 (1962)	대통령 직선제, 국회 단원제	공화당 정권 수립 의도
6차 개헌 (1969)	3선 개헌	박정희 장기 집권 의도
7차 개헌 (1972)	대통령 간선제(임기 6년, 무제한 연임 가능, 통일 주체 국민 회의)	박정희 종신 집권 가능
8차 개헌 (1980)	대통령 간선제(7년 단임)	국가 보위 비상 대책 위원회 주도
9차 개헌 (1987)	대통령 직선제(5년 단임) : 여야 합의에 의한 현행 헌법	

핵심만 정리하자

▶ 1988년 이후의 한국 정치

노태우 정부 (1988~1993)	• 성립 : 야당의 분열로 민주 정의당 노태우 대통령 당선 • 활동 : 서울 올림픽 개최, 5공 청문회 개최 • 북방 외교 추진 : 소련 · 중국과 수교, 남북한 동시 유엔 가입(1991), 남북 기본 합의서 채택
김영삼 정부 (1993~1998)	• 개혁 : 금융 실명제 실시(1993), 고위 공직자 재산 공개 의무화, 지방 자치제 전면 실시, 역사 바로 세우기(조선 총독부 건물 해체) • 경제 협력 개발 기구(OECD) 가입, 외환 위기(1997) → 국제 통화 기금(IMF) 구제 금융 신청
김대중 정부 (1998~2003)	• 성립 : 대한민국 수립 이후 선거에 의한 최초의 평화적 여야 정권 교체 • 외환 위기 극복 : 기업 구조 조정, 외국 자본 유치, 노사정 위원회 구성, 금 모으기 운동 • 대북 햇볕 정책 : 최초의 남북 정상 회담과 6 · 15 남북 공동 선언(2000) → 개성 공단 건설 등 경제 협력 추진
노무현 정부 (2003~2008)	제2차 남북 정상 회담과 10 · 4 남북 공동 선언(2007)

기출 및 예상 문제

01 민주주의의 시련

[1] 3 · 15 부정 선거, 김주열 군 사망 등을 계기로 4 · 19 혁명이 일어났다. O | X

[2] 5 · 16 군사 정변 이후 국가 보위 비상 대책 위원회가 결성되어 군부 독재의 기초를 구축하였다. O | X

[3] 제2공화국 시기에는 한 · 일 회담 반대 운동이 일어나는 등 정치적 혼란 양상을 보였다. O | X

[4] 유신 헌법은 대통령 임기를 5년으로 하고 통일 주체 국민 회의에서 간선제로 선출하도록 하였다. O | X

[5] 유신 체제 시기에는 긴급 조치가 발표되는 등 억압 통치가 계속되었다. O | X

2015년 서울 9급

01 다음 자료에 해당하는 선거에 대한 설명으로 가장 옳지 않은 것은?

> • 총 유권자의 40%에 해당하는 표를 자유당 후보에게 기표하여 투표 당일 투표함에 미리 넣어 놓는다.
> • 나머지 60%의 유권자는 3인, 5인, 9인조로 묶어 매수 혹은 위협을 통해 자유당 후보에게 투표하도록 한다.
> • 투표소 부근에 여당 완장을 착용한 완장 부대를 배치하여 야당 성향의 유권자를 위협한다.
> • 야당 참관인은 적당한 구실을 만들어 투표소 밖으로 내쫓는다.
>
> – '동아일보', 1960년 3월 4일 –

① 4 · 19 혁명 발발의 중요한 계기가 되었다.
② 장면 정부는 이 선거 결과를 무효로 하고 재선거를 실시하였다.
③ 이승만의 대통령 당선 가능성이 높은 상황에서 실시되었다.
④ 정부는 이 선거를 규탄하는 시위의 배후에 공산주의 세력이 개입되었다고 발표하였다.

02 다음 사실로 인하여 발생한 사건 직후의 상황으로 옳은 것은?

> • 발췌 개헌안 통과
> • 사사오입 개헌안 통과
> • 3 · 15 부정 선거
> • 장기 집권에 대한 국민적 불신

① 한 · 미 상호 방위 조약이 체결되었다.
② 농가 경제 자립을 위한 농지 개혁이 단행되었다.
③ 양원제 의회가 성립되고 내각 책임제가 실행되었다.
④ 새 정권이 수립되어 한 · 일 간의 국교가 정상화되었다.

03 다음은 4 · 19 혁명 당시 일어났던 사실들이다. 이를 순서대로 바르게 나열한 것은?

> ㄱ. 마산에서 부정 선거를 규탄하는 대규모 시위가 발생하였다.
> ㄴ. 고려대학교 학생들이 국회 의사당으로 행진하며 연좌시위를 전개하였다.
> ㄷ. 서울 지역 대학교수들이 학생들의 시위를 지지하는 시위를 벌였다.
> ㄹ. 이승만이 '국민이 원한다면 대통령직을 물러나겠다.'는 하야 성명을 발표하였다.
> ㅁ. 서울 지역 대학생, 고등학생과 시민들이 대규모 시위를 전개하며 경무대로 진출하였다.

① ㄱ – ㄴ – ㄷ – ㅁ – ㄹ
② ㄱ – ㄴ – ㅁ – ㄷ – ㄹ
③ ㄴ – ㅁ – ㄱ – ㄷ – ㄹ
④ ㄴ – ㅁ – ㄷ – ㄹ – ㄱ

2014년 국가 9급

04 4·19 혁명과 관련된 설명으로 옳은 것은?

① 5·10 총선거가 남한에서 실시되어 제헌 의회가 구성되었다.
② 농지 개혁이 실시되어 농민들은 자작농으로 발전하게 되었다.
③ 혁명 이후 남북 통일 문제에 대한 논의가 전혀 이루어지지 않았다.
④ 과도 정부가 출범하고, 내각 책임제와 양원제를 골자로 하는 헌법으로 개정되었다.

05 (가)와 (나) 사이에 있었던 역사적 사실로 옳은 것을 〈보기〉에서 모두 고른 것은?

(가) 이번 4월의 참사는 학생 운동 사상 최대 비극이요, 이 나라의 정치적 위기를 극복하기 위한 중대 사태이다. 이에 대한 철저한 반성 없이는 이 민족의 불행한 운명을 도저히 만회할 길이 없다. 우리 전국 대학교 교수들은 이 비상시국에 대처하여 양심의 호소를 하는 바이다.

(나) 대한민국과 일본국은 양국 국민 관계의 역사적 배경을 고려하며, 선린 관계 및 주권 상호 존중 원칙에 입각한 양국 관계의 정상화를 상호 의망(意望)함을 고려하고, 양국의 공동 복지 및 공동 이익을 증진하고 국제 평화 및 안전을 유지하는데 양국이 …… 협력하는 것이 중요하다는 사실을 인식한다.

〈보 기〉

ㄱ. 진보당 사건, 경향신문 폐간이 이어졌다.
ㄴ. 한·일 회담에 반대하여 6·3 시위가 일어났다.
ㄷ. 국가 재건 최고 회의가 구성되어 군정이 실시되었다.
ㄹ. 부산 정치 파동으로 야당 국회 의원이 정치적 공격을 받았다.

① ㄱ, ㄴ ② ㄴ, ㄷ
③ ㄴ, ㄹ ④ ㄷ, ㄹ

06 다음 회담에 대한 설명으로 옳지 않은 것은?

○○ 회담은 1965년 6월 22일 양국 외무 장관이 ○○ 협정에 서명함으로써 막을 내렸다. …… 이 협정에 대해 한편에서는 한국의 근대화와 경제 발전을 위한 종자돈을 마련했다는 점에서 긍정적 평가를 한다. 다른 한편에서는 실리에 급급한 나머지 과거 청산의 명분과 기회를 희생시켰다는 부정적인 평가를 내리기도 한다.

① 한반도에서 냉전이 완화되는 계기가 되었다.
② 한국은 식민 통치에 대한 사죄를 받아내지 못하였다.
③ 회담 내용이 알려지면서 전국적인 반대 시위가 발생하였다.
④ 한국 경제의 대일 의존도가 높아지는 계기가 되었다.

07 다음 외교적 합의가 이루어진 시기를 연표에서 바르게 고른 것은?

• 베트남에 파병하는 추가 병력에 대한 필요한 장비를 제공하는 한편, 증파에 따른 모든 추가적 경비를 부담한다.
• 일본이 3억 달러의 무상 자금과 2억 달러의 장기 저리 정부 차관 및 3억 달러 이상의 상업 차관을 제공하기로 약속한다.

1948		1961		1972		1980		1987		1997
	(가)		(나)		(다)		(라)		(마)	
정부 수립		5·16 군사 정변		10월 유신		5·18 민주화 운동		6월 민주 항쟁		IMF 구제 금융 신청

① (가) ② (나)
③ (다) ④ (라)

2015년 소방

08 다음의 사건들을 순서대로 나열한 것은?

ㄱ. 중임 제한 철폐 조항을 명시한 개헌안을 반올림을 내세워 통과시켰다.
ㄴ. 대통령 선거인단에서 간선제 방식으로 대통령을 선출하였다.
ㄷ. 통일 주체 국민 회의에서 대통령을 간접 선거로 선출하였다.
ㄹ. 마산에서 시위 도중 숨진 김주열 군의 시신이 바다에 떠오르면서 촉발되었다.

① ㄱ － ㄷ － ㄴ － ㄹ ② ㄱ － ㄹ － ㄷ － ㄴ
③ ㄹ － ㄱ － ㄴ － ㄷ ④ ㄹ － ㄷ － ㄴ － ㄱ

09 다음은 한국 현대사에 발생한 사건들이다. ㉠과 ㉡ 사이에 들어갈 수 있는 사실로 옳은 것은?

㉠ 박정희를 중심으로 한 군부 세력은 사회 혼란을 구실로 군사 정변을 일으켜 정권을 잡았다.
㉡ 10월 유신이 단행되어 대통령에게 강력한 통치권을 부여하는 권위주의 통치 체제가 구축되었다.

① 자유당의 독재와 부정 선거를 규탄하는 대규모 시위가 일어났다.
② 내각 책임제와 양원제 국회의 권력 구조로 헌법을 개정하였다.
③ 7년 단임의 대통령을 간접 선거로 선출하는 헌법이 공포되었다.
④ 베트남으로 국군이 파병되었으며 한 · 일 협정이 체결되었다.

10 다음 정부가 실시했던 정책이 아닌 것은?

이 정부는 '조국 근대화'의 실현을 가장 중요한 국정 목표로 삼아 경제 성장에 모든 힘을 쏟는 경제 제일주의 정책을 펼쳤다. 이로써 수출이 늘어나고 경제도 빠르게 성장함으로써 절대 빈곤의 상태에서 어느 정도 벗어날 수 있었다. 그러나 경제 개발에 필요한 자본의 대부분은 외국에서 빌려온 것이었고, 개발을 효율적으로 추진한다는 구실로 국민의 자유를 억압하여 민주주의의 발전을 저해하였다.

① 한 · 중 수교 ② 한 · 일 협정
③ 유신 헌법 제정 ④ 남북 적십자 회담

11 1960년대의 경제 상황으로 옳지 않은 것은?

① 제1차 경제 개발 5개년 계획이 추진되었다.
② 베트남 파병을 계기로 베트남 특수를 누리게 되었다.
③ 미국의 무상 원조가 경제 개발의 주요 재원으로 활용되었다.
④ 경제 건설에 필요한 재원 조달을 위해 한 · 일 협정이 체결되었다.

02 민주화 운동과 민주주의의 발전

[1] 신군부가 정권을 장악한 이후 비상계엄을 전국으로 확대하자 5 · 18 민주화 운동이 일어났다. O | X
[2] 제5공화국 정부에서는 4 · 13 호헌 조치를 통해 대통령 직선제 요구를 받아들였다. O | X
[3] 6월 민주 항쟁의 결과 6 · 29 민주화 선언이 발표되었다. O | X
[4] 김대중 정부 당시 금융 실명제가 전격적으로 실시되었다. O | X
[5] 제1차 남북 정상 회담의 결과 6 · 15 남북 공동 선언이 발표되었다. O | X

12 다음 제시된 내용과 유사한 성격의 것을 〈보기〉에서 모두 고르면?

• 4 · 19 혁명　　• 5 · 18 민주화 운동

〈보 기〉

ㄱ. 12 · 12 사태　　ㄴ. 10 · 26 사태
ㄷ. 6월 민주 항쟁　　ㄹ. 부 · 마 항쟁

① ㄱ, ㄴ　　② ㄴ, ㄷ
③ ㄴ, ㄹ　　④ ㄷ, ㄹ

13 다음 자료에 해당되는 역사적 사건의 직접적 원인은?

우리는 왜 총을 들 수밖에 없었는가? 너무나 무자비한 만행을 더 이상 보고 있을 수만 없어서 너도나도 총을 들고 나섰던 것입니다. …… 계엄당국은 18일 오후부터 공수부대를 대량 투입하여 시내 곳곳에서 학생, 젊은이들에게 무차별 살상을 실시하였으니!

– 시민군 궐기문 –

① 긴급 조치 9호
② 6월 민주 항쟁
③ 5 · 17 비상계엄 확대
④ 4 · 19 혁명

14 다음은 같은 해에 벌어졌던 사건들이다. 이러한 사건들을 원인으로 나타난 사실로 옳은 것은?

• 박종철 고문치사 사건
• 4 · 13 호헌 조치
• 6 · 10 국민 대회 개최
• 민주 헌법 쟁취 국민 운동 본부 결성

① 국가 보위 비상 대책 위원회가 구성되었다.
② 5년 단임의 대통령 직선제 개헌이 이루어졌다.
③ 전국에 계엄령을 선포하고, 모든 정치 활동을 정지시켰다.
④ 대통령의 중임 제한을 없애고 간선제를 골자로 하는 헌법을 제정하였다.

15 다음과 같은 선언문이 나오게 된 배경으로 옳은 것은?

오늘 우리는 전 세계의 이목이 주시하는 가운데 독재 정치를 청산하고 희망찬 민주 국가를 건설하기 위한 거보를 전 국민과 함께 내딛는다. 국가의 미래요, 소망인 꽃다운 젊은이를 야만적인 고문으로 죽여 놓고 그것도 모자라서 뻔뻔스럽게 국민을 속이려 했던 현 정권에게 국민의 분노가 무엇인지를 분명히 보여 주고, 민주장정을 시작하려 한다.

① 정부가 대통령 중심제에서 내각 책임제로 헌법을 개정하였다.
② 정부가 긴급 조치권을 발동하여 헌법 개정 논의를 탄압하였다.
③ 마산의 중앙 부두에서 김주열 군의 시신이 발견되었다.
④ 정부가 대통령 간선제 헌법의 고수를 천명하였다.

16 다음은 현대사에서 만들어진 단체들이다. 이를 시대 순으로 바르게 나열한 것은?

ㄱ. 국가 재건 최고 회의
ㄴ. 국가 보위 비상 대책 위원회
ㄷ. 통일 주체 국민 회의
ㄹ. 대통령 선거인단 구성

① ㄱ － ㄴ － ㄷ － ㄹ
② ㄱ － ㄷ － ㄴ － ㄹ
③ ㄴ － ㄹ － ㄴ － ㄱ
④ ㄴ － ㄱ － ㄷ － ㄹ

17 다음의 사건들을 시대 순으로 바르게 나열한 것은?

ㄱ. 5 · 18 민주화 운동
ㄴ. 5 · 16 군사 정변
ㄷ. 6 · 15 남북 공동 선언
ㄹ. 4 · 19 혁명
ㅁ. 6 · 29 민주화 선언

① ㄱ － ㄹ － ㄴ － ㄷ － ㅁ
② ㄴ － ㄹ － ㄱ － ㄷ － ㅁ
③ ㄷ － ㄱ － ㄴ － ㅁ － ㄹ
④ ㄹ － ㄴ － ㄱ － ㅁ － ㄷ

2016년 소방

18 다음의 정책을 추진한 정부 당시에 나타난 사실로 옳은 것은?

대통령의 긴급 명령은 1993년 8월 12일 이후 은행 · 증권 · 보험 등 모든 금융 기관과 금융 거래를 할 때 반드시 실명을 사용하도록 의무화하고, 금융 기관에서 실명 여부를 확인하도록 하였다.

① 대통령 직선제를 주요 골자로 하는 6 · 29 선언을 발표하였다.
② 지방 자치제의 전면적인 실시로 민선 자치 시대를 다시 열었다.
③ 최초로 남북 정상 회담을 갖고 공동 성명을 발표하였다.
④ 세계 160개국이 참여한 서울 올림픽을 성공리에 개최하였다.

Ⅵ 대한민국의 발전과 현대 세계의 변화

03 현대 사회의 변화와 통일을 위한 노력

출제 빈도 상 중 하

1 경제 성장과 사회의 변화

1 경제의 성장과 자본주의의 발전

(1) 박정희 정부의 경제적 특징

① 5 · 16 군사 정변 이후 1962년 제1차 경제 개발 5개년 계획이 시작되었다.

② 정부 주도형, 수출 주도형 성장 정책과 외국 자본의 도입을 추진하였으며, 특히 대일 청구권 자금은 중요한 경제적 바탕이 되었다.

③ 1960~70년대 국내의 실업을 완화하고, 외화를 획득하기 위하여 국내 노동자들의 해외 파견을 장려하였다.

④ 1963~1977년까지 8,000명의 광부가 서독의 석탄 광산에 파견되었고, 1965~1976년까지 1만여 명의 간호사가 서독의 병원에 취업하였다.

⑤ 해외 노동자들은 고국으로 매년 1,000만 달러에 이르는 외화를 송금하였으며, 이는 국제 수지 개선 및 국민 소득 향상 등 경제 성장의 밑거름이 되었다.

심화 플러스 | 경제 개발 계획

1. 1960년대 : 1차(1962 ~ 1966), 2차(1967 ~ 1971)
   – 전력, 석탄, 석유 등 기간산업 육성과 경공업의 신장에 주력하였다.
2. 1970년대 : 3차(1972 ~ 1976), 4차(1977 ~ 1981)
   – 중화학 공업 육성과 농어촌 개발을 위한 새마을 운동(1970)을 추진하였다.

※결과 : 사회 간접 시설 확충(경부 고속 도로 및 도로, 항만, 공항 확충), 간척 사업 실시, 작물의 품종 개량, 소득과 수출 증대, 지속적인 경제 성장 달성, 국내 자본 축적

※문제점 : 성장에만 치중하여 효율적 분배가 경시되었기 때문에 빈부 격차가 심화되었다. 또한 도시로의 인구 집중, 소수 재벌의 성장 외국 자본과 기술 의존도가 높아졌다. 이러한 고도성장은 농민, 노동자의 희생을 담보로 했기 때문에 많은 문제점을 야기하였다. 특히 전태일의 분신자살 사건(1970)은 이를 상징적으로 나타내준다.

(2) 1970년대 이후 경제 위기와 극복

① 1970년대 초

㉠ 1970년부터 통일벼의 품종을 개발하여 1972년 첫 수확을 이루었다.

㉡ 8 · 3 조치 : 1972년 세계적 경제 악화로 기업들이 연쇄 도산에 직면하자 기업의 사채 원리금을 동결하고 3년 거치 5년 분할 상환하게 한 조치이다.

㉢ 1973년 제4차 중동 전쟁으로 인한 제1차 석유 파동이 일어났다.

꼭 기억해야 할 연표

- 1962 제1차 경제 개발 5개년 계획 시작
- 1970 새마을 운동, 전태일 분신자살 사건
- 1972 7 · 4 남북 공동 성명 발표
- 1977 수출 100억 달러 최초 달성
- 1979 YH 무역 사건
- 1991 남북한 동시 유엔 가입, 남북 기본 합의서 채택
- 2000 6 · 15 남북 공동 선언
- 2007 10 · 4 남북 공동 선언

● 대일 청구권 자금

1965년에 한 · 일 간의 국교를 정상화하면서 체결한 대일 재산 및 청구권에 대한 협정에서 한국 정부는 모든 대일 청구권을 포기하는 대신 한국 정부가 일본 정부를 대신하여, 식민지 지배하의 피해자들에게 보상하도록 하였다. 이에 양국 정부는 한국의 대일 청구권 자금을 무상 3억 달러, 유상 2억 달러, 민간 상업 차관 3억 달러 등 총 8억 달러로 타결하였다. 대일 청구권 자금은 1966년부터 10년간 연차적으로 자금 도입 계획에 따라 집행되었으며, 포항제철 건설과 SOC 확충 등 제2차 경제 개발 5개년 계획의 주요 재원으로 사용되었다.

▲ 수출 100억 달러 달성 기념

● 3저 호황

1986~1988년에 국제 금리, 석유 가격, 달러 가치가 낮게 유지되면서 나타난 경제 상태이다. 금리가 낮아 돈을 빌려 생산에 투자하기 좋았고, 달러 가치가 낮아 원자재 수입액보다 제품 수출액이 상대적으로 많아졌다. 또 석유 가격이 낮게 형성된 것도 한국 경제에 큰 도움이 되었다.

● 광주 대단지 사건

1971년 경기도 광주 대단지 주민 수만 여 명이 정부의 일방적 이주 정책과 행정 행위에 반발하여 도시를 점거했던 사건이다.

② 1970년대 말 : 1977년 수출 100억 달러가 달성되었으나 제2차 석유 파동(1978)과 정치적 혼란으로 위기가 가중되었다.

③ 1980년대 초 : 과잉 투자를 조정하고 부실기업을 정리하였으며, 재정 · 금융의 긴축 정책을 실시하였다.

④ 1980년대 중반

㉠ 3저 호황(저금리, 저유가, 저달러)으로 경제가 안정되었고, 중화학 분야를 주력으로 한 고도성장이 지속되었다.

㉡ 경제 안정과 지속적인 고도성장으로 1986년 처음으로 무역 흑자를 실현하였다.

(3) 1990년대 이후의 경제

① 우루과이 라운드 협상(1994) : 상품과 자본의 자유로운 이동 → 무역 경쟁이 치열해짐, 세계 각국의 시장 개방 요구 → 1차 산업 타격 → 자유 무역 협정 체결로 타개책 모색

② 경제 위기(1997) : 국제 통화 기금(IMF) 지원 → 기업 도산, 대량 실업, 비정규직 노동자 양산 → 정보 통신 기술 발전 등으로 새로운 활로 모색

③ 해결 과제 : 경제의 구조와 체질 개선 노력, 지역 · 계층 · 산업 간 불평등 극복 등

2 사회의 변화

(1) 산업화의 진전과 경제적 갈등

① 급속한 산업화는 도시화를 촉진시켰고, 도시 주거 환경을 악화시켰다.

② 1970년대 아파트가 보급되면서 이들 지역의 불량 주택들이 재개발되어 아파트 단지로 바뀌었다.

③ 이주자들에 대한 적절한 보상 없이 계획이 진행되어 광주 대단지 사건(1971)과 같은 도시 빈민들의 생존권 투쟁이 일어나기도 하였다.

(2) 세계 속의 한국 경제

① 기업의 해외 진출 : 동남아시아와 중국에서 현지 생산 활동을 전개하고, 전자 · 자동차 산업 등이 유럽 및 미주 지역에 진출하였다.

② 세계 주요 경제 국가로 부상 : 아시아 · 태평양 경제 협력체(APEC)에 적극 참여하여 미국, 일본 등과 함께 이 지역의 경제 협력을 주도하고 있다.

③ 경제 협력 개발 기구(OECD)에 가입하여(1996) 세계에서의 경제 활동이 강화되었다.

④ 국민 간의 소득 격차, 도시와 농촌 간의 갈등, 노사 간의 갈등 등 해결 과제들이 남아 있다.

(3) 노동 계층의 확대와 노동 운동

① 배경 : 1960년대 이후 급속한 산업화로 노동자 수는 증가되었으나, 저임금과 열악한 노동 환경은 개선되지 않았다. 이에 전태일 분신자살 사건(1970. 11.), YH 무역 사건(1979. 8.)이 일어났다.

② 1987년 6월 민주 항쟁 이후 노동 조합 결성이 허용되고, 국제 노동 기구에 가입하였다(1991).

③ 김대중 정부 시기에는 노동자, 사용자, 정부의 대표가 협의하는 노사정 위원회가 구성되었다(1998).

2 평화 통일을 위한 노력

1 북한의 체제 변화

(1) 김일성의 독재 체제 확립

① 김일성은 6 · 25 전쟁 이후 독재 권력을 구축하였으며, 주체사상을 유일 사상으로 체계화하였다.

② 1972년 헌법을 개정하여 사회주의 헌법이 통과되면서 독재 체제가 강화되었다.

(2) 김정일의 권력 세습 : 김일성 사망 이후 김정일이 권력을 세습하였다. 그는 핵과 미사일 개발을 추진하여 국제적 고립을 자초하였다.

(3) 북한의 경제 악화 : 1990년대 초부터 계속된 경제 악화로 많은 북한 주민들이 굶어죽었다.

(4) 김정은의 권력 세습 : 2011년 김정일 사망 이후 김정은이 권력을 세습하고, 공포 정치를 하면서 현재에 이르고 있다.

● 주체사상

김일성이 창시하고 김정일이 이론화한 북한의 혁명 사상으로, 북한은 주체사상에 입각하여 김일성 개인숭배와 김일성 가계의 성역화 작업을 추진하였다.

● 사회주의 헌법

1972년 사회주의 헌법에서는 국가 주석제가 실시되고 주체사상이 통치 이념으로 공식화되었다.

2 평화 통일을 위한 노력

(1) 7 · 4 남북 공동 성명(1972)

① 동서 양진영의 긴장이 완화되면서(미국과 중국의 수교, 주한 미군 부분 철수) 남북 대화가 모색되었다.

② 통일에 관한 기본 원칙(자주, 평화, 민족 대단결)을 담은 공동 성명을 발표하였다(1972).

③ 서울과 평양에 상설 직통 전화가 설치되었고, 공식 대화 기구로서 남북 조절 위원회가 구성되었다.

④ 한계 : 남북한은 모두 남북 대화를 박정희의 유신 체제, 김일성의 사회주의 헌법 통과를 통한 체제 강화 등 체제 강화 수단으로 이용하였다.

(2) 전두환 정부 : 전두환 정부는 1982년 민족 화합 민주 통일 방안을 제시하였고, 1985년 이산가족 고향 방문단의 교환 방문이 성사되었다.

(3) 남북 기본 합의서(1991, 남북 간의 화해와 불가침 및 교류 협력에 관한 합의서)

① 남과 북의 유엔 동시 가입이 이루어졌으며, 남북 화해 · 불가침 · 교류 · 협력 등 4장 25조로 구성되었다.

② 남북 관계는 '통일을 지향하는 과정에서 형성된 잠정적 특수 관계'로 규정되었다.

(4) 6 · 15 남북 공동 선언(2000)

▲ 제1차 남북 정상 회담

① 김대중 정부의 대북 화해 정책 협력 정책(햇볕 정책)으로 1998년 금강호를 통한 금강산 관광이 시작되는 등 경제 협력이 본격화되었다.

② 2000년 6 · 15 남북 공동 선언은 제1차 남북 정상 회담의 결과로 발표되었다.

③ 내용 : 첫째 남북 문제는 자주적 해결, 둘째 남측의 연합제안과 북측의 낮은 단계 연방제안의 상호 인정, 셋째 비전향 장기수 문제 해결, 넷째 사회 · 문화 · 체육 등 사회 제 분야 교류 협력이 규정되어 있었다.

④ 이에 기초하여 개성 공업 지구 건설(개성 공단 : 2000년 합의, 2004년 입주)과 경의선 연결(2000. 9. 18. ~ 2002. 12. 31. 남측 완료) 등이 실현되었다.

심화 플러스 대한민국의 통일 정책 변화

1950년대까지는 이승만 정부의 멸공, 북진 통일론이 주류를 이루고 있었고, 제2공화국 시기는 '유엔 감시하의 남북한 총선거'를 통일 정책의 기조로 삼았다. 그러나 1961년 5 · 16 군사 정변 이후 등장한 박정희 정부는 반공을 국시로 내세우며, '반공 태세의 재정비 · 강화', '통일을 위한 실력 배양'에 주력한다는 '선건설, 후통일'을 주장하였다. 그러나 1970년대 세계사적 냉전 완화 분위기는 남북 대화의 물꼬를 트기에 충분하였다.

(1) 8 · 15 평화 통일 구상 선언(1970) : 무력을 지양하고 선의의 경쟁을 제의하였다.

(2) 이산가족 상봉을 위한 남북 적십자 회담 제안(1971) : 남북한 사이에 평화 협상의 길이 최초로 열렸다.

(3) 7 · 4 남북 공동 성명(1972) : 동서 양진영의 긴장 완화(미 · 중 수교, 주한 미군 부분 철수)로 남북은 통일에 관한 기본 원칙(자주, 평화, 민족 대단결)을 담은 공동 성명을 발표하였다(1972). 또한 공식 대화 기구로서 남북 조절 위원회를 구성하였다.

(4) 6 · 23 평화 통일 선언(1973) : 남북한 동시 유엔 가입을 제안하였다.

(5) 남북 상호 불가침 협정 체결 제안(1974) : 남북이 서로 무력 도발을 하지 않고 내정 간섭을 하지 않으며, 정전 협정의 효력을 존속시키자는 내용으로 남북 간 불가침 협정을 체결할 것을 북한에 제안하였다.

(6) 민족 화합 민주 통일 방안(1982) : 쌍방 주민의 뜻을 대변하는 남북 대표로 민족 통일 협의회를 구성하고 이 기구에서 통일 헌법을 기초한다. 이어 통일 헌법 초안을 국민 투표로 확정하고, 이에 따른 총선거를 실시하여 통일 국회와 정부를 구성하고 통일 민주 공화국을 수립한다

(7) 7 · 7 선언(1988. 7.) : 이 선언에서는 북한을 경쟁 상대로 인정하지 않고, 적극적인 대북 협력 의지를 표명하였다. 이에 남북 대화의 촉매제가 되었으며, 사회주의권과의 경제 교류 및 북방 정책을 추진하는 시발점이 되었다.

(8) 한민족 공동체 통일 방안(1989. 9.) : 남북한의 동질성 회복을 위해서는 과도적 통일 체제, 즉 남북 연합 체제가 필요하며, 남북 정상 회의(최고 의결 기구), 그 산하에 남북 각료 회의, 남북 평의회를 구성한다.

(9) 남북 기본 합의서(1991) : 이 시기 남북한 유엔 동시 가입이 이루어졌으며, 남북 화해·불가침·교류·협력 등 4장 25조로 구성되었고, 통일을 지향하는 과정에서 잠정적으로 형성되는 특수 관계로 남북 관계를 규정하였다.

(10) 한반도 비핵화 공동 선언(1992) : 핵무기 시험, 제조, 생산, 사용 금지 등을 명기한 한반도 비핵화 선언에 합의하였다.

(11) 1993년 북한이 핵 확산 금지 조약(NPT)을 탈퇴하였고, 1994년에는 김일성이 사망하여 남북 회담이 결렬되었다. 이후 1994년 한민족 공동체 건설을 위한 3단계 통일 방안(화해·협력, 남북 연합, 통일 국가 완성으로의 3단계 통일 방안)을 제시하였다.

(12) 6·15 남북 공동 선언(2000) : 남북 문제는 자주적 해결, 남측의 연합제안과 북측의 낮은 단계 연방제안의 상호 인정, 비전향 장기수 문제 해결, 사회·문화·체육 등 사회 제 분야 교류 협력 등의 내용이 담겨 있다.

(13) 10·4 남북 공동 선언(2007) : 2007년 10월 4일 노무현 대통령과 김정일 국방위원장이 공동으로 발표한 선언으로 정식 명칭은 '남북 관계 발전과 평화 번영을 위한 선언'이다. 그 내용은 군사적 적대 관계 종식을 위한 협력과 불가침 의무 준수, 종전 선언을 위한 당사국 회의의 한반도 개최, 서해 평화 협력 특별 지대 설치, 경의선 화물 철도 개통과 안변·남포 조선 협력 단지 건설, 백두산~서울 직항로 개설, 11월 중 서울에서 남북 총리 회담 개최 등 8개항을 담고 있다.

핵심만 정리하자

▶ 7·4 남북 공동 성명(1972)

배경	닉슨 독트린 발표(1969) 이후 냉전 완화, 남북 적십자 회담 등 남북 대화 추진
내용	자주·평화·민족적 대단결의 3대 원칙, 서울과 평양에 상설 직통 전화 개설, 실무 진행을 위한 남북 조절 위원회 설치
의의	남북한 정부가 최초로 합의한 통일 원칙

▶ 남북 기본 합의서(1991)

배경	• 국외 : 동유럽 사회주의 체제의 붕괴, 독일의 통일 등 국제 정세의 변화 • 국내 : 남북한 동시 유엔 가입(1991)
내용	서로의 체제 인정, 상호 화해 및 불가침에 합의 → 한반도 비핵화 선언으로 연결

▶ 6·15 남북 공동 선언(2000)

배경	김대중 정부의 햇볕 정책 → 금강산 관광 사업(1998) → 최초의 남북 정상 회담
내용	• 통일 문제를 자주적으로 해결하기로 합의 • 남측의 연합제안과 북측의 낮은 단계 연방제안의 공통성 인정 • 경의선 복구 사업, 개성 공단 건설 등 추진

기출 및 예상 문제

01 경제 성장과 사회의 변화

[1] 1950년대 원조 경제 체제는 삼백 산업으로 상징된다. O | X

[2] 제2공화국 때도 경제 개발 계획이 수립되었다. O | X

[3] 1980년대 중반 3저 호황으로 급속한 경제 성장이 이루어졌다. O | X

01 다음 자료를 통해 추론한 당시 상황으로 적절하지 않은 것은?

> 1950년대 미국의 원조는 주로 식료품과 의복, 의료품과 같은 생활필수품과 밀가루, 면화, 설탕과 같은 소비재 산업의 원료에 집중되었다. 원조 물자 중 가장 많은 부분을 차지하는 것은 농산물이었다. 미국에서 들어온 농산물은 식량 문제를 해결하는 데 도움을 주었다.

① 농산물 가격이 떨어져 농가 소득이 낮아졌을 것이다.
② 제분 · 섬유 · 제당 공업 등이 빠르게 성장하였을 것이다.
③ 국내의 밀이나 면화 생산은 커다란 타격을 받았을 것이다.
④ 제1차 경제 개발 5개년 계획이 시작되었다.

02 1950년대 이후 한국 사회의 상황에 대한 설명으로 옳은 것은?

① 1950년에 시행된 농지 개혁으로 토지가 없던 농민이 토지를 갖게 되었다.
② 1960년대에 임금은 낮았지만 낮은 물가 때문에 노동자들이 고통을 겪지는 않았다.
③ 1970년대에 이르러 정부는 노동 3권을 철저히 보장하는 정책을 채택하였다.
④ 1980년대 초부터는 노동 조합을 자유롭게 설립할 수 있었다.

03 해방 이후 각 시기 경제 정책에 대한 설명으로 옳지 않은 것은?

① 이승만 정권의 농지 개혁은 삼림, 임야 등은 제외되고, 농경지만을 대상으로 실시되었다.
② 장면 정권에서는 경제 개발 5개년 계획을 수립했으나, 시행하지 못하였다.
③ 1970년대 들어 경제 위기가 닥치자, 정부는 8 · 3 조치를 통해 각 기업이 안고 있는 사채 동결과 금리 인하를 실시하였다.
④ 노태우 정부 말기에는 이른바 3저 현상으로 한국 경제가 일시 성장하였다.

04 박정희 정부 시기 경제 개발에 대한 설명으로 옳은 것은?

① 국가가 적극적인 역할을 했고, 국가 소유 기업을 중심으로 경제 성장이 진행되었다.
② 박정희 정부는 수입 대체 산업화 정책을 추진하였다.
③ 한 · 일 협정의 체결과 베트남 전쟁은 한국의 경제 성장과 관련이 없다.
④ 1970년대부터 철강, 조선 등 중화학 공업 육성 정책이 우선적으로 실행되었다.

2015년 지방 9급

05 1970년대 시행된 정책이 아닌 것은?

① 금융 실명제의 실시
② 새마을 운동의 추진
③ 통일벼의 전국적 보급
④ 수출 주도형 중화학 공업화

02 평화 통일을 위한 노력

[1] 1972년 7 · 4 남북 공동 성명에서는 자주, 평화, 민족 대단결이 통일 원칙으로 천명되었다. O | X

[2] 1991년 남북한이 각각 유엔에 가입하였다. O | X

[3] 2000년 6 · 15 남북 공동 선언에서는 남측의 연합제안과 북측의 낮은 단계 연방제안의 상호 공통점을 인정한다고 명시되어 있다. O | X

[4] 10 · 4 남북 공동 선언에서는 서해 평화 협력 특별 지대 설치의 내용을 포함하고 있다. O | X

06 다음과 같은 경제 정책을 실시한 정부의 통일 노력으로 가장 적절한 것은?

> 마산, 이리(익산)에 수출 자유 지역이 만들어져 많은 외국인 기업이 들어섰다. 또한 울산, 포항, 창원, 여천(여수), 구미 등에 새로운 공업 단지를 조성하여 철강, 조선, 기계, 전자, 비철금속, 석유 화학 등 중화학 공업이 크게 발전하였다.

① 민간 차원의 교류가 크게 확대되고, 금강산 관광이 실현되었다.
② 민족 화합 민주 통일 방안을 제시하고, 남북한의 이산가족이 각각 서울과 평양을 처음으로 방문하였다.
③ 남북한은 자주, 평화, 민족 대단결의 통일 원칙을 내세운 공동 성명을 발표하였다.
④ 남북한은 유엔에 동시 가입하고, 화해와 불가침 및 교류 · 협정에 관한 합의서를 채택하였다.

2016년 소방

07 다음의 선언 이후에 나타난 사실로 옳은 것은?

> 남과 북은 나라의 통일을 위한 남측의 연합제안과 북측의 낮은 단계의 연방제 방안이 서로 공통성이 있다고 인정하고 앞으로 이 방향에서 통일을 지향시켜 나가기로 하였다.
>
> – 6 · 15 공동 선언 –

① 개성 공단 사업이 본격적으로 추진되었다.
② 서울과 평양에 상설 직통 전화가 개설되었다.
③ 남북한 상호 이산가족 고향 방문이 이루어졌다.
④ 금강호를 통해 금강산 관광이 시작되었다.

08 다음 합의문에 대한 설명으로 옳은 것은?

> • 통일은 외세에 의존하거나 외세의 간섭을 받음이 없이 자주적으로 해결하여야 한다.
> • 통일은 서로 상대방을 반대하는 무력행사에 의거하지 않고 평화적 방법으로 실현하여야 한다.
> • 사상과 이념 · 제도의 차이를 초월하여 우선 하나의 민족으로서 민족적 대단결을 도모하여야 한다.

① 합의문 발표 이후 남북 조절 위원회가 설치되었다.
② 합의 내용은 6 · 15 남북 공동 선언으로 정리되었다.
③ 합의문 중에는 한반도 비핵화 문제가 포함되었다.
④ 합의 결과로 경의선 및 동해선 철도가 연결되었다.

09 다음 (가), (나), (다)에 대한 설명으로 옳은 것은?

> (가) 6 · 15 남북 공동 선언
> (나) 7 · 4 남북 공동 성명
> (다) 남북 간의 화해와 불가침 및 교류 협력에 관한 합의서

① (가) – 한반도 비핵화를 선언하였다.
② (가) – 남북한 동시 유엔 가입에 합의하였다.
③ (나) – 통일의 3대 원칙을 천명하였다.
④ (다) – 남북 정상 회담의 성과였다.

MEMO

테마편

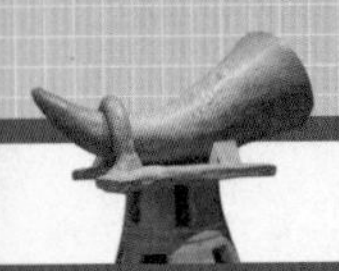

역사 연표

세계사		연대	한국사	
3000년경	이집트 문명 시작		약70만년전	구석기 시대
2500년경	황허 문명 시작		8000년경	신석기 시대
1800년경	함무라비 왕, 메소포타미아 통일		2333	고조선 건국
6세기경	석가모니 탄생		2000년경	청동기 문화 보급
551년경	공자 탄생		5세기경	철기 문화 보급
334	알렉산드로스 대왕, 동방 원정		194	위만, 고조선의 왕이 됨.
221	진(秦), 중국 통일		108	고조선 멸망, 한군현 설치
202	한 건국		57	신라 건국
27	로마, 제정 시작		37	고구려 건국
4	예수 탄생	기원전	18	백제 건국
25	후한의 건국	기원후	194	고구려, 진대법 실시
184	황건적의 난		260	백제(고이왕), 16관등과 공복 제정
220	후한 멸망, 삼국 시대 시작			
280	진(晋), 중국 통일			
313	콘스탄티누스 대제, 밀라노 칙령 발표	300	313	고구려, 낙랑군을 멸망시킴.
316	5호 16국 시대			
317	동진의 건국			
325	니케아 공의회		372	고구려, 불교 전래, 태학 설치
375	게르만 족, 대이동 개시			백제, 동진에 사절 파견
395	로마 제국, 동서로 분열		384	백제, 불교 전래
439	중국, 남북조 성립	400	405	백제, 일본에 한학 전파
476	서로마 제국 멸망		427	고구려, 평양 천도
			433	나 · 제 동맹 성립
486	프랑크 왕국 건국			
		500	502	신라, 우경 실시
			503	신라, 국호와 왕호를 정함.
			520	신라, 율령 반포, 백관의 공복 제정
			527	신라, 불교 공인
529	유스티니아누스 법전 편찬		536	신라, 연호 사용
537	성소피아 대성당 건립		538	백제, 사비성으로 천도
552	돌궐 제국 성립		545	신라, 국사 편찬
570	무함마드 탄생		552	백제, 일본에 불교 전함.
589	수, 중국 통일		562	신라, 대가야 정복
610	무함마드, 최초로 쿠란 계시 받음.	600	612	고구려, 살수 대첩
618	당의 건국		624	고구려, 당으로부터 도교 전래
622	헤지라(이슬람교원년)		645	고구려, 안시성 싸움 승리
624	당, 균전제 실시		647	신라, 첨성대 건립
645	일본, 다이카 개신		660	백제 멸망
651	사산 왕조 페르시아 멸망		668	고구려 멸망
661	이슬람 제국, 우마이야 왕조 성립		676	신라, 삼국 통일
			682	국학 설치
			685	9주 5소경 설치
			698	대조영, 발해 건국
712	당, 현종 즉위	700	722	신라, 정전 지급
755	당, 안 · 사의 난		751	불국사 중창 시작
771	카롤루스 대제, 프랑크 왕국 통일		788	독서삼품과 설치

세계사	연대	한국사
800 카롤루스 대제, 프랑크 왕국 통일	800	828 장보고, 청해진 설치
829 잉글랜드 왕국 성립		
843 프랑크 왕국의 분열		
875 당, 황소의 난(~884)		889 신라, 원종과 애노의 난
	900	900 견훤, 후백제 건국
907 당 멸망, 5대 10국의 시작		901 궁예, 후고구려 건국
910 클뤼니 수도원 설립		918 왕건, 고려 건국
911 노르망디 공국 성립		926 발해 멸망
916 거란 건국		935 신라 멸망
		936 고려, 후삼국 통일
946 거란, 국호를 요라 칭함.		956 노비안검법 실시
960 송 건국		958 과거제 시행
962 오토 1세, 신성 로마 황제 대관		976 전시과 실시
		983 전국에 12목 설치
987 프랑스, 카페 왕조 시작		992 국자감 설치
1037 셀주크튀르크 건국	1000	1009 강조의 정변
1054 크리스트교, 동서로 분열		1019 귀주대첩
1066 노르망디 공 윌리엄, 잉글랜드 정복		
1069 왕안석 변법 실시		1076 전시과 개정, 관제 개혁
1077 카노사의 굴욕		1086 의천, 교장도감 두고 교장 조판
1096 십자군 전쟁(~1270)		1097 주전도감 설치
1115 여진, 금 건국	1100	1102 해동통보 주조
1125 금, 요를 멸망시킴.		1107 윤관, 여진 정벌
		1126 이자겸의 난
1127 북송 멸망, 남송 시작		1135 묘청의 서경천도 운동
		1145 김부식, "삼국사기" 편찬
1163 프랑스, 노트르담 성당 건축 시작		1170 무신 정변
1192 일본, 가마쿠라 막부 세움.		1196 최충헌 집권
		1198 만적의 봉기
1206 칭기즈칸, 몽골 통일	1200	1219 몽골과 통교
1215 영국, 대헌장 제정		1231 몽골의 제1차 침입
		1232 강화 천도
1258 아바스 왕조 멸망		1234 금속 활자로 "상정고금예문" 간행
1265 영국 의회 성립		1236 팔만대장경 새김(~1251).
1271 원 건국		1270 개경 환도, 삼별초의 대몽 항쟁
1279 남송 멸망		1274 여 · 원의 제1차 일본 정벌
1299 오스만 제국 건국		1285 일연, "삼국유사" 편찬
1302 프랑스, 삼부회 소집	1300	1314 만권당 설치
1309 교황, 아비뇽 유수(~1377)		1359 홍건적 침입(~1361)
1337 영국 · 프랑스, 백년 전쟁(~1453)		1363 문익점, 원에서 목화씨 가져옴.
1338 일본, 무로마치 막부 성립		1376 최영, 왜구 정벌
1351 원, 홍건적의 난		1377 최무선의 건의로 화약 무기 제조 (화통도감 설치), "직지심체요절" 인쇄
1368 주원장, 명 건국		
1381 와트 타일러의 난		1388 위화도 회군
		1389 박위, 쓰시마 섬 토벌

역사 연표

세계사	연대	한국사
		1392 고려 멸망, 조선 건국 1394 한양 천도
1405 명, 정화의 항해(~1433) 1407 명, "영락대전" 완성 1414 콘스탄츠 공의회 1429 잔다르크, 영국군 격파 1450 구텐베르크, 활판 인쇄술 발명 1453 비잔티움 제국 멸망 1455 영국, 장미 전쟁(~1485) 1467 일본, 전국 시대 시작 1479 에스파냐 왕국 성립 1492 콜럼버스, 아메리카 항로 발견 1498 바스쿠다가마, 인도 항로 발견	1400	1402 호패법 실시 1403 주자소 설치 1411 한양에 5부 학당 설치 1413 조선, 8도의 지방 행정 조직 완성 "태조실록" 편찬 1416 4군 설치(~1443) 1418 세종 즉위 1420 집현전 확장 1434 6진 설치(~1449) 1441 측우기 제작 1443 훈민정음 창제 1446 훈민정음 반포 1466 직전법 실시 1485 "경국대전" 시행 1498 무오사화
1517 루터의 종교 개혁 1519 마젤란, 세계 일주 시작(~1522) 1526 인도, 무굴 제국 성립 1536 칼뱅의 종교 개혁 1555 아우크스부르크 종교 회의 1562 위그노 전쟁(~1598) 1588 영국, 무적 함대 격파 1598 프랑스, 낭트 칙령 발표	1500	1510 3포 왜란 1519 기묘사화 1543 백운동 서원 세움. 1555 을묘왜변 1592 임진왜란, 한산도 대첩 1593 행주 대첩 1597 정유재란
1600 영국, 동인도 회사 설립 1603 도쿠가와 이에야스, 에도 막부 성립 1616 후금 건국 1618 독일, 30년 전쟁(~1648) 1628 영국, 권리 청원 제출 1632 타지마할 건립 1642 영국, 청교도 혁명(~1649) 1644 청, 중국 정복 1651 크롬웰, 항해 조례 발표 1688 영국, 명예혁명 1689 청·러시아, 네르친스크 조약 영국, 권리장전 발표	1600	1608 경기도에 대동법 실시 1609 일본과 기유약조 체결 1610 허준, "동의보감" 완성 1623 인조반정 1627 정묘호란 1628 벨테브레이, 제주도 표착 1631 정두원이 명에서 천리경, 자명종, 화포등 수입 1636 병자호란 1645 소현 세자가 청에서 과학 서적, 천주교 서적 등 수입 1653 하멜, 제주도 표착, 시헌력 채택 1654 나선 정벌(~1658) 1662 제언사 설치 1678 상평통보 주조 1696 안용복, 독도에서 일본인 쫓아냄.
1710 베르사유 궁전 완성 1740 오스트리아 왕위 계승 전쟁 1756 7년 전쟁(~1763) 1757 인도, 플라시 전투	1700	1708 전국적으로 대동법 실시 1712 백두산정계비 건립 1725 탕평책 실시 1750 균역법 실시

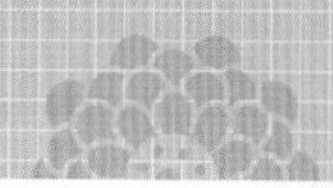

세계사	연대	한국사
1762 루소, 사회 계약론 발표 1765 와트, 증기 기관 완성 1776 미국, 독립 선언 1789 프랑스 혁명, 인권 선언		1776 규장각 설치 1784 이승훈, 천주교 전도 1785 "대전통편" 1786 서학을금함,완성
1804 나폴레옹 황제 즉위 1814 빈 회의 개최(~1815) 1830 프랑스, 7월 혁명 1832 영국, 제1차 선거법 개정 1840 청·영국, 아편 전쟁(~1842) 1848 프랑스, 2월 혁명 1851 청, 태평천국 운동 1857 인도, 세포이의 항쟁 1858 무굴 제국 멸망, 미·일 수호 통상 조약 1860 베이징 조약 체결 1861 미국, 남북 전쟁(~1865) 청, 양무운동(~1894) 1863 링컨, 노예 해방 선언 1868 일본, 메이지 유신 1869 수에즈 운하 개통 1871 독일 제국 성립 1878 베를린 회의 1882 독일·오스트리아·이탈리아, 삼국 동맹 성립 1884 청·프 전쟁(~1885) 1885 청·일, 톈진 조약 체결 인도 국민 회의 창립 1889 에펠탑 건설 1894 청·일 전쟁(~1895) 1896 제1회 올림픽 대회 1898 청, 변법자강 운동 파쇼다 사건 퀴리부부, 라듐 발견 1899 헤이그 만국 평화 회의 청, 의화단 운동	1800	1801 신유박해 1811 홍경래의 난 1831 천주교 조선 교구 설치 1839 기해박해 1860 최제우, 동학 창시 1861 김정호, 대동여지도 제작 1862 임술 농민 봉기 1863 고종 즉위, 흥선 대원군 집권 1865 경복궁 중건(~1872) 1866 병인박해, 병인양요, 제너럴셔먼호 사건 1871 신미양요 1875 운요호 사건 1876 강화도 조약 체결 1879 지석영, 종두법 실시 1881 조사 시찰단 및 영선사 파견 1882 임오군란 조·미 수호 통상 조약 1883 한성순보 발간, 전환국 설치, 원산 학사 설립, 태극기 사용, 보빙사 파견 영국, 독일 등과 통상 조약 체결 1884 우정총국 설치, 갑신정변 1885 거문도 사건, 배재 학당 설립 서울·인천 간 전신 개통, 광혜원 설립 1886 육영 공원, 이화 학당 설립 1889 함경도에 방곡령 실시 1894 동학 농민 운동, 갑오개혁 1895 을미사변, 단발령, 을미의병 유길준, "서유견문" 지음. 1896 아관 파천, 독립신문 창간, 독립 협회 설립 1897 대한 제국 수립 1898 만민 공동회 개최 1899 경인선 개통
1902 제1차 영·일 동맹 1904 러·일 전쟁(~1905) 1905 미·일, 가쓰라·태프트밀약 제2차 영·일 동맹 1906 인도, 스와데시·스와라지 운동 1907 영국·프랑스·러시아 삼국 협상 성립	1900	1900 만국 우편 연합 가입 1902 서울·인천 간 장거리 전화 개통 1903 YMCA 발족 1904 한·일 의정서 체결 1905 경부선 개통, 을사늑약 체결, 천도교 성립 1906 통감부 설치 1907 국채 보상 운동, 헤이그 특사 파견, 고종 황제 퇴위, 군대 해산, 신민회 창립 1908 의병, 서울 진공 작전 1909 일본, 청과 간도 협약 체결 안중근, 이토 히로부미 저격 대종교 창시

역사 연표

세계사	연대	한국사
1911 신해 혁명 1912 중화민국 성립 1914 제1차 세계 대전(~1918) 파나마 운하 개통 1915 중국, 신문화 운동 1917 러시아 혁명 1918 윌슨 대통령, 14개조 평화 원칙 발표 1919 베르사유 조약 중국, 5 · 4 운동 1920 국제 연맹 창설 1921 워싱턴 회의 개최 1928 네루, 인도 독립 연맹 결성 1929 세계 경제 대공황(~1932) 1931 만주 사변 1935 독일, 재군비 선언 1937 중 · 일 전쟁(~1945) 1938 뮌헨 회의 1939 제2차 세계 대전(~1945) 1941 대서양 헌장 발표 태평양 전쟁(~1945) 1943 카이로 선언 1945 포츠담 선언, 독일과 일본 항복, 유엔 성립 1946 파리 강화 회의 1947 마셜 플랜 발표 1948 제1차 중동 전쟁, 베를린 봉쇄 1949 북대서양 조약기구(NATO) 성립 중화 인민공화국 수립		1910 국권 피탈 토지 조사 사업 시작 1912 토지 조사령 공포 1914 대한 광복군 정부 수립 1916 박중빈, 원불교 창시 1919 3 · 1 운동 대한민국 임시 정부 수립 1920 봉오동 전투, 청산리 대첩, 간도 참변 조선일보 · 동아일보 창간 1922 어린이날 제정 1925 치안 유지법 제정 1926 6 · 10 만세 운동 1927 신간회 조직 1929 광주 학생 항일 운동 원산 노동자 총파업 1932 이봉창 · 윤봉길 의거 1933 한글 맞춤법 통일안 제정 1934 진단 학회 조직 1936 손기정, 베를린 올림픽 대회 마라톤 우승 1938 국가 총동원법 공포 김원봉, 조선 의용대 조직 1940 한국광복군 창설 1942 조선어 학회 사건 1945 8 · 15 광복 1946 1차 미 · 소 공동 위원회 개최 1947 유엔 한국 임시 위원단 구성 1948 5 · 10 총선거 실시, 대한민국 정부 수립 반민족 행위 처벌법 제정 1949 농지 개혁법 공포
1950 유엔, 한국 파병 결의 1954 인도차이나 휴전 성립 동남아시아 조약 기구(SEATO) 결성 1955 베트남 전쟁 시작(~1975) 1956 제2차 중동 전쟁 헝가리 · 폴란드, 반공 의거 1961 소련, 유인 인공 위성 발사 1962 쿠바, 미사일 위기 1963 핵실험 금지 협정 1966 중국, 문화 대혁명 시작 1967 제3차 중동 전쟁 1968 체코슬로바키아 민주화 선언에 소련군 개입 1969 미국, 아폴로11호 달 착륙 1971 중국, 국제연합(UN) 가입 1972 닉슨, 중국 방문	1950	1950 6 · 25 전쟁 1951 1 · 4 후퇴 1952 발췌 개헌 1953 휴전 협정 조인 1957 "우리말 큰 사전" 완간 1960 4 · 19 혁명 장면 내각 성립 1961 5 · 16 군사 정변 1962 제1차 경제 개발 5개년 계획(~1966) 1963 박정희 정부 수립 1964 6 · 3 시위 1965 한 · 일 협정 조인 1966 한 · 미 행정 협정 조인 1967 제6대 대통령 선거, 제7대 국회의원 선거 제2차 경제 개발 5개년 계획(~1971) 1968 1 · 21 사태, 국민교육헌장 선포 1969 3선 개헌안 통과 1970 새마을 운동 시작, 경부 고속 국도 개통 1971 제7대 대통령선거 1972 제3차 경제 개발 5개년 계획(~1976)

세계사

1973 제4차 중동 전쟁, 전세계 유류 파동

1975 베트남 전쟁 종식
1976 UN, 팔레스타인 건국 승인안 채택

1978 요한 바오로 2세, 교황 즉위
미국 · 중국, 국교 정상화
1979 중동 평화 조약 조인
소련, 아프가니스탄 침공
1980 이란 · 이라크 전쟁
1981 미국, 왕복 우주선 컬럼비아호 발사
1982 제1회 뉴델리 회의

1984 영국 · 중국, 홍콩 반환 협정 조인
1985 멕시코시티 대지진
1986 필리핀, 민주 혁명
소련, 체르노빌 원자력 발전소 사고
1987 미 · 소INF 폐기 협정 조인
1988 팔레스타인 독립 선언

1989 중국, 톈안문 사건
독일, 베를린 장벽 붕괴
루마니아, 공산 독재 정권 붕괴
1990 독일 통일
1991 걸프 전쟁
소연방 해체, 독립 국가 연합(CIS) 탄생
1992 기후 변화 협약 체결
1993 우루과이 라운드 타결
북미 자유 무역 협정(NAFTA) 체결
1994 이스라엘과 요르단, 평화 협정 체결
1995 세계 무역 기구(WTO) 출범

1997 교토 의정서 채택
영국, 홍콩을 중국에 반환
1999 포르투갈, 마카오를 중국에 반환

--- 2000 ---

2001 미국, 뉴욕세계무역센터피폭(9 · 11 테러)

2003 이라크 전쟁
2004 남아시아 대지진 발생

2009 오바마, 미국 최초의 흑인 대통령 취임
2010 남아공 월드컵 개최

한국사

7 · 4 남북 공동 성명
남북 적십자 회담, 10월 유신
1973 6 · 23 평화 통일 선언
1974 북한 땅굴 발견
1975 대통령 긴급조치 9호 발표
1976 판문점 도끼 만행 사건
1977 제4차 경제 개발 5개년 계획(~1981),
한국 등반대 에베레스트 등반 성공,
수출 100억 달러 달성
1979 YH 무역 사건, 부 · 마 항쟁
10 · 26 사태, 12 · 12 사태
1980 5 · 18 민주화 운동
1981 전두환 정부 수립
수출 200억 달러 달성
1983 KAL기 피격 참사, 아웅산 사건
1984 L.A. 올림픽에서 종합 순위 10위 차지
1985 남북 고향 방문단 상호 교류
1986 서울 아시아 경기 대회 개최
4 · 13 호헌 조치 선언
1987 6월 민주 항쟁, 6 · 29 민주화 선언
1988 한글 맞춤법 고시, 노태우 정부 수립,
제24회 서울 올림픽 대회
1989 헝가리, 폴란드등 동구권 국가와 수교

1990 소련과 국교 수립
1991 남북한 유엔 동시 가입
남북 기본 합의서 채택
1992 중국과 국교 수립
1993 김영삼 정부 수립, 금융 실명제 실시,
대전 엑스포 개최
1994 북한, 김일성 사망
1995 지방 자치제 실시, 조선 총독부 건물 해체
(~1996)
1996 경제 협력 개발 기구(OECD) 가입
1997 IMF 구제 금융 공식 요청
1998 김대중 정부 수립

--- 2000 ---

2000 남북 정상 회담, 6 · 15 남북 공동 선언
아시아 · 유럽 정상 회의(ASEM) 개최
2002 한 · 일 월드컵 대회 개최
제14회 아시아 경기 대회 개최
2003 노무현 정부 수립
2005 아시아 · 태평양 경제 협력체(APEC) 정상
회의 개최
2006 수출 3,000억 달러 돌파
2008 이명박 정부 수립
2013 박근혜 정부 수립
2017 문재인 정부 수립

역대 왕조 계보도

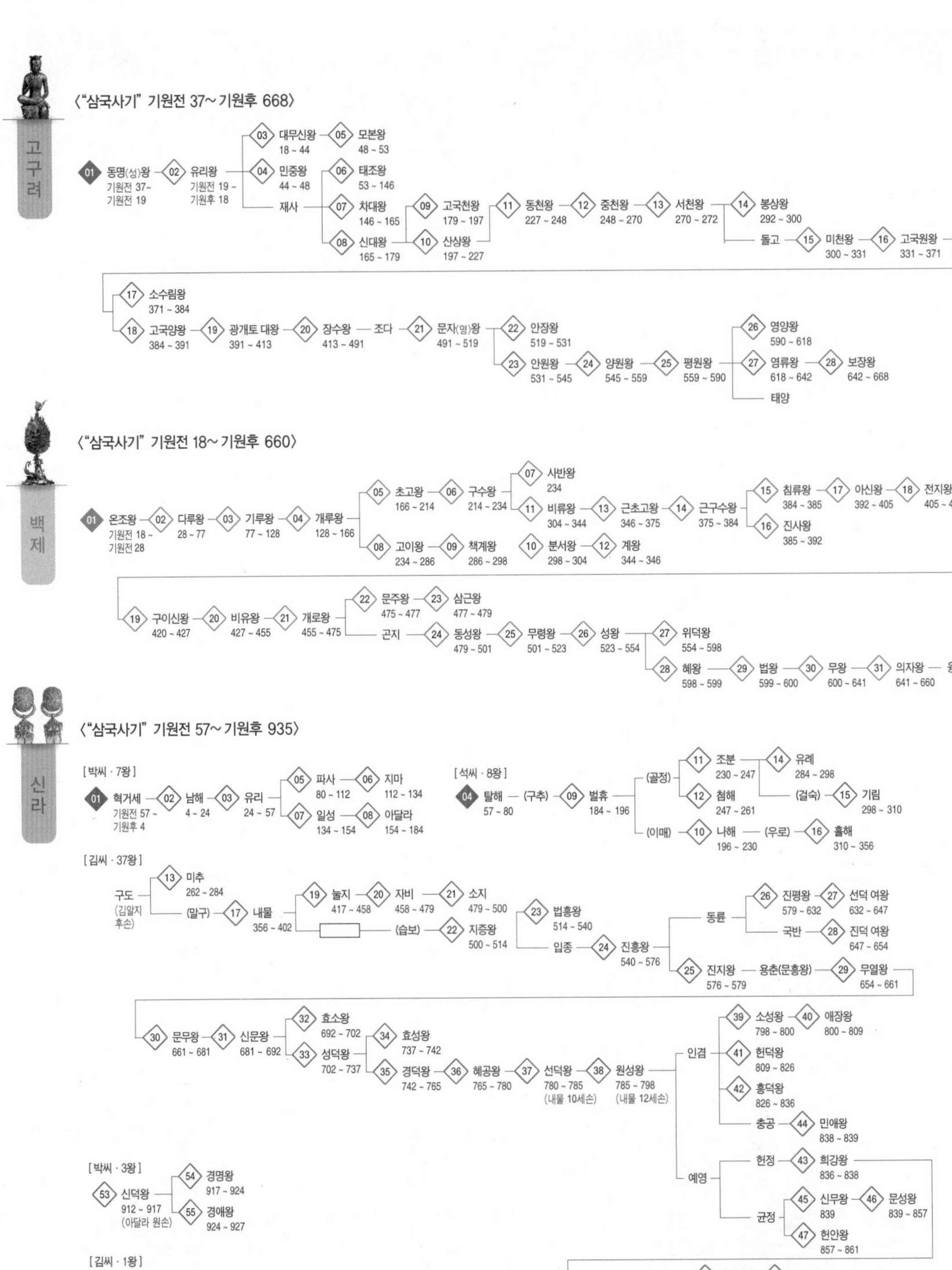

고구려
〈"삼국사기" 기원전 37~ 기원후 668〉
01 동명(성)왕 기원전 37~ 기원전 19
02 유리왕 기원전 19 ~ 기원후 18
03 대무신왕 18 ~ 44
05 모본왕 48 ~ 53
04 민중왕 44 ~ 48
재사
06 태조왕 53 ~ 146
07 차대왕 146 ~ 165
08 신대왕 165 ~ 179
09 고국천왕 179 ~ 197
10 산상왕 197 ~ 227
11 동천왕 227 ~ 248
12 중천왕 248 ~ 270
13 서천왕 270 ~ 272
14 봉상왕 292 ~ 300
돌고
15 미천왕 300 ~ 331
16 고국원왕 331 ~ 371
17 소수림왕 371 ~ 384
18 고국양왕 384 ~ 391
19 광개토 대왕 391 ~ 413
20 장수왕 413 ~ 491
조다
21 문자(명)왕 491 ~ 519
22 안장왕 519 ~ 531
23 안원왕 531 ~ 545
24 양원왕 545 ~ 559
25 평원왕 559 ~ 590
26 영양왕 590 ~ 618
27 영류왕 618 ~ 642
28 보장왕 642 ~ 668
태양
백제
〈"삼국사기" 기원전 18~ 기원후 660〉
01 온조왕 기원전 18 ~ 기원전 28
02 다루왕 28 ~ 77
03 기루왕 77 ~ 128
04 개루왕 128 ~ 166
05 초고왕 166 ~ 214
06 구수왕 214 ~ 234
07 사반왕 234
11 비류왕 304 ~ 344
13 근초고왕 346 ~ 375
14 근구수왕 375 ~ 384
15 침류왕 384 ~ 385
16 진사왕 385 ~ 392
17 아신왕 392 ~ 405
18 전지왕 405 ~ 420
08 고이왕 234 ~ 286
09 책계왕 286 ~ 298
10 분서왕 298 ~ 304
12 계왕 344 ~ 346
19 구이신왕 420 ~ 427
20 비유왕 427 ~ 455
21 개로왕 455 ~ 475
22 문주왕 475 ~ 477
23 삼근왕 477 ~ 479
곤지
24 동성왕 479 ~ 501
25 무령왕 501 ~ 523
26 성왕 523 ~ 554
27 위덕왕 554 ~ 598
28 혜왕 598 ~ 599
29 법왕 599 ~ 600
30 무왕 600 ~ 641
31 의자왕 641 ~ 660
융
신라
〈"삼국사기" 기원전 57~ 기원후 935〉
[박씨 · 7왕]
01 혁거세 기원전 57 ~ 기원후 4
02 남해 4 ~ 24
03 유리 24 ~ 57
05 파사 80 ~ 112
06 지마 112 ~ 134
07 일성 134 ~ 154
08 아달라 154 ~ 184
[석씨 · 8왕]
04 탈해 57 ~ 80
(구추)
09 벌휴 184 ~ 196
(골정)
11 조분 230 ~ 247
14 유례 284 ~ 298
12 첨해 247 ~ 261
(걸숙)
15 기림 298 ~ 310
(이매)
10 나해 196 ~ 230
(우로)
16 흘해 310 ~ 356
[김씨 · 37왕]
구도 (김알지 후손)
13 미추 262 ~ 284
(말구)
17 내물 356 ~ 402
19 눌지 417 ~ 458
20 자비 458 ~ 479
21 소지 479 ~ 500
(습보)
22 지증왕 500 ~ 514
23 법흥왕 514 ~ 540
입종
24 진흥왕 540 ~ 576
동륜
26 진평왕 579 ~ 632
27 선덕 여왕 632 ~ 647
국반
28 진덕 여왕 647 ~ 654
25 진지왕 576 ~ 579
용춘(문흥왕)
29 무열왕 654 ~ 661
30 문무왕 661 ~ 681
31 신문왕 681 ~ 692
32 효소왕 692 ~ 702
33 성덕왕 702 ~ 737
34 효성왕 737 ~ 742
35 경덕왕 742 ~ 765
36 혜공왕 765 ~ 780
37 선덕왕 780 ~ 785 (내물 10세손)
38 원성왕 785 ~ 798 (내물 12세손)
인겸
39 소성왕 798 ~ 800
40 애장왕 800 ~ 809
41 헌덕왕 809 ~ 826
42 흥덕왕 826 ~ 836
충공
44 민애왕 838 ~ 839
예영
헌정
43 희강왕 836 ~ 838
균정
45 신무왕 839
46 문성왕 839 ~ 857
47 헌안왕 857 ~ 861
계명
48 경문왕 861 ~ 875
49 헌강왕 875 ~ 886
52 효공왕 897 ~ 912
50 정강왕 886 ~ 887
51 진성 여왕 887 ~ 897
[박씨 · 3왕]
53 신덕왕 912 ~ 917 (아달라 원손)
54 경명왕 917 ~ 924
55 경애왕 924 ~ 927
[김씨 · 1왕]
56 경순왕 927 ~ 935 (문성왕 6세손)

발해

〈698~926〉

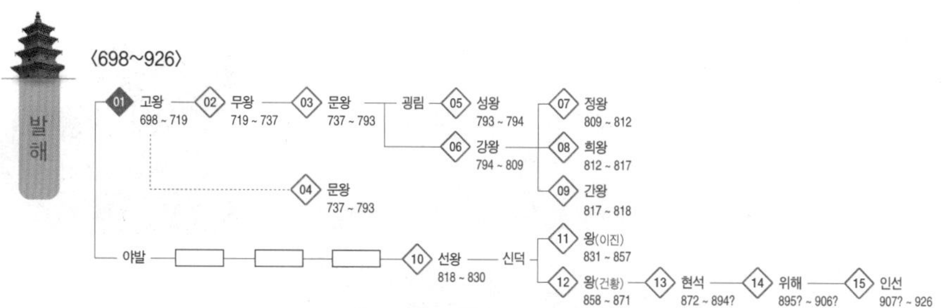

고려

〈918~1392〉

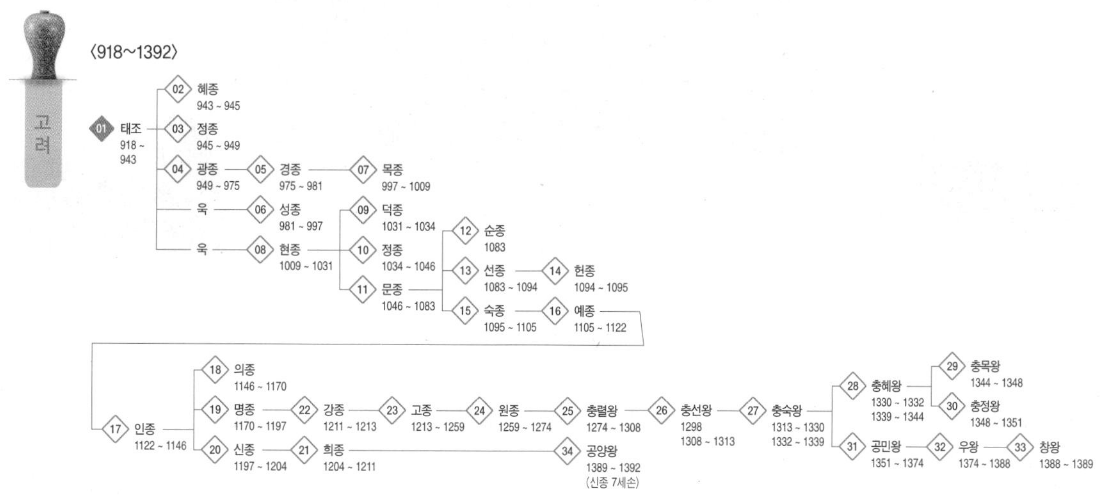

조선

〈1392~1910〉

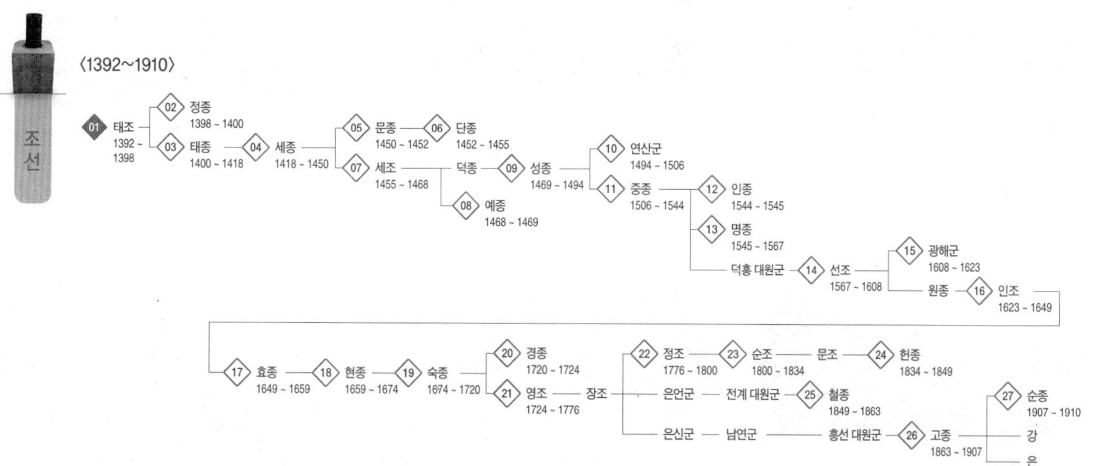

해인사 장경판전(1995)

팔만대장경을 보관하기 위해 지어진 목조 건축물로, 온도 및 습도 조절이 잘 되도록 과학적으로 설계되었다.

종묘(1995)

조선 시대의 역대 왕과 왕비의 신위를 모신 사당으로 사적 제125호로 지정되어 보존되고 있다. 임진왜란 때 불탔으나 광해군 때 복원되었다.

석굴암과 불국사(1995)

통일 신라 경덕왕 때 김대성이 석굴암과 불국사를 창건하였다. 통일 신라 시대 건축 기술과 조형 감각을 보여 준다.

창덕궁(1997)

조선 시대 궁궐로, 임진왜란 이후 정궁 역할을 하였다. 주변 자연환경과의 조화와 배치가 탁월한 건축물이다.

수원 화성(1997)

조선 정조 때 건설된 성곽으로, 군사적·상업적 기능을 가지고 있으며, 과학적·실용적 구조로 축성되었다.

고창 · 화순 · 강화 고인돌 유적(2000)

고인돌은 청동기 시대의 대표적인 무덤으로, 세계 곳곳에서 발견되며 고창, 화순, 강화 고인돌 유적이 대표적이다.

경주 역사 유적 지구(2000)

신라 천 년의 역사와 문화를 한눈에 파악할 수 있으며, 남산 지구, 월성 지구, 대릉원 지구, 황룡사 지구, 산성 지구로 구분되어 있다.

제주 화산섬과 용암 동굴(2007)

한라산 천연 보호 구역, 성산 일출봉, 거문오름 용암 동굴계 등 제주에서 가장 보존 가치가 뛰어난 곳들이 세계 자연유산으로 선정되었다.

조선 왕릉(2009)

조선 시대 왕과 왕비의 무덤으로, 44기 중 40기가 등재되었으며, 유교의 예법을 구현하여 공간 및 구조물을 배치한 것이 특징이다.

하회와 양동(2010)

양반 주거 문화의 원형을 그대로 보존한 곳으로, 안동 하회 마을은 풍산 류씨, 경주 양동 마을은 경주 손씨와 여강 이씨의 집성촌이다.

남한산성(2014)

임진왜란 이후 5군영 중 수어청이 남한산성을 담당하며 수도 외곽의 수비를 전담하였다. 병자호란 때 인조가 청에 대항한 곳으로 알려져 있다.

훈민정음(1997)

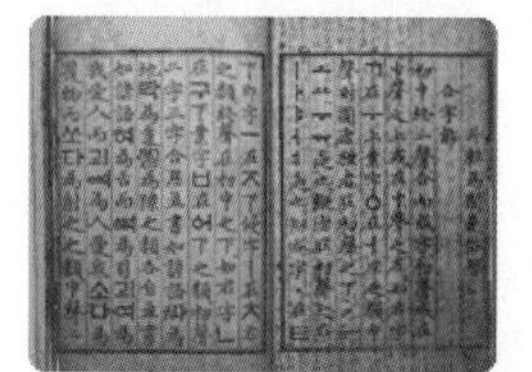

조선 세종 때 만들어진 독창적인 문자인 훈민정음의 창제 목적을 밝힌 서문과 그에 대한 해설서로 국보 제70호로 지정되어 있다.

조선왕조실록(1997)

조선 태조부터 철종까지 25대 역사를 편년체로 기록한 것으로, 조선 시대 정치, 외교, 군사, 제도, 법률 등을 기록한 역사 기록물이다.

직지심체요절(2001)

청주 흥덕사에서 1377년 인쇄된 현존하는 최고(最古)의 금속 활자본으로, 현재 프랑스 국립도서관에 보관중이다.

승정원일기(2001)

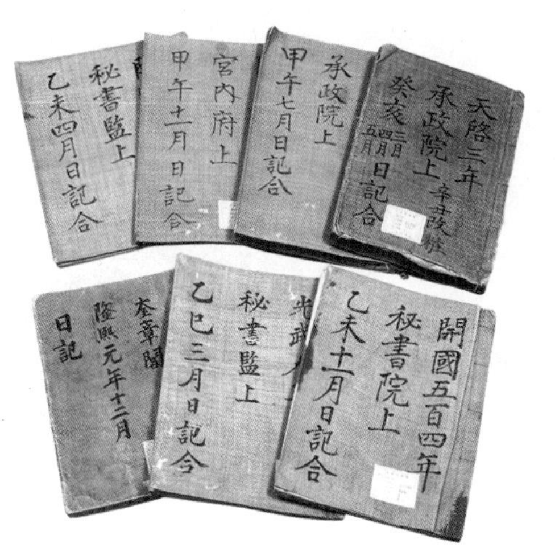

조선 시대 국왕의 비서 기관인 승정원에서 있었던 일을 기록한 책으로, 세계 최대의 1차 사료로 가치를 인정받았으며 국보 제303호로 지정되어 있다.

조선왕조의궤(2007)

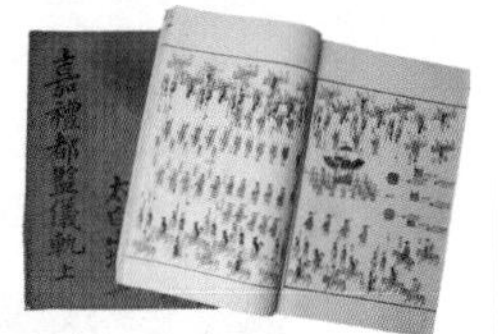

조선 왕실의 주요 행사를 기록한 것으로, 행사의 진행 과정과 참여한 사람들의 명단, 비용과 재료, 의식에 쓰인 도구와 장면을 세밀하게 시각화한 자료이다.

고려대장경판 및 제경판(2007)

국보 제32호로, 팔만대장경이라고 부르며, 몽골의 침입 당시 강화도에서 만들어졌다. 당대 최고의 인쇄 기술을 보여 준다.

동의보감(2009)

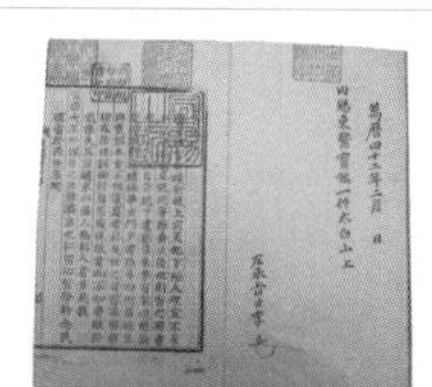

조선 광해군 때 허준이 저술하였으며, 동아시아 의학 지식을 종합한 서적이다. 의학 서적 최초로 세계 기록 유산으로 등재되었다.

일성록(2011)

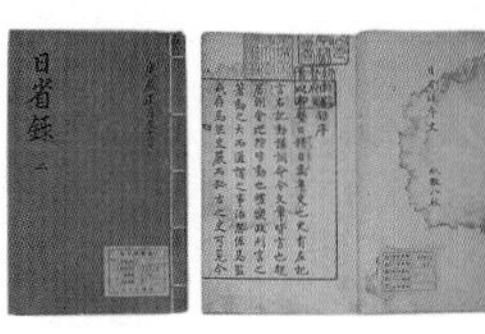

정조가 세손 시절부터 쓰기 시작한 일기로, 국왕의 수양을 위해 편찬되었고 내용과 형식의 독창성을 인정받았다.

5 · 18 민주화 운동 기록물(2011)

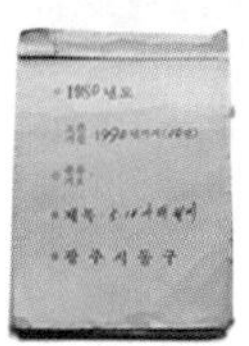

5 · 18 민주화 운동의 발발 · 진압 · 진상 조사 활동 · 보상과 관련된 문건, 사진, 영상 자료들로, 세계사적 중요성을 인정받아 등재되었다.

난중일기(2013)

임진왜란 때 이순신이 7년간 작성한 일기로, 역사적 사실과 학술 연구 가치를 인정받아 등재되었다.

새마을 운동 기록물(2013)

1970년대 전개된 새마을 운동과 관련된 대통령의 연설문, 결재 문서, 교재, 관련 사진과 영상 등의 기록물이다.

종묘 제례 및 종묘 제례악(2001)

종묘 제례는 종묘에서 행히는 제향 의식이며, 종묘 제례악은 종묘에서 제사를 지낼 때 연주하는 기악, 노래, 춤을 말한다.

판소리(2003)

한 명의 소리꾼이 고수의 장단에 맞춰 소리, 이니리, 발림을 섞이가며 연기하는 일종의 종합 예술이다. 초기에는 열두 마당이 있었으나 판소리 다섯 마당으로 정착되었다.

강릉 단오제(2005)

강릉 단오제는 단옷날을 전후하여 펼쳐지는 강릉 지방의 향토 제례 의식이다. 단오굿, 가면극, 농악, 농요 등 다양한 무형 문화유산과 그네뛰기, 창포 머리 감기 등의 풍속 등이 전승되고 있다.

강강술래(2009)

우리나라 남서부 지역에서 널리 행해졌으며, 주로 한가윗날 밤 여성들이 풍작과 풍요를 기원하며 이루어진 집단 놀이이다. 밝은 보름달이 뜬 밤에 수십 명의 여성들이 손을 맞잡아 둥그렇게 원을 만들어 돌며 노래를 불렀다.

영산재(2009)

영산재는 부처가 인도의 영취산에서 법화경을 설법하던 모습을 재현한 것이다. 죽은 사람의 영혼이 극락왕생하기를 기원하는 의식으로 불교의 철학적이며 영적인 메시지를 표현하고 있다.

남사당놀이(2009)

조선 후기 사회적으로 천대받던 사람들이 떠돌아다니며 벌인 전통 민속 공연이다. 풍물, 사발 돌리기, 땅재주 묘기, 줄타기, 가면극, 꼭두각시 놀음 등이 대표적이다.

제주 칠머리 영등굿(2009)

제주도 전역에서 행해지는 굿으로, 영등 할망을 맞이하여 해녀와 어부의 안전, 마을의 평안, 풍어 등을 기원하였다.

처용무(2009)

통일 신라 시대에 기원하는 처용 설화를 바탕으로 한 춤으로 악귀를 몰아내고 복을 구하는 의미가 있다.

매사냥(2010)

'매사냥'이란 매를 길들여서 야생 상태에 있는 사냥감을 잡도록 하는 전통 사냥 방식으로, 4,000년 이상 지속되어 왔다.

가곡(2010)

조선 시대 상류 사회의 문화로, 소규모 국악 관현악 반주에 맞춰 시조를 부르는 성악곡이다.

대목장(2010)

궁궐이나 사찰, 가옥과 같은 큰 규모의 목조 건축물을 짓는 일을 하는 장인을 가리키며, 대목장은 건축과 관련된 전 공정을 책임졌다.

줄타기(2011)

한국의 전통 공연 예술로, 음악이 함께 연주되며 줄을 타는 곡예사와 땅에 있는 어릿광대 사이에 대화를 주고받는다.

택견(2011)

한국의 전통 무예로, 춤을 연상시키는 동작으로 상대를 차거나 넘어뜨리는 기술이 특징이다. 무술 뿐만 아니라 모든 사람이 즐길 수 있는 운동으로 가치를 인정받았다.

한산 모시짜기(2011)

한산 모시는 충남 서천군 한산 지역에서 제작되는 품질 좋은 모시로, 모시짜기는 모시풀을 이용하여 모시 옷감을 짜는 전통 기술이다.

아리랑(2012)

진도 아리랑

우리나라의 대표적인 민요로, 각 지역마다 가사와 곡조가 다르며 여러 세대에 걸쳐 전승·보존되었다. 정선 아리랑, 밀양 아리랑, 진도 아리랑이 대표적이다.

김장 문화(2013)

우리나라 사람들이 춥고 긴 겨울을 나기 위해 많은 양의 김치를 담그는 것을 말한다. 자연 재료를 창의적으로 이용하며, 나눔과 결속, 정체성과 소속감을 제공하는 유산으로 평가된다.

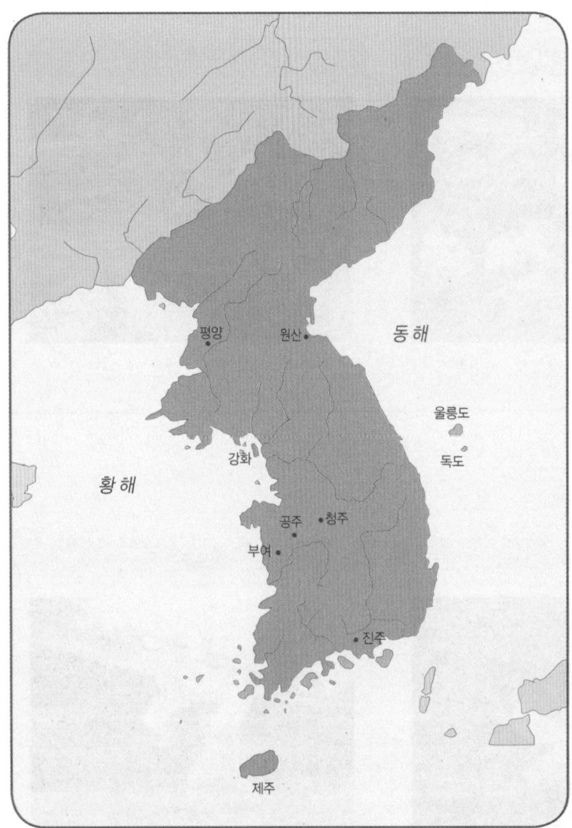

평양 지역의 역사

- 백제 근초고왕(4세기) 고구려 평양 공격
- 고구려 장수왕의 평양 천도(427)
- 고구려 멸망 후 당의 안동도호부 설치
- 고려 태조 북진 정책의 전진 기지
- 묘청의 서경 천도 운동 발생
- 조선 후기 유상들의 활약
- 제너럴 셔먼호 사건 발생(1866)
- 1920년대 초 조만식 등을 중심으로 물산 장려 운동 시작
- 남북 협상 회의 개최(1948)
- 최초로 남북 정상 회담 개최(2000)

원산 지역의 역사

- 동예는 강원도 북부의 동해안 지역에 위치
- 신라의 삼국 통일 후 국경선인 대동강~원산만 일대에 해당
- 강화도 조약 당시 개항
- 최초의 근대적 사립 학교인 원산 학사 설립
- 일제 강점기 원산 총파업 발생

울릉도와 독도의 역사

- 신라 지증왕 때 이사부의 우산국 정복
- 조선 숙종 때 안용복의 울릉도와 독도의 주권 수호 운동 전개
- 러 · 일 전쟁 당시 일본의 독도 불법 약탈

강화도 지역의 역사

- 청동기 시대의 고인돌 유적(유네스코의 세계 문화유산 등재)
- 몽골의 침입 때 강화도로 천도 후 40여 년간 항전
- 4대 사고 중 정족산 사고가 위치
- 정제두 등 강화학파 형성
- 병인양요, 신미양요 당시 프랑스와 미국 침입

청주 지역의 역사

- 통일 신라 민정 문서는 서원경(청주) 부근의 조세 관련 자료
- "직지심체요절" 간행(청주 흥덕사)

공주의 역사

- 구석기 유적지인 공주 석장리 유적 발견
- 백제는 고구려의 남진 정책에 밀려 웅진(공주)으로 천도
- 백제 무령왕릉 발견
- 고려 망이 · 망소이의 농민 봉기 발생

제주도의 역사

- 가장 오래된 신석기 시대 유적지인 고산리 유적 발견
- 원 간섭기 탐라총관부 설치
- 삼별초의 대몽 항쟁 과정에서 최후 항전
- 조선 시대의 잉류 지역
- 제주 4 · 3 사건 발생(1948)

부여의 역사

- 백제 성왕의 사비 천도, 국호 '남부여' 선포
- 백제 금동 대향로 발견
- 백제 정림사지 5층 석탑 위치

진주 지역의 역사

- 조선 후기 진주 농민 운동 발생
- 백정들이 주도한 형평 운동 발생

MEMO

저자 약력

신형철

성균관대학교 사범대학 역사교육과 수석 졸업
고려대학교 대학원 한국사학과 졸업(문학석사)
성균관대학교 대학원 사학과 박사과정 수료(한국사 전공)

현) 공시누리 한국사 대표 교수
현) 에듀윌 7 · 9급 공무원 대표 교수
현) EBS 명품공무원 한국사 교수
전) 남부행정고시학원 및 강남 박문각 한국사 교수
전) 성결대학교, 유원대학교, 경북대학교 등 외래 교수

소방 한국사

2017. 8. 30. 1판 1쇄 발행
2019. 3. 8. 1판 2쇄 발행

저자와의 협의하에 검인생략

지은이 | 신형철
펴낸이 | 이종춘
펴낸곳 | BM (주)도서출판 **성안당**
주소 | 04032 서울시 마포구 양화로 127 첨단빌딩 5층(출판기획 R&D 센터)
10881 경기도 파주시 문발로 112 출판문화정보산업단지(제작 및 물류)
전화 | 02) 3142-0036
031) 950-6300
팩스 | 031) 955-0510
등록 | 1973. 2. 1. 제406-2005-000046호
출판사 홈페이지 | **www.cyber.co.kr**
ISBN | 978-89-315-8722-7 (13900)
정가 | 28,000원

이 책을 만든 사람들
기획 | 최옥현
진행 | 오영미
교정 · 교열 | 오영미
전산편집 | 정희선
표지 디자인 | 임진영
홍보 | 정가현
국제부 | 이선민, 조혜란, 김혜숙
마케팅 | 구본철, 차정욱, 나진호, 이동후, 강호묵
제작 | 김유석

■ 도서 A/S 안내

성안당에서 발행하는 모든 도서는 저자와 출판사, 그리고 독자가 함께 만들어 나갑니다.
좋은 책을 펴내기 위해 많은 노력을 기울이고 있습니다. 혹시라도 내용상의 오류나 오탈자 등이 발견되면 **"좋은 책은 나라의 보배"**로서 우리 모두가 함께 만들어 간다는 마음으로 연락주시기 바랍니다. 수정 보완하여 더 나은 책이 되도록 최선을 다하겠습니다.
성안당은 늘 독자 여러분들의 소중한 의견을 기다리고 있습니다. 좋은 의견을 보내주시는 분께는 성안당 쇼핑몰의 포인트(3,000포인트)를 적립해 드립니다.

잘못 만들어진 책이나 부록 등이 파손된 경우에는 교환해 드립니다.

내용문의 031-950-6345

소방직 공무원 시험을 위한
완벽 대비서!!

소방 한국사

이 책의 구성

BM Book Media Group
성안당은 선진화된 출판 및 영상교육 시스템을 구축하고
항상 연구하는 자세로 고객 앞에 다가갑니다.

정가: 28,000원

ISBN 978-89-315-8722-7

http://www.cyber.co.kr

" 소방직 공무원 시험은 소방 한국사로 준비하자! "

정답과 해설

www.cyber.co.kr

정답과 해설

[I]
우리 역사의 형성과 고대 국가의 발전

01 동트는 우리 역사

01. 선사 문화의 발전

[1] O [2] O [3] X [4] X [5] O

오답확인

3. 민무늬 토기는 청동기 시대의 대표적 토기이며, 애니미즘은 신석기 시대 원시 신앙의 형태로 출현하였다.
4. 청동기 시대에는 반달 돌칼, 바퀴날도끼, 홈자귀와 같은 석기 농기구가 사용되었다.

[01] 정답 ④

해설 ④ 반달 돌칼은 청동기 시대의 석기 농기구이다.

오답확인

① 구석기 시대 사람들은 동굴이나 바위그늘에서 살거나 강가에 막집을 짓고 살았다.
② 구석기 시대에는 뼈도구와 뗀석기를 도구로 사용하였다.
③ 구석기 시대 유적으로는 상원의 검은모루 동굴, 제천 창내, 공주 석장리, 연천 전곡리, 청주(청원) 두루봉 동굴 유적 등이 있다.

[02] 정답 ①

해설 구석기 시대에는 주먹도끼를 사용하여 사냥하였다. ④ 빗살무늬 토기는 신석기 시대의 유물이고, ③ 비파형 동검과 ② 반달 돌칼은 각각 청동기 시대의 청동 유물과 석기 유물에 해당한다.

[03] 정답 ③

해설 제시된 자료는 가락바퀴, 치레걸이 등 신석기 시대 유물들이다. ③ 신석기 시대에는 조, 피, 수수 등을 재배하는 농경이 시작되었다.

오답확인

① 한자의 전래로 붓이 사용된 것은 초기 철기 시대이다. 창원 다호리 유적에서 발견된 붓을 통해 이를 확인할 수 있다.
② 고인돌은 청동기 시대의 대표적 무덤 형태이다.
④ 반량전, 오수전, 명도전 등 중국 화폐의 출토를 통해 초기 철기 시대에 중국과의 교류가 있었음을 확인할 수 있다.

[04] 정답 ①

해설 제시된 자료는 움집에 대한 설명으로, 신석기 시대에 해당한다. ① 신석기 시대에는 조, 피, 수수, 기장과 같은 잡곡을 경작하는 등 농경이 시작되었다.

오답확인

② 독무덤은 초기 철기 시대 무덤 양식이다.
③ 뗀석기를 도구로 사용한 것은 구석기 시대이다.
④ 청동기 시대에는 강력한 족장(부족장)이 출현하여 국가를 건국하였고, 선민사상을 주장하면서 지배의 정당성을 부여하였다.

[05] 정답 ①

해설 제시된 자료의 밑줄 친 '이 토기'는 신석기 시대의 대표적 토기인 빗살무늬 토기이다. ① 신석기 시대에는 농경과 정착 생활이 이루어졌다(신석기 혁명).

오답확인

②, ③, ④ 청동기 시대에는 빈부의 격차가 나타나고 계급이 발생하였다. 또한 군장을 중심으로 한 국가가 출현하였으며, 무덤으로는 고인돌이나 돌널무덤이 만들어졌다.

[06] 정답 ①

해설 제시된 자료의 왼쪽 유물은 빗살무늬 토기이며, 오른쪽 유물은 가락바퀴로 모두 신석기 시대 유물이다. ① 신석기 시대에는 조, 피, 수수 등을 재배하는 농경이 시작되었다.

오답확인

② 청동기 시대에는 사유 재산 제도가 출현하였고, 계급이 발생하였다.
③ 고인돌은 청동기 시대 대표적 무덤이다.
④ 철기가 유입되면서 그동안 사용해오던 청동기는 점차 의식용 도구로 변하였다.

[07] 정답 ①

해설 고인돌은 청동기 시대의 대표적 무덤이다. ① 반달 돌칼은 청동기 시대의 대표적 석기 농기구이다.

[08] 정답 ②

해설 ② 여주 흔암리 유적과 부여 송국리 유적은 청동기 시대의 대표적인 유적이다.

오답확인

① 신석기 시대에 이미 가락바퀴가 사용되었다.
③ 청동기 유적은 만주와 한반도에 널리 분포한다.
④ 덧무늬 토기는 이른민무늬 토기, 덧무늬 토기, 빗살무늬 토기와 함께 신석기 시대의 대표적 토기이다.

[09] 정답 ③

해설 제시된 유물은 명도전(춘추전국 시대의 연나라와 제나라에서 사용한 화폐)이다. 이를 통해 당시 중국과 활발한 교류가 있었음을 알 수 있다.

02. 고조선의 성립과 발전

[1] O [2] X [3] O [4] O [5] X

오답확인

2. 고조선에서는 왕 아래 상, 대부, 장군, 박사 등의 관직이 있었다. 사자, 조의, 선인은 고구려 대가(상가, 고추가)가 거느렸던 관직이다.

5. 고조선에서는 도둑질하면 노비로 삼았으며, 부여와 고구려에서 1책 12법이 적용되었다.

[10] 정답 ④

해설 제시된 자료는 고조선의 8조법으로 (가) 국가는 고조선이다. ④ 고조선은 중국의 한(漢)과 대립할 정도로 성장하였다. 위만 조선 시기 우거왕은 고조선의 지리적 이점을 이용하여 중계 무역으로 이익을 독점하였고, 한과 대립하였다. 이에 한 무제가 고조선을 침략하였고, 결국 왕검성이 함락되면서 멸망하였다(기원전 108).

오답확인

① 고구려는 옥저와 동예를 정복하였다.
② 동예에는 족외혼과 책화의 풍습이 있었다.
③ 부여에는 대가들이 다스리는 독자적 행정 구역인 사출도가 있었다.

[11] 정답 ②

해설 ② 위만 조선은 철기 문화를 본격적으로 수용하였고, 중계 무역을 통해 상업 발전을 이루었다.

오답확인

① 단군왕검은 이주민 집단인 환웅 부족과 토착 세력인 곰 토템 부족이 연합하여 탄생하였다.
③ 8조법은 반고의 "한서지리지"에 3개의 법 조항만이 기록되어 있다.
④ 위만 조선 시기 우거왕 때 예(濊)나 남방의 진(辰)이 한과 직접 교류하는 것을 막고 중계 무역을 통해 이득을 독점하였다.

[12] 정답 ①

해설 제시된 자료는 고조선의 8조법에 대한 내용이다. ① "삼국사기"에는 고조선의 건국 관련 내용이 수록되어 있지 않다.

오답확인

② 고조선의 건국 신화(단군 신화)는 "삼국유사", "제왕운기" 등에 기술되어 있다.
③ 고조선은 사람의 생명과 사유 재산을 보호하는 사회였다. 이는 8조법을 통해 확인할 수 있다.
④ 조선이라는 국호가 처음 확인된 문헌은 "관자"이다.

03. 여러 나라의 성립과 발전

[1] O [2] X [3] O [4] O [5] O

오답확인

2. 고구려에는 서옥제의 혼인 풍습이 있었고, 민며느리제는 옥저의 혼인 풍습이다.

[13] 정답 ④

해설 제시된 자료는 부여와 관련된 내용이다. 특히 제천 행사인 '영고'를 통해 부여임을 알 수 있다. 부여는 고구려 문자왕 때 고구려에 완전히 병합되었다(494).

오답확인

① 부여는 쑹화강 유역의 평야 지대에서 성장하였다.
② 왕 아래 가축의 이름을 딴 마가, 우가, 구가, 저가 등 여러 가(加)들이 있었다. 이들은 각각 독자적 행정 구역인 사출도를 다스렸다.
③ 부여에는 왕이 죽으면 노비 등을 함께 묻는 순장의 풍습이 있었다.

[14] 정답 ②

해설 서옥제의 혼인 풍습이 있었던 나라는 고구려이다. ② 책화는 동예의 풍습이다.

오답확인

① 고구려에서는 건국 시조인 주몽과 그 어머니 유화부인을 조상신으로 섬겨 제사를 지냈다.
③ 연맹 왕국 단계 고구려에서는 왕 아래 상가, 고추가 등의 대가들이 있었으며, 각각 사자 · 조의 · 선인 등의 관리를 거느렸다.
④ 고구려에서는 매년 10월에 동맹이라는 제천 행사를 열고, 아울러 왕과 신하들이 국동대혈에 모여 함께 제사를 지냈다.

[15] 정답 ③

해설 제시어는 모두 고구려와 관련이 있다. ③ 고구려는 중대한 범죄자가 있으면 제가 회의를 통해 사형에 처하고, 그 가족을 노비로 삼았다.

오답확인

① 상 · 대부 · 박사 · 장군 등은 고조선의 관직명이다.
② 부여에는 남의 물건을 훔쳤을 때 12배로 배상하고, 간음한 자는 사형에 처하는 법률이 있었다.
④ 천군은 삼한의 제사장이며, 신성 지역인 소도에서 농경과 종교에 대한 의례를 주관하였다.

[16] 정답 ③

해설 제시된 지도의 (가)는 부여, (나)는 고구려이다. ③ 부여에서는 부족장을 가(加)라고 불렀으며, 마가 · 구가 · 우가 · 저가가 있었다. 한편 부여에서는 왕권이 미약하여 한 해 농사가 잘 되지 않으면 왕에게 책임을 묻기도 하였다.

오답확인

① 제사장인 천군, 신성 지역인 소도, 신지 · 견지 등의 정치적 지배자는 삼한과 관련이 있다.
② 말, 주옥, 모피는 부여의 특산물이다.
④ 동예에서는 씨족 사회의 풍습으로 족외혼이 이루어졌다.

[17] 정답 ②

해설 제시된 자료는 (가) 동예의 책화, (나) 옥저의 가족 공동 무덤에 대한 내용이다. 옥저에는 민며느리제라는 혼인 풍속이 있었다.

오답확인
① 부여에서는 매년 12월 영고라는 제천 행사가 열렸다.
③ 동예와 옥저는 군장 국가에서 그 성장을 멈췄다. 따라서 왕이 존재하지 않았다.
④ 부여와 고구려에서는 대가들이 제가 회의라는 귀족 회의를 운영하였다.

[18] 정답 ④

해설 제시된 자료는 (가) 옥저, (나) 동예에 대한 내용이다. ④ 동예는 각 부족의 영역을 엄격히 구분하여 다른 부족의 생활권을 침범하면 노비와 소·말 등으로 변상하게 하는 책화라는 풍습이 있었다.

오답확인
① 고구려에는 일종의 데릴사위제인 서옥제라는 혼인 풍속이 있었다.
② 고구려는 중대한 범죄사가 있으면 제가 회의를 통해 사형에 처하였다.
③ 부여의 대가(부족장 : 마가, 우가, 저가, 구가)들은 각각 독자적 행정 구획인 사출도를 다스렸다.

[19] 정답 ①

해설 삼한은 제사장인 천군과 (천군이 다스리는 신성 지역인) 소도의 존재를 통해 제정 분리 사회였음을 확인할 수 있다.

오답확인
② 삼한은 벽골제·의림지 등의 저수지가 축조되었고, 벼농사가 발달하였다
③ 삼한 중 변한은 철이 많이 생산되어 낙랑과 왜 등에 수출하였다.
④ 삼한에서는 5월 씨를 뿌린 후, 10월 수확을 한 후 계절제를 열어 하늘에 제사를 지냈다.

[20] 정답 ③

해설 제시된 자료의 (가)는 부여, (나)는 삼한이다. ㄱ은 고구려, ㄴ은 부여, ㄷ은 삼한, ㄹ은 부여에 대한 설명이다.

[21] 정답 ④

해설 제시된 자료는 (가) 고구려의 혼인 풍습인 서옥제, (나) 삼한의 천군과 소도에 대한 내용이다. ④ 삼한의 소도를 통해 제정 분리의 모습을 확인할 수 있다.

오답확인
① 민며느리제는 옥저의 혼인 풍습이다.
② 고구려의 제천 행사는 동맹이며, 무천은 동예의 제천 행사이다.
③ 고조선은 사회 질서 유지를 위해 8조법을 운영하였다.

[22] 정답 ③

해설 ③ 부여는 길흉을 점치기 위해 소를 죽였고(우제점법), 제천 행사인 영고를 매년 12월(은력에서는 정월)에 열었다.

오답확인
① 고조선 8조법에는 '상해를 가한 사람은 곡식으로 배상한다.'는 조항이 있다.
② 동예의 풍습인 책화는 다른 부족의 영역을 침범하면 노비와 소, 말로 변상하게 하는 풍습이다.
④ 고구려에는 신랑이 신부 집 뒤에 집을 짓고 살다가, 자식을 낳아 장성하면 아내를 데리고 신랑 집으로 돌아가는 제도가 있었다. 이를 서옥제라고 한다.

02 삼국의 성립과 발전

01. 고구려의 성립과 발전

[1] X [2] O [3] O [4] O [5] X

오답확인
1. 태조왕 시기부터 계루부가 왕위를 독점적으로 계승하였다.
5. 문자왕 때 부여가 복속되면서(494) 고구려의 최대 영토가 확보되었다.

[01] 정답 ③

해설 ③ 소수림왕 시기에 전진의 순도를 통해 불교가 전래되었다(372). 소수림왕은 불교 수용 외에도 태학(유학 교육 기관)을 설립하였고, 율령을 반포하였다.

오답확인
① 영양왕 때 이문진은 역사서인 "신집"을 편찬하였다.
② 고국천왕 때 진휼 제도로 진대법을 도입하였다.
④ 영양왕 때 승려 담징은 왜에 종이와 먹의 제작 방법을 전해주었다.

[02] 정답 ①

오답확인
① 부여는 문자왕 때 복속되었다(494).

[03] 정답 ②

해설 제시된 자료는 광개토 대왕릉비에 대한 설명이며, 5세기 장수왕 시기에 건립되었다(414). 장수왕은 남진 정책을 추진하기 위해 평양성으로 천도하고, 백제를 공격하여 한성을 함락시켰다. 이때 백제의 개로왕이 전사하였다(475).

오답확인
① 신라에서 율령을 반포하고 중앙 집권을 강화한 것은 6세기 초 법흥왕의 업적이다.
③ 6세기 신라 진흥왕은 백제 성왕과 연합하여 고구려가 차지하고 있던 한강 유역을 빼앗았다.
④ 고구려의 수도가 졸본에서 국내성으로 천도된 것은 2대 유리왕 때 사실이다.

[04] 정답 ③

해설 제시된 자료는 장수왕의 남진 정책 결과 475년 백제 수도 한성이 함락되고 개로왕(부여 경)이 전사한 사실과 관련된 내용이다. 장수왕은 평양으로 천도하였으며(427),

장수왕의 남진 정책 결과 나 · 제 동맹(백제 비유왕 - 신라 눌지마립간, 433)이 체결되었다.

오답확인

ㄱ. 백제는 6세기 성왕 때 국호를 '남부여'로 고쳤다.

ㄷ. 금관가야가 가야 연맹을 주도한 것(전기 가야 연맹)은 고구려 광개토 대왕 이전 사실이다.

[05] 정답 ③

해설 충주(중원) 고구려비는 5세기 장수왕의 남진 정책 결과 세워진 비이다.

오답확인

③ 신라를 도와 왜군을 격퇴한 것은 광개토 대왕의 업적이다.

[06] 정답 ③

해설 제시된 자료에서 신라의 왕을 호칭할 때 '동이 매금'이라는 용어를 사용하였다. 이를 통해 고구려 장수왕 때 세워진 충주(중원) 고구려비임을 알 수 있다.

[07] 정답 ③

해설 제시된 사건은 순서대로 ㄷ. 진대법 실시(2세기 후반, 고국천왕) → ㄴ. 고국원왕 전사(371) → ㄱ. 소수림왕 시기 불교 수용 및 율령 반포(372~373), → ㄹ. 한성을 공격하여 함락, 개로왕 전사(475, 장수왕)이다.

02. 백제의 성립과 발전

[1] O [2] X [3] O [4] O [5] O

오답확인

2. 칠지도는 백제 근초고왕이 왜왕에게 하사한 것으로, 백제와 일본이 교류하였음을 보여 준다.

[08] 정답 ③

해설 백제는 고구려 유이민 세력이 건국을 주도하였는데, 이는 서울 석촌동 돌무지무덤과 고구려 고분의 유사성, 온조의 건국 설화, 왕실의 성씨가 부여씨인 점 등을 통해 확인할 수 있다.

[09] 정답 ②

해설 제시된 지도는 백제의 전성기인 근초고왕 때 삼국의 형세를 나타낸 것이다. ② 웅진성으로 천도한 것은 고구려의 남진 정책으로 인해 수도인 위례성이 함락된 이후의 일이다.

[10] 정답 ②

오답확인

② 4세기 백제 전성기를 이끌었던 근초고왕(346~375)은 황해도 지역으로 진출하면서 고구려와 대립하였고, 평양성에서 고국원왕을 전사시켰다(371).

[11] 정답 ③

해설 (가) 백제 동성왕과 신라 소지마립간 사이에 체결된 결혼 동맹과 관련된 내용이다(493). (나)는 성왕과 신라 진흥왕이 벌인 관산성 전투(554)에 해당한다.

오답확인

① 문주왕 즉위 직후 웅진으로 천도하였다(475).

② 개로왕(455~475)은 장수왕의 침략으로 한성이 함락당하며 전사하였다.

④ 백제는 동진의 마라난타로부터 불교를 수용하였다(침류왕, 384).

[12] 정답 ④

해설 제시된 자료의 (가), (나)에 해당하는 왕은 백제 성왕이다. 6세기 백제 성왕은 신라 진흥왕과 함께 고구려가 장악하고 있던 한강 유역을 획득하였으나(신라는 한강 상류, 백제는 한강 하류를 나누어 차지) 진흥왕의 배신으로 한강 하류를 빼앗기자, 신라와 전쟁을 벌였다. 그러나 관산성 전투에서 패사하면서 백제 중흥은 좌절되었다(554).

오답확인

① 금관가야는 신라 법흥왕 때 멸망하였다.

② 7세기 고구려 원정에 실패한 당은 신라와 나 · 당 연합을 결성하였다.

③ 백제는 장수왕의 남진 정책으로 한강 유역을 상실하였고, 475년 문주왕 때 웅진으로 천도하였다.

[13] 정답 ②

해설 백제 무령왕은 지방 세력을 통제할 목적으로 지방에 22개의 담로를 설치하고 왕족을 파견하였다. 한편 중국 남조와 교류하였는데, 그의 무덤이 남조의 영향을 받아 벽돌무덤인 것을 통해 알 수 있다.

[14] 정답 ②

해설 (가) 한성 시대, (나) 웅진 시대, (다) 사비 시대, (라) 백제 멸망 이후에 해당한다. ② 남쪽 마한의 잔여 세력을 정복하고, 수군을 정비하여 요서 지방까지 진출한 것은 4세기 근초고왕 때이다. 따라서 (가) 시기에 해당한다.

오답확인

① 3세기 고이왕 때는 관등제를 정비하고 공복제를 도입하는 등 국가 통치 체제의 근간을 마련하였다(한성 시대).

③ 6세기 성왕은 신라와 연합하여 한강 하류 지역을 수복하였으나, 신라 진흥왕의 공격으로 얼마 후 빼앗겼다. 이후 관산성 전투(554)에서 성왕이 패사하였다(사비 시대).

④ 백제 멸망 이후 복신, 도침 등은 주류성에서 군사를 일으켜 사비성의 당군을 공격하였다.

03. 신라의 성립과 발전

[1] X [2] O [3] O [4] O [5] X

오답확인

1. 신라에서 왕의 칭호를 사용한 것은 6세기 초 지증왕부터이다.

5. 금관가야는 법흥왕 때 멸망하였고(532), 대가야는 진흥왕 때 멸망하였다(562).

[15] 정답 ④

해설 ㄱ. 사로국의 정치적 수장의 명칭은 거서간(居西干)이었으나 제사장을 의미하는 차차웅(次次雄)의 칭호도 같이 사용하였다. ㄴ. 이사금 시기까지는 박, 석, 김씨가 교대로 왕을 선출하였다. ㄷ. 마립간을 처음 사용한 왕은 내물마립간이었으며, 이 시기부터 김씨가 왕위를 독점적으로 계승하였다. ㄹ. 왕호는 지증왕 시기 처음 사용되었으며, 지증왕은 중국식 정치 제도를 받아들이기 시작하였다(한화(漢化) 정책).

[16] 정답 ③

해설 제시된 자료의 (가)는 이사금, (나)는 마립간이다. 마립간은 왕권의 성장을 의미하는 '대군장' 혹은 '대족장'을 뜻하며, 내물마립간 시기에 처음 사용하였다.

오답확인

① 부족적 6부가 행정적 6부로 개편된 것은 5세기 소지마립간 시기에 해당한다.

② 내물마립간 시기에 활발한 정복 활동을 통해 낙동강 동쪽의 가야 세력을 정복하였다. 또한 6세기 법흥왕 때는 금관가야(전기 가야 연맹 맹주 국가)가 멸망하였고, 진흥왕 때는 대가야(후기 가야 연맹 맹주 국가)가 멸망하여 가야 연맹체는 완전히 해체되었다.

④ 박, 석, 김씨가 왕을 교대로 차지했던 시기는 이사금(연장자) 시대에 해당한다.

[17] 정답 ①

해설 제시된 자료는 지증왕의 업적이다.

오답확인

② 내물마립간, ③ 법흥왕, ④ 진흥왕

[18] 정답 ①

해설 제시된 자료의 밑줄 친 '왕'은 법흥왕이다. 법흥왕은 '건원'이라는 연호를 사용하였다.

오답확인

② 지증왕, ③ 신문왕, ④ 진흥왕

[19] 정답 ④

해설 제시된 자료의 밑줄 친 (가) 국왕은 진흥왕이다. ④ 진흥왕은 화랑도를 국가적 조직으로 개편하여 인재를 양성하였다.

오답확인

① 내물마립간, ② 지증왕, ③ 신문왕

[20] 정답 ④

해설 제시된 자료의 (가)는 신라 6세기 초 지증왕, (나)는 6세기 중엽 진흥왕의 업적이다. 6세기 이후 신라 왕의 재위 순서는 지증왕 – 법흥왕 – 진흥왕이다. ④ 법흥왕은 병부를 설치하고, 백관의 공복을 제정하였다.

오답확인

① 신라 소지마립간 때 백제의 동성왕과 혼인 동맹을 맺었다(493).

② 4세기 말 내물마립간 때 김씨에 의한 왕위 계승권이 확립되었다.

③ 8세기 중엽 경덕왕 때 녹읍이 부활되었다.

04. 가야의 성립과 발전

[1] O [2] O [3] O

[21] 정답 ①

해설 금관가야는 현재의 김해 지방에 위치하였다.

[22] 정답 ②

해설 400년 광개토 대왕은 신라에 침입한 왜를 격퇴하였다. 그 결과 동맹 관계에 있었던 가야 세력은 큰 타격을 받게 되었고, 금관가야 중심의 전기 가야 연맹은 해체되었다.

참고 가야 연맹

금관가야(김해), 대가야(고령), 아라가야(함안), 성산가야(성주), 고령가야(진주), 소가야(고성)가 성장하였으나 2~3세기에는 금관가야가 주축이 되었다(전기 가야 연맹). 금관가야는 김수로에 의해 건국되었는데(42), 그 세력 범위는 낙동강 유역 일대에 걸쳤다. 한편 4세기 말에서 5세기 초에는 신라를 후원하는 고구려군의 공격을 받고 거의 몰락하여 가야의 중심 세력이 해체되고, 가야 지역은 낙동강 서쪽 연안으로 축소되었다. 5세기 이후에는 현재의 고령 지방이 거점이었던 대가야가 중심이 되어 연맹체가 형성되었다(후기 가야 연맹).

05. 삼국 간의 항쟁과 삼국 통일

[1] X [2] X [3] O

오답확인

1. 고구려는 나 · 당 연합군의 공격으로 668년 멸망하였다.
2. 을지문덕의 살수 대첩(612)은 수의 침략을 격퇴한 전투이며, 당의 침략 때는 양만춘의 안시성 전투(645)가 대표적이다.

[23] 정답 ③

해설 ③ 자장의 건의로 선덕 여왕 때 황룡사 9층 목탑을 건립하였다(643).

오답확인

① 고구려 장수왕 때 평양으로 천도하였다(427).

② 근초고왕 때 고흥이 "서기"를 편찬하였다(375).

④ 647년 선덕 여왕 때 상대등 비담이 난을 일으켰다. 이를 진압한 인물이 김춘추와 김유신이었다.

참고 선덕 여왕과 진덕 여왕

1. 선덕 여왕(632~647)

㉠ 친당 외교

고구려와 백제에 대항하기 위해 적극적인 친당 외교를 추진하였으나, 642년 백제로부터 대규모 침략을 받아 대야성이 함락당하였으며, 고구려의 공격으로 당항성이 위기에 처하였다.
㉡ 숭불 정책
자장의 건의로 황룡사 9층 목탑을 건축하고, 백좌 강회에서 호국경인 인왕경을 설파하였다. 또한 영묘사를 축조하였다.
㉢ 주요 건축물
벽돌탑을 모방한 분황사 석탑(모전 석탑)을 건립하고, 첨성대를 축조하였다.
㉣ 귀족 세력의 억압
비담(毗曇), 염종(廉宗) 등의 반란이 발생하였으나 김춘추와 김유신 등에 의해 진압되었으며, '인평(仁平)'이라는 연호를 사용하고 스스로 불경의 성녀 이름을 따 '덕만(德曼)'이라 하였다.

2. 진덕 여왕(647~654, 성골계 최후의 왕)
㉠ 통치 체제 정비
- 품주를 개편하여 군국 기밀 사무를 관장하는 집사부, 재정을 관장하는 창부로 분리하고, 집사부의 장관을 중시라 하여 국정을 총괄케 하였다.
- (좌)이방부를 설치하여 형률에 관한 사무를 관장하게 하였다.

㉡ 친당 외교
김춘추, 김법민을 당에 파견하고 당나라 연호를 사용하였으며, 오언 태평송을 지어 당에 보내기도 하였다.

[24] 정답 ②

해설 ㄱ. 7세기 의자왕, ㄴ. 4세기 후반(371) 근초고왕, ㄷ. 6세기 중엽 진흥왕, ㄹ. 5세기 장수왕 시기에 해당한다. 따라서 순서는 ㄴ – ㄹ – ㄷ – ㄱ이다.

[25] 정답 ①

해설 ㄱ. 고구려에서 을파소를 국상(國相)으로 채용하여 진대법을 실시한 것은 2세기 후반 고국천왕 때이다. ㄴ. 백제에서 동진의 마라난타가 전래한 불교를 수용(384)한 것은 4세기 침류왕 때이다. ㄷ. 고구려에서 태학을 설립하고(372) 율령을 반포한(373) 것은 4세기 소수림왕 때이다. ㄹ. 신라의 거칠부가 역사서인 "국사"를 편찬한 것은 6세기 진흥왕 때이다. 따라서 순서는 ㄱ – ㄷ – ㄴ – ㄹ이다.

06. 삼국의 정치 제도

[1] X　　[2] O　　[3] O

오답확인

1. 백제의 귀족 회의는 정사암 회의이며, 신라의 귀족 회의는 화백 회의였다.

[26] 정답 ②

해설 ㉠ 17등급, ㉡ 대대로, ㉢ 5방, ㉣ 정사암 회의

[27] 정답 ④

해설 신라의 지방 장관은 군주였으며, 통일 이후 총관, 도독으로 개칭되었다.

[28] 정답 ②

해설 ㉠ 대대로, ㉡ 5주, ㉢ 22담로 ㉣ 화백 회의

오답확인

① 발해 귀족 회의의 수장은 정당성의 장관인 대내상이다.
③ 풍수지리설은 신라 하대 도선에 의해 전래되었다.
④ 고려 시대 식목도감에 대한 설명이다.

03 남북국의 정치 발전

01. 통일 신라의 발전

[1] O　　[2] O　　[3] X

오답확인

3. 신라 하대에는 왕위 쟁탈전이 치열해지면서 왕권이 약화되었고, 6두품 세력은 반신라적 경향을 보임과 동시에 지방 호족과 연결되었다.

[01] 정답 ④

오답확인

① 통일 신라 시기에는 집사부, 위화부 등 중앙 14개 관부가 설치되었다.
② 9서당 10정으로 개편하였다.
③ 통일 이후에는 국가 제도적 측면에서 유교적인 제도를 채택하기 시작하였다.

[02] 정답 ②

해설 제시된 자료는 통일 신라 중대 신문왕 때 일이다.

오답확인

② 신문왕 때 강력한 왕권을 바탕으로 골품 제도가 안정적으로 운영되었다.

[03] 정답 ④

해설 제시된 (가)는 신문왕 때 녹읍 폐지, (나)는 경덕왕 때 녹읍 부활과 관련된 내용이다. 따라서 (가)와 (나) 사이는 신라 중대에 해당한다. ④ 신라 중대에 대한 설명이다.

오답확인

① 법흥왕 : 상대, ② 진지왕 : 상대, ③ 하대에 대한 설명이다.

[04] 정답 ③

해설 제시된 자료는 신라 하대 김지정의 난이 일어나 혜공왕이 사망하고, 상대등 김양상이 왕(선덕왕)이 된 내용이다. ③ 신라 하대에는 지방의 호족과 6두품이 연계되어 사회 개혁을 추구하였다.

[05] 정답 ②

해설 제시된 자료의 '견훤'이라는 인물을 통해 신라 하대

에 해당함을 알 수 있다. 신라 하대에 6두품은 유학적 이념을 가지고 개혁안을 제시하기도 하였으나(대표적 : 최치원의 시무 10조), 이 시기의 유학은 성리학이 아니다. 성리학은 남송 시대 주희가 정리한 학문으로 우리나라에는 충렬왕 때 안향에 의해 최초로 도입되어 신진 사대부들이 수용하였다.

[06] 정답 ④

오답확인

④ 지방 향리의 자제들로 과거를 통해 중앙 관리로 진출한 세력은 고려 말 신진 사대부이다.

[07] 정답 ①

해설 원종과 애노의 난은 신라 하대 진성 여왕 때 일어난 대표적 농민 봉기이다. ① 신라 하대에는 지방에서 호족 세력이 성장하였다.

오답확인

② 고려 말 신진 사대부가 대두하여 권문세족을 비판하였다.
③ 세도 정치 시기에는 삼정의 문란으로 농민들이 고통을 받았다.
④ 진대법은 고구려 고국천왕 때 실시한 빈민 구제법이다.

[08] 정답 ③

오답확인

③ 소경을 관할하는 직책은 사신이다. 도독은 주의 책임자였다.

02. 발해의 성립과 발전

[1] O [2] O [3] O

[09] 정답 ②

오답확인

② 8세기 초 발해 무왕 시기에는 당, 신라와 적대 관계였다. 따라서 발해가 신라와 연합하여 당을 공격하였다는 사실은 틀린 내용이다.

[10] 정답 ④

해설 제시된 자료의 밑줄 친 인물 (가)는 발해를 건국한 대조영이다.

오답확인

④ 10정은 통일 신라의 지방군이며, 발해는 중앙군으로 10위를 운영하였다.

[11] 정답 ②

해설 ㄱ. 신라는 통일 과정에서 백제와 고구려의 옛 지배층에게 신라 관등을 주어 포용하였다. ㄴ. 신라 중대에 왕권이 강화되면서 6두품 출신들은 왕권과 결탁하여 정치적 진출을 활발히 하였다. ㄹ. 발해는 전통적인 고구려 문화의 토대 위에 당의 문화를 흡수하였다. 또한 문화 저변에는 소박한 말갈 문화가 광범위하게 분포하였다.

오답확인

ㄷ. 발해 주민의 다수는 말갈족이었다. 이들 대부분은 발해의 피지배 계급을 형성하였지만 일부는 지배층이 되거나(발해 건국에 공헌했던 말갈족 수장 '걸사비우'가 대표적임) 자신이 거주하는 촌락의 우두머리가 되어 국가 행정을 보조하였다.

[12] 정답 ②

해설 제시된 자료는 고구려를 계승한 발해에 대한 내용이다.

오답확인

① 갑 : 중앙 정치 제도는 당의 제도를 수용하여 3성 6부제를 운영하였다.
③ 병 : '영락'은 고구려 광개토 대왕 시기의 연호이다.
④ 정 : 상경의 주작대로는 당의 장안성을 모방하여 건설되었다.

[13] 정답 ②

해설 제시된 자료의 밑줄 친 '북국'은 발해이다. 신라는 8세기 말 원성왕 6년(790)에 백어(伯魚)를 발해에 파견하였고, 9세기 초 헌덕왕 4년(812)에는 숭정(崇正)을 사신으로 파견하였다.

오답확인

② 발해의 최고 교육 기관은 주자감이다.

[14] 정답 ③

해설 제시된 자료의 왕은 8세기 초 발해의 무왕이다. 무왕은 흑수 말갈 문제로 당과 대립하였고, 장문휴의 수군으로 하여금 산둥 반도 등주(덩저우) 지방을 선제공격하도록 하였다.

오답확인

① 선왕, ② 대조영(고왕), ④ 문왕의 업적이다.

[15] 정답 ③

해설 제시된 자료의 (가)는 무왕, (나)는 선왕과 관련된 내용이다. 무왕은 ㄴ. 장문휴의 수군으로 하여금 당의 산둥 지방을 공격하게 하였다. 선왕 때 ㄷ. '건흥'이라는 연호를 사용하였으며, 5경 15부 62주의 지방 행정 제도를 정비하였다.

오답확인

ㄱ, ㄹ. 문왕과 관련이 있다.

04 고대의 경제 활동과 사회 모습

01. 고대의 경제 활동

[1] O [2] O [3] X

오답확인

3. 장보고는 청해진을 설치하여 신라 – 당 – 일본을 잇는 해상 무역을 주도하였다.

[01] 정답 ④

오답확인

④ 삼국 시대에는 농업 생산력의 수준이 낮아, 왕실과 귀족

의 필요에 따라 수도와 같은 도시에서만 시장이 형성되었다.

[02] 정답 ④

해설 제시된 자료는 통일 신라 시대 세금 수취를 위해 작성된 민정 문서이다. ④ 전시과 제도는 고려의 시대 토지 제도이다.

오답확인

① 신문왕은 관료전을 지급하고, 녹읍을 폐지하였다. 또한 성덕왕은 백성들에게 정전을 지급하였다.

② 민정 문서에서 인구는 남녀 모두를 대상으로 연령에 따라 6등급으로 구분하였다.

③ 통일 신라 시대 지방 행정 구역은 9주 5소경으로 정비되었고, 주 아래에는 군이나 현을 두어 지방관(군 : 태수, 현 : 현령)을 파견하였다.

[03] 정답 ②

해설 철제 농기구가 점차 보급되고 우경이 확대되자, 농업 생산력은 비약적으로 확대되었다. 이에 6세기 초 신라의 지증왕은 순장을 금지하여 노동력을 확보하고자 하였다.

[04] 정답 ①

오답확인

① 민정 문서에는 인구, 가호, 노비 및 소와 말의 증감까지 기록되어 있으며, 촌주가 3년마다 작성하였다.

[05] 정답 ③

해설 신문왕은 왕권을 강화하고 귀족들의 세력을 억제하기 위하여 ㉠ 문무 관료전을 지급하고, ㉡ 녹읍을 혁파하였다. 한편 성덕왕은 ㉢ 정전을 지급하여 국가의 토지 및 농민 지배력을 강화하였다. 그러나 경덕왕 때 ㉣ 녹읍이 다시 부활하였다.

[06] 정답 ②

해설 신문왕 때 '이것'이 폐지되고, 경덕왕 시기에 '이것'이 부활되었다고 언급된 점에서 제시된 자료의 밑줄 친 '이것'은 녹읍임을 알 수 있다. 녹읍은 그 지역의 수조권뿐 아니라, 노역(勞役) 동원 및 공물 수취권까지 포함하는 광범위한 권한을 행사할 수 있었다.

[07] 정답 ④

오답확인

④ 발해와 신라의 관계는 원만하지 못하였으나, 필요에 따라 사신이 교환되었고, 문왕 이후 신라도가 설치되어 양국 간에 교역과 함께 문화적인 교류도 행해졌다.

[08] 정답 ②

오답확인

② 신라방은 신라인들의 집단 거주지이다. 한편 발해는 당이 산둥 반도에 세운 발해관을 중심으로 교역하였다.

02. 고대의 사회

[1] X [2] O [3] O

오답확인

1. 진흥왕 때 국가적인 조직으로 정비된 화랑도는 원시 사회의 청소년 집단에서 기원하였다.

[09] 정답 ②

오답확인

ㄷ. 부여씨는 백제의 왕성(王姓)이며, 8성 귀족(진, 해, 사, 연, 국, 목, 백, 협씨)는 백제의 대표적 귀족들이다.

[10] 정답 ③

오답확인

③ 5두품은 10관등인 대나마, 4두품은 12관등인 대사까지 승진할 수 있었다.

[11] 정답 ②

해설 고대 신분 제도의 특징은 골품제와 같은 지배층을 대상으로 한 신분제가 별도로 운영된 것이다. ② 5관등(대아찬) 이상은 진골만이 임명되었지만, 모든 진골이 5관등부터 관직을 시작한 것은 아니다.

[12] 정답 ④

해설 설계두는 6두품 출신이며, 골품 제도의 문제점을 제시하고 있다.

오답확인

①·③ 진골, ② 호족에 대한 내용이다.

[13] 정답 ④

해설 제시된 자료의 신분층은 진골 귀족이다. 진골 귀족은 식읍, 녹읍, 전장(대농장) 등의 경제적 기반을 갖추고 있었다.

오답확인

① 관등 승진의 상한이 아찬(6관등)까지인 신분은 6두품이다.

② 도당 유학생의 대부분을 차지한 것은 6두품이다.

③ 돌무지덧널무덤은 통일 이전 신라의 무덤 양식이다. 통일 이후에는 굴식 돌방무덤이 만들어졌고 화장이 유행하였다.

[14] 정답 ③

오답확인

ㄱ. 왕권과 귀족권은 반비례한다.

ㄷ. 왕권이 전제화되면서 귀족 회의체인 화백 회의는 그 권한이 약화되었다.

ㅁ. 화랑도에 대한 설명이다.

05 고대 국가의 대외 교류와 문화 발전

01. 고대 문화의 특징과 일본 전파

[1] X [2] O [3] O

오답확인

1. 고구려는 강건하고 패기 넘치는 문화적 특징을 가지고 있다. 우아하고 세련된 귀족 문화는 백제 문화의 특징이다.

[01] 정답 ④

해설 ④ 고구려의 담징은 일본에 종이와 먹의 제조법을 전해주었고, 호류 사의 금당 벽화를 그린 인물이다. 한편 일본에 한자를 전해준 인물은 백제의 아직기이다.

오답확인

① 백제 금동대향로는 신선이 산다는 봉래산이 조각되어 있어 백제인의 도교적 이상 세계가 반영되어 있다고 평가된다.

② 삼국 시대 불교의 윤회설은 '업설'로 정착되어 신분 질서를 정당화하는 이념을 제공하였다.

③ 밀교는 부적, 주술 등을 통해 현세의 구복을 기원하는 불교의 한 종파이다. 신라 후기 민간 사회에서는 주문으로 질병 치료나 자식 출산 등을 기원하는 밀교가 유행하였다.

[02] 정답 ①

오답확인

ㄷ. 혜자는 쇼토쿠 태자의 스승이 되었으며, 호류 사 금당 벽화를 그린 사람은 담징이다.

ㄹ. 조선술과 축제술은 신라에서 전해졌다.

ㅁ. 노리사치계는 백제 성왕 시기 불경과 불상을 일본에 전해주었다.

02. 고대의 종교와 사상

[1] O [2] O [3] O [4] X [5] O

오답확인

4. 고구려의 사신도는 도교의 영향이 반영되었다.

[03] 정답 ①

해설 제시된 자료의 밑줄 친 '새로운 종교'는 불교이다. 불교는 왕실이 주도하여 수용되었고, 중앙 집권화에 기여하였다.

오답확인

② 왕실이 중심이 되어 수용하였다.

③ 풍수지리설, ④ 도교에 대한 설명이다.

[04] 정답 ①

오답확인

① "화엄일승법계도"는 의상이 저술하였다.

[05] 정답 ②

해설 제시된 자료는 원효와 관련 있는 내용이다. 원효는 "금강삼매경론", "대승기신론소", "십문화쟁론" 등의 저서에서 불교의 사상적 이해 기준을 확립하였으며, 화쟁 사상을 주장하여 여러 종파를 통합하고자 하였다. 또한 정토종을 보급하여 불교의 대중화에 노력하였다.

오답확인

ㄴ, ㄹ. 의상에 대한 설명이다.

[06] 정답 ③

오답확인

① 의상, ② 의천, ④ 요세에 대한 설명이다.

[07] 정답 ①

해설 제시된 자료에서 '원효와 함께 구도의 길을 떠났다.'는 부분에서 의상임을 알 수 있다. ① 의상은 "화엄일승법계도"를 저술하여 화엄 사상을 정리하였고, 부석사 · 낙산사 등의 사찰 건립을 주도하였다.

오답확인

② 도선, ③ 원효, ④ 혜초에 대한 설명이다.

[08] 정답 ①

해설 ㉠은 원효이며, ㉡은 의상에 해당한다.

오답확인

① 원효는 아미타 신앙(정토종)을 전파하여 불교 대중화에 기여하였다.

[09] 정답 ②

해설 제시된 자료에서 '불립문자', '견성오도'라는 단어를 통해 신라 하대에 유행한 선종에 대한 내용임을 알 수 있다. 신라 하대 호족들은 선종을 수용하여 새로운 사회의 정신적 기반으로 삼았다. 한편 선종 9산의 성립은 경주 중심의 문화를 극복하고, 지방 문화 발전에 기여하였다. 조형 미술이 쇠퇴하고 승탑, 탑비가 등장하였다.

[10] 정답 ②

오답확인

ㄴ. 풍수지리설은 환경에 의해 인간의 삶이 결정된다는 환경 결정론적 입장이다.

ㄹ. 전 국토의 균형적 개발은 현대 경제에서 나오는 개념이다.

[11] 정답 ④

해설 김대문은 "계림잡전", "화랑세기", "고승전", "한산기" 등을 지어 신라 문화를 주체적으로 인식하려는 경향을 보여 주고 있다.

[12] 정답 ②

해설 제시된 그림은 사신도 중 도교의 북쪽 방위신인 현무도이다.

오답확인

② 현무도가 발견된 강서대묘 등은 (벽화가 그려질 수 있는) 굴식 돌방무덤에 해당된다.

03. 고대 예술과 과학 기술

[1] X [2] O [3] O

오답확인

1. 고구려 초기에는 장군총과 같은 돌무지무덤이 만들어지다가, 굴식 돌방무덤 형태로 변화하였다.

[13] 정답 ④

해설 통일 이전 만들어진 신라의 돌무지덧널무덤은 지상 또는 지하에 나무로 널과 덧널을 짜고 그 위에 돌을 쌓은 뒤, 흙으로 봉분을 쌓는 방식의 무덤이다. 이러한 무덤 구조 때문에 도굴이 어려워 여러 가지 형태의 부장품이 많이 발견된다. ④ 서봉총은 1926년 일제 강점기에 발굴된 돌무지덧널무덤이다.

오답확인

① 굴식 돌방무덤에 대한 설명이다.
② 황남대총과 천마총은 돌무지덧널무덤에 해당하지만, 장군총은 고구려의 돌무지무덤이다.
③ 벽돌무덤 양식은 무덤 안에 벽돌로 널방을 만든 것이다.

[14] 정답 ③

해설 제시된 자료의 밑줄 친 '이 무덤'은 고구려 장군총에 대한 설명이다. 장군총은 돌무지무덤이다(벽화는 없는 구조). 이러한 무덤 양식은 백제 한성 시대 무덤(대표적으로 서울 석촌동 고분)에 영향을 주었다.

[15] 정답 ③

해설 제시된 자료의 (가)는 굴식 돌방무덤, (나)는 돌무지덧널무덤에 대한 설명이다. ③ 돌무지덧널무덤은 무덤 구조상 도굴이 어려워 껴묻거리(부장품)가 많이 출토된다.

오답확인

① 천마총, 금관총은 돌무지덧널무덤이다.
② 통일 이전 신라에서 만들어진 고분은 (나) 돌무지덧널무덤이며, 통일 이후에는 굴식 돌방무덤으로 변하였다.
④ 중국 남조의 영향을 받은 벽돌무덤은 백제의 무령왕릉이 대표적이다.

[16] 정답 ②

해설 제시된 그림은 돌무지덧널무덤의 무덤 구조로 통일 이전 신라의 무덤 양식이다. 신라의 돌무지덧널무덤은 무덤 구조상 도굴이 어려워 많은 껴묻거리가 발견된다.

오답확인

① 신라 돌무지덧널무덤의 구조이다.
③ 통일 이후 신라에서 일반화된 굴식 돌방무덤에 나타난 양식이다.
④ 고구려의 굴식 돌방무덤이다.

[17] 정답 ④

해설 제시된 자료의 밑줄 친 '무덤 주인'은 무령왕이다. ④ 6세기 초 백제 무령왕은 지방에 22개 담로를 설치하여 지방에 대한 통제를 강화하였다.

오답확인

① 백제 성왕은 중앙에 22부를 설치하고 지방에 5방을 설치하였다.
② 나 · 제 동맹(433)은 백제 비유왕과 신라 눌지마립간 사이에 체결하였다.
③ 신라 진흥왕은 활발한 대외 정복 전쟁으로 한강 유역을 차지하고 가야를 완전히 정복하였다.

[18] 정답 ③

오답확인

① 고구려 고분 벽화는 초기에는 무덤 주인의 생활 모습을 표현한 그림이 많으며, 후기에는 사신도와 같은 추상적인 벽화가 그려졌다.
② 백제 한성 시대에는 계단식 돌무지무덤이 만들어졌으며, 이를 통해 백제의 건국 세력이 고구려 계통의 이주민 집단임을 확인할 수 있다.
④ 정혜 공주 무덤은 굴식 돌방무덤으로 모줄임천장 구조가 고구려와 유사하며, 이곳에서 돌사자상이 출토되었다. 정효 공주 무덤은 벽돌무덤 양식으로 당나라 문화의 영향을 확인할 수 있다.

[19] 정답 ①

오답확인

② "삼대목"은 현재 전해지지 않는다. 현재 향가는 "삼국유사"에 14수, "균여전"에 11수가 전해온다.
③ 대가야의 우륵이 신라에 가야금을 전하였다.
④ 백제가 일본에 음악을 전파한 것은 사실이나, 만파식적은 통일 신라 신문왕의 왕권 강화와 관련된 것이다.

[20] 정답 ②

오답확인

① 고구려에서도 천문도가 제작되었으며, 고구려 벽화에서도 별자리 그림 및 벽화가 발견된다.
③ 무구정광대다라니경은 현전 최고(最古)의 목판 인쇄물이다.
④ 삼국 시대의 건축물을 고려해 볼 때 수학이 발달하였음을 짐작할 수 있다.

[21] 정답 ①

오답확인

② 백제, ③ 신라, ④ 금동 미륵보살 반가 사유상은 삼국 모두 제작되었다.

[22] 정답 ②

오답확인

② 무령왕이 묻힌 관의 재료는 일본에서 가져온 금송이다.

[23] 정답 ②

해설 (가) 상대, (나) 중대, (다) 하대에 해당한다.

오답확인

ㄱ. (가) 상대 – 선덕 여왕
ㄴ. (가) 상대 – 선덕 여왕
ㄷ. (나) 중대 – 문무왕 ~ 신문왕
ㄹ. (나) 중대 – 경덕왕 때 성덕 대왕 신종(에밀레종)을 만들기 시작하여 혜공왕 때 완성되었다.

[24] 정답 ④

해설 제시된 자료의 밑줄 친 '이 나라'는 발해이다. 발해의 이불병좌상(부처 두 분이 나란히 앉아계시는 불상)은 고구려 양식의 영향을 받은 대표적 불상이다.

오답확인

④ 발해와 신라의 상설 교통로인 신라도는 8세기 중엽 이후 문왕 때 개설되었다.

[II]

고려 귀족 사회의 형성과 변천

01 고려의 성립과 정치 발전

01. 고려의 건국과 국가 기틀의 확립

[1] O [2] O [3] O

[01] 정답 ①

해설 제시된 자료는 태조 왕건의 훈요 10조이다. ① 태조는 "정계"와 "계백료서"를 편찬하여 관리들이 경계해야 할 사항과 군주에 대한 도리 등을 제시하였다.

오답확인

②·④ 광종, ③ 성종에 대한 설명이다.

[02] 정답 ④

해설 제시된 자료는 태조 때 논공행상적 성격으로 지급되었던 역분전에 대한 설명이다.

오답확인

① 정종, ② 광종에 대한 설명이다.

③ 태조 때 서경을 차지하였으며, 성종 때 서희의 외교 담판 결과 압록강 유역까지 영토를 확대하였다.

[03] 정답 ③

해설 제시된 자료에서 '쌍기를 중용'했다는 내용을 통해 고려 광종임을 알 수 있다. 광종은 광덕·준풍 등의 독자적 연호를 사용하였고, 왕권을 강화하기 위해 노비안검법을 실시하였다.

오답확인

ㄱ. 3대 정종(定宗) 때 광군을 설치하였다.

ㄷ. 현종은 거란의 2차 침입으로, 나주까지 몽진(왕이 피신함)하였다.

[04] 정답 ④

해설 제시된 자료의 밑줄 친 '왕'은 고려 광종이다. ④ 광종은 후주에서 귀화한 쌍기의 건의를 수용하여 과거 제도를 실시하였다(광종 9, 958).

오답확인

① 공민왕, ② 정종, ③ 성종에 대한 설명이다.

[05] 정답 ③

해설 제시된 자료는 성종 때 최승로의 시무 28조에 해당한다.

오답확인

①·② 광종, ④ 공민왕 시기의 사실이다.

[06] 정답 ③

해설 제시된 자료는 최승로의 시무 28조 중 일부이다. 고려 성종은 최승로의 시무 28조를 받아들여 유교를 정치 이념화하였고, 12목을 설치하여 지방관을 파견하였다. 한편 국자감을 정비하고 지방 교육을 위해 경학박사와 의학박사를 파견하였다.

오답확인

① 인종 때 서경 천도 운동이 일어났다.

② 현종 때 5도 양계의 지방 제도를 확립하였다.

④ 성종 때 연등회와 팔관회가 축소·폐지되었다.

02. 통치 체제의 정비

[1] O [2] X [3] O [4] O [5] X

오답확인

2. 대간은 중서문하성의 낭사와 어사대의 관원이 모여 형성되었으며, 서경·봉박·간쟁권을 행사하였다.

5. 음서는 공신, 종실(왕실), 5품 이상 관료의 자제 등에게 적용되었다.

[07] 정답 ③

해설 ㄴ. 도병마사와 ㄹ. 식목도감은 고려 정치의 독자적인 기구이다.

[08] 정답 ①

해설 ㉠은 도평의사사에 해당한다. 도병마사는 원 간섭기(충렬왕 시기)에 도평의사사(도당)로 개편되면서 구성원이 확대되고 최고 정무 기구로 발전하였으며, 조선 건국 직후 폐지되었다.

오답확인

② 식목도감, ③ 상서성에 대한 설명이다.

④ 서경, 봉박, 간쟁권은 중서문하성의 낭사와 어사대 관원들로 구성된 대간(대성, 성대)의 영역에 해당한다.

[09] 정답 ①

해설 ① 성종은 지방 중소 호족들을 대상으로 호장, 부호장과 같은 향리 직제(향직 제도)를 마련하였다.

오답확인

② 각 지방에서 가장 유력한 호족인 사심관은 개경에 거주하며, 중소 호족들을 통제하였다.

③ 고려 시대에는 성종 때 처음으로 지방관이 파견되었다(12목 설치 : 목사 파견).

④ 상수리 제도는 통일 신라의 인질 제도이며, 고려의 인질 제도는 기인 제도이다.

[10] 정답 ①

오답확인

② 6위는 2군과 함께 중앙군으로 편성되었다.

③ 고려 시대 향리는 향촌의 실질적 지배자로서 조세, 공물, 역의 수취 등 실제적 행정 사무를 담당하였다. 이에 향리는 외역전을 지급받았으며, 향역은 세습되었고 과거를 통해 중앙 관리로 진출할 수 있었다.

④ 고려 시대 지방 행정 제도는 기본적으로 5도 양계 체제이며, 8도 체제는 조선 시대에 해당한다.

[11] 정답 ②

해설 고려 시대의 직업 군인은 세습되었기 때문에 무과가 실시된 적은 있으나, 없는 것이나 다름없었다. 때문에 무과가 정식으로 설치된 것은 고려 마지막 왕인 공양왕 시기에 해당한다.

[12] 정답 ②

해설 ㄱ. 고려 시대 음서는 왕실의 후예, 공신의 후손 및 5품 이상의 고위 관료의 자손에게 부여되었던 특권이다.
ㄷ. 고려 시대 음서의 수음자(음서의 혜택을 받는 사람들)들은 대부분 15세 전후에 음서의 혜택을 받았으며, 적게는 10세 미만에 음직을 받는 경우도 있었다.

오답확인

ㄴ. 고려 시대 음서 출신자들에게는 (조선 시대와 같이) 한품제(限品制)의 제약이 없었기 때문에 5품 이상의 고위 관직에 오를 수 있었다.

ㄹ. 고려 시대 음서 중 5품 이상 문무 관리의 자손을 대상으로 시행된 음서는 연중 어느 때나 제수되었으며, 이 외에 국왕의 즉위 및 태후, 태자의 책봉과 같은 국가의 경사가 있었을 때 부정기적으로 시행되었다.

[13] 정답 ①

해설 전국 모든 지역에 지방관이 파견된 것은 조선 건국 직후에 해당한다.

오답확인

② 중앙군은 2군(응양군, 용호군) 6위(좌우위, 신호위, 흥위위, 금오위, 천우위, 감문위)로 구성되었다. 또한 지방군은 5도에 주현군, 양계에 주진군이 편성되었다.

③ 고려 태조는 발해의 유민들을 받아들였으며, 발해 세자 대광현을 '왕계'라는 이름을 주어 왕족 대우를 하였다.

④ 광종은 황제라 칭하고 개경을 황도(皇都)라 불렀으며, 광덕 · 준풍과 같은 독자적 연호를 사용하였다.

03. 문벌 귀족 사회의 성립과 동요

[1] O　　[2] O　　[3] X

오답확인

3. 묘청은 1135년 서경에서 봉기하면서 국호를 대위국, 연호를 천개, 군대 이름을 천견충의군으로 하였다.

[14] 정답 ①

해설 제시된 자료의 밑줄 친 '이 세력'은 문벌 귀족이다. 문벌 귀족은 과거와 음서를 통해 관직을 독점하고, 중서문하성과 중추원의 고위 관리가 되어 정치를 주도하였다. 또한 과전과 공음전을 받아 경제적 혜택도 독점하였다. 문벌 귀족들은 서로 중첩된 혼인 관계를 맺어 결속을 강화하였는데, 특히 왕실과의 혼인을 중시하였다. 왕실과 통혼한 대표적 가문은 경원 이씨이며, 이자겸이 대표적 인물이다.

[15] 정답 ①

해설 제시된 자료는 신채호가 묘청의 서경 천도 운동에 대해 평가한 글이다. 묘청의 서경 천도 운동(1135)은 이자겸의 난(1126)과 함께 문벌 귀족 사회가 붕괴되는 계기가 되었다.

[16] 정답 ③

해설 제시된 자료는 신채호의 "조선사연구초" 중 일부이다. 신채호는 묘청의 서경 천도 운동을 일천년래 제일 대사건으로 평가하였다. ㉠ 묘청(서경파), ㉡ 김부식(개경파)에 해당한다.

오답확인

① "정감록"은 조선 후기에 유행한 도참 서적이다 .

② 당시는 1135년(12세기 전반) 즉 고려 중기에 해당되며, 몽골의 성장 및 침략은 13세기 중엽에 해당한다 .

④ 조위총의 난은 무신 정변 이후 반무신 정권을 표방하여 일어났다(1174~1176).

04. 송, 거란, 여진과의 관계

[1] X　　[2] O　　[3] X

오답확인

1. 서희는 거란의 1차 침략 당시 외교 담판을 통해 강동 6주를 획득하였다.

3. 윤관은 여진을 정벌하기 위해 별무반을 조직하였다.

[17] 정답 ②

해설 제시된 자료의 (가)는 거란의 3차 침입(1018)에 해당하는 강감찬의 귀주 대첩이며, (나)는 예종 때인 1108년에 윤관이 개척한 동북 9성을 여진족에게 돌려주었던 내용이다. ② 숙종 시기에 윤관의 건의에 따라 여진 정벌을 위한 별무반이 편성되었다(1104).

오답확인

① 발해는 926년에 멸망하였다.

③ 쌍성총관부는 공민왕 5년(1356)에 유인우가 수복하였다.

④ 묘청의 서경 천도 운동은 1135년에 일어났다.

[18] 정답 ④

해설 제시된 자료의 밑줄 친 '새로운 군대'는 여진족 정벌을 위해 윤관이 편성한 별무반이다. 별무반은 신기군(기병), 신보군(보병), 항마군(승병)으로 구성되었다.

[19] 정답 ②

해설 (가) 윤관이 고려 중기 여진 정벌을 위한 별무반 설치를 건의하는 내용 , (나) 거란의 1차 침략 시기 서희의 외교 담판, (다) 몽골 침략 시기 강화 천도를 반대하는 유승단의 주장이다(사료의 내용 중 '바다 가운데 있는 섬에 숨어'를 통해 알 수 있음). 따라서 사건의 순서는 (나)→(가)→(다)이다.

05. 무신 정권의 성립

[1] X [2] O [3] X

오답확인

1. 최충헌 시기의 최고 권력 기구는 교정도감이며, 정방은 최우 때 설치한 인사 행정 기구이다.
3. 무신 집권기 망이·망소이의 봉기로 공주 명학소는 충순현으로 승격되었다.

[20] 정답 ③

오답확인

③ 최우는 문무백관의 인사 행정을 담당하는 정방과 능력 있는 문신을 등용하기 위해 서방을 설치하였다.

[21] 정답 ②

해설 최충헌은 권력을 잡은 이후 봉사 10조와 같은 개혁안을 제시하기도 하였으나, 이내 사병을 양성하여 권력을 유지하는 데 치중하였다. 최충헌은 최고 집정부의 역할을 하는 교정도감(㉠)을 설치하고, 사병 기관인 도방(㉡)을 부활하여 신변을 경호하였다. 한편 최우는 자기 집에 독자적인 인사 행정 기구인 정방(㉢)을 두어 인사권을 장악하였고, 문신들의 숙위 기관인 서방(㉣)을 두어 문인들의 자문을 받았다.

참고 최충헌의 봉사 10조(명종) 건의

정치를 개혁하기 위해 제시하였으나 이는 군사 정변을 합리화하려는 성격이 강하며, 최충헌은 광대한 농장과 노비를 기반으로 하여 사병을 양성하는 등 실질적 개혁은 없었다. 봉사 10조의 내용은 다음과 같다.

> ① 새 궁궐로 옮길 것, ② 관원의 수를 줄일 것, ③ 빼앗은 농민의 토지를 돌려줄 것, ④ 선량한 관리를 임명할 것, ⑤ 지방관의 공물 진상을 금할 것, ⑥ 승려의 고리대업을 금할 것, ⑦ 탐관오리를 징벌할 것, ⑧ 관리의 사치를 금할 것, ⑨ 함부로 사찰을 건립하는 것을 금할 것, ⑩ 신하의 간언을 용납할 것

[22] 정답 ①

해설 제시된 자료에서 '아들 이(우), 손자 항, 항의 아들 의'를 통해 밑줄 친 인물 (가)는 최충헌임을 알 수 있다. 최충헌은 이의민을 제거하고 권력을 잡은 후 1206년(희종 2)에 진강후(晋康侯)에 봉함을 받고 흥녕부(興寧府, 뒤에 진강부로 개칭)를 세움으로써 권력 기반을 공고히 하였다.

오답확인

② 이자겸, ③ 최우에 대한 설명이다.

④ 팔만대장경은 최우 때 조판을 시작하여 최항 때 완성하였다.

[23] 정답 ③

해설 ㉠ 최우 정권의 치안을 담당했던 야별초에 해당한다. ㉡ 야별초는 좌, 우별초로 분리되었다. ㉢ 몽골군 포로 출신으로 신의군을 조직하였다. ㉣ 좌별초와 우별초 및 신의군을 삼별초라고 지칭하였다.

06. 몽골의 침입과 고려 후기 정치 변동

[1] O [2] O [3] O

[24] 정답 ①

해설 제시된 자료에서 부인이 '노국 대장 공주'였다는 점에서 공민왕임을 알 수 있다. 공민왕은 고려인의 정체성을 결코 잃지 않고 반원 자주 정책을 추진하였다. 그 과정에서 정동행성이문소를 폐지하였다(1356).

오답확인

② 조선을 건국한 태조 이성계는 한양으로 천도하였다(1394).

③ 삼군도총제부는 공양왕 때인 1391년 이성계 세력이 군사적 실권을 장악하기 위해 설치한 군사 기구였다(조선 건국 직후 의흥삼군부로 개편).

④ 만권당은 상왕으로 물러난 충선왕이 북경(당시 원의 수도였던 대도)에 세운 학술 연구 기관이다. 이제현 등 고려의 유학자들과 조맹부 등 원의 유학자들이 교류하였다.

[25] 정답 ③

해설 제시된 자료의 밑줄 친 '㉠ 중앙 지배층'은 권문세족이다.

오답확인

③ 공민왕은 권문세족과 관련 없는 신돈을 등용하여 그들의 세력을 약화시키려고 하였다(전민변정도감 설치).

[26] 정답 ②

해설 제시된 자료의 괄호 안에 들어갈 왕은 공민왕이다. 공민왕은 원·명 교체기를 이용하여 반원 자주 정책을 추진하였고, 그 과정에서 정동행성이문소를 폐지하였다. 또한 요동 지방을 공략하였다.

오답확인

① 장례원은 조선 시대 형조 소속의 노비 담당 관청이다.

③ 15세기 조선 문종 때 편찬된 병서(전쟁사 책)이다.

④ 1391년 공양왕 때 과전법이 공포되었다.

[27] 정답 ④

해설 제시된 자료는 이성계 등과 결탁한 혁명파 신진 사대부의 입장이다. 위화도 회군 이후 폐가입진(廢假立眞 : 가짜 왕을 폐하고, 진짜 임금을 세움)을 명분으로 우왕과 창왕을 폐위한 후, 공양왕을 옹립한 내용이다. ㄷ. 조준,

정도전 등의 혁명파 신진 사대부는 전제 개혁을 통해 과전법을 실시하였다(1391). ㄹ. 이성계 세력은 공양왕 3년(1391) 중앙군 제도를 개편하여 삼군도총제부를 두어 군사권을 장악하였다.

오답확인

ㄱ. 신진 사대부는 전제 왕권 중심이 아닌, 사대부들에 의한 관료 중심의 정치를 추구하였다(정도전의 재상 중심 정치).

ㄴ. 이색, 정몽주는 온건파 신진 사대부이지만, 윤소종은 혁명파 신진 사대부에 해당한다.

[28] 정답 ④

해설 ④ 과전법은 고려 마지막 임금인 공양왕 때 공포되었다(1391). 한편 조선은 1392년 건국되었다.

오답확인

① 정동행성은 강화 천도 이후(원 간섭의 시작) 일본 정벌을 위해 설치한 기구이다. 따라서 (나) 시기에 해당한다.

② "직지심체요절"은 우왕 3년(1377) 청주 흥덕사에서 금속 활자로 발간되었다. 따라서 위화도 회군(1388) 이전인 (다) 시기에 해당한다.

③ 서경 천도 운동은 무신 정변(1170) 이전인 1135년에 일어났다.

02 고려의 경제 정책과 경제 활동

01. 토지 제도와 수취 체제의 정비

[1] O [2] O [3] O [4] O

[01] 정답 ③

오답확인

① 전시과 제도가 정비되면서 관리들에게 지급되는 토지의 양은 줄어들었다.

② 구분전에 대한 설명이다.

④ 태조는 후삼국 통일 과정에서 공을 세운 사람들에게 역분전을 지급하였다.

[02] 정답 ②

해설 (가) 시정 전시과(경종), (나) 개정 전시과(목종), (다) 경정 전시과(문종)에 해당한다. ㄱ. 시정 전시과에서는 관품과 함께 인품이 고려되었으며, ㄷ. 경정 전시과에서는 현직 관료만을 대상으로 토지가 지급되었다.

오답확인

ㄴ. 한외과가 소멸되면서 전시과의 완결성이 나타난 것은 경정 전시과에 해당된다.

ㄹ. 전시과는 전국을 대상으로 운영된 토지 제도이며, 경기 8현에 한하여 지급된 것은 녹과전이다.

[03] 정답 ④

해설 (가)는 경정 전시과이다. 경정 전시과에서는 ㄴ. 산직을 배제하고, 현직'만' 전시의 지급 대상이 되었으며, ㄷ. 등급별 전시의 지급 액수는 이전보다 감소하였다. ㄹ. 한편 무반과 일반 군인에 대한 대우가 개정 전시과에 비해 전반적으로 상승하였다.

오답확인

ㄱ. (광종 때 마련된) 4색 공복과 인품을 기준으로 시정 전시과(경종 때 제정)가 운영되었다.

[04] 정답 ②

해설 전시과는 역분전 제도를 토대로 경종 1년(976)에 전국적 토지 제도로서 만들어졌으며, 이를 시정 전시과라 한다. 시정 전시과는 (전 · 현직 모두) 관직의 고하와 인품을 반영하여 토지를 지급하였기 때문에 역분전의 성격을 벗어나지 못하였다. 이에 객관적인 분급 기준을 마련하기 위하여 목종 1년(998) 전 · 현직자의 관등에 따라 분급하게 된다. 이를 개정 전시과라 한다(이때는 문신이 우대되었으며, 현직자에 비하여 산직자 즉 퇴직자는 몇 과 낮춰 지급하였음). 이후 토지 부족 현상이 나타나자 문종 30년(1076) 현직자를 대상으로 경정 전시과를 실시함으로써 전시과 체제가 완성되었다. 이 시기부터는 문신과 무신 간에 어느 정도 분급이 균형을 이루게 된다.

[05] 정답 ④

해설 6품 이하 하급 관리의 자손 중 아직 관직에 진출하지 못한 사람에게는 한인전(㉠)을 지급하였고, 자손이 없는 하급 관리와 군인 유가족에게는 구분전(㉡)을 지급하여 생활 대책을 마련해 주었다.

02. 다양한 산업의 발달

[1] O [2] X [3] X

오답확인

2. 고려 시대에는 건원중보, 은병(활구) 등 화폐가 발행되었으나, 자급자족적 농업 경제 체제로 널리 유통되지는 못하였다.

3. 고려 시대 최대 무역항은 벽란도이다. 벽란도를 통해 아라비아 상인들이 향료, 수은 등을 가지고 왕래하여 고려의 이름이 서방에 알려지게 되었다.

[06] 정답 ④

해설 ④ "농사직설"은 조선 세종 때 편찬된 농서이며, 고려 말 원의 농법을 소개한 것은 "농상집요"이다.

[07] 정답 ③

해설 ③ 강화 천도 시기에는 자급자족을 위한 간척 사업이 활발하게 진행되었다.

오답확인

① 조선 후기 전국적으로 모내기법이 활성화되었다.

② 경시서는 시전들의 상업 활동을 감시하는 기구이며, 물가 조절 기구는 상평창이다.

④ 조선 후기 밭농사의 농법이 농종법에서 견종법으로 바뀌었다.

[08] 정답 ①

해설 고려 시대는 자급자족적 농업 사회였기 때문에 화폐 유통에 한계가 있었다. 동전 등은 다점이나 주점 등에서만 사용되었으며, 일반적인 거래는 곡식이나 삼베를 사용하였다.

[09] 정답 ③

해설 해동통보, 활구는 고려 숙종 시기에 발행된 화폐이다.

오답확인

① 대동법 시행 이후 공인이 출현하였다.

② 정조 때 신해통공에 대한 설명이다.

④ 신라 지증왕 시기에 해당한다.

[10] 정답 ②

해설 고려 시대에는 개경 근처인 벽란도(예성강 하구)가 국제 무역항으로 번성하였다.

03 고려의 신분 제도와 생활 모습

01. 고려의 신분 제도

[1] O [2] O [3] O [4] X [5] X

오답확인

4. 부모 가운데 한쪽이 노비이면 그 자식은 천민이 되었다(일천즉천).

5. 향 · 부곡 · 소의 거주민은 군현의 주민에 비해 훨씬 많은 세금을 부담하였고, 거주지 이전에도 제한을 받았다.

[01] 정답 ③

해설 제시된 자료는 충선왕의 즉위 교서 중 '재상지종(재상을 배출한 명문가)'에 대한 내용이다. 자료에 나타난 가문들은 왕실과 통혼할 수 있던 당시의 명문가로서 권문세족에 해당한다.

[02] 정답 ②

해설 신진 사대부는 과거를 통해 중앙 정계에 진출한 향리 출신이며, 경제적으로는 중소 지주에 해당한다.

[03] 정답 ③

해설 (나) 문벌 귀족에 해당한다.

오답확인

① 조계종은 무신 집권 시기에 성장하였다.

② 원 간섭 시기의 지배 세력은 권문세족이다.

④ 권문세족에 대한 설명이다.

[04] 정답 ③

해설 (가) 문벌 귀족, (나) 무신 세력, (다) 호족, (라) 신진 사대부에 대한 설명이다. ③ 호족이 문벌 귀족보다 먼저 지배 세력을 형성하였다.

[05] 정답 ④

오답확인

④ 고려 시대 향리는 과거를 통해 신분을 상승시킬 수 있었으며, 대표적 사례가 신진 사대부이다.

[06] 정답 ④

오답확인

④ 노비 중 솔거 노비는 주인과 함께 생활하며, 외거 노비만 독립된 경제생활을 영위할 수 있었다.

[07] 정답 ②

오답확인

② 납속은 조선 시대 국가 재정 확보 정책으로 실시되었던 제도이다.

[08] 정답 ②

해설 제시된 자료의 밑줄 친 '평량과 평량의 처'는 사노비 중 외거 노비에 해당한다. 외거 노비는 주택 및 토지를 소유할 수 있어, 재산 축적의 기회가 솔거 노비에 비해 많았다. 그러나 솔거 노비나 외거 노비는 매매 · 증여 · 상속의 대상이 되었다.

[09] 정답 ④

오답확인

④ 고려 시대 향 · 부곡 · 소의 거주민들은 일반 군현의 주민보다 훨씬 많은 조세, 공납, 역을 부담하였다.

02. 고려인의 생활 모습

[1] X [2] O [3] O [4] O

오답확인

1. 물가 조절 기관인 상평창은 고려 성종 때 개경, 서경, 12목과 같은 주요 지역에 설치되었다.

[10] 정답 ①

해설 고려의 형법은 당률을 참작한 71개조의 법률이 시행되었으며, 형벌의 종류에는 태, 장, 도(징역형), 유, 귀향형, 사형이 있었다.

오답확인

② 행정권과 사법권이 분리된 시점은 1894년 제2차 갑오개혁 시기이다.

③ 고려 시대에는 실형주의(實刑主義)가 강조되었다.

④ 기본적으로 태형(笞刑), 장형(杖刑), 도형(徒刑), 유형(流刑), 사형(死刑) 5종의 체계를 가지고 있었으나, 지배계급만을 대상으로 적용된 귀향형도 있었다.

[11] 정답 ④

해설 제시된 자료의 (가)에 들어갈 말은 '향도'이다. 고려 시대 향촌 공동체인 향도는 원래 불교 신앙 공동체로 출발하였다. 향도는 미륵을 만나 구원을 받고자 하는 염원에서 향나무를 땅에 묻는 매향을 행하기도 하였다. 또한 대규모 인력이 동원되는 불상, 석탑, 사원 축조 등에 주도적 역할을 하였으며, 후기에는 마을 노역, 혼 · 상 · 장례, 마을 제사 등 공동체 생활을 주도하는 농민 조직으로 발전하였다.

[12] 정답 ①

해설 고려 정부에서는 농번기에는 잡역을 면제하여 농업에 전념할 수 있도록 배려하였다. 또한 자연재해를 입은 경우 그 피해 정도에 따라 조세와 부역을 감면해주었다. 특히 황무지를 개간하거나 진전(원래는 농사를 지었던 땅이었으나 지금은 황폐해진 땅)을 새로 경작하는 경우 일정 기간 조세를 면제해 주었다.

오답확인

① 광학보는 승려들의 학문을 장려하기 위한 기금이다.

[13] 정답 ④

해설 "동국이상국집"은 고려 후기(무신 정권 시기) 이규보의 문집이다. ㄱ. 고려 시대에 제사는 윤행봉사(자녀들이 돌아가면서 제사)와 외손봉사(외손자가 제사)가 드물지 않았다. ㄷ. 태어난 차례대로 호적에 기재하여 딸을 차별하지 않았다. ㄹ. 양자 제도가 보편화되지 않아 아들이 없더라도 딸이 제사를 지냈다.

오답확인

ㄴ. 임진왜란 이후 조선 후기에는 성리학적 가족 제도가 정착되면서(남성 중심의 가부장적 종법 제도의 정착) 부계 중심의 문중 의식이 강화되었다. 그 결과 동성(同姓) 마을의 건립과 문중 중심의 서원과 사우(祠宇)가 많이 만들어졌다.

[14] 정답 ②

오답확인

① 아들과 딸이 돌아가면서 제사를 지냈다.
③ 재가한 여성의 자식도 사회적 진출에 차별받지 않았다.
④ 양자 제도는 조선 후기에 일반화되었다.

[15] 정답 ①

오답확인

① 고려 시대에는 여성의 재가가 비교적 자유로웠고, 그 소생 자식의 사회적 진출에도 차별을 두지 않았다.

04 고려의 다양한 사상과 귀족 문화의 발달

01. 유학의 발달과 역사서의 편찬

[1] O [2] O [3] O [4] X [5] X

오답확인

4. "삼국유사"는 고려 후기의 승려 일연이 불교사를 중심으로 지방의 기록과 민간 설화까지 포함하여 저술한 것이다. 단군을 우리 민족의 시조로 기록함으로써 통합된 민족의식을 표출하였다.

5. 이규보의 "동명왕편"은 무신 정권 시기 편찬된 역사서이다.

[01] 정답 ①

해설 제시된 자료의 밑줄 친 '그'는 최충이다. 고려 중기 최충이 세운 9재 학당에서는 9경과 3사를 가르쳐 과거 시험을 대비하게 하였다.

[02] 정답 ②

오답확인

① 국자감에는 국자학, 태학, 사문학과 같은 유학부와 율학, 서학, 산학으로 구성된 기술학부를 설치하였다.
③ 예종 때 9재 학당을 모방해 7재라는 전문 강좌를 만들었다.
④ 예종 때 일종의 장학 재단으로 양현고를 설치하였고, 충렬왕 때 안향의 건의로 양현고의 부실을 보충하기 위해 섬학전을 설치하였다.

[03] 정답 ③

해설 (가)는 고려 인종 때 김부식 등이 편찬한 "삼국사기", (나)는 충렬왕 때 일연이 편찬한 "삼국유사"에 대한 설명이다. ③ "삼국유사"는 "동명왕편"(이규보), "해동고승전"(각훈), "제왕운기"(이승휴)와 함께 고려 후기 민족적 자주 의식을 표방한 역사서로 평가된다.

오답확인

① "삼국사기"는 삼국(통일 신라 시대 포함)의 역사만을 서술 대상으로 하였다.
② "삼국사기"는 신라 계승 의식을 반영하였다는 평가를 받는다.
④ 도덕적 합리주의를 표방한 것은 유교적 사관이 반영된 역사서의 특징이며, 제시된 역사서 중에는 "삼국사기"가 해당된다.

[04] 정답 ②

해설 제시된 자료의 밑줄 친 '그'는 김부식이다. 김부식이 주도해서 편찬한 "삼국사기"는 현존하는 우리나라의 최고(最古) 역사서이다.

오답확인

① 성리학적 유교 사관에 입각한 "사략"은 이제현이 저술한 역사서이다.
③ (고려 시대를 기준으로) 우리 역사를 단군부터 서술한 역사서는 "삼국유사"가 대표적이다.
④ 이규보는 동명왕의 업적을 칭송한 영웅 서사시 "동명왕편"을 저술하였다.

[05] 정답 ④

해설 제시된 자료는 "삼국유사" 중 일부 내용이다.

오답확인

① 이제현의 "사략", ② 김부식의 "삼국사기", ③ 이규보의 "동명왕편"에 대한 설명이다.

[06] 정답 ①

해설 이규보의 "동명왕편"은 고려 무신 집권 시기에 편찬된 역사서이다. ① 부석사 무량수전은 고려 후기 주심포 건물이다.

오답확인

② 광개토 대왕릉비 – 고구려 장수왕(414)
③ 석촌동 고분군 – 백제 한성 시기 고분
④ 법주사 팔상전 – 17세기 조선 시대 사원 건축물

02. 불교, 도교, 풍수지리설의 발달

[1] O [2] O [3] X [4] O [5] O

오답확인

3. 요세는 백련사 결사를 결성하였다. 유불 일치설을 주장한 것은 혜심이다.

[07] 정답 ④

해설 제시된 자료에서 '교관에 마음을 다 쏟는'을 통해 교관겸수를 의미하는 것임을 알 수 있으며, 이는 의천의 천태종과 관련이 있다. 따라서 밑줄 친 '나'는 의천이다. 의천은 ② 이론과 실천의 양면을 강조하는 교관겸수를 주장하였고, ③ 교종의 입장에서 선종을 통합한 ① 해동 천태종을 창시하였다.

오답확인

④ 지눌에 대한 설명이다.

[08] 정답 ④

해설 제시된 자료는 대각국사 의천에 대한 설명이다.

오답확인

① 광종은 의통과 제관을 남중국에 보내어 천태학을 수입하도록 하였다.

② 도선, ③ 지눌에 대한 설명이다.

[09] 정답 ④

해설 제시된 자료의 '돈오점수와 정혜쌍수'를 통해 조계종과 관련된 지눌임을 알 수 있다. 지눌의 수선사 결사 운동은 선종 중심의 불교 개혁 운동이었으며, 승려 본연의 자세로 돌아가 예불 독경과 선 수행, 노동에 고루 힘쓰자고 주장하였다.

오답확인

① 무신 정권의 후원을 받은 종파는 조계종이다.

② 왕권 우위의 중앙 집권적 귀족 사회에 적합한 이념 체계를 제공하였던 것은 의천의 사상(천태종)이다.

③ 고려 말 신진 사대부들의 성장에 사상적 기반이 되었던 것은 성리학이다.

[10] 정답 ④

해설 제시된 자료는 지눌의 사상이다.

오답확인

④ 의천의 천태종에 대한 설명이다.

[11] 정답 ④

해설 ㄷ. 해동 천태종의 개창자 의천이 죽은 뒤 불교의 폐단을 적극적으로 시정하는 교단은 다시 분열되고 귀족 중심의 불교가 지속되었다. ㄹ. 천태종 계열의 요세는 백련사 결사를 결성하여 진정한 참회, 염불을 통한 극락왕생 및 법화 신앙을 강조하였다.

오답확인

ㄱ. 의천은 천태종을 창시하였고, 지눌은 선종 중심의 조계종을 창시하였다.

ㄴ. 불교와 유교가 심성 수양이라는 면에서 차이가 없다는 유불 일치설을 주장한 인물은 혜심이다.

[12] 정답 ④

해설 (가) 혜심의 유불 일치설, (나) 신진 사대부의 성리학 수용, (다) 의천, (라) 지눌에 대한 설명이다. 따라서 순서는 (다) – (라) – (가) – (나)이다.

[13] 정답 ③

해설 제시된 자료는 태조 왕건의 훈요 10조 중 제2조에 나오는 풍수지리설에 대한 내용이다.

오답확인

ㄱ. 만적의 봉기는 최충헌 집권 시기 신분 해방과 정권 탈취를 목표로 천민들이 봉기한 것이다.

ㄷ. 이자겸의 난은 고려 문벌 귀족 사회의 모순이 야기한 사건이다.

03. 과학 기술의 발달

[1] O [2] O [3] O

[14] 정답 ①

해설 ① 불국사 3층 석탑(석가탑)에서 발견된 무구정광대다라니경은 8세기 초 통일 신라 시대에 만들어진 세계 최고(最古)의 목판 인쇄물이다.

[15] 정답 ①

오답확인

① "직지심체요절"은 백운 화상(경한 스님)이 부처의 설법 등에서 선의 요체에 관련된 내용을 뽑아 엮은 책이다.

04. 예술의 발달

[1] O [2] X [3] O

오답확인

2. 경천사지 10층 석탑은 원의 영향을 받아 제작되었고, 조선 초 원각사지 10층 석탑의 원형이 되었다.

[16] 정답 ②

해설 제시된 자료는 의상과 관련된 부석사에 대한 설명이다. 부석사 무량수전에는 신라 조형 양식을 계승한 소조 아미타여래 좌상이 전해진다.

[17] 정답 ③

해설 고려 시대 법천사 지광국사 현묘탑은 탑신이 직사각형 형태이며, 팔각원당형의 대표적 승탑은 여주 고달사지 승탑이다.

[18] 정답 ④

오답확인

①, ②, ③ 주심포 양식의 건물이다.

[19] 정답 ③

해설 원의 영향을 받은 것은 개성 경천사지 10층 석탑이며, 평창 월정사 8각 9층 석탑은 송의 영향을 받았다.

[20] 정답 ①

해설 (가)는 상감 청자로 청자상감운학문매병(青磁象嵌雲鶴紋梅瓶)이며, (나) 분청사기로 분청사기조화어문편병(粉青沙器彫花魚紋扁瓶)이다. 분청사기는 청자에 백토의 분을 칠한 것으로 원 간섭기 이후 조선 초까지 유행하였다.

오답확인

② 조선 후기의 청화 백자, 철화 백자, 진사 백자에 대한 설명이다.

④ 16세기 백자에 대한 설명이다.

[21] 정답 ②

해설 ② 상감 청자의 도요지(도자기를 제작하는 곳)로는 전라도 강진과 부안이 유명하였다.

오답확인

① 강진 만덕사는 천태종 계열의 결사 운동인 요세의 백련사 결사가 전개되었던 곳이다.

③ 안동 봉정사는 주심포 양식의 건물이다.

④ "상정고금예문"은 강화 천도 시기인 1234년 인쇄되었고, 청주 흥덕사에서 간행된 것은 "직지심체요절"이다.

[Ⅲ]

조선 유교 사회의 성립과 변화

01 조선의 건국과 통치 체제의 정비

01. 조선의 건국과 국가 기틀의 마련

[1] X [2] O [3] O

오답확인

1. 6조 직계제는 태종 때 처음 실시되었고, 세종 때는 의정부 서사제를 운영하여 왕권과 신권의 조화를 추구하였다.

[01] 정답 ③

해설 제시된 자료는 정도전의 재상 중심 정치와 관련된 내용이며, 왕권과 신권의 조화를 추구하는 유교 정치의 이념이 반영되어 있다. ③ 의정부 서사제는 6조가 의정부에 보고하면 의정부가 모든 국가 업무를 추진하고, 6조가 실행하는 제도로, 왕권과 신권의 조화를 추구하는 정치 체제이다.

[02] 정답 ②

해설 제시된 자료의 밑줄 친 '이 제도'는 태종 때 실시된 6조 직계제이다. 2차례 왕자의 난 이후 왕위에 오른 태종은 왕권을 강화하기 위해 의정부의 권한을 축소하고, 정치 실무를 6조에 맡기는 6조 직계제를 시행하였다.

[03] 정답 ①

해설 제시된 자료는 태종의 6조 직계제에 대한 내용이다. ① 태종은 사병을 혁파하여 중앙군에 귀속시켰다.

오답확인

② 세종은 의정부 서사제를 시행하여 왕권과 신권의 조화에 노력하였다.

③ 세조는 왕권을 강화하기 위해 공신(신숙주, 한명회 등)과 종친들을 중용하였다.

④ 유향소는 태종 때 폐지되었다가, 세종 때 복립되었다. 이후 세조 때 이시애의 난 이후 폐지되었다가, 성종 때 김종직의 건의로 복립되었다.

[04] 정답 ④

해설 제시된 자료는 세종 때 시행된 의정부 서사제에 대한 설명이다. 의정부 서사제는 왕권과 신권의 조화를 추구한 제도이다.

[05] 정답 ②

해설 "경국대전"을 반포한 왕은 조선 성종이다.

오답확인

② "조선경국전"(1394)은 조선 태조 때 정도전이 편찬한 사찬 법전이며, "경제육전"(1397)은 조선 태조 때 조준이 편찬한 법전이다.

[06] 정답 ④

오답확인

① 태종, ② 세종, ③ 성종의 업적이다.

02. 통치 체제의 정비

[1] O [2] X [3] X [4] O [5] O

오답확인

2. 왕의 비서 기관은 승정원이었으며, 의금부는 오직 왕의 명령을 받아 중대 사건(반역죄, 강상죄 등)을 담당하였다.

3. 5소경이 설치된 것은 통일 신라 시대이며, 조선 시대에는 전국을 8도로 나누고 전국 모든 군현에 지방관을 파견하였다.

[07] 정답 ④

해설 ④ 유향소는 향촌 사족들로 구성된 자치 기구였으며, 수령의 보좌, 향리의 규찰, 풍속 교정 등의 임무가 부여되었다.

오답확인

① 조선 후기에는 의정부의 기능을 비변사가 대체하게 되면서 점차 의정부의 권한은 약화되었다.

② 사헌부는 관리의 잘못을 규찰하고 풍기와 습속을 교정하는 일을 담당하였다.
③ 사간원과 사헌부를 대간이라 하였고, 5품 이하 관리의 임명에 대한 동의권(서경의 권한)을 행사하였다.

[08] 정답 ③

해설 사헌부, 사간원, 홍문관의 3사는 정사를 비판하고, 관리들의 비리를 감찰하는 언론 기능을 담당하였다. 특히 사헌부와 사간원을 양사 혹은 대간이라 불렀는데, 대간은 서경이라 하여 임명된 관리의 신분이나 경력 등을 조사하여, 그 가부를 승인하는 역할을 맡았다. 따라서 이들의 임무는 왕권 견제와 관련이 있다.

[09] 정답 ④

해설 제시된 자료의 ㉠은 의정부, ㉡은 6조, ㉢은 3사, ㉣은 의금부에 해당한다.

오답확인
① 의정부는 국정 최고 기구로 왕권을 견제할 수 있는 합의 기능을 갖고 있다.
② 고려의 심사와 조선의 3사는 전혀 기능이 다르다. 고려의 삼사는 화폐와 곡식의 출납을 담당하는 경제 기구이며, 조선의 3사는 언론 기구이다.

[10] 정답 ②

해설 (가)에 들어갈 기구는 향촌 자치 단체인 유향소이다. 유향소는 태종 때 폐지되었으나 세종 때(1429) 다시 세웠다. 이때는 경재소로 하여금 유향소를 관할하게 하였다. 그러나 세조 말경 수령과 결탁하여 백성을 괴롭힌다는 이유로 다시 폐지되었다가 성종 때 부활되었다.

오답확인
① 향도, ③ 서원, ④ 향약에 대한 설명이다.

[11] 정답 ②

해설 조선 시대에는 전국 군현에 지방관을 파견함으로써, 국가가 전국을 직접 지배할 수 있게 되었다(ㄱ). 이에 도의 수장인 관찰사의 권한이 고려 시대 안찰사보다 강하였으며, 재지 사족 중심의 향촌 사회를 효과적으로 통제할 수 있었다(ㄹ).

[12] 정답 ②

오답확인
② 조선 시대 문음(음서)은 2품 이상 관료의 자제 등에 한정되었다.

[13] 정답 ①

해설 잡과는 3년마다 치러졌으며 분야별로 정원이 있었다. 역과(한학, 몽학, 왜학, 여진학 등 어학), 율과, 의과, 음양과(천문, 지리학)로 이루어졌으며, 초시와 복시만 시행하였다. 초시는 교육을 담당하는 해당 관청이 주관하였고(역과 – 사역원, 율과 – 형조, 의과 – 전의감, 음양과 – 관상감), 복시는 해당 관청과 예조가 합동 주관하였다. 잡과에 최종 합격하면 백패를 주었다.

오답확인
ㄷ. 취재, ㄹ. 문과(소과, 대과)에만 해당하는 내용이다.

[14] 정답 ④

해설 제시된 자료는 조선의 문과에 대한 설명이다. 서얼과 재가한 여자의 자손 등은 문과에 응시할 수 없었다.

오답확인
① 정기 시험인 식년시는 3년마다 실시되었다.
② 복시에서 33명을 선발하였다.
③ 조선의 백정은 도축업에 종사하는 천민으로 과거 응시가 불가능하였다.

[15] 정답 ①

해설 조선 시대 인사 원칙 중 권력의 집중 및 부정을 방지하기 위해 가까운 친인척과 동일한 관청에 근무하지 않도록 하거나, 출신 지역에 지방관으로 파견하지 않는 제도를 상피제라고 한다.

[16] 정답 ②

해설 ② 노비는 (군역을 포함한) 국가에 대한 의무도 없었으며, 권리도 없었다.

03. 사림 세력의 등장과 붕당의 출현

[1] X [2] X [3] O [4] X

오답확인
1. 사화는 훈구와 사림의 대립으로 발생하였고, 사림 세력의 내부 분열로 붕당이 형성되었다.
2. 조광조의 개혁 정치가 문제가 되어 일어난 사화는 기묘사화이며, 갑자사화는 연산군의 생모인 폐비 윤씨 사건에 연루된 훈구 세력 일부와 사림 세력이 축출당한 사건이다.
4. 남인과 북인은 동인에서 분열되어 형성되었다.

[17] 정답 ④

해설 제시된 자료는 사림에 대한 설명이다.

오답확인
①, ②, ③ 훈구파(관학파)에 대한 설명이다.

[18] 정답 ①

해설 산림은 원래 산(혹은 초야)에 은거한 사림이라는 뜻이었으나, 조선 후기에 '재야에서 공론을 주도하는 지도자'라는 의미로 변화되었다.

[19] 정답 ④

오답확인
④ 조선 후기의 양반들은 군현을 단위로 농민을 지배하기 어렵게 되자 거주지를 중심으로 촌락 단위의 동약을 실시하거나, 족적 결합(族的 結合)을 강화함으로써 자신들의 지위를 지켜 나가고자 하였다. 이에 따라 전국에 많은 동족 마을이 만들어지고, 문중을 중심으로 서원이나 사우가 많이 세워졌다.

[20] 정답 ④

해설 (ㄱ) 훈구 세력, (ㄴ) 사림 세력에 대한 설명이다.

오답확인

④ 사림을 대표하는 김종직은 세조 때 처음 등용되어, 성종 때 중용되었다. 성종 이후 김종직의 제자들이 본격적으로 중앙에 진출하였다.

[21] 정답 ②

해설 제시된 자료의 (가) 인물은 조광조이다. ② 조광조는 도교 행사를 금지하기 위해 소격서를 폐지하였다.

오답확인

① '조의제문'은 김종직의 글이다.

③ "경세유표", "목민심서"는 조선 후기 실학자 정약용의 저서이다.

④ 경주 지방 몰락 양반인 최제우는 1860년 동학을 창시하였다.

[22] 정답 ④

해설 을사사화는 명종의 외척(소윤파)인 윤원형이 선왕(先王)인 인종의 외척이었던(대윤파) 윤임 세력을 제거하면서 일어났다. 이에 따라 명종 때는 윤원형을 비롯한 왕실 외척인 척신들이 정국을 주도하였고, 사림 세력은 크게 꺾였다.

[23] 정답 ②

해설 제시된 사건은 순서대로 ㄱ. 무오사화(연산군 때, 1498) → ㄹ. 갑자사화(연산군 때, 1504) → ㄴ. 기묘사화(중종 때, 1519) → ㄷ. 을사사화(명종 때, 1545)에 해당한다.

[24] 정답 ④

해설 제시된 자료는 신진 사림(대표 인물 : 김효원)과 기성 사림(대표 인물 : 심의겸)들이 이조 전랑직을 둘러싸고 분열하면서 붕당(신진 사림 - 동인, 기성 사림 - 서인)을 형성한 내용이다.

오답확인

① 을사사화 때 명종의 외척인 윤원형(소윤) 일파가 (인종의 외척인) 대윤(대표 인물 : 윤임) 등 훈구 세력 및 대윤 세력과 연관된 사림 세력들을 제거하였다.

② 서경덕, 이황, 조식의 학통을 계승한 사람들은 동인(신진 사림)에 가세하였다.

③ 이이, 성혼의 문인들은 서인(기성 사림)에 가세하였다.

[25] 정답 ①

해설 (이조) 전랑은 비록 5, 6품의 낮은 지위였으나, 관리의 인사권을 실질적으로 행사하는 직책이었다. 특히 이조 전랑을 거치면 대개 재상으로까지 올라갈 수 있는 요직이었기 때문에, 이조 전랑의 임면은 이조 판서라도 관여하지 못하였고, 전임자가 추천하도록 되어 있었다. 선조 초에 김효원이 전랑에 천거되었으나 심의겸의 반대가 있었고, 이후 심의겸의 동생(심충겸)이 후보에 올랐으나 김효원이 반대하였다. 이렇게 심의겸과 김효원의 반목이 표면화됨으로써 심의겸을 중심으로 한 기성 사림을 '서인'이라 지칭하고, 김효원 등 신진 사림을 '동인'이라 칭하면서 붕당 정치가 시작되었다.

[26] 정답 ③

해설 제시된 자료에 나타난 '약정'은 향약의 간부이므로, 이는 향약에 대한 설명이다.

오답확인

③ 상두꾼은 향도에서 유래되었다.

04. 조선 전기의 대외 관계

[1] O [2] X

오답확인

2. 동북 9성은 고려 예종 때 윤관이 여진족을 정벌하고 축조한 곳이며, 조선 초기인 세종 때 여진족을 정벌하고 4군 6진이 개척되었다.

[27] 정답 ③

해설 ③ 세종 때 개항된 3포는 부산포, 염포, 제포이다.

02 양 난과 조선 후기의 정치

01. 양 난의 극복

[1] O [2] O [3] X

오답확인

3. 인조반정 이후 조선은 친명 배금 정책을 추진하였다. 후금은 청으로 국호를 바꾼 후 조선에 군신 관계를 요구하였지만, 조선은 이를 거부하였다. 이에 1636년 청의 침략(병자호란)이 시작되었고, 인조는 남한산성에서 저항하였지만 결국 항복하였다.

[01] 정답 ④

해설 임진왜란 때의 주요 전투는 ㄹ. 한산도 대첩(1592. 7.) → ㄷ. 진주 대첩(김시민, 1592. 10.) – ㄴ. 평양성 탈환(조 · 명 연합군, 1593. 1.) → ㄱ. 행주 대첩(권율, 1593. 2.) 순으로 벌어졌다.

[02] 정답 ③

해설 광해군은 대외적으로 중립 외교 정책을 추진하였고(ㄴ), 왕권의 안정을 얻고자 인목 대비 폐위와 영창 대군 사사 등을 단행하였다(ㄷ). 이는 인조반정의 빌미가 되었다.

[03] 정답 ①

해설 제시된 자료는 서인의 인조반정에 대한 내용이다. 서인은 광해군의 중립 외교를 반대하면서 친명 배금 정책을 추진하였다.

[04] 정답 ①

해설 인조반정을 통해 집권한 서인들은 처음에는 기미 정책 즉 후금과의 현상 유지를 추구하였다. 그러나 후금(청)이 황제를 칭하며 조선에 사대를 요구하자 척화 주전론으로 변화하였다. 한편 이괄은 인조반정의 공신임에도 지방으로 좌천되자 이에 앙심을 품고 난을 일으켰다. 그러나 난이 진압되자 이괄의 잔당들이 후금으로 도망하여 침략을 자극하였다.

[05] 정답 ①

해설 ① 효종 때는 북벌 운동이 강력하게 추진되었으나, 실행되지는 못하였다.

02. 조선 후기의 정치 변동

[1] X [2] O [3] O [4] O [5] X

오답확인

1. 예송 논쟁은 서인과 남인 사이에 2차례에 걸쳐 발생하였다.
5. 홍경래의 난은 평안도에 대한 지역적 차별과 지배층의 수탈에 저항하여 일어났으며, 몰락 양반, 신흥 상공업자, 광산 노동자 등이 참여하였다.

[06] 정답 ④

해설 비변사는 외적 방어를 위한 임시 기구로 설치되었다가, 을묘왜변을 계기로 상설 기구가 되었다. 임진왜란 이후에는 최고 정무 기구가 되어 왕권을 약화시켰다.

[07] 정답 ①

해설 제시된 자료에서 밑줄 친 '이 기구'는 비변사이다. 왜구와 여진의 침략에 대비해 임시 회의 기구로 설치된 비변사는 임진왜란 이후 구성원이 확대되고 기능이 강화되었으며, 비변사의 강화로 왕권은 약화되고 6조 중심의 행정 체계도 유명무실해졌다.

오답확인

① 비변사는 중종 때 발생한 3포 왜란(1510)을 계기로 임시 회의 기구로 설치되었다. 이후 명종 때 을묘왜변(1555)을 계기로 상설 기구가 되었다.

[08] 정답 ④

해설 제시된 자료에서 '급료를 준다.', '조총 쏘는 법과 창칼 쓰는 기술을 가르치고(삼수병과 관련)'를 통해 훈련도감에 대한 설명임을 알 수 있다. 훈련도감은 삼수병(포수, 사수, 살수)으로 구성되었으며, 직업 군인이었다.

오답확인

① 조선 후기 지방군인 속오군에 대한 설명이다.
② 삼별초에 대한 설명이다.
③ 일종의 예비군인 잡색군에 대한 설명이다.

[09] 정답 ④

오답확인

④ 노론은 대의명분을 중시하고 민생 안정을 강조하였으며, 소론은 실리를 중시하고 북방 개척을 주장하였다.

[10] 정답 ④

해설 (가) 어영청을 중심으로 북벌 운동을 전개하였던 시기는 효종 때이다. (나) 서인은 숙종 때 경신환국(1680) 이후 노론과 소론으로 분열되었다. (다) 명과 후금 사이에서 실리적인 외교 정책을 펼친 인물은 광해군이다. ④ 광해군은 이원익, 한백겸의 주장에 따라 선혜청을 설치하고 경기도에서 처음으로 대동법을 실시하였다(1608).

오답확인

① 후금이 광해군을 위한다는 명분으로 조선에 침입해 온 것은 인조 때의 정묘호란이다(1627).
② 백두산정계비는 조선 숙종 때 건립되었다(1712).
③ 하멜이 가져온 조총의 기술을 활용하여 서양식 무기를 제조한 것은 효종 때이다.

[11] 정답 ②

해설 제시된 자료는 현종 때의 예송 논쟁이다. 예송은 차남으로 왕위에 오른 효종의 정통성과 관련하여, 1659년 효종의 사망 시(1차 예송 : 기해예송)와 1674년 효종 비의 사망 시(2차 예송 : 갑인예송) 두 차례에 걸쳐 일어났다. 이때 인조의 계비였던 자의 대비의 복제가 쟁점이 되었다. 서인은 효종이 적장자가 아님을 들어 왕과 사대부에게 동일한 예법이 적용되어야 한다는 입장에서 1차 예송에서는 1년설, 2차 예송에서는 9개월설을 주장하였다. 한편 남인은 왕에게는 일반 사대부와 다른 예법이 적용되어야 한다는 입장에서 1차 예송에서는 3년설, 2차 예송에서는 1년설을 주장하였다. 기해예송에는 정통성을 인정하지 않았으나(서인의 1년설 채택) 갑인예송에서는 정통성을 인정하였다(남인의 1년설 채택). 따라서 (가)는 남인, (나)는 서인에 해당한다.

오답확인

① 기해예송에서는 서인의 주장이 채택되었다.
③ 남인은 왕권 강화, 서인은 신권 강화를 중시하였다.
④ 갑인예송(2차 예송) 당시에는 남인이 1년설, 서인이 9개월설을 주장하였다.

[12] 정답 ①

해설 예송은 차남으로 왕위에 오른 효종의 정통성과 관련하여, 1659년 효종의 사망 때(1차 예송 : 기해예송)와 1674년 효종 비의 사망 때(2차 예송 : 갑인예송) 두 차례에 걸쳐 일어났다. 이때 인조의 계비인 자의 대비(조대비)의 복제가 쟁점이 되었다. 서인은 효종이 적장자가 아님을 들어 왕과 사대부에게 동일한 예법이 적용되어야 한다는 입장에서 1년설(기해예송)과 9개월설(갑인예송)을 주장하였다. 한편 남인은 왕에게는 일반 사대부와 다른 예법이 적용되어야 한다는 입장에서 3년설(기해예송)과 1년설(갑인예송)을 각각 주장하여 대립하였다. 기해예송 때는 서인의 1년설이 받아들여졌고, 갑인예송에서는 남인의 1년설이 인정되었다.

[13] 정답 ②

오답확인

ㄴ. 숙종은 능력 중심의 인재를 기용하여 붕당 사이의 화합을 처음으로 제창하였으나, 숙종의 편당적 조치로 '균형의 원리'가 제대로 지켜지지 않은 '명목상의 탕평책'이었다.
ㄹ. 영조는 탕평 정책에 동의하는 온건하고 타협적인 인물(탕평파)을 중심으로 정국을 운영하였고, 이조 전랑의 권한을 약화시켰다.

[14] 정답 ②

해설 제시된 자료의 비문은 영조가 세운 탕평비의 내용이다. ② 정조는 준론 탕평을, 영조는 완론 탕평을 추진하였다.

[15] 정답 ②

해설 제시된 자료의 (가)는 효종, (나)는 정조에 해당한다. ② 법전인 "속대전"과 백과사전인 "동국문헌비고"는 영조 때 편찬되었다.

오답확인

① 광해군은 중립 외교 정책을 추진하였다. 따라서 효종 앞 시기에 해당한다.

③ 허준의 "동의보감"은 광해군 때 편찬되었다.

④ 안동 김씨, 풍양 조씨 등 소수의 가문들이 권력을 독점했던 시기는 19세기 세도 정치 시기에 해당한다. 따라서 정조 이후에 해당한다.

[16] 정답 ③

해설 제시된 자료의 정책은 영조 때 시행되었다. 영조는 공론의 주재자로 인식되던 산림의 존재를 부정하였고, 서원을 대폭 정리하였다. 한편 영조는 이조 전랑의 권한을 약화시켰고, 사형수에 대한 삼복법(삼심제)을 엄격하게 시행하였으며, 신문고 제도를 부활하였다. 또한 군역 문제 해결을 위해 균역법을 시행하였고, 법전인 "속대전"을 간행하였다.

오답확인

① 정조는 신해통공을 단행하여 육의전을 제외한 시전 상인들의 금난전권을 폐지하였다. 그 결과 자유로운 상업 활동이 확대되었다(1791).

② 철종 때 임술 농민 봉기(1862)가 일어나자 삼정이정청을 설치하여 농민들의 불만을 해결하려 하였으나, 실효를 거두지는 못하였다.

④ 흥선 대원군은 환곡제를 폐지하고, 면민이 공동 출자하여 운영하는 사상제로 전환하였다.

[17] 정답 ④

해설 ④ 준론 탕평에 대한 설명으로 정조의 탕평 정책에 해당한다.

[18] 정답 ②

해설 제시된 자료의 밑줄 친 '국왕'은 정조이다. 자료는 정조 때 청으로부터 수입한 "고금도서집성"에 대한 설명이다.

오답확인

② 정조는 준론 탕평을 실시하였으며, 완론 탕평은 영조 때 실시되었다.

[19] 정답 ①

해설 제시된 자료의 밑줄 친 '상(上)'은 정조이며, 이 책은 "무예도보통지"에 해당한다. ① 정조 때는 화성 행차 등이 자주 있어 백성들의 상언과 격쟁이 크게 늘어났다.

오답확인

② "대전회통"은 흥선 대원군 섭정 시기에 편찬된 법전이다.

③ 영조 때 균역법을 시행하였다.

④ 1880년대 통리기무아문을 통한 개화 정책의 하나로 5군영을 2영으로 개편하였다.

[20] 정답 ④

오답확인

④ "동국문헌비고", "속대전" 등은 영조 때 편찬되었다.

[21] 정답 ②

해설 제시된 자료에서 '어린 나이로 유업을 계승', '지난번 가산(嘉山)의 토적(土賊)이 변란', '청천강 이북' 등의 내용을 통해 1811년 순조 때 발생한 홍경래의 난임을 알 수 있다. ② 순조 재위 시기인 1801년 공노비 6만 6천여 명을 양인으로 해방시켰다.

오답확인

① 1860년 동학이 최제우에 의해 창도되었다(철종).

③ 1866년 제너럴셔먼호 사건이 일어났다(고종).

④ 1862년 임술 농민 봉기 이후 삼정이청청이 설치되었다(철종).

[22] 정답 ④

해설 ④ 19세기 홍경래의 난과 임술 농민 봉기 이후에도 부세 제도의 근본적인 개혁이 이루어지지 못하였다. 특히 임술 농민 봉기 이후 정부에서는 삼정이정청을 설치하였으나 별다른 실효를 거두지 못하였다.

오답확인

① 임술 농민 봉기의 경우 유계춘 등 몰락 양반들도 참여하였다.

② 임술 농민 봉기는 과도한 수탈에 반발하여 곡창 지대인 삼남 지방(전라도, 충청도, 경상도)에서 많이 발생하였다.

③ 홍경래의 난이 일어난 가장 중요한 원인은 서북 지역(평안도)에 대한 차별이었다.

[23] 정답 ②

해설 19세기 세도 정치 시기에는 ㄴ. 소수의 경화 벌열(서울에 사는 권세 있는 가문)만이 권력을 독점하여 사림의 공론 형성은 불가능하였다. ㄷ. 환곡 제도가 원래의 취지와는 달리 세금의 하나로서 운영되었다.

오답확인

ㄱ. 순조 때 혁파된 것은 장용영이며, 노론 벽파들은 훈련도감을 통해 군권을 장악하였다.

ㄹ. 임술 농민 봉기(1862) 이후 삼정이정청을 설치하였으나 성과를 거두지는 못하였다.

[24] 정답 ①

오답확인

② 사화가 빈번하게 일어났던 시기는 15세기 말에서 16세기 전반기이다(연산군부터 명종까지).

③ 특정한 소수의 명문 가문에 의해서 정국이 주도되었던 시기는 (라) 시기인 19세기 세도 정치 시기이다.

④ 탕평책을 통해 강력한 왕권이 붕당 사이의 치열한 다툼을 일시적으로 통제하였던 시기는 (다) 시기이다(영조와 정조 시기).

03 조선의 경제 정책과 경제생활의 변화

01. 토지 제도와 수취 체제의 정비

[1] O [2] O [3] O

[01] 정답 ②

오답확인

② 공음전은 고려 시대 전시과에서 규정된 토지이다.

[02] 정답 ③

해설 제시된 자료는 세종의 공법에 대한 설명이다.

오답확인

③ "농상집요"는 원의 농서이며, 세종 시기에는 "농사직설"이 편찬되었다.

[03] 정답 ①

해설 제시된 자료의 '수신전과 휼양전'이라는 토지를 통해 조선 시대 과전법임을 알 수 있다. 과전법은 국가의 재정 기반과 신진 사대부의 경제적 기반을 확보하기 위해 제정하였다.

오답확인

② 한인전은 고려 시대 6품 이하 하급 관리의 자제 중 아직 관직에 진출하지 못한 사람에게 지급되었던 토지이다.

③ 고려 시대 전시과에 대한 설명이다.

④ 역분전은 고려 태조 시기 논공행상적 성격의 토지에 해당한다.

02. 조선 후기 수취 체제의 개편

[1] X [2] O [3] O [4] X [5] O

오답확인

1. 영정법은 인조 때 실시되었다.
4. 균역법은 영조 때 실시되었다.

[04] 정답 ③

오답확인

③ 영정법(1결당 4두로 고정 과세)은 공법(1결당 최고 20두에서 최하 4두씩 차등 과세)에 비해 세율은 낮았으나, 각종 부과세와 삼수미세(훈련도감 삼수병의 급료를 마련하기 위해 1결당 2. 2두씩 부과) 등이 추가되어 농민들의 부담이 줄어든 것은 아니었다.

[05] 정답 ③

해설 제시된 자료의 '이 제도'는 대동법에 해당한다. 대동법은 현물납 형식의 공납 제도를 개혁하기 위해 토지 결수를 기준으로 미, 포, 전으로 공납을 대체한 제도이다. 한편 대동법 이후 출현한 공인은 관청에서 공가를 미리 받아 필요한 물품을 구입하여 납품하는 역할을 담당하였다. 이에 대규모 자본의 거래와 수공업 생산을 자극하여 상품 화폐 경제가 발달하였다.

오답확인

① 공납을 미, 포, 전으로 납부하였다.

② 영정법(1635)에 대한 설명이다.

④ 대동법은 토지 결수를 기준으로 하였다.

[06] 정답 ③

해설 제시된 자료는 방납의 폐단을 시정하기 위해 시행된 대동법에 대한 설명이다. ㄴ. 대동법 시행 이후 이를 관리하는 기관으로 선혜청이 설치되었다. 대동법은 토지 결수를 기준으로 세금을 부과하는 제도였기 때문에 많은 토지를 가진 지주들이 강력하게 반대하여 ㄹ. 전국적으로 실시되는 데 100여 년의 시간이 소요되었다.

오답확인

ㄱ. 균역법 시행으로 부족한 재정은 결작 부과, 선무군관포 징수, 각종 잡세로 보충하였다.

ㄷ. 인징, 족징 등은 군역 제도의 폐해이다.

[07] 정답 ③

해설 균역법 시행 이후 줄어든 군포 수입은 지주에게 결작을 부과하거나 선무군관포를 징수하고 기존 왕실에서 걷고 있던 각종 잡세(어염세, 선박세 등)를 국가 수입으로 전환하여 보충하였다.

[08] 정답 ④

해설 제시된 자료는 영조 때 실시된 균역법에 해당한다. 영조는 붕당을 없애자는 논리에 동의하는 관료들(탕평파)을 중심으로 탕평 정국을 운영하였다. 이를 완론 탕평이라고 한다.

오답확인

① 특정 붕당이 정권을 독점하는 일당 전제화 추세는 숙종 때 환국 이후 나타난 현상이다.

② 예송 논쟁은 현종 때 두 차례에 걸쳐 발생하였다.

③ 세도 정치 시기에 해당되는 설명이다.

03. 조선의 경제 변화

[1] O [2] X [3] O [4] X

오답확인

2. 조선 후기에는 이앙법이 널리 보급되면서 벼와 보리의 2모작이 가능해졌다. 또한 노동력이 절감되어 광작이 유행하였다.
4. 송상은 개성을 거점으로 활동하였고, 의주는 만상의 근거지였다.

[09] 정답 ③

해설 16세기 이후 농업 생산력의 발달로 상업이 점차 활발해졌다. 특히 15세기 말 전라도 지방에서부터 생겨나기 시작한 장시가 발달하여, 16세기 중반에는 전국적 유통망이 형성되었다.

[10] 정답 ④

해설 제시된 자료의 밑줄 친 '이 역서'는 조선 세종 때 서을 기준으로 만든 최초의 역법서인 "칠정산" 내 · 외편이다. ④ 세종 11년(1429) 정초 등에 의해 편찬된 "농사직설"은 우리나라 농법을 수록한 최초의 농서이다. 이 책에서는 삼남 지방 농민들의 실제 경험을 토대로 우리의 실정에 맞는 독자적인 농법을 정리하였다.

오답확인

① 밭농사에서 2년 3작의 윤작법이 시작된 시기는 고려 시대이다.

② 벼와 보리의 이모작이 전국적으로 확대된 시기는 조선 후기이다.

③ 사료 기록상 우경이 처음 시작된 시기는 신라 지증왕 때이다. 따라서 삼국 시대의 농업 발달 모습이다.

[11] 정답 ③

해설 제시된 자료에서 '이 장 저 장 뛰어가서 장돌뱅이 동무들 만나 반기며'를 통해 보부상과 관련된 내용임을 알 수 있다. ③ 조선 전기 조선통보가 발행되었으나, 널리 유통되지는 못하였다.

[12] 정답 ④

해설 제시된 자료는 조선 후기 이앙법에 대한 내용이다.

오답확인

④ 해동통보는 고려 숙종 때 발행된 동전이다.

[13] 정답 ④

해설 제시된 자료에 나타난 시기는 조선 후기이다. ④ 조선 후기 운송업과 조선업을 지배한 것은 경강상인에 해당한다.

[14] 정답 ①

해설 제시된 자료에서 '통공 발매의 효과'라는 문장을 통해 '신해통공'에 대한 내용임을 알 수 있다. 정조 시기인 1791년 공포된 신해통공은 육의전을 제외한 시전 상인의 금난전권을 폐지하여, 사상(私商)의 자유로운 상업 활동을 보장해주었던 정책이다. ① 조선 후기에는 포구를 중심으로 선상, 객주, 여각 등이 성장하였다.

오답확인

② 벽란도가 국제 무역항으로 번성했던 시기는 고려 시대이다.

③ 활구는 고려 숙종 때 주조되었던 화폐이며, 은병으로 불리기도 했다.

④ 고려 시대에는 다점 · 주점 등 관영 상점을 통해 동전의 사용을 강제하였는데, 이 과정에서 주점과 다점 등의 관영 상점이 크게 늘어났다.

[15] 정답 ④

해설 제시된 자료는 조선 후기 포구를 중심으로 발전한 상업 활동의 모습을 보여 주고 있다. 조선 후기에는 강경, 원산 등이 상업 중심지로 성장하였고, 선상(대표적 선상 : 경강상인)들이 선박을 이용하여 각 지방의 물품을 유통시켰다. 한편 포구에서는 객주나 여각들이 성장하여 도매업, 창고업, 위탁 판매, 숙박업, 운송업 등에 종사하였다.

오답확인

④ 삼한통보는 고려 숙종 때 주전도감에서 만들어진 화폐이며, 조선 후기에는 상평통보가 전국적으로 유통되었다.

[16] 정답 ④

오답확인

④ 중국과의 무역을 주도했던 상인은 만상(의주 상인)이었으며, 내상은 일본과의 무역을 주도하였다.

[17] 정답 ④

해설 경강상인은 한강을 근거로 운송업에 종사하였다. 주로 서남해안의 미곡, 소금, 어물이나 기타 운송과 판매를 장악하여 부를 축적하였으며, 선박 건조 등에 진출하여 활동 분야를 확대하였다.

[18] 정답 ①

오답확인

① 조선 후기 상품 화폐 경제가 발전하면서 상평통보가 전국적으로 유통되었고, 환 · 어음 등의 신용 화폐의 사용도 증가하였다.

04 신분 질서와 생활 모습의 변화

01. 조선 전기 신분제와 사회 모습

[1] O [2] X [3] O [4] O

오답확인

2. 조선 시대 향리는 세습적 서리, 아전으로 그 지위가 격하되었다.

[01] 정답 ②

해설 (가)는 법적인 신분 제도인 양천제, (나)는 실질적인 신분 제도이다. 법제적인 양천제 아래에서는 농민들도 과거를 통해 관리가 될 수 있었지만 현실적으로는 거의 불가능하였다.

[02] 정답 ③

해설 ③ 첩의 소생인 서얼은 중인과 같은 신분적 대우를 받았다. 특히 문과에 응시할 수 없었고, 재산 상속에 있어서도 차별을 받았다.

오답확인

① 중인은 역관, 의관, 율관 등의 기술관을 가리킨다.

② 상민은 조세, 공납, 역 등의 의무를 지니고 있었다.

④ 천민의 대다수는 노비이다. 신량역천은 수군, 역졸, 봉수군 등 신분은 상민이나 천한 대우를 받는 계층이었다.

[03] 정답 ③

해설 제시된 자료의 밑줄 친 '공(公)'은 사역원 한학과에 합격한 것으로 보아 중인 신분인 역관에 해당한다. 중인들은 조선 후기 서얼들의 신분 상승 운동에 자극받아, 철종 때 대규모 소청 운동을 추진했으나 실패하였다.

[04] 정답 ③

오답확인

① 사창은 주민 자치적으로, 의창과 상평창의 환곡 제도는 국가에서 운영하였다.

② 국가는 오가작통법과 호패법을 통해 백성(특히 농민)을 통제하고자 하였다.
④ 조선 시대에는 향 · 부곡 · 소가 소멸되었다.

[05] 정답 ①

해설 ① 의창은 빈민 구제 기관이며, 물가 조절 기관은 상평창이었다.

02. 조선 후기 신분제의 동요와 사회 변화

[1] O [2] O [3] X

오답확인

3. 조선 후기에는 공명첩과 납속책이 확대되면서 양반의 수가 급증하였고, 상민과 노비의 수가 감소하였다.

[06] 정답 ①

오답확인 제시된 자료에서 밑줄 친 '우리'는 '의(醫)에 들어가고 혹은 역(譯)에 들어가'를 통해 의관과 역관임을 알 수 있으며, 기술직 중인들에 대한 내용이다. 1851년 신해허통으로 서얼들이 청요직으로의 법적 진출이 가능해지자, 기술직 중인들은 철종 때 대규모의 소청 운동(기술직 중인들도 청요직으로의 진출을 허가해달라는 집단 행동)을 전개하였다. 그러나 결과는 실패하였다.

오답확인
② 백정들은 1923년 진주에서 조선 형평사를 창립하고, 백정들의 사회적 차별 타파를 주장하였다(형평 운동).
③ 조선 후기 새롭게 양반 신분을 획득한 신향에 대한 설명이다.
④ 사림들은 유향소를 복립하여 그들의 세력 기반을 확립하고자 하였다.

[07] 정답 ②

오답확인
② 영조는 노비공감법을 실시하여 노비들의 신공(身貢)을 줄여 주었다.

[08] 정답 ③

해설 제시된 자료는 조선 후기 향촌 사회에서 기존의 사족(구향)과 양반 신분을 획득한 부농층(신향)이 향촌 지배권을 두고 대립하는 내용이다(향전). 이에 구향들은 향촌 지배권을 강화하기 위해 거주지를 중심으로 촌락 단위의 동약을 실시하거나 문중 의식 고양, 서원이나 사우 건립을 확대하였다.

오답확인
① 향도는 일반 촌락민의 공동체이다.
② 양반들은 자신들의 기득권을 지키기 위해 납속책 확대 시행을 반대하였다.
④ 조선 후기의 향회는 세금 부과에 관한 자문 기구로 그 위상이 변화되었다.

[09] 정답 ②

해설 제시된 자료는 향회가 '수령에게 지배당했던' 조선 후기의 모습을 보여 준다. 조선 후기 향촌 사회에서는 기존 사족의 향촌 지배력이 약화되었으며, 향회는 수령의 부세 자문 기구로 그 위상이 하락하였다. 한편 기존 사족(구향)과 새롭게 양반 신분을 획득한 부농층(신향)이 향촌의 주도권 다툼을 벌였는데, 이를 향전이라고 한다.

오답확인
② 조선 후기 수령 및 향리의 권한(관권)은 강화되었고, 지방 사족의 영향력은 약화되었다.

[10] 정답 ④

해설 조선 후기에는 기존 사족(구향)의 영향력이 약화되고, 신향과 관권이 강해졌다. 이에 향회는 수령의 세금 부과 시 자문 기구로 전락하였다.

[11] 정답 ③

오답확인
① 조선 후기에는 장자 중심의 상속으로 장자가 제사를 지냈다.
② 조선 후기에는 부계 위주의 족보가 편찬되었다.
④ 친영 제도가 정착되어 혼인을 하면 여자가 남자 집에서 혼인 생활을 하였다.

[12] 정답 ②

오답확인
① · ③ 조선 전기까지의 풍습이다.
④ 혼인은 남귀여가혼에서 친영제(여자가 남자 집에 들어와서 혼인 생활을 함)로 변화되었고, 재산은 적장자 우선 상속이 시행되었다.

[13] 정답 ③

오답확인
① 18세기 영 · 정조 시대를 거치며 서얼들에 대한 사회적 차별은 완화되었다. 특히 정조 때에는 규장각 검서관으로 박제가, 이덕무 등 서얼들이 다수 진출하면서 이러한 경향이 강화되었다.
② 조선 후기 양반들이 급격히 증가하면서, 국가 재정 확보 차원에서 노비에서 상민으로의 신분 상승도 많아졌다. 특히 공노비의 신분 상승이 두드러졌는데, 1801년 순조 즉위년에는 공노비 66,000여 명이 해방되었다.
④ 17세기 이후 성리학적 가족 질서가 확립되면서 여성들은 상속에서 배제되었다.

05 양반 문화의 발달과 문화의 새 경향

01. 조선 전기의 문화

[1] O [2] O [3] O [4] X [5] O

오답확인

4. "성학집요"는 이이의 저서이며, 이황은 "성학십도"를 저술하였다.

[01] 정답 ①

오답확인

① 세종 때 편찬된 대표적 농서는 "농사직설"이며, "농가집성"은 효종 때 신속이 간행한 농서로 이앙법(모내기법) 보급에 기여하였다.

[02] 정답 ①

오답확인

① 혼의는 천체 관측 기구이며, 앙부일구가 해시계이다.

[03] 정답 ②

해설 제시된 자료는 민족의 자주성과 관련된 내용이다.

오답확인

ㄷ. "농상집요"는 고려 말 이암이 원의 농법을 소개한 책이다.

[04] 정답 ②

해설 16세기에는 사림이 "소학"과 "주자가례"의 보급과 실천에 힘쓰면서 "이륜행실도"와 "동몽수지"(어린아이가 지켜야 할 예절을 기록한 윤리서)를 간행·보급하였다.

오답확인

ㄴ. "경제문감"은 태조 시기 정도전이 정치 조직 초안을 적어둔 책이다.

ㄹ. "동국여지승람"은 성종 때 노사신 등이 엮은 인문지리서이다.

[05] 정답 ④

해설 제시된 자료는 세종 때 편찬된 "고려사"의 일부분이다. "고려사"는 기전체 사서로 조선 건국의 정당성을 밝히기 위해 고려 말 사실이 다분히 왜곡되었다는 특징을 갖는다.

[06] 정답 ③

해설 제시된 자료에서 괄호 안에 들어갈 역사책은 서거정이 편찬한 "동국통감"이다. 서거정은 성종의 명을 받아 단군 조선부터 고려 말까지의 역사를 엮은 "동국통감"을 편찬하였다. 그러나 단군 조선에서 삼한까지는 자료 부족으로 외기(外紀)로 따로 분류하여 책머리에 다루었다.

오답확인

① 성리학적 가치관으로 고려 시대 역사를 정리한 기전체 사서는 "고려사"이다.

② 세종 때 권제 등이 편찬한 "동국세년가"는 단군 조선에서 고려 말까지의 역사를 노래 형식으로 정리하였다.

④ 역대 국왕의 사적 가운데 후세의 귀감이 될 만한 내용만을 뽑아 편년체로 정리한 사서는 "치평요람"이다.

[07] 정답 ④

오답확인

ㄱ. 사관이 왕의 행적을 매일 기록하는 것을 사초(史草)라 하고, 각 관청의 업무일지인 등록을 모아 매년 편찬한 것을 "시정기"(時政記)라고 한다.

ㄴ. 성종 때 고조선부터 고려 말까지의 역사를 정리한 편년체 통사는 "동국통감"이다.

[08] 정답 ②

오답확인

① 조선 건국 초기에는 조선 왕조 개창의 정당성과 성리학적 통치 규범을 정착시키기 위해 정도전의 "고려국사", 권근의 "동국사략"이 편찬되었다.

③ 김부식의 "삼국사기"는 기전체로 편찬되었다.

④ 조선 후기 역사서인 한치윤의 "해동역사"에 대한 설명이다.

[09] 정답 ①

해설 제시된 자료에서 '세조', '만대성법'을 통해 "경국대전"과 관련이 있음을 알 수 있다. "경국대전"은 세조 때 편찬되기 시작하여 성종 때 반포되었다.

오답확인

② "국조오례의"는 성종 때 편찬된 국가 의례서이다. 여기서 오례는 길례(제사 의식), 가례(관례, 혼례), 빈례(사신 접대 의식), 군례(군사 의식), 흉례(상을 치룰 때 의식)이다.

③ "국조보감"은 실록 내용 중 중요한 사항만을 요약한 것으로 세조 때 최초의 "국조보감"이 완성되었다.

④ 세종 때 설순은 성리학적 가치관을 널리 알리기 위해서 그림으로 "삼강행실도"를 제작하였다.

[10] 정답 ④

해설 성종 때 서거정 등이 편찬한 "동국통감"은 단군 조선에서 고려까지의 최초의 통사이다. 사대주의적 사관이지만(위만과 한 군현을 크게 부각), 단군을 민족의 시조로 민족사를 정립하였다. 사론이 실려 있고 훈구와 사림의 역사적 견해가 모두 반영되었다.

[11] 정답 ②

해설 조선 초 간경도감이 설치되어 불경을 간행하기도 하였다.

[12] 정답 ④

해설 제시된 자료는 이황과 기대승 사이에 벌어진 사단칠정 논쟁 중 이황의 입장이다. 이황은 간략한 해설을 곁들인 10개의 도형으로 성리학의 핵심 내용을 정리한 "성학십도"를 왕에게 바쳤다. 또한 그의 주리론은 도덕적 행위의 근거로서 인간의 심성을 중시하고, 근본적이며 이상주의적인 성격이 강하였다.

오답확인

ㄱ. 이통기국설은 이이의 주장이다.

ㄷ. 현실 세계를 기의 능동성으로 파악하여 경세적(현실 개혁적) 성격을 가졌던 인물은 '이이'이다.

[13] 정답 ③

해설 (가) 이황, (나) 이이에 대한 설명이다.

오답확인

① 이이에 대한 설명이다. 이황의 문인들은 서경덕, 조식의 문인들과 결합하여 영남학파를 형성하였다.

② 이황에 대한 설명이다. 이이는 이황에 비하여 상대적으로 기(氣)의 역할을 강조하여 현실적·개혁적 성격을 지녔다.

④ 이황의 "성학십도"에 대한 설명이다.

[14] 정답 ①

해설 (ㄱ) 이황, (ㄴ) 이이에 대한 설명이다.

오답확인
① 향약은 사림들이 중심이 된 향촌 자치 기구이다.

02. 조선 후기 사회 개혁론의 대두

[1] O [2] O [3] O [4] X [5] X

오답확인

4. 정약용은 일종의 공동 농장 제도인 여전론을 주장하였으나 현실적인 상황을 고려하여 정전제를 제시하였다.

5. "북학의"는 박제가의 저서이다.

[15] 정답 ③

해설 ③ 호락논쟁에 대한 설명이다. 호론은 인물성이론을, 낙론은 인물성동론을 주장하였다.

오답확인
① 정도전은 불교를 철저하게 배척하였고, 주례(周禮)를 국가의 통치 이념으로 강조하였다.
② 이이에 대한 설명이다.
④ 유형원과 이익의 사상을 계승한 정약용은 토지 제도 개혁론을 비롯하여 많은 저술을 남겼다.

[16] 정답 ②

해설 양명학에서는 심즉리(인간의 마음이 곧 이(理)이다.), 치양지설(인간이 천리(天理)인 양지를 실현하여 사물을 바로잡을 수 있다.), 지행합일(지행일치)을 강조하며, 일반민을 도덕 실천의 주체로 상정하였다. 정제두는 '존언', '만물일체설' 등을 통해 양명학을 체계화하였으며, 그의 거처를 강화도로 옮겨 이후 강화학파가 형성되는 계기가 되었다.

[17] 정답 ④

해설 제시된 자료는 이익의 '6좀'이다. 이익은 영업전(한 가족이 생활할 수 있는 최소 규모의 토지)는 매매를 금지하는 한전론을 주장하였다.

[18] 정답 ①

해설 제시된 자료는 정약용의 토지 개혁론인 여전론이다. 정약용은 박제가와 함께 종두법을 연구하여 1798년(정조 22) "마과회통"을 저술하였다.

오답확인
② 이익의 역사의식을 계승하여 "동사강목"을 저술한 인물은 안정복이다.
③ 무한우주론은 홍대용 등이 주장한 이론이다.
④ 박제가는 "북학의"를 저술하여 청의 문물을 적극적으로 수용하고, 소비를 강조하였다.

[19] 정답 ①

오답확인
① "반계수록"은 유형원의 저서이다. 정약용은 "목민심서", "경세유표"를 저술하였으며, 여전론과 정전제를 주장하였다.

[20] 정답 ④

해설 제시된 자료는 박제가의 "북학의" 중 일부로 재물을 샘에 비유하며 소비를 권장하였다. ④ 박제가는 청과의 통상을 강화하기 위해 무역선을 활용할 것을 건의하였다.

오답확인
① 유형원, ② 이익, ③ 정약용에 대한 설명이다.

[21] 정답 ③

해설 제시된 자료의 (가)는 중농주의 실학자(경세치용 학파) (나)는 중상주의 실학자(이용후생 학파, 북학파)에 해당한다.

오답확인
① "반계수록"은 중농주의 실학자 유형원의 저서이다.
② 이익은 중농주의 실학자로서 나라를 좀 먹는 여섯 가지 폐단을 지적하였다.
④ 생산과 소비의 관계를 우물물에 비유하여 소비를 강조한 중상주의 실학자는 박제가이다.

[22] 정답 ①

해설 제시된 자료는 안정복의 "동사강목" 중 일부이다. 안정복은 단군 조선에서 시작하는 독자적 (삼한) 정통론을 내세우면서 중국 중심의 역사관을 벗어나려고 노력하였다. 또한 고증 사학의 토대를 마련했다고 평가된다.

[23] 정답 ④

오답확인
④ 정상기의 '동국지도'는 최초로 100리척(축척의 개념 : 100리를 1척으로 정한 지도 제작 방식)을 사용하여 정확하고 과학적인 지도 제작에 공헌하였다.

[24] 정답 ④

오답확인
④ "마과회통"의 저자는 정약용이다. 정약용은 박제가와 더불어 종두법을 연구하였다.

[25] 정답 ④

해설 이제마는 "동의수세보원"에서 체질의학 이론인 사상 의학(四象醫學 : 태양 · 소양 · 태음 · 소음)을 확립하여, 사람의 체질에 따른 치료 방법을 제시하였다.

03. 조선 후기 사회 변혁의 움직임

[1] O [2] O [3] X

오답확인

3. 최시형은 동학의 2대 교주이며, 동학을 창시한 사람은 최제우이다.

[26] 정답 ④

해설 처음 서학으로 소개된 천주교는 18세기 후반 남인 실학자들 사이에서 신앙으로 발전하였다. 천주교는 평등사상과 내세 신앙을 전파하면서 급속하게 확산되었고, 정부는 천주교를 사교로 규정(제사 거부, 신분 질서 부정)하여 탄압하였다.

참고 주요 천주교 박해

ㄱ. 신해박해(1791) : 윤지충이 모친의 신주를 불사른 사건으로 일어난 최초의 천주교도 박해 사건
ㄴ. 신유박해(1801) : 노론 벽파가 남인 시파를 제거하기 위하여, 대대적인 천주교 박해를 단행하였다. 그 결과 이승훈(최초의 세례 교인), 이가환, 정약종, 주문모(청나라 신부)는 순교하고, 정약용, 정약전은 유배형에 처해졌다.
ㄷ. 기해박해(1839) : 천주교 탄압을 위한 오가작통제를 강화하고, 척사윤음(사교 금지문)을 발표하였다.
ㄹ. 병오박해(1846) : 최초의 신부 김대건 순교
ㅁ. 병인박해(1866) : 병인양요의 원인, 9명의 프랑스 신부와 남종삼 순교

[27] 정답 ②

해설 1860년 경주 출신의 몰락 양반인 최제우가 동학을 창시하였다. 동학은 유·불·선 3교의 장점을 받아들였으며, '사람이 곧 하늘'이라는 인내천 사상을 강조하였다. 그러나 동학의 교세가 커지자, 정부는 최제우를 '혹세무민'의 죄로 사형에 처하였다.

[28] 정답 ①

해설 조선 후기 천주교와 동학은 공통적으로 평등사상(조선의 봉건적 신분 질서 부정)을 가지고 있었다.

04. 조선의 문화와 예술

[1] O [2] X [3] O [4] X [5] O

오답확인

2. 팔만대장경을 보관하기 위해 만들어진 해인사 장경판전은 15세기(태조)에 만들어진 건축물이다.
4. 진경 산수화를 개척한 인물은 정선이며, 대표적 작품으로는 인왕제색도, 금강전도가 있다.

[29] 정답 ③

해설 ① 19세기, ② 16세기, ③ 15세기, ④ 18세기 건축물에 대한 내용이다.

[30] 정답 ①

해설 ① 16세기, ② 18세기, ③ 17세기, ④ 18세기 건축물이다.

[31] 정답 ①

오답확인
① "필원잡기"와 "용재총화"는 15세기 설화집이다.

[32] 정답 ③

해설 제시된 그림은 김홍도의 서당도, 신윤복의 단오풍정이다. 두 그림은 모두 조선 후기에 유행한 풍속화이다. ③ 조선 후기에는 납속책의 실시와 공명첩의 발행 등을 통해 양반의 수가 급증하였으며, 양반 중심의 신분 질서가 동요하였다.

오답확인
① 원 간섭기에는 조혼의 풍습이 유행하였고, 민족적 자주의식을 바탕으로 "삼국유사" 등이 편찬되었다.
② 임진왜란 이전까지는 아들과 딸이 돌아가며 제사를 받들었으며, 아들이 없을 경우에도 양자를 들이지 않았다.
④ 1919년 3·1 운동 이후 농민과 노동자들의 정치적 의식이 성장하였고, 사회주의 사상이 유입되면서 계급 의식이 확산되었다.

[33] 정답 ④

해설 제시된 자료는 조선 후기의 한글 소설과 민화이다.
오답확인
ㄱ. 고려 전기에 해당한다.
ㄷ. 15세기 조선 미술이 일본 무로마치 시대 미술에 영향을 주었다.

[34] 정답 ②

해설 ㄱ. 강희안의 '고사관수도' – 15세기, ㄷ. 이상좌의 '송하보월도' – 16세기, ㄹ. 정선의 '인왕제색도' – 18세기, ㄴ. 장승업의 '군마도' – 19세기

[Ⅳ]

국제 질서의 변동과 근대 국가 수립 운동

01 흥선 대원군의 정책과 근대적 개혁의 추진

01. 서양 세력의 침략과 동아시아의 대응 ~ 02. 흥선 대원군(1863~1873)의 개혁 정치

[1] O [2] O [3] X

오답확인

3. 어재연 장군은 신미양요 당시 활약했던 인물이다.

[01] 정답 ④

해설 흥선 대원군은 서원 정리, 호포제 실시, 경복궁 중건 등 개혁 정책을 추진하였다.
오답확인
④ 흥선 대원군은 신미양요 이후 전국 각지에 척화비를 건립하여 통상 수교 거부 정책의 의지를 알렸다.

[02] 정답 ④

해설 제시된 자료에서 '쇄국'이라는 말을 통해 흥선 대원

군임을 알 수 있다. ④ 흥선 대원군은 신미양요 이후 전국 주요 지역에 척화비를 건립하여 통상 수교 거부 정책(쇄국 정책)의 의지를 천명하였다.

오답확인

① 군국기무처는 제1차 갑오개혁 시기 설치된 초정부적 개혁 기구이며, 김홍집이 총재관을 역임하였다.

② 고종은 아관 파천 이후 을미의병에 대한 해산 권고 조칙을 발표하였다.

③ 갑신정변이 발발한 이후 명성 황후는 청군의 개입을 요청하였다.

[03] 정답 ②

해설 제시된 자료의 밑줄 친 '그'는 흥선 대원군이다. 흥선 대원군은 군역 제도를 개혁하여 평민에게만 받던 군포를 양반에게도 징수하는 호포법을 실시하였다(1871).

오답확인

② 향약 강화와 흥선 대원군의 정책은 관련이 없다.

[04] 정답 ③

해설 제시된 자료의 밑줄 친 '그'는 흥선 대원군이다. 흥선 대원군은 1863년부터 1873년까지 약 10여 년간 집권하였다가 임오군란(1882) 직후와 갑오개혁(1894) 당시 일시적으로 집권하였다.

오답확인

ㄱ. 갑신정변(1884)

ㄴ. 신미양요(1871)

ㄷ. 임술 농민 봉기(1862)

ㄹ. 제너럴셔먼호 사건(1866)

ㅁ. 오페르트 도굴 미수 사건(1868)

[05] 정답 ②

해설 병인박해(1866. 1.)를 빌미로 프랑스 함대가 강화도를 침략하고, 조선 정부에 통상을 요구하였다. 이때 문수산성(한성근)과 정족산성(양헌수)에서 프랑스군을 격퇴하였다. 퇴각하던 프랑스군은 외규장각 도서를 약탈하였다.

[06] 정답 ③

해설 제시된 자료는 박병선 박사에 의해 프랑스 국립 도서관에서 발견된 "조선왕조의궤"에 대한 설명이다. 정조 때 강화도에 외규장각을 설치하고(1781) 각종 중요 도서와 의궤 등을 보관 및 관리하도록 하였다. 1866년 병인양요 때 프랑스군은 강화도에서 철수하면서 외규장각 도서인 "조선왕조의궤" 340여 권을 약탈해 갔다. 현재 5년간 갱신이 가능한 '임대'의 형태로 2011년 우리나라에 반환되었다.

오답확인

① 어재연 장군은 1871년 신미양요 때 미군에 항전했던 인물이다.

② 제네럴셔먼호 사건을 계기로 1871년 신미양요가 일어났다(미군의 침략).

④ 조선이 처음으로 서양 국가와 외교 관계를 맺은 나라는 미국이다(조 · 미 수호 통상 조약, 1882).

[07] 정답 ③

해설 1871년 미국은 제너럴셔먼호 사건을 구실로 강화도를 침략하였다. 이에 광성보에서 어재연 장군이 미군에 맞서 치열한 전투를 벌였으나 점령당하였다. 그러나 조선군의 결사 항전으로 미군은 물러갔다.

03. 문호 개방과 근대적 개혁의 추진

[1] O [2] O [3] O [4] X [5] O

오답확인

4. 조선이 외국과 맺은 최초의 조약은 강화도 조약이며, 조 · 미 수호 통상 조약은 서양 국가와 체결한 최초의 조약이다.

[08] 정답 ③

해설 제시된 자료는 1876년 체결된 강화도 조약 중 치외법권에 관련된 조항이다. 일본과 체결한 강화도 조약은 최초의 근대적 조약이지만 치외 법권, 해안 측량권 등을 명시하여 불평등 조약의 성격을 확인할 수 있다.

오답확인

① 갑신정변 이후 청과 일본 사이에 체결된 톈진 조약(1885)으로 청, 일 양군은 조선에서 철수하였다.

② 임오군란 이후 체결된 제물포 조약으로 일본군이 조선에 처음 주둔하게 되었다.

④ 일본은 제물포 조약(1882)을 통해 일본 공사관에 군인을 두어 경비하게 하고, 그 비용은 조선이 부담하게 하였다.

[09] 정답 ④

해설 최혜국 대우는 다른 나라와의 조약 체결 시 가장 유리한 대우를 받는 나라와 동등한 대우를 받는 것으로, 미국과 조 · 미 수호 통상 조약을 체결할 때 처음 인정되었다.

[10] 정답 ①

해설 제시된 자료의 (가)는 강화도 조약, (나)는 조 · 미 수호 통상 조약에 해당한다.

오답확인

① 강화도 조약 이후 부산에 이어 원산, 인천이 차례로 개항되었다.

[11] 정답 ①

해설 제시된 자료는 황준헌(황쭌셴)의 "조선책략" 중 일부 내용이다. "조선책략"은 러시아의 남하를 방지하기 위하여 '친중국, 결일본, 연미국'할 것을 주장하였다. 이에 조 · 미 수호 통상 조약(1882)이 체결되는 계기가 되었다.

[12] 정답 ②

해설 제시된 자료의 밑줄 친 책은 황쭌셴의 "조선책략"이다. ② 황쭌셴의 "조선책략"이 조선에 유포되어 조 · 미 수호 통상 조약이 체결되는 계기가 되었다.

[13] 정답 ④

해설 "조선책략"은 일본에 2차 수신사로 파견된 김홍집이 가지고 온 책으로, 조선이 러시아의 남하를 저지하기 위해서는 중국, 일본, 미국과의 협력이 필요하다는 내용이 담겨 있다. 이 책의 유포는 이후 미국과의 수교 체결, 영남 만인소 운동 등에 영향을 끼쳤다.

[14] 정답 ②

해설 ② 조 · 미 수호 통상 조약 제5조에는 일용품 10%, 사치품 30%로 관세를 처음 규정하였다.

04. 개화사상의 형성과 개화 정책의 추진

[1] X [2] O [3] O [4] X [5] O

오답확인

1. 김홍집은 2차 수신사였으며, 1차 수신사는 김기수이다. 김기수는 일본에 다녀와 일본에 대한 정보를 정리하여 "일동기유"를 편찬하였다.
4. 개항 이후 개화 정책을 추진하기 위해 설치한 기구는 통리기무아문이며, 집강소는 동학 농민 운동 당시 폐정 개혁안을 시행하기 위해 설치한 개혁 기구이다.

[15] 정답 ④

오답확인

④ 동도서기(東道西器)론은 온건 개화파와 관련이 있다. 급진 개화파는 외국의 문화와 사상까지 받아들이자는 전면 개화를 주장하였다.

[16] 정답 ③

오답확인

③ 청에는 영선사를, 일본에는 신사 유람단(조사 시찰단)을 파견하였다.

[17] 정답 ④

해설 제시된 자료에서 '탄약 제조', '소총 수리' 등을 통해 무기 제조 교육을 받았던 영선사에 대한 내용임을 알 수 있다. 영선사는 청에 파견된 문화 사절단으로 1881년 9월 영선사 김윤식 등과 20여 명의 유학생이 파견되었다. 이때 유학생들은 1882년 1월 톈진의 기기국에 배속되어, 화약 및 탄약 제조법, 기계 조작법 등 근대적 군사 지식뿐 아니라 자연과학 및 외국어 등도 학습하였다. 이듬해 임오군란이 발발해 귀국하였으나, 이러한 경험은 근대적 무기 제조 기구인 기기창 설치로 이어졌다.

02 구국 운동과 근대 국가 수립 운동

01. 위정척사 운동과 임오군란

[1] X [2] O [3] X [4] O

오답확인

1. 1860년대 위정척사 세력들은 흥선 대원군의 대외 정책(통상 수교 거부 정책, 쇄국 정책)을 적극적으로 지지하였다.
3. 구식 군대에 대한 차별과 개화 정책의 반발은 임오군란의 원인이다. 임오군란은 청군에 의해 진압되었고, 이후 일본과는 제물포 조약, 청과는 조 · 청 상민 수륙 무역 장정이 체결되었다.

[01] 정답 ②

해설 위정척사 세력은 1860년대 흥선 대원군의 통상 수교 거부 정책(쇄국 정책)을 지지하면서 통상 반대 운동을 전개하였다. 이후 1870년대는 왜양일체론에 근거한 개항 반대 운동이 나타났으며, 1880년대는 개화 반대 운동이 영남 만인소(이만손), 만언 척사소(홍재학) 등의 형태로 제기되었다.

오답확인

② 동도서기론과 문명개화론은 개화 세력의 주장이다.

[02] 정답 ②

해설 제시된 자료는 위정척사 사상과 관련된 내용이다. ① · ③ · ⑤ 척화주전론, 왜양일체론, 개항 반대 운동은 위정척사 운동과 관련이 있다.

오답확인

② 영선사는 개화 정책의 일환으로 청에 파견된 문화 사절단이다.

[03] 정답 ②

해설 제시된 자료는 1882년 임오군란에 대한 가상 신문의 내용이다. 청은 임오군란을 진압한 이후 조 · 청 상민 수륙 무역 장정을 체결하여 조선에 대한 청의 종주권을 확인하였다.

오답확인

① 명성 황후가 시해된 사건은 을미사변이다(1895).

③ 조 · 일 무역 규칙은 강화도 조약 직후 체결되었다(1876).

④ 갑신정변 이후 체결된 톈진 조약에서는 청 · 일 양국 군대의 공동 철수와 파병 시 상호 통보 사항에 합의하였다.

[04] 정답 ①

해설 제시된 자료는 1882년 임오군란에 대한 설명이다. 임오군란 이후 일본과 제물포 조약이 체결되었고, 청과는 조 · 청 상민 수륙 무역 장정이 체결되었다. ② 제물포 조약에 대한 설명이며, ③ · ④ 조 · 청 상민 수륙 무역 장정의 내용이다.

오답확인

① 개항장에서 일본 화폐의 유통을 허락한 것은 강화도 조약 직후 체결된 '조 · 일 수호 조규 부록'의 내용이다.

[05] 정답 ①

해설 제시된 자료는 임오군란 이후 조선과 일본이 체결한 제물포 조약이다. 임오군란은 신식 군대인 별기군에 비해 구식 군대를 차별 대우한 것에 불만이 쌓인 구식 군인들이 일으켰다.

오답확인

② 우정국 개국 축하연을 계기로 일어난 사건은 갑신정변이다.

③ 1895년 을미사변과 단발령을 계기로 을미의병이 일어났다.

④ 신미양요(1871) 이후 흥선 대원군은 통상 수교 거부 정책의 의지를 알리기 위해 전국에 척화비를 세웠다.

02. 갑신정변과 거문도 사건

[1] O [2] O [3] X [4] X [5] O

오답확인

3. 조 · 청 상민 수륙 무역 장정은 임오군란 이후 체결되었으며, 갑신정변 이후에는 한성 조약(조선 – 일본), 톈진 조약(청 – 일)이 체결되었다.
4. 거문도를 불법적으로 점령한 나라는 영국이다(거문도 사건).

[06] 정답 ②

해설 제시된 자료는 갑신정변 때 개화당 정부에서 발표한 14개조 정강이다.

오답확인

② 공사노비법의 혁파는 1894년 제1차 갑오개혁 때 결정된 것이며, 이로써 법적 신분제는 공식적으로 폐지되었다.

[07] 정답 ④

해설 제시된 자료에서 '조선의 최고 수재들이 일본인에게 이용당해서'라는 내용을 통해 밑줄 친 '그들'이 갑신정변 주도 세력인 급진 개화파임을 알 수 있다.

오답확인

ㄱ. 동학 농민 운동 시기 폐정 개혁안의 내용이다.
ㄴ. 갑신정변 당시 러시아와의 비밀 협약 추진은 역사적 사실이 아니다.

[08] 정답 ④

해설 제시된 자료는 갑신정변 이후 급진 개화파들이 제시한 14개조 정강의 주요 내용이다. 급진 개화파들은 근대 국민 국가 건설을 목적으로 정변을 일으키고 14개조 정강을 발표하였다.

[09] 정답 ①

해설 제시된 자료는 거문도 사건 이후 유길준이 주장한 한반도 중립화론이다.

03. 동학 농민 운동과 갑오 · 을미 개혁

[1] O [2] O [3] X [4] O [5] X

오답확인

3. 사법권이 분리 · 독립된 것은 제2차 갑오개혁의 내용이다.
5. 신분제와 과거제가 폐지된 것은 제1차 갑오개혁 이후이다.

[10] 정답 ②

오답확인

② 삼정이정청은 1862년 임술 농민 봉기 이후 조선 정부가 설치한 기구이다. 다만 세도 정치의 한계로 삼정의 개혁은 실패하였다.

[11] 정답 ④

해설 제시된 사건을 순서대로 나열하면 ㄷ. 황룡촌 전투(1894. 4.) – ㄴ. 전주 화약(1894. 5.) – ㄹ. 교정청 설치(1894. 6. 11.) – ㅁ. 군국기무처 설치(1894. 6. 25.) – ㄱ. 공주 우금치 전투(1894. 11.)이다.

[12] 정답 ④

해설 제시된 자료는 백산 집회에서 전봉준이 제시한 격문이다. '안으로는 탐학한 관리의 머리를 베고 밖으로 횡포한 강적(强賊) 무리를 구축(驅逐)하고자 함이다.'에서 탐관오리를 제거하고 반외세적 성격을 가졌던 동학 농민 운동(1894)임을 알 수 있다. ④ 동학 농민 운동이 일어나자 정부는 청에 파병을 요청하였는데, 톈진 조약을 근거로 일본도 군대를 파견하였다. 이때 일본은 경복궁을 점령하고 청 · 일 전쟁을 일으켰다(1894).

오답확인

① 러 · 일 전쟁(1904) 직전 대한 제국은 국외 중립을 선언하였으나, 전쟁 발발 후 일본은 강제로 한 · 일 의정서를 체결하였다.
② 급진 개화파가 문벌 폐지와 청에 대한 사대 관계 청산을 촉구하며 행동에 옮긴 것은 갑신정변이었다(1884).
③ 고종이 대한 제국을 수립하여 황제권을 강화하면서 구본신참을 원칙으로 광무개혁을 실시하였다(1897).

[13] 정답 ②

해설 제시된 자료는 1894년 제1차 갑오개혁 시기의 개혁 내용이다. ② 독립 협회는 1896년 창립되어 1898년 해체되었다.

오답확인

① 제1차 갑오개혁 시기에는 중국 연호의 사용을 폐지하고, '개국' 연호를 사용하여 중국(청)의 종주권을 부인하였다.
③ 1894년 5월 9일 조선에 상륙한 일본군은 조선 정부의 철병 요구를 무시하고, 경복궁을 점령(1894. 6. 21.)하고 내정 간섭을 강화하였다. 또한 청 · 일 전쟁(1894. 6. 23.)을 일으키며, 6월 25일 군국기무처를 만들어 제1차 갑오개혁을 추진하였다.
④ 군국기무처는 군국의 기무 및 일체의 개혁 사무를 관할한 초정부적 입법 및 정책 기구로서, 동학 농민 운동의 요구 사항을 일부 수용하여 반년간 210건의 개혁안을 의결하였다(제1차 갑오개혁).

[14] 정답 ③

해설 갑오개혁은 봉건 질서를 타파하는 근대적 개혁의 성격을 가지고 있었으나 일부 개화 관료에 의한 '위로부터의 개혁'이었다는 한계가 있었다. 이는 토지 개혁이 제시되지 않아 민중의 지지를 받지 못했다는 점에서 확인될 수 있다.

[15] 정답 ③

해설 제시된 〈보기〉는 1895년 시행된 을미개혁의 내용이다. 삼국 간섭 이후 조선 내 친러 세력이 확대되자, 이에 위기를 느낀 일본이 을미사변(명성 황후 시해 사건)을 일으키고 조선 정부를 압박하여 을미개혁을 추진하였다.

오답확인

① 임오군란, ② 갑신정변, ④ 을사늑약(제2차 한 · 일 협약)에 대한 내용이다.

[16] 정답 ①

해설 박영효는 철종의 부마였으며(영혜 옹주와 결혼), 갑신정변의 주역 중 한 사람이었다. 갑신정변 이후 일본에 망명하였다가, 1894년 귀국하여 제2차 갑오개혁을 주도하였다. 1910년 국권 피탈 이후에는 일본의 작위를 받는 등 각종 친일 행위를 하였다.

오답확인

② 윤치호(尹致昊)는 한말 개화 운동을 추진하여 1898년 독립 협회 회장, 1903년 천안 군수 등을 역임한 인물이다. 그러나 1920년 이후에는 교풍회(矯風會), 각도 조선인 대표자 대회, 조선인 산업 대회 등 일제의 통치 정책에 이용된 친일 단체에 깊이 관여하였다. 1937년 중·일 전쟁을 전후하여 일제의 전시 체제가 더욱 강화되자, '국민 정신 총동원 조선 연맹' 상무이사와 '국민 총력 조선 연맹' 이사로 친일 활동을 하였다. 또한 1941년 친일 세력을 총망라한 '조선임전보국단'의 고문과 1945년 귀족원 의원을 지냈다.

③ 김옥균은 갑신정변을 주도한 대표적 인물이다. 갑신정변이 실패한 후 후일의 재기를 기약하고 박영효, 서광범, 서재필 등 9명의 동지들과 함께 일본으로 망명하였으나 일본 정부는 망명한 그를 박해하였다. 이후 1894년 3월 청의 상하이로 망명하였다. 그러나 조선 정부가 보낸 자객 홍종우(洪鍾宇)에게 암살당하였다.

④ 김홍집은 온건 개화파의 대표적 인물이며, 아관 파천 이후 민중들에게 죽임을 당하였다.

04. 독립 협회와 대한 제국

[1] X [2] O [3] O [4] O [5] O

오답확인

1. 독립신문이 먼저 발행되었고, 이후 독립 협회가 창립되었다.

[17] 정답 ②

해설 제시된 자료는 독립 협회의 기관지인 독립신문의 내용 중 일부이다. 독립 협회는 자주독립의 기치를 세우기 위해 독립문을 세웠으며, 자주독립, 자강 개혁, 자유 민권을 3대 사상으로 제창하였다.

오답확인

① 임시 정부의 기관지도 명칭은 독립신문이지만, 이 자료는 독립 협회의 기관지 독립신문과 관련된 내용이다.

③ 보안회, ④ 신민회에 대한 내용이다.

[18] 정답 ①

해설 고려 시대에 중추원은 2품 이상의 추밀과 3품 이하의 승선으로 구성된 기구로, 군사 기밀 사무와 왕명 출납을 담당하는 기구였다. 조선 건국 이후 중추원의 군사 기능은 의흥삼군부 및 병조로 이관되었고, 왕명 출납 기능은 승정원으로 개편되면서 유명무실한 기관이 되었다. 한편 조선 말 1895년 제2차 갑오개혁 시기에는 내각의 자문 기구로 개편되었다. 이후 1898년 독립 협회는 중추원을 의회로 개편하는 중추원 신관제를 추진하였다.

오답확인

② 홍문관은 경연과 왕의 자문을 맡아보던 언론 기관이다.

③ 규장각은 정조 때 설치된 학술 연구 및 왕권 보좌 기구이다.

④ 성균관은 고려 말 이후 조선 시대까지의 최고 교육 기관이다.

[19] 정답 ②

해설 제시된 자료의 밑줄 친 '개혁'은 대한 제국 시기 광무개혁에 해당한다. 광무개혁에서는 원수부를 설치하여 황제가 군권을 장악하도록 하였다.

오답확인

② 일본의 메이지 유신은 전면 개화(급진적 개혁)를 표방하였으나, 광무개혁은 구본신참을 원칙으로 점진적 개혁을 추진하였다.

[20] 정답 ②

해설 제시된 근대 개혁 방안의 시기별 순서는 ㄱ. 갑신정변 시기 14개조 정강(1884) → ㄴ. 제1차 갑오개혁(1894) → ㄹ. 독립 협회의 헌의 6조(1898) → ㄷ. 대한국 국제(1899)이다.

03 일제의 침략과 국권 수호 운동의 전개

01. 일제의 침략

[1] X [2] O [3] O [4] O

오답확인

1. 을사늑약(1905)이 체결되어 대한 제국의 외교권이 박탈되고, 통감부가 설치되었다.

[01] 정답 ②

해설 제시된 내용들은 일제의 국권 피탈 과정과 관련이 있다. 사건의 순서는 ㄴ. 가쓰라·태프트 밀약 – ㄹ. 제2차 영·일 동맹 – ㄱ. 포츠머스 조약(러·일 전쟁 강화 조약) – ㄷ. 을사늑약(제2차 한·일 협약)이다.

[02] 정답 ②

해설 제시된 내용은 일제의 국권 피탈 과정과 관련이 있다. ㄴ. 1904년 제1차 한·일 협약 – ㄷ. 1905년 제2차 한·일 협약(을사늑약) – ㄱ. 1907년 한·일 신협약(정미 7조약) – ㄹ. 1910년 한국 병합 조약이다.

[03] 정답 ③

해설 (가) 제1차 한·일 협약, (나) 정미 7조약(한·일 신협약), (다) 한·일 의정서에 대한 설명이다. ③ 러·일 전쟁 직후 일제는 한·일 의정서를 강요하여, 대한 제국의 전략상 필요한 지점을 자유롭게 사용할 수 있게 되었다.

오답확인

① 일제에 의해 대한 제국 군대가 강제로 해산된 것은 정미 7조약 이후이다.

② 을사늑약 이후 통감부가 설치되었고, 초대 통감(이토 히로부미)이 파견되었다.

④ (다) – (가) – (나) 순으로 체결되었다.

02. 항일 의병 운동과 의거 활동

[1] O [2] O [3] X [4] O [5] X

오답확인

3. 남한 대토벌 작전(1909)은 일제의 의병 세력 탄압과 관련된 사건이다.
5. 1909년 이토 히로부미를 저격한 인물은 안중근이다. 장인환, 전명운 의사는 1909년 친일 미국인 스티븐스를 처단하였다.

[04] 정답 ②

해설 제시된 자료는 1905년 을사늑약 체결 이후 민영환이 자결하면서 쓴 유서의 내용이다. ② 을사의병 시기 평민 출신 의병장 신돌석이 등장하여 평해와 울진 등에서 크게 활약하였다.

오답확인

① 을미의병, ③ · ④ 정미의병에 대한 내용이다.

[05] 정답 ②

해설 헤이그 특사 사건으로 고종이 강제 퇴위당하고, 대한 제국 군대가 해산된 것은 1907년이다. 따라서 ㄱ. 1909년 안중근의 이토 히로부미 사살, ㄹ. 1908년 13도 창의군의 서울 진공 작전이 해당된다.

오답확인

ㄴ. 민영환은 1905년 을사늑약이 체결되자 자결로서 저항하였다.

ㄷ. 장지연은 1905년 을사늑약 체결 직후 '시일야방성대곡'을 황성신문에 발표하였다.

[06] 정답 ②

해설 제시된 자료의 제2조 '한국 정부는 금후 일본국 정부의 중개를 거치지 않고는 국제적 성질을 가진 어떤 조약이나 약속도 하지 않기로 상약(서로 약속)한다.' 즉 외교권 박탈이 규정되었다. 이를 통해 을사늑약임을 알 수 있다. ② 을사늑약이 체결된 이후 을사의병이 거병하였는데, 이 당시 신돌석과 같은 평민 출신 의병장이 등장하였다.

[07] 정답 ④

해설 제시된 자료의 '해산병이 들고 일어났다.'는 표현에서 정미의병임을 알 수 있다. 정미의병은 13도 창의군을 결성하여 서울 진공 작전을 추진했으나 실패하였다.

03. 애국 계몽 운동의 전개

[1] O [2] X [3] O [4] O

오답확인

2. 헤이그 특사 사건 이후 고종이 강제 퇴위당하자, 대한 자강회는 고종 퇴위를 반대하다가 통감부에 의해 해산되었다.

[08] 정답 ④

해설 신민회는 비밀 결사 형태로 1907년 안창호, 양기탁 등을 지도부로 설립되어 국권 회복과 '공화 정체'의 국민 국가 수립을 궁극적인 목표로 삼았다. 대한매일신보를 기관지로 발간하고, 평양에 대성 학교, 정주에 오산 학교를 세웠다. 또한 평양에서 자기 회사, 태극 서관을 운영하였다. 신민회는 해외 독립운동 기지를 건설하는 데도 앞장서 서간도의 삼원보 등을 건설하였다. 그러나 안명근의 데라우치 총독 암살 미수 사건을 날조한 105인 사건(1911)을 계기로 해체되었다.

오답확인

④ 1927년 민족 유일당 단체로 만들어진 신간회에 대한 설명이다.

[09] 정답 ②

해설 제시된 자료의 대성 학교, 오산 학교, 자기 회사, 태극 서관은 '신민회'와 관련된 교육 및 산업 기관이다. 또한 신민회는 서간도에 삼원보와 같은 독립운동 기지를 건설하기도 하였다.

[10] 정답 ②

해설 제시된 자료는 1906년 창립된 대한 자강회 설립 취지문이다. 대한 자강회는 1907년 고종의 강제 퇴위 반대 운동을 전개하다가 일본의 탄압으로 해산되었다.

오답확인

① 독립 협회에 대한 설명이다(1896~1898).

③ 1920년대 초반 전개된 물산 장려 운동에 대한 설명이다.

④ 보안회에 대한 설명이다(1904).

[11] 정답 ②

해설 (가) 애국 계몽 운동, (나) 항일 의병 운동이다.

오답확인

ㄴ. 공화정을 주장한 단체는 신민회만 해당한다.

ㄷ. 양반 유생들은 조선의 봉건 질서를 지키려 한 위정척사 운동 계열이다.

ㅁ. 애국 계몽 운동 계열과 의병 활동은 국권 회복을 위한 방법이 달랐기 때문에 서로 갈등하였다.

04 개항 이후의 경제와 사회, 문화의 변화

01. 개항 이후 열강의 경제적 침략

[1] O [2] X [3] O

오답확인

2. 메가타는 제1차 한 · 일 협약 이후 재정 고문으로 조선에 들어왔다.

[01] 정답 ①

해설 외국 상인들이 조 · 청 상민 수륙 무역 장정을 계기로 내지까지 진출하여 국내 상권을 침탈하자, 이에 대항하여 한성의 시전 상인들은 황국 중앙 총상회를 조직하여 상권 수호 운동을 전개하였다. 또한 조선 상인들은 대동 상회, 장통 상회와 같은 근대적인 상회사를 설립하여 대응하고자 하였다.

[02] 정답 ③

해설 제시된 자료는 1905년 메가타가 주도한 화폐 정리 사업과 관련된 내용이다. 화폐 정리 사업은 기존 백동화의 질에 따라 갑, 을, 병으로 구분하여 일본 제일은행이 발행한 화폐로 교환되었다.

오답확인

① 화폐 정리 사업 과정에서 병종으로 판정된 화폐는 교환이 불가하여, 조선 상공인들과 은행은 자산 가치가 급격하게 하락하였다.

② 화폐 정리 사업 이후 일본 제일은행에서 발행한 새 화폐로 교환하였다. 따라서 일본 제일은행이 중앙은행의 역할을 하게 되었다.

④ 구 백동화 남발에 따른 물가 상승이 화폐 정리 사업의 명분이 되었다.

[03] 정답 ①

해설 제시된 자료에서 '국채 1,300만 원'을 통해 국채 보상 운동임을 알 수 있다.

02. 근대 문물의 수용

[1] O [2] O [3] X [4] O [5] X

오답확인

3. 우리나라 최초의 서양식 근대 병원은 광혜원이다.

5. 나철, 오기호 등은 대종교를 창시하였다.

[04] 정답 ④

오답확인

① 송수만, 심상진 등은 보안회를 조직하고 일제의 황무지 개간권 요구를 좌절시켰다.

② 이종일은 순한글로 제국신문을 간행하여 일반 대중을 위한 사회 계몽 기사를 많이 실었다.

③ 신채호 등 역사학자들은 "을지문덕전", "강감찬전" 등 애국 명장들의 전기를 써서 애국심을 고취하였다.

[05] 정답 ③

해설 제시된 자료의 ㉠은 을사늑약, ㉡은 통감부이다. ① 을사늑약 이후 민종식, 최익현, 신돌석 등이 의병을 일으켰다(을사의병). ② 장지연은 황성신문에 '시일야방성대곡'을 실어 을사늑약 체결을 비판하였다. 한편 ④ 을사늑약 이후 통감부가 설치되고, 대한 제국의 외교권이 박탈되었다.

오답확인

③ 보안회는 1904년 일본의 황무지 개간권 요구에 저항하기 위하여 조직된 항일 단체이다.

[06] 정답 ②

해설 ② 제국신문은 부녀자 및 대중을 위해 한글로 제작된 민족지였다. 한편 이인직은 천도교 기관지였던 만세보를 인수하여 대한신문을 창간하였다(1907). 당시 대한신문은 일진회의 기관지인 국민신보와 함께 대표적 친일 신문이었다.

[07] 정답 ④

해설 제시된 자료의 '영국인 베델'을 통해 밑줄 친 '이 신문'이 대한매일신보임을 알 수 있다.

오답확인

④ '시일야방성대곡'은 장지연의 사설로 을사늑약 체결 직후 황성신문에 게재되었다.

[08] 정답 ①

해설 제시된 자료는 박은식의 유교 개혁에 대한 내용(유교구신론)이다. 박은식은 주자 중심의 유학을 비판하고 양명학의 지행합일과 사회 진화론의 진보 원리를 조화시킨 대동사상을 주창하였다.

오답확인

② 천도교에서는 만세보를 발간하여 민족의식을 고취하였다.

③ 최익현 등 유생들은 위정척사 운동의 계승과 실천을 강조하였다.

④ 신채호는 '독사신론'을 통해 역사학의 방향을 제시하였다. 한편 '독사신론'은 민족주의 사학의 기틀을 마련하였다고 평가된다.

[09] 정답 ②

해설 고종은 1897년 국호를 대한 제국이라 선포하였다. 전등은 1887년 경복궁에 가설되어 계속 존치되었으며, 전차는 1898년 12월(음력)에 개통되었다. 한편 광제원은 1899년 설립된 의료 기관이다.

오답확인

② 한성순보는 우리나라 최초의 근대적 신문이며, 1883년 박문국에서 간행되었다. 그러나 갑신정변 이후 폐간되었고(1884), 이후 1886년 한성주보가 발행되었다.

[10] 정답 ①

해설 ① 1886년, ② 1899년 완성, ③ 1905년, ④ 1885년

[11] 정답 ②

해설 당시 박은식, 신채호 등의 계몽주의 역사학자들은 영웅 전기, 외국 흥망사 등을 소개하여 민족의식을 고취시켰다. 또한 최남선, 박은식 등은 조선 광문회에서 민족의 고전을 정리하여 간행하였고, 국문 연구소에서는 한글의 체계화를 시도하여 근대 의식과 민족의식을 고취하고자 하였다.

[V] 일제의 강점과 민족 운동의 전개

01 일제 식민 통치 체제의 구축과 전개

01. 1910년대 식민 통치와 경제 수탈

[1] O [2] X [3] O

오답확인

2. 1910년 회사령은 허가제로 운영되어 민족 자본의 성장을 억제하였다.

[01] 정답 ④

해설 제시된 자료는 1912년 공포된 '조선 태형령'이며, 1920년까지 적용되었다. ④ 연해주의 대한 광복군 정부는 1914년 설립되었다.

오답확인

① 회사령은 1910년 공포되었다.

② 경의선은 러 · 일 전쟁 중인 1905년 개통되었다.

③ 동양 척식 주식회사는 1908년 설립되었다.

[02] 정답 ①

해설 (가) 시기 일제는 헌병을 앞세워 강압적인 무단 통치를 실시하였으며, 토지 조사 사업이 이루어졌다.

[03] 정답 ①

해설 토지 조사 사업으로 국유지, 촌락 공유지, 문중 토지 등 명의상 주인을 내세우기 어려운 토지들이 상당수 수탈당하였다. 또한 신고주의 원칙을 통해 신고되지 않은 토지도 역시 약탈당해 조선 농민들은 기한부 소작농으로 전락하였다(기존의 경작권 등을 전혀 인정받을 수 없었음). 그러나 조선인 지주들의 토지는 인정해 지주를 통한 조선 농민 통제를 강화하였다(식민지 지주제의 강화).

오답확인

② 농지 개혁에 대한 설명이다.

[04] 정답 ①

해설 제시된 자료에서 '토지를 기한을 정해 신고한다.'를 통해 토지 조사 사업임을 알 수 있다. ① 토지 조사 사업 당시 소유권 분쟁은 3만 3,937건이 발생하였다.

오답확인

② 토지 조사 사업 이후 명의상 주인을 내세우기 어려운 동중, 문중 토지의 상당 부분이 조선 총독부의 소유가 되었다.

③ 토지 조사 사업(1912~1918)은 일제가 근대적 토지 소유권의 확립을 명목으로 강점 직후 임시 토지 조사국을 설치하고(1910), 토지 조사령을 공포하면서 시작되었다(1912).

④ 토지 조사 사업의 결과 많은 조선인의 토지가 약탈당해 조선 총독부 소유가 되었고, 지세령(1918)을 통해 안정적 지세를 확보할 수 있게 되어 조선 총독부의 재정 수입이 크게 증가하였다.

[05] 정답 ④

해설 제시된 자료는 1910년 공포된 허가제로 운영된 회사령이다. 허가제의 회사령은 1920년 폐지되었고, 회사 설립이 신고제(계출제, 1920)로 바뀌었다. ④ 1910년대 무단 통치 시기 헌병 경찰제가 시행되었다.

오답확인

① 국채 보상 운동은 1907년 시작되었으나 통감부의 탄압으로 곧 실패하였다.

② 조선어 교과가 완전히 폐지된 것은 1943년 제4차 조선 교육령 시기에 해당한다.

③ 물산 장려 운동은 1920년대 초 평양에서부터 시작되었다.

02. 1920년대 식민 통치와 경제 수탈

[1] X [2] X [3] O [4] X

오답확인

1. 문화 통치 시기에는 문관 출신이 총독에 임명될 수 있다는 규정은 만들어졌으나, 실제로는 한 번도 이루어지지 않았다.

2. 치안 유지법은 1925년에 제정되어, 사회주의 세력 및 항일 운동을 탄압하는 근거로 활용되었다.

4. 종래의 허가제의 회사령을 폐지하고, 1920년부터는 회사 설립을 신고제(계출제)로 바꾸었다.

[06] 정답 ①

해설 3 · 1 운동 이후 일제는 소위 문화 통치로 식민 정책을 수정하였다. 그러나 그 내용은 우리 민족을 분열 · 이간하는 기만책에 불과하였다. ① 총독을 문관 출신으로 임명할 수 있게 규정은 바꿨으나, 실제로 식민지 전 기간 동안 일본군 현역 대장 출신이 임명되었다.

[07] 정답 ①

해설 제시된 자료는 3 · 1 운동 이후 발표된 '사이토 총독'의 '문화 통치' 실시에 관한 내용이다.

[08] 정답 ④

해설 공업화가 진행되면서 일본의 식량 부족 문제가 심화되자, 일제는 1920년부터 산미 증식 계획을 단행하였다. 산미 증식 계획 이후 밭을 논으로 개량하는 등 미(米) 단작화(쌀농사 일변도) 현상이 가속화되면서 어느 정도의 증산은 있었으나, 증산량 이상을 일본으로 수출하였다. 쌀 증산에도 불구하고 한국인 미곡 소비량은 크게 줄어들어, 만주에서 잡곡을 대량 수입하여 이를 대처하고자 하였다. 한편 당시 일제는 수리 시설 설치를 위해 많은 수리 조합을 설립하였는데, 수리 조합 구역 내 수혜를 빌미로 과다한 수리 조합비, 수세 징수 등 농민 부담을 가중시켜, 전국적인 수리 조합 반대 운동을 유발하였다.

오답확인

춘궁 퇴치, 자력갱생, 소작 조정령 등은 1930년대 일제의 농촌 진흥 운동에 해당하며, 공출 제도와 배급 제도는 전시 체제기에 해당한다(1938년 국가 총동원법 제정 이후를 전시 체제기로 시대 구분).

[09] 정답 ④

해설 제시된 자료는 1920년 시작된 산미 증식 계획이다. 1920년 회사령이 폐지되었고, 회사 설립은 신고제(계출제)로 전환되었다.

오답확인

①·②·③ 1930년대 이후의 식민 정책이다.

03. 1930년대 이후 식민 통치와 경제 수탈

[1] O [2] O [3] O

[10] 정답 ③

해설 제시된 자료는 농촌 진흥 운동과 관련된 것이다. 1932년경 시작된 일제가 주도한 농촌 진흥 운동은 자작농지 설정 사업, 소작 조정령, 조선 농지령 등을 핵심 내용으로 하고 있다.

[11] 정답 ④

해설 제시된 자료는 1938년 공포된 국가 총동원법 중 일부 내용이다.

오답확인

④ 토지 조사 사업은 1910년대 일제의 식민지 경제 정책이다.

[12] 정답 ①

해설 제시된 자료는 1938년 공포된 국가 총동원법이다. 전시 동원 체제에 ㄱ. 한글로 된 동아일보와 조선일보는 1940년 폐간되었다. 또한 ㄴ. 1941년 4월 일제가 소학교를 국민학교로 개정하였다.

오답확인

ㄷ. 조선 태형령(1912), 경찰범 처벌 규칙(1912)은 1910년대 무단 통치 시기의 사실이다.

ㄹ. 치안 유지법(1925)은 1920년대 소위 문화 통치 시기의 사실이다.

[13] 정답 ④

해설 제시된 자료는 1930년대 이후 (가) 내선일체론, (나) 황국 신민 서사에 대한 내용이다. ④ 일제는 조선어 학회 인사들이 독립운동을 한다고 혐의를 씌워 1942년 조선어 학회 사건을 일으켰다.

오답확인

① 조선 태형령은 1912년 공포되었다.

② 일제 강점기 회사 설립은 허가제(1910)에서 신고제(1920)로 바뀌었다.

③ 1920년 조선일보와 동아일보가 창간되었으나 실질적인 언론의 자유를 보장한 것은 아니었다.

[14] 정답 ①

오답확인

① 토지 조사 사업의 결과 전통적으로 인정되어 온 경작권이 부정되어 조선 농민들의 삶은 더욱 피폐해졌다.

[15] 정답 ②

해설 일제의 식민 통치를 시대 순으로 나열하면 ㄱ. 조선 태형령(1912) – ㄹ. 고등 경찰 제도(1922) – ㄴ. 병참 기지화 정책(1930년대 초부터) – ㄷ. 국가 총동원법(1938)이다.

02 3·1 운동과 대한민국 임시 정부

01. 1910년대 항일 독립운동

[1] O [2] X [3] O [4] O

오답확인

2. 신흥 무관 학교는 서간도(남만주) 지역에 설립되었다.

[01] 정답 ③

해설 ㉠ 독립 의군부와 ㉡ 대한 광복회는 모두 1910년대 국내에서 결성된 비밀 결사 단체이다.

오답확인

① 독립 의군부는 고종의 복위를 지향하는 복벽주의 단체이다.

② 고종의 비밀 지령을 받아 조직된 단체는 독립 의군부이다.

④ 독립 의군부는 임병찬에 의해 조직되었고, 대한 광복회의 총사령은 박상진이다.

[02] 정답 ④

해설 1910년대 항일 결사 중 가장 활발한 활동을 전개한 단체는 1913년 조직된 대한 광복회이다. 이 단체는 만주에 독립군 기지를 만들고, 사관 학교를 수립하기 위해 각지의 부호들에게 의연금을 납부하게 하였다. 또한 친일파를 색출하여 처단하기도 하였다.

[03] 정답 ①

해설 권업회는 1911년 이종호 등의 주도로 블라디보스토크 신한촌에서 조직되었다. 기관지로 권업신문(주필 : 신채호)을 간행하여, 국내를 비롯하여 간도, 미주까지 보급하였다. 이후 대한 광복군 정부는 권업회가 모체가 되어, 블라디보스토크에 이상설, 이동휘를 정·부통령으로 하는 망명 정부를 수립하였다(1914). 대한 광복군 정부는 독립군 조직이었으나, 장차 민주 공화제의 임시 정부가 수립될 수 있는 길을 열어놓았다. 한편 1919년 3월 17일 블라디보스토크에 세워진 임시 정부인 대한 국민 의회(노령 임시 정부)는 대통령 손병희, 부통령 박영효, 국무총리에 이승만 등을 추대하였다.

[04] 정답 ②

해설 제시된 자료에서 밑줄 친 '여러 단체와 기관'은 서간도에 설립된 것이다. ② 권업회는 1911년 연해주에서 설립된 단체이다.

[05] 정답 ④

해설 제시된 자료에서 밑줄 친 '이 지역'은 1920년 일제에 의해 조선인들이 학살당한 사건(간도 참변)이 발생한 지역인 간도이다.

오답확인

① 대한인 국민회는 미주 지방에 설립된 단체이다.
② 대한 광복군 정부는 연해주에서 창설되었다.
③ 신한 청년당은 상하이에서 만들어졌다.

02. 3·1 운동과 대한민국 임시 정부

[1] X　[2] O　[3] X

오답확인

1. 민족 대표 33인은 탑골 공원에 가지 않고, 인사동 태화관에 모여 독립 선언서를 낭독한 후 일제에 자진 체포되었다.
3. 3차 개헌은 국무위원 중심의 집단 지도 체제로 개편되었다.

[06] 정답 ④

오답확인

① 만세 시위가 주요 도시로부터 전국 농촌 각지로 확산되는 과정에서 무력적인 저항으로 변모하였다.
② 민족 대표들은 인사동 태화관에서 독립 선언서를 낭독한 후 자진 체포되어 3·1 운동을 실질적으로 주도하지 못하였다.
③ 2·8 독립 선언은 3·1 운동이 일어나는 계기가 되었다.

[07] 정답 ④

해설 1910년대 일제의 무단 통치에 저항하여 일어난 3·1 운동으로 일본의 식민 통치 방식이 문화 통치로 전환되었다. 또한 독립운동을 보다 체계적으로 전개하기 위하여 임시 정부가 수립되는 계기가 되었다.

[08] 정답 ④

해설 제시된 자료에서 제암리 학살 사건을 통해 언급된 사건이 3·1 운동임을 알 수 있다.

오답확인

④ 신한 청년단에서는 김규식을 파리 강화 회의에 대표로 파견하였다.

[09] 정답 ④

오답확인

④ 1923년 개최된 국민 대표 회의는 결렬되었고, 1940년 제4차 개헌으로 주석 지도 체제로 개편되었다.

[10] 정답 ②

해설 대한민국 임시 정부는 연통제를 통해 국내외 독립운동을 지도하였으며, 교통국을 통해 정보를 수집하였다. 한편 미국에는 구미 위원부를 설치하여 이승만을 중심으로 활동하였다.

[11] 정답 ①

해설 대한민국 임시 정부는 충칭에서 한국광복군을 창설하였다(1940). ① 해방 이후 민족 국가 건설에 대한 총체적 계획으로 '대한민국 건국 강령'을 제정·반포하였다(1941. 11.).

오답확인

② 임시 정부에서 국무령 중심의 내각제 개헌(제2차 개헌)은 1925년의 사실이다.

[12] 정답 ③

해설 제시된 자료에서 밑줄 친 '이 단체'는 1940년 충칭(중경)에서 창설된 한국광복군에 해당한다.

오답확인

③ 조선 독립 동맹의 군사 조직이었던 조선 의용군에 대한 설명이다.

[13] 정답 ④

해설 제시된 자료에서 '연합군과의 작전', '주석'을 통해 밑줄 친 '우리 부대'는 한국광복군임을 알 수 있다. 한국광복군은 영국군과 함께 미얀마와 인도에서 공동 작전을 수행하였다.

오답확인

① 조선 독립 동맹의 조선 의용군, ② 양세봉의 조선 혁명군, ③ 김원봉 중심의 조선 의용대에 대한 설명이다.

[14] 정답 ①

해설 ① 1919년 9월 제1차 개헌은 대통령 지도제이며, 1925년 3월, 제2차 개헌에서 (국무령 중심의) 내각 책임제를 채택하였다.

[15] 정답 ②

해설 1941년 11월 발표된 대한민국 건국 강령은 조소앙의 삼균주의가 기초가 되었다. 삼균주의는 임시 정부의 기초 정당인 한국 독립당의 정강이기도 하였다. 삼균주의에서는 정치, 경제, 교육의 균등(균권, 균부, 균학)을 지향하며, 보통 선거제의 확립, 주요 재산의 국유화, 국비 의무 교육의 실행 등을 강조하였다.

[16] 정답 ③

해설 제시된 자료에서 '대한민국 임시 정부가 주석 중심제로 개편'했다는 내용을 통해 1940년 이후임을 알 수 있다. 주석 중심제는 임시 정부가 충칭(중경)에 안착한 후 본격적인 대일 항전을 위하여 1940년 개헌한 내용이다(임시 정부 제4차 개헌). 이후 임시 정부는 1941년 조소앙의 삼균주의를 바탕으로 대한민국 건국 강령을 발표하였다.

오답확인

① 1931년, ② 1923년, ④ 1929년

03 3·1 운동 이후 국내 민족 운동

01. 국내의 다양한 민족 운동 전개

[1] X [2] X [3] X [4] X [5] O

오답확인

1. '내 살림 내 것으로'는 물산 장려 운동의 구호이며, 평양에서 시작되어 전국적으로 확대되었다.
2. 물산 장려 운동은 조만식 등이 평양에서 처음 시작하였다.
3. 비타협적 민족주의자들과 사회주의자들이 협력에서 조직한 단체는 신간회이다(1927).
4. 신간회는 1927년 설립되었고, 6·10 만세 운동은 1926년에 일어났다. 한편 신간회는 1929년 광주 학생 항일 운동에 조사단을 파견하였다.

[01] 정답 ②

해설 (가)는 물산 장려 운동으로, 조선 물산 장려회가 주도하였고, (나)는 민립 대학 설립 운동으로, 조선 교육회가 주도하여 전개되었다. ② 물산 장려 운동은 일제의 회사령 철폐(1920)와 관세 철폐 정책(1923)에 대항하기 위해 전개한 일종의 국산품 애용 운동이었다.

오답확인

① (가), (나) 운동 모두 민족주의 세력이 주도하였다.
③ (가), (나) 운동은 1920년대 초반에 일어났으며, 신간회는 1927년에 조직되었다.
④ 6·10 만세 운동은 1926년에 해당한다.

[02] 정답 ③

해설 조선일보가 주도한 문자 보급 운동에서는 '아는 것이 힘, 배워야 산다.'를 슬로건으로 내세웠으며, 동아일보가 주도한 브나로드 운동은 '배우자, 가르치자, 다 함께'가 핵심 구호였다.

[03] 정답 ①

해설 제시된 자료에서 밑줄 친 '이 운동'은 브나로드 운동이다. 브나로드(러시아어로 '민중 속으로'라는 뜻) 운동은 1931년 동아일보가 주도하여 문맹 퇴치, 민중 생활 개선 등을 목적으로 한 계몽 운동이었다.

[04] 정답 ⑤

해설 1923년 전라도 신안군 암태도에서 악질 지주 문재철을 상대로 소작농들이 1년여에 걸쳐 소작 쟁의를 펼쳤다. 당시 문재철은 7~8할이 넘는 고율의 소작료로 농민들을 착취하였는데, 소작농들이 1923년 8월 추수기를 앞두고 '암태 소작회'를 만들어 소작료를 4할로 인하할 것을 요구하면서 소작 쟁의가 시작되었다. 이후 암태도 소작농들의 끈질긴 투쟁의 결과 소작료를 4할로 낮추는 데 합의하였다.

[05] 정답 ④

해설 (가) 1920년대 초 물산 장려 운동, (나) 1920년대 초 민립 대학 설립 운동과 관련된 내용이다. ④ 브나로드 운동은 1931년부터 시작된 동아일보가 주도한 계몽 운동과 관련이 있다.

[06] 정답 ①

해설 제시된 자료는 1920년대 실력 양성 운동에 대한 설명이다. 실력 양성 운동 중 대표적인 것이 민립 대학 설립 운동과 물산 장려 운동이다. 농민 조합, 노동 조합 운동은 사회주의 세력과 밀접하게 연결되었다.

[07] 정답 ④

해설 제시된 내용은 1926년 6·10 만세 운동과 관련이 있다.

[08] 정답 ④

해설 정우회 선언과 관련하여 수립된 단체는 신간회이다. 신간회는 타협적 민족주의 세력을 기회주의자로 규정하고 배제하였다.

[09] 정답 ②

해설 제시된 자료는 조선 민흥회와 정우회 선언을 계기로 비타협적 민족주의 세력과 사회주의 세력이 결합한 신간회에 대한 설명이다.

오답확인

① 동아일보의 브나로드 운동 강령(1931)
③ 민립 대학 설립 운동 당시 구호
④ 조선 물산 장려 운동의 구호(1922)

[10] 정답 ②

해설 제시된 자료는 신간회의 강령이다. 신간회는 민족주의 세력과 사회주의 세력의 결합(혹은 통합 운동)으로 조직되었다. ② 민립 대학 설립 운동은 관련이 없다.

[11] 정답 ③

오답확인

③ 신민회에 대한 설명이다.

02. 민족 문화 수호 운동

[1] X [2] O [3] O [4] O [5] X

오답확인

1. "한국통사", "한국독립운동지혈사"는 박은식의 저서이다. 박은식은 민족주의 사학자로서 민족의 혼(魂)을 강조하였다.
5. 의민단은 천주교 계통의 무장 단체이다.

[12] 정답 ④

오답확인

④ 청구 학회는 조선사 편수회와 함께 대표적인 식민 사관을 만들던 단체이다.

[13] 정답 ①

오답확인

② 이병도, 신석호 등 실증주의 역사학자들은 진단 학회를 설립하였다.

③ 백남운 등 사회 경제 사학자들은 우리 역사의 세계사적 보편성을 강조하였다.

④ 신채호는 "조선사연구초"를 지어 묘청의 서경 천도 운동을 평가하였다.

[14] 정답 ③

해설 제시된 자료는 성리학 중심의 유학을 비판하고, 양명학을 받아들여 유교를 개혁하자는 박은식의 '유교 구신론' 중 일부이다.

오답확인

① 문일평, ② 정인보, ④ 한용운에 대한 설명이다.

[15] 정답 ②

해설 "한국통사", "한국독립운동지혈사"는 민족주의 사학자 박은식의 대표적 저서이다.

오답확인

① 정인보는 "양명학연론", "5천 년간 조선의 얼", "조선사연구" 등을 저술하였다.

③ 안재홍은 "조선상고사감" 등을 저술하였으며, 정인보와 더불어 조선학 운동을 주도하였다.

④ 민족주의 사학자 신채호는 '독사신론', "조선상고사", "조선사연구초", '조선 혁명 선언' 등을 저술하였다.

[16] 정답 ③

해설 제시된 자료는 신채호가 저술한 "조선사연구초"에 수록된 묘청의 난(서경 천도 운동)에 대한 내용이다. ③ 신채호는 1923년 의열단의 강령으로 조선 혁명 선언을 작성하였다.

오답확인

① "한국독립운동지혈사"는 박은식의 저서이다.

② 사회 경제 사학에 대한 설명이며, 대표적 학자로는 백남운, 이청원 등이 있다.

④ 대한민국 임시 정부의 2대 대통령은 박은식이었다.

[17] 정답 ①

해설 제시된 인물은 문일평이다. 1930년대 조선학 운동을 주도한 문일평은 식민 사관을 부정하고, 조선심을 강조하였다. 그는 한글 창제와 실학을 조선 심 발양의 대표적 사례로 제시하였다. 또한 신채호, 마르크스주의 역사학의 영향도 받아 '과거 조선의 혁명 운동'(1923)과 '사안으로 본 조선'(1933)에서 민중 중심적 역사관을 제시하고, 고려와 조선에서 계급 간 투쟁이 있었음을 지적하였다. 또한 "한미 50년사(대미 관계 50년사)"(1934)에서 제국주의의 침략을 국제적 안목에서 파악하였다.

[18] 정답 ④

해설 제시된 설명은 조선학 운동이다. 1934년 다산 서거 100주년을 맞아 조선 문화 부흥 운동 즉 조선학 운동이 일어났다. 정인보는 '오천년간 조선의 얼'(1935) 등을 저술하여, 민족 사관을 고취시켰다. 또한 정인보, 안재홍 등은 "여유당전서"를 교열하여 "정다산전서"라는 이름으로 간행하는 등 실학 연구에 주력하였다. 역사학에서의 조선학 운동은 안재홍, 정인보, 문일평 등 비타협적 민족주의 사학자들에 의해 주도되었는데, 신채호 등의 민족주의 사학을 계승하되, 이전 민족주의 사학의 한계를 인식하고, 민족의 고유성, 특수성과 세계사적 보편성을 동시에 추구하였다. 한편 1930년대로 갈수록 식민 사학의 침투가 강화되자, 비타협적 민족주의 사학자 정인보, 문일평 등은 당시 활발하던 문화사적인 방법론과 계급 투쟁 사관, 민중 사학도 도입하여 민족주의 사학을 한 단계 발전시키는 역할을 하였다.

[19] 정답 ③

해설 제시된 자료는 백남운의 "조선사회경제사"의 일부 내용이다. 백남운, 이청원 등은 유물 사관을 통해 한국사가 세계사적 발전 법칙에 입각하여 발전했음을 밝혀, 일제의 정체성론을 비판했다고 평가된다(사회 경제 사학).

오답확인

① 박은식, ② 진단 학회에 대한 설명이다.

④ 손진태 등의 신민족주의 사학에 대한 설명이다.

[20] 정답 ④

해설 1934년 청구 학회에 대한 반발로 진단 학회가 조직되고 기관지로 진단 학보가 발간되었다. 이 학회는 독립운동에 직접 기여하지는 않았지만 우리나라 문화사 연구의 지평을 열어 주었고, 역사학을 비롯한 국학 전반의 학문적 수준을 높이는 데 공헌하였다. 그리고 이 학회의 중심인물은 해방 후 주요 대학의 교수로 취임하여 남한의 국학(國學)계를 이끌어가게 되었다.

오답확인

② 조선 문인 협회는 1939년 창립된 총독부 산하 어용 문학 단체이다.

[21] 정답 ③

해설 ③ 가갸날은 1926년 조선어 학회의 전신인 조선어 연구회에서 제정하였다.

참고 조선어 학회

(주시경의 가르침을 받은) 장지영, 김윤경 등이 1921년 조선어 연구회를 조직하고, 1931년 조선어 학회로 명칭을 변경하였다. 이후 1933년 한글 맞춤법 통일안을 확정, 발표하였다. 이후 1939년 조선말 큰 사전 편찬을 시작하였으나 실패하였다. 그 원인은 일제가 조선어 학회를 독립운동 단체로 간주하여 해산시켰기 때문이었다(조선어 학회 사건, 1942). 이 사건으로 최현배, 이희승 등 33명이 검거되었으며, 이윤재, 한징은 감옥에서 죽음을 맞이하였다.

[22] 정답 ③

해설 야학 운영과 민중 계몽은 천도교, 단군 신앙을 바탕으로 무장 독립 투쟁에 앞장 선 것은 대종교, 불교 유신론 주장은 불교, 근검절약 및 허례의식 폐지 등은 원불교와 관련된 내용이다.

04 무장 독립 전쟁의 전개와 건국 준비 활동

01. 무장 독립 전쟁의 전개

[1] O [2] X [3] O [4] O [5] X

오답확인

2. 1921년 자유시 참변은 소비에트 적군에 의해 발생하였다.
5. 윤봉길은 1931년 김구가 조직한 항일 단체인 한인 애국단 소속이다.

[01] 정답 ④

해설 제시된 사건을 순서대로 나열하면 ㄴ. 봉오동 전투(1920. 6.) → ㄹ. 청산리 전투(1920. 10.) → ㄷ. 간도 참변(1920. 10.) → ㄱ. 자유시 참변(1921)이다.

[02] 정답 ④

해설 ④ 만주 사변(1931) 이후 한국 독립군은 중국 호로군과 함께 한·중 연합 작전을 전개하여 쌍성보 전투, 사도하자 전투, 대전자령 전투, 동경성 전투(1933) 등에서 승리하였다.

오답확인

① 신민부는 1925년 대종교 계통 인사들이 북만주 지역에서 결성한 항일 독립운동 단체이다.
② 홍범도의 대한 독립군 등 독립군 연합 부대가 1920년 봉오동 전투에서 승리하였다.
③ 3부(참의부, 정의부, 신민부) 통합 운동의 결과 혁신 의회(1928)와 국민부(1929)가 결성되었다.

[03] 정답 ①

해설 (가) 경신 참변(간도 참변, 1920), (나) 1930년대 초반 한국 독립군의 쌍성보 전투이다(1932). ② 1925년, ③ 1924년, ④ 1921년에 있었던 일이다.

오답확인

① 1938년 한국 독립군이 조선 의용대에 참여하였다.

[04] 정답 ③

해설 제시된 자료는 1923년 의열단의 강령으로 발표된 신채호의 '조선 혁명 선언'이다. 박재혁, 김상옥, 나석주는 의열단 소속 인물들이다.

오답확인

③ 강우규는 노인단 소속으로 사이토 총독에게 폭탄을 투척한 인물이다.

[05] 정답 ②

해설 제시된 자료는 의열단 강령으로 발표된 신채호의 '조선 혁명 선언'이다(1923). ② 동양 척식 주식회사와 조선 식산은행에 폭탄을 투척한 나석주가 의열단 단원이다.

오답확인

① 이재명은 1909년 대표적 친일파인 이완용을 습격해 중상을 입혔다.
③ 전명운, 장인환의 스티븐스 사살 사건은 이후 (미주 지역 독립운동 통합 단체인) 대한인 국민회가 결성되는 계기가 되었다.
④ 안중근은 1909년 하얼빈 역에서 이토 히로부미를 사살하였다.

[06] 정답 ③

해설 제시된 자료의 인물은 의열단을 창설한 김원봉이다. ③ 김원봉이 주도한 조선 민족 혁명당 산하 조선 의용대의 일부는 1942년 한국광복군에 편입되었다.

오답확인

① 북만주 쌍성보, 사도하자, 대전자령, 동경성 전투 등에서 일본군을 격파한 것은 지청천의 한국 독립군이다.
② 한인 애국단은 1931년 김구에 의해 창설되었다.
④ 삼균주의는 조소앙의 주장이다.

[07] 정답 ④

오답확인

④ 일본 황궁 앞 이중교(니주바시) 폭탄 의거는 의열단의 김지섭과 관련이 있다(1924). 한인 애국단의 이봉창은 일본 히로히토 천황의 행차 중 폭탄을 투척하였다.

[08] 정답 ④

해설 제시된 자료의 밑줄 친 '획기적인 방안'이 지칭하는 것은 한인 애국단의 일제 요인 암살에 대한 내용이다. 윤봉길의 상하이 훙커우 공원 의거 이후 중국 국민당 정부는 임시 정부의 활동을 적극 지원하였다.

[09] 정답 ②

해설 제시된 자료의 밑줄 친 '그'는 윤봉길 의사이다. 중국인이 일본 승려를 살해했다는 이유와 이봉창 의거에 대한 중국의 미온적 태도를 문제삼아 1932년 1월 28일 일본은 '상하이 사변'을 일으켰다. 이후 한인 애국단원 윤봉길은 상하이 훙커우 공원에서 전승 기념 행사를 진행하던 일본 군부 주요 인물들을 향해 폭탄을 투척하였다(1932. 4.). 이를 계기로 중국 국민당 정부는 대한민국 임시 정부를 적극 지원하게 되었고, 이후 1940년 충칭(중경)에서 한국광복군을 창설할 수 있었다.

[10] 정답 ②

해설 제시된 사실들을 사건 발생 순서대로 나열하면 ㄴ. 대한 광복군 정부(1914) → ㄷ. 봉오동 전투(1920) → ㄹ. 영릉가 전투 (1932) → ㄱ. 한국광복군 창설(1940)이다.

[11] 정답 ③

해설 제시된 사실들을 순서대로 나열하면 ㄹ. 조선 형평사 창립(1923) → ㄱ. 신민부 조직(1925) → ㄴ. 정우회 조직(1926) → ㄷ. 원산 노동자 총파업(1929)이다.

[12] 정답 ②

해설 ㄱ. 봉오동 전투, 청산리 대첩(1920) → ㄴ. 간도 참변(1920~1921) → ㄹ. 자유시 참변(1921) → ㄷ. 미쓰야 협정(1925) → ㅁ. 한·중 연합 작전(주로 1932년에 집중) → ㅂ. 한국광복군의 창설(1940)

02. 국내외의 건국 준비 활동

[1] X　[2] O　[3] O

오답확인

1. 대한민국 임시 정부는 1940년 중화민국의 임시 수도인 충칭(중경)으로 들어가 한국광복군을 창설하였다.

[13] 정답 ④

해설 제시된 자료의 단체들은 해방 이전 민주 공화국을 목표로 건국 준비 작업을 했다는 공통점이 있다.

[14] 정답 ②

해설 제시된 자료의 빈칸에 들어갈 인물은 여운형이며, 자료의 내용은 여운형이 해방 직전 조선 총독에게 요구한 사항들이다. 여운형은 1944년 조선 건국 동맹을 조직하였고, 해방 직후 안재홍과 함께 조선 건국 준비 위원회를 설립하였다. 조선 건국 준비 위원회는 완전한 독립과 진정한 민주주의 확립을 목표로 치안대를 조직하고, 전국에 145개 지부 건설을 단행하였다. 이후 미군정의 지원을 받아 김규식과 함께 좌우 합작 운동을 주도하였으나, 1947년 7월 혜화동에서 암살되었다.

오답확인

① 김원봉은 1919년 만주 지린(길림)에서 의열단을 조직하였다.

③ 김구는 통일 정부를 수립하기 위해 북한에 남북 지도자 연석회의를 제안하였다.

④ 안재홍은 신간회에 주도적으로 참여하였고, 정인보 등과 함께 조선학 운동을 추진하였다.

05 일제 강점기 사회 · 문화의 변화

01. 일제 강점기 사회의 변화

[1] X　[2] O　[3] O　[4] O

오답확인

1. 방정환은 천도교 인물로, 손병희의 사위이다.

[01] 정답 ①

해설 진주에서 이학찬 등은 1923년 조선 형평사를 조직하여 백정의 평등 대우, 공평한 사회 건설 등을 주장하며 형평 운동을 전개하였다.

[02] 정답 ①

해설 제시된 자료는 여성계 민족 유일당 단체인 근우회 창립 취지문 중 일부이다(1927).

[03] 정답 ②

오답확인

② 천도교에 대한 설명이다.

[04] 정답 ④

해설 제시된 자료는 1922년 공포된 제2차 조선 교육령의 내용이다. 1919년 3 · 1 운동 이후 일제는 한국인의 반일 감정을 무마하기 위해 무단 통치에서 문화 통치로 식민 지배 정책을 바꾸었다.

02. 일제 강점기 문화의 변화

[1] O　[2] X　[3] X

오답확인

2. "님의 침묵"은 한용운의 시집이며, 이육사는 '청포도', '광야', '절정' 등을 쓴 시인이다.

3. 나운규의 아리랑은 1926년 제작되어 망국인의 슬픔과 애국심을 고취하였다.

[05] 정답 ②

해설 제시된 자료는 사회주의 사상과 관련된 내용이다.

오답확인

② 문자 보급 운동은 조선일보와 관련이 있다.

[06] 정답 ②

오답확인

② 일제 강점기에는 판소리와 같은 예술 활동이 약화되고, 토월회 등을 중심으로 신극 공연이 활발하게 이루어졌다.

[07] 정답 ②

오답확인

② 서정주, 노천명 등은 1940년대 친일 문학 작품을 발표하였다.

[08] 정답 ①

해설 손기정은 일장기를 가슴에 달고 금메달을 획득하였다. 당시 동아일보에서는 일장기를 삭제하고 보도를 내어 일제의 탄압을 받았다.

[Ⅵ]

대한민국의 발전과 현대 세계의 변화

01 대한민국 정부 수립과 6·25 전쟁

01. 대한민국 정부 수립

[1] X [2] O [3] O [4] X

오답확인

1. 모스크바 3국 외상 회의에서는 최고 5년간의 신탁 통치가 결의되었다.
4. 농지 개혁의 원칙은 유상 매입, 유상 분배였다.

[01] 정답 ④

해설 제시된 자료는 1943년 카이로 회담에서 발표한 선언문이다. 카이로 회담은 미국, 영국, 중국의 정상이 모여 일본에 대한 공동 대응을 결정하였고, 최초로 우리나라의 독립에 관한 논의를 국제적으로 보장하였다.

오답확인

① 카이로 회담 당사국은 미국, 영국, 중국이었다.
② 1945년 12월 개최된 모스크바 3국 외상 회의에서는 4개국에 의한 최장 5개년의 한반도 신탁 통치를 결정하였다.
③ 대한민국 임시 정부는 1941년 건국 강령을 발표하였고, 카이로 회담은 1943년에 열렸다.

[02] 정답 ④

해설 ④ 해방 이후 한반도 문제를 논의하기 위해 1945년 12월 모스크바 3국 외상 회의가 개최되었다.

오답확인

① 여운형은 해방 이전 국내에서 조선 건국 동맹을 조직하였다(1944).
② 대한민국 임시 정부는 1941년 대한민국 건국 강령을 발표하였다.
③ 조선어 학회는 "우리말 큰 사전" 편찬을 시작하였으나, 1942년 조선어 학회 사건으로 실패하였다.

[03] 정답 ①

해설 제시된 자료는 1945년 12월 개최된 모스크바 3국 외상 회의 결정 중 일부의 내용이다. 모스크바 3국 외상 회의에서는 카이로 선언에서 채택된 '적당한 절차'를 거쳐 한국을 독립국으로 만든다는 원칙 아래, 첫째, 미·소 공동 위원회를 개최한다. 둘째, 미·영·중·소 4개국에 의한 최고 5년간의 신탁 통치를 한다는 내용이 결정되었다.

[04] 정답 ③

해설 한국 민주당은 송진우, 김성수 등이 주도적으로 설립하였고, 이후 단독 정부 수립 운동에 적극적으로 동조하였다. 또한 대한민국 수립의 주요 세력이 되었다.

오답확인

① 한국 독립당은 해방 이후 김구 등 임시 정부 요인들이 중심이 되어 결성되었다.
② 조선 인민당은 여운형 등 중도 좌익 세력이 중심이 되어 만든 정당이다.
④ 조선 건국 준비 위원회는 조선 건국 동맹을 모체로 해방 당일 만들어진 단체이다.

[05] 정답 ④

해설 1947년 9월 미국은 한반도 문제를 유엔에 상정하였다. 1947년 11월 유엔 총회에서는 유엔의 감시 아래 인구 비례에 의한 남북한 총선거를 의결하였다. 그러나 1948년 1월 유엔 한국 임시 위원단의 입북이 거부되자, 1948년 2월 유엔 소총회에서 선거가 가능한 지역에서만의 선거(남한만의 단독 선거)가 결정되었다.

오답확인

①·② 유엔 총회에 한국 문제를 상정한 나라는 미국이며, 1948년 2월 유엔 소총회에서 선거가 가능한 지역에서만의 선거(남한만의 단독 선거)가 결정되었다.
③ 소련과 북한은 유엔 한국 임시 위원단의 입북을 거부하였다.

[06] 정답 ④

해설 (가)는 1946년 6월 이승만의 정읍 발언이며, (나)는 1948년 2월 김구의 '삼천만 동포에게 읍고(泣告)함'이다. ④ 김구는 충칭(중경)에서 설립한 한국 독립당을 중심으로 해방 이후 통일된 정부 수립을 위해 노력하였다.

오답확인

① 이승만은 미군정청과 긴밀하게 협의한 것은 사실이지만, 남북 협상에 참여한 것은 아니다.
② 이승만은 단독 정부 수립을 주장하였으나, 좌우 합작 운동에 참여하지는 않았다.
③ 조선 건국 준비 위원회는 여운형과 안재홍을 중심으로 조직되었다.

[07] 정답 ②

해설 제시된 자료의 '좌우 합작, 7원칙' 등을 통해 좌우 합작 위원회임을 알 수 있다. 1946년 7월 결성된 좌우 합작 위원회가 발표한 좌우 합작 7원칙(1946. 10.)에는 미·소 공동 위원회의 속개 등의 내용이 포함되어 있다.

[08] 정답 ①

해설 제시된 자료는 김구의 '삼천만 동포에게 읍고함'이다. 김구는 남한만의 단독 정부 수립을 반대하면서 통일 정부 수립을 위한 남북 협상을 추진하였다.

오답확인

② 김성수 등은 한국 민주당을 결성하여 미군정에 적극적으로 협력하였다.
③ 이승만은 개인 자격으로 귀국 후 독립 촉성 중앙 협의회를 결성하였다.
④ 여운형은 해방 직후 조선 건국 준비 위원회를 조직하고, 위원장으로 활동하였다.

[09] 정답 ②

해설 모스크바 3국 외상 회의는 미, 영, 소 외무 장관들에 의해 1945년 12월에 개최되었고, 대한민국 정부 수립 선포는 1948년 8월 15일의 사실이다. ② 반민족 행위 처벌법은 1948년 9월 정부 수립 직후에 공포되었다.

오답확인

① 미·소 공동 위원회는 2차례에 걸쳐 전개되었는데, 1차는 1946년 3월, 2차는 1947년 5월에 개최되었다.

③ 남북 협상은 1948년 4월에 해당한다.

④ 5·10 총선거는 1948년 5월 10일, 정부 수립 이전의 사실이다.

[10] 정답 ②

해설 ㄱ. 1948년 9월 반민족 행위 처벌법(반민법)이 통과된 이후, 반민족 행위 특별 조사 위원회(반민 특위)가 설치되었다(1948. 10.). ㄴ. 농지 개혁법은 1949년 6월 법제화되었고, 1950년 초부터 시행되었다. ㄷ. 1949년 6월 육군 소위 안두희가 김구를 암살하였다. ㅁ. 1948년 10월 19일 여수·순천 10·19 사건이 발생하였다.

오답확인

ㄹ. 제주 4·3 사건은 1948년 4월 3일 대한민국 정부 수립(1948. 8. 15.) 이전 발생하였다.

[11] 정답 ①

해설 제시된 자료의 밑줄 친 '개혁'은 1949년 6월 법제화된 농지 개혁이다.

오답확인

① 신한 공사는 미군정 시기인 1946년 3월 설치(1946년 2월에 법령 발표)되어, 적산(귀속 재산)을 관리하던 기관이다. 1948년 3월 폐지되었으며, 신한 공사의 업무는 중앙 토지 행정처로 이관되었다.

02. 6·25 전쟁

[1] O [2] X [3] X [4] O [5] O

오답확인

2. 휴전 협정이 체결된 후 한·미 상호 방위 조약이 체결되었다(1953. 10.)

3. 발췌 개헌안의 핵심은 대통령 직선제로의 개헌이며, 초대 대통령에 한해 중임 제한 규정 철폐는 1954년 사사오입 개헌에 해당한다.

[12] 정답 ①

해설 ③ 1950년 1월 발표된 애치슨 선언은 '미국의 극동 방위선에서 한반도를 제외한다'는 내용으로 6·25 전쟁의 배경이 되었다. 6·25 전쟁이 발발하고 3일 만에 서울이 함락당하였다. 이후 국군은 낙동강 전선까지 후퇴하였다. 당시 ④ 유엔은 안전 보장 이사회를 개최하여 북한의 남침을 불법적 침략 행위로 규정하고, 유엔군 파병을 결정하였다. 유엔군 참전 이후 ① 인천 상륙 작전으로 전세를 반전시켰으며, 9월 28일에는 서울을 탈환하고, 빠르게 북진하였다. 그러나 ② 1950년 10월 중국군의 참전으로 한때 서울에서 후퇴하였으나(1·4 후퇴, 1951. 1. 4.), 곧이어 반격이 이루어져 서울을 재탈환하였다.

[13] 정답 ③

오답확인

③ 대통령은 자유당 후보인 이승만이 당선되었지만, 부통령은 민주당 후보인 장면이 당선되었다.

02 민주주의의 시련과 발전

01. 민주주의의 시련

[1] O [2] X [3] X [4] O [5] O

오답확인

2. 5·16 군사 정변 이후 군사 혁명 위원회가 설치되었으며, 국가 재건 최고 회의로 개칭되었다. 국가 보위 비상 대책 위원회(국보위)는 전두환 정부 성립 과정에서 만들어졌다.

3. 굴욕적 한·일 회담 반대는 제3공화국 시기인 1964년 6·3 시위로 나타났다.

[01] 정답 ②

해설 제시된 자료는 1960년 3·15 부정 선거와 관련된 내용이다. 3·15 부정 선거는 자유당 부통령 후보인 이기붕의 당선을 위해 자행되었으며, 4·19 혁명 발발의 직접적인 계기가 되었다. 당시 자유당 정부에서는 이 선거를 규탄하는 시위의 배후에 공산주의 세력이 개입되었다고 발표하였다.

오답확인

② 4·19 혁명으로 이승만 대통령이 하야한 후 허정을 중심으로 과도 정부가 구성되었으며, 내각 책임제와 양원제를 골자로 헌법을 개정한 후 총선거를 실시하였다. 그 결과 민주당이 양원(민의원, 참의원)의 다수를 차지하여 장면 총리가 중심이 된 제2공화국이 출범하였다.

[02] 정답 ③

해설 제시된 자료는 1960년 4·19 혁명과 관련된 사실이다.

오답확인

① 1953년 10월 한·미 상호 방위 조약이 체결되었다.

② 1950년부터 농지 개혁이 시행되었다.

④ 1965년 한·일 협정이 체결되었다.

[03] 정답 ②

해설 제시된 사건의 순서는 다음과 같다. ㄱ. 마산을 시작으로, 3·15 부정 선거에 대한 규탄 시위가 전국적으로 확산되었고, ㄴ. 4월 18일 고려대 학생들의 시위, ㅁ. 4월 19일 서울 지역 대학생과 고등학생 및 시민들의 궐기, ㄷ. 4월 25일 대학교수단의 시국 선언문 발표, ㄹ. 4월 26일 이승만의 하야가 이루어졌다.

[04] 정답 ④

해설 1960년 4·19 혁명의 결과 이승만이 하야하였고, 허정을 수반으로 과도 정부가 구성되었다. 과도 정부에서는 내각 책임제와 양원제를 골자로 개헌이 단행되었다. 이후 총선거가 치러졌고, 민주당이 국회 다수당을 차지하면서 장면을 총리로 하는 제2공화국이 성립하였다.

[05] 정답 ②

해설 (가)에서 '4월의 참사는 학생 운동 사상 최대 비극이요', '대학교 교수들은 이 비상시국에 대처하여 양심의 호소' 등의 내용을 통해 4·19 혁명(이승만 정부 말기, 1960)임을 알 수 있다. (나)의 내용은 한·일 협정 체결(제3공화국, 1965)이다.

오답확인

ㄱ, ㄹ. 이승만 정부 때의 사건이다.

[06] 정답 ①

오답확인

① 제시된 자료는 1965년 한·일 협정 체결과 관련된 내용이며, 냉전 완화와는 관련이 없다.

[07] 정답 ②

해설 제시된 자료는 박정희 정부 시기(제3공화국 : 1963~1972)의 브라운 각서(1966)와 한·일 협정(1965)에 대한 내용이다.

[08] 정답 ②

해설 제시된 사건들을 순서대로 나열하면 ㄱ. 1954년 사사오입 개헌 → ㄹ. 1960년 4·19 혁명 → ㄷ. 유신 헌법이 적용된 제4공화국 시기 → ㄴ. 제5공화국 헌법에 의한 전두환 정부 수립이다(1981).

[09] 정답 ④

해설 제시된 자료의 ㉠은 1961년 5·16 군사 정변, ㉡은 1972년 10월 유신에 대한 설명이다. ④ 베트남에 전투병력을 파병한 것과 한·일 국교 정상화는 1965년에 이루어졌다(한·일 협정).

오답확인

①·② 1960년에 해당하는 사실이다.

③ 1980년 10월 제정된 제5공화국 헌법이다.

[10] 정답 ①

해설 제시된 자료는 박정희 정부의 경제 정책에 대한 평가를 제시한 내용이다. ① 노태우 정권의 북방 외교 정책의 결과로 1992년 한·중 수교가 체결되었다.

오답확인

② 1965년, ③·④ 1972년에 해당한다.

[11] 정답 ③

해설 ① 박정희 군정 시대인 1962년부터 경제 개발 5개년 계획이 실시되었다. ② 1964년 베트남 파병이 결정되어 1965년부터 전투 병력의 파병이 시작되었다(단, 비전투 요원들은 1964년부터 파병). ④ 1965년 한·일 협정이 체결되었다.

오답확인

③ 1950년대 원조 경제 체제에 해당하는 내용이다.

02. 민주화 운동과 민주주의의 발전

[1] O [2] X [3] O [4] X [5] O

오답확인

2. 전두환 정부는 4·13 호헌 조치를 통해 대통령 간선제를 고수하려 하였고, 이에 1987년 6월 민주 항쟁이 일어났다.

4. 1993년 김영삼 정부(문민정부) 당시 금융 실명제가 시작되었다.

[12] 정답 ④

해설 제시된 내용은 민주화 운동과 관련된 것이다. ㄱ. 신군부 등장, ㄴ. 박정희 암살 사건, ㄷ. 대통령 직선제, 5년 단임제 쟁취, ㄹ. 유신 체제의 종말과 관련이 있다.

[13] 정답 ③

해설 제시된 자료는 1980년 5·18 민주화 운동 시기의 시민군 궐기문이다. 1979년 12·12 사태로 등장한 신군부는 '서울의 봄'(1980년 초 민주화 분위기)을 무력화시키기 위하여 5·17 비상계엄 전국 확대 조치를 실행하고, 곧 광주의 민주화 운동을 유혈 진압하였다.

오답확인

① 유신 체제 시기, ② 1987년, ④ 1960년

[14] 정답 ②

해설 제시된 자료는 1987년 6월 민주 항쟁과 관련된 사건들이다. 6월 민주 항쟁 이후 6·29 민주화 선언이 발표되어 5년 단임의 대통령 직선제 개헌안이 이루어졌다.

오답확인

① 전두환 정부 출범 과정의 권력 기구이다.

③·④ 유신 체제에 대한 설명이다.

[15] 정답 ④

해설 제시된 자료의 '꽃다운 젊은이를 야만적인 고문으로 죽여 놓고'라는 부분에서 1987년 1월 발생한 서울대생 '박종철군 고문치사 사건'과 6월 민주 항쟁을 연관시킬 수 있다. 이후 전두환 정부는 4·13 호헌 조치를 통해 대통령 간선제 헌법 고수를 천명하여 민중을 자극하였고, 1987년 6월 민주 항쟁이 일어나게 되었다.

[16] 정답 ②

해설 ㄱ. 국가 재건 최고 회의(1961) : 5·16 군사 정변 직후 군사 혁명 위원회가 개편되어 만들어졌다. ㄴ. 국가 보위 비상 대책 위원회(1980) : 신군부 세력이 5·18 민주화 운동 발발 직후 결성하였다. ㄷ. 통일 주체 국민 회의(1972. 12.) : 10월 유신 헌법 직후 만들어졌다. ㄹ. 대통령 선거인단(1981. 2.) : 1980년 9월 1일 전두환은 통일 주체 국민 회의에서 11대 대통령으로 선출되었다. 이후 유신 헌법을 일부 수정하여 대통령 선거인단에 의해 대통령을 간접 선출하도록 결정하였다. 이 시기 만들어진 것이 대통령 선거인단이다.

[17] 정답 ④

해설 제시된 사건을 순서대로 나열하면 ㄹ. 1960년 – ㄴ. 1961년 – ㄱ. 1980년 – ㅁ. 1987년 – ㄷ. 2000년이다.

[18] 정답 ②

해설 제시된 자료는 1993년 김영삼 정부 출범 직후 시행된 금융 실명제에 대한 설명이다. ② 김영삼 정부는 지방 자치제 전면 실시 등 잇단 개혁 조치를 진행하였다. 또한 역사 바로 세우기를 표방하며 조선 총독부 건물을 해체하였고, 1996년에는 경제 협력 개발 기구(OECD)에 가입하였다. 그러나 정권 말 경제 위기 상황에 봉착하여 국제 통화 기금 지원(IMF) 사태를 초래하였다(외환 위기, 1997).

오답확인

① 전두환 정부 시기인 1987년 6월 29일 당시 민주 정의당 대표였던 노태우가 6 · 29 민주화 선언을 발표하였다.

③ 김대중 대통령은 2000년 최초의 남북 정상 회담을 통해 6 · 15 남북 공동 선언을 발표하였다.

④ 1988년 서울 올림픽 대회는 노태우 정부 때 개최되었다.

03 현대 사회 변화와 통일을 위한 노력

01. 경제 성장과 사회 변화

[1] O [2] O [3] O

[01] 정답 ④

해설 제시된 자료는 1950년대 원조 경제 체제에 해당된다.

오답확인

④ 제1차 경제 개발 5개년 계획은 1962년 시작되었다.

[02] 정답 ①

오답확인

② 1960년대 수출 주도형 공업화 정책이 적극적으로 추진되면서 가격 경쟁력을 갖추기 위해 저임금 구조를 유지하였다. 그러나 물가가 지속적으로 높아져 노동자는 고통을 겪었다.

③ 1970년대 박정희 정부는 노동 운동과 민주화 운동을 적극적으로 탄압하였다.

④ 1987년 6월 민주 항쟁 이후 노동 조합 설립이 비교적 자유로워졌다.

[03] 정답 ④

해설 전두환 정권 시기(제5공화국)인 1986년부터 저유가(국제 원유가 하락), 저환율(달러화 약세), 저금리의 유리한 국제 환경 변화를 맞아 경상수지 흑자 전환이 이루어졌다. 이를 3저 현상이라고 한다.

[04] 정답 ④

오답확인

① 박정희 정부 시기 경제 정책은 정부 주도형, 수출 주도형으로 요약할 수 있다. 이를 위해 '국제적 상품 경쟁력 강화'를 명분으로 소수의 재벌을 집중 육성하여 경제 성장이 이루어졌다.

② 이 과정에서 미국과 일본에 대한 의존도는 더욱 강화되어 수입 대체 산업을 육성하지 못하였다.

[05] 정답 ①

해설 새마을 운동의 추진(1970), 통일벼의 전국적 보급(1970년 통일벼 품종을 개발하여 1972년 첫 수확), 수출 주도형 중화학 공업화 정책은 모두 1970년대에 시행된 정책이다.

오답확인

① 금융 실명제는 1993년 김영삼 정부 시기에 전격적으로 시행되었다.

02. 평화 통일을 위한 노력

[1] O [2] O [3] O [4] O

[06] 정답 ③

해설 수출 자유 지역의 설치와 중화학 공업 정책이 추진된 것은 1970년대 박정희 정부 시기에 해당한다. 1970년대 초 동서 양 진영의 긴장 완화로 남북 대화가 모색되면서 통일에 관한 기본 원칙을 담은 1972년 7 · 4 남북 공동 성명을 발표하였다.

오답확인

① 김대중 정부 시기에 금강산 관광이 해로를 통해 처음 시작되었다(1998).

② 전두환 정부 시기에 민족 화합 민주 통일 방안을 제시하였고(1982), 남북한의 이산가족이 각각 서울과 평양을 처음으로 방문하였다(1985).

④ 노태우 정부 시기에 남북 기본 합의서가 발표되었다(1991).

[07] 정답 ①

해설 제시된 자료는 최초의 남북 정상 회담 결과로 발표된 2000년 6 · 15 남북 공동 선언이다. 6 · 15 남북 공동 선언에서는 남북 문제는 자주적으로 해결하며, 남측의 연합제안과 북측의 낮은 단계 연방제안의 상호 공통점을 인정하기로 하였다. 또한 비전향 장기수 문제 해결 및 사회, 문화, 체육 등 여러 분야에 교류와 협력을 합의하였다. 이에 기초하여 개성 공업 지구 건설(개성 공단 : 2000년 합의, 2004년 입주)과 경의선 연결(2000. 9. 18. ~ 2002. 12. 31. 남측 완료), 남북 이산가족 상봉 등이 실현되었다.

오답확인

② 1972년 7 · 4 남북 공동 선언 이후 서울과 평양에 상설 직통 전화가 개설되었다.

③ 1985년 처음으로 남북한 상호 이산가족 고향 방문이 이루어졌다.

④ 1998년 해로를 통한 금강산 관광이 시작되었다.

[08] 정답 ①

해설 제시된 자료에서 '자주 · 평화 · 민족적 대단결'이라는 용어가 나오는 것으로 보아, 1972년 7 · 4 남북 공동 성명임을 알 수 있다. 이 성명 발표 이후 향후의 통일 문제를 협의하기 위해 남북 조절 위원회가 설치되었다.

오답확인

② 6 · 15 남북 공동 선언은 2000년 김대중 대통령과 김정일 위원장 간의 남북 정상 회담에서 발표되었다.

③ 1991년 남북 기본 합의서가 발표된 이후, 한반도 비핵화 공동 선언이 채택되었다(1991. 12.).

④ 2000년 6 · 15 남북 공동 선언 결과, 경의선 및 동해선 철도가 연결되었다.

[09] 정답 ③

해설 1972년 7 · 4 남북 공동 성명((나))에서는 통일의 3대 원칙(자주 · 평화 · 민족적 대단결)과 합의 사항 이행을 위한 남북 조절 위원회 설치 및 직통 전화 가설 등이 약속되었다.

오답확인

① 한반도 비핵화는 '한반도 비핵화 공동 선언(1991년 12월 채택)'에서 합의되었다.

② 남북한 동시 유엔 가입은 1991년 9월의 일이고, 6 · 15 남북 공동 선언은 2000년에 해당한다.

④ 남북 기본 합의서는 1991년에 서울에서 열린 5차 남북 고위급 회담에서 채택된 것으로, 정상 회담의 성과가 아니다. 남북 정상 회담은 2000년(김대중 - 김정일), 2007년(노무현 - 김정일) 두 차례 이루어졌다.

MEMO